개정판

Strategic Human Resource Management

전략적
인적자원
관리

이학종·양혁승 공저

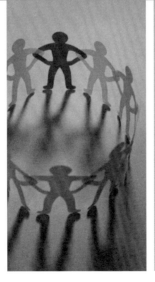

圖書出版 오래

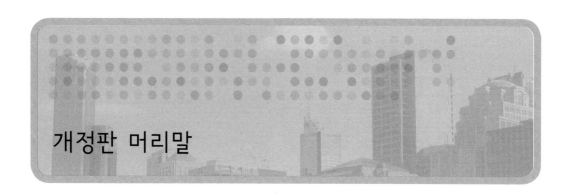

개정판 머리말

세계화, 지식정보화, 기술고도화, 민주화의 환경 속에서 인적자원은 현대조직의 경쟁력우위를 결정하는 중요 요소로 인식됨에 따라 현대조직에서 인적자원의 전략적 관리가 크게 강조되고 있다. 특히 우리나라에서 IMF 외환위기 이후 기업의 경쟁력강화를 목적으로 전개되고 있는 구조조정과 경영혁신은 전략적 인적자원관리의 중요성을 한층 더 높여주고 있다.

전략적 인적자원관리(strategic human resource management)는 현대조직의 전략목적 달성과 경쟁력강화를 위한 인적자원관리 접근방법으로서, 특히 세계적인 우수기업으로의 변신을 추구하는 많은 우리나라 기업에서 필수적으로 요구되는 경영방법이다. 이 책은 기업의 인적자원관리를 중심으로 우리나라 기업의 전략적 인적자원관리에 필요한 개혁과 인적자원개발 그리고 조직개발을 심층적으로 연구한다.

본 개정판은 기존판의 분량과 내용을 줄이되, 전략적 인적자원관리의 핵심기능 중심으로 기술하였다. 노사관계를 인적자원관리의 환경요인 중 하나로 간주하여 제 3 장의 한 절로 축약하였고, 안전·보건관리와 인적자원관리 진단 및 감사를 삭제한 대신 지난 20여 년 동안의 연구성과에 의해 그 효용성이 입증된 고몰입 인적자원관리시스템을 추가하였다.

전략적 인적자원관리 자체가 새로운 접근방법이고 지식체계와 노하우가 빠른 속도로 발전하고 있는 만큼, 이 책에는 여러 면에서 부족한 점이 있으리라 생각한다. 앞으로 독자들로부터 피드백을 받아 이 책의 부족함을 채워나갈 것을 약속하는 바이다. 끝으로 이 책의 출판에 관심을 가져주신 도서출판 오래의 황인욱 사장님과 출판 및 편집작업을 위해 수고한 편집부 직원에게 감사한다.

2012년 1월

저 자

차 례

제 I 부

전략적 인적자원관리의 기초

제 2 장　전략적 인적자원관리

제 3 장　조직체환경과 인적자원관리

제 II 부

인적자원계획과 인력확보

제 4 장 조직구조설계와 인적자원계획

제 5 장 직무분석과 직무설계

제 6 장 모집과 선발

제 **III** 부

인적자원의 활용과 전략적 성과관리

제 7 장 **구성원 참여관리**

제 8 장 인사고과

제 9 장 임금관리

제 IV 부

인적자원개발과 고몰입 인적자원관리시스템

제11장 인력개발과 경력관리

제 **I** 부

전략적
인적자원관리의 기초

Strategic
Human
Resource
Management

Strategic
Human Resource Management

Chapter 01

현대조직의 경쟁력과 인적자원관리

CHAPTER 01

현대조직의 경쟁력과 인적자원관리

1879년에 토마스 에디슨(Thomas Edison)이 자신이 발명한 전구의 생산업체로 창설한 GE(General Electric)는 전기관련 제품으로부터 시작하여 의료기기, 중장비, 플라스틱, 제트엔진, 우주산업 그리고 방송, 정보, 금융서비스 사업에 이르기까지 세계에서 가장 다각화된 초대형 기업체로 성장하면서 기술개발과 기업경영에 있어서 세계적인 명성을 떨쳐왔다. 그리고 1990년대 중반부터는 세계제일의 시장가치를 가진 기업체로, 그리고 세계에서 가장 존경받는 기업체의 하나로 인정되어 왔다. 이와 같이 GE가 세계적인 초우수기업으로 인정받게 된 데에는 1980년대 이래 GE가 적극적으로 추진해 온 구조조정과 경영혁신 그리고 GE를 세계최강의 경쟁력을 가진 기업으로 변신시킨 조직개발과 전략적 인적자원관리가 중요요인으로 작용하였다.

1981년 잭 웰치(Jack Welch) 회장의 취임 당시 GE는 270억 달러의 매출과 16억 달러의 순이익을 달성하면서 만족할 만한 수준의 성장을 계속하고 있었다. 그러나 내용면에 있어서 GE의 전통사업인 가전제품은 경쟁력이 약해지면서 시장점유율이 점점 떨어지고 있었고, 신규 첨단기술산업은 회사의 전체수익에 기여하는 비중이 낮고 장기전망도 불확실한 상태에 있었다. 그리고 200개나 되는 사업부의 조직체는 너무나 복잡하고 관료화되어 엄청난 낭비와 더불어 신속하고 효율적인 전략경영이 어려워져 GE의 경쟁력 자체가 약화되는 심각한 상황에 처하고 있다.

이에 위기감을 느낀 웰치 회장은 다가오는 세계화시대에 대비하여 GE의 경쟁력을 획기적으로 강화시키기 위한 강력한 구조조정과 조직변신 그리고 전략적 인적자원관리를 전개하였다. 웰치 회장은 벽 없는 무경계(boundaryless) 경영이념과 더불어 GE를 세계 최강의 경쟁력을 가진 기업으로 만들겠다는 의욕적인 비전을 제시하고, 경쟁력이 없는 사업을 매각·청산하고 유망한 신규사업에 과감히 진출하면서 대대적인 인원감축과 함께 사업조직과 경영조직구조를 대폭 간소화하여 종래의 수직적 계층구조를 수평화하고 관료화된 조직구조를 파괴하여 벽 없는 열린경영과 스피드경영을 실시하였다.

그러나 이와 같은 획기적인 사업 및 조직 구조조정에도 불구하고 경쟁력강화를 위한 경영혁신과 조직변신은 웰치 회장이 만족할 만큼의 빠른 속도로 진행되지 않았다. 따라서 웰치 회장은 무경계 경영이념을 GE 최우선의 공유가치(핵심가치)로 설정하고 이를 선발, 인사고과, 임금관리, 교육훈련 등 인적자원관리 전반에 직접 반영하는 전략적 인적자원관리를 실시하면서 1980년대 하반기부터는 구성원들의 행동개선과 성과향상을 위한 워크아웃(Workout) 경영혁신운동을 전개하였다.

워크아웃은 구성원들이 자유롭게 실무현장 문제를 분석하고 해결하는 데 직접 참여하여 업무·작업과정을 개선하고 조직체를 활성화시키는 GE 특유의 경영참여 및 조직개발기법으로서(제7장 [사례연구 #7 - 2] GE의 워크아웃 참조), 여기에는 인적자원스태프와 조직개발 전문가들이 변화촉진 역할을 수행하여 워크아웃과정을 성공적으로 이끄는 데 크게 기여하였다. 그리고 무경계의 공유가치는 인적자원관리에 철저히 적용되어 GE의 조직문화를 종래의 관료화된 문화로부터 벽 없는 무경계의 문화(boundaryless culture)로 전환시키면서 GE를 활짝 열린 활력 넘치는 조직체로 변신시켰다.

워크아웃 경영혁신과 무경계경영의 전략적 인적자원관리는 노사간의 신뢰감을 조성하고 구성원들의 참여의식과 정보·자원 공유의식을 높여 계층 간, 기능부서 간, 사업부 간의 장벽은 물론 외부 이해관계자들과의 장벽이나 국가 간의 장벽까지도 허물면서 웰치 회장의 사업 및 조직구조조정에 획기적인 시너지효과를 가져왔다. 그리하여 GE는 세계 최강의 경쟁력과 세계 제일의 시장가치를 가진 기업으로 성장하였다(Slater, 1999; Tichy & Sherman, 1993).

이 책은 인적자원관리(Human Resource Management)의 기본교재로서, 현대조직의 경쟁력강화 관점에서 인적자원관리 개념과 기능을 연구하고, 우리나라 조직체가 당면하고 있는 중요 인적자원관리 이슈와 문제점 그리고 새로운 환경에 대응하는 새 인적자원관리를 연구한다. 이 책은 크게 네 개의 부분으로 구성되어 있다. 제 I 부에서는 조직체의 경쟁력관점에서 인적자원관리 개념을 정리하고, 제 II 부에서는 현대조직의 인적자원계획과 인력확보에 관하여 연구한다. 제 III 부에서는 경쟁력강화 관점에서 성과향상을 위한 인적자원관리 기능들을 연구하고, 제 IV 부에서는 인적자원의 개발과 고몰입 인적자원관리 시스템에 관하여 연구한다. 각 부와 장에는 관련 인적자원관리 문제를 분석하는 총 23편의 사례연구(case study)가 편집되어 있다.

제 1 절   인적자원관리의 정의와 주요 기능

앞의 GE사례는 현대조직에서 인적자원관리가 조직체의 비교경쟁우위와 조직성과에 얼마나 주요한 요인으로 작용하는지를 보여준다. 인적자원관리의 개념을 연구하는 데 있어서 이 장은 인적자원관리의 정의와 주요 기능을 알아보고, 비교경쟁우위관점에서의 인적자원관리 개념을 정리한다. 그리고 인적자원관리의 학문적 발전과정을 살펴본다.

1. 인적자원관리의 정의

조직성과와 비교경쟁우위에 지배적인 영향을 주는 인적자원을 어떻게 효율적으로 관리할 수 있을까? 인적자원이 조직체의 가장 중요한 자원으로서 조직성과와 비교우위에 어떻게 작용하고, 이에 관련된 환경적 요소와 경영조직 요소는 무엇이며, 이들 요소 간에는 어떤 관계가 있는가? 이와 같은 연구를 통하여 인적자원에 대한 이해도를 높이고 조직성과와 비교경쟁우위에 기여할 수 있는 인적자원의 전략과 시스템, 관리기능과 방법 및 과정, 그리고 이에 필요한 경영조직 요건을 연구하는 것이 인적자원관리 학문이다. 먼저 인적자원관리를 정의하고 인적자원관리의 주요 기능을 알아본다.

(1) 인적자원의 관리

첫째, 인적자원관리는 조직체의 인적자원(human resource)을 관리하는 경영의 한 부분 또는 하위과정(subprocess)이다. 따라서 인적자원관리는 인적자원의 계획과 확보로부터 시작하여 이의 효율적인 활용과 유지·보존, 그리고 임금과 개발에 이르기까지 노사관계를 비롯한 모든 기능과 활동을 포함한다. 조직체에는 인적자원을 비롯하여 물적자원(physical resource), 자금, 정보자원 등 여러 가지의 자원이 활용되고 있다. 그리고 이들 자원은 각기 조직경영의 기능분야별 관리대상이 되고 있다. 즉, 물적자원은 생산관리의, 자금은 재무관리의, 제품과 고객 그리고 시장은 마케팅의, 정보자원은 회계의, 그리고 인적자원은 인적자원관리의 대상이 되고 있다(〈표 1 - 1〉 참조).

이와 같이 자원관리관점에서 경영의 각 분야는 각기 독특한 자원을 다루고 있다. 그러나 이들 분야에서의 자원관리는 자원 그 자체에서 어떠한 성과를 달성하는 것이 아니고 이들 분야에서 일하는 조직구성원, 즉 인적자원에 의하여 지향하는 목적과 성과가 달성된다.

■■표 1-1 **경영분야별 관리대상 자원과 성과목표**

경영 분야	관리대상 자원	지향하는 성과와 목표
생산관리	물적자원(기계 · 설비 · 자재)	생산성, 능률
마 케 팅	고객, 시장, 제품	고객의 만족감, 시장확장
재무관리	자 금	효율적 자금조달과 활용
회 계	정보자료	자산 운영결과의 정확한 분석
인적자원관리	인적자원	만족감, 능력개발, 성과향상

그러므로 인적자원관리는 모든 경영분야의 공통적인 필수기능이고, 따라서 경영 그 자체가 인적자원관리라는 점이 오래 전부터 인정되어 왔으며(Appley, 1943), 이와 같은 인식은 인적자원관리가 현대조직의 성과요인이라는 결론에도 명백히 반영되고 있다.

(2) 일반관리자의 기본기능

둘째, 인적자원관리는 모든 조직구성원을 대상으로 경영의 각 분야에서 성과달성을 위하여 발휘되는 필수기능이므로 조직체의 최고경영층에서 하부의 일선관리자에 이르기까지 경영 각층에서 일하는 모든 일선관리자들의 기본적 기능이다. 다시 말해서, 인적자원관리는 조직체의 경영분야와 관리계층을 막론하고 모든 일선관리자가 수행하는 기본적인 경영기능이다. 이들 일선관리자는 물론 인적자원 전문스태프들의 지원과 협조를 받으면서 인적자원관리 기능을 수행한다. 그러나 인적자원관리의 최종적인 책임은 어디까지나 일선관리자 자신에게 있다. 따라서 조직체의 인적자원관리는 인적자원 전문스태프의 지원과 일선관리자의 책임 하에 수행된다([사례연구 #1-2] 참조).

(3) 성과지향적 · 인간중심적 관리기능

셋째, 인적자원관리는 조직체의 목적과 성과를 달성하기 위한 경영과정이다. 조직체의 목적달성은 인적자원관리뿐만 아니라 생산, 마케팅, 재무, 회계 등 경영 각 분야의 공통된 목표이다. 그러나 조직체의 목적달성과정에서 인적자원관리가 강조하는 성과와 다른 경영관리분야에서 강조하는 성과 간에는 중요한 차이가 있다. 즉, 생산관리에서는 효율(efficiency)과 생산성(productivity)을 강조하고, 마케팅에서는 고객만족과 시장 확장을, 재무관리에서는 자금의 효율적인 조달과 활용을, 회계 분야에서는 자산의 정확한 기록과 신속·정확한 경영정보처리 및 제공을 각각 강조한다. 이에 비하여 인적자원관리는 조직구성원의 만족감과 능력개발과 성과향상을 강조하며, 이것이 경영의 각 분야와는 다른 인적자원관리의 독특한 특징이라 할 수 있다(〈표 1–1〉 참조).

　　그러나 인적자원관리가 조직체의 목적달성에 기여하는 효율과 생산성, 고객의 욕구충족, 효율적인 자금조달과 활용, 자산의 보존과 비용통제 등 경영 각 기능분야에서 강조하는 성과를 인정하지 않고 있는 것은 결코 아니다. 오히려 인적자원관리는 이들 기능분야에서 추구하는 목표를 인정하고, 나아가서 이들 목표를 달성하는 데 필요한 구성원들의 능력개발과 그들의 직무만족을 강조한다. 이와 같이 인적자원관리는 조직구성원의 만족감, 능력개발, 생산성 등 3대 효과를 동시에 추구하는 성과지향적면서도 인간중심적인 경영관리기능이다.

② 인적자원관리의 주요 기능

　　인적자원관리는 조직체의 인적자원을 관리하는 경영의 한 분야로서, 생산관리·마케팅·재무·회계 등 다른 경영분야와 더불어 조직체의 전반적인 경영전략과 목적달성에 중요한 기능을 발휘한다.

(1) 인적자원관리 기능의 분류

　　인적자원관리에는 여러 가지 기능이 포함되어 있고 이들 기능은 상호 간에 밀접한 관계를 맺고 있기 때문에 이들 기능을 체계적으로 분류하기가 매우 어렵다. 그러나 관리과정 관점에서 볼 때 인적자원관리는 인력자원의 확보, 활용, 개발로 크게 나누어질 수 있고, 따라서 이를 중심으로 인적자원기능을 다음과 같이 분류할 수 있다(Noe et al., 2010; 〈그림 1–1〉 참조).

① **조직구조설계와 인적자원계획**: 조직체의 장기전략과 계획을 중심으로 이에 필요한 조직구조설계, 그리고 경영인력과 기술인력 등 조직체에서 요구되는 인력의 구체적인 수급계획 등 조직체의 중장기적인 인적자원계획 기능을 포함한다.

② **직무분석과 직무설계**: 조직구조를 구성하는 직무를 설계하여 직무체계를 형성하고, 각 직무를 분석하여 과업내용과 직무를 수행하는 구성원의 자격요건 등을 파악하는 기능을 포함한다.

③ **인적자원의 확보**: 조직체가 필요로 하는 인적자원을 확보하는 기능으로서, 필요인력의 모집과 선발 그리고 배치 등의 기능을 포함한다.

그림 1-1	주요 인적자원관리 기능

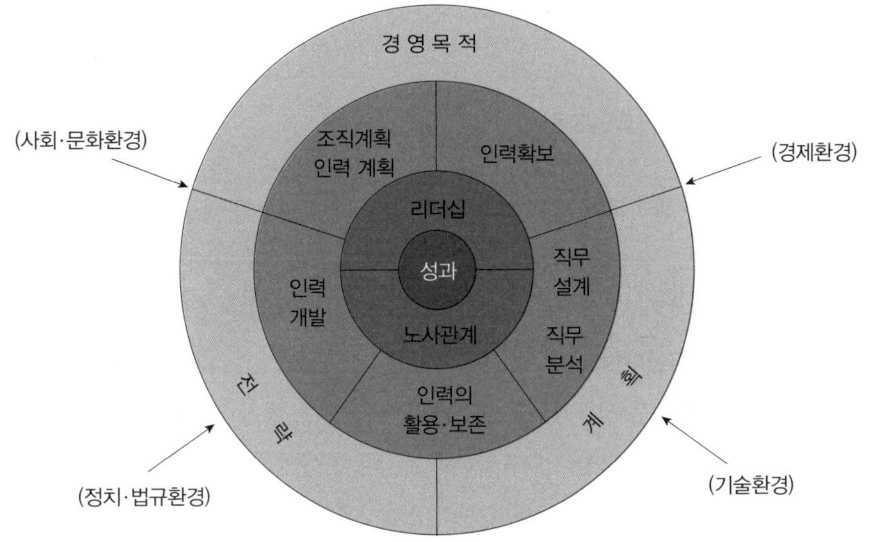

경영목적

(사회·문화환경)

조직계획
인력 계획

인력확보

(경제환경)

리더십

성과

직무
설계

인력
개발

노사관계

직무
분석

전 략

인력의
활용·보존

정 책

(정치·법규환경)

(기술환경)

④ **인적자원의 활용과 보존**: 조직체의 성과달성을 위해 실제 인적자원관리의 가장 큰 부분을 차지하는 일상적인 기능으로서 일선관리자의 리더십과 인간관계(human relations), 인사고과, 임금관리와 후생복지, 인사이동 등의 기능을 포함한다.

⑤ **인적자원의 개발과 조직개발**: 인적자원의 능력개발을 위한 교육훈련과 경력계획, 부하육성과 인사상담, 그리고 조직체의 효율성을 높이기 위한 조직진단과 경영혁신 그리고 조직개발 및 변화관리 등의 기능을 포함한다.

⑥ **노사관리**: 집단적 노사관계와 관련된 기능으로서 노사간의 단체교섭과 교섭사항의 실천, 그리고 노사간의 고충처리 등을 포함한다.

(2) 일선관리기능과 전문스태프기능

인적자원관리 기능은 실무현장에서 일선관리자(line manager)가 수행하는 일반관리기능(line function)과 일선관리자들을 지원해 주기 위해 전문스태프가 수행하는 전문스태프기능(staff function)으로 구분할 수 있다. 일선관리자가 수행하는 일반관리기능은 그가 성과달성을 위하여 부하들을 관리하고 그들과 인간관계를 형성하며 리더십을 발휘하는 과정에서 수행된다. 그리고 인적자원스태프의 기능은 일선관리자에 대한 지원 이외에 최고경영층의 전략적 의사결정과정에서 인적자원관점을 반영하거나 조직문제를 인적자원관점에서 진단하며 조직체의 인적자원관리를 감사하는 등의 여러 가지 기능을 포함한다.

③. 인적자원관리 조직

인적자원을 관리하기 위한 조직체계는 조직체의 크기와 경영이념 등 조직체의 상황적 조건에 따라서 그 구조와 기능이 다르다. 인적자원관리의 기능이 고도로 발달된 선진국 기업의 경우 인적자원부서는 다른 경영분야와 대등한 조직구조적 위치에서 다양한 인적자원관리 기능을 발휘한다(〈그림 1 - 2〉 참조).

일반적으로 이들 전문기능은 인력계획, 모집선발, 평가 및 임금, 후생복지, 안전·건강 등의 인력관리기능과 더불어 교육훈련과 조직개발 등의 인력계발기능, 그리고 노사관리기능 등 세 분야로 분류되어 인적자원관리 조직구조체계를 형성하고 있다. 우리나라 기업에서의 인적자원관리 책임자(Chief Human Resource Officer: CHRO)의 위치는 과거에는 부장

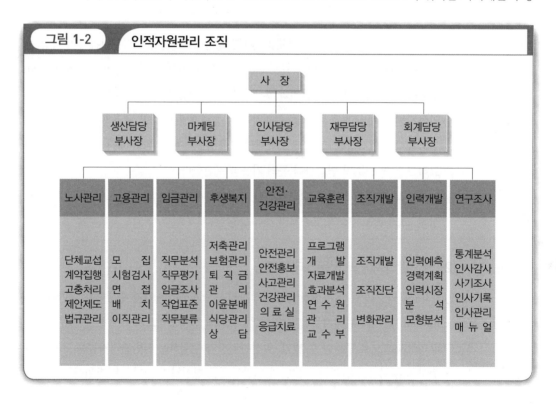

그림 1-2   인적자원관리 조직

사 장

| 생산담당 부사장 | 마케팅 부사장 | 인사담당 부사장 | 재무담당 부사장 | 회계담당 부사장 |

노사관리	고용관리	임금관리	후생복지	안전· 건강관리	교육훈련	조직개발	인력개발	연구조사
단체교섭 계약집행 고충처리 제안제도 법규관리	모 집 시험검사 면 접 배 치 이직관리	직무분석 직무평가 임금조사 작업표준 직무분류	저축관리 보험관리 퇴 직 금 관 리 이윤분배 식당관리 상 담	안전관리 안전홍보 사고관리 건강관리 의료실 응급치료	프로그램 개 발 자료개발 효과분석 연 수 원 관 리 교 수 부	조직개발 조직진단 변화관리	인력예측 경력계획 인력시장 분 석 모형분석	통계분석 인사감사 사기조사 인사기록 인사관리 매 뉴 얼

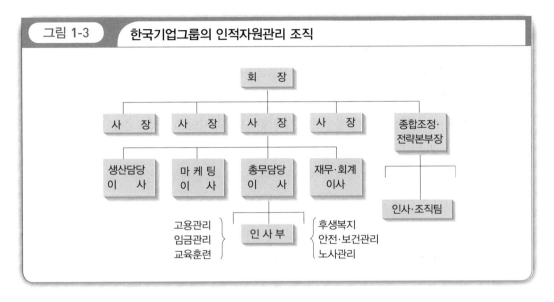

그림 1-3 한국기업그룹의 인적자원관리 조직

이나 과장 수준이 일반적이었으나, 근래에는 우리나라 기업에서도 인적자원의 중요성이 커짐에 따라서 인적자원관리 책임자가 임원수준으로 승격되는 경우가 점점 많아지고 있다. 그리고 재벌기업그룹의 경우에는 종합조정실이나 기획실 또는 회장 직속의 부속실 또는 전략경영본부에 인사팀이 구성되어 기업그룹 전체의 인적자원을 관리하는 역할을 담당하기도 했다(〈그림 1 - 3〉 참조). 그러나 IMF 외환위기 이후 특히 재벌기업그룹의 조직구조개편과 관련하여 그룹차원의 인적자원관리를 포함한 종합조정기능이 계열사로 분산·이전되는 경향이 많이 나타나고 있다.

제 2 절 환경변화와 새로운 인적자원관리

앞 절에서 소개한 GE사례는 현대기업에서 인적자원관리가 얼마나 중요한 성과요인이고 기업 경쟁력의 중요한 요소인지를 말해 준다. GE뿐만 아니라 높은 성과를 달성하고 있는 세계적인 선진 우수기업에서도 예외 없이 인적자원관리가 이들 기업의 핵심역량을 강화하면서 높은 성과를 달성하는 데 크게 기여하고 있다(Collins & Porras, 1994; Collins, 2002; Gratton, 2007; Fulmer, Gerhart & Scott, 2003).

우리나라의 많은 조직체에서 인적자원관리는 오랫동안 전통적인 인사관리(Personnel Management) 개념하에서 인사기록, 급여, 후생복지 등 주로 일상적인 인사 관련 서비스와 행정업무에 치중해 왔다. 그리하여 인사관리스태프의 일은 성격이 원만하고 인간관계가 좋은 사람이면 누구나 할 수 있는 일로 인식되어 왔고, 인사부서가 조직체에 공헌해야 하는 가치와 이에 대한 책임이 불분명한 상태에서 인사부서의 효율성은 주로 인사관련 업무를 얼마나 경제적으로 수행하느냐에 의하여 평가되어 왔다. 그러나 근래의 환경변화는 현대조직의 인적자원관리에 본질적인 변화를 가져오고 있다. 현대조직의 주요 환경변화와 인적자원관리의 도전 및 변화방향을 정리해 본다.

1. 환경변화와 인적자원관리의 도전

근래에 우리나라에는 정치·경제·기술 등 사회 전반에 걸쳐서 많은 변화가 일어나고 있다. 이들 변화 중에서 현대조직의 인적자원관리를 크게 변화시키고 있는 중요 요인들을 살펴본다.

(1) 사회발전과 욕구수준의 상승

사회문화의 발전은 조직구성원들의 일에 대한 개념과 직장생활의 질(quality of work life)에 많은 변화를 가져오면서 그들의 욕구와 행동동기를 복잡하게 만든다. 더럽고 위험하고 어려운 일을 기피하는 3D(dirty, dangerous, difficult)업종 기피현상은 사회·경제발전이 우리나라 근로자들의 일에 대한 태도를 얼마나 변화시키고 있는지를 말해 준다. 그리고 민주화의 물결은 조직구성원들의 경영참여의식을 높이면서 경영과정에 큰 변화를 가져왔다. 이러한 변화는 모두 우리나라 조직체에서 인적자원관리의 중요도를 높이고 점차 고급화·다양화·복잡화되는 구성원들의 욕구동기를 충족시키기 위한 인적자원관리에 더 많은 노력을 기울이게 하는 요인이 되고 있다.

(2) 개방화 및 세계화와 경쟁력강화 압력

우리나라 기업은 오랫동안 기업경영을 국제수준으로 발전시키는 데 많은 노력을 기울여 왔고, 개방화와 세계화의 물결 속에서 세계시장을 상대로 무한경쟁에서 살아남을 수 있는 경쟁력을 강화하는 데 전력을 기울이고 있다. 그 과정에서 무엇보다도 인적자원이 경쟁

력강화에 가장 중요하다는 것을 인식하게 되었다. 즉, 기업경영은 인적자원과 그들에 대한
관리수준에 달렸고, 기술과 품질, 그리고 서비스와 속도 등 경쟁력의 주요 원천도 역시 인
적자원과 이의 효율적인 관리에 달렸다는 것을 깨닫게 된 것이다. 이와 같이 우리나라에서
기업선진화와 경쟁력강화 압력은 유능한 인적자원의 확보와 경영의 질 향상 그리고 선진기
업으로서의 기업문화개발 등 인적자원관리의 중요성을 한층 더 높이고 있다.

　　그러한 추세로 인해 고용보장을 특징으로 하는 전통적 고용관계가 점차 약화되고 있다.
그 결과 구성원들은 조직체에 대한 충성과 심리적 몰입을 철회하고 있고, 자신들의 경력관리
를 자신이 소속한 조직체에 한정하지 않고 조직체를 옮겨다니면서 스스로 관리하는 쪽으로
움직이고 있다. 이러한 환경에서 일에 대한 열정과 조직체에 대한 헌신적 태도를 가지고 창의
적으로 일하는 인적자원을 어떻게 확보하고 유지할 것인지가 새로운 과제로 대두되었다.

(3) 정보화와 기술고도화

　　기업의 경쟁력에서 기술력의 중요성은 너무나 분명하기 때문에 설명할 필요가 없다.
과학기술과 정보기술이 고도화됨에 따라서 기업의 경쟁력에서 기업의 기술력이 차지하는
비중은 더욱 커진다. 따라서 우리나라 기업은 기술선진화와 정보기술개발 그리고 최근에
는 지식경영과 조직개발에 많은 노력을 기울여 왔고, 그 과정에서 각종 기술인력의 중요성
과 효율적인 관리는 물론 기술을 중시하는 기업문화의 개발이 얼마나 중요한지를 인식하게
되었다. 또한, 기술고도화와 정보화가 가져오는 다변화 및 불확실성에 적절히 대응하고 신
속한 정보와 지식경영으로 비교경쟁우위를 확보해 나가는 것도 효과적인 인적자원관리에
달렸다. 이와 같이 기업의 경쟁력에서 기술력의 중요성은 바로 유능한 기술인력자원과 그
들에 대한 관리 그리고 끊임없는 능력개발과 기술문화의 개발 등 인적자원관리의 중요성을
의미한다.

(4) 사회다원화와 이해관계자의 다양화

　　우리나라의 사회문화발전은 국민의 의식수준을 높이고 그들의 참여의식을 높이면서
다양한 이익집단(interest group)과 이해관계자(stakeholder)[1]들을 형성하도록 하고 그들의
활동을 크게 활성화시켰다. 특히 우리나라 기업은 전통적으로 이해관계자들 중 정부와 주

---

1) 기업의 이해관계자는 기업과 이해관계를 맺고 있는 집단이나 단체, 주주, 정부, 고객, 금융기관, 공급업체, 협력업체,
　경영자, 구성원, 노조, 지역사회 등을 포함한다.

주 그리고 금융기관과의 원만한 관계에만 많은 노력을 기울였지만, 이제 고객은 물론 구성원들과 노조, 그리고 협력업체와 나아가서는 경쟁업체들과도 좋은 관계를 유지해야 하는 입장에 놓였다. 뿐만 아니라, 국제표준화기구(ISO: international organization for standardization)는 2010년 모든 형태의 공적, 사적 조직들이 지속가능한 발전에 기여할 수 있도록 하자는 취지에서 조직체의 사회적 책임에 대한 국제표준 ISO 26000을 확정·발표하였는데, 이를 계기로 우리나라에서도 조직체의 사회적 책임에 대한 국민의 요구와 인식이 더욱 더 높아질 것이다. 이것은 바로 기업의 사회시민(social citizen)으로서의 책임이 확대되는 것을 의미하며, 인적자원관리에 있어서도 구성원들에 대한 인간적인 존중과 노조와의 상호 협력적 관계, 그리고 협력업체와의 공동체의식과 경쟁업체와의 기술협력 등 보다 전략적 차원에서의 접근을 요구함으로써 현대기업에서의 인적자원관리의 중요성을 증대시키고 있다.

(5) 급속한 인구고령화

우리나라는 급격한 속도로 고령화 사회를 거쳐 고령사회로 나아가고 있다.[2] 2011년 통계청이 발표한 「장래인구추계」에 따르면 65세 이상 인구의 비율이 2000년 7.2%이던 것이 2010년에는 11.0%, 2020년에는 15.7%, 2050년이면 37.4% 등으로 급격하게 증가할 것으로 예측된다. 반면 저출산의 영향으로 0~14세 인구의 비율은 2000년 21.1%이던 것이 2010년에는 16.1%, 2020년에는 13.2%, 2050년이면 9.9%로 급격하게 감소할 것으로 예측된다. 그런가 하면 우리나라 전체 취업자 가운데 55세 이상 고령자가 차지하는 비율은 2000년 15.2%에서 2009년에는 19.4%까지 올라 20% 돌파를 눈앞에 두고 있다(〈표 1 - 2〉 참조).

한편, 1955년부터 1964년 사이에 태어난 베이비붐 세대가 향후 10여년에 걸쳐 본격적으로 은퇴기에 접어들면서 여러 가지 사회적 이슈를 유발하게 될 것이다. 무엇보다도 고령인구의 소득보전을 위한 재정 부담이 급격하게 늘어날 것으로 예측된다. 공적연금의 가입자 대비 수혜자 비율이 그 동안 꾸준히 늘어나 국민연금의 경우 1989년에는 1.3%이던 것이 2009년에는 15.0%로 증가하였는데, 베이비붐 세대의 본격적인 은퇴와 함께 그 증가 속도는 훨씬 더 빨라질 것이다. 그런가 하면, 15~64세 생산가능인구 대비 65세 이상 인구의 비율을 나타내는 노년부양비도 급격하게 늘어나 2010년 기준 15.2%이던 것이 2050년이 되면 71.0%로 높아진다. 이는 생산가능인구 1.4명이 노인 1명을 부양하게 된다는 의미로 미

---

2) 총인구 중 65세 이상 인구의 비율이 7%를 넘으면 고령화사회, 14%를 넘으면 고령사회, 20%를 넘으면 초고령사회라 한다.

■ ■표 1-2 **장래인구 추계**

		1980	1990	2000	2010	2020	2030	2040	2050
총 인 구		38,124	42,869	47,008	49,410	51,435	52,160	51,091	48,121
인구수	0~14세	12,951	10,974	9,911	7,975	6,788	5,575	35,718	4,783
	15~64세	23,717	29,701	33,702	35,983	36,563	32,893	28,873	25,347
	≥ 65세	1,456	2,195	3,395	5,452	8,084	12,691	16,501	17,991
구성비	0~14세	34.0	25.6	21.1	16.1	13.2	12.6	11.2	9.9
	15~64세	62.2	69.3	71.7	72.8	71.1	63.1	56.5	52.7
	≥ 65세	3.8	5.1	7.2	11.0	15.7	24.3	32.3	37.4
	계	100	100	100	100	100	100	100	100

자료 : 통계청, 「장래인구추계」, 2011.

래 생산연령층의 사회보험료 부담 증가속도는 매우 빠를 것으로 예상된다. 이러한 사회적 부담의 급증과 기대수명 증가는 정년연장에 대한 사회적 요구로 나타날 것인 바, 기업은 인력운영 방식의 근본적 변화를 준비하지 않으면 안 될 것이다.

(6) 인적자원관리의 도전적 환경

이와 같은 환경변화는 현대조직의 인적자원관리에 도전요인으로 작용한다. 〈그림 1-4〉에서 보는 바와 같이 현대조직은 세계화, 정보화, 욕구수준 상승, 사회다원화, 고령화 등의 환경 속에서 무한경쟁에 적절히 대응하기 위하여 변신해야 하고, 여기에 인적자원관리가 결정적인 역할을 한다. 조직체의 경영전략과 통합된 전략적 인적자원관리, 열린 경영, 자원공유의식, 지식경영, 학습문화, 스피드경영, 변화적응능력, 노사간 협력관계, 구성원들의 팀워크와 커미트먼트 등이 현대조직이 새로운 환경에서 살아남기 위하여 개발해야 할 인적자원관리 도전이다. 그리고 이 도전에 얼마나 적극적으로 그리고 효과적으로 대응하느냐에 따라 조직체의 비교경쟁우위가 결정된다.

이와 같은 현대조직의 환경변화는 인적자원관리에 본질적인 변화를 초래하고 있다. 〈표 1-3〉에서 보는 바와 같이 인적자원관리는 이제 현대조직의 성과에 기여하고 경쟁력을 향상시키는 전략적 기능으로서, 여기에는 인적자원관리에 관한 전문지식과 기술이 존재하고 이것이 바로 인적자원관리스태프에 의하여 발휘되고 있다. 그리하여 인적자원관리스태프는 현대조직의 전략경영과정에 적극적으로 참여하고 성과달성에 있어서도 일선관리자들과 동반자적 역할을 수행하면서 조직성과에 공동책임을 지는 중요한 기능으로 인식되고 있

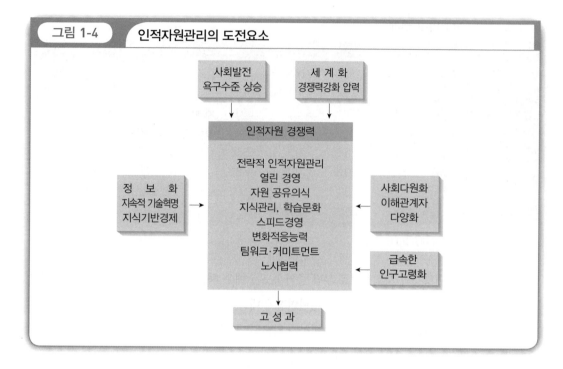

그림 1-4   인적자원관리의 도전요소

다. 이와 같은 인적자원관리스태프의 전문기능과 인적자원의 전략적 관리는 선진국 기업에서는 이미 오랫동안 실천되어 왔고, 우리나라 기업에서도 이와 같은 방향으로 많은 변화가 일어나고 있다([사례연구 #1 - 1] 참조).

■■표 1-3 인적자원관리의 변화방향

전통적 인사관리		현대적 인적자원관리
일상적, 운영적(routine, operational)	⟶	장기적, 전략적(long-term, strategic)
통제적(policing)	⟶	동반자적(partnering)
행정적(administrative)	⟶	컨설팅(consulting)
기능중심적(functionally oriented)	⟶	성과중심적(performance-oriented)
내부지향적	⟶	외부지향적, 고객중심적
수동적(reactive)	⟶	능동적, 선제적(proactive)
활동중심적(activity-focused)	⟶	문제해결지향적(solution-focused)

2. 경쟁력강화를 위한 새로운 인적자원관리

1990년대에 들어서 정보화, 세계화, 기술혁명 등의 환경변화가 심해짐에 따라서 우리 나라 기업의 국제경쟁력은 점차 약화되었고, 따라서 우리나라의 많은 기업들이 경쟁력강화 를 위한 본격적인 경영혁신에 나서기 시작하였다. 특히 1997년 IMF 외환위기 이래 우리나 라의 많은 기업체들은 생존 자체에 위협을 받으면서 강력한 구조조정과 경영혁신을 전개하 는 등 인적자원관리에도 획기적인 개혁과 변화를 추구하기 시작하였다. 많은 기업들이 종 신고용, 학력중심의 선발, 연공서열에 따른 승진과 임금 등 전통적인 인사제도에서 벗어나 계약고용, 연봉제, 다면평가, 발탁인사제 등 새로운 인사제도를 도입해 왔다. 조직구조에 있어서도 팀제, 수평조직, 매트릭스(matrix) 조직 등 새로운 시스템이 점차 많이 활용되고 있고, 조직문화에 있어서도 열린 경영, 스피드경영, 지식경영, 학습조직 등 구성원들의 새 로운 가치관과 행동을 조성하기 위한 조직개발도 점점 활발히 전개되고 있다.

이 절은 세계화, 정보화, 기술혁명 등 변화된 환경에서 인적자원관리가 어떻게 조직성 과의 결정적인 요인으로 작용하고 나아가서는 현대조직의 경쟁력으로 작용하는지를 살펴 보았다. 앞으로 우리나라 기업이 선진기업으로 발전하려면 국제경쟁력을 더욱 강화해 나가 야 하고, 따라서 경쟁력강화를 위한 전략적 인적자원관리의 중요성은 갈수록 커질 것이다.

제 3 절 비교우위관점에서의 인적자원관리 개념

인적자원이 기업 혹은 조직체의 핵심 경쟁력요인으로 작용하면서 인적자원관리는 조 직체 또는 기업의 경쟁력에 결정적인 영향을 준다. 인적자원의 경쟁력 관점과 전략적 관점, 그리고 인적자원관리의 중요기능을 중심으로 비교경쟁우위 관점에서의 인적자원관리 개념 을 정리한다.

1. 인적자원의 경쟁력

전통적으로 자원(resource)이란 거시적인 관점에서는 주로 천연자원을 중심으로 이해되지만, 조직체에서는 자금과 토지, 건물, 기계, 설비, 자재 등 물적 자원을 중심으로 이해되고 있다. 기업체에서 자산은 경제적 부(富)의 척도로서, 이를 증식시키고 보존하는 것이 경영의 중요한 목적으로 강조되고 있다. 따라서 조직구성원들을 자원개념에 포함시키는 것은 그들에 대한 관리에 있어서 중요한 의미를 시사한다. 인적자원관리에서 조직구성원들에 대한 자원개념은 주로 자산과 투자 그리고 경쟁력 관점에서 이해될 수 있다.

(1) 조직의 자산관점

인적자원관점은 구성원들을 조직체의 자산 또는 인적자본(human capital)으로 여긴다. 인적자원을 조직체의 자산으로 보는 것은 조직체의 가치를 높이기 위하여 우수한 인력을 확보하고, 그들을 아끼고 잘 활용하며 항상 높은 가치를 유지하도록 노력하는 것을 의미한다. 이것은 기업체가 자금이나 값비싼 기계설비 및 자재를 아끼고 이를 최대로 활용하는 동시에 이를 잘 유지·보존하는 데 전력을 기울이는 것과 같다. 더욱이 한 기업의 가치를 평가하는 면에서 손에 잡히지 않는 소프트웨어가 손에 잡히는 하드웨어보다 훨씬 더 큰 비중을 차지하고 있는 지식기반경쟁시대에는 뛰어난 역량과 열정과 창의력으로 무장된 인적자원이 물적자원보다 훨씬 더 중요한 자산으로 취급되고 있으며, 지속가능한 비교경쟁우위 확보의 핵심원천으로 인식되고 있다(Barney, 1991).

(2) 가치증대를 위한 투자관점

구성원들을 자원으로 보는 관점은 그들의 잠재능력을 개발함으로써 자산으로서의 그들의 가치를 항상 높이는 동시에 조직체의 부도 증가시키는 것을 의미한다. 기계설비를 항상 잘 보수·유지하고 새로운 기술과 시설에 투자하여 생산성을 높여나가는 것과 마찬가지로, 구성원들에 대해서는 만족스러운 대우를 제공하고 그들의 잠재능력을 개발하여 그들의 일에 대한 동기와 커미트먼트 수준을 항상 높여 나가는 것이다. 그리고 그들의 능력개발은 조직체의 가치를 증가시키는 것을 의미한다(Noe et al., 2010).

(3) 비교경쟁우위 관점

인적자원은 조직성과의 주체로서 조직체의 비교경쟁우위를 결정하는 핵심요소이다. 비교경쟁우위의 주무기로 사용되었던 기업의 자금력과 규모의 경제, 저임의 노동력, 보호무역장벽 등은 이제 세계화와 무경계화의 변화 속에서 무력화되어 가고 있고, 새로운 경영환경에서 인적자원이 기업경쟁력의 가장 중요한 원천으로 부상했다.

우리나라 기업에서 구성원들에 대한 자원관점은 전통적으로 재무자원이나 물적자원에 비하여 그 중요성에 대한 인식 수준이 아직도 낮은 것이 현실이고, 바로 여기에 일반 인사관리와 인적자원관리 간에 중요한 차이가 있다. 구성원들을 조직체의 자원 또는 자산으로 인식하고 비교경쟁우위요소로 이를 강조할 때, 유능한 인력확보와 잠재능력의 개발 그리고 구성원들의 활용과 보존에 보다 적극적인 노력이 가능해질 수 있다.

②. 인적자원의 전략적 관점

인적자원은 재무자원과 기계 및 설비 등 물적 자원과 더불어 조직체의 3대 자원으로서, 조직성과에 많은 영향을 준다. 그러나 인적자원은 재무자원이나 물적 자원에 비하여 그 성격이 본질적으로 다르고, 따라서 조직성과와 비교경쟁우위에 가장 큰 영향을 미친다. 다른 자원과 인적자원의 차이점을 요약해 본다.

(1) 인적자원의 능동성

다른 자원에 비하여 인적자원의 가장 특이한 점은 인적자원의 능동적 성격이다. 즉 재무자원과 기계, 설비, 자재 등 물적 자원은 성과에 기여하는 정도에 있어서 수동적인 성격을 지니고 있지만, 인적자원의 성과는 인적자원의 욕구와 동기, 태도와 행동 그리고 만족감 여하에 따라 결정되고, 인적자원의 행동동기와 만족감은 경영관리에 의하여 영향을 받는다. 그리고 인적자원관리의 차이가 조직성과에 주는 영향은 안정적·고정적 환경보다도 다변적·동태적 그리고 도전적 환경에서 더욱 크고 분명하게 나타난다. 따라서 급변하는 환경에 처한 현대조직에서 인적자원의 능동적 특징과 인적자원관리의 중요성은 더욱 크다.

(2) 인적자원의 개발가능성

재무자원과 물적 자원에 비하여 인적자원의 또 다른 차이점은 개발가능성이다. 자금이나 물적자원은 자체의 주어진 양과 질을 한계로 이들 자원의 확장과 개발이 불가능하지만, 인적자원은 자연적인 성장과 성숙은 물론 오랜 기간 동안에 걸쳐서 개발될 수 있는 많은 잠재능력과 자질을 보유하고 있다. 인적자원의 개발도 환경변화와 이에 따른 조직변화가 심할수록 현대조직의 인적자원관리에서 차지하는 중요성이 더욱 커진다.

(3) 전략적 성과요인

조직체의 성과는 조직체의 자원을 얼마나 잘 관리하느냐에 달렸다. 그러나 여러 자원 중에서도 특히 조직성과와 가장 밀접한 관계를 맺고 있는 것이 인적자원이다. 따라서 인적자원은 조직성과에 있어서 다른 어느 자원보다도 전략적인 요소로 작용한다(Baron & Kreps, 1999).

인적자원이 자금이나 물적자원과 더불어 조직체의 중요한 자산이라는 것은 이미 오래 전에 인정되었고, 이에 대한 연구도 한동안 활발하게 진행되었으나(Likert, 1973; Megginson, 1972), 꾸준히 지속되지 못하여 결국 인적자원의 자산개념은 실제로 조직경영에 잘 활용되지 못하였다. 우리나라의 많은 기업에서 경영자는 자금이나 물적자원의 확보와 보존 및 활용에 많은 신경을 썼지만, 구성원들에 대한 자산으로서의 보존과 활용에 있어서는 그리 많은 노력을 기울이지 않았던 것이 현실이다. 또한, 시설확장이나 설비투자 그리고 기계·설비의 유지관리에는 힘썼지만, 우수한 인력의 확보나 구성원들의 교육훈련 그리고 그들의 사기와 건강에 대해서는 상대적으로 신경을 쓰지 못했다.

앞에서 설명한 바와 같이, 인간중심적이고 가치중심적인 경영이 우수기업들의 공통된 특징이라는 사실은 여러 연구조사에서 입증되었다(O'Reilly & Pfeffer, 2000). 그리고 인적자원에 대한 관리를 등한시하는 조직체는 장기적으로 높은 성과를 달성할 수 없는 것도 분명한 사실이다. 이와 같이 인적자원은 그 관리 여하에 따라서 조직성과에 결정적인 영향을 주는 전략적 요소이다. 그리고 경제와 사회문화의 수준이 높아질수록 경영인력과 기술인력 등 인적자원의 수준도 높아지며, 자금과 물적자원에 비하여 인적자원이 조직성과에 기여하는 정도도 더욱 커지면서 고급인력의 확보와 개발 등 효율적인 인적자원관리의 중요성은 더욱 커진다. 이와 같이 인적자원은 조직체의 중요한 자산인 것은 물론, 조직성과와 비교경쟁우위에 결정적인 역할을 하는 전략적 자원이다(Odiorne, 1984; Barney, 1991).

제 4 절 인적자원관리의 학문적 발전

인적자원관리는 조직체의 인적자원을 관리하는 경영기능이고 조직체는 인적자원으로 구성되어 있으므로 인적자원관리는 인간조직만큼의 긴 역사 속에서 그 기능을 발휘해 왔다. 그러나 인적자원관리가 학문적으로 연구되기 시작한 것은 인간조직의 긴 역사에 비추어 볼 때 극히 최근의 일이라 할 수 있다. 실제로 인적자원관리를 학교에서 처음으로 강의한 것은 1915년 미국의 다트마우스대학(Dartmouth College)에서였고(Sherman & Bahlander, 1992), 인적자원관리에 관한 교재가 처음으로 출판된 것은 테드(Tead)와 멧트켈프(Metcalf)가 1920년에 발간한 『인사관리』(Personnel Administration)가 그 효시이다(Tead & Metcalf, 1920).

이와 같이 인적자원관리의 학문적 접근은 20세기에 들어와서야 시작되었고, 따라서 인적자원관리는 그 역사가 비교적 짧은 젊은 학문이라 할 수 있다. 그러나 비록 짧은 기간 동안이지만 인적자원관리는 학문적으로 매우 급속한 발전을 해왔다. 그 과정에서 인적자원관리에 대한 이론지식과 인적자원의 효율적 관리방법과 기법이 연구·개발되어 경영학의 학문적 발전과 경영실무의 선진화에 크게 기여하였고, 나아가서는 사회·경제발전에도 많은 공헌을 하였다.

우리나라에서 인적자원관리가 처음으로 대학의 교과과목으로 개설된 것은 1950년대 말이었고, 인적자원관리가 조직체에서 전문적인 경영분야로서 그 기능을 발휘하기 시작한 것은 1960년대였다. 따라서 우리나라에서 인적자원관리는 40여 년 정도의 짧은 역사를 가지고 있다. 이와 같이 짧은 기간에도 불구하고 우리나라의 인적자원관리는 우리나라 경제의 고도성장과 더불어 급속히 발전하면서 현대조직경영의 중요한 기능을 차지해 왔다.

이 절은 인적자원관리의 역사적 발전배경을 간단히 살펴봄으로써 인적자원관리에 대한 이해를 도우려 한다. 인적자원관리의 발전은 학문적으로나 실무적으로 서구 제국이 선두적인 역할을 해왔다. 따라서 인적자원관리가 역사적으로 어떻게 발전해 왔는지를 연구하려면 선진국에서의 인적자원관리 발전과정을 연구할 필요가 있다. 인적자원관리는 그 개념과 접근방법에 있어서 사회문화 등 조직체 환경과 밀접한 관계가 있으므로, 서구 선진국에서의 역사적 발전배경을 연구하는 것은 서구제국에서의 인적자원관리에 대한 이해를 증진시키는 것은 물론, 우리나라의 사회문화환경을 중심으로 우리나라의 인적자원관리에 대한 이해를 증진시키는 데에도 많은 도움을 준다.

인적자원관리는 정치, 경제, 기술, 문화 등 사회경제적 환경의 영향을 받으면서 발전한다. 경제와 사회문화 발전은 조직구성원들의 욕구 수준을 높이고 노조의 결성과 단체활동을 증가시켜 인적자원관리에 많은 변화를 가져온다. 그리고 노사간의 갈등은 정부로 하여금 노사관계를 조정하는 여러 가지의 법규를 제정하도록 만들어서 역시 인적자원관리에 많은 변화를 가져온다. 이와 같이 인적자원관리는 사회경제적 환경의 변화와 더불어 발전하고, 특히 인적자원관리의 발전 초기에는 노동운동과 노조활동 그리고 정부의 역할이 인적자원관리의 발전을 촉진시킨다.

인적자원관리의 발전과정을 근대 경영학의 체계적 학문발전이 시작된 20세기 초부터 단계적으로 요약해 본다.

① 과학적 관리법과 구조적 인적자원관리 접근

조직경영에 관한 체계적인 연구에 있어서 가장 선도적 역할을 한 것이 테일러(F. Taylor)의 과학적 관리법이다(Taylor, 1911a). 과학적 관리법은 주로 공장을 중심으로 공장 전반에 걸쳐 효율적인 생산과 경영관리를 연구했지만, 그 내용에 있어서 인적자원관리에 관한 관점과 기법도 포함되어 있어서 인적자원관리의 학문적 연구에도 중요한 공헌을 하였다.

(1) 과학적 과업관리와 직무설계

과학적 관리법의 첫 번째 원리는 관리자와 근로자의 직책이 분업화되어야 한다는 과업관리(task management)의 원리이다. 이 원리는 경제학자 아담 스미스(A. Smith)의 분업의 원리에 이론적 바탕을 두었다고 볼 수 있다. 과업관리원리에 의하면 관리자는 근로자의 직무와 직무수행방법을 근로자 자신에게 맡겨 둘 것이 아니라, 근로자의 직무를 설계해 주고 직무수행방법도 구체적으로 설정해 주는 직무연구(job study)의 책임을 져야 하며, 근로자는 관리자가 설정해 준 직무를 그대로 수행하는 것이 그들의 과업이라는 것이다.

과업관리의 원리는 직무연구와 직무설계과정에서 동작연구(time and motion study)를 처음으로 적용하고, 직무수행에 사용되는 도구 등 작업조건과 환경을 표준화하여 최적 직무수행방법(one best method)을 설정하였다. 또한, 이를 기준으로 표준생산량(production standard)을 설정하는 등 경영관리자의 기획기능을 강조하면서 체계적 직무설계의 기초개념과 기법을 개발하는 데 크게 기여하였다.

(2) 과학적 선발과 훈련

직무연구에 의하여 설계된 직무내용을 기준으로 주어진 직무를 만족스럽게 수행할 수 있는 자격조건을 명시하고, 이에 따라서 근로자들을 선발하며, 나아가서는 직무조건에 맞추어 훈련을 시켜야 한다는 것이 과학적 선발과 훈련의 원리이다. 이 원리는 설계된 직무 내용과 작업조건을 중심으로 인간공학(human engineering)의 관점에서 직무에서 요구되는 육체적·지능적 자격을 갖춘 근로자들을 선발하고, 표준생산량을 달성하도록 그들의 훈련을 강조함으로써 체계적인 인력확보와 개발에 선도적인 역할을 하였다.

(3) 차등성과급제

과학적 관리법의 또 한 가지 공헌은 근로자 임금에 있어서 생산량에 비례하여 임금을 지불하는 성과급제(piece-rate payment)를 처음으로 적용하였다. 특히 테일러는 단순히 생산량에 정비례하여 임금을 지불하는 단순성과급제(straight piece-rate payment)와는 달리, 일정한 표준량을 설정하여 표준량까지는 단순성과급이 적용되지만 표준량을 초과하는 부분에 대해서는 더 높은 임금률을 적용하는 차등성과급제(differential piece-rate payment)를 창안하였다. 차등성과급제에서 적용되는 표준량과 임금률은 물론 직무연구를 통하여 설정되었다.

(4) 기능적 감독자제도

공장의 생산성을 높이기 위한 테일러의 과학적 관리는 공장의 조직구조에까지 적용되었다. 테일러는 공장의 생산성에 가장 중요한 역할을 하는 사람은 일선감독자(first-line fore-man)이지만, 그에게 주어진 업무가 너무 많아서 감독자의 관리기능이 제대로 발휘되지 못하여 생산성이 저하되고 있다고 믿었다. 그리하여 테일러는 일선감독자의 직무구조에 분업의 원리를 적용하여 일선감독자는 부하 근로자들의 생산을 감독하는 데에만 치중하도록 하고 기타 생산계획이나 품질점검 그리고 근로자들의 훈련 등 다른 관리업무는 이를 전문적으로 취급할 수 있는 감독자를 따로 채용하여 그들에게 이들 관리업무를 맡겨야 한다는 기능적 감독자제도(functional foremanship)를 제안하였다(Taylor, 1911b).

기능적 감독자제도는 관리구조의 합리성은 높여 주었지만, 실제 관리에 있어서 일선감독자와 기능적 감독자 그리고 근로자 간의 권한관계와 지휘·명령관계의 복잡성으로 말미암아 테일러가 기대한 만큼의 성과를 거두지 못하였다. 그러나 기능적 감독자제도는 근본적으로 조직경영의 기능을 전문화하고 전문기능의 효과를 극대화시키려는 기능적 조직 (functional organization)의 기본개념을 창시했다는 점에서 인적자원관리 발전에 있어서 그 의미가 크다고 할 수 있다.

이와 같이 과학적 관리법은 공장경영을 효율화하고 능률과 생산성을 높이는 과정에서 직무연구와 성과급제, 과학적 선발과 교육훈련, 그리고 기능적 관리조직구조 등 현대조직 에서 지금도 사용되고 있는 인적자원관리 기능과 기법을 처음으로 개발함으로써 인적자원 관리 발전에 크게 기여하였다.

(5) 초기 산업심리학적 연구

과학적 관리법과 때를 같이하여 공장의 작업환경과 근로자의 심리에 대한 연구를 통하 여 직장과 근로자 간의 관계를 효율화시키려는 산업심리학(Industrial Psychology)이 공장경 영과 인적자원관리에 중요한 공헌을 하였다. 특히 미국 하버드(Harvard)대학의 실험심리학 자 뮌스터버그는 심리학 지식과 연구방법이 과학적인 조직경영과 인적자원관리에 큰 도움 이 될 수 있다고 강조하고, 근로자의 직무를 분석하고 각종 검사측정을 통하여 직무에서 요 구되는 신체적, 지능적 그리고 성격적 요건을 연구함으로써 근로자의 과학적 선발에 실질 적인 공헌을 하였다(Munsterberg, 1913; Moskowitz, 1977).

그뿐 아니라 뮌스터버그는 직장사고에 따른 인적 손실과 막대한 배상금 지출을 안타깝 게 생각하고, 각종 검사도구를 통하여 사고개연성(accident proneness)이 높은 사람들을 추 려내려고 노력하였으며, 직무의 지루함이나 직무 간의 연결성 등 작업조건과 환경도 분석하 여 개인적 특성에 알맞은 인적 요건을 연구하여 직무와 근로자 사이의 조화가 잘 되도록 과 학적인 접근을 시도하였다. 그 외에도 스캇(W. D. Scott)의 판매원 자질에 관한 연구, 카텔 (J. M. Cattell)의 심리검사에 관한 연구, 우즈(E. Woods)의 심리적 검사의 통계적 타당성에 관한 연구, 그리고 빙햄(W. Bingham)의 적성검사와 면접에 관한 연구 등은 당시의 과학적 관리를 심리학적으로 접근한 산업심리학의 선구적 연구들이다(Scott et al., 1961; Bingham & Moore, 1931).

이상 인적자원관리의 초기발전에 기여한 과학적 관리법과 산업심리학적 연구를 살펴 보았다. 과학적 관리법과 산업심리학적 연구는 인적자원관리에 있어서 공학과 심리학의 지 식 및 연구방법을 활용하여 조직체의 능률과 생산성을 높이기 위한 인적자원관리의 원리와 방법을 개발함으로써 인적자원관리 발전에 크게 기여하였다. 이들 연구는 접근방법과 분석방법에 있어서 인적자원관리를 합리화하고 과학화하려고 노력했다는 점에서 서로 공통점을 지니고 있다. 그리고 이들 연구는 조직체의 효율적인 목적달성을 위하여 최적의 구조체계가 있다는 것을 전제하고, 인간공학적 관점에서 물리적 작업환경을 표준화하고 직무설계와 고용제도 그리고 임금제도를 공식화하여 구성원들을 관리하려고 노력했다는 점에서 구조적 접근이라 할 수 있다.

②. 호손공장실험과 인간적 인적자원관리 접근

조직경영에 대한 과학적·구조적 접근은 급속히 확대되어 가던 산업조직을 합리화하고 대량생산체계의 능률을 높이려는 19세기와 20세기 초의 시대적 요청을 충족시켜 주었다. 그러나 산업이 발전하고 경제와 사회문화 수준이 높아짐에 따라서 조직체도 복잡해지고 조직구성원의 욕구동기와 행동경향에도 많은 변화가 일어났다. 그리하여 조직체에도 능률과 생산성 이외에 경영조직과 조직구성원의 행동을 둘러싸고 새로운 문제들이 많이 발생하게 되었다. 따라서 조직경영에 대한 새로운 관점과 접근방법이 요구되기 시작하였다.

(1) 호손공장실험

효율적인 경영관리에 대한 과학적·구조적 접근방법에 대한 의문점이 증가되어 오던 중, 1920년대 하반기에 미국 하버드대학의 사회학자인 메이요와 로스리스버거는 시카고(Chicago) 시 근교에 위치한 웨스턴 일렉트릭 회사(Western Electric Company)의 호손공장에서 과학적 관리법의 타당성을 실제로 검증하는 연구를 시작하였다. 호손공장실험(Hawthorne Plant Experiment)이라고 불리는 이 연구는 1927년~1932년의 장기간에 걸쳐서 얻은 연구결과를 통하여 조직체와 조직구성원의 행동에 대한 새로운 인식을 갖게 했으며(Mayo, 1933; Roethlisberger & Dickson, 1939), 인적자원관리는 물론 경영학 전체의 학문적 발전에 매우 중요한 역할을 하게 되었다.

호손공장실험은 처음에는 과학적 관리법에서 기본전제로 삼고 있는 작업장의 물리적 환경과 생산성과의 상호 연관관계를 검증하는 데 기본목적이 있었다. 즉, 작업환경의 표준화, 합리적인 직무내용과 직무수행방법의 설계 등 과학적 관리법의 기본원리가 실제로 유효한지를 연구하려는 것이 원래의 목적이었다. 그리하여 사회과학에서 사용되는 통제집단과 실험집단의 연구조사방법을 적용하여 작업장의 조명, 작업시간, 임금지불방법 등 여러 가지 작업환경과 조건을 변경해 가면서 이에 따른 생산성의 변화를 분석해 보았다. 그러나 작업환경과 생산성과는 뚜렷한 연관성이 나타나지 않았고, 오히려 작업집단의 인간적 요소들과 관리감독이 생산성과 더 밀접한 관계를 갖는 것으로 나타났다.

따라서 메이요와 로스리스버거는 연구 후반에는 호손공장실험의 연구초점을 작업환경으로부터 집단행동으로 바꾸었다. 그리하여 2만여 명의 구성원을 대상으로 비지시적 면접방법을 사용하여 그들의 직무만족감과 관리자에 대한 만족감 등 그들의 행동과 생산성에 작용하는 요인에 대하여 집중적으로 연구하였다. 그 결과, 생산성은 작업집단의 구성원들 사이에서 형성되는 상호관계와 그들 사이의 상호 작용에 의하여 크게 영향을 받고 있다는 사실이 드러났다. 특히 공식적인 직무구조와 권한체계보다는 자연발생적인 비공식조직과 비공식역할이 더 중요한 것으로 나타났고, 집단구성원이 자기 직무와 관리자 그리고 다른 구성원에 대하여 어떻게 생각하고 있는지가 생산성에 크게 작용하고 있는 것으로 나타났다.

(2) 인적자원관리의 인간관계기법

호손공장에서의 연구결과는 생산성을 올리기 위한 조직경영과 인적자원관리에 대하여 새로운 인식과 관점을 제시해 주었다. 그뿐 아니라 인간관계(Human Relations)라는 새로운 학문분야도 개척되어 근대적인 인적자원관리 발전에 크게 기여하였다. 호손공장실험의 결과로 인한 새로운 인적자원관리 관점과 조직경영에 대한 새로운 접근을 요약한다.

① **조직체의 사회적 성격**: 조직체는 단순히 직무와 권한관계로 형성된 공식구조가 아니라 개인들로 구성된 사회적 집합체 또는 유기체이다. 따라서 조직체의 목적을 달성하고 생산성을 높이려면 합리적인 공식구조의 설계도 중요하지만 이와 더불어 조직체에서 실제로 나타나는 자연발생적인 비공식조직도 매우 중요하며 작업집단의 생산성은 직무체계와 표준생산량 등의 공식적인 요소보다는 집단구성원들 간의 상호 작용에 의하여 지배된다.

② 개인의 행동동기: 작업집단의 구성원들은 자신이 속한 비공식조직과 규범(norm)을 통하여 자신의 행동을 통제하면서 상호 간의 귀속감과 안정감을 증대시키려고 노력한다. 성과급제하에서도 최대의 임금을 추구하기보다는 오히려 같은 작업집단의 동료구성원을 보호해 주기 위하여 자신의 생산량을 제한하거나 생산이 저조한 동료구성원을 도와주는 등 경제적 동기보다는 집단의 규범과 사회적 동기가 집단구성원의

행동형성에 중요한 요소로 작용한다.

③ **집단의 중요성**: 집단의 성과는 집단의 직무구조와 작업조건보다는 집단구성원들 간의 상호관계와 상호 작용으로부터 더 많은 영향을 받으며, 따라서 집단구성원들 간의 인간관계와 집단의 사기 그리고 집단의 응집력이 매우 중요하다.

④ **직무만족과 생산성**: 조직체의 생산성은 조직구성원이 자기 직무에 얼마나 만족하고 있고 자기 자신이 관리자로부터 얼마나 인정을 받고 있는지에 달렸으며, 따라서 집단구성원의 직무만족을 높이기 위해서는 구성원을 잘 이해하고 그들의 문제에 관심을 가지고 배려해 주는 인간중심적이고 민주적인 관리방법이 요구된다.

이와 같이 호손공장실험은 조직체에 대한 새로운 인식과 관점을 제시하여 조직연구에 있어서 그 초점을 구조적 측면으로부터 사회적·비공식적 측면으로 전환시켰다. 그리고 개인행동에 관한 연구에 있어서도 연구초점을 경제적인 욕구충족으로부터 집단구성원으로서의 사회적인 욕구충족으로 전환시켰다. 그리하여 조직경영과 인적자원관리에 있어서 종래의 구조적 그리고 공학적 접근보다는 비공식조직과 인간관계를 강조하는 조직설계와 인적자원관리 기능을 더 중요시하게 되었다.

이러한 인간적 그리고 사회적 관점에서 새로운 조직환경에 적합한 새로운 인적자원관리 기능과 기법이 개발되었다. 즉, 민주적 리더십, 사기조사, 종업원상담, 경영참여를 위한 제안제도와 복수경영제도 등이 새로운 기법으로 개발되어 1930년부터 1950년대에 이르기까지 조직체에 널리 활용되었다. 그리고 학문적 연구에 있어서도 리더십과 소집단에 관한 사회심리학적 연구를 비롯하여 집단역학, 소시오메트릭(sociometric)연구 그리고 상호관계연구(interactional analysis) 등(Cartwright & Zander, 1960; Borgatta & Bales, 1956; Lewin, 1947)이 활발하게 전개되어 개인과 집단행동 그리고 인간관계 문제를 보다 과학적으로 연구하게 되었다. 그리하여 1950년대부터 본격적으로 발전하기 시작한 행동과학의 학문적 기반을 닦아 주었다.

③. 행동과학과 학제적 인적자원관리 접근

1950년대에 들어와서 사회문화는 계속 발전하였고, 특히 과학기술의 발전은 더욱 고도화되어 경영조직도 점점 예측하기 어려운 불확실한 환경에 접하게 되었다. 그리고 조직체를 구성하고 있는 개인과 집단의 행동도 더욱 복잡해져 조직연구에 있어서 보다 심층적 분석이 요구되고 연구의 범위도 확대되었으며 연구방법도 더욱 체계화되었다. 그리하여 조직체를 비롯하여 개인과 집단의 행동을 보다 학제적(interdisciplinary)이고 과학적이며 실증적인 방법에 의하여 연구하는 행동과학이 본격적으로 발달하게 되었고, 이것이 현대 인적자원관리 관점과 기능에 큰 영향을 주게 되었다.

(1) 학제적 · 환경적 관점

환경과 조직 그리고 구성원 행동이 복잡해짐에 따라서 조직체와 인적자원관리의 학문적 연구에 있어서 이에 관련된 사회학, 인류학, 심리학 분야의 이론적 지식이 더욱 중요해졌고, 이들 학문의 이론지식과 연구방법을 기반으로 조직체와 인적자원관리 문제에 대한 보다 학제적 접근이 적용되기 시작하였다. 그리하여 사회문화(culture)와 생태(ecology), 사회조직과 구조, 집단행동, 성격과 지각, 동기 등 조직체와 집단 그리고 개인행동에 관한 연구가 활발해졌다.

행동과학은 조직체를 전체적인 환경관점에서 보고 조직체의 목적과 성과달성을 중요시하며 환경변화에 따른 조직체와 개인행동의 변화, 그리고 조직구성원의 자아실현과 인본적 가치(humanistic value)를 강조함으로써[3] 조직연구와 인적자원관리 관점에 많은 영향을 주었다. 첫째로 행동과학적 접근을 통하여 조직체와 인적자원관리에 대한 기본관점과 연구범위는 더욱 확대되었다. 가장 중요한 것은 과학적 관리법이나 인간관계에 비하여 행동과학은 생산성을 목적으로 개인과 조직체의 행위에 관련된 모든 요소를 전체적인 환경관점에서 분석하게 된 것이다.

다시 말해서, 과학적 관리법은 조직구성원의 능률향상을 위하여 작업조건과 표준량 등 공학적 접근방법을 취한 데 비하여, 행동과학은 조직구성원의 능률향상에 관련된 모든 환경적 요소를 전체적인 관점에서 이를 개선하는 데 중점을 두었다. 그리고 인간관계 중심의 인간적 접근은 조직구성원과 집단의 사기향상을 궁극적인 목적으로 강조한 데 비하여, 행동과학은 구성원이 자발적인 커미트먼트(commitment)를 통하여 조직체에 공헌함으로써 안정과 만족감을 누릴 수 있도록 이를 가능케 하는 조직의 사회적 분위기 또는 조직문화(organizational culture)의 개발을 강조하였다.

---

3) 행동과학에 관한 기본개념과 발전배경에 대해서는 이학종·박헌준(2004), 제1장과 제2장; Rush(1969) 참조.

행동과학의 이러한 학제적 접근과 전체 환경적 관점은 현대사회의 인간행동과 조직행동이 복잡해짐에 따라서 학문적으로 그 필요성이 증대되었고, 이러한 접근은 연구방법적으로 전체(unitary whole)와 부분(parts, elements)과의 상호 관계성(interrelationship)을 중요시하는 시스템 일반이론(General Systems Theory)에 의하여 크게 증진되었다.[4]

(2) 인적자원관리의 조직개발기법

이와 같이 행동과학은 조직체의 목적과 성과달성에 있어서 개인과 집단행동의 중요성을 강조하고 점차적으로 심화되는 조직체 환경의 변화 속에서 개인과 집단의 효율성을 높이는 데 기여하는 조직체의 모든 내외적 요소를 전체 환경적 관점에서 연구함으로써 현대적인 인적자원관점과 기능의 발전을 촉진시켰다. 제2절에서 설명한 바와 같이 인적자원관점은 조직체의 부와 관련된 자산 및 투자개념과 더불어 조직성과의 전략적 자원개념을 전제하는 만큼, 유능한 인력의 확보로부터 시작하여 그들의 활용과 보존 그리고 개발에 이르기까지 모든 기능에 걸쳐서 일선관리자와 전문스태프의 적극적인 관리 및 지원활동을 강조한다.

인적자원관점에서 특히 강조되는 기능은 구성원들에 대한 자원으로서의 능력개발과 성과달성을 위한 그들의 효율적인 활용이다. 따라서 인적자원관점은 실무현장 관리자들의 인적자원관리를 매우 중요시하고, 그들에 대한 전문스태프의 지원을 크게 강조한다. 그리하여 일선관리자와 전문스태프가 상호 협조하에 조직체 및 인력계획, 교육훈련과 능력개발, 경력계획개발, 계획적 조직변화와 조직개발 그리고 조직문화개발 등 인적자원개발과 조직개발에 보다 많은 노력을 기울인다. 그리고 목표관리(Management By Objective: MBO), 직무재설계(job redesign), 태스크포스팀(task force team), 분임조(Quality Circle: QC) 활동 등을 통해 구성원들의 참여와 능력발휘를 촉진함으로써 보다 높은 수준의 성과달성을 추구한다.

이와 같은 인적자원관리 기능에는 행동과학과 조직개발 연구에서의 이론지식과 기법이 많은 도움을 준다. 특히 행동과학의 행동변화와 학습에 대한 이론지식과 조직개발의 각종 계획적 변화기법들은 현대조직에서 요구되는 변화와 개혁을 성공적으로 전개해 나가는 데 많은 도움을 준다. 근래에는 조직구조조정(organizational restructuring), 업무과정 리엔지

---

4) 시스템 일반이론과 시스템 일반이론이 조직체 연구와 행동과학에 미친 영향에 관하여, 이학종·박헌준(2004), 제2장 참조.

니어링(Business Process Reengineering: BPR), 총체적 품질관리(Total Quality Control: TQC) 등 여러 가지의 경영혁신기법에도 적용되어 현대조직의 조직개발 활동과 인적자원관리 활동을 크게 활성화시키고 있다. 이들 혁신기법에 관해서는 제12장의 조직개발 부분에서 경영혁신과 관련하여 좀더 자세히 설명한다.

④. 한국기업의 인적자원관리 발전과정

이 장은 지금까지 주로 서구 선진국을 중심으로 인적자원관리의 역사적 발전과정을 살펴보았다. 앞에서 언급한 바와 같이, 우리나라에서의 인적자원관리는 1960년대부터 시작된 경제발전 및 기업성장과 더불어 발전해 왔다. 따라서 이와 같이 짧은 기간의 인적자원관리 발전과정을 단계로 구분하여 설명하기는 매우 어렵다. 그러나 과거 50여 년간 우리나라 기업에서의 인적자원관리 발전과정을 전체적으로 볼 때, 1987년의 6·29선언과 1997년 11월의 IMF 외환위기를 기점으로 하여 1960년부터 1987년까지의 체계화·합리화 단계와 그 후 1997년까지의 개방화·인간화 단계 그리고 1997년 이후의 개혁단계의 세 단계로 나눌 수 있다.

(1) 체계화 · 합리화 단계(1960~1987년)

우리나라 기업의 인적자원관리는 기업성장이 본격화된 1960년대부터 발전하기 시작하였다. 인적자원관리 초기발전단계에서 우리나라 대기업은 인사관리 전담부서를 신설하여 선발, 인사고과, 임금, 교육훈련 등 인적자원관리 전반에 걸쳐서 공식방침과 절차를 설정하여 체계적이고 합리적인 인적자원관리를 실천해 나갔다. 공채시스템을 도입하고 인사기록을 구축하였으며, 기업확장으로 인력수급이 어려워지자 교육훈련을 강조하면서 자체연수원을 설립하는 기업그룹이 급속히 증가하였다. 기업의 고도성장이 계속되면서 목표관리(MBO), 제안제도, 분임조(QC) 등의 경영기법들이 도입되고 우수인력의 확보와 교육훈련을 통한 인력개발이 활발해졌다.

기업성장과 인적자원관리의 확대로 인적자원관리 책임자(CHRO)가 임원급으로 격상되는 기업체가 나오기 시작하여 대기업에서 인적자원관리가 점차적으로 경영전략에 반영되기 시작하였다. 그러나 전체적으로 볼 때, 이 단계에서의 인적자원관리는 근본적으로 기업성장의 수단으로서 '선성장 후분배'의 원칙하에 직장생활의 질 향상보다 능률과 생산성

이 우선적으로 강조되었다. 그리하여 기업규모는 커지고 경영수준은 높아졌지만 노사관계
는 발전하지 못하였다. 따라서 인적자원관리는 규모성장에 힘입어 합리화되고 체계화되었
지만 인간적 그리고 인적자원관점에서는 기업의 성장만큼 발전하지 못하였다.

(2) 개방화 · 인간화 단계(1987~1997년)

1987년의 6·29선언을 계기로 민주화운동이 본격화되면서 우리나라 기업의 인적자원
관리는 오랫동안 침체되었던 노조결성과 노조활동이 활발해지기 시작하여 근로조건이 급
격히 개선되는 개방화·인간화 단계로 접어들었다. 이 단계에서 우리나라 기업은 전례없는
심한 노사분쟁과 파업 그리고 공권력의 개입 등 노사 간의 고통스러운 진통을 겪어나갔다.
그 과정에서 근로자들의 노동시간과 작업환경 등 노동조건은 크게 개선되고 임금 수준은
불과 10년 동안에 세 배로 급격히 상승하였으며 후생복지도 크게 개선되었다. 그리고 많은
기업체에서 노조활동이 공식화되고 노조의 경영참여가 확대되면서 노사가 보다 대등한 위
치에서 노사관계가 이루어지기 시작하였다.

세계화의 물결은 거세지고 경제개방은 가속화되어 세계시장경쟁은 점차 치열해지는
가운데 우리나라 기업은 급격한 임금상승과 노사갈등으로 약화된 국제경쟁력을 강화하기
위하여 본격적인 경영혁신운동에 나서기 시작하였다. 그리하여 우리나라의 많은 기업들이
업무과정 리엔지니어링(BPR), 경쟁적 벤치마킹, 시간중심경영(Time-based Management:
TBM) 등 각종 현대적 혁신기법들을 도입하였다. 많은 대기업들이 세계적인 우수기업으로
의 발전을 목적으로 품질, 고객만족, 기술중시 등 새로운 경영이념을 정립하고 인적자원이
경쟁력이라는 인식하에 인간존중, 자율경영, 열린경영 등 새로운 가치를 강조하면서 이것
을 점차적으로 인적자원관리에 반영시키기 시작하였다.

(3) 개혁단계(1997년~현재)

1997년의 IMF 경제위기는 우리나라 기업의 취약한 경쟁력을 그대로 드러냈고, 따라서
우리나라 기업은 무한경쟁의 환경에서 살아남기 위하여 보다 강도 높은 구조조정과 경영혁
신을 추진하여 경쟁력 있는 기업으로의 변신을 추구하는 개혁단계로 들어갔다. 이 단계에
서 우리나라 기업은 인적자원관리에 있어서 종신고용과 연공서열중심의 전통적인 인사관
리에서 벗어나 성과와 능력중심의 인적자원관리로 전환하는 등 획기적인 기업변신(corpo-
rate transformation)을 추진하기 시작하였다.

많은 기업들이 오랫동안 계획해오던 팀제, '무자료' 면접, 연봉제, 다면평가, 발탁인사제 등 새 인적자원관리제도들을 채택하여 능력중심의 인적자원관리를 정착시켜 나가고 있다. 새로운 인적자원관리 시스템의 정착은 종신고용과 연공서열 등 전통적인 가치관에서 능력중시 등 새로운 공유가치 기업문화로의 의식개혁을 의미한다. 따라서 우리나라 기업은 앞으로 인적자원관리의 개혁을 추진하고 새로운 인적자원관리 시스템을 정착시켜 나가는 과정에서 전략적 개입과 변화촉진 그리고 효율적인 변화관리 활동 등 인적자원관리 기능이 크게 전문화·다양화되고 확대됨으로써 인적자원관리의 수준과 조직체계에 있어서 많은 발전이 있을 것으로 기대된다.

이상 우리나라 기업에서의 인적자원관리 발전과정을 살펴보았다. 우리나라 기업에서의 인적자원관리는 서구 선진국에 비하여 매우 짧은 기간에 걸쳐서 급속도로 발전해 왔다. 그러나 그 발전과정은 단계적으로 그리고 순서적으로 서구 선진국에서의 발전과정과 매우 유사하다. 우리나라 기업에서의 체계화·합리화, 개방화·인간화, 그리고 새로운 인적자원관리로의 개혁 등의 단계적 발전은 그 내용에 있어서 서구 선진국에서의 구조적, 인간·행동과학적, 인적자원중심 등의 단계적 발전과정과 거의 동일하다. 이것은 인적자원관리의 발전은 경제 및 사회문화 발전과 밀접한 관계를 맺고 있고, 선진사회와 선진기업들의 인적자원관리를 이해함으로써 우리나라 기업의 인적자원관리 발전방향과 패턴을 이해할 수 있다는 것을 시사한다.

⑤ 이 책의 기본관점과 연구방법

인적자원관리는 조직체의 성과를 결정하는 중요한 경영과정이고 궁극적으로는 조직체의 중요한 비교경쟁우위요소라는 전제하에, 이 책은 경쟁력강화를 위한 인적자원관리의 이론지식과 실질적인 문제해결능력을 강조하면서 다음 몇 가지의 기본관점과 접근방법을 적용하여 인적자원관리를 연구한다.

(1) 비교경쟁우위요소로서의 전략적 인적자원관리

인적자원관리는 현대조직의 가장 중요한 성과요인이며 나아가서는 조직체의 비교경쟁우위를 결정하는 핵심요소이다. 따라서 이 책은 인적자원관리와 조직체 전략경영 과정 간의 통합관계와 인적자원관리 기능 간의 연계 및 시너지효과를 강조한다. 다시 말해서 이 책은 인적자원관리를 연구하는 데 있어서 경쟁력강화를 위한 전략적 인적자원관리(Strate-gic Human Resource Management) 접근을 시도한다.

(2) 인적자원관리 개념의 일반적 적용성

인적자원관리는 인적자원을 관리하는 경영기능으로서 조직체의 모든 경영관리자가 경영과정에서 수행하는 필수적인 기본기능이다. 그리고 경영관리자뿐만 아니라 하위계층의 조직구성원도 주어진 과업목표를 달성하는 데 있어서 상사 및 동료와 중요한 관계를 형성하고 있으므로 이들 역시 인적자원기능을 발휘하고 있다고 볼 수 있다. 따라서 이 책은 인적자원관리는 경영관리자는 물론 성과를 지향하는 조직구성원 모두의 경영기능이라는 관점에서 조직구성원 전원에 대한 인적자원관리의 일반적 적용성을 강조한다.

(3) 행동과학이론과 조직개발기법의 활용

인적자원관리 연구에서 가장 기본적인 것은 관리의 대상인 인적자원 자체에 대한 이해도를 높이는 것이다. 따라서 조직구성원의 욕구동기와 행동을 연구하고 이에 영향을 주고 있는 조직요소를 이해하는 것이 매우 중요하다. 그러므로 인간행동과 조직행동을 연구하는 행동과학(Behavioral Sciences)과 조직행동(Organizational Behavior)은 인적자원관리 연구의 중요한 지식기반을 제공해 주고 있고, 행동변화에 있어서 행동과학이론에 기초한 조직개발(Organizational Development)은 인적자원관리를 효율화시키는 각종 기법들을 제공한다. 따라서 이 책은 인적자원관리 연구에 있어서 행동과학과 조직행동의 이론지식과 조직개발의 변화기법을 최대한 활용한다.

(4) 성과지향적 · 인간가치중심적 관점

인적자원관리의 가장 근본적인 목적은 조직구성원의 과업목표 달성과 전체 조직체의 목적달성에 기여하는 것이다. 그러나 경영관리자를 포함한 조직구성원의 과업목표는 각기의 계층적 위치와 과업분야에 따라서 모두 다르다. 따라서 이 책에서는 인적자원관리의 가장 중요한 3대 목표는 이들 조직구성원 각자의 과업목표 달성과 더불어 인적자원의 만족감과 능력개발이라는 점을 강조하고, 이러한 성과지향적 그리고 인간가치중심적 관점에서 인적자원관리를 연구하는 것을 그 목적으로 한다.

(5) 인적자원관리의 상황적합성

인적자원관리는 조직체의 목적달성을 위한 경영의 한 기능으로서 조직체의 내외환경과 문화 그리고 경영전략과 매우 밀접한 관계를 맺고 있다. 따라서 이 책은 이들 환경 및 문화적 요소와 조직체 내부의 상황적 요소를 인식하고 이들 요소와 인적자원관리와의 관계를 이해함으로써 조직체의 인적자원관리를 보다 잘 이해할 수 있다는 것을 전제한다.

(6) 일선관리자 관점에서의 전략적 인적자원관리

인적자원관리는 기능적으로 일선관리자의 일반관리기능(line function)과 이들 일선관리자를 지원하는 전문스태프 기능(staff function)으로 구성되어 있다. 일선관리자의 일반관리 기능은 인적자원을 활용하여 주어진 과업목표를 달성하는 과정에서 수행되고, 전문스태프 기능은 인적자원스태프가 일선관리자를 지원하는 과정에서 수행된다. 효율적인 인적자원관리는 일선관리자와 전문스태프의 긴밀한 협조 하에서 이루어지며, 따라서 이 책은 인적자원관리의 3대 목표에 대하여 최종적인 책임을 지고 있는 일선관리자의 관점에서 인적자원관리를 연구하는 것을 그 목적으로 한다.

또한, 이 책은 인적자원의 중요성과 관련하여 현대조직에서 강조되고 있는 인력계획과 직무설계, 참여관리, 인력개발과 경력계획, 조직개발과 기업문화개발, 그리고 고몰입 인적자원관리에 특별한 관심을 가지고 인적자원관리를 연구한다. 그리고 현재 우리나라의 많은 조직체에서 추진되고 있는 구조조정과 경영혁신 그리고 기업변신에도 특별한 관심을 가지고 우리나라 기업의 경쟁력 강화와 경영선진화의 관점에서 인적자원관리의 새로운 방향을 모색한다.

(7) 사례연구

인적자원관리는 효율적인 인적자원관리를 연구하는 성과지향적 응용·실천 학문이므로 인적자원관리에 관한 지식과 개념은 물론, 조직체에서의 실제 인적자원관리 문제를 분석·해결할 수 있는 능력을 배양하는 것도 매우 중요한 교육목적이다. 따라서 이 책은 사례연구(case study)를 제공하여 이를 중심으로 인적자원관리의 이론과 지식을 실제 조직체 상황에 적용하고 문제분석과 해결을 통하여 인적자원관점과 문제해결능력의 배양을 시도한다.

조직체에서의 인적자원관리는 조직체의 상황적 조건에 따라서 모두 다르다는 것은 앞에서 이미 지적하였다. 이러한 인적자원관리의 상황성에 비추어 사례연구는 인적자원관리 문제해결에 있어서 인적자원관리 지식과 이론의 적용성을 입증해 주는 동시에 이의 제한성도 인식시켜 줌으로써, 이론적 지식교육과 더불어 실질적인 문제해결능력 배양에 있어서도 중요한 교육방법으로 인정되고 있다. 따라서 사례연구를 통하여 인적자원관리의 상황적 관점(contingency viewpoint)에서 인적자원관리의 이론지식을 제공하고, 문제해결을 위한 실질적 사고방식과 분석능력을 배양하여 지식과 능력의 양면적 교육효과를 극대화시키려는 것이 이 책의 접근방법이다.

(8) 연구체계

이 책은 크게 네 개의 부분으로 구성되어 있다. 제 I 부(제1장~제3장)는 경쟁력강화를 위한 전략적 인적자원관리의 기초로서, 현대조직의 경쟁력과 인적자원관리, 전략적 인적자원관리의 개념과 발전배경 그리고 조직체환경과 인적자원관리 등 인적자원관리에 영향을 주는 상황적 요소들을 분석한다. 전략적 인적자원관리의 기초를 기반으로 하여 이 책은 제 II 부와 제 III 부 그리고 제 IV 부에서 경쟁력강화를 위한 전략적 인적자원관리의 구체적인 기능을 자세히 연구한다. 제 II 부(제4장~제6장)에서는 인적자원계획, 직무분석과 직무설계 그리고 모집과 선발을 연구하고, 제 III 부(제7장~제10장)에서는 인적자원의 활용과 전략적 성과관리에 관한 기능으로서 참여관리, 인사고과와 임금관리 그리고 인사이동과 징계관리를 차례로 연구한다. 그리고 제 IV 부(제11장~제13장)에서는 인력개발과 경력관리, 조직개발과 변화관리, 그리고 고몰입 인적자원관리를 연구한다(〈표 1-4〉 참조).

■■표 1-4 이 책의 연구체계

전략적 인적자원관리의 기초 (제I부)		
현대조직의 경쟁력과 인적자원관리(제1장)	전략적 인적자원관리(제2장)	조직체환경과 인적자원관리(제3장)
전략적 인적자원계획과 인력확보(제II부)	인적자원의 활용과 전략적 성과관리(제III부)	인적자원개발과 고몰입 인적자원관리시스템(제IV부)
조직구조설계와 인적자원계획(제4장) 직무분석과 직무설계(제5장) 모집과 선발(제6장)	구성원 참여관리(제7장) 인사고과(제8장) 임금관리(제9장) 인사이동과 징계관리(제10장)	인력개발과 경력관리(제11장) 조직개발과 인적자원관리(제12장) 고몰입 인적자원관리시스템(제13장)
사 례 연 구		

이 책에는 총 23편의 사례연구가 편집되어 있다. 이들 사례연구는 학습목적과 교수의 접근방법에 따라서 그 사용방법이 모두 다를 수 있다. 그리고 각 사례연구에는 문제분석에 사용될 수 있는 구체적인 질문도 마련되어 있는데, 이들 질문 역시 사례연구의 방향을 제시할 뿐 실제 사례분석은 학습목적과 접근방법에 따라서 이들 질문과는 다른 관점과 초점 그리고 문제측면을 강조하면서 전개될 수 있다.

장을 맺으며

인적자원관리 개념을 연구하는 데 있어서 이 장은 현대조직의 비교경쟁우위관점에서 인적자원관리의 중요성과 인적자원관리의 기본개념을 정리하였으며, 인적자원관리의 중요 기능과 조직체계에 관하여 알아보았고, 인적자원관리의 학문적 발전과정과 우리나라에서의 인적자원관리 발전배경을 정리하였다. 그리고 인적자원관리를 연구하는 데 있어서 이 책에서 적용되는 기본관점과 연구방법을 설명하였다.

인적자원관리는 조직체의 목적달성을 위하여 인적자원을 관리하는 경영의 한 과정으로서, 조직체의 경제적 성과와 더불어 구성원들의 직무만족과 능력개발을 우선적으로 중요시하는 성과지향적·가치중심적 응용 및 실천학문이다. 인적자원관리는 오랫동안 인사관리의 개념하에서 주로 전통적인 인사관리기능과 일상적인 방법 및 절차를 중심으로 연구되어 왔으나. 1990년대부터 인적자원의 중요성이 강조되면서 조직체의 비교경쟁우위와 성과의 향상을 목적으로 이전보다 더 전략적인 차원에서 인적자원관리의 연구가 활발히 전개되어 왔다. 그리하여 다변화 환경에서 조직구성원들의 행동변화와 능력개발 그리고 성과향상과 관련하여 행동과학의 이론지식과 조직개발기법은 인적자원관리의 학문적 발전은 물론 현대조직의 인적자원관리 기능과 인적자원 전문스태프의 역할에 큰 발전을 가져왔다.

인적자원관리는 인적자원을 관리하는 기능인만큼 조직체의 내외환경변화에 따라서 많은 영향을 받는다. 그리고 사회문화와 경제가 발전함에 따라서 인적자원의 중요성은 높아지고 이를 관리하는 인적자원관리의 발전은 고도화된다. 역사적으로 볼 때, 인적자원관리는 과거 100년간에 걸쳐서 학문적으로 경영학연구의 발전과 더불어 구조적 접근에서 인간적 접근을 거쳐 근대의 인적자원 접근으로 발전해 왔다. 그리고 인적자원 접근은 현대조직에서 점차 전략경영과 통합되어 경쟁력관점에서의 전략적 인적자원관리 접근으로 발전하고 있다.

서구 선진국은 우리나라에 비하여 훨씬 오랜 기간의 기업역사를 가지고 있고, 따라서 인적자원관리도 오랜 기간에 걸쳐서 발전해 왔다. 우리나라 기업의 인적자원관리는 비교적 짧은 기간 동안에 기업의 고도성장에 힘입어 급속히 발전해 왔지만, 선진국 기업과 우리나라 기업의 인적자원관리는 그 기능과 수준에 있어서 아직도 많은 차이가 있다. 그러나 인적자원관리의 발전패턴은 선진국 기업과 우리나라 기업 간에 그 순서와 단계에 있어서 많은 유사점이 있다. 따라서 선진기업에서의 인적자원관리 발전과정을 이해하는 것은 우리나라 기업의 인적자원관리 발전과정과 발전방향을 이해하는 데 많은 도움을 준다.

근래에 우리나라 기업들에서 전례를 찾기 어려운 큰 개혁이 일어나고 있고, 인적자원관리에도 많은 변화가 일어나고 있다. 특히 IMF 외환위기 이후 우리나라에서 강력히 추진되고 있는 구조조정과 경영혁신은 인적자원관리 부서에 새로운 인적자원관리를 정착시킴으로써 우리나라 기업의 경쟁력을 강화하고 인적자원관리를 선진국 기업수준으로 발전시키는 데 중심역할을 해달라는 요구를 하고 있다. 따라서 우리나라 기업에서 새로운 인적자원관리를 정착시키는 것은 인적자원관리 발전에 있어서 역사적으로 가장 중요한 과제라고 할 수 있다. 우리는 이제 제2장에서 조직체의 비교경쟁우위에 결정적인 역할을 하는 전략적 인적자원관리에 관하여 연구한다.

유한킴벌리의 경영이념과 신인사제도

유한킴벌리는 유한양행과 킴벌리 클락(Kimberly-Clark Corporation)이 공동출자하여 1970년 3월 30일에 창설한 회사로서 2010년 현재 매출액 12,094억 원, 당기순이익 942억 원을 달성한 건실한 중견기업이다. 업종의 특성으로는 유아용품, 여성용품, 노인용품, 가정용품, 산업용품, 병원용품 등을 생산판매하고 있으며, 2010년 현재 전부문 업계 국내시장점유율 1위를 차지하고 있다. 그러나 유한킴벌리가 사회로부터 주목을 받게 된 이유는 이러한 양적 성과보다도 오히려 유한킴벌리가 이룩한 질적 성과 때문이다.

한 예로 유한킴벌리는 Hewitt Associates가 주관하여 매년 발표하는 아시아 최상의 직장에 관한 조사(Survey of Best Employers in Asia)에서 2003년 현재 국내에서 1위, 아시아에서 6위를 차지했다. 그 외에도 사회적 책임과 윤리경영에 앞장서는 대표적 기업이자 사회적으로 가장 존경받는 기업으로 인정받고 있다. 그뿐 아니라, 유한킴벌리는 그 뛰어난 경영능력을 인정받아 2003년부터 킴벌리 클락의 동북아시아 지부(중국, 홍콩, 대만, 일본, 몽골, 극동러시아 지부) 경영도 책임지고 있다.

유한킴벌리가 이룩한 이상의 성과는 순탄한 경영환경 가운데서 자연적으로 성취된 것이 아니다. 1980년대 후반 들어 국내외 대규모 경쟁사들과 과잉경쟁 상태에 돌입하게 되고 수입품의 범람 등으로 여성용품을 비롯한 주력 제품들이 경쟁력이 상실되어 가고 있었디. 1990년대 중반 들어서는 경기침체와 경생의 심화로 공장 가동률이 급락하고, 감원을 우려한 노동조합의 활동은 갈수록 격화되어 갔다. 이처럼 악화된 경영환경 속에서 유한킴벌리는 1995년 문국현 사장체제의 등장을 전후로 새로운 도약을 위한 5대 경영방침과 "인력과 근무환경, 시장점유율, 신용 및 재무능력, 매출액, 투자효율 등에서 아시아 제일의 기업이 되겠다"는 비전을 설정하고 그것을 달성하기 위한 신인사제도를 차근차근 도입 정착시켰다.

유한킴벌리의 5대 경영방침은 인간존중, 고객만족, 사회공헌, 가치창조, 혁신주도이며, 이 경영방침은 회사 내에서 이루어지는 모든 의사결정에서 그 방향과 기준을 제시해 주는 핵심가치라고 할 수 있다. 유한킴벌리는 개별 사업본부에 주요 의사결정 권한을 대폭 위양하고, 개별 사업본부 내에서도 사원들의 창의력과 아이디어가 최대한 발현될 수 있는 참여적 자율경영을 지향하고 있는데, 그와 같은 조직운영 방식이 전체 회사 차원에서 통합될 수 있는 주요한 이유는 바로 이와 같은 경영방침 내지는 핵심가치를 공유하고 그것을 기준으로 하여 의사결정을 하기 때문이다.

한편, 유한킴벌리의 인적자원관리 원칙은 개인의 업무수행 성과향상이나 역량개발 등에 있어서 회사, 팀 리더, 사원이 공동으로 책임을 진다는 3자 공동책임의 원칙, 특정 직위가 공석일 때 내부 인력에게 우선적으로 기회를 준다는 내부승진우선의 원칙, 특정 개인이 맡고 있는 직무의 상대적 기여도와 그 개인의 업무수행 성과를 반영하여 임금을 결정하는 내부공정성의 원칙, 임금 수준 면에서 경쟁사에 뒤지지 않도록 한다는 외부 경쟁력 유지의 원칙, 인적자원관리가 회사의 목표와 전략의 성공적 달성을 위하여 파트너로서의 역할을 담당한다는 경영의 전략적 파트너 원칙 등으로 특징지어진다.

이상의 원칙 위에 세워진 유한킴벌리의 신인사제도는 종전 연공중심의 인사제도에서 직무 및 성과중심 인사제도로의 전환이 한 특징을 이루고, 생산라인에서의 평생학습체계 도입이 또 다른 특징을 이룬다. 우선 직무 및 성과중심 제도로의 전환에 따라 조직구조, 채용, 승진, 평가, 임금 등에 있어서 달라진 내용은 〈표 1-5〉에 제시된 바와 같다.

■■표 1-5 유한킴벌리 신인사제도의 특징

	종전 인사제도	신 인사제도
조직구조	사무직: 관료적 계층조직 　　　　계획과 통제 　　　　경직된 규정 및 절차 생산직: 3조 3교대 　　　　수직적 조직 　　　　사후적 품질검사	사무직: 수평조직, Matrix 조직 　　　　권한위임, 임파워먼트 　　　　공동의 목표와 가치관 생산직: 4조 2교대 　　　　자율관리팀 　　　　생산라인에서 품질검사
채　용	정기, 일괄 채용 후 배치 학력, 사람 중심 선발 집단면접	수시, 직무별 채용 직무별 자격요건 기준 선발 개별면접
승　진	직급 상승 직급-임금-호칭의 일원화 근속년수 중시	직무레벨의 상승 호칭은 임금와 분리 사용 개인의 능력과 성과 중시
평　가	승진자 선발 중심 상사의 일방적 평가 직관적, 주관적 평가 연 1회 평가	능력·성과 평가 상사와 사원 간 평가면담 목표 대비 성과비교 평가 반기별 평가, 지속적 피드백
임　금	연공급, 직급별 호봉제 집단적·획일적 임금 조정	사무관리직-직무급; 생산직-직능급 능력 과 성과에 따른 임금 차등화

　한편, 생산라인에 구축한 평생학습체계는 4조 2교대를 그 기본토대로 하고 있다. 3조 3교대 시스템을 운용할 때에는 교육이나 자기개발의 시간을 확보하는 것 자체가 어려웠으나, 4조 2교대제 시스템을 도입함에 따라 생산직 사원들이 8일을 한 사이클로 하여 4일의 휴무기간을 가질 수 있게 되었다. 유한킴벌리는 사원들로 하여금 이 휴무기간 중 일부를 교육·훈련에 투입하게 함으로써 지속적인 역량개발을 가능케 하고, 그 결과 생산성 향상은 물론 고용안정의 바탕 위에 사원들의 조직체에 대한 신뢰를 확보할 수 있었다. 2003년 현재 회사가 비용을 부담하는 1인당 교육시간은 300시간 이상이다.

　생산성 향상, 고용안정 및 신뢰기반 구축, 일자리 창출 등은 상호 배타적 목적함수로 인식되는 경향이 강하지만, 유한킴벌리는 4조 2교대제 시스템과 평생학습 체계를 결합시킴으로써 여유인력 확보를 통한 일자리 창출과 내부 인력의 역량 제고, 생산성 향상, 고용안정 및 신뢰기반 구축 등이 선순환을 이루도록 하는 데 성공하였다.

토의질문

1. 유한킴벌리의 신인사제도 도입의 적절성을 새로운 조직체 경영환경의 변화흐름과 연계하여 분석하시오.

2. 유한킴벌리의 신인사제도가 성공적으로 정착될 수 있었던 이유와 조건에 대하여 분석하시오.

사례연구 1-2

세광전자(주)의 인적자원관리*

세광전자(주)는 전자제품에 사용되는 여러 가지의 부품을 생산하는 전자부품 제조회사이다. 이 회사는 비교적 소규모이지만 15년 전에 창설된 이래 급속히 성장하여 50명의 사무·영업 직원과 간부, 그리고 300명의 생산 근로자로 구성되어 있다. 12명의 구성원밖에 없었던 창업 당시에 비하면 그 성장속도는 상당히 빠른 셈이다.

창업자인 조세근 사장은 영업이사 직책도 겸임하고 있다. 세광전자를 설립하기 전에 그는 대규모 전자회사의 영업부장을 지냈다. 자기 자신의 회사를 소유할 만큼 전자업계에서 지면도 넓어지고 판매능력도 인정받게 되자, 친구 두 사람과 같이 공동투자하여 자기사업에 뛰어들게 되었던 것이다. 그리하여 친구 두 사람은 각각 30%의 지분을 소유하게 되었다.

조 사장은 생산부문에는 별로 신경을 쓰지 않고 있었으며, 업무시간의 대부분은 주요고객을 상대로 시간을 보내고 있었다. 공장장인 최 씨는 창업 초기부터 같이 일해 온 사람이다. 공장설계를 비롯하여 생산표준과 품질표준까지 최 공장장 자신이 설정했고, 자기 밑의 모든 생산간부들도 자신이 채용하였다. 인적자원관리에 있어서 세광전자는 모든 직공장과 부서장들에게 자기부문의 인사문제에 관한 한 채용, 징계, 전직, 승진 등 모든 인사문제에 대한 권한을 부여해 왔다.

조 사장은 회사 구성원 수가 늘어감에 따라 구성원들의 사기가 점점 저하되어 가는 것을 느꼈다. 그리하여 하루는 최 공장장에게 "회사 초기에는 우리 구성원들이 모두가 한 가족처럼 행복하게 지냈는데 근래에 와서 그런 좋은 분위기는 사라져 버렸어"라고 말하면서 사내의 가족적인 분위기를 되살리기 위하여 인사담당자를 채용하기로 결정하였다.

며칠 후 경리과장인 김 씨는 공장 식당에서 점심식사를 하다가 조 사장의 계획을 알게 되었고, 평소 숫자 다루는 일보다 사람들을 다루는 일을 더 원해 온 그는 인사업무에 관심을 보였다.

김 과장은 세광전자 창설 이래 회사에서 10년간 봉직해 왔으며, 대학 졸업 후 곧장 경리과에 입사하였다. 회사 규모가 작고 각 부서가 생기기 전부터 김 과장은 생산과 판매 양쪽 사람들과 많은 유대관계를 가져왔다. 조 사장과 최 공장장도 김 과장이 양심적이고 똑똑하며 구성원 모두가 그를 좋아한다는 것을 알고 있었다. 그리하여 김 과장이 인사과장직에 관심을 보이자 그를 이 새로운 직책에 선정하였다.

그런데 인사과를 어느 부문에 소속시킬지에 대해서는 장시간의 논의 끝에, 결국 공장장 아래 있는 생산부장 밑에 두기로 결정하였다(〈표 1-10〉 참조). 김 과장에게는 여비서가 주어지고 공장 입구 근처에 사무실도 마련되었다. 조 사장은 김 과장을 인사과장으로 임명하는 자리에서 "인사과의 활동과 이의 성패는 전적으로 자네에게 달려 있네! 소신껏 해 보게!"라고 하면서 김 과장을 격려해 주었다.

김 과장은 즉각 모든 직공장들에게 공장장과 생산부장 이름으로 "금후 모든 신규채용은 인사과장이 전결하고 모든 전직과 급여변동사항도 인사과장이 처리하며 모든 징계조치나 기타 인사문제 결정은 시행 전에 반드시 인사과장의 승인을 얻어야 한다"는 내용의 공문을 띄워 보냈다. 그 공문을 받고 몇몇 직공장들은 이러한

---

* 실제 사례를 교육목적으로 재정리한 것으로서 회사명, 인명, 직위 등은 모두가 가명이다.

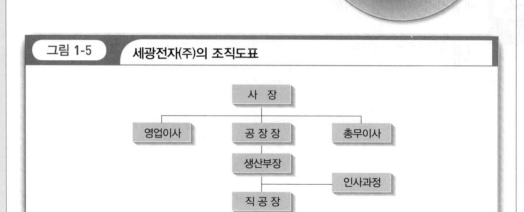

그림 1-5　　**세광전자(주)의 조직도표**

조직변화에 대하여 언짢게 생각하였고, 김 과장이 좀 지나치게 오만해진 데 대하여 놀라움을 금할수 없었다.

　　얼마 지나지 않아 직공장들로부터 생산부장에게 "새로 채용된 근로자들이 우리가 직접 채용할 때보다 많이 못하다"는 불평이 쏟아지기 시작하였다. 한 번은 생산부장이 어떤 직공장에게 생산량이 저하되는 이유를 물었더니 그 직공장 말이 "내가 내 사람을 채용할 수도 없고 처벌은커녕, 통제도 할 수 없이 두 손 다 묶인 판국에 어떻게 생산이 잘 진행되기를 바랄 수 있겠소?"라고 대꾸하는 것이었다.

　　이러한 일들이 있은 후, 어느날 근로자 한 사람이 김 과장의 사무실에 쫓아와서 "자기의 직공장이 자기를 아무런 이유없이 해고해 버렸다"고 항의해 왔다. 김 과장은 그 직공장을 전화로 불러냈고, 다음의 대화가 오고 갔다.

　　김 과장: 여보세요, 직공장님! 나 김 과장인데요. 저 박 군말이에요, 도대체 어떻게 된겁니까?
　　직공장: 그 사람은 해고됐소.
　　김 과장: 글쎄, 그건 알고 있는데요. 왜 그랬는가 말입니다.
　　직공장: 그 친구가 내 맘에 들지 않는 걸 어떡해요!
　　김 과장: 그건 이유가 되지 않아요. 내 승인 없이 해고시킬 수 없다는 걸 알고 있지요? 그리고…….
　　직공장: 어, 그렇지만 해고해 버렸소.
　　김 과장: 직공장님, 그러면 안돼요. 해고하려면 충분한 이유가 있어야 되지 않겠어요? 그리고…….
　　직공장: 그 친구가 싫은 걸 어떻게 하겠소! 그게 충분한 이유 아니오?

그리고는 전화를 끊어 버렸다.
김 과장은 이 문제를 생산부장에게 보고하였고, 생산부장도 결국에는 박 군을 복직시킬 것을 주장하였다.

그러자 곧 형편없는 근로자들이 채용된다는 불평이 수없이 많아지고, 근로자들을 다룰 수가 없다는 불만의 소리도 높아졌다. 그리고 직공장들은 가능한 한 인사과와는 관계를 갖지 않기로 작정해 버렸다.

마침내 생산부장은 공장장에게 "우리 회사는 아직 인사과가 필요할 만큼 규모가 크다고 느껴지지 않으며, 따라서 직공장 자신들이 인사문제를 결정하던 옛날 체제로 돌아가는 것이 좋을 것입니다" 라는 의견을 표명하면서 김 과장을 먼저 직책으로 돌려 보낼 것을 강력히 주장하였다.

공장장은 생산부장의 의견을 며칠간 생각해 보다가 사장에게 자신의 생각에도 이 의견을 받아들이는 것이 좋겠다고 이야기하게 되었다.

토의질문

1. 인사과를 둘러싸고 왜 이러한 문제가 일어나게 되었는지 그 이유를 분석하시오.

2. 이 회사의 경우 인사과에서 기대할 수 있는 효과는 무엇이며, 그 기대되는 효과는 어떻게 달성될 수 있을까요?

3. 김 과장의 행동을 인적자원관리 담당자의 역할관점에서 분석하시오.

4. 당면한 상황을 어떻게 진단하며 어떻게 문제를 해결해야 할 것인지, 구체적인 단기적 그리고 장기적 해결방안을 제시하시오.

Chapter 02

전략적
인적자원관리

CHAPTER 02

전략적 인적자원관리

앞 장에서 우리는 현대조직에서 인적자원관리의 비교경쟁우위 요소로서의 중요성을 강조하고 인적자원관리의 개념과 주요 기능 그리고 조직체계를 알아보았다. 현대조직에서 인적자원관리가 조직의 성과요인으로 그리고 나아가서는 조직의 비교경쟁우위 요소로 작용하려면 인적자원의 효율적인 관리는 물론 인적자원의 전략적 관리가 요구된다. 이 장은 전략적 인적자원관리(SHRM: Strategic Human Resource Management)란 무엇이고, 조직의 비교경쟁우위 확보에 핵심역할을 하는 전략적 인적자원관리의 효과적 수행을 위한 요건은 무엇인지를 자세히 살펴본다. 제1절에서는 전략적 인적자원관리의 기본개념을 정리하고, 제2절에서는 전략적 인적자원관리의 주요 기능과 요건에 관하여, 제3절에서는 인적자원 스태프의 역할과 일선관리자와의 역할 및 책임관계에 관하여, 그리고 제4절에서는 전략적 인적자원관리에 중요한 역할을 하는 인적자원관리 정보시스템에 관하여 각각 알아본다.

제 1 절 | 전략적 인적자원관리의 기본개념

인적자원관리는 현대조직에서 경영의 한 부분 또는 하위과정으로서 조직의 경영성과와 비교경쟁우위 확보에 기여해야 한다. 전략적 인적자원관리는 세 가지 점에서 전통적 인적자원관리와 차이가 있다. 우선, 전통적 인적자원관리가 개인이나 팀 단위에 초점을 맞춰 그들의 만족도와 태도, 행동과 직무수행성과 등에 긍정적 영향을 미치고자 했던 데 반해, 전략적 인적자원관리는 전략적 단위인 조직에 초점을 맞춰 그것의 경영성과와 비교경쟁우위 확보 등에 긍정적 영향을 미칠 목적으로 수행된다. 둘째, 전통적 인적자원관리가 조직이 추구하는 전략과 무관하게 수행되었던 데 반해, 전략적 인적자원관리는 인적자원관리를 조직의 전략과 일관성을 갖도록 조정함으로써 조직의 전략목적을 효과적으로 달성하도록 돕는다. 전통적 인적자원관리와 전략적 인적자원관리의 세 번째 차이점은 전략적 인적자원관리가 인적자원을 조직의 핵심역량화함으로써 지속적인 경쟁우위 확보를 가능케 하려 한다는 데 있다. 산업화시대와는 달리 불확실성과 무한경쟁을 특징으로 하는 지식기반경쟁시대에는 경영전략의 초점이 조직 내부에 핵심역량을 구축함으로써 지속적인 비교경쟁우위를 확보하는 데 있으며, 인적자원이야말로 지속적인 조직경쟁력의 핵심원천이 되기에 가장 적합한 것으로 인식되기 때문이다(Barney, 1991).

전략적 인적자원관리가 인적자원의 핵심역량화에 초점을 맞춰야 할 필요성은 경영환경의 급격한 변화에 따라 더욱 더 커졌다. 조직의 핵심역량(core competence)이란 무한경쟁환경에서 지속적으로 새로운 경쟁우위를 창출해낼 수 있는 기반능력을 가리키는데, 변화의 속도가 빠르고 불확실성이 높아질수록 미래를 정교하게 예측하고 그에 맞는 경영전략을 세워 실행하기보다 불시에 눈앞에 다가오는 변화된 환경에 유연하게 대응할 수 있는 내부역량이 더 중요해졌기 때문이다. 그러한 변화를 반영하여 '준비 – 조준 – 발사'의 순서로 시행되던 경영전략도 점차 많은 기업들에서 '준비 – 발사 – 조준'의 순서로 시행되고 있다. 예측가능성이 크게 떨어진 상황에서는 다양한 전략을 시도해보고 그 중 가장 효과성이 높은 전략을 그 기업의 전략으로 채택하는 것이 더 낫다는 판단에서다. 이는 다양한 전략을 시도하는데 필요한 조직 차원에서의 '준비'가 무엇보다 중요함을 시사하는 바, 조직의 핵심역량 구축이 곧 그 준비의 핵심이며, 전략적 인적자원관리의 핵심과제이다.

제 2 절   전략적 인적자원관리의 요건

인적자원관리가 조직성과에 효과적으로 기여하려면 전반적인 경영과정과 잘 통합되고 연계되어 그 기능이 효율적으로 발휘되어야 한다. 따라서 전략적 인적자원관리는 근본적으로 인적자원관리가 전략경영과정과 잘 연계되고 인적자원관리 기능들 사이에도 조화를 이루어 조직의 전략목적을 효율적으로 달성하는 과정을 의미한다(Wright & McMahon, 1992: Anthony et al., 1999; Mabey & Salaman, 1995). 경영전략과 인적자원관리 사이의 통합관계와 인적자원관리 기능들 사이의 연계·조화관계를 중심으로 전략적 인적자원관리를 자세히 설명한다.

① 경영전략과의 통합

　　조직의 성과는 조직이 당면한 환경에 얼마나 잘 적응해 나가느냐에 달렸다. 따라서 조직은 환경에 적합한 경영전략을 설정하고, 조직의 전략목적을 효율적으로 달성할 수 있는 조직구조와 관리체계를 설계하고 이에 알맞은 경영과정과 경영행동을 형성해 나간다. 그리하여 환경과 전략 그리고 조직구조 및 경영과정 간에 정합관계를 형성하게 되고, 그 정합관계가 얼마나 일관성 있게 형성되어 조화를 이루느냐에 따라서 조직성과가 결정된다(Chandler, 1962; Miles & Snow, 1978; 〈그림 2 – 1〉 참조).

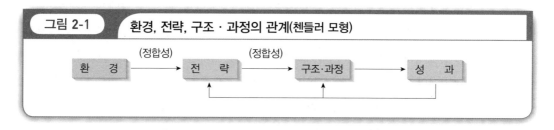

그림 2-1　　환경, 전략, 구조 · 과정의 관계(첸들러 모형)

환　경 → (정합성) → 전　략 → (정합성) → 구조·과정 → 성　과

(1) 전략수립과 전략수행의 통합

　　인적자원관리는 조직경영의 한 과정으로서 환경과 경영전략 그리고 조직구조와의 밀접한 관계 속에서 조직의 목적달성에 중요한 역할을 담당한다. 조직은 경영전략을 수립하는 데 있어서 사회, 정치, 경제, 기술, 법규 등 외적 환경에 대한 분석을 통하여 새로운 기회와 더불어 위협요소를 파악하는 한편, 내적으로는 제품, 기술, 자금, 인력 등의 자원에 대한 분석을 통하여 조직의 강점과 약점을 진단한다. 그리고 이들 내외환경에 맞추어 이에 적합한 경영전략을 설정하고, 효율적인 경영전략에 요구되는 조직구조와 경영체계를 설계하면서 인적자원관리를 전개해 나간다(〈그림 2 – 2〉 참조).

　　따라서 인적자원관리가 조직성과와 비교경쟁우위 확보에 기여하려면 조직의 전략수립(strategic formulation)과정에 인적자원요소들이 고려되어야 하고, 전략수행(strategic implementation)과정에서 조직의 전략목적이 인적자원관리에 직접 반영되어 인적자원관리가 경영전략과 통합된 과정으로 전개되어야 한다(Noe et al, 2010; Lengnick-Hall & Longnick-

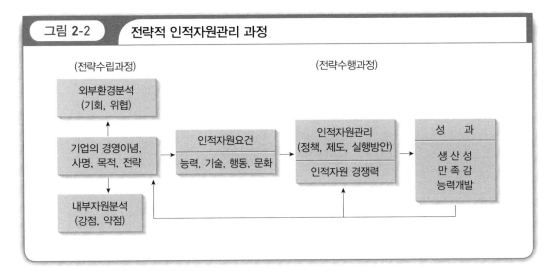

그림 2-2   전략적 인적자원관리 과정

Hall, 1988). 그리고 그 과정에서 다양한 이해관계자들의 욕구를 충족시키고 인력과 기술, 노조와 인력시장 등 주어진 상황을 고려하여 이에 알맞게 인적자원관리의 기능과 활동을 전개해야 한다(Beer et al., 1984).

예를 들면, 품질향상전략을 추구하는 기업은 품질조(QC: quality circle) 등과 같은 팀제와 제안제도, 진단목적의 평가, 광범위한 정보공유, 구성원의 참여촉진 등에 비중을 둔 인적자원관리를 실천해야 하고, 치열한 경쟁구도 속에서 원가절감을 추구하는 기업은 철저한 비용관리와 현장관리중심의 인적자원관리를 실시해야 한다. 그리고 인력시장에서 유능한 인력의 확보가 어려운 기업은 내부인력의 교육훈련과 육성, 인력의 유지를 위한 방안 등에 역점을 둬야 하고, 최고의 서비스를 목적으로 하는 컨설팅회사는 무엇보다도 우수한 인력의 확보를 위한 선발과 그들의 능력개발을 특별히 강조해야 한다.

(2) 경영전략과 인적자원관리 기능 간 통합

경영전략과 인적자원관리의 통합관계는 〈그림 2 – 3〉에서 보는 바와 같이 독립적 관계, 일방적 관계, 쌍방적 관계, 완전통합 관계의 네 가지 형태로 구분된다. 독립적 관계는 경영전략과 인적자원관리 사이에 체계적으로 계획된 연계관계가 없이 경영전략수행과 인적자원관리가 독립적으로 수행되는 관계를 나타낸다. 일방적 관계는 경영전략 수행과정에서 경영전략이 인적자원관리에 체계적으로 반영되는 일방적 통합관계(one-way integration)를 말하고, 쌍방적 관계는 경영전략 수행과정에서 경영전략과 인적자원관리가 서로 적응·조정

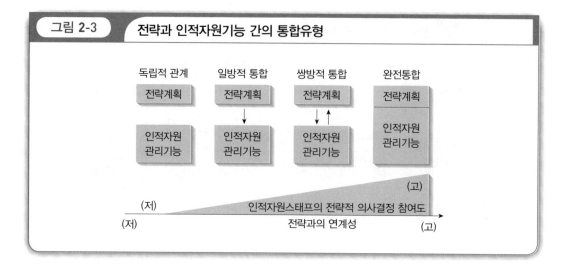

하면서 전략목적을 달성해 나가는 쌍방적 통합관계(two-way integration)를 뜻한다. 그리고 완전통합 관계는 경영전략과 인적자원관리가 전략수립에서 전략수행에 이르기까지 전 과정에 걸쳐 완전히 통합된 관계(total integration)를 말한다([사례연구 #2-1] 참조).

이들 네 가지 통합유형은 전략적 인적자원관리가 어느 정도 수준에서 시행되고 있는지를 나타내며, 완전통합 관계에 가까울수록 전략적 인적자원관리가 보다 효율적으로 전개될 수 있는 여건이 조성되어 있음을 의미한다. 또한, 전략수립과 전략실행 과정에서 인적자원스태프의 참여정도도 완전통합 유형에 가까울수록 더 커지고, 인적자원스태프가 조직성과에 기여하는 정도도 더욱 커진다(Anthony et al., 1999).

② 인적자원관리 기능들 사이의 시너지 관계

이와 같은 경영전략과 인적자원관리 사이의 통합과 더불어 전략적 인적자원관리의 또한 가지 측면은 전략수행과정에서 직무설계, 채용, 성과평가, 임금, 인력육성 등 여러 인적자원관리 기능과 활동이 상호 간에 균형과 조화를 이루고 일관성 있게 전개되는 것이다. 이와 같은 인적자원관리 기능들 사이의 통합을 내적 정합성(internal fit)이라고도 하는데, 이는 인적자원관리 기능들 사이의 시너지를 통하여 인적자원관리의 전체적인 효과성을 극대화시키는 것을 의미한다(Noe et al., 2010; Fombrun et al., 1984).

인적자원관리 기능들은 서로 밀접한 연결관계 속에서 조직성과에 영향을 미친다. 아무

그림 2-4 　인적자원관리 기능 간의 연계

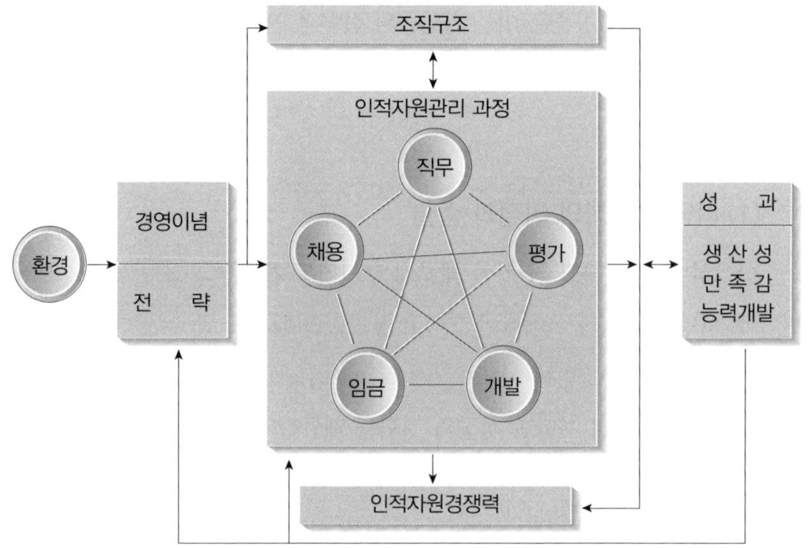

리 우수한 인력을 선발했다 하더라도, 직무체계와 평가 및 임금제도 등이 그들의 능력발휘를 뒷받침하도록 설계되지 않으면 높은 성과를 기대할 수 없다. 그 반면에, 우수한 인력이 아니더라도 팀워크를 잘 이룰 수 있는 인력을 선발하고, 팀워크를 촉진할 수 있는 직무체계와 임금제도, 교육훈련과 현장지도 등으로 이를 뒷받침하면 시너지효과를 통해 큰 성과를 기대할 수 있다. 이와 같은 인적자원관리 기능들 사이의 연계와 조화 그리고 상호 보완관계는 전략적 인적자원관리를 실현시키고 높은 성과를 달성하는 데 결정적인 역할을 한다(〈그림 2-4〉 참조).

③. 전략적 인적자원관리와 문화 간 시너지

세계화를 추구하는 글로벌 기업의 경우 인적자원관리 기능이 다양한 문화 사이의 통합과 시너지 관계 조성을 위해 힘써야 한다. 이 점을 간과하면 세계화전략 추진과정에서 문화 차이로 인한 많은 갈등을 야기할 수 있다. 따라서 글로벌 기업의 전략적 인적자원관리는 문화 차이에서 발생하는 갈등을 얼마나 줄이고, 다양한 문화 사이의 통합을 통해 문화적 시너지(cultural synergy) 효과를 얼마나 달성하느냐에 따라 그 성과가 좌우된다([사례연구 #2 - 2] 참조). 세계화전략은 선진화를 추구하는 우리나라 많은 기업들의 경영목표인 만큼, 다양한 문화 사이의 시너지 창출은 이들 기업들의 전략적 인적자원관리 기능이 해결해야 할 매우 중요한 과제이다. 세계화전략과 전략적 인적자원관리에 있어서 문화 사이의 시너지에 관하여 알아본다.

(1) 다양한 문화의 이점과 손실

다양한 문화는 문화 간 차이 때문에 구성원들 간에 혼돈과 갈등의 원인이 될 수 있는 반면에, 다양한 관점과 아이디어 그리고 창의력의 원천도 될 수 있다. 따라서 전 세계가 하나의 지구촌시장으로 변해가는 무경계(boundaryless)의 환경에서 다양한 문화 간의 시너지효과는 현대기업의 무한한 성장의 기회를 제공한다. 전략적 인적자원관리에서 문화 간의 시너지는 현지문화(local culture)에 적합한 신축적인 인적자원관리 구조와 시스템의 설계 및 경영행동을 의미한다. 그러나 문화 간의 시너지효과를 달성하는 데에는 가치관의 차이, 불신감과 상동적 태도, 의사소통의 오류, 행동상의 오해 등으로 인하여 조직 내에 갈등과 긴장이 야기되고 사기와 팀워크도 저하되어 소위 '과정손실(process loss)'이 많이 발생한다. 따라서 전략적 인적자원관리에서 이와 같은 '과정손실'을 극소화시키는 것이 글로벌 기업의 중요한 과제이다(Adler, 2002).

(2) 세계화전략 단계와 문화적 시너지의 요건

문화적 시너지는 기업의 세계화전략이 국제적(international) 기업 단계에서 다국적(multinational) 기업으로 그리고 더 나아가서는 글로벌 기업 단계로 발전함에 따라서 그 중요성이 더욱 커진다.[1] 국제적 기업 단계에서 문화적 시너지는 해외수출에 관련된 부문에만 국한되지만, 다국적 기업 단계에서는 현지 고용인력의 관리와 현지법인 경영에 있어서 현지 문화와의 조화가 요구됨으로써 그 영향이 자국기업 내부의 각 분야와 계층에까지 확대된다. 그리고 글로벌 기업 단계에서는 다양한 현지문화가 상호 간에 그리고 자국기업체와의 긴밀한 연계 및 조화를 이루면서 국내외 모든 사업장의 인적자원관리에서 문화적 시너

---

1) 기업의 세계화 단계는 세계화가 전략경영과정에서 차지하는 비중에 따라서 대체로 국내 기업(domestic business), 국제적 기업(international business), 다국적 기업(multinational business), 그리고 글로벌 기업(global business)의 네 단계로 분류된다(Adler & Ghadar, 1990).

지가 매우 중요한 측면으로 대두된다.

　글로벌 기업의 전략적 인적자원관리에서 '과정손실'을 극소화하고 문화 간의 시너지 효과를 달성하는 데에는 구성원들의 국제적 감각과 문화적 차이에 대한 이해, 문화 간 경영능력의 개발, 그리고 글로벌 기업으로서의 기업문화 개발 등 기업 내에 많은 변화가 요구된다. 전략적 인적자원관리에서 요구되는 문화적 시너지의 정도는 기업의 세계화 단계에 달린 만큼, 기업에서 요구되는 변화도 물론 세계화 단계에 따라 다르다. 그러나 문화적 시너지는 근본적으로 자국문화에서 해방되어 다른 문화를 이해하고 이를 수용하여 문화 간의 조화를 이루려고 노력하는 열린 마음과 태도를 요구한다.

　따라서 자국문화에만 집착하여 다른 문화는 외면하고 이해하려 하지 않으며 나아가서는 의식적으로나 무의식적으로 다른 문화를 배타적으로 대하는 편협적 태도나 자국문화만이 제일이라는 민족중심적 또는 종족중심적(ethnocentric) 태도는 '과정손실'을 증대시키면서 문화적 시너지에 큰 장애요소로 작용한다. 따라서 우리나라 기업이 세계경영전략을 전개하는 데 있어서 편협성과 종족중심성에서 벗어나 문화 간 차이를 이해하고 문화 간의 조화를 통하여 문화적 시너지를 달성하는 것은 성공적인 전략적 인적자원에 필수적인 요건이다.

　이상 전략적 인적자원관리를 세계화전략과 연결시켜 간단히 설명하였다. 현대조직에서 전략적 인적자원관리는 경영전략과의 통합을 통하여 조직환경에 적합하고 이해관계자들의 욕구를 충족시키는 동시에 인적자원관리 기능 간의 연계와 조화를 통하여 인적자원관리의 효율성을 높여 준다(Pfeffer, 1998). 글로벌 기업의 경우, 이와 같은 인적자원관리의 세계화전략과의 통합 및 기능 간의 연계는 다양한 문화를 대상으로 문화적 시너지차원에서 이루어지는 만큼 세계경영에서 전략적 인적자원관리의 중요성은 한층 더 커진다. 이와 같이 현대조직에서 전략적 인적자원관리는 경영전략에 통합된 한 과정으로서 조직 전체의 경제적 성과를 향상시키고 조직구성원들의 직무만족과 일에 대한 그들의 커미트먼트 수준을 높이며 그들의 인적자원으로서의 개발을 촉진시키는 등 인적자원관리의 3대 목적(생산성, 직무만족, 능력개발)을 달성하고 조직의 경쟁력을 강화하는 데 결정적인 역할을 한다.

인적자원스태프의 역할

인적자원관리는 인적자원의 계획, 모집·선발, 직무설계, 성과평가·인사고과, 임금관리, 노사관리, 인적자원의 개발 등 다양한 기능과 활동을 포함한다(제1장 제3절 참조). 그리고 이들 기능과 활동은 일선관리자와 인적자원 전문스태프 사이의 다양한 관계(권한, 역할, 책임 등) 속에서 이루어지며, 그 결과는 조직성과에 큰 영향을 미친다. 인적자원관리는 모든 관리자들의 일반관리기능인 만큼, 그 책임은 근본적으로 성과에 대한 책임과 더불어 일선관리자들에게 있다. 그러나 조직성과의 주체는 인적자원이고 인적자원의 관리는 일선관리자와 인적자원스태프 간의 긴밀한 관계 속에서 이루어지는 만큼, 인적자원스태프도 일선관리자와 함께 조직성과에 매우 중요한 책임을 진다. 인적자원스태프의 역할모형을 중심으로 전략적 인적자원관리에서 인적자원스태프의 주요 기능과 역할을 알아본다.

1. 인적자원스태프의 역할모형

조직에서 인적자원스태프는 일선관리자들과 구성원들을 대상으로 그들의 업무효율을 높이기 위하여 다양한 인적자원관리 기능과 역할을 수행한다. 인적자원스태프의 기능과 역할은 그 초점과 내용을 중심으로 몇 가지의 유형으로 분류할 수 있다. 즉, 인적자원관리 기능의 초점은 시간 관점에서 장기적 또는 단기적 측면으로 구분할 수 있고, 활동 관점에서 과정중심적 측면과 인간중심적 측면으로 구분할 수 있다. 시간 관점에서의 장기적 측면과 단기적 측면은 각각 전략적(strategic) 측면과 일상적(routine, operational) 측면에 해당된다고 볼 수 있다. 그리하여 인적자원스태프의 기능과 역할은 그 초점과 활동의 두 축을 기준으로 다음과 같은 네 가지의 유형으로 개념화할 수 있다(Ulrich, 1997; 〈그림 2 - 5〉 참조).

(1) 전략적 동반자(strategic partner)

인적자원스태프의 첫 번째 역할은 비교적 장기적이고 전략적이며 과정중심적인 인적자원관리 활동에 초점을 맞춘 전략적 동반자(strategic partner)로서, 이 역할은 인적자원스태프가 조직의 경영전략 수립과정에 적극 참여하고 경영전략 수행과정에서 인적자원관리를 경영전략과 연계시키는 활동을 의미한다. 이 역할은 전략적 인적자원관리의 가장 필수적인 기능으로서, 경영이념의 정립, 조직진단과 소식설계, 전략과 인적자원관리 사이의 연

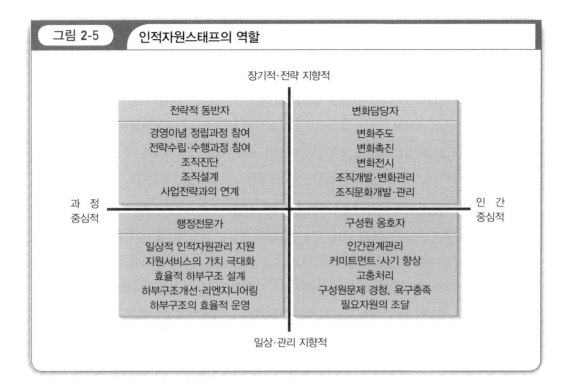

그림 2-5   인적자원스태프의 역할

장기적·전략 지향적

전략적 동반자
경영이념 정립과정 참여
전략수립·수행과정 참여
조직진단
조직설계
사업전략과의 연계

변화담당자
변화주도
변화촉진
변화전시
조직개발·변화관리
조직문화개발·관리

과 정
중심적

인 간
중심적

행정전문가
일상적 인적자원관리 지원
지원서비스의 가치 극대화
효율적 하부구조 설계
하부구조개선·리엔지니어링
하부구조의 효율적 운영

구성원 옹호자
인간관계관리
커미트먼트·사기 향상
고충처리
구성원문제 경청, 욕구충족
필요자원의 조달

일상·관리 지향적

계 등이 중요 기능들이다.

① 경영이념의 정립

경영이념은 조직경영의 기본가치로서, 기업의 경우 기업의 사명과 비전 그리고 전략과 밀접한 관계를 맺고 있다. 기업의 경영이념은 기업주나 최고경영자의 경영철학을 중심으로 형성되며, 그 과정에서 기업주나 최고경영자는 그의 측근자 및 핵심경영자들과 협의하고 여기에 최고 인적자원책임자도 참여하게 되며, 경영이념의 내용을 정리·정립하는 데에는 인적자원스태프가 매우 중요한 역할을 한다. 기업의 사명과 비전 그리고 전략의 설정도 기업주나 최고경영자를 중심으로 그의 측근들과 핵심경영자들에 의하여 설정되며, 그 과정에 최고인적자원책임자가 참여하여 전략적 동반자로서 인적자원 관점을 반영한다.

② 조직진단과 조직설계

기업에서 조직진단(organizational diagnosis)은 기업체의 전략을 실행으로 옮기는 데 있어서 가장 우선적이고 필수적인 과정이다. 조직진단은 근본적으로 경영조직과 경영활동이 경영전략과 잘 연계되어 있는지를 체계적으로 분석·평가하고, 경영조직의 강점과 약점을 파악하여 효율적인 전략목적달성에 필요한 경영조직과 경영과정을 설계하는 것을 의미한다. 따라서 조직진단은 간단히 말해서 조직감사(organizational audit)라고도 할 수 있다. 즉, 기업에서 흔히 실시되는 재무감사(financial audit)가 자금과 자산의 관리과정을 체계적으로 분석하여 문제를 진단하고 재무관리과정의 개선책을 모색하는 것과 같이, 조직진단도 조직경영 시스템과 과정을 체계적으로 분석하여 보다 효율적인 전략목적달성을 위한 경영조직과 경영과정의 개선을 모색한다. 따라서 조직진단은 경영조직 및 경영과정의 개선으로 이어지고, 여기에 인적사원스태프가 변화담당자로서 변화를 주도한다.

③ 사업전략과 인적자원관리 기능 사이의 통합

인적자원스태프의 세 번째 전략적 동반자 역할은 사업전략과 인적자원관리 기능 간의 통합을 이루는 것이다. 인적자원스태프는 실무경영자들과의 협의 하에 성공적인 사업전략에 결정적으로 기여하는 인적자원관리 기능이 무엇인지를 분석하여 이를 위해 필요한 인적자원의 확보와 유지·활용과 개발 등에 반영한다. 그리고 사업부의 일상운영에서 야기되는 인적자원관리 문제에 컨설팅을 제공하고, 사업부 운영위원회에도 참석하여 경영전략 전반에 걸쳐 동반자 역할을 수행한다.

(2) 변화담당자(change agent)

인적자원스태프의 두 번째 역할은 비교적 장기적·전략적이고, 인간중심적인 활동에 초점을 맞춘 변화담당자의 역할로서, 이 역할은 인적자원스태프가 조직의 변화와 혁신을 촉진하고 조직구성원들의 변화 및 조직개발능력을 기르는 기능과 활동을 포함한다. 오늘날 환경의 변화속도와 변화폭이 커진 만큼 현대조직의 변화적응력은 더욱 더 중요해졌다. 현대조직에서 경영혁신, 조직변신, 조직활성화 등은 이제 어느 부문조직의 일시적인 변화가 아니라 전체 조직에 걸쳐서 끊임없이 계속되는 개혁이다. 따라서 인적자원스태프는 변화의 주도자로서, 설계자로서, 촉진자로서, 그리고 전시자(demonstrator)로서 변화를 계획하고 추진함으로써 전략적 인적자원관리를 실현시키고 전략목적을 달성하는 데 결정적인 역할을 수행한다.

① 변화주도자(change initiator)

조직의 변화는 실무현장에서의 변화를 의미하는 만큼, 변화의 주체는 일선관리자들과 실무현장의 구성원들이다. 따라서 이들 실무구성원들로 하여금 변화의 필요성을 느끼게 하고, 변화전략을 구상하며 일선관리자와 더불어 변화계획을 수립하여 이를 적극적으로 추진해 나가는 것은 인적자원스태프의 매우 중요한 변화담당자 역할이다.

그러기 위하여 인적자원스태프는 일선관리자와 매우 긴밀하고 협조적인 관계를 유지해야 함은 물론, 조직 내부의 모든 상황을 상세히 파악하고 성과측정 자료와 더불어 주요 문제와 증상들을 항상 정확하게 감지하고 있어야 한다.

② 변화설계자(change designer)

앞에서 설명한 조직진단 및 조직설계와 관련하여 인적자원스태프의 변화담당자 역할은 새롭게 설계된 조직구조와 연계하여 그것과 정합성을 갖는 인적자원관리시스템을 설계하고 이의 성공적인 운영을 위한 변화관리활동을 포함한다. 현대조직에서 경영혁신은 구성원들의 자질과 능력과 행동에 있어서 변화를 요구하기 때문에 경영혁신의 성격에 따라 이와 관련된 모집·선발, 성과평가·인사고과, 임금제도, 교육훈련 등 인적자원관리시스템 전반에 걸쳐 방침, 제도, 절차 등을 바꾸고, 다양한 기능들 사이의 연계성을 확보할 필요가 있다. 따라서 인적자원스태프는 실무관리자들과의 협의 하에 새 시스템을 설계하고 새 시스템으로부터 기대되는 효과를 발생시키기 위한 조직개발을 주도한다.

③ 변화촉진자(change facilitator)

전략적 인적자원관리에서 인적자원스태프는 효율적인 변화와 개혁을 위한 촉진자 역할을 수행한다. 인적자원스태프의 변화촉진자 역할은 작업팀의 문제해결(체계적인 문제 진단, 대안 평가, 해결책 정리 등)에 도움을 주는 역할로부터 시작하여 교육훈련을 통한 구성원 의식 및 행동의 개선(자아인식, 가치관 변화 등), 실무현장에서 변화에 대한 저항을 완화하고 개혁을 받아들이게 하며, 기존의 조직문화에서 탈피하여 새로운 조직문화 개발에 적극 참여하도록 하는 조직개발개입(intervention)에 이르기까지 다양한 활동을 포함한다.[2] 변화의 촉진은 변화에 관한 지식과 기술 등 전문성이 요구되는 만큼 인적자원스태프가 중요한 역할을 할 수 있는 것은 사실이지만, 변화의 상당부분은 현장업무 자체에 관한 것이므로 일선관리자 자신이 직접 수행하는 것이 가장 바람직하다(Ulrich, 1997). 따라서 일선관리자들 자신이 현장에서 변화를 촉진할 수 있는 능력을 갖추도록 하는 것도 인적자원스태프의 중요한 변화담당자 역할이다.

---

2) 조직개발과 개입활동에 관하여 제12장 참조.

④ 변화전시자(change demonstrator)

인적자원스태프가 변화담당자의 역할을 성공적으로 수행하려면 자신들의 부서부터 바람직한 변화와 개혁을 실시하여 전체 조직에 모범을 보여주고 일선현장의 구성원들로부터 신임을 얻어야 한다. 따라서 인적자원스태프는 전략목적의 효율적인 달성을 위하여 자신들의 기능과 조직 및 업무체계를 개선하고 자신들의 몰입 수준을 높이고 조직문화를 개혁하는 등 바람직한 변화와 그 효과를 실제로 보여주어야 한다. 이와 같이 인적자원스태프가 실무현장에서 일으키려고 하는 변화를 먼저 보여주고 항상 변화에 앞장서는 것은 실무현장에서 변화를 유도하고 추진하는 변화담당자 역할을 효과적으로 수행하는 데 큰 도움이 된다.

이상 전략적 인적자원관리에서 인적자원스태프의 전략적 동반자 역할과 변화담당자 역할을 설명하였다. 앞에서 설명한 바와 같이, 인적자원스태프는 이들 역할 이외에도 조직구성원들에 대한 일상적인 행정적 지원 및 서비스제공 역할과 조직구성원들의 사기함양 및 그들과의 건전한 인간관계를 위한 구성원 옹호자의 역할을 수행한다. 이들 행정전문가의 역할과 구성원 옹호자의 역할 없이는 전략적 동반자 역할과 변화담당자 역할이 효율적으로 수행될 수 없다. 따라서 전략적 동반자와 변화담당자 그리고 행정전문가와 구성원 옹호자의 네 가지 역할이 모두 밀접하게 상호 연결된 관계 속에서 수행될 때 전략적 인적자원관리가 효율적으로 이루어질 수 있다.

(3) 행정전문가(administration expert)

인적자원스태프의 세 번째 역할은 비교적 단기적이고 일상적이며 과정중심적인 활동에 초점을 맞춘 행정전문가로서의 역할이다. 이 역할은 모집·선발, 인사고과, 임금, 교육훈련 등 인적자원관리에 필요한 모든 시스템과 제도 및 절차를 설계하고, 이를 합리적으로 그리고 능률적으로 운영하는 활동들을 포함한다. 따라서 이 행정전문가의 역할은 일선관리자와 구성원을 위한 일상적인 각종 인적자원관리 지원 및 서비스를 통하여 그 기능이 발휘되며, 이들 지원 및 서비스의 질을 높이고 비용을 줄이며 운영체계를 항상 개선해 나가는 것이 행정전문가로서의 인적자원스태프의 역할이다.

(4) 구성원 옹호자(employee champion)

인적자원스태프의 네 번째 역할은 비교적 단기적이고 일상적이며 활동내용이 인간중심적인 구성원 옹호자로서의 역할이다. 이 역할은 인적자원스태프가 조직구성원들의 욕구를 이해하고 그들의 개인적인 문제에 귀를 기울여 그들의 욕구충족과 문제해결을 위해 노력함으로써 그들의 사기를 높이고 일에 대한 적극적인 태도를 조성하는 인간관계활동들을 포함한다. 인적자원스태프의 구성원 옹호자 역할은 구성원들의 몰입수준을 높이고 조직과의 일체감을 증진시킴으로써 궁극적으로는 조직성과에 기여한다는 것이 기본전제이다.

현대조직에서 인적자원스태프는 이들 네 가지의 역할을 통하여 조직구성원들이 전략목적과 성과를 달성하고 조직의 비교경쟁우위를 강화·유지해 나가는 데 기여한다. 전략적 동반자 역할은 경영전략과 인적자원관리의 통합 및 연계를 강화하고, 변화담당자 역할은 변화촉진과 더불어 변화에 대한 조직의 적응능력을 개발하며, 구성원 옹호자 역할은 구성원들의 사기향상과 일에 대한 몰입 수준을 높인다. 그리고 행정전문가 역할은 일상적인 인적자원관리 지원 및 서비스의 가치를 향상시킨다. 그리하여 이들 네 가지 역할은 모두 전략적 인적자원관리의 중요한 부분으로서, 이들 역할이 얼마나 잘 조화와 균형을 이루느냐에 따라서 전략적 인적자원관리의 효율성이 결정된다.

②. 전략적 인적자원관리의 진화단계와 인적자원스태프의 역할

인적자원스태프가 이들 네 가지 역할을 각각 얼마만큼 수행하는지는 물론 조직마다 다르다. 과거에는 대부분의 조직에서 인적자원스태프의 역할 중 행정전문가 역할이 가장 큰 비중을 차지하고 전략적 동반자 역할은 가장 작은 비중을 차지했었지만, 근래에 와서는 행정전문가 역할의 비중이 비교적 낮아지면서 전략적 동반자 역할의 비중이 크게 증가하고 있다. 정보기술의 발전과 인트라네트(Intranet)의 활용으로 인적자원관리의 행정적 지원 및 서비스의 많은 부분이 자동화, 자가서비스(self-service)화, 그리고 심지어는 아웃소싱(outsourcing)되는 반면에, 전략적 동반자 역할은 인적자원 경쟁력 관점에서 크게 확대되고 있는 것이다(Noe et al., 2010).

또한, 이들 인적자원스태프의 역할은 인적자원관리의 진화단계와도 밀접한 관계가 있다. 제1장에서 설명한 바와 같이, 인적자원관리는 조직경영의 한 부분으로서 모든 관리자가 수행하는 기본기능이다. 소규모 조직에서는 인적자원관리 기능이 일선관리자의 직무에 내재되어 전적으로 일선관리자에 의하여 현장에서 수행된다. 그러나 조직규모가 커짐에 따라서 인적자원관리 문제는 심화되고, 따라서 인적자원을 보다 전문적으로 관리해야 할 필요성을 느끼게 된다. 그리고 인적자원관리 담당자 또는 인적자원 전문스태프가 기용되고 나아가서는 인적자원관리 전문부서가 정식으로 발족된다.

조직규모가 커지는 과정에서 인적자원관리가 일선관리자의 일반경영기능으로부터 인적자원스태프의 독립된 전문기능으로 이전되어 나오는 정확한 시점은 분명하지 않다. 어느 조직에서는 50명 미만의 소규모에서도 인적자원담당자를 기용하고, 또 어느 조직에서는 500명 이상의 조직규모에도 불구하고 인적자원관리 전문가를 기용하지 않는 경우도 있다. 우리나라 기업에서는 특히 노사관계와 관련하여 노조가 결성되는 경우에는 조직규모에 관계없이 노사관계 담당자를 기용해야 하므로 소규모 단계에서도 인적자원스태프가 활용되기 시작한다. 인적자원스태프가 기용되면서 인적자원관리 기능이 전문화되고 전략적 인적자원관리로 발전하는 단계와 그 과정에서 인적자원스태프의 역할을 간단히 설명한다 (Wasmuth et al., 1971; Greiner, 1998).

(1) 인사기록 단계

일반적으로 인적자원관리 전문기능은 구성원들의 인사기록과 임금관리 그리고 그들의 고용업무를 집중 관리하는 주로 인사행정업무로부터 시작된다. 처음에는 사상 비서실이나 경리과 또는 총무과의 한 직원이 인사기록과 임금자료 및 지원서 접수 등 인적자원관리 업무를 전적으로 담당하다가 업무량이 증가하고 인사문제가 다양화됨에 따라서 인적자원관리 부서가 정식으로 발족하면서 인적자원스태프도 증원된다.

(2) 완충 단계

조직이 커짐에 따라서 조직구성원들과 상부경영자와의 접촉이 어려워지고 인적자원관리 문제해결에 있어서 상위경영자가 직접 개입하기도 점점 어려워진다. 그리하여 인적자원관리 문제는 일선관리자에 의하여 처리되기 시작하고, 이와 동시에 조직구성원들의 불평과 불만이 증가하게 된다. 따라서 인적자원관리 담당자는 하위구성원들과 상위경영층 간의 커뮤니케이션 연결역할과 일상 인적자원관리 문제해결을 위한 관련 관리자와 구성원의 상담역할 등 구성원 옹호자의 역할을 하게 된다.

(3) 관리 단계

조직규모가 계속 커지고 인사문제가 증가함에 따라서 인적자원부서는 고용, 후생복지, 임금, 인사이동, 징계 등 기본적인 인적자원관리 분야에 일률적인 방침과 절차를 수립하고,

실무부서가 이에 준하여 인적자원관리 업무를 처리하도록 이를 관리하는 기능을 발휘하면 서 행정전문가의 역할을 강화해 나간다. 인적자원방침과 절차는 구성원의 인사고과, 교육훈련 등 다른 분야에도 확대되어 행정전문가 역할을 수행하는 데 있어서 실무부서에 대한 인적자원스태프의 관리역할은 더욱 집중·강화된다. 그리고 인적자원스태프의 역할은 일상적인 인사행정 서비스뿐만 아니라 조직의 전반적인 전략과 연계되어 전략적 동반자의 기능으로 확대되어 나간다.

(4) 지원 단계

조직규모가 더욱 커지고 경영이 분권화됨에 따라서 인적자원부서의 관리기능은 점차적으로 지원기능으로 전환되어 나간다. 그리고 항상 변하는 조직환경 속에서 일선관리자와 인적자원스태프 간에 당면한 상황적 여건에 맞는 신축적이고 유기적인 상호 작용이 더욱 필요하게 되고, 따라서 인적자원스태프의 행정전문가 역할은 점차적으로 일선관리자의 인적자원관리 문제해결에 전문적 지원역할로 변형되어 나간다.

(5) 전략경영과의 통합 단계

인적자원관리 수준이 고도화됨에 따라서 인적자원관리 기능이 경쟁력강화를 위한 전략적 조직개발과 변화관리 방향으로 다양화된다. 그리고 다양화된 인적자원관리 기능간에 밀접한 관계가 맺어지고 경영전략과의 연결도 일방적인 연결관계에서 쌍방적인 연결관계로, 더 나아가 완전통합 단계로 발전하면서 점차적으로 보다 효과적인 전략적 인적자원관리가 실현된다.

이와 같이 조직규모가 커지고 인적자원부서의 역할이 변해나가는 과정에서 인적자원스태프는 증가하고 인적자원부서의 조직 내 위치도 점차 상위계층으로 격상하게 된다. 인적자원부서의 창설초기에는 총무부나 경리부 소관에서 제한된 인적자원관리 기능을 담당하다가 인적자원관리 기능의 확장과 더불어 점차적으로 독립된 사장 직속의 위치를 점하게 된다. 그리고 기업그룹의 경우에는 회장부속실이나 그룹종합조정실 산하에 인사·조직팀을 형성하여 그룹차원에서의 인적자원계획과 활용 그리고 개발을 주도해 나간다. 조직규모가 크고 인적자원부서가 최고경영자 직속의 위치에 있을수록 인적자원스태프가 최고경영층에게 인적자원관점을 함양시킬 수 있는 동시에, 최고경영자의 경영이념을 인적자원관리에 반영시켜 조직 전체에 걸쳐서 보다 전략적인 인적자원관리를 펼쳐 나갈 수 있다.

조직성장에 따른 인적자원관리 기능의 확대와 그 단계의 진화과정을 종합해 볼 때, 인적자원관리 초기인 인사기록 단계와 완충 단계에서는 인적자원스태프의 역할이 주로 행정전문가와 구성원 옹호자의 역할에 집중되고, 관리단계부터 전략적 동반자와 변화담당자 역할을 수행하기 시작한다. 관리단계에서는 아직도 행정전문가의 역할이 큰 비중을 차지하면서 전략적 동반자와 변화담당자 역할이 주로 일방적 통합유형에서 그리고 제한된 범위 내에서 이루어지다가, 지원단계에서 점차 쌍방적 통합과 완전통합 방향으로 전진하면서 인적자원스태프의 전략적 인적자원관리 활동이 활발해진다.

이상 인적자원관리 기능이 전략적 인적자원관리로 진화하는 단계와 그 과정에서 인적자원스태프의 네 가지 역할이 어떻게 변해나가는지를 살펴보았다. 우리나라 조직에서 특히 대기업의 경우에 인적자원스태프는 이들 네 가지 역할을 모두 수행하지만, 대체로 행정전문가의 역할이 대부분의 비중을 차지하고 있는 것이 사실이다. 그러나 세계화와 무경계의 환경 속에서 인적자원경쟁력의 인식이 점점 높아지면서 전략적 인적자원관리의 중요성이 강조되고 있으며, 특히 구조조정과 경영혁신과정에서 인적자원관리의 혁신이 본격화되어 가고 있다. 따라서 우리나라 조직에서의 전략적 인적자원관리는 인적자원스태프가 전략적 동반자와 변화담당자의 역할을 얼마나 잘 수행하느냐에 달렸다.

③. 인적자원스태프의 권한과 책임

인적자원스태프는 전략적 인적자원관리를 통하여 조직의 전략목적달성을 추구하는 과정에서 일선관리자 및 구성원들과 상호 작용을 하게 되고, 여기에는 상호 간의 권한과 책임문제와 관련하여 매우 복잡하고 미묘한 관계가 야기될 수 있다. 조직성과의 직접적인 주체는 일선관리자와 구성원들이고 그들의 효율적인 성과달성에는 인적자원스태프가 결정적인 역할을 하므로 일선관리자와 인적자원스태프 간에 협력적인 관계를 조성하는 것이 매우 중요하다. 그러나 실제 상황은 그렇지 못하고 일선관리자와 인적자원스태프 간의 관계가 갈등적이고 비협조적인 관계가 형성되는 경우가 자주 발생한다. 일선관리자와 인적자원스태프 간의 권한관계와 책임분담관계를 알아본다.

(1) 일선관리자와 인적자원스태프의 권한관계

전통적으로 일선관리자와 인적자원스태프 간의 권한관계는 라인 – 스태프관계에 관한 고전적 경영원리(Fayol, 1949)에 따라 인적자원스태프는 일선관리자들에게 인적자원관리에 대한 조언과 상담 등 주로 전문적인 서비스의 지원역할을 하고 일선관리자들이 최종 의사결정권한을 가지고 있는 것으로 인식되어 왔다. 그러나 인적자원스태프는 일선관리자들에게 조언과 상담뿐만 아니라 실제로 권한도 발휘하는 기능적 권한을 가짐으로써 상호 간에 다양한 권한관계를 맺고 있다. 인적자원스태프와 일선관리자 간의 권한관계는 의사결정권한을 기준으로 다음 네 가지 유형으로 분류할 수 있다.

① 기능적 권한관계

기능적 권한관계(functional authority relation)는 주로 기능적 조직구조에서 흔히 볼 수 있는 권한관계로서, 인적자원스태프에게 인적자원관리의 특정 분야나 기능에 대한 의사결정권한이 부여되어 있는 상태를 말한다. 따라서 기능적 권한관계에서 일선관리자는 인적자원스태프의 의사결정을 준수할 의무가 있다.

② 동의관계

동의관계(concurring authority relation)는 인적자원관리의 의사결정권한은 원칙적으로 실무자에게 주어졌지만, 그의 의사결정이 효력을 발휘하려면 인적자원스태프의 동의를 필요로 하는 관계를 의미한다. 따라서 이 관계는 인적자원스태프가 일선관리자의 의사결정에 대한 최종적인 승인 또는 거부권을 가지고 있는 권한관계를 말한다.

③ 상담관계

상담관계(compulsory consultation relation)는 일선관리자에게 전적인 인적자원관리 권한이 주어졌지만, 일선관리자는 그의 의사결정과정에서 반드시 인적자원스태프와 협의해야 하는 권한관계를 의미한다. 따라서 일선관리자의 의사결정에 인적자원스태프의 전문적인 의견이 반영되도록 하는 것이 이 관계의 목적이다.

④ 조언관계

조언관계(advisory relation)는 일선관리자에게 인적자원관리에 대한 전적인 의사결정권한이 부여되었을 뿐만 아니라, 의사결정과정에서 일선관리자가 느끼는 필요성과 그의 재량에 따라서 인적자원스태프에게 전문적인 조언이나 제언을 요청하여 자신의 의사결정에 이를 고려하는 상호관계를 의미한다.

이와 같이 일선관리자와 인적자원스태프는 상호 간에 다양한 권한관계 속에서 인적자원관리 기능을 발휘한다. 그들 상호 간의 상대적 영향관계를 볼 때, 인적자원스태프가 기능

적 권한을 발휘할수록 그의 역할과 영향력 그리고 권력은 커지면서 일선관리자의 인적자원
관리 역할은 축소된다. 그 반면에 인적자원스태프의 역할이 주로 조언관계에 있을수록 그
들의 역할은 무력해지고, 일선관리자의 역할과 영향력은 상대적으로 커지고 그들의 자율성
도 커진다(〈그림 2-6〉 참조).

일선관리자와 인적자원스태프는 매우 밀접한 관계에서 인적자원관리기능을 수행한다.
〈표 2-1〉의 고용관리 예시에서 보는 바와 같이, 신입사원의 채용은 일선관리자와 인적자
원스태프와의 긴밀한 상호협조 속에 이루어진다. 채용과 관련된 의사결정과 업무절차가 전
적으로 인적자원스태프에 의하여 이루어질수록 인적자원스태프가 기능적 권한을 발휘하
게 되는 반면에, 모든 의사결정과 채용절차가 일선관리자에 의하여 이루어진다. 〈표 2-1〉
에 나타나 있는 일선관리자와 인적자원스태프 간의 관계는 동의 또는 상담관계에 속한다고
할 수 있다. 이 예시에서 인적자원스태프는 주로 고용과정에서의 행정적 지원 및 서비스제
공 역할을 수행하지만, 전략적 인적자원관리 관점에서 고용인력의 능력 및 자격조건에 관
한 의사결정에 참여한다면 전략적 동반자의 역할을 수행하게 되고 따라서 인적자원스태프
의 영향력은 더욱 커진다.

인적자원관리 기능을 수행하는 과정에서 일선관리자와 인적자원스태프 간의 영향관
계는 그들 상호 간에 복잡한 권한관계를 형성한다. 일선관리자는 항상 자기분야의 가시적
이고 경우에 따라서는 단기적인 성과에 집착하는 반면에 인적자원스태프는 전체 조직관점
에서 그리고 보다 장기적인 관점에서 전문기능을 발휘하는 만큼, 상호 간에 이해와 협조보

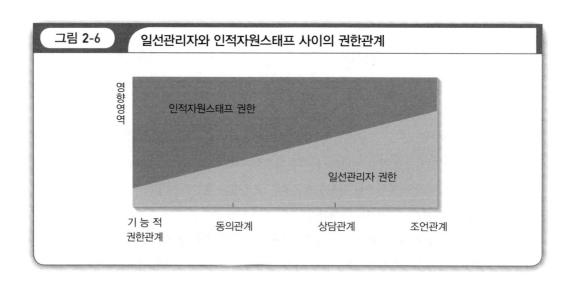

그림 2-6 **일선관리자와 인적자원스태프 사이의 권한관계**

영향영역

인적자원스태프 권한

일선관리자 권한

기능적
권한관계   동의관계   상담관계   조언관계

■ ■표 2-1 고용관리에서 일선관리자와 인적자원스태프 사이의 관계 – 예시

일선관리자(라인)	인적자원관리 부서(스태프)
1. 신규채용 요청, 자격조건 명시	2. 모집, 광고 3. 지원서 접수, 시험·검사, 신원조회, 예비면접 등 절차를 거쳐 적격후보들의 예비 선발
4. 적격후보면접, 최종선발	5. 회사에 관한 전반적인 오리엔테이션
6. 직무배치, 현장 오리엔테이션	7. 인사기록 작성

다는 갈등요소가 작용하는 경우가 많이 있다. 그리고 일선관리자와 인적자원스태프가 각기 기대하는 인적자원관리 기능의 중요도와 우선순위가 서로 다른 것도 갈등요소가 된다. 일선관리자들은 인적자원스태프의 기능 중 흔히 안전, 건강관리, 인사상담, 고충처리 등 행정적 서비스와 구성원 옹호자 역할에 높은 우선순위를 두는 데 비하여 인적자원스태프 자신들은 전략경영과 관련된 전략적 동반자 역할과 경영혁신과 관련된 변화담당자 역할에 높은 우선순위를 두는 경향이 있다. 일선관리자와 인적자원스태프 간의 이와 같은 역할기대의 차이는 상호 간의 관계를 복잡하게 만드는 중요요인이다.

조직의 전략결정은 물론 최고경영층에서 이루어지고 전략의 집행은 실무 각층에서 이루어진다. 그러나 성과달성의 주체는 인적자원인 만큼 성과달성은 인적자원스태프가 전략경영과정에 얼마나 참여하여 성과에 기여하느냐에 달렸다. 따라서 일선관리자와 인적자원스태프의 관계는 전통적인 라인–스태프의 권한관계를 초월하여 전략목적 및 성과달성의 차원에서 일선관리자와 인적자원스태프 상호 간에 최대의 참여가 이루어지는 관계가 가장 바람직하다고 할 수 있다(Anthony et al., 1999).

(2) 일선관리자와 인적자원스태프 간의 책임분담

일선관리자와 인적자원스태프 간의 권한관계가 복잡하고 미묘한 만큼, 그들 간의 책임분담도 불명확하고 애매하다. 전통적인 라인–스태프 원리에 의하면 성과에 대한 책임은 대체로 일선관리자가 지는 것으로 이해되고 있다. 그러나 인적자원관점에서 볼 때, 인적자원스태프는 가치창출차원에서 조직성과와 나아가서는 비교경쟁우위에 크게 기여하는 만큼, 인적자원스태프도 분명히 조직의 성과달성에 책임을 진다. 그리하여 현대조직에서 인적자원스태프는 일선관리자와 함께 조직성과에 공동으로 책임을 진다.

그러나 인적자원관리의 기능과 역할은 조직마다 다르고 따라서 인적자원스태프와 일선관리자 간의 성과에 대한 책임분담도 다르다. 앞에서 설명한 전략적 인적자원관리의 네가지 인적자원스태프 역할을 중심으로 일선관리자와 인적자원스태프 간의 성과에 대한 책임분담을 비교해 보면, 첫째로 전략적 동반자 역할에 있어서는 대체로 일선관리자와 인적자원스태프가 그 성과에 대하여 대체로 거의 똑같은 책임을 진다고 할 수 있다. 그것은 인적자원스태프의 전략적 동반자 역할은 인적자원관리를 전략경영과 통합시키는 책임을 의미하고 일선관리자는 인적자원스태프의 이와 같은 역할을 얼마나 잘 받아들여서 효율적인 전략경영에 그 효과를 실제로 나타내느냐에 달렸기 때문이다.

둘째로, 인적자원스태프의 변화담당자 역할도 일선관리자가 인적자원스태프의 역할에 얼마나 협조하느냐에 따라 그 효과가 결정된다. 인적자원스태프는 변화담당자 역할을 수행하는 데 있어서 일선관리자의 호응을 얻을 수 있는 변화계획을 수립하고 변화촉진 역할을 수행할 책임이 있는 것은 사실이지만, 그 반면에 일선현장에서는 변화에 저항하는 것이 일반적인 경향이다. 따라서 성공적인 변화를 위해서 대체로 인적자원스태프보다는 일선관리자가 더 큰 책임을 진다고 할 수 있다. 그리고 현대조직에서의 변화는 내부 인적자원스태프와 더불어 외부 컨설턴트를 기용하는 경우가 많기 때문에 결과적으로 변화성과에 대한 책임은 일선관리자와 인적자원스태프 그리고 외부 컨설턴트가 공동으로 분담하되 대체로 일선관리자가 비교적 큰 책임을 진다고 할 수 있다.

셋째로, 구성원 옹호자의 역할에 있어서는 구성원들의 고충처리와 각종 문제해결 그리고 사기향상 등 인적자원스태프에 많은 책임이 주어졌으나, 근래에는 구성원들의 문제는 가능한 한 현장관리자와 구성원 자신이 해결하는 것이 바람직하다는 인식하에 일선관리자와 구성원 자신의 문제해결능력을 개발하는 방향으로 바뀌고 있다. 따라서 구성원 옹호자 역할의 성과에 대해서는 일선관리자와 인적자원스태프 그리고 구성원이 공동으로 책임을 지되, 일선관리자에게 보다 많은 책임이 있다고 할 수 있다.

넷째로, 행정전문가의 역할도 과거에는 그 성과에 대한 책임이 주로 인적자원스태프에게 있는 것으로 인식되어 왔다. 그러나 근래에는 정보기술과 통신기술의 발달로 일선관리자가 인적자원 정보자료를 직접 현장 인력관리에 활용함으로써 인적자원스태프에 의존할 필요가 점점 줄어들고 있다. 그뿐 아니라 임금 등 일상적인 단순 인적자원관리 업무는 외주를 주는 경향이 커지고 있다. 이와 같은 추세로 말미암아 인적자원스태프의 행정전문가 역할은 과거에 비하여 많이 감소되었고 그 성과에 대한 책임도 많이 줄어들었지만, 아직도 인적자원스태프에게 큰 책임이 있고 인적자원 정보자료의 자동서비스와 인적자원업무의 아웃소싱 정도에 따라서 정보기술전문가와 외주기관도 책임을 분담하게 된다(〈그림 2-7〉 참조).

전략적 인적자원관리에서 성과에 대한 책임을 종합해 볼 때, 인적자원스태프는 그들 자신의 역할에 대하여 물론 책임을 지지만 일선관리자도 성공적인 인적자원관리에 책임을 진다. 전략적 인적자원관리에 대한 인적자원스태프와 일선관리자의 공동책임은 구체적인 인적자원스태프 역할에 따라 그 분담비중이 다르지만, 대체로 행정전문가의 역할에 있어서는 인적자원스태프의 책임이 비교적 큰 반면에, 구성원 옹호자와 변화담당자 역할에 있어서는 일선관리자의 책임이 비교적 크다고 할 수 있다. 그리고 전략적 동반자 역할에 있어서는 일선관리자와 인적자원스태프가 똑같이 공동책임을 진다. 이와 같이 현대조직의 성과는

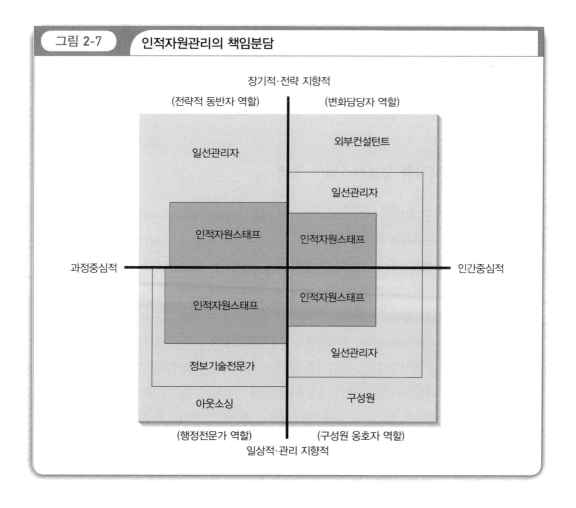

그림 2-7 인적자원관리의 책임분담

일선관리자와 인적자원스태프의 상호의존관계에 의하여 달성되며, 따라서 그들 상호 간의 공동책임의식과 협력은 전략적 인적자원관리를 성공적으로 수행하는 데 필수적인 요건이라 할 수 있다.

제 4 절   인적자원관리 정보시스템

조직의 경영전략과 인적자원관리 간의 통합은 경영정보와 인적자원정보 없이는 이루어질 수 없고, 전략적 인적자원관리에서 인적자원스태프의 역할은 인적자원정보 없이는 효율적으로 수행될 수 없으며, 일선관리자도 역시 인적자원 정보자료의 지원 없이는 현장에서의 인적자원관리를 효율적으로 수행할 수 없다. 따라서 인적자원 정보시스템은 전략적 인적자원관리의 필수적인 요건이며, 인적자원의 경쟁력발휘를 지원하는 중요요인이다. 인적자원 정보시스템의 개념을 정리하고 인적자원 정보시스템의 의사결정 시원시스템으로서의 중요성을 살펴본다.

1. 인적자원 정보시스템의 개념

인적자원 정보시스템(Human Resource Information System: HRIS)은 조직의 경영정보시스템(Management Information System)의 한 부분으로서 인적자원관리에 관련된 정보자료를 수집, 분석, 처리하여 조직 각층의 인적자원관리에 필요한 정보자료를 적절히 제공해 주는 조직체계를 의미한다(Kavanaugh et al., 1990; 이학종, 1998a).

인적자원 정보시스템이 인적자원관리에 기여할 수 있는 정도는 컴퓨터 등 정보기술(information technology)이 인적자원관리에서의 일상적 그리고 전략적 의사결정에 얼마나 잘 적용되고 일선관리자와 인적자원스태프가 인적자원 정보자료를 얼마나 잘 활용하느냐에 달렸다. 따라서 정보기술이 인적자원관리에 적용되는 수준에 따라서 인적자원 정보의 가치창출 정도가 정해지며, 인적자원스태프가 축적된 정보자료를 일선관리자를 지원하는 데 얼마나 잘 활용하고 일선관리자가 이를 사용하여 얼마나 좋은 성과를 달성하느냐에 따라서 인적자원 정보시스템의 궁극적인 가치와 기여도가 결정된다.

　　인적자원 정보시스템은 전통적으로 임금과 인사기록 그리고 복리후생 등 주로 인사행정상의 정보자료처리에 치중되어 왔다. 그러나 컴퓨터와 통신기술 등 정보기술의 발전으로 인적자원에 관한 방대한 자료의 신속한 수집, 분석, 처리, 저장, 전달이 가능하게 되어 현대 조직의 인적자원 정보시스템은 이제 일상적인 정보서비스뿐만 아니라 조직 및 인적자원계획, 충원관리, 성과관리, 승계관리 등 전략적 인적자원관리에 도움이 되는 의사결정 지원시스템(decision support system)의 기능을 발휘하면서 효율적 인적자원관리의 성과요인으로 작용하게 되었다. 그리고 세계화의 환경 하에서 현대조직의 인적자원 정보시스템은 전세계의 인적자원을 대상으로 세계적 인적자원 정보시스템(global HR information system)으로 발전할 수 있게 되었다(Greenwood, 1995).

　　인적자원 정보시스템은 일반적으로 임금관리로부터 시작하여 인적자원에 관한 모든 사항을 인사기록(bio data) 파일에 입력시키고 실적파일과 직무파일 그리고 모집파일과 연구조사파일 등 인적자원관리에 관한 각종 정보자료파일을 개발하여 인적자원관리 데이터 베이스를 구축하면서 정보기술의 활용수준을 높이고 인적자원관리 정보지원의 범위를 점

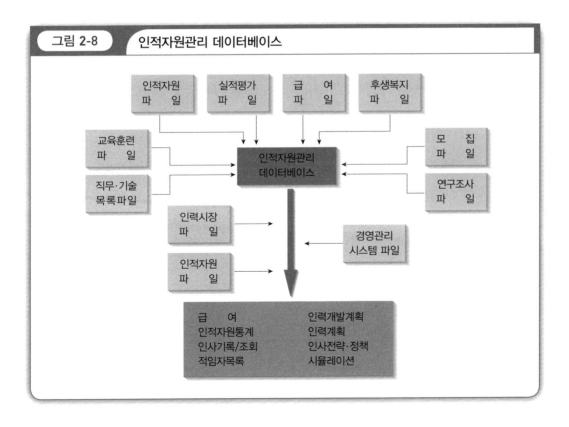

그림 2-8　인적자원관리 데이터베이스

차적으로 일상 행정업무로부터 전략적 동반자의 업무방향으로 확대시켜 나간다.

이와 같이 구축된 인적자원관리 데이터베이스는 조직체 전반에 걸친 경영계획이 입력되어 있는 경영관리시스템파일과 외부인력시장파일과도 연결되어 인적자원 의사결정모형에 의하여 인적자원관리 각 분야에서 요구되는 모든 정보자료를 산출함으로써 전략적 인적자원관리에 많은 도움을 준다(〈그림 2-8〉 참조). 따라서 전략적 인적자원관리에서 인적자원 정보시스템의 가치는 이들 인적자원 정보자료파일이 얼마나 잘 개발되어 인적자원 데이터베이스를 구축하고 있고, 생산과 마케팅 그리고 재무·회계 등 경영 각 분야의 계획들과 얼마나 잘 연결되어 있으며, 필요한 인적자원 정보자료를 산출해 낼 수 있는 소프트웨어 프로그램과 의사결정모형들이 얼마나 잘 개발되어 있느냐에 달렸다.

2. 인적자원 의사결정지원시스템

인적자원 정보시스템의 가치는 인적자원 정보자료를 얼마나 능률적으로 수집, 처리, 전달하는지의 경제성에 의하여 평가될 수 있지만, 그 보다 더 중요한 가치는 장기적인 관점에서 인적자원관리의 전략적 그리고 일상·행정적 의사결정을 잘 지원하여 조직성과에 기여하도록 하는 의사결정 지원시스템 기능에 의하여 평가된다. 인적자원 정보시스템에서 정보기술이 흔히 활용되는 분야를 요약하고, 인적자원 정보시스템의 의사결정 지원기능을 살펴본다.

(1) 임금관리

인적자원관리에서 정보기술이 가장 먼저 활용되는 분야는 임금관리이다. 임금관리는 인적자원관리의 가장 기본적인 기능이고, 따라서 임금관리에 필요한 모든 자료와 절차도 가장 잘 확립되어 있으므로 정보기술을 적용하기가 비교적 용이한 분야의 하나이다. 임금관리의 전산화와 더불어 직급별, 부서별, 연도별 등 정보자료의 사용목적에 따라 각종 임금통계자료가 산출된다.

(2) 인사기록

조직구성원 모두의 학력과 경력, 경험, 기술, 능력, 가족과 친지, 기타 인적사항을 중심으로 인적자원에 대한 종합적인 기록파일을 구축하는 것도 비교적 정보기술 활용초기에 시작된다. 인사기록은 인적자원관리 데이터베이스의 중요한 부분으로서 모든 인적자원관리 정보의 기초자료가 된다. 그리고 인사기록은 모든 인사통계에도 기초자료가 된다.

(3) 인사행정 정보자료

인사기록 이외에 실적평가, 직위 – 기술목록(position-skill inventory), 모집, 연구조사자료 등의 각종 파일을 개발하여 인적자원관리 데이터베이스를 구축하고, 이를 중심으로 고용, 승진, 전직 등 신규채용과 인사이동 결정에 도움이 되는 적임자목록을 산출함으로써 효율적인 인적자원관리에 도움을 준다.

(4) 인력개발계획 및 인력수급계획 정보자료

이들 각종 인적자원 정보파일과 교육훈련파일을 중심으로 인력개발과 경력계획에 필요한 정보자료를 산출하고 나아가서는 조직구성원의 경력목표와 조직의 기술수요를 연결시켜 조직구성원의 경력경로와 구체적인 경력개발 프로그램도 작성할 수 있다. 그리고 각종 인적자원 정보파일에 경영계획(경영관리시스템파일)과 외부시장 상황을 서로 연결시켜 인력계획모형(모형파일)에 따라서 계획기간 동안의 인력수급계획을 분야별, 직급별 그리고 기간별로 산출한다.

(5) 인적자원관리 전략 시뮬레이션

인적자원관리 데이터베이스가 구축되고 인적자원관리 정보자료가 체계화됨에 따라서 일상적인 인적자원관리를 시작으로 의사결정을 점차 구조화·정형화하고,[3] 나아가서는 자동화함으로써 인적자원관리 정보지원기능을 효율화한다. 그리고 인적자원 데이터베이스와 기타 정보파일에 시뮬레이션(simulation)기법을 적용하여 임금 수준결정이나 인력구조 및 조직구조설계 등 인적자원관리 전략과 정책방향에 대한 대안들을 비교·분석함으로써 전략적 인적자원관리가 보다 효율적으로 이루어지도록 지원한다.

인적자원 정보시스템의 의사결정지원은 인적자원관리의 일상적·전략적 의사결정에 대

---

3) 구조적 – 비구조적 문제는 의사결정론의 정형적(programmed decision) – 비정형적 결정(nonprogrammed decision)을 요구하는 문제를 의미한다. 따라서 구조적 문제는 비교적 일상적이고 반복적이며 문제에 작용하는 변수들도 비교적 일정하고 분명하므로 문제해결과정이 자동화될 수 있는 성격을 지니고 있다. 이와 반대로 비구조적 문제는 문제마다 특수성을 지니고 있고 문제에 작용하는 변수들도 일정하거나 분명치 않으므로 문제해결과정을 계량화하기가 비교적 어려운 성격을 띠고 있다(Simon, 1960).

한 정보지원, 조직진단을 위한 정보지원 및 정보분석, 그리고 인적자원관리에 관한 연구조사 등 세 가지를 포함한다(이학종, 1998). 인적자원정보시스템은 임금과 인사기록 등의 비교적 간단한 자료처리로부터 시작하여 직무·기술목록과 적임자목록 등 인사행정상의 의사결정지원, 그리고 장기적인 조직 및 인력계획을 위한 전략시뮬레이션 방향으로 발전해 나간다. 그 과정에서 고용관리, 임금관리, 복리후생관리, 인력평가 및 개발, 승진·전직관리, 직무·기술목록, 경력계획, 인력계획 등 모든 분야에 다양한 소프트웨어가 개발되고 인적자원관리 데이터베이스가 구축되어 효율적인 인적자원관리를 위한 정보지원이 확대되어 나간다.

인적자원 정보시스템은 이와 같은 일상적 그리고 전략적 인적자원관리에 대한 정보지원 이외에 조직진단과 인적자원관리 연구조사에도 많은 도움을 준다. 정보기술은 각 업무부서의 생산성, 결근율, 이직률, 사고율, 고충처리 등 조직효율성의 중요한 통계자료를 수집·분석하고 체계적인 사기·태도조사도 실시하여 부문조직 및 전체 조직의 문제증상을 분석하여 그 결과를 관련 관리자들에게 제공함으로써 일선현장에서 그들의 인적자원관리와 성과관리에 필요한 정보를 지원한다.

조직진단과 더불어 인적자원 정보시스템은 조직성과와 관련된 조직구성원의 성격적 그리고 행동적 특성을 과학적으로 연구·분석하여 선발과 배치 그리고 리더십개발에 도움이 되는 실증적 자료도 제공한다. 이러한 연구를 통하여 현행 인적자원관리 방법을 실제 성과와 비교·분석함으로써 그 타당도(validity)를 평가하고 보다 효율적인 인적자원관리 방법을 모색하는 데 많은 도움을 준다.

인적자원스태프의 역할관점에서 볼 때, 인적자원 정보시스템의 의사결정지원은 행정전문가로서의 일상적인 의사결정을 위한 정보지원으로부터 시작하여 전략적 동반자로서의 전략적 의사결정을 위한 정보지원과 변화담당자로서의 조직진단 및 조직개발을 위한 정보지원 방향으로 확대되어 나간다. 그리하여 이들 인적자원스태프 역할을 효율화하면서 일선현장의 성과달성에 기여한다. 근래의 정보기술 발전은 사업단위중심의 분산정보시스템 하에 일선관리자 자신의 인적자원 정보시스템을 가능케 하고(Anthony et al., 1999), 특히 내부정보관리시스템(intranet)은 공유정보자료의 증가와 정보자료의 셀프서비스로 인적자원스태프의 행정전문가 역할을 점점 일선관리자와 구성원들에게로 이전시킨다. 이러한 결과는 인적자원스태프로 하여금 보다 더 전략적인 인적자원관리 업무에 치중하도록 만든다(Ulrich, 1997). 여하튼 인적자원 정보시스템의 정보 및 의사결정지원은 현대조직에서 전략적 인적자원관리의 성공 여부를 결정하는 중요한 요인이다.

장을 맺으며

　　이 장은 전략적 인적자원관리의 개념과 전략적 인적자원관리에서 인적자원스태프의 역할과 인적자원정보시스템의 기능에 관하여 연구하였다. 현대조직에서 전략적 인적자원관리는 조직의 전략목적을 달성하는 데 중요한 역할을 함으로써 조직의 비교경쟁우위에 크게 기여한다. 인적자원스태프는 전략적 동반자, 변화담당자, 구성원 옹호자, 그리고 행정전문가 등 네 가지의 역할을 통하여 성공적인 전략적 인적자원관리에 공헌하고, 그 과정에서 인적자원정보시스템은 정보 및 의사결정지원을 통하여 효율적인 전략적 인적자원관리에 기여한다.

　　과거에 우리나라 대부분의 조직에서 인적자원관리는 경영이념이나 경영전략과 연계·통합되지 않아 전략적 인적자원관리가 제대로 실천되지 못하다가 근래에 와서 인적자원경쟁력이 인식되면서 전략과의 연계·통합이 점차 이루어지고 있다. 그리하여 특히 인적자원스태프의 전략적 동반자 역할과 변화담당자 역할이 급속히 확대되고 있다. 우리나라 조직에서 점차 본격화되고 있는 구조조정과 경영혁신에서도 인적자원관리의 전략적 목적이 점점 강력하게 반영됨으로써 전략적 인적자원관리의 확산이 가속화되고 있다. 전략적 인적자원관리는 우리나라 조직의 비교경쟁우위를 결정하는 중요한 성과요인인 만큼, 전략적 인적자원관리를 성공적으로 실천하는 것은 우리나라 조직이 당면한 중요한 과제이다.

　　인적자원관리는 조직의 경영이념과 밀접한 관계가 있다. 특히 전략적 인적자원관리에서 경영이념과 가치는 조직의 사명과 비전 그리고 전략에 반영되면서 인적자원관리에 지배적인 영향을 준다. 이제 우리는 다음 장에서 경영이념, 조직체 환경 등 인적자원관리의 중요 영향요소들을 자세히 연구한다.

사례연구
2-1

효성의 전략연계 신 인사제도

1957년 효성물산의 설립으로부터 시작된 효성은 1960년대에 대전피혁공업, 동양나이론(주) 등 그룹의 주력 기업들을 설립하였고, 1970년대에는 국가기간산업으로서의 성장 잠재력이 풍부한 중공업, 건설, 금속, 기계 등의 분야로 사업영역을 확장하였다. 그리고 1980년대에는 석유화학산업과 정보화 관련 산업으로, 1990년대에는 초정밀화학, 생명공학 등의 첨단 산업분야와 금융 산업분야로 진출하면서 국내 30대 대기업집단 중 하나로 성장하였다. 그러나 IMF 외환위기에 따른 기업경영환경의 급격한 변화에 대응할 목적으로 구조조정에 돌입하여 1998년에는 효성T&C(주), 효성생활산업(주), 효성중공업(주), 효성물산(주) 등 4개 계열사를 효성(주)으로 통합하여 단일법인을 출범시켰다. 2003년 현재 매출액은 4조 2000억원, 당기순이익은 502억원, 구성원은 6,200명 수준이다. 기업조직 측면에서는 섬유Ⅰ, 섬유Ⅱ, 화학, 중공업, 건설, 무역, 정보통신 등 PG(Performance Group)로 나누고, 각 PG 안에 사업부와 같은 독립경영 단위인

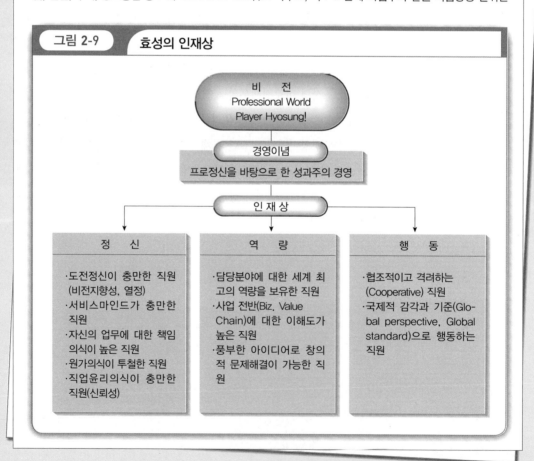

그림 2-9   효성의 인재상

비 전
Professional World
Player Hyosung!

경영이념
프로정신을 바탕으로 한 성과주의 경영

인 재 상

정 신	역 량	행 동
·도전정신이 충만한 직원 (비전지향성, 열정) ·서비스마인드가 충만한 직원 ·자신의 업무에 대한 책임의식이 높은 직원 ·원가의식이 투철한 직원 ·직업윤리의식이 충만한 직원(신뢰성)	·담당분야에 대한 세계 최고의 역량을 보유한 직원 ·사업 전반(Biz, Value Chain)에 대한 이해도가 높은 직원 ·풍부한 아이디어로 창의적 문제해결이 가능한 직원	·협조적이고 격려하는 (Cooperative) 직원 ·국제적 감각과 기준(Global perspective, Global standard)으로 행동하는 직원

PU(Performance Unit)를 두고 있다.

각기 다른 업종특성, 기업문화, 비전, 전략 등을 가지고 개별적으로 운영되어 오던 4개 계열사의 통합을 계기로 'Professional World Player Hyosung!' 이라는 공통의 비전과 '프로정신을 바탕으로 한 성과의 극대화' 라는 공통의 경영이념의 토대 위에 회사 전체 차원에서 시너지 효과를 향상시키고 인력의 역량 강화를 통하여 성과를 극대화하려는 취지로 1999년 신인사제도를 수립하여 실행해 오고 있다. 신인사제도의 기본원칙으로는 ① 사업지원(business partnership) 원칙, ② 유연성(flexibility) 원칙, ③ 비용효율성(cost efficiency) 원칙, ④ 지적자본 극대화(Intellectual capital maximization) 원칙, ⑤ 공정성(Fairness) 원칙 등이 있다. 또한 비전과 경영이념 달성을 위해 효성이 지향하는 인재상은 〈그림 2−9〉에 나타나 있는 바와 같다.

효성 신 인사제도의 특징이라면 크게는 회사 전체의 비전과 경영이념, 작게는 PU단위의 목표 및 전략과의

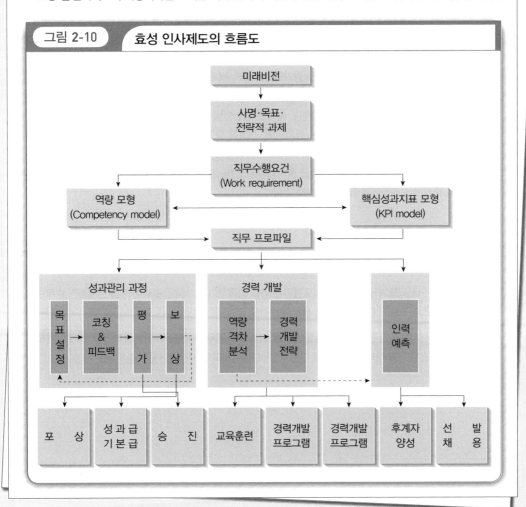

그림 2-10 효성 인사제도의 흐름도

연계성을 확보하기에 용이하다는 점과 각 인사관련 기능이 직무수행요건(work requirement), 보다 구체적으로는 핵심역량 모형(competency model)과 핵심성과지표 모형(KPI model)을 중심으로 통합되어 있다는 점 등을 들 수 있다. 〈그림 2-10〉의 인사제도 흐름도는 이상의 특징을 잘 드러내 준다.

　우선 눈에 띄는 것은 인사제도의 내용이 조직의 비전, 사명, 목표, 전략적 과제 등과의 연계성 속에서 규정된다는 점이다. 조직의 비전, 사명, 목표, 전략적 과제 등을 성공적으로 수행하기 위하여 필요한 직무수행요건(work requirement), 즉 역량(competency)과 핵심성과지표(Key Performance Indicator: KPI)를 전사관점에서 도출하고, 다시 개별 직무별로 과업, 핵심성과지표, 역량 등이 정의된 직무 프로파일(job profile)을 설정하였다(직무 프로파일에 대해서는 제5장의 [사례연구 #5-1] 참조). 그리고 직무 프로파일에 규정된 역량 및 핵심성과지표를 중심축으로 하여 성과관리, 임금, 교육·훈련, 채용 선발 등이 체계적으로 통합되어 운영되도록 인사제도를 설계하였다.

　예를 들어, 평가는 크게 역량(competency) 평가와 업적(KPI) 평가로 나뉘어 진행된다. 먼저 역량평가는 수행하고 있는 직무를 성공적으로 수행하기 위하여 필요한 개개인의 지식, 기술, 태도, 경험 수준 및 향상 정도를 측정한다. 역량평가는 연 1회 12월에 실시하며, 결과는 기본연봉 조정, 승진 승격, 보직, 개인별 경력개발 계획 등에 반영된다. 업적평가는 매 분기별로 평가되며, 전략적 목표달성과 관련하여 각 구성원들이 수행해야 할 과제 및 목표와 관련하여 제출한 계획서를 기반으로 달성정도를 평가하며, 평가결과는 개인별 임금인상에 반영된다. 그러나 한 개인이 받아가는 성과급 총액에는 PU, 팀, 개인성과를 각각 50%, 30%, 20%씩 반영함으로써 팀웍 중심의 성과주의를 철저히 지향하고 있다.

토의질문

1. 효성(주)의 신인사제도를 외적 정합성과 내적 정합성 측면에서 분석·평가하시오.

2. 효성(주)의 신인사제도가 실질적으로 의도했던 효과를 창출하기 위하여 선결되어야 할 전제조건은 무엇이며, 인적자원스태프의 역할은 무엇인지 생각해 보시오.

3. 효성(주)의 신인사제도가 전사적으로 통일성 있게 시행되는 경우와 개별 PU 단위의 특성에 맞게 독립적으로 시행되는 경우 각각 어떠한 장단점이 있는지 분석하고, 최적의 시행방안을 도출하시오.

사례연구 2-2

일본IBM의 인사시스템

일본IBM(IBM Japan)은 미국에 본사를 둔 IBM주식회사의 자회사로서 경영의 일본 현지화를 위한 노력 면에서 돋보였던 회사였다. 1937년 '일본 Watson통계 회계기계 주식회사'의 이름으로 일본법인을 설립할 당시부터 일본인 사장으로 출범한 이래 대부분의 사장이 일본인 중심으로 이어져 왔으며, 1993년 일본경기의 침체와 세계적인 글로벌화 추세에 따라 본사 전략과 글로벌 운용체계에 맞춰 조직재편을 추진하기 전까지만 해도 일관되게 일본 현지화를 견지해 왔었다.

'잃어버린 10년'이라 일컬어지는 1990년대 일본경기 침체기 이전까지 일본IBM이 성공적으로 사업에 성공할 수 있었던 요인 중 하나로 꼽히는 것이 일본문화에 적합한 인사시스템이었다. 전통적인 일본식 인적자원관리의 특징은 종신고용, 직원참여와 상향식 의사결정, 집단적 목표에 대한 몰입과 집단성과급, 연공중시 등을 들 수 있다(〈표 2-2〉 참조).

■■표 2-2 일본의 전통적인 사회문화적 가치관과 일본식 인적자원관리

일본의 전통적인 사회문화적 가치관
• 안정(stability) 지향 • 충돌 최소화와 점진적 변화과정을 선호함 • 개인적 성취보다는 팀이나 집단의 성공을 우선시함

일본식 HRM의 특징	
• 종신고용 　– 신입사원 중심의 채용 　– 조직 내에서의 경력 발전 　– 회사주도의 역량개발 교육 　– 기능의 벽을 넘는 정기적 직무순환 　– 연공서열에 따른 승진 　– 회사가 지원하는 제2의 경력기회 제공 • 직원참여와 상향식 의사결정 　– 주요 의사결정과정에 기업노조의 참여	• 회사의 목표 공유 　– 팀이나 집단 목표달성을 위한 협력 　– 팀 혹은 집단 성과에 대한 보상 • 생활안정에 초점을 맞춘 보상구조 　– 사원주택이나 기숙사 제공 　– 장기간의 기여에 대한 인정 　– 연공주의 성격의 급여

그러나 1990년대 중반 들어 일본IBM은 IBM 본사의 글로벌 운용체계 속으로 깊숙이 편입되어 들어가기 시작했다. 국제적 경쟁의 심화와 IT시장의 패러다임 전환(〈그림 2-11〉 참조)에 적절히 대응할 목적으로 미국의 IBM 본사는 서비스와 네트워크 사업을 강화하는 한편 각국에 산재해 있는 자회사들을 3차원 매트릭스 구조와 글로벌 운용체계로 편입시키기 시작하였다(3차원 매트릭스 구조에 대해서는 〈그림 2-12〉 참조). 이에 따라 일본IBM의 인사제도도 본사의 글로벌 운용체계에 맞춰 변화를 추구하지 않을 수 없었던 바, 공동체로서의 직장과 종신고용보장, 그리고 연공서열을 중시하던 전통적인 일본식 인적자원관리 기조에서 기술습득과 고용

가능성(employability), 그리고 성과를 강조하는 새로운 기조로 바꿔가기 시작하였다(〈표 2-3〉 참조). 인사제도의 변화추구 방향을 한마디로 요약하면, 동종 업계에서 최고의 인재를 확보하고, 그들에게 동기를 부여하며, 신기술 습득의 기회를 제공하고, 그들이 조직에 계속 남아있도록 하려는 것이었다.

팀웍과 커미트먼트를 중시하는 전통적 일본식 인사시스템으로부터 유연성을 중시하는 새로운 인사시스템으로 전환하는 과정이 순조로운 것만은 아니었다. 무엇보다도 일본IBM은 전통적 일본식 인사시스템의 장점을 유지하면서도 인사시스템의 유연성을 높일 수 있는 방안을 모색해야 했다. 이러한 차원에서 일본IBM은 필요할 경우 경영진의 주도하에 인력구조조정을 적극적으로 추진하라는 본사의 권고에도 불구하고 최대한 종신고용의 전통을 지키고자 노력하면서 연공중심의 임금 및 승진제도를 성과중심의 제도로 바꿈으로써 인사운영의 유연성을 높이고자 노력하고 있다.

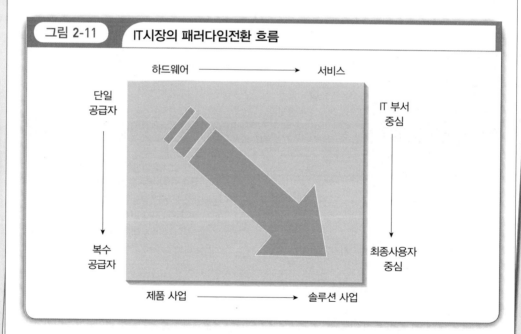

그림 2-11 IT시장의 패러다임전환 흐름

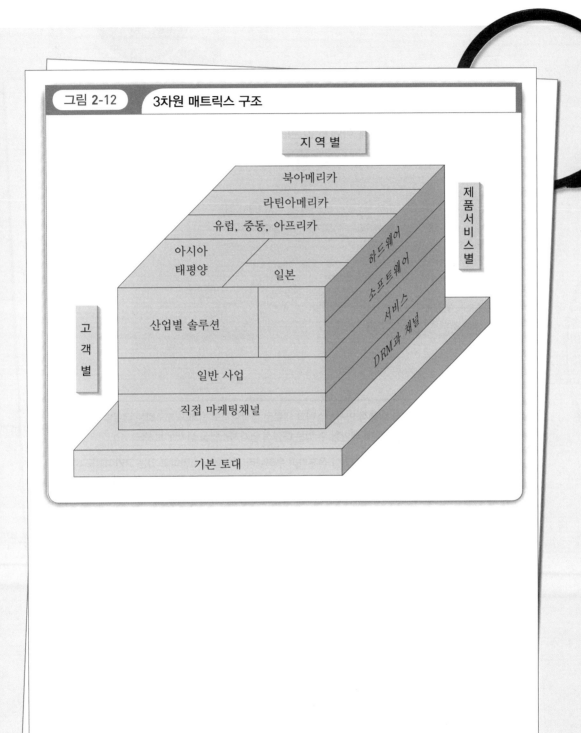

그림 2-12 3차원 매트릭스 구조

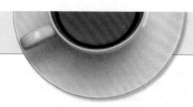

■■■표 2-3　글로벌운용체제 하에서 일본IBM 인사제도의 변화내용

중심원칙: 시장 중시, 효과성 중시, 개방성, 수용성, 글로벌 일관성

- 종신고용 보장 → 고용가능성(employability) 보장
- 신규 졸업자 채용 → 경력 전문인 채용
- 채용을 통한 인력확보 → 기업 간 M&A, 아웃소싱을 통한 인력확보
- 조직 구성원들에게 동일 기회 제공 → 인력의 다양성 추구
- 보상의 균등화 → 보상의 차별화
- 고정급여 중시 → 변동급여 중시
- 임금의 내부 공평성 → 임금의 외부 경쟁력
- 권리로서의 임금 → 성과에 대한 보상으로서의 임금
- 회사주도적 역량개발 → 개인주도적 역량개발
- 역내 교육 프로그램 → 글로벌 교육 프로그램

토의질문

1. 일본인들의 정서를 반영한 전통적 인사시스템과 새로운 경영환경의 변화가 요구하는 글로벌 인사시스템 사이에서 고민하는 일본IBM에게 제안할 수 있는 대안적 인사시스템을 생각해 보시오.

2. 일본IBM이 직면했던 고민은 외환위기를 전후하여 우리나라 기업들이 직면하고 있는 고민이기도 하다. 위 일본IBM의 사례가 우리나라 기업들에게 주는 시사점이 무엇인지 생각해 보시오.

Chapter 03

조직체환경과
인적자원관리

CHAPTER 03

조직체환경과 인적자원관리

우리는 제1장에서 인적자원관리의 기본개념과 학문적 발전과정을 정리하고, 제2장에서 현대조직의 전략적 인적자원관리에 관하여 알아보았다. 인적자원관리는 조직체의 전략목적달성에 결정적인 역할을 하는 경영과정으로서 경영자와 관리자는 물론 조직구성원들 모두가 수행하는 기본기능이다. 그러나 인적자원이 구체적으로 어떻게 관리되는지는 조직체의 내외환경에 따라 조직체마다 다르다. 다시 말해서 인적자원관리는 외부적으로는 사회문화적 환경의 특성과 내부적으로는 조직체의 경영이념, 업종과 규모, 업무구조와 과업환경, 노사관계 등 경영조직의 상황적 요소로부터 많은 영향을 받는다. 따라서 조직체의 인적자원관리를 이해하려면 이들 조직체의 내외환경 및 상황적 요소를 이해하는 것이 매우 중요하다.

이 장은 인적자원관리의 중요 내외환경 및 상황적 요소들과 이들 요소가 인적자원관리에 어떤 영향을 주는지를 연구한다. 제1절은 거시적인 비교문화관점에서 사회문화와 인적자원관리 간의 관계를 연구한다. 제2절은 내적 상황요소로서 경영이념의 X론적, Y론적 관점과 가치중심적 경영이 인적자원관리에 어떤 영향을 주는지를, 그리고 제3절은 윤리적 가치경영이 인적자원관리에 어떤 영향을 주는지를 각각 연구한다. 그리고 제4절은 조직체의 내외 과업환경과 인적자원관리 간의 관계를, 제5절은 노사관계와 인적자원관리 간의 관계에 관하여 알아본다.

제 1 절 사회문화와 인적자원관리

조직구성원들은 사회의 구성원들인 만큼, 조직체의 인적자원관리는 그들의 행동을 지배하는 사회문화적 특성으로부터 많은 영향을 받는다. 따라서 세계 각국의 사회문화적 특성이 각기 다른 만큼 조직체의 인적자원관리도 국가마다 다르다. 사회문화적 차이에 따른 인적자원관리의 차이점을 거시적 비교문화 및 비교경영관점에서 살펴본다.

1. 사회문화의 비교

사회문화는 매우 복잡하고 특성이 다양한 만큼, 이를 비교·분석하는 데 있어서 그 기준과 방법도 매우 복잡하고 어렵다. 그러나 비교경영관점에서 사회문화의 특성을 비교·분

■■■표 3-1 사회문화적 특성비교: 호프스테드 수치

비교측면 국 가	개인주의	권력중심성	불확실성 회 피 성	남성중심성	유 교 적 역 동 성
한 국	18	60	85	39	75
일 본	45	54	92	95	80
중 국	20	80	60	50	118
홍 콩	25	68	29	57	96
싱가포르	20	74	8	48	48
미 국	91	40	46	62	29
호 주	90	36	51	61	31
독 일	67	35	65	66	31
프 랑 스	71	68	86	43	30
스 페 인	51	57	86	42	19
네덜란드	80	38	53	14	44
스 웨 덴	71	31	29	5	33
핀 란 드	63	33	59	26	41
브 라 질	38	69	76	49	65
멕 시 코	30	81	82	69	–

자료: Hofstede(1983), p. 91.

석하는 데에는 호프스테드(G. Hofstede)의 비교문화 및 비교경영 연구가 많은 도움을 준다. 호프스테드는 50개국 116,000명의 기업구성원들을 대상으로 그들의 가치관과 직무관련 행동경향을 설문조사하여 다음 다섯 가지의 비교문화적 측면을 중심으로 각국의 사회문화를 비교·분석하였다(Hofstede, 2001;〈표 3 – 1〉참조).

(1) 개인주의 대 집단주의

첫 번째 사회문화 비교측면은 개인주의 대 집단주의(individualism-collectivism)로서, 이것은 개인에게 얼마나 많은 자유가 주어져 있고 또 개인이 집단이익보다 자기자신의 이득을 얼마나 중시하는지에 대한 가치관이다. 개인주의가 강한 사회에서는 구성원들에게 많은 자유가 주어지고 그들은 주로 자신의 이득을 추구함으로써 사회구성원들 간의 관계가 대체로 느슨하게(loose) 형성되어 있는 반면에, 집단주의가 강한 사회에서는 구성원들이 자기가 속한 집단에 대한 소속감이 강하여 소속집단의 이득을 중요시하면서 사회구성원들 간의 관계가 대체로 단단하게 형성되어 있다.

호프스테드의 연구결과를 중심으로 한국, 미국, 일본을 비교하면 미국은 개인주의가, 한국은 집단주의가 각각 높고, 일본은 그 중간이지만 집단주의 쪽에 가깝다. 호주와 영국 등이 개인주의가 강하고, 태국과 싱가포르 등 아시아 국가와 콜롬비아와 멕시코 등 남미국가들이 강한 집단주의를 보이며, 인도와 아르헨티나 등이 중간정도의 성향을 보인다.

(2) 권력중심성

두 번째 비교측면은 권력중심성(power distance)으로서, 이것은 사회구성원들이 사회에 존재하고 있는 부와 권력의 불균등에 대하여 어떤 태도를 보이느냐에 관한 것이며, 사회구성원들의 권위주의적 성향과 중앙집권적 성향을 반영한다. 따라서 부와 권력의 불균형이 심하고 이를 허용하는 사회는 높은 권력중심성을 보인다. 한국과 일본은 권력중심성이 비교적 높고 미국, 호주, 독일, 스웨덴, 핀란드 등은 비교적 낮으며, 오스트리아와 이스라엘이 가장 낮은 반면에 필리핀, 멕시코, 베네주엘라 등이 가장 높다.

(3) 불확실성 회피성

호프스테드의 세 번째 사회문화 비교측면은 불확실성 회피성(uncertainty avoidance)으로서, 이것은 사회구성원들이 미래의 변화와 불확실성에 어떻게 대처하는지에 관한 행동경향을 나타낸다. 불확실성 회피성이 높은 사회에서는 정형화되지 않은 상황이나 미래의 불확실성에 대하여 회피하려는 경향을 보인다. 호프스테드의 연구결과에 의하면 한국과 일본이 미국, 호주, 스웨덴, 덴마크 등에 비하여 훨씬 높은 불확실성 회피성을 보이고, 그리스가 가장 높은 불확실성 회피성을 그리고 싱가포르와 자메이카가 가장 낮은 불확실성 회피성을 보인다.

(4) 남성중심성 대 여성중심성

네 번째 사회문화 비교측면은 남성중심성 대 여성중심성(masculinity-femininity)으로서, 이것은 사회구성원들이 남성과 여성의 사회적 역할을 얼마나 분명하게 구분하는지를 나타낸다. 남녀 간의 사회적 역할이 분명히 구분되어 있을수록 남성중심성이 높게 나타나는데, 이러한 사회에서는 일반적으로 남성은 비교적 적극적이고 사회의 지배적인 역할을 담당하며, 여성은 대체로 배후에서 남성을 돌보아주는 역할을 맡는다. 또한, 남성중심적 사회는 성장, 대형화, 부의 축적 등 경제적·가시적 성과를 중요시하는 데 비하여, 여성중심적 사회는 물질적인 양적 성과보다는 생활의 질, 환경보호, 질적 인간관계, 불우자에 대한 도움 등을 강조하는 경향을 보인다.

호프스테드의 연구자료에 의하면 한국, 미국, 일본 세 나라 중 일본이 가장 남성중심적이고 한국과 미국은 중간정도이지만 미국이 한국보다 더 남성중심적으로 나타났다. 50개국 중 일본이 가장 남성중심적이고 스웨덴, 노르웨이, 덴마크, 네덜란드 등 노르딕(Nordic) 국가들이 가장 여성적인 것으로 나타났다.

(5) 유교적 역동성

호프스테드의 마지막 사회문화 비교측면은 유교적 역동성(Confucian dynamism)으로서, 이것은 사회구성원들의 일에 대한 근면성과 장기사안에 대한 계획성 및 저축성 등을 반영한다. 호프스테드는 1960년대의 소위 아시아 '다섯 마리의 용'(한국, 일본, 대만, 홍콩, 싱가포르)의 고도경제성장에 깊은 인상을 받아 이 특성을 그의 비교문화연구에 뒤늦게 추가하였다. 유교의 가치관이 사회문화에 많은 영향을 준 이들 다섯 나라와 중국이 모두 높은 유교적 역동성을 나타내고, 서구에서는 네덜란드가, 남미에서는 브라질이 이 측면에서 비교적 높은 경향을 보인다.

② 사회문화적 특성과 인적자원관리

호프스테드의 연구는 사회문화적 특성과 인적자원관리 간의 관계를 이해하는 데 많은 도움을 준다. 첫째로, 조직체 수준에서 개인주의–집단주의 성향과 권력중심성은 관리자의 리더십과 조직구성원들의 욕구동기행동에 매우 밀접한 관계를 지니면서 인적자원관리에 많은 영향을 미친다. 개인주의적이고 권력중심성이 낮은 미국 등 서구문화권에서는 조직구성원들 각자의 개성을 중요시하고 그들의 자아실현욕구를 충족시키는 민주적 또는 부하중심적 리더십이 강조되는 반면에, 우리나라와 일본 등 집단주의적이고 권력중심적인 문화권에서는 비교적 적극적이고 권위적이면서도 부하집단을 고려하는 온정주의적 리더십과 관리행동이 강조된다(〈그림 3 – 1〉 참조).

미국과 서구 국가들처럼 개인주의적이고 권력중심성이 낮은 문화권에서는 구성원들 사이의 커뮤니케이션이 활발히 이루어지고, 구성원 개개인의 자기존중과 자아실현이 가장 중요한 동기요인으로 작용한다. 그리하여 개인의 능력과 성과가 선발, 인사고과, 임금관리 등 핵심 인적자원관리에서 가장 중요한 요소로 작용하면서 구성원들의 직무 내재적 만족을

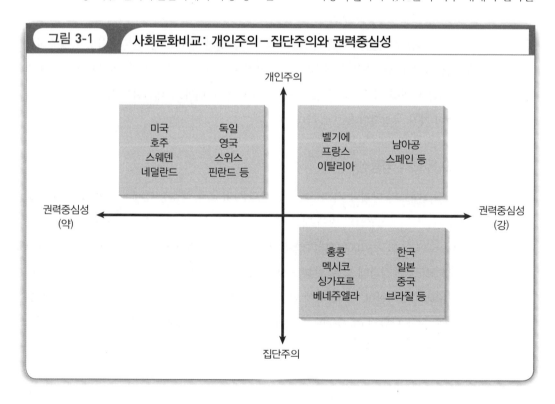

그림 3-1 **사회문화비교: 개인주의 – 집단주의와 권력중심성**

개인주의

| 미국
호주
스웨덴
네덜란드 | 독일
영국
스위스
핀란드 등 | | 벨기에
프랑스
이탈리아 | 남아공
스페인 등 |

권력중심성 (약) ←———————————→ 권력중심성 (강)

| | | | 홍콩
멕시코
싱가포르
베네주엘라 | 한국
일본
중국
브라질 등 |

집단주의

위한 각종 경영참여 프로그램이 활발히 전개된다. 그 반면에 우리나라나 일본과 같은 집단주의적이고 권력중심적인 문화권에서는 가족이나 특정 소속집단과의 관계가 중요한 요소로 작용하고, 따라서 자아실현보다는 관계유지와 체면이 그들의 행동에 강하게 작용하며, 나아가서는 인화를 중시하는 인성과 경륜 그리고 연고 등이 인적자원관리 과정에 중요한 영향요소로 작용한다.

권력중심성과 불확실성 회피성은 특히 조직체의 문제해결행동에 매우 밀접한 관계를 나타낸다. 우리나라와 일본처럼 권력중심성과 불확실성 회피성이 높은 문화권에서는 문제해결에 있어서 주로 상위계층의 공식 권한과 규율 및 규정에 의지하는 정도가 큰 반면에, 미국 등 권력중심성과 불확실성 회피성이 비교적 낮은 서구 문화권에서는 문제해결에 있어서 문제집단 또는 구성원들의 직접적인 참여와 토의를 중시하는 경향이 크다. 인적자원관리에 있어서도 우리나라와 일본 등 권력중심적이고 불확실성 회피성이 강한 문화권에서는 고용관리에 종신고용제도를 그리고 보상관리에 연공서열제도를 각각 적용하는 경향이 높게 나타난다. 이와 같은 경향은 권력중심성과 불확실성 회피성에 집단주의가 결합될 때 특히 강하게 나타난다.

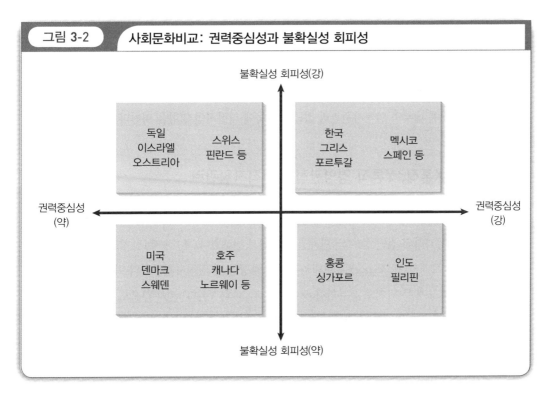

그림 3-2 사회문화비교: 권력중심성과 불확실성 회피성

남성중심성 – 여성중심성과 유교적 역동성도 조직구성원들의 동기부여와 밀접한 관계를 맺고 있다. 남성중심적이고 유교적 역동성이 강한 문화권에서는 열심히 일하는 근면성과 장기적 안목에서의 인내, 집념, 근검절약의 정신이 강한 동기부여요인으로 작용하는 반면에, 여성중심적인 문화권에서는 직장환경과 직무내용 및 직무조건 등 직장생활의 질이 동기부여에 비교적 크게 작용한다. 특히 스웨덴, 네덜란드, 덴마크와 같이 여성중심적이면서 개인주의적이고 권력중심성이 낮은 노르딕 문화권에서는 직무내용과 자율성 그리고 동료관계와 근무조건 등 직장생활의 질이 가장 중요한 동기요인으로 작용한다.

이와 같이 조직체의 인적자원관리는 그 조직체의 사회문화 환경으로부터 많은 영향을 받는다. 따라서 조직구성원들의 태도와 행동에 지배적인 영향을 주는 사회문화적 특성을 이해하는 것은 인적자원관리 연구에 큰 도움을 준다.

제 2 절 경영이념과 인적자원관리

인적자원관리는 경영의 중요한 부분인 만큼, 조직체의 경영이념과 인적자원에 대한 기본전제는 자연스럽게 조직체의 인적자원관리에 많은 영향을 준다. 특히 최고경영층이 인적자원을 얼마나 중요시하고 구성원들의 욕구와 동기에 대하여 어떠한 관점을 가지고 있는지는 조직체 내부의 인적자원관리 접근과 기능에 직접적인 영향을 미친다.

1. X론적, Y론적 경영관점과 인적자원관리

조직체경영과 인적자원관리에 대한 관점은 과거 100년간 과학적 관리법, 인간관계기법, 행동과학적 접근 등 여러 단계를 거치면서 변해왔다(제1장 제4절 참조).

맥그레거(McGregor)는 현대조직의 조직경영 및 인적자원관리의 여러 관점을 종합·정리하여 크게 두 가지로 분류한다. X론(Theory X)과 Y론(Theory Y)으로 불리는 맥그레거의 경영이론은 인간행동에 대한 기본전제와 이에 따른 경영방법을 달리 제시해 줌으로써 조직경영과 인적자원관리의 기본관점 및 접근법을 정리해 준다(McGregor, 1957, 1960).

〈표 3 – 2〉에서 보는 바와 같이 X론은, 인간은 근본적으로 일을 싫어하고 게으르며, 이

기적(self-centered)이고 조직체목적에 무관심하다고 전제한다. 그리고 책임을 회피하고 통제 받기를 원하며, 주로 안정과 경제적 만족만을 추구한다고 전제한다. 따라서 X론은 조직의 목적달성을 위하여 경제적 유인과 통제를 강조한다(McGregor, 1957, 1960). 그 반면에 Y론은 인간은 일을 즐길 수 있고 조직체 목적에 적극 참여할 뿐 아니라, 자아실현을 추구하며 책임과 자율성 그리고 창의성을 발휘하기를 원한다고 전제한다. 따라서 Y론은 개인 목적과 조직체 목적의 통합, 그리고 개인의 자기통제(self-control)와 자아실현 욕구충족을 강조한다.

■ ■표 3-2 **X론적, Y론적 관점과 인적자원관리**

X론	Y론
인간에 대한 전제	
1. 인간은 근본적으로 일을 싫어하고 되도록 피하려고 한다.	1. 일은 자연적인 것이며, 인간은 일을 즐길 수 있다. 일을 싫어하게 되는 것은 조직체가 그렇게 만들었기 때문이다.
2. 인간은 야망이 없고 책임을 회피하며, 안정만을 원하고 통제받기를 원한다.	2. 인간은 책임있는 일을 위하여 주어진 환경에 따라 의욕과 자질을 개발할 수 있는 잠재능력을 갖고 있다.
3. 인간은 조직체 목적에 관심이 없고, 변화에 저항하며, 자기의 이기적 욕구충족만을 추구한다.	3. 인간의 본성은 수동적이 아니며, 행동의 결과에서 오는 만족감에 따라서 조직체 목적에 몰입할 수 있다.
경영에 대한 접근	
4. 조직의 목적을 달성하기 위하여, 조직체는 수동적 인간을 조직체 목적에 강제로 맞추기 위해 적극적인 개입과 동시에 경제적 유인과 벌칙을 중심으로 통제해나가야 한다.	4. 인간의 자기통제와 자아실현 욕구, 그리고 잠재능력 개발을 중심으로 개인의 목적과 조직체 목적이 통합될 수 있는 환경적 여건을 조성해야 한다.
인적자원관리 특성	
5. 인적자원은 생산의 도구로 인식되며, 인적자원관리 기능은 조직체의 능률과 생산성을 높이기 위한 직무설계, 임금관리, 후생복리 등 구성원의 경제적 욕구충족과 직접적으로 관련된 기능에 제한된다.	5. 조직체 목적과 구성원의 목적을 통합시키기 위하여 조직의 성과향상과 목적달성은 물론 구성원의 자아실현과 역량개발 등을 지원할 수 있는 광범위한 기능을 수행한다.
6. 일선관리자가 인적자원관리 기능을 전적으로 수행하든지 인적자원관리부서가 기능적 권한을 발휘하는 일방적 라인-스태프 관계를 형성한다.	6. 일선관리자와 인적자원스태프가 긴밀히 협조하는 양방향 라인-스태프 관계를 형성한다.
7. 인적자원관리 부서는 주로 인적자원관리 절차를 담당하는 중간 또는 하위계층의 위치를 점한다.	7. 구조적으로 경영목적과 전략방침에 인적자원관점을 반영할 수 있는 위치를 점한다.

(1) X론적 관점과 인적자원관리

일반적으로 X론은 조직경영과 인적자원관리에 있어서 과학적 관리법과 같은 구조적 접근을 반영하고, Y론은 인간관계 기법과 같은 인간적 접근과 인적자원관점을 반영한다고 볼 수 있다. 그러나 이러한 시대적 구분과 더불어 현대조직에서도 이 두 가지의 관점이 실제로 적용되고 있는 것이 사실이다.

X론적 경영관점에서 인적자원관리는 주로 조직체의 능률과 조직구성원의 경제적 욕구충족을 높이기 위한 조직구조와 물리적 작업조건의 설계, 그리고 임금관리와 후생복지에 치중하는 경향을 보임으로써 인적자원관리 기능의 범위가 비교적 제한되는 것을 알 수 있다. 일선관리자와 인적자원스태프 사이의 권한관계도 상호 간에 일선관리자 위주의 서비스(조언)관계가 형성되거나 인적자원스태프 위주의 기능적 권한관계가 형성되는 등 일방적 관계의 경향을 보인다.

인적자원관리 업무에 있어서도 일선관리자는 조직의 능률과 생산성을 중심으로 조직체 목적에 맞추어 조직구성원을 관리하게 되고, 인적자원스대프도 전반적인 경영목적과 전략 방침에 인적자원관점을 반영시키지 못한 채 인적자원관리의 세부적 절차의 집행과 통제 등 제한된 행정전문가 역할에만 치중하게 된다. 따라서 X론적 관점에서 경영전략과 인적자원관리 기능 사이에는 행정적 연계 또는 일방적 통합이 일반적 경향이다(제2장, 〈그림 2-3〉 참조). 구조적으로도 인적자원부서는 독립된 부서로서 상위계층의 위치를 점하지 못하고, 단순히 인적자원관리의 일상적이고 세부적인 절차를 담당하는 중간 또는 하위계층에 위치하는 경향을 볼 수 있다.

(2) Y론적 관점과 인적자원관리

Y론적 경영관점에서 인적자원관리 기능은 인적자원의 개발과 자아실현적 욕구충족 등 넓은 범위로 확대되어 발휘되고, 일선관리자와 인적자원관리스태프 사이에도 긴밀한 상호 작용이 이루어진다. 인적자원관리스태프의 기능도 보다 전문화되고, 따라서 일선실무부서와 인적자원관리스태프가 전략적으로나 기능적으로 잘 통합될 수 있는 개방적이고 유기적인 조직구조와 조직분위기를 형성하며, 따라서 인적자원관리의 조직개발기능이 한층 더 강조되는 경향을 보이게 된다.

이와 같이 Y론적 경영관점은 조직체 목적과 조직구성원의 목적을 통합시키려고 노력하는 과정에서 인석자원관리의 중요성을 강조하게 되고, 인적자원 관점을 전반적인 경영목적과 전략방침에 적극적으로 반영시킨다. 그리하여 인적자원스태프는 행정전문가와 구성원 옹호자의 역할뿐만 아니라 전략적 동반자와 변화담당자의 역할을 활발히 수행하며, 일선관리자와의 관계도 성과달성을 목적으로 한 상담 및 상호 영향을 주고 받는 관계 중심으로 이루어진다. 따라서 인적자원관리는 일선관리자의 일상업무에 매우 중요한 부분을 차지하게 된다. 그리고 조직구조상으로도 인적자원 부서는 인적자원관리 전반에 걸친 광범위한 기능을 전문적으로 그리고 전략적으로 다루면서 사장 직속 또는 상위계층의 독립된 분야로서 중요한 위치를 차지하게 된다.

② 가치중심적 경영과 인적자원관리

X론적, Y론적 경영관점과 더불어 경영이념의 특정 가치를 조직체의 전략경영에 적극 반영시키는 가치중심적(value-driven) 경영도 인적자원관리에 많은 영향을 준다. 인간존중, 창의성, 고품질, 고객만족 등이 현대조직에서 흔히 강조되는 가치들이다. 장기적으로 높은 성과를 달성하는 기업체의 경우, 창업자나 최고경영자의 경영이념이 인적자원관리에 그대로 반영되어 가치중심적 경영이 실천되고 있는 것을 흔히 볼 수 있다. 가치중심적 인적자원관리를 통하여 기업의 경영이념과 핵심가치가 비교경쟁우위에 크게 기여한 대표적인 예로서 GE의 무경계(boundaryless) 이념, HP의 HP Way, 3M의 창의성, Wal-Mart의 고객가치 등을 들 수 있다(Slater, 1999; Collins & Porras, 1994; Slater, 2003).

(1) 초우량기업들의 가치중심적 인적자원관리

가치중심적 경영과 전략적 인적자원관리의 모범적인 기업으로 널리 인정받고 있는 초우량기업체로 GE를 들 수 있는 바, 가치중심적 경영과 전략적 인적자원관리가 GE를 세계 최강의 경쟁력을 가진 기업으로 발전시켰다는 점에서 GE Way라고 불리는 GE방식의 가치중심적 경영이 높은 평가를 받고 있다. GE Way는 잭 웰치 회장이 정착시킨 무경계(boundaryless) 이념에 입각한 가치중심적 경영을 말하는데, 무경계경영은 조직체 내적으로는 부서 간, 계층 간, 사업부 간의 장벽을 허물어 비대·관료화된 조직을 간소화·슬림화하면서 활짝 열린 경영과 스피드경영을 실천하고, 외적으로는 여러 협력업체를 포함한 이해관계자들과의 장벽 그리고 국가 간, 문화 간 장벽을 허물어 세계기업으로서의 경쟁적 비교우위를 강화해 나간 전략적·가치중심적 경영을 의미한다(Slater, 1999).

무경계경영에서 GE는 구성원들의 장벽 없는 열린 사고와 행동을 GE Way의 최우선 가치로 설정하고, 정보와 자원의 공유, 팀웍, 지식경영 및 학습행동 등을 선발과 인사고과 그리고 교육훈련 등 인적자원관리 전반에 직접 반영시켜 경쟁력 강화를 위한 가치중심적 경영과 전략적 인적자원관리를 철저히 실천하였다. 그 과정에서 크론톤빌에 있는 경영연수원은 GE의 경영혁신과 무경계 문화개발에 있어서 두뇌역할을 수행하였고, 조직개발전문가와 인적자원스태프는 실무현장의 워크아웃(Workout)에서[1] 변화와 개혁을 촉진시키는 변화담당자의 역할을 수행하였으며, 과정지도화(process mapping)라는 업무과정 리엔지니어링에서도 실무현장의 개혁활동을 적극 지원하였다. 그리하여 무경계이념에 의한 가치중심적 경영과 전략적 인적자원관리는 1990년대 하반기부터 GE를 세계 제일의 시장가치와 세계 최강의 경쟁력을 가진 기업 그리고 세계에서 가장 존경받는 기업으로 발전시키는 데 큰 역할을 하였다.

HP(Hewlett Packard)도 가치중심적 인적자원관리의 모범적인 초우량기업이다. HP의 가치중심적 경영은 HP Way로 표현되는데, HP Way는 신뢰를 바탕으로 한 인간존중, 기업성과를 구성원들과 함께 나누는 공존공영의 정신, 그리고 고품질의 제품과 서비스를 통한 고객욕구 충족, 구성원들의 창의력과 팀웍을 조장하는 관리자의 리더십, 그리고 사회책임을 성실히 수행하는 기업시민정신 등을 중요시하는 경영방식을 의미한다. HP의 이들 핵심가치는 인적자원관리에 직접 반영되고 실천되어 HP는 높은 성과를 달성하면서 자율경영과 인재개발 측면에서 가장 일하기 좋은 직장으로 그리고 가장 존경받는 미국기업의 하나로 널리 알려져 있으며, 학계에서도 가치중심적 경영으로 전략적 인적자원관리의 모범적인 기업체로 인정받고 있다(Ulrich, 1997; [사례연구 #3-1] 참조).

세계 최대의 가전제품 제조업체인 일본의 마쓰시다 전기회사도 국민이 원하는 상품을 저가격·고품질로 많이 생산하여 풍요로운 사회건설에 기여하고 회사에서 일하는 동안 구성원들의 자아실현을 최대화하겠다는 창업자 마쓰시다 고노쓰케(松下幸之助)의 경영이념을 가치중심적 경영과 인적자원관리에 그대로 반영시킨 좋은 예이다.

마쓰시다의 경영이념은 보국사업, 공명정대, 화친일치, 역투향상, 순응동화, 감사보은 등 일곱 가지의 정신(마쓰시다정신)으로 구성되며, 이들 정신은 '마쓰시다 맨'을 만드는 신

---

1) GE의 워크아웃은 구성원들의 개방적이고 자유스러운 경영참여를 통하여 업무과정을 개선하고 조직을 활력화하는 GE 고유의 경영참여 및 조직개발기법이다. 따라서 우리나라에서 IMF 외환위기 이후에 채권금융기관들이 부실기업의 재무구조를 개선하여 기업을 회생시키려는 워크아웃과는 전혀 의미가 다르다.

입사원의 교육훈련으로부터 시작하여 항상 보다 높은 수준의 목표를 추구하는 성과관리, 끊임없이 능력개발을 추구하는 직무순환, 성과와 능력에 따른 관리계층의 임금 등 인적자원관리 전반에 걸쳐서 반영되고 있다. 또한 개인보다 집단과 회사를 앞세우는 구성원들의 공동체의식과 상호협조적 행동, 그리고 치밀한 조직과 철저한 통제시스템 속에서도 합의에 의한 경영과 실무현장을 중요시하고 일선관리자의 자율경영을 존중하는 인적자원스태프의 지원역할과 행동에도 마쓰시다정신이 반영되어 전략적 인적자원관리가 실천되고 있다(Pascale & Athos, 1981; Kotter, 1999b; 이학종, 2003).

(2) 한국기업의 가치중심적 경영과 인적자원관리

우리나라 기업에서도 기업주나 최고경영자의 경영이념을 중심으로 가치중심적 경영과 전략적 인적자원관리가 실천되어 높은 조직체성과와 더불어 경쟁력강화를 달성해 나가는 사례들이 있는데, 그 대표적인 예가 유한킴벌리이다(사례연구 #1 - 1 참조). 유한킴벌리는 유한양행과 킴벌리 클락(Kimberly-Clark Corporation)이 공동출자하여 1970년 3월 30일에 창설한 회사로서 2010년 현재 매출액 12,094억원, 당기순이익 942억원을 달성한 견실한 중견기업이다. 유한킴벌리가 사회로부터 주목을 받게 된 이유는 유한킴벌리가 이룩한 질적 성과 때문이다.

한 예로 유한킴벌리는 Hewitt Associates가 주관하여 매년 발표하는 아시아 최상의 직장에 관한 조사(Survey of Best Employers in Asia)에서 2003년 현재 국내에서 1위, 아시아에서 6위를 차지했으며, 그 외에도 사회적 책임과 윤리경영에 앞장서는 대표적 기업이자 사회적으로 가장 존경받는 기업으로 인정받고 있다. 그뿐 아니라, 유한킴벌리는 그 뛰어난 경영능력을 인정받아 2003년부터 킴벌리 클락의 동북아시아 지부(중국, 홍콩, 대만, 일본, 몽골, 극동러시아 지부) 경영도 책임지고 있다.

유한킴벌리가 이룩한 이상의 성과는 순탄한 경영환경 가운데서 자연적으로 성취된 것이 아니다. 1980년대 후반 들어 국내외 대규모 경쟁사들과 과잉경쟁 상태에 돌입하게 되고 수입품의 범람 등으로 여성용품을 비롯한 주력 제품들의 경쟁력이 상실되어 가고 있었다. 1990년대 중반 들어서는 경기침체와 경쟁의 심화로 공장 가동률이 급락하고, 감원을 우려한 노동조합의 활동은 갈수록 격화되어 갔다. 이처럼 악화된 경영환경 속에서 유한킴벌리는 1995년 문국현 사장체제의 등장을 전후로 새로운 도약을 위한 5대 경영방침 - 인간존중, 고객만족, 사회공헌, 가치창조, 혁신주도 - 과 '인력과 근무환경, 시장점유율, 신용 및 재무능력, 매출액, 투자효율 등에서 아시아 제일의 기업이 되겠다'는 비전을 설정하고 그것을 달성하기 위한 신인사제도를 차근차근 도입·정착시켰다.

유한킴벌리의 경영방침은 회사 내에서 이루어지는 모든 의사결정에서 그 방향과 기준을 제시해 주는 핵심가치로 작용하였다. 주요 의사결정 권한은 개별 사업본부로 대폭 위양되었고, 개별 사업본부 내에서도 직원들의 창의력과 아이디어가 최대한 발현될 수 있는 참여적 자율경영이 추진되었다. 그와 같은 조직운영 방식이 전체 회사 차원에서 통합될 수 있는 주요한 이유는 경영방침 내지는 핵심가치를 조직구성원들과 적극적으로 공유하고 그것을 기준으로 하여 의사결정을 하도록 하였기 때문이다.

(3) 인적자원스태프의 역할

이상 국내외 우량기업을 중심으로 경영이념이 조직체의 상황적 요소로서 인적자원관리와 나아가서는 조직체성과에 어떻게 영향을 주는지를 알아보았다. 조직체환경에 적합한 경영이념과 기본가치는 우수한 성과의 필수요건으로서, 경영이념과 핵심가치가 얼마나 잘 정립되어 인적자원관리에 반영되고 철저히 실천되느냐에 따라서 가치중심적 인적자원관리가 실현되고 이에 따라 조직체성과에도 많은 영향을 미치게 된다. 그 과정에서 특히 인적자원스태프의 전략적 동반자 및 변화담당자 역할이 획기적으로 확대되면서 성공적인 가치중심적 경영과 경쟁력 강화에 결정적인 역할을 한다. 가치중심적 경영과 전략적 인적자원관리는 기업성과는 물론 장기적으로 경쟁적 비교우위에 크게 기여할 것이고, 그 과정에서 인적자원스태프가 핵심적인 역할을 할 것으로 기대된다.

제 3 절   윤리경영과 인적자원관리

경영이념과 관련하여 근래에 현대조직에서 크게 강조되고 있는 분야의 하나가 윤리경영이다. 선진국에서 기업윤리(Business Ethics)는 이미 1950년대부터 기업의 사회책임 개념과 더불어 기업경영은 물론 경영학 교육에서도 중요시되어 왔고, 우리나라에서도 경제 및 사회문화의 발전이 계속되면서 조직경영의 윤리·도덕적 측면이 점점 중요 연구대상이 되어 왔다. 특히 근래에는 사회의 윤리 수준과 국가경쟁력 사이에 밀접한 관계가 나타나고 있고 윤리경영이 조직효율성 및 경영성과와도 밀접한 관계가 있는 것으로 나타남으로써(Ladenson, 1996; Ceber, 1995; Brown, 1991; Nash, 1990; 이학종·이종건, 2000) 윤리적 가치가 가치중심적 경영과 전략적 인적자원관리의 중요한 측면으로 강조되고 있다. 이 절은 윤리경영을 경영이념과 관련된 인적자원관리의 중요한 상황적 요소로 보고, 우리나라의 사회윤리환경과 윤리경영에서의 중요 인적자원관리 이슈 그리고 윤리적 인적자원관리의 기본방향을 살펴본다.

①. 한국의 윤리경영환경

우리나라 기업은 과거 40여 년간의 고도경제성장에 큰 역할을 감당하여 사회로부터 경제발전에 대한 공헌을 인정받아 왔으나, 기업윤리 관점에서는 사회로부터 비난의 대상이 되어 왔다. 근래에 우리나라 사회 전반에 걸친 개혁의 물결 속에서 기업윤리는 과거 어느 때보다도 그 중요성이 강조되면서 이제 이론적 또는 이념적 토론대상이 아니라 실무현장의 실천과제가 되고 있다. 세계화·정보화·민주화의 환경과 급속히 상승하고 있는 이해관계자들의 윤리의식은 우리나라 기업에게 윤리적 경영에 대한 압력을 한층 증가시키고 있다.

윤리는 개인행동의 옳고 그름이나 좋고 나쁜 것을 판단해 주는 가치기준체계이다. 따라서 기업윤리는 기업경영에 있어서 기업의 구성원(기업인, 경영자, 일반구성원 등)의 행동이나 태도의 규범체계로서 그들의 행동이나 태도의 옳고 그름, 좋고 나쁨, 그리고 윤리적인 것과 비윤리적인 것을 판단하게 해 주는 기준체계라고 할 수 있다(신유근, 1992; Mondy et al., 1999; Hosmer, 1991). 그러므로 기업윤리의 수행주체는 어디까지나 기업의 구성원, 즉 기업인, 경영자, 관리자, 근로자, 그리고 일반구성원 모두를 포함한다. 구성원 개개인이 기업윤리의 주체인 만큼, 구성원들로부터 그들의 과업수행과정에서 윤리적 행동을 기대하려면 무엇보다도 건전한 윤리경영이 먼저 인적자원관리에서 실천되어야 하고 따라서 윤리적 인적자원관리는 경영의 어느 분야보다도 특별한 중요성을 지닌다.

(1) 한국의 사회윤리와 직업윤리

우리나라는 전통적 유교사상이 우리나라 국민의 윤리개념과 가치체계 그리고 행동기준의 근간으로서, 조직체에서도 오랫동안 인간관계와 조직행동 그리고 인적자원관리에 중요한 영향을 미쳐왔다. 전통적 유교사상은 기업주에 대한 구성원의 충성심, 구성원에 대한 기업주의 자애, 상급자와 하급자의 위계질서 그리고 동료구성원들 간의 신뢰적 관계에 직접 반영되었고, 특히 근로자들의 근면한 직업윤리의식은 우리나라 기업의 비교경쟁우위로 작용하여 과거 50년간의 고도경제성장에 크게 기여하였다.

그러나 고도성장에 따른 급속한 사회변동은 우리나라 국민의 전통적 윤리 개념에 많은 변화를 가져왔다. 경제성장과정에서 점차 심화된 빈부격차, 정부와 대기업 간의 소위 '정경유착', 그리고 정치·경제 비리 등 각종 사회문제는 우리나라 국민의 정부 및 기업에 대한 신뢰를 크게 저하시켰다. 끊임없이 드러나는 불법정치자금 및 비리, 기업의 불법 내부거래 행위, 불합리한 지배구조와 불투명성 문제, 환경파괴와 오염, 담합 등은 우리나라 기업계에 윤리 및 도덕적 해이(moral hazard) 문제가 얼마나 심각한지를 말해 준다.

이러한 비윤리적 부정부패로 인해 기업체에서는 기업주에 대한 구성원들의 존경심과 신뢰감이 저하되고, 나아가서 그들의 직업윤리 개념에도 많은 변화가 일어났다. 경제발전에 따른 조직구성원들의 기대 수준 상승과 민주화의 물결도 그들의 직업윤리 개념에 변화를 가속화시켰다. 우리나라 조직구성원들, 특히 근로자들의 직장의식과 직업윤리의 변화추세는 여러 연구결과에서 나타나고 있는 바, 일에 대한 커미트먼트, 기업주에 대한 충성심, 직장에서의 성취욕구, 상하 간의 위계 개념, 그리고 구성원들 간의 신뢰감과 동질성 개념에 있어서 모두 하락추세를 보이고 있다. 이러한 경향은 1970년대를 시점으로 점차 심해지고 있고, 특히 세대 간에 많은 차이를 보이고 있다(김경동, 1990; Chung et al., 1997). 조직구성원들의 이러한 직업윤리 개념의 변화는 우리나라의 조직경영과 인적자원관리에 시사하는 바가 크다.

(2) 한국의 윤리 수준 국제비교

윤리는 그 개념 자체가 복잡한 사회문화적 가치개념을 반영하는 만큼, 윤리 수준을 정확하게 측정하기는 매우 어렵고 문화가 다른 국가들의 윤리 수준을 비교하기는 더욱 어렵다. 그러나 국제투명성위원회(Transparency International), 국제경영개발연구원(Institute for Management Development), 그리고 정치·경제 위험도 컨설팅(Political and Economic Risk Consulting) 등 국제연구기관은 부패, 로비, 정부투명성, 기업신용도, 사회적 책임 등 윤리의 척도가 될 수 있는 지표를 사용하여 세계 각국의 윤리 수준을 평가한다.

부패지수(Corruption Perception Index)를 기준으로 세계 각국의 부패정도를 조사한 결과 우리나라는 2010년 기준 178개 조사대상국 중 39위(10점 만점에 5.4점)로 평가되어 우리나라의 부패문제가 여전히 심각한 것으로 나타났다(〈표 3 - 5〉 참조). 근래에 와서 우리

■■표 3-3   **국가별 부패지수**

국가	2000	2003	2010	국가	2000	2003	2010
네덜란드	8.9(9)	8.9(7)	8.8(7)	싱가포르	9.1(6)	9.4(5)	9.3(1)
뉴질랜드	9.4(3)	9.5(3)	9.3(1)	영 국	8.7(10)	8.7(11)	7.6(20)
대 만	5.5(28)	5.7(30)	5.8(33)	이탈리아	4.6(39)	5.3(35)	3.9(67)
덴 마 크	9.8(2)	9.5(3)	9.3(1)	일 본	6.4(23)	7.0(21)	7.8(17)
독 일	7.6(17)	7.7(16)	7.9(15)	칠 레	7.4(18)	7.4(20)	7.2(21)
말레시아	4.8(36)	5.7(37)	4.4(56)	프 랑 스	6.7(21)	6.9(23)	6.8(25)
미 국	7.8(14)	7.5(18)	7.1(22)	핀 란 드	10.1(1)	9.7(1)	9.2(4)
스 웨 덴	9.4(3)	9.3(6)	9.2(4)	홍 콩	7.7(15)	8.0(14)	8.4(13)
스 위 스	8.6(11)	8.7(8)	8.7(8)	한 국	4.0(48)	4.3(50)	5.4(39)
부패지수: (고)10.0 ← 청렴도 → 0.0(저)				조사국수	90	133	178

자료: Transparency International, Corruption Perceptions Index, 2000, 2003, 2010.

나라 부패지수는 점차 개선되고 있는 것으로 나타나고 있으나, 아시아 국가들과의 비교에서 우리나라는 싱가포르, 홍콩, 일본, 대만에 모두 뒤져 있다(TI, CPI, 2000, 2003, 2010). 더 중요한 것은 부패지수와 국가경쟁력 사이에 밀접한 관계이다. 청렴도가 가장 높은 20개국 중 15개국이 2011년도 국가경쟁력평가에서도 최상위 20위권 내에 포함되었다(IMD, World Competitiveness Scoreboard 2011).

이와 같은 조사결과는 세계화의 무한경쟁환경에서 경쟁력을 강화하려는 우리나라 모든 조직체에게 시사하는 바가 크다. 윤리경영은 이제 단지 자국 조직경영의 문제가 아니라 세계경영상의 문제가 되고 있다(Anthony et al., 1999; Dalla Costa, 1998; Mondy et al., 1999). 따라서 세계기업의 경쟁력관점에서 윤리경영을 국제 수준으로 향상시키고 윤리적 인적자원관리를 실천하는 것은 우리나라 조직체가 시급히 달성해야 할 중요과제이다. 국제경제협력기구(OECD)의 회원국으로서도 국제 수준의 윤리관행은 우리나라 조직체가 반드시 준수해야 할 필수요건이다.

② 윤리관점에서 조직구성원의 책무와 권리

윤리경영관점에서 조직구성원들은 조직체의 일원으로서 조직체에서 각기 수행할 책임과 의무가 있는 동시에, 또한 각기의 책임과 의무를 수행하는 과정에서 조직체로부터 보장받아야 할 기본적인 권리가 있다. 윤리경영관점에서 조직구성원들이 조직체에서 수행해야 할 책무는 무엇이고 또 조직체로부터 기대할 수 있는 권리는 무엇인지를 알아본다.

(1) 조직체에 대한 조직구성원의 책무

구성원들은 조직체와의 관계에 있어서 조직체의 정당한 목적달성에 협조할 책임과 의무가 있다. 조직구성원들은 고용 당시부터 기업체와의 관계에 있어서 상호 간에 이해된 업무와 역할을 수행할 책임과 의무가 있고, 또 그 이외에도 사회가 기업체의 정당성을 인정하는 상황에서 기업의 정당한 목적을 달성하는 데 있어서 조직구성원들이 그 과정에 기여할 책임과 의무가 있다.

그러나 기업체와 구성원들 간의 합의된 책무관계가 불명확하고 기업의 '정당한' 목적에 대한 개념도 모호한 것이 일반적인 실정인 만큼, 기업체에 대한 조직구성원들의 윤리적인 책무에 관해서도 그 개념이 복잡하고 불분명한 것이 사실이다. 우리나라는 종신고용의 전통 속에서 서구 국가에서처럼 기업체와 구성원 간에 공식적인 고용계약을 맺지 않았으며, 고용계약을 맺는다 하더라도 구체적인 이행조건을 명시하지 않는 것이 관행으로 되어 왔다. 이러한 관행은 기업체에 대한 구성원의 책임과 의무를 불분명하게 만드는 원인이 되기도 했다.

그러나 윤리적 관점에서 조직구성원들은 근본적으로 기업체에서 요구하는 지식과 능력 등 자격조건을 소지해야 하고, 윤리도덕적으로 갈등이 없는 한 기업체의 방침과 규율 그리고 지시에 따르고 복종해야 할 의무가 있다. 그리고 기업체를 위하여 성실히 그리고 열심히 일하고, 금지된 행동을 하지 않으며, 기업체에 불이익을 초래하는 행동도 하지 말아야 할 의무가 있다. 또한 업무와 관련된 모든 정보를 경영자와 공유하고, 기업체의 비밀을 누설하지 않으며, 거짓말을 하거나 사기를 범하지 않고, 직위를 남용하거나 월권행위를 아니하며, 부정·비리 그리고 뇌물수수의 금지규칙을 철저히 준수할 의무가 있다(Luck-hardt, 1992).

우리나라 기업에서 이와 같은 구성원의 의무가 종신고용의 전통 속에서 기업체와 구성원 간의 일반적인 사회윤리적 규범(전통적 유교 가치관) 차원에서 이해되면서 대체로 구성원 개개인의 판단에 맡겨져 왔다. 그러나 이제 세계화·정보화·민주화의 환경에서 기업거래가 복잡해지고 조직구성원들의 가치관과 윤리의식이 다양해짐에 따라서 구성원의 책무와 권리에 대하여 기업체와 구성원 간에 적지 않은 의견 차이와 갈등이 발생하고 있다. 따라서 현대조직은 윤리강령이나 공식적인 고용계약을 통하여 기업체와 구성원 간의 책임과 의무를 명백히 하는 것이 바람직하다고 볼 수 있다.

(2) 조직구성원의 도덕적 권리

구성원들은 조직체에 대한 책무와 더불어 그들의 책무를 수행하는 과정에서 조직체로부터 보장받아야 할 권리가 있다. 기업체와의 관계에 있어서 조직구성원들은 개인으로서, 국민으로서, 그리고 산업조직의 일원으로서, 기업체에서 일하는 동안에 헌법을 위시한 여러 가지 법에 규정된 권리를 보장받는다. 이러한 법률상의 권리와 더불어 조직구성원들은 사회에서 일반적으로 인정된 도덕적 권리도 보장받을 것을 기대할 수 있다. 법률상의 권리는 개인의 투표권과 같이 법률의 공식성을 전제로 하지만, 도덕적 권리는 법적인 규정을 요구하지 않는 사회규범이나 사회윤리적 측면에서의 권리들이다.

윤리경영과 관련하여 구성원들이 기업체로부터 기대할 수 있는 권리는 매우 복잡·애매하고 다양하여 이를 체계적으로 정리하기가 매우 어렵지만, 대체로 다음 여섯 가지로 분류할 수 있다(Donaldson, 1990; Ewing, 1977; Hunt, 1988).

① **임무수행상의 권리**: 구성원들이 자기의 책임과 의무를 수행하는 과정에서 조직체로부터 기대할 수 있는 권리로서 조직체와의 계약, 합의 또는 상호 이해된 사항(임금, 승진, 균등한 대우, 해고 등)과 주어진 업무를 수행하는 데 요구되는 안전하고 건강한 환경 등을 보장받을 권리를 포함한다.

② **욕구충족상의 권리**: 경제적 보상을 통하여 인간으로서의 기본적인 의·식·주에 대한 욕구충족을 보장받을 권리를 의미한다.

③ **부당한 요구를 거절할 권리**: 조직체에서 책임있게 행동할 수 있는 요건을 보장받을 권리로서, 조직체의 비도덕적인 지시나 명령 또는 비도덕적·비윤리적 제품을 만드는 데 대하여 이의를 제기하거나 이를 거절할 권리를 보장받는 것 등이 포함된다([예시 3 - 1] 참조).

④ **자신의 이익을 지킬 권리**: 조직체의 이해관계자(stakeholder)로서 구성원 자신에게 직접적으로 관련된 사항에 대한 의사결정과정에 참여할 수 있는 권리 등을 의미한다.

⑤ **인간의 자유에 관한 권리**: 인간으로서의 자유에 대한 권리로서 표현의 자유, 종교의

자유, 프라이버시(privacy)의 보장 등을 포함한다.

⑥ 정당한 절차에 대한 권리: 구성원들이 직접적으로 관련된 문제에 있어서 정당한 이유없이 조직체의 단독적, 일방적인 결정(해고 등)으로부터 보호받을 권리 등을 의미한다.

구성원들이 조직체로부터 기대할 수 있는 이들 도덕적 권리가 얼마나 정당화될 수 있는지는 물론 사회의 문화·윤리 수준과 조직체의 경제적 능력에 달렸다. 대체로 사회의 경제·문화 수준이 상승함에 따라서 조직체의 사회적 책임 수준도 높아지면서 점차 구성원들의 도덕적 권리에 대한 기대 수준도 높아져간다.

| 예시 3-1 | K연구원의 결심 |

ABC 화학회사의 기술연구소에서 근무하는 K씨는 유능한 젊은 연구원이다. 그는 회사가 생산공정에서 배출되는 오염물을 제거하는 데 충분한 노력을 기울이지 않고 있고 따라서 정부에서 설정된 오염폐기물 기준을 크게 위반하고 있다는 것을 상위경영층에 자주 지적해 왔다. 그러자 그에게 이상한 일이 일어나기 시작하였다. 프로젝트 보고서를 제출할 때마다 상부에서 보완자료가 미비하다는 이유로 보고서의 재작성을 요구하고, 현행 프로젝트의 사소한 경비지출까지도 일일이 캐물으며, 중요한 프로젝트에는 참여기회를 주지 않고 새로운 연구프로젝트 예산요청은 번번이 거절당하곤 하였다.

K씨는 처음에는 모든 것을 선의로 받아들였으나, 똑같은 상황이 반복됨에 따라 상부의 의도를 의심하게 되었고, 그의 역할도 점차 축소되어 가면서 상급자 및 동료 연구원들과의 관계도 점점 불편해지기 시작하였다. 이와 같은 어려움과 괴로움 속에서 K씨는 연구소 일에 관심을 잃게 되고 다른 연구소로 직장을 옮길 것을 결심하기에 이르렀다.

---

③. 인적자원관리에서의 윤리적 이슈

지금까지 우리나라의 윤리경영환경과 윤리관점에서 조직구성원들의 책무와 권리를 알아보았다. 이제 인적자원관리에서 흔히 제기되고 있는 중요 윤리이슈들을 인적자원관리의 기능분야별로 정리해본다.

(1) 조직설계와 직무설계

조직체는 구성원들에게 직장과 직무를 제공하는 만큼 그들 생계의 경제적 원천이다. 또한 구성원들은 경제적으로나 심리적으로 조직체에 의존할 수밖에 없는 입장에서 주어진 직무를 수행하면서 자기 능력을 개발하고 자아실현을 달성할 수도 있고, 자기 자신을 실현시키지 못하고 불만족과 좌절감 속에서 제한된 인간으로 침체되어 버릴 수도 있다. 구성원들의 불만족과 좌절감은 불건전한 또는 비윤리적 행동을 야기할 수 있고(제5장 제2절 참조), 그에 따른 윤리적 문제가 제기된다.

현대조직의 조직설계 및 직무설계에 있어서 가장 심각한 윤리적 문제는 관료화(bu-reaucratization)에서 야기되는 각종 역기능적 결과로 나타난다. 기업조직의 관료화는 근본적으로 기업의 대형화과정에서 비인간적인 규율을 증가시키고 의사결정체계를 중앙집권화하며, 기업의 조직구조를 극도로 전문화·세분화하면서(Pinchot & Pinchot, 1993) 구성원들의 자율적 판단을 제한하고 목적의식과 책임의식을 저하시켜 그들이 윤리문제에 당면했을 때 자율적으로 그리고 융통성 있게 처리할 수 없게 만든다.

이러한 문제는 단지 하위 일반구성원들 뿐만 아니라, 상위 경영자들까지도 기존 조직문화(또는 관행)와 성과달성에 대한 압력 그리고 소수 핵심인물들의 집단사고를 통하여 전문경영자로서 자율적인 윤리행동을 취하지 못하게 만든다. 특히 상위계층의 성과달성에 대한 지나친 압력은 하위구성원들로 하여금 비윤리적 또는 불건전한 행동을 취하도록 만들어 결국 윤리적 관리자들도 비윤리적 행동을 범하게 되는 경우가 많이 일어나고 이러한 비윤리적 현상은 기업조직이 관료화될수록 더욱 심하게 나타난다([사례연구 #3 - 2] 참조).

따라서 현대기업은 기업규모의 대형화에 따른 조직구조의 관료화경향에서 벗어나 환경변화에 신속히 적응할 수 있는 소규모 사업단위중심의 신축적이고 유기적이며 수평적인 조직구조의 설계를 강조해 왔다(Peters, 1994; Ostroff, 1999; 이학종, 1994). 그리고 직무설계 측면에서는 직무충실화(job enrichment)를 통하여 그들의 직무환경을 개선하고 직무내용을 향상시키며 자율성을 부여하는 등 구성원과 직무 간의 통합을 증진시키는 데 노력해 왔다(Pfeffer, 1994).

우리나라에서도 근래에 기업들이 관료화 및 중앙집권화된 조직구조에서 사업부중심의 분권조직, 수평화된 매트릭스조직, 그리고 소규모의 자율적 조직구조 등으로 전환하여 환경변화에 보다 유연하게 대응해 나가려고 노력하고 있다. 그리고 권한위양과 구성원들의 참여를 확대시켜 활력이 넘치는 조직으로 전환하려고 노력하고 있다. 그러나 이러한 조직구조와 직무설계상의 변화는 구성원들의 성숙된 인간으로서의 발전과 성장 등 사회적 책임이나 윤리적인 관점에서보다는 기업의 성과를 높이기 위한 조직활성화의 관점에서 추진되고 있는 것이 일반적인 경향이다.

(2) 고용 · 승진 · 임금에 있어서의 차별

고용은 취업지원자들에게 취업의 기회를, 그리고 승진은 조직구성원들에게 경력상의 발전과 자아실현의 기회를 주는 과정으로서 윤리적 관점에서 취업지원자들과 조직구성원들에게 균등한 기회를 주는 것이 가장 중요한 문제이다. 고용 이후에도 균등한 기회는 단지 승진뿐만 아니라 업무배치, 직장훈련, 교육훈련 등 인적자원관리 상의 각종 기능에서도 적용된다. 〈표3-4〉에서 보는 바와 같이, 고용 및 승진관리는 인적자원관리에서 윤리적 문제가 가장 빈번하게 발생하고 문제의 심각성도 가장 크며 문제해결의 가능성도 가장 낮은 분야의 하나로 인식되고 있다.

고용과 승진에서의 윤리적 문제는 근본적으로 성, 연령, 그리고 연고(혈연, 학연, 지연)에 따른 차별에서 발생한다. 우리나라의 전통적인 유교사상은 고용과 승진에 있어서 오랫동안 균등한 기회보다는 이들 차별적 요소를 강화·유지시켜 온 문화적 요인으로 작용해 왔다. 우리나라의 많은 기업이 경제성장과 경영합리화과정에서 공채제도와 능력중심의 승진제도를 적용해 왔으나 고용기준과 능력평가기준 자체가 성별, 연령별, 기타 연고상의 편견이 내재되어 실질적으로 균등한 기회가 보장받지 못하고 있기 때문에 이들 기준과 도구의 타당도(validation) 연구와 타당도 높은 기준 및 도구의 설계가 매우 시급한 과제로 제기되

■■표3-4 **미국기업의 인적자원관리 윤리문제**

인적자원관리 윤리문제	윤리적 문제 발생도수(순위)	윤리적 문제의 심각성(순위)	문제해결 가능성(순위)
편파적 고용, 승진, 교육훈련	1	1	12
편파적 임금, 징계	2	1	11
기밀누설(breaking confidentiality)	3	6	7
협력업체와의 부조리	4	9	4
성희롱	5	3	6
모집·선발상의 인종차별	6	11	3
모집·선발상의 성차별	7	10	5
인종 괴롭히기(race harassment)	8	16	2
승진·업무배치상의 연령차별	9	4	10
모집·선발상의 연령차별	10	14	8
보복적 해임	11	22	1
급여상의 성차별	12	7	9

자료: Society for Human Resource Management/Commerce Case Clearing House(1991).

고 있다.

　　기회균등과 더불어 임금과 복지혜택 그리고 기타 대우에 있어서 균등과 공정을 기하는 것도 구성원들이 기업체로부터 기대하는 도덕적 권리로서 우리나라 기업에서 제기되고 있는 중요한 윤리경영문제이다. 특히 임금에 있어서 남녀 간, 정규직과 비정규직 간 차별대우를 줄여나가는 것이 우리나라 기업에서 현안과제로 대두되었다. '동일노동 동일임금'의 원칙이 적용되어야 함에도 불구하고 성역할에 대한 편견이나 고용신분 상의 차이를 차별대우의 논거로 사용한다면 그것은 결코 정당성을 인정받기 어렵다.

(3) 안전·보건관리

　　직장에서 구성원들의 안전과 보건은 그들의 기본욕구충족과 관련하여 기업체로부터 기대할 수 있는 권리이다. 따라서 기업구성원들은 근로기준법과 산업안전·보건법 그리고 산업별로 제정된 각종 법규를 통하여 안전·보건에 대한 보호를 받도록 되어 있다. 그러나

예시 3-2　　**미쓰비시 자동차 미국공장의 성희롱 사건**

　　미쓰비시 자동차 미국공장은 1997년에 950만 달러를 들여 성희롱 소송을 해결해야 하는 곤역을 치렀다. 시카고시 서남쪽 130마일 떨어진 작은 마을 노멀(Normal, IL)에 위치한 미쓰비시 자동차공장(구성원 4,000명; 연생산 20만대)은 높은 임금과 좋은 작업조건을 갖추고 있었다. 그러나 공장 내에 여직원들에 대한 성희롱(sexual harassment)이 오랫동안 만연해 있었고 그 정도도 너무나 심하여 1994년에 29명의 여직원들이 회사를 상대로 성희롱을 묵인하고 방치해 왔다는 이유로 법적 소송을 제기하였다. 그리고 이어서 1996년에는 미국 고용기회균등위원회(Equal Employment Opportunity Commission)도 280명의 여직원을 대신하여 소송을 제기하였다.

　　이러한 법적 제소에도 불구하고 미쓰비시 자동차 미국공장은 이를 그리 심각하게 받아들이지 않다가, 전미여성단체협의회(National Organization for Women)와 인권운동가 제시 잭슨(Jesse Jackson) 목사 등이 미쓰비시 자동차 불매운동에 나서고 린 마틴

(Lynn Martin) 전 노동부장관이 미쓰비시 자동차공장의 현장관리실태조사에 착수하자 비로소 사태수습에 나섰다. 그러나 때는 이미 늦었다. 미쓰비시 공장의 성희롱문제는 미국 전역에서 물의를 일으켰고, 일본에서도 닛케렌(日經聯)의 네모토 지로(根本二郎) 회장이 일본의 이미지를 손상시킨 수치스러운 일임을 인정하였다.

　　일본에서 통용되는 성희롱의 개념은 '여성에게 성적 혐오감을 주는 행위'로 이해되고 있는 데 비하여, 미국 고용기회균등위원회가 정의하고 있는 성희롱 개념은 '타인으로부터 환영받지 못하는 성관련 행위'로 규정되어 있어서 미국사회에서의 성희롱 개념이 훨씬 더 광범위하다. 따라서 미쓰비시 성희롱사건은 근본적으로 일본기업이 미국의 성관련 사회윤리와 규범 및 관습을 이해하지 못한 데에서 비롯된 사태로서, 세계경영을 확대해 나가고 있는 우리나라 기업에게도 시사하는 바가 크다.

우리나라의 경제 수준을 감안할 때 사고와 재해의 빈도와 강도가 여전히 높고, 많은 구성원들이 유해물질과 광선 등 유해환경에 노출되어 있으며, 각종 직업병과 이로 인한 사망자수가 급격히 증가하고 있다.

구성원들에게 안전한 직무 및 작업환경을 제공하는 것은 조직구성원들의 생명보호 차원에서 기업체가 준수해야 할 사회적·윤리적 책임이다. 따라서 안전·보건관련 법규의 준수는 물론, 예방적 안전과 보건을 위하여 환경개선과 교육훈련에 더욱 많은 노력을 기울여야 할 것이다. 그리고 구성원들의 육체적인 보건과 더불어 점점 심화되는 스트레스와 피로(burn-up)현상 등 그들의 정신적 보건도 점차 기업의 윤리적 문제로 대두되고 있고, 이에 대해서도 예방적 정신보건 등 기업체의 대응조치가 요구된다. 그리고 여성인력을 성희롱(sexual harassment)이나 성폭력으로부터 보호하고 그들이 안심하고 일할 수 있는 직장환경을 만들어 주는 것도 현대조직의 필수요건이다([예시 3 - 2] 참조).

(4) 교육훈련과 조직개발

교육훈련과 조직개발은 현대조직이 환경변화에 적설히 적응해 나가는 데 등한시할 수 없는 인적자원관리과정이다. 교육훈련을 통하여 구성원들의 지식과 기술 그리고 잠재능력을 개발하는 것은 그들의 자아실현은 물론 기업체에 대한 그들의 기여도를 높이는 데 매우 중요한 역할을 한다. 그러나 그들의 가치관과 태도 그리고 행동변화를 추구하는 교육훈련과 조직개발에 있어서 조직체가 추구하는 변화가 구성원들 개인의 가치관과 갈등을 야기하는 경우에는 윤리적 문제가 제기될 수 있다. 즉, '의식화', '조작화(manipulation)' 등 흔히 정신교육과 행동변화 그리고 조직개발과정에서 비난의 대상이 되는 문제들이 윤리문제로 대두될 수 있다(Warwick & Kelman, 1976; Miles, 1983; Walton & Warwick, 1976).

우리나라 기업은 기업선진화와 경영합리화 그리고 경영혁신의 압력 속에서 구성원들을 대상으로 많은 개선을 추구하고 있고, 따라서 교육훈련과 조직개발과정에서 발생될 수 있는 윤리적 문제는 개혁과 혁신의 당위성에 억눌려서 지금까지는 큰 문제로 제기되지 않았다. 그러나 앞으로 인간존중의 경영이념 하에서 구성원들의 개성과 자율성이 존중될 때, 그들의 가치관과 상충되는 가치의식의 주입은 윤리적 관점에서 점차 문제가 될 것으로 보인다. 세계적인 초우량기업들은 대체로 강한 기업문화를 가지고 있고(Collins & Porras, 1994), 강한 기업문화는 이들 기업의 성과에 기여하고 있다. 그러나 강한 기업문화를 조성하기 위한 교육훈련이 구성원들이 의식화와 이로 인한 구성원들의 가치관과 갈등을 야기하는 경우에는 윤리적 문제가 발생할 수 있다(Pascale, 1984; Jones, 1985).

(5) 노사관계

윤리관점에서 노사관계는 구성원들이 조직체(사용자)와의 관계에 있어서 집단적으로 그들의 법적 권리는 물론 도덕적 권리를 조직체로부터 인정받고 이를 실현해나가는 과정이라고 볼 수 있다. 따라서 그 과정에서 많은 윤리적 문제가 제기된다. 구성원들은 국가에서 이미 제정된 노사관계법을 통하여 조직체 내에서 단결권, 단체교섭권, 단체행동권 등 노동 3권을 보장받도록 되어 있다. 그러나 이러한 법적 권리가 실제로 보장되려면 조직체의 법 준수가 요구되고, 또 법의 해석이나 법의 영역을 떠난 도덕적 권리에 있어서는 윤리개념이 적용되므로 노사관계에서 윤리경영의 중요성은 매우 크다고 할 수 있다.

노사관계에서 흔히 제기되는 윤리문제는 조직체의 노조에 대한 인정과 노조와의 근본적 신뢰성에 관한 것이다. 이 문제는 노조의 결성과 노조의 단체교섭에 대한 조직체의 부정적 태도에서 발생되지만, 경우에 따라서는 노조의 결성과정이 불법성이나 비도덕성을 지니고 단체교섭에도 대표성의 문제가 야기되는 등 노조측에도 문제가 많기 때문에 매우 복잡하다. 그러나 조직체는 이제 노조를 부정했던 과거의 관행에서 떠나서 노조의 존재를 인정하고 단체교섭에도 진지하게 대처해 나가야 할 것이다. 노조결성의 방해, 노조활동의 억압, 노조간부와의 결탁 또는 그들의 어용화, 노조지도자에 대한 탄압, 사업장의 부당폐업, 단체교섭과정에서 정보자료의 왜곡 또는 조작 등 노조와의 기본관계에 있어서 비도덕적 비윤리적 행동은 금해야 할 것이다.

노사관계에서 제기되는 두 번째 문제는 노조와의 단체교섭에서 가능한 한 근로자들의 도덕적 권리와 관련된 요구와 관련된다. 조직체는 근로자들의 생계유지를 위한 기본임금과 안전한 작업환경 그리고 이와 관련된 요구사항을 적극적으로 수용하고, 나아가서는 근로자들의 상위욕구와 관련된 참여와 자아실현도 직장생활의 질 향상과 관련하여 조직체의 상황이 허락하는 한 그들의 요구에 긍정적으로 대응해 나가야 할 것이다. 도덕적 권리관점에서 경영권의 어디까지가 단체교섭의 대상이고 또 조직체가 윤리적 관점에서 수용해야 할 한계가 어디까지인지에 관해서는 단순한 결론을 내리기가 매우 어렵지만 조직체는 당면한 환경과 상황에 따라서 가능한 한 현실을 잘 감안하여 협력적인 노사관계를 이끌어 나가는 데 최선을 다해야 할 것이다.

노사관계에서의 또 하나의 윤리적 문제는 노조조직의 운영에 있어서 야기되는 각종 비리와 비도덕적·비윤리적 문제에 조직체가 어떻게 대처해 나가야 할 것인가에 관한 것이다. 노조는 노조결성과 노조활동 그리고 단체교섭과정에서 노조회원들의 인간으로서의 권리를 침해하고, 그들의 조직체 구성원으로서의 책무수행을 방해하며, 그들의 인간으로서의 성장과 발전을 저지하고, 노조조직 권력집단들 간의 폭력, 노조기금의 남용 등 비도덕적·비윤리적 행동을 취할 수 있다. 이러한 불법적이고 비윤리적인 행동은 결국 조직구성원들과 조직체에 불이익을 초래하는 만큼 조직체의 관심사가 되지 않을 수 없다. 따라서 조직체는 노조간부들을 선도하여 건전한 노사관계가 형성되고 구성원들이 노조회원으로서 이러한 비윤리적 행동의 희생물이 되지 않도록 지도해 나가야 할 것이다.

(6) 인간 및 직업인으로서의 기본권리

구성원들은 조직체가 고용한 종업원인 동시에 일반 시민이며 전문직업인들이다. 따라서 그들은 조직체에서 그들의 책무를 수행하는 과정에서 일반시민으로서의 권리와 전문직업인으로서의 가치관 및 표준행동이 보장되기를 기대한다. 그러나 조직체의 목적달성에 대한 압력과 관료조직의 역기능 속에서 구성원들의 인간으로서의 권리와 전문인으로서의 가치관이 조직체의 목적추구와 상충되어 윤리적 문제가 발생할 수 있다. 구성원들의 인간으로서의 권리는 주로 표현의 자유, 종교의 자유, 정치활동의 자유, 사생활 및 프라이버시에 대한 권리, 그리고 정당한 절차에 대한 권리를 포함하며, 특히 표현의 자유는 그들의 전문직업인 또는 전문직장인으로서의 가치의식이나 표준행동 개념과 밀접한 관계를 가지면서 윤리적 문제를 야기한다. 따라서 구성원들의 전문직업인 그리고 전문직장인으로서의 의식수준이 높아짐에 따라서 인간으로서의 기본권리 보장에 대한 요구도 커지고, 따라서 이에 따른 윤리적 문제도 커지게 된다.

조직체에서 표현의 자유는 구성원들이 그들의 의사를 자유스럽게 표현할 수 있는 권리, 이의를 제기할 수 있는 권리, 업무상으로나 개인적으로 구성원 자신들에게 관련된 사항에 대한 참여의 권리를 포함한다. 조직의 이윤추구압력이 강해지고 조직의 관료화가 심해지는 경우에 구성원들의 전문직업인으로서의 자율적 판단은 점차 억제되면서 비도덕적·비윤리적 행동이 점점 묵인되어 버릴 수 있다. 그리고 구성원들의 프라이버시에 있어서도 그들 자신의 허락없이 사적 생활이나 정보자료의 무단 탐색, 수색, 활용, 공개로부터 보호받을 권리를 의미한다. 특히 점점 가속화되어 가는 정보사회화의 상황에서 조직구성원들에 대한 정보자료의 남용이 심해지면서 그들의 프라이버시 침범이 더욱 심각한 윤리문제로 되어가고 있다.

정당한 절차(due process)에 대한 권리는 조직체의 일방적인 또는 임의적인 결정으로부터 조직구성원들이 보호받을 권리이다. 노조가 결성된 경우 노조원의 정당한 절차에 대한 권리는 주로 고충처리절차를 통하여 발휘된다. 근래에는 특히 구조조정과 정리해고과정에서 소위 부당해고와 관련하여 정당한 절차상의 윤리적 문제가 자주 제기된다. 따라서 조직체는 노동관계법상의 정리해고 조건과 절차를 중심으로 노조 및 해당 구성원들과의 커뮤니케이션을 통하여 정당한 절차상의 윤리문제를 투명하게 대처해 나가야 할 것이다.

④. 윤리경영에서의 인적자원스태프의 역할

지금까지 이 절은 우리나라의 윤리경영과 더불어 조직구성원들의 도덕적 권리를 중심으로 인적자원관리에서의 중요 윤리이슈들을 간단히 살펴보았다. 조직체는 사회의 하위시스템으로서, 기업의 경우 사회가 필요로 하는 제품과 서비스를 제공하고 그 과정에서 이익을 내며 사회의 부를 창출하는 데 기여함으로써 사회로부터 그 정당성에 대한 인정을 받는다. 따라서 기업체가 영구적인 계속기업으로서 사회로부터 정당성을 인정받으려면 이러한 기본적인 경제시민(economic citizen)의 역할과 더불어 기업활동에 관련된 모든 법률과 규정을 잘 지키는 준법시민(law-abiding citizen)의 역할을 수행해야 하고, 나아가서는 사회에서 정당화된 조직구성원들의 도덕적 권리를 보장하는 윤리시민(ethical citizen)의 역할을 수행해야 한다. 준법시민과 윤리시민의 자세는 기업체가 인적자원관리에서 건전한 윤리경영을 실천하는 데 필수적인 요건이다.

윤리시민으로서 윤리적 인적자원관리에 요구되는 조건은 너무나 많다. 그러나 우리나라 기업이 윤리적 인적자원관리를 실천하려면 무엇보다도 우선적으로 윤리적 경영을 강조하는 경영이념을 정립하고 구체적인 윤리강령을 제정하여 이를 가치중심적 경영과 전략적 인적자원관리과정에 적극 반영시켜 이를 충실히 이행해야 할 것이다. 그리고 윤리경영과 윤리적 인적자원관리가 체계적으로 잘 실천되도록 이를 총괄·지원하는 윤리경영 전담조직과 체계도 설립해야 할 것이다.

우리나라의 기업윤리환경이 매우 열악한 만큼, 기업에서 윤리경영과 윤리적 인적자원관리를 실천하는 데 있어서 인적자원스태프의 역할은 매우 중요하다. 더욱이 세계화와 무한경쟁환경에서 기업성과에 대한 압력이 커지는 가운데 윤리경영이 등한시될 수 있다는 점에서, 그리고 윤리적 인적자원관리가 윤리경영의 선행조건이라는 점에서 인적자원스태프의 역할은 더욱 중요하다. 윤리경영에서 인적자원스태프의 주요 역할을 살펴본다.

인적자원스태프의 첫 번째 역할은 최고경영층으로 하여금 윤리적 가치를 강조하는 경영이념을 정립하고 윤리강령을 제정하는 등 윤리경영의 기본적인 틀을 만들고 최고경영층으로부터 이에 대한 공감대와 다짐(commitment)을 얻어내는 과정을 포함한다. 그리고 윤리경영의 추진기구(윤리위원회, 윤리담당부서 등)를 구성하여 윤리적 인적자원관리를 포함한 모든 분야에서의 윤리경영체계를 설계하고 윤리경영상의 모든 문제를 해결하면서 윤리경영을 정착시켜나가는 역할을 포함한다. 또한, 전략적 인적자원관점에서 일선관리자들로 하여금 실무현장에서 윤리적 가치와 윤리강령을 실제로 적용하고 실천하도록 그들을 유도하는 역할을 포함한다. 인적자원관리는 내용적으로 윤리경영과 매우 밀접한 만큼, 인적자원 담당임원(CHRO)이 흔히 윤리경영 담당임원(EO)으로서 윤리경영의 핵심역할을 맡게 된다.

윤리적 인적자원관리는 건전한 윤리도덕적 가치가 모든 구성원들의 공유가치(shared value)로 내재화되어 그들의 일상업무 수행에 반영되는 것이 가장 바람직하다. 그러기 위하여 경영이념은 윤리적 가치를 강조하고 윤리강령은 윤리적 행동방향을 제시한다. 여기서 인적자원스태프의 두 번째 역할은 조직구성원들로 하여금 윤리적 가치를 공유가치화하고 윤리경영의 기업문화를 조성해 나가는 조직개발 및 변화촉진 역할을 포함한다. 즉 윤리교육을 통하여 그들의 윤리경영에 대한 이해를 증진시키고, 실무현장에서 발생하는 윤리문제에 대한 상담과 컨설팅을 통하여 윤리경영이 잘 실천되고 윤리적 경영행동을 강화시켜 윤리경영의 조직문화가 정착되도록 하는 조직개발 역할을 포함한다.

윤리경영과 관련된 인적자원스태프의 세 번째 역할은 앞에서 제기된 인적자원관리에서의 윤리적 이슈와 관련하여 일선관리자들로 하여금 고용, 보상, 안전·보건, 노사관계 등 인적자원관리 모든 분야에서 일상적으로 윤리강령을 충실히 이행하도록 그들을 행동적으로 지원하는 모든 역할을 포함한다.

제 4 절 　 과업환경과 인적자원관리

조직체의 인적자원관리는 조직체의 내외 과업환경으로부터도 많은 영향을 받는다. 외부환경변화와 내부과업환경이 인적자원관리에 어떤 영향을 주는지를 살펴본다.

1. 외부환경변화와 인적자원관리

조직체의 외부환경은 사회문화적 환경(제1절 참조) 이외에도 정치, 경제, 기술, 법규 등 여러 측면으로 구성되어 있다. 근래에 와서 이들 환경은 과거 어느 때보다 더욱 급격히 그리고 불규칙적으로 변하고 있고, 이와 같은 외부환경 변화는 조직체에 따라서 그 변화의 정도와 중요성이 다르게 작용한다. 전력회사와 같은 공기업이나 은행 등 금융기관에서는 대체로 일정한 고객과 주어진 법규체계 등 비교적 안정된 환경에서 조직경영이 이루어지는 반면에, 정보기술 등 소위 첨단산업의 경우에는 고객이 일정하지 않고 시장경쟁도 치열하며 기술변화와 신제품개발도 빈번하여 매우 동태적인 환경 속에서 조직체가 움직인다. 이와 같은 외부환경의 차이는 조직체의 내부구조와 경영 그리고 인적자원관리에 많은 영향을 준다.

(1) 기계적 조직 대 유기적 조직

환경변화는 조직구조와 조직행동에 영향을 주는 중요 요소로서, 대체로 안정적인 조직환경에서는 기계적 조직(mechanistic organization)이 그리고 동태적인 조직환경에서는 유기적 조직(organic organization)이 각각 형성되는 경향이 있다(Burns & Stalker, 1961). 기계적 조직과 유기적 조직을 비교하면, 첫째로 직무설계에 있어서 기계적 조직에서는 직무내용이 명확하게 세분되고 직무 간의 분화가 뚜렷하며 책임과 기능도 정확히 명시되어 있는 것이 특징이다. 그리고 직무설계에서 조직의 목적보다는 직무수행상의 세부적인 방법과 수단을 더 강조하는 경향이 있다. 그 반면에, 유기적 조직에서는 직무구조와 내용이 상황에 따라 신축적으로 설계되고 조직구성원들 간의 상호관계에 의하여 구체화됨으로써 실제 직무내용 면에서 높은 탄력성과 적응성을 보인다. 구성원들의 목적의식도 기계적 조직에서와 같이 직무의 수단과 방법에만 집착하지 않고 전체 조직의 성과달성을 강조한다.

조직행동에 있어서 기계적 조직에서는 상호 작용이 주로 개인과 개인 사이의 상하 수

■ ■표 3-5 **기계적 조직과 유기적 조직의 비교**

조직체 유형 비교측면	기계적 조직	유기적 조직
직무설계와 직무구조	표준화된 직무내용 분명한 권한한계 분명한 직무수행방법과 절차 기능 간 고도의 분화	신축적 직무내용과 신축적 권한한계 신축적 직무수행방법과 절차
커뮤니케이션과 상호 작용	수직적 커뮤니케이션 개인 대 개인 커뮤니케이션 공식적 회합 강조 지시와 보고 강조	수직적, 횡적, 수평적 커뮤니케이션 집단 커뮤니케이션 비공식적 접촉 상담적, 참여적 커뮤니케이션
문제해결방법과 구성원의 가치관 및 행동경향	계층, 권한, 방침, 계획, 방법과 수단 강조 충성심, 공식직위 강조 지방적 행동경향	정보 피드백, 상호 작용 커미트먼트, 능력, 기술 강조 도시적 행동경향

직적인 커뮤니케이션에 의하여 이루어지고, 커뮤니케이션의 내용도 상사로부터의 지시와 부하로부터의 보고형태를 강조하는 것이 특성이다. 그 반면에 유기적 조직에서는 집단 커뮤니케이션을 비교적 많이 활용하고, 상하 수직적 커뮤니케이션은 물론 횡적 그리고 대각선적 상호 작용을 통하여 각 층, 각 분야로부터의 참여와 정보교환 그리고 상담이 많이 이루어진다. 또한 기계적 조직에서는 계층에 의한 공식권한을 중심으로 집권화된 통제가 강조되고, 권한에 대한 복종과 조직체에 대한 구성원들의 충성심이 중시되는 반면에, 유기적 조직에서는 실력과 능력이 존중되고 조직체에 대한 구성원들의 자발적인 커미트먼트가 중요시된다(〈표 3-5〉 참조).

(2) 인적자원관리 기능과 역할

안정적 조직환경에서의 기계적 조직과 동태적 환경에서의 유기적 조직 사이에는 인적자원관리 기능과 인적자원스태프의 역할 면에서 차이가 난다. 관료적, 수직적 그리고 집권적 조직의 특징을 지닌 기계적 조직에서 인적자원관리는 주로 조직의 능률과 인적자원의 경제적인 활용을 위한 합리적 직무구조의 설계, 그리고 안정된 직장과 임금 및 대우를 위주로 한 인적자원관리 행정전문가 기능이 중시된다. 그리고 일선관리자와 인적자원스태프의 관계에 있어서도 인적자원스태프가 인적자원관리 방침과 계획을 집행·통제하는 기능적 권한을 발휘하는 경향이 크다. 따라서 경영전략과 인적자원관리와의 통합도 행정적 또는 일방적 연계의 가능성이 높다(제2장 〈그림 2 - 3〉 참조).

그 반면에, 수평적 조직과 분권적 조직 그리고 나아가서는 행렬 또는 매트릭스조직의 특징을 지니고 있는 유기적 조직에서는 인적자원의 중요성이 강조되고, 조직구성원의 목적과 조직의 목적을 통합시키기 위한 인적자원관리 기능이 중시된다. 따라서 전반적인 경영목적과 전략에 인적자원관점이 잘 반영되어 인간중심적인 경영이 비교적 잘 이루어진다. 일선관리자는 조직구성원의 창의성과 자아실현을 중시하고, 인적자원스태프는 인적자원의 효율적 활용은 물론 그들의 능력과 행동개발 그리고 개방적인 조직풍토를 조성하기 위한 조직문화개발 등 넓은 범위의 다양한 기능을 발휘한다. 일선관리자와의 관계에서도 주어진 상황에서 과업달성을 목적으로 인적자원스태프의 상담적이고 참여적이며 상호적인 지원과 협조가 활발히 이루어진다. 따라서 인적자원스태프의 전략적 동반자와 변화담당자의 역할이 보다 활발히 이루어질 수 있고, 경영전략과의 통합도 쌍방적 연계 또는 완전통합관계가 이루어질 수 있다.

2. 내부과업환경과 인적자원관리

시스템 관점에서 조직체의 기본목적은 원자재 투입물(inputs)을 산출물(outputs)로 전환하는 것이고, 이 전환과정을 효율적으로 진행시키는 것이 조직구성원들의 가장 중요한 과업이며, 그 과정에서 그들은 각종 문제해결과 의사결정을 하게 된다. 이와 같이 조직구성원의 과업을 투입물을 산출물로 전환하는 행동으로 볼 때, 조직체의 투입물과 산출물의 성격 그리고 전환과정에 따라서 조직구성원의 과업환경이 달라지고, 조직구조와 경영행동도 달라지며, 더 나아가 인적자원관리도 달라진다.

(1) 과업환경 유형의 분류

조직구성원의 과업환경은 투입물의 전환과정에서 당면하는 문제의 분석가능성(ana-lyzability)과 문제의 예외성(exception)을 기준으로 〈그림 3 - 3〉에서 보는 바와 같이 네 개의 과업환경유형으로 분류할 수 있다(Perrow, 1967). 문제의 분석가능성은 문제의 성격이 얼마나 어렵고 복잡한가에 따라서 문제해결에 적용되는 기술의 수준과 변화가 얼마나 심한지를 의미하고, 문제의 예외성은 제품출력이 얼마나 많이 또 자주 변하는지에 대한 지표로서 고객이나 제품의 변화가 얼마나 심한지를 말한다. 따라서 문제의 분석가능성이 높을수록 간단하고 구조적인(structured) 문제를[2] 뜻하므로 비교적 낮은 수준의 기술을 요구하는 문제해결 과업환경을 의미하고, 문제의 분석가능성이 낮을수록 복잡하고 어려운 비구조적인(unstructured) 문제를 뜻하므로 비교적 높은 수준의 기술과 창의성을 요구하는 문제해결 과업환경을 의미한다. 그리고 문제의 예외성이 낮을수록 일상적이고 반복적인 비교적 표준화된 과업환경을 의미하고 문제의 예외성이 높을수록 비교적 변화가 많은 유동적인 과업환경을 의미한다.

이와 같은 과업환경의 분류는 단지 미시적인 차원에서 조직구성원의 문제해결환경에만 적용되지 않고, 문제의 일반적인 성격에 따라 거시적인 차원의 전체 조직체 유형분류에도 적용되어 전체 조직체 행동의 비교분석도 가능하게 해준다. 즉, 문제의 분석가능성이 높

그림 3-3 과업환경유형과 조직체 특성

문제분석 가능성(고)

현장특징	산업유형	조직구조	시스템목적	현장특징	산업유형	조직구조	시스템목적
고정기술 고정제품	일상적 안정산업	공식적 집권적	안정, 안전 양산, 이익 비용통제 보수적	고정기술 제품변화	주문생산 조선 기계산업 출판업	신축적 분권적	성장 이익 정밀성 모험적 개방적

예외성(저) ◄──────────────────────────────► 예외성(고)

기술변화 고정제품	공예산업 학교 의료원	분권적	안정, 안전 이익, 품질 보수적	기술변화 제품변화	우주산업 전자산업 수출산업	신축적 다집권적	성장 품질 기술개발 모험적 개방적

문제분석 가능성(저)

---

2) 구조적 – 비구조적 문제는 의사결정론의 정형적 결정(programmed decision) – 비정형적 결정(nonprogrammed decision)과 연관되어 있다. 따라서 구조적 문제는 비교적 일상적이고 반복적이며 문제에 작용하는 변수들도 비교적 일정하고 분명하므로 문제해결과정이 자동화될 수 있는 성격을 지니고 있다. 이와 반대로 비구조적 문제는 문제마다 특수성을 지니고 있고 문제에 작용하는 변수들도 일정하거나 분명치 않으므로 문제해결과정을 계량화하기가 비교적 어려운 성격을 띠고 있다(Simon, 1960).

고 예외성이 낮을수록 고정된 기술을 활용하고 고정된 제품을 생산하는 일상적이고 안정된 산업 또는 대량생산 조직체를 의미한다. 문제의 분석가능성이 높고 예외성도 높은 경우에는 고정된 기술을 활용하되 제품변화가 많은(또는 주문생산을 하는) 기계산업이나 출판업체 등을 예로 들 수 있다. 그리고 문제의 분석가능성이 낮고 예외성이 높은 경우에는 우주산업이나 전자산업과 같이 고도의 기술변화와 제품변화가 심한 조직체를 들 수 있으며, 문제의 분석가능성과 예외성이 낮은 경우에는 기술변화 속에서 고정된 제품을 생산하는 공예산업이나 학교 및 의료원 등을 그 예로 들 수 있다.

(2) 조직경영과 인적자원관리

이러한 과업환경유형을 중심으로 조직체 목적과 조직구조 그리고 경영행동을 비교해 보면, 조직체의 과업상황에 따라 차이가 있는 것을 알 수 있다. 즉, 고도의 기술변화와 고객 및 제품변화 등 변화가 심한 환경에서는 조직체의 목적이 성장과 기술개발 그리고 높은 수준의 품질을 강조하고, 의사결정행동에 있어서도 조직구성원의 창의성과 모험적 행동을 장려하는 경향이 크다. 조직구성원들 사이의 상호관계에 있어서도 전문스태프와 일선관리층 사이의 재량범위와 영향력 범위가 모두 높게 나타나고, 이들 사이의 상호관계와 업무조정이 정보피드백과 상호적응에 의하여 이루어지는 경향이 높다. 따라서 조직체의 전체적인 경영체계도 신축성 있는 개방적 성격을 띠게 된다.

이러한 상황에서 인적자원관리는 비교적 높은 기술 수준의 고급인력을 대상으로 그들의 창의력 발휘와 다변화환경 속에서의 계속적인 능력개발 등 전통적이고 일상적인 행정전문가로서의 인적자원관리기능은 물론, 전략적 차원에서 전략적 동반자로서의 광범위한 인적자원관리 기능을 발휘하게 된다. 특히 인력개발과 계획적 조직변화관리 등 새로운 조직개발기능과 변화담당자 역할이 어느 과업환경보다도 더욱 활발히 적용된다. 일선관리자와 인적자원스태프 사이의 관계에 있어서도 상황에 대한 정보피드백에 따라서 각기의 기능이 충분히 발휘되는 상담적이고 상호 영향을 주고받는 관계가 형성된다(〈그림 3-4〉 참조).

그 반면에 기술과 제품이 비교적 고정되어 있는 안정적 시장환경에서는 조직체의 목적이 안정과 양산체계, 그리고 이에 따른 이익의 증대와 안전한 의사결정을 강조하는 경향이 크다. 그리고 조직구성원들과 집단 사이의 상호 작용에 있어서도 일선관리자보다는 인적자원스태프의 권한이 비교적 크게 발휘되고 그들의 계획에 의하여 업무가 통합·조정됨으로써 인적자원스태프의 통제가 강한 집단적 조직구조가 형성되는 경향이 크다. 따라서 인적

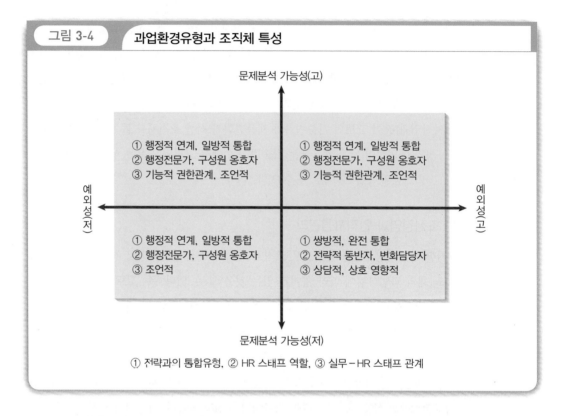

그림 3-4　과업환경유형과 조직체 특성

문제분석 가능성(고)

① 행정적 연계, 일방적 통합
② 행정전문가, 구성원 옹호자
③ 기능적 권한관계, 조언적

① 행정적 연계, 일방적 통합
② 행정전문가, 구성원 옹호자
③ 기능적 권한관계, 조언적

예외성(저)　　　　　　　　　　　　　　　　　예외성(고)

① 행정적 연계, 일방적 통합
② 행정전문가, 구성원 옹호자
③ 조언적

① 쌍방적, 완전 통합
② 전략적 동반자, 변화담당자
③ 상담적, 상호 영향적

문제분석 가능성(저)

① 전략과의 통합유형, ② HR 스태프 역할, ③ 실무－HR 스태프 관계

자원관리 기능도 안정과 안전 위주의 주로 행정전문가로서의 전통적이고 일상적인 인적자원관리 기능에 치중하게 되고, 인적자원스태프도 일선관리자와의 관계에 있어서 공식 인적자원관리 방침과 절차를 집행하는 기능적 권한을 발휘하는 경향이 높게 나타난다. 전략과의 통합도 행정적 연계나 일방적 통합수준에 제한된다(제2장 〈그림 2－3〉 참조).

　　학교나 의료원과 같이 과업환경의 변화는 적지만 과업수행에 있어서 비교적 고도의 기술을 요구하는 상황에서는 조직체의 목적이 안정되고 안전한 의사결정을 강조하지만, 조직체 부서 간의 상호 작용에 있어서는 일선관리자 위주의 보수적인 분권체계를 형성하는 경향이 크다. 따라서 인적자원스태프의 기능은 비교적 행정전문가 역할에 제한되고 주로 일선관리자가 요구하는 서비스 역할에 국한된다.

　　마지막으로 조선업이나 정밀기계업체와 같이 고정된 기술을 활용하면서 주로 주문생산을 하는 상황에서는 조직체의 목적이 성장과 이익 그리고 기술개발에 있어서 대체로 중간범위에 해당하는 혼합된 경향을 보이며, 상호 작용에 있어서도 인적자원스태프 위주의 집권적인 경영조직을 형성하는 경향을 보인다. 인적자원관리 기능은 득히 전략적 동반자와 변화담당자 역할에 있어서 기술다변화환경의 조직체만큼 활발하지는 않지만, 비교적 광범위한 인적자원관리기능을 발휘하며 일선관리자보다는 인적자원스태프의 역할이 더 강한 집권적 형태를 보인다.

이상 조직체환경과 과업환경에 따라 인적자원관리 기능과 인적자원스태프의 역할이 어떻게 다른지를 분석하였다. 조직체환경이 동태적일수록 그리고 과업환경의 변화가 심할수록 인적자원관리 기능과 인적자원스태프의 역할은 유기적인 조직구조와 개방적인 분위기 속에서 일상적인 인사행정업무 뿐만 아니라 전략적이고 개발적인 업무 등 다양한 분야에서 활발히 이루어진다. 그리고 실무부서와 인적자원스태프의 상호 작용도 상담적이고, 상호 영향을 주고받는 관계에서 이루어진다. 그 반면에 조직체환경이 안정적이고 과업환경이 고정적일수록 인적자원관리 기능과 인적자원스태프의 역할은 기계적·관료적 그리고 공식 구조체계 속에서 주로 일상적 인사행정업무에 치중되고, 인적자원스태프의 전략적 동반자 역할과 변화촉진 역할은 비교적 제한되는 경향을 보인다. 그리고 일선관리층과 인적자원스태프 사이의 관계도 일방적 통제관계하에서 이루어지는 경향이 있다.

제 5 절 노사관계와 인적자원관리

노조가 결성되면 조직체에는 조직, 방침, 제도 등 경영조직상에 많은 변화가 일어난다. 그것은 노조가 추구하는 목적이 경영층의 목적과 근본적으로 다르기 때문이다. 노조가 추구하는 목적은 무엇이고 이를 달성하기 위하여 어떠한 조직체계를 형성하며, 원만한 노사관계를 위하여 경영조직상에 요구되는 변화는 무엇인지를 알아본다.

1. 노동조합

(1) 노동조합의 목적

근로자들의 직종과 직업 그리고 기술과 근로환경이 다양한 만큼 노조도 그 종류와 조직이 다양하다. 그리고 근로자들의 목적과 당면한 문제가 다양한 만큼 노조의 목적과 방침 그리고 지향성도 매우 다양하다. 따라서 노조의 목적을 일률적으로 말하기는 매우 어렵다.

노조 스스로가 주장하는 공식적인 이념과 장기적인 목적은 일반적으로 인간사회의 평화와 번영, 평등과 안정 그리고 동등한 기회를 추구하는 것으로 이해되고 있다(Megginson, 1972). 이러한 이념하에서 노조의 이론적 목적은 "자체의 조직을 유지, 운영하면서 근로자들의 취업기회를 효율적으로 배분하고 직무조건을 개선하며 근로자 인권을 보호할 수 있는 공정한 시스템을 개발"하는 것이다(Reynolds, 1982). 그리하여 노조회원들을 위하여 "그들의 전반적인 복지를 향상시키고 경영층에게도 건설적으로 도전하여 조직의 생산성을 높임으로써 일반 사회복지에 기여"하는 것이다(Yoder, 1970).

이러한 노조의 공식적인 목적은 우리나라에서 노사관계를 규정하는 노동법과 개인의 권리를 보호하는 헌법과 밀접한 관계를 맺고 있다. 즉, 노동법은 일하는 사람들의 "인간으로서의 존엄과 가치를 가지며, 행복을 추구할 권리를 가진다. 국가는 개인이 가지는 불가침의 기본적 인권을 확인하고 이를 보장할 의무를 진다"라는 헌법 제10조의 노동권 조항과 "모든 국민은 인간다운 생활을 할 권리를 가진다"라는 헌법 제34조 제1항을 보장함으로써 '노동인격의 완성'을 꾀하고 있고, 나아가서는 근로사보호를 포함하여 노동권의 확립과 노사관계의 안정화를 도모함으로써 노조의 공식적인 목적과 맥을 같이 하고 있다.

(2) 노동조합에 대한 근로자의 태도

근본적으로 근로자들이 왜 노조에 가입하는지 그 원인에 대하여 여러 가지의 설명이 있을 수 있다. 가장 보편적인 설명은 경영층에서 지불하는 임금이나 혜택 그리고 근로조건과 경영방침이 마땅치 않기 때문에 근로자는 노조에 가입한다는 것이다. 근로자들의 노조가입에 대한 또 다른 설명은 노조 조직원으로부터의 강권과 압력 때문에 근로자가 노조에 가입하게 된다는 것이다(이들 설명이 전혀 틀린 것은 아니다. 많은 조직체에서 이러한 이유로 근로자들이 실제로 노조에 가입하는 것은 사실이다).

그러나 노조가 형성되고 근로자들이 노조에 가입하는 데에는 또 다른 중요한 이유가 있다(Greenwald, 1993; Ayres, 1989). 베이크(Bakke)와 몬디(Mondy) 등은 노조에 가입하는 이유를 다음의 여섯 가지로 분류하여 설명한다(Bakke, 1946; Mondy et al., 1999).

① 집단에의 소속감: 근로자들은 자기들의 공통된 신분이나 목적을 중심으로 나름대로의 집단을 형성하여 이와 동일시함으로써 이에 소속감을 가지고 시로 존중하는 관

계를 맺고 상호 작용하기를 원한다.

② **경제적 안정감**: 노조운동이 근로자의 직장안정과 경제적 보상 그리고 근로조건의
　　개선을 가져옴에 따라 일반 근로자들은 근로자 각자의 개별적인 노력보다도 노조의
　　단체교섭을 통하여 이와 같은 결과를 기대한다.

③ **자율성과 독립성**: 근로자들은 자신들의 일과 문제를 스스로 해결해나가는 자체의
　　자율적인 능력과 독립된 위치 및 주체성을 원한다.

④ **직장환경에 대한 이해와 의사표현**: 근로자들은 직장에서 일어나는 모든 일에 대하
　　여 알고 싶어 하고 당면한 상황에 대하여 자신들의 의사를 표현하고 이에 참여하기
　　를 원하며, 이와 같은 상황파악과 의사표시 그리고 의사결정에 참여하는 것은 근로
　　자 개인보다는 단체행동을 통하여 더 효과적으로 이루어질 수 있다고 근로자들은
　　믿는다.

⑤ **공정한 인간적 대우**: 근로자들은 단순히 생산도구로서만 인정받지 않고 인간적으로
　　대우 받기를 원한다. 따라서 그들은 경영층의 임의적인 결정이나 단독적인 결정에
　　대하여 호소할 수 있고, 이에 따라 공정한 판결과 대우를 받을 수 있는 기회를 원하
　　며, 이러한 기회는 근로자 개개인의 힘으로는 불가능하다고 믿는다.

⑥ **노조원의 압력과 리더십 기회**: 노조원의 압력과 유니온 숍(union shop)규정도 근로
　　자들을 노조에 가입시키는 실질적인 이유로 작용하고, 일부 근로자들은 노조활동과
　　노조조직에서의 리더십 역할을 자아실현의 기회로 보고 노조에 가입한다.

　이와 같이 근로자가 노조에 가입하는 원인에는 단지 경제적인 목적뿐만 아니라 그 이
외에 여러 복합된 원인들이 관련되어 있다. 그리고 이러한 사실은 많은 연구를 통하여 실제
로 증명되고 있다(Brett, 1980). 그러므로 근로자가 노조에 가입하는 것은 자기 자신을 보호
하기 위한 방어적 행동인 동시에, 인간의 가치와 공정성을 향상시키기 위한 자아실현적 행
동이다. 일반적으로 경제적 보상과 혜택 그리고 직무조건에 불만족할수록 노조에 가입하는
경향이 높다. 특히 사무직의 경우에는 경영참여에 불만족할수록 노조에 가입하는 경향이
높게 나타나고(Kochan, 1979), 영업직과 기술직의 경우에도 경영층의 리더십과 관리스타
일에 대한 불만이 임금에 대한 불만보다도 노조가입에 더 중요한 원인이 되고 있다(Ham-
ner & Smith, 1978).

2. 노사관계와 인적자원관리

노조는 조직체가 충족시켜 주지 못하는 근로자의 경제·사회 그리고 나아가서는 정치적 욕구를 충족해 줄 수 있다. 근로자들이 노조원으로서 노조에 의존하고 또 노조는 근로자들을 통하여 자체의 목적을 달성하려고 노력하는 과정에서 노조는 근로자들에게 많은 영향을 주고, 나아가서는 경영조직과 조직체의 인적자원관리에도 많은 영향을 줄 수 있다.

(1) 충성심의 분할

첫째로, 조직구성원이 노조에 가입하여 노조원이 되면 그는 노조원으로서 그의 충성을 직장뿐만 아니라 노조에도 분할하게 된다. 그리하여 직장인과 노조원으로서 조직구성원의 목적과 관심 그리고 역할에 있어서 그의 행동이 달라지고, 따라서 그에 대한 관리자와 경영층의 영향력은 줄어든다.

(2) 견제 역할

노조원들을 보호하고 그들의 복지를 향상시키려고 노력하는 과정에서 노조는 노조원복지에 관련된 사용자(경영층)의 의사결정에 자기들의 의사를 표시하고 도전하며, 나아가서는 사용자와 공동의사결정을 추구한다. 그러므로 사용자는 그들의 의사결정과정에서 자연적으로 노조를 의식하게 되고, 따라서 노조는 직접 또는 간접적으로 경영의사결정에 영향을 미치게 된다(Bakke, 1946).

(3) 인적자원관리의 개선

노조가 사용자에게 주는 직접적인 영향의 하나는 사용자로 하여금 조직체의 인적자원관리 방침을 분명하게 하고 인적자원관리 절차를 구체화하도록 하는 것이다. 그 과정에서 인적자원관리 방침은 보다 체계화되고 공평해짐으로써 일반적으로 인적자원관리 시스템의 개선을 가져오게 된다(Megginson, 1972). 선발과정에서는 선발기준과 선발절차가 명백해지고, 인사고과에서는 고과요소와 평가절차가 구체화되며, 인력배치와 승진·전직 등 인사이동에서도 그 기준과 절차가 뚜렷해지고, 임금관리에서도 지불요소와 직무평가절차 등이 분명해진다. 그리고 작업장의 안전·보건도 많이 개선된다.

(4) 공동의사결정과 상호 협조

단체교섭은 노조와의 공동협의와 공동의사결정을 의미한다. 따라서 사용자는 노조원들의 근로조건에 관한 문제에 대하여 단독적으로 결정할 수 없고, 노조의 요구에 따라 정당한 범위 내에서 공동으로 협의·결정해야 한다. 단체교섭에서 다루어지는 문제는 조직체마다 다르고 노사관계의 발전단계에 따라 다르지만, 대체로 근로자들의 임금과 근로조건 그리고 복지 등 기본적인 욕구충족으로부터 시작하여 사용자의 경영권을 공유하여 공동의사결정의 방향으로 대상범위가 점점 확대되어 나간다. 그 과정에서 조직체의 운영상황과 경영정보를 노조에게 공개하고 서로 협의하게 되는 것은 물론이다. 이와 같이 노조는 사용자에게 협력의 대상이 될 수 있고, 노사 간의 협력은 조직체발전에 결정적인 역할을 할 수 있다. 1960년대 이래 일본기업의 놀라운 성장에 노사 간의 협력이 중요 요인이었다는 점은 조직체 발전에 노조의 역할이 얼마나 중요한지를 입증해 주는 좋은 예이다.

(5) 인적자원관리 기능과 조직의 변화

이와 같은 노조의 역할과 경영과정의 변화는 인적자원관리 기능과 조직에 많은 변화를 가져올 수 있다. 첫째로, 일선에서 인적자원관리 기능을 수행하는 일선관리자는 현장 노조대표와 단체협약사항을 협의해야 하고, 따라서 그의 일상 의사결정과 관리행동에 있어서 노조와 현장 노조대표를 의식하게 된다.

둘째로, 인적자원스태프의 기능에 있어서도 노조와의 단체교섭과 협약사항의 관리 그리고 고충처리 등 노사관계에 관한 기능이 추가되는 것은 물론, 인적자원관리 방침과 절차가 명백해지고 구체화됨에 따라 이의 정확한 집행 그리고 노조의 요구에 응할 수 있는 모든 자료의 구비와 분석 등 일반적으로 인적자원관리의 업무가 증가된다. 그리고 특히 근로조건에 있어서 노조의 요구는 직장의 안전과 건강관리, 근로시간과 후생복지 그리고 임금관리 분야의 인적자원관리 기능을 강화시키는 결과를 가져온다.

셋째로, 인적자원관리 기능의 확대와 더불어 인적자원관리 부서의 내부조직도 확대된다. 노사관계 담당의 전문부서가 새로 생기고, 인적자원관리 부서의 내부업무도 노사관계가 추가됨에 따라서 더욱 전문화된다. 그리하여 인적자원관리 부서의 중요성은 더욱 커지고, 조직구조적 위치도 상위계층으로 상승되는 경향을 보이게 된다.

(6) 부정적 영향

노조의 결성은 조직체 발전에 긍정적인 영향을 주는 것만은 아니다. 노조가 근로자들의 권익을 잘 대표하고 노사 양측이 상대방의 욕구를 존중하여 상호 간 협조가 잘 이루어지는 경우에는 긍정적인 협력관계를 통하여 조직체에 많은 발전을 가져올 수 있다. 그러나 노조의 지도층이 노조원들의 욕구를 잘 반영하지 않거나 노사 간 협력이 잘 이루어지지 않는 경우에는 조직체 발전에 부정적인 영향을 가져올 수 있다. 특히 조직구조개편, 새로운 기술의 도입, 작업분위기의 활성화 등 경영조직에 획기적인 변화와 개혁이 필요한 경우에 노조는 이러한 변화에 저항함으로써 바람직한 경영혁신과 조직체성과에 부정적인 요소로 작용할 수 있다.

노조의 단체행동은 개인의 발전에도 장애요인이 될 수 있다. 노조는 일반적으로 전체 노조원의 권익향상을 목적으로 성과와 능력보다는 연공서열을, 그리고 소수 우수인재들의 능력발휘보다는 대다수 노조원들의 직장안정을 더 중시한다. 이러한 노조의 기본전략은 노사관계의 발전 초기에는 노사 양측에 도움이 될 수 있지만, 노사관계가 어느 징도 발전한 후에는 조직체 발진에 장애요인이 될 수도 있다.

장을 맺으며

인적자원관리는 조직체의 목적달성에 결정적인 역할을 하고 중요한 경영과정인 만큼, 현대조직은 효율적인 목적달성을 위하여 항상 조직체상황에 적합한 인적자원관리 시스템을 설계해 나간다. 따라서 조직체의 인적자원관리를 이해하려면 여기에 영향을 미치는 조직체의 외부환경과 내부경영조직상황을 이해해야 한다. 이 장은 인적자원관리와 밀접한 관계를 맺고 있는 중요 외부환경적 요소와 내부상황적 요소를 중심으로 이들 요소가 인적자원관리에 어떤 영향을 미치는지를 알아보았다.

조직구성원들은 사회의 구성원들인 만큼 그들을 관리하는 인적자원관리는 자연히 사회문화적 환경으로부터 많은 영향을 받는다. 종신고용, 연고주의, 연공서열제도 등 우리나라의 전통적인 인사관리 관행은 우리나라의 전통적인 사회문화 가치를 반영하며, 근래의

사회문화 변화는 우리나라 조직체의 경영이념과 나아가서는 인적자원관리에 많은 변화를
가져오고 있다.

경영이념은 인적자원관리에 직접적인 영향을 주는 요소로서, 경영이념이 Y론적이고
가치중심적 경영을 강조할수록 인적자원관리는 인적자원관점에서 광범위하고 다양한 기
능을 포함하고, 특히 조직체의 핵심가치를 인적자원관리에 연계시키는 인적자원스태프의
전략적 동반자와 변화담당자의 역할이 활발히 수행된다. 그리고 일선관리자와 인적자원
스태프 사이의 관계도 상담적이고 상호 영향을 주고받는 관계로 정착되며, 인적자원관리
부서의 조직구조적 위치도 비교적 상위계층을 점하게 된다. 이와 같은 경향은 조직체환경
이 동태적일수록 그리고 내부과업환경이 창의적 문제해결을 요구할수록 더욱 크게 나타
난다. 가치중심적 경영은 선진국 초우량기업들의 중요한 성과요인인 만큼(Collins & Por-
ras, 1994), 가치중심적 경영에서의 인적자원관리 관행은 현대조직의 경쟁력강화에 시사
하는 바가 크다.

가치중심적 경영과 관련하여 현대조직에서 점차 중요시되고 있는 윤리경영도 인적자
원관리에 많은 영향을 주는 상황적 요소이다. 따라서 이 장은 윤리경영이 경쟁적 비교우위
의 중요측면이라는 전제하에 그리고 조직구성원들이 윤리경영의 실천주체라는 관점에서
구성원들이 조직체에서 기대하는 윤리도덕적 권리와 인적자원관리상의 윤리적 이슈를 중
심으로 윤리적 인적자원관리의 기본자세와 관리체계 그리고 인적자원스태프의 역할을 정
리하였다. 세계화의 거센 물결은 국제수준의 윤리경영을 요구하고 있고, 따라서 현대조직
의 경쟁력강화과정에서 윤리적 인적자원관리는 매우 중요한 과제가 아닐 수 없다.

인적자원관리에 많은 영향을 주는 또 하나의 상황적 요소는 노사관계이다. 조직체에서
구성원들의 노동조합 결성은 경영자의 경영이념과 인적자원관리에 변화를 가져오면서 생
산성과 경영성과 그리고 나아가서는 경쟁적 비교우위에도 큰 영향을 줄 수 있다. 제2차 세
계대전 후 오랫동안 세계시장을 지배하던 미국의 철강, 자동차 등 주요산업이 경쟁력을 잃
게 된 데에는 심한 노사분쟁이 큰 요인으로 작용한 반면에, 일본이 이들 산업분야에서 최강
의 경쟁력을 장악하게 된 데에는 협력적 노사관계가 큰 역할을 하였다. 선진국의 초우량기
업들을 보더라도 노사 간의 협력관계는 경쟁적 비교우위의 필수요건이고, 따라서 앞으로
우리나라 기업이 경쟁력을 강화해 나가는 데에도 노사 협력과 화합은 우리나라 기업이 반
드시 달성해야 할 중요한 과제이다.

조직체의 상황적 요소는 조직체마다 다르고, 따라서 인적자원관리도 조직체마다 각기

의 특징을 가지고 있다. 그러므로 조직체의 상황적 요소와 인적자원관리 사이의 상호관계를 이해하고, 보다 효과적인 인적자원관리를 위한 상황적 여건의 조성과 더불어 이에 적합한 인적자원관리 시스템을 설계함으로써 인적자원관리가 조직체 성과에 보다 크게 기여할 수 있을 것이다.

HP사의 HP Way 가치중심적 경영

휴 렛트 팩커드(Hewlett Packard: HP)는 2004년에 799억 달러의 매출과 350억 달러의 순이익 그리고
702억 달러의 시장가치로 컴퓨터분야에서 IBM에 이어 제2위를 차지하고 있는 세계적인 초우수기
업이다. HP가 1939년 창설 이래 급성장하면서 세계에서 존경받는 기업으로 인정받게 된 데에는 HP의 경영
이념과 이를 꾸준히 그리고 철저히 실천하면서 높은 성과를 추구해 온 HP Way에 의한 가치중심적 경영과 전
략적 인적자원관리가 큰 역할을 하였다.

HP Way는 창업자 휴렛트와 팩커드가 1957년에 정립한 HP의 기본가치와 경영이념으로서, 구성원들을 신
뢰와 믿음으로 대하고 기업성과를 구성원들과 함께 나누며 그들에게 기술개발과 능력향상의 기회를 부여하
는 인간존중, 고객에게 고품질의 제품과 서비스로 그들의 욕구를 충족시키는 고객서비스정신, 주주를 포함한
모든 이해관계자들에 대한 책임을 성실히 수행하는 기업시민정신, 그리고 구성원들의 창의력과 솔선력 그리
고 그들의 열성과 팀워크를 조성하는 관리자의 리더십 역할을 중요시하는 경영방식을 의미한다.

HP Way 경영이념은 인적자원관리에 철저히 반영되고 있다. 신입사원선발에 있어서 HP는 외부로부터의
스카우트나 입사시험에 의존하지 않고 주로 유명대학의 졸업예정자를 대상으로 현장 구성원들의 면접결과를
중심으로 HP Way문화에 맞는 지원자들을 선발한다. 그리고 흑인이나 여성 등 소수집단에게도 평등고용방침
을 철저히 적용하여 HP는 전통적으로 미국 내에서 가장 일하기 좋은 기업 중의 하나로 인정되어 왔다. 새사업
단위가 설립되는 경우에도 신규사업단위를 외부에서 새로 채용된 구성원들로 충원하지 않고 기존 구성원들
로 충원시켜 HP Way문화를 원만히 이전시키는 데 특별한 노력을 기울인다.

HP는 회사의 목표뿐만 아니라 구성원의 개인목표도 인사고과에 적용하여 구성원 개인의 자유와 개성 그리
고 능력개발을 도우며, 철저한 능력 및 성과중심의 경영으로 어느 경쟁사보다도 젊은 구성원들에게 중요한 업
무를 일찍 맡기는 것으로 널리 알려져 있다. 그러나 승진결정에 있어서는 관리자의 능력을 무엇보다도 HP가
추구하는 목적 및 전략과 관련시켜 HP Way의 관점에서 'HP인' 으로서의 필수 자격조건을 강조함으로써 가
치중심적 승진관리를 철저히 실천한다.

실무현장에서 HP Way는 주로 배회관리(Managing By Walking Around: MBWA)라고 불리는 HP 특유의 경영
방식에 의하여 실천된다. 따라서 배회관리는 HP Way의 핵심요소라 할 수 있다. 간단히 말해서 배회관리는 관
리자와 구성원들 사이의 장벽을 없애고 항상 서로 친근하게 이야기를 나누며, 특히 구성원들은 언제든지 관리
자를 자유롭게 방문할 수 있는 개방적 커뮤니케이션과 상호 작용에 의한 관리방법을 의미한다. 따라서 관리자
사무실에는 작업대와 칠판이 구비되어 있고, 이것은 개방적이고 자유로운 커뮤니케이션을 강조하는 배회관
리의 문화적 상징물이 되기도 한다. 이러한 개방적 분위기는 구성원들의 창의력 발휘는 물론 작업장에서 관리
자와 구성원들이 머리를 맞대고 직접 문제를 해결하는 현장 중심의 경영을 상징하기도 한다.

또한, HP는 구성원들 간의 신뢰적이고 개방적인 관계를 조성하기 위하여 특히 상위 관리자에게도 존칭을
쓰지 않고 누구에게나 친구에게 하듯이 호칭(first name)을 부르고 있고, 가족적이고 열과 성을 다하는 분위기
를 조성하기 위하여 관리자와 구성원들 모두가 자리를 같이하는 맥주파티도 자주 갖는다. 그리고 조직이 비

대해지면 배회관리가 실질적으로 실현되기 어렵다는 전제하에 각 사업장의 규모를 1,000명 이하로 제한하는 것을 경영원칙으로 강조하고 있다.

　　HP의 인적자원 스태프는 HP Way 가치중심적 경영을 실현시키는 데 핵심역할을 한다. 그들은 실무경영자들과 전략적 동반자의 관계에서 HP Way 경영이념을 정립 · 보완하고, 전략계획수립과 전략경영의 주요 의사결정에 적극 참여하면서 전략계획과 경영과정에 인적자원관리를 통합시킨다. 그리고 변화담당자로서 경영능력과 인적자원의 개발, 그리고 학습조직의 개발을 촉진시켜 조직의 효율성을 끊임없이 증대시키면서 항상 가치창조의 분위기를 조성해나간다. 또한, 구성원 옹호자로서 항상 실무현장에서 HP Way와 배회관리가 구현되고 있는지를 확인하고, 구성원들의 사기와 팀워크 그리고 그들의 직장생활의 질을 향상시켜 나간다. 그리고 인적자원부서의 개혁을 통하여 실무부서에 보다 고품질의 행정전문가 지원서비스를 제공하도록 노력한다. 이와 같은 HP Way중심의 인적자원관리로 HP는 전략적 인적자원관리를 실천하는 모범적인 기업체로 널리 인정받고 있다.

토의질문

1. HP Way중심의 가치중심적 경영이 어떻게 HP사의 전략적 인적자원관리에 기여하고 있는지를 설명하시오.

2. HP사의 배회관리(MBWA)가 우리나라 조직체에도 그대로 적용될 수 있을지, 우리나라 조직체의 문화여건을 감안하여 그 적용 여부와 보완되어야 할 사항들을 분석하시오.

삼풍백화점의 붕괴참사

1995년 6월, 500여 명의 사망자와 1,000명의 부상자를 낸 삼풍백화점의 붕괴사고는 현대 인류사
회에서는 생각조차 할 수 없는 어처구니없는 대참사였다. 삼풍백화점의 붕괴사고는 이제 거의
15년이 지났지만, 너무나 충격적인 사건이어서 아직도 우리들 기억에 생생하게 남아있다. 그 당시 삼풍참사
는 성수대교의 붕괴(1994. 10)와 도시가스 폭발 사고(1994. 11) 등 다른 대형사고에 뒤따라 일어남으로써 우리
나라 기업경영에 얼마나 허점이 많고 선진국으로서 갖추어야 할 사회문화 기반이 얼마나 취약한지를 그대로
실감케 하는 쓰라린 경험이었다.

삼풍백화점의 붕괴는 우연히 돌발적으로 일어난 사고는 결코 아니다. 삼풍참사는 경영자와 관리자들의 일
상화된 위법 및 비윤리적 기업경영관행에 의하여 오랜 기간에 걸쳐서 꾸며졌다. 첫째로, 삼풍의 경영진은 백
화점 설계 당초부터 건설관련 법규를 번번이 위반하였고, 백화점 개점 이후에도 건물구조를 수시로 변경하고
대대적인 증축까지 하면서 건축 및 안전 관련법의 위반을 일삼아 왔다. 삼풍의 이러한 위법행위는 사내 구성
원들에게 '으레, 그렇게 하는 것'으로 인식되고 규범화되어 번번이 일상적으로 이루어졌다.

둘째로, 삼풍은 위법관행과 관련하여 법규를 집행하고 이를 관장하는 국가 공무원들을 부패시키고 그들을
비도덕적으로 남용하는 비리문화를 지속해 왔다. 삼풍은 비자금을 조성하여 대외적인 로비활동을 펼쳤고, 관
련 공무원들에게 뇌물을 주어 자기들의 불법행위를 관철시켰다. 경영진의 이와 같은 대외적인 비도덕적 경영
스타일로 보아 내부경영에 있어서도 유사한 비리관행이 만연했을 것이라 짐작할 만 하다.

셋째로, 삼풍은 고객과 구성원의 안전을 무시하고 오로지 영리만을 앞세운 비도덕적인 경영을 해 왔다. 삼
풍은 더 많은 매출과 더 높은 이익만을 목적으로 고객서비스와 구성원의 복지는 고사하고 사업장의 기본 필수
조건인 안전조차 소홀히 했다. 특히 삼풍의 상위관리자들이 사고직전에 건물의 붕괴가능성을 감지하고 자기
들만 사전에 대피하고 고객과 구성원들의 안전을 위협하면서까지 영업을 계속한 것은 고객과 구성원을 망각
한 극히 비도덕적인 것은 물론 범죄적인 행위라 해도 과언이 아닐 것이다.

넷째로, 삼풍의 극도로 경직되고 폐쇄적인 관료문화도 삼풍참사를 빚어낸 또 하나의 중요 요인이다. 삼풍
은 기업주의 절대적인 권한과 통제 속에서 사내의 심각한 문제는 모두 밀폐되고 구성원들은 중요한 회사문제
에 대하여 책임회피와 무관심한 태도를 취함으로써 사실상 심각한 사태에 적절히 대처할 수 있는 능력을 이미
상실하였다. 그리하여 당면한 문제상황에 무감각해져서 그와 같은 엄청난 참사를 가져오게 된 것이다.

오랜 기간에 걸쳐서 건물구조가 변경되고 건물이 대폭 증축되면서 백화점 건물의 안전이 점차 위태로워
졌고, 특히 붕괴사고가 일어나기 며칠 전부터는 건물 내 여러 곳에서 매우 위태로운 증상이 나타났는 데도
불구하고, 극도로 경직된 폐쇄적인 관료문화 속에서 관리자와 구성원들로부터 소신있는 대책은 기대할 수
없게 되었다. 따라서 이와 같은 삼풍의 비도덕적 · 비윤리적 문화 속에서 백화점 건물의 붕괴는 이미 예견된
참사였다.

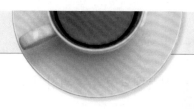

토의질문

1. 삼풍백화점 구성원들이 겪었을 도덕적 권리의 침해문제를 윤리적 인적자원관리 관점에서 분석하시오.

2. 우리나라 조직체에 만연된 관료조직문화의 문제점을 윤리적 인적자원관리 관점에서 자세히 분석하시오.

제 **II** 부

인적자원계획과
인력확보

Strategic
Human
Resource
Management

제 II 부

전략적 인적자원관리

Strategic
Human Resource Management

조직구조설계와
인적자원계획

CHAPTER 04

조직구조설계와 인적자원계획

제 I 부 인적자원관리의 기초에서 우리는 인적자원을 현대조직의 경쟁적 비교우위요소로 전제하고 전략적 인적자원관리의 개념과 인적자원관리에 많은 영향을 주는 중요 내외환경 및 상황적 요소로서 사회문화, 경영이념, 윤리경영, 과업환경, 노사관계 등을 연구하였다. 이제 우리는 제 II 부에서 조직체의 전략목적달성에 필요한 인적자원의 계획과 확보에 관하여 연구한다. 이 장에서는 조직구조설계와 인적자원계획을 연구하고 제 5 장에서는 직무분석과 직무설계에 관하여 그리고 제 6 장에서는 인적자원의 모집과 선발에 관하여 각각 연구한다.

조직체는 사회시스템의 한 부분으로서 주어진 환경과 상호 작용을 하면서 항상 이에 적응해 나간다. 그리하여 조직체는 주어진 환경에 적절한 전략과 목적을 추구하고 그 과정에서 전략목적달성에 필요한 조직구조를 설계하며 인적자원을 관리하는 전략적 인적자원관리 기능을 발휘한다(〈그림 2-1〉 참조). 근래에 현대조직에서 조직구조의 설계와 인적자원의 계획은 사회경제기술 등 환경변화가 심해짐에 따라서 그 중요성이 더욱 강조되고 있고, 특히 오늘날 많은 기업에서 강력히 추진되고 있는 경영혁신도 조직구조설계와 인적자원계획의 중요성을 한층 더 높여주고 있다.

조직구조와 인적자원은 매우 밀접한 관계를 맺고 있다. 성공적인 전략경영을 위해서는 이에 알맞은 조직구조를 설계해야 하고, 조직 또한 그에 알맞은 인적자원으로 충원될 때 조직체성과에 보다 크게 기여할 수 있다. 조직구조설계와 인적자원계획을 연구하는 데 있어서 이 장은 제 1 절에서 조직체의 전략 및 경쟁력강화와 조직구조의 관계를 살펴보고, 규모성장에 따른 조직구조의 변화패턴을 중심으로 현대조직의 경쟁력강화를 위한 조직구조 설계방향을 정리한다. 제 2 절에서는 전략적 인적자원계획의 개념과 과정을 살펴보고, 제 3 절에서는 인적자원계획의 문제점과 인적자원스태프의 역할에 관하여 알아본다.

제 1 절 | 전략적 조직구조설계

전략적 인적자원관리의 가장 중요한 기능 중 하나는 조직체의 전략목적을 달성하는 데 필요한 인적자원을 확보하는 것이다. 그러나 조직체에서 요구되는 인적자원은 고정되어 있지 않고 조직체의 상황에 따라서 항상 변한다. 그리고 조직체상황은 조직체의 내외환경변화로부터 많은 영향을 받는다. 따라서 조직체의 환경변화는 조직구조설계와 인적자원계획을 중요하게 만드는 가장 큰 원인이다. 조직구조와 인적자원계획에 영향을 주는 환경변화는 제 1 장에서 현대조직의 인적자원관리환경과 관련하여 자세히 설명하였다(제 1 장 제 1 절 참조).

1. 경영전략과 조직구조

경영전략과 조직구조는 상호 간에 매우 밀접한 관계를 맺고 있다. 상황적합성 이론(contingency theory)에 의하면 조직체는 성공적인 전략수행을 위하여 이에 적합한 조직구조를 형성해 나간다(Chandler, 1962).

(1) 조직구조설계의 주요 영향요소

전략경영 관점에서 조직구조설계의 가장 중요한 영향요소는 물론 조직체의 사업성격과 전략목적이다. 표준화된 제품을 대량으로 생산하는 기업체에서는 대체로 기능적이고 수직적이며 기계적인 조직구조 형태를 설계하고, 주문생산이나 다양한 제품을 생산하는 기업체에서는 주문별, 프로젝트별 또는 제품단위별로 조직구조가 설계된다. 그리고 저원가와 철저한 비용통제가 중요한 전략목적인 기업체에서는 규모의 경제(economy of scale)를 강조하면서 수직적, 집권적 그리고 기능적 조직구조를 형성하는 경향이 있고, 벤처와 새 사업개발이 주요 전략목적인 기업체에서는 소규모단위의 자율적이고 분권적인 조직구조를 설계하며, 연구개발과 지식창출을 강조하는 조직체에서는 개방적·수평적 그리고 매트릭스 형태의 조직구조를 형성하는 경향이 높게 나타난다(제 3 장 제 4 절 참조).

장기적인 관점에서 볼 때, 조직구조설계는 조직체규모에 따라서 많은 영향을 받는다. 기업의 경우 기업규모가 대형화되는 과정에서 기업체는 여러 가지의 조직구조문제를 겪게 되고, 이를 해결해 나가는 과정에서 조직구조도 공식조직화 → 기능화·집권화 → 분권화

→ 통합화 → 팀조직화의 방향으로 여러 단계의 변화를 거쳐 나간다(Greiner, 1998). 기업규모성장에 따른 조직구조의 변화패턴은 뒤에 자세히 설명한다.

조직규모와 더불어 조직체 환경의 변화특성도 조직체의 적응능력을 중심으로 조직구조설계에 많은 영향을 준다. 새로운 기술, 특히 정보기술의 활용도 조직구조설계에 많은 영향을 미친다. 정보기술은 정보의 내용과 흐름 및 속도에 큰 변화를 가져오고, 특히 정보통신기술의 발달은 물리적 공간개념을 사이버개념으로 바꿈으로써 조직구조의 부문화, 의사결정 및 구성원 상호 작용 등 조직구조설계에 엄청난 변화를 가져올 수 있다. 또한, 경영이념과 기본가치도 조직구조설계에 많은 영향을 준다. 현대조직에서 경영이념과 기본가치는 특히 경쟁력강화를 위한 경영혁신과정에서 조직구조설계에 매우 강한 영향요소로 작용한다. 이들 조직구조설계의 영향요소에 관해서도 이 절의 다음 부분에서 좀 더 자세히 설명한다.

(2) 경쟁력강화와 조직구조의 전략적 선택

이와 같이 조직구조는 조직체가 환경변화 속에서 효율적인 전략경영과 전략목적의 달성 그리고 무엇보다도 경쟁력을 강화하는 과정에서 이를 촉진시키는 중요한 역할을 한다. 열린 경영, 스피드경영, 자율적 경영, 적응적 조직, 팀 조직, 신축적 조직, 학습조직 등이 현대조직의 경쟁력을 결정하는 중요한 요소들이다(Vollmann, 1996; Haeckel, 1999). 따라서 현대조직은 경쟁력강화 관점에서 이와 같은 경쟁력강화 요소들을 조성하는 데 도움이 되는 조직구조설계에 노력을 기울인다.

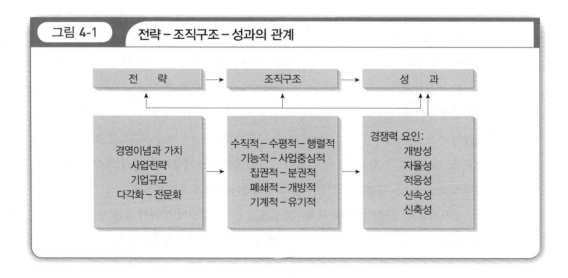

그림 4-1   전략 – 조직구조 – 성과의 관계

구체적인 조직구조에는 분류기준에 따라 수직적 – 수평적 – 매트릭스(행렬적), 기능적 – 사업중심적, 집권적 – 분권적, 폐쇄적 – 개방적, 기계적 – 유기적 조직 등 여러 가지의 형태가 있고, 모두가 각기의 장·단점을 가지고 있다. 따라서 현대조직은 주어진 상황 속에서 경쟁력강화에 가장 도움이 될 수 있는 조직구조를 전략적으로 선택하여 이를 설계해 나가야 할 것이다(〈그림 4 – 1〉 참조).

2. 규모의 성장과 조직구조설계의 변화패턴

조직규모의 성장은 일반적으로 조직구조설계에 가장 큰 변화요인으로 작용한다. 기업체는 성장과정에서 다양하고 복잡한 조직경영문제에 당면하게 되고 심지어는 경영위기에 처하는 경우도 많이 있다. 그리하여 기업체는 이들 조직문제와 경영위기를 극복해 나가는 과정에서 조직구조 변화를 시도하게 되고, 새로운 조직구조를 성공적으로 설계함으로써 지속적인 성장을 유지해 나갈 수 있게 된다. 많은 선진국 기업체를 대상으로 성장과정에서 나타나는 조직경영문제와 조직구조의 변화를 연구한 결과에 의하면 기업의 성장과정에서 일반적으로 나타나는 조직경영문제(경영위기)에는 단계적인 패턴이 있고 이를 해결하기 위한 조직구조설계에도 단계적인 변화패턴이 나타나고 있다[1] (Greiner, 1998: 〈그림 4 – 2〉 참조). 조직구조설계의 단계적인 변화패턴을 이해하는 것은 장기적인 관점에서 조직체 계획과 설계에 많은 도움을 준다.

(1) 공식조직구조의 설계

기업체가 소규모로 시작할 단계에서는 조직경영이 기업주나 경영주 위주로 비공식적으로 이루어진다. 그러나 기업체의 규모가 커짐에 따라서 기업주 단독의 경영은 점점 어려워지면서 공식적인 조직구조와 방침 그리고 관리체계가 필요하게 된다. 그리하여 기업주는 자기의 직무를 분화하여 전문관리자에게 위양하게 되고, 기업주 단독의 비공식적인 경영체계는 점차 공식 경영조직체계로 전환되면서 성장과정에서 나타나는 첫 단계의 위기(기업주의 리더십위기)를 모면하게 된다. 이 공식조직화 단계에서는 기업규모가 아직 작으므로 주

---

1) 그레이너의 연구는 주로 제조업체를 대상으로 조사되었다. 지식조직(knowledge organization)이나 서비스업체의 경우 그는 성장과정에서 나타나는 단계적 위기와 조직설계가 서비스다각화 → 핵심서비스 집중화 → 지역다각화 → 조직제도화(institutionalization) → 통합적 조직문화의 패턴으로 전개되는 것으로 보고 있다(Greiner, 1998).

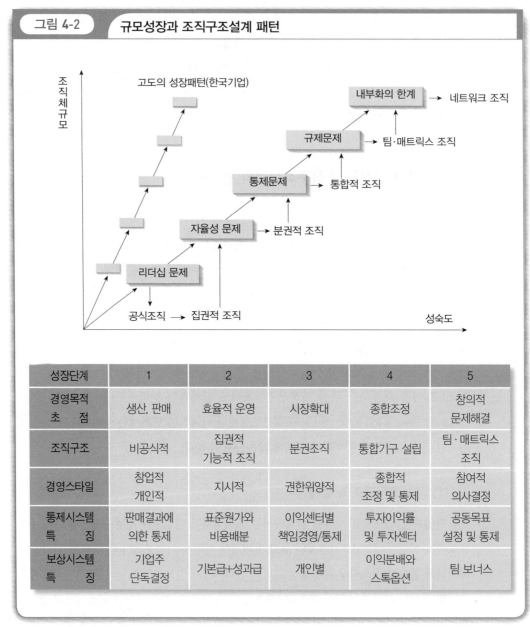

그림 4-2 규모성장과 조직구조설계 패턴

성장단계	1	2	3	4	5
경영목적 초 점	생산, 판매	효율적 운영	시장확대	종합조정	창의적 문제해결
조직구조	비공식적	집권적 기능적 조직	분권조직	통합기구 설립	팀·매트릭스 조직
경영스타일	창업적 개인적	지시적	권한위양적	종합적 조정 및 통제	참여적 의사결정
통제시스템 특 징	판매결과에 의한 통제	표준원가와 비용배분	이익센터별 책임경영/통제	투자이익률 및 투자센터	공동목표 설정 및 통제
보상시스템 특 징	기업주 단독결정	기본급+성과급	개인별	이익분배와 스톡옵션	팀 보너스

자료: Greiner(1998), pp. 56, 58, 66.

로 생산과 판매 중심의 기능적 조직구조가 형성되고 전문관리자도 기용되지만, 그래도 기업주 중심의 집권적이고 비공식적인 경영은 계속된다.

(2) 기능적 · 집권적 조직의 설계

기업규모가 커짐에 따라서 조직의 기능은 다양해지고 전문스태프도 여러 분야에 활용되어 생산과 판매의 일선(line)조직 운영은 물론 일선조직과 전문스태프의 효율적인 통합도 조직설계의 중요한 측면으로 등장하기 시작한다. 기업규모가 중기업과 대기업으로 성장하는 과정에서 기능적 부문화(functional departmentalization)가 계속 적용되고, 따라서 기능적·집권적 조직의 성격이 점점 강하게 나타난다. 이 두 번째 단계의 기능적 조직은 전문관리부서를 중심으로 부문조직의 전문성을 높이고 기능별 통제를 통하여 조직경영의 경제성과 효율성을 높임으로써 이 성장단계에서의 성과에 기여하게 된다.

그러나 기업규모가 계속 커짐에 따라서 전문기능의 분화는 심해지고, 기획, 재무·회계, 인사 등 전문관리스태프의 기능적 권한은 강화됨과 동시에, 권한의 수직적 집권화도 심화되어 집권적·기능적 조직, 나아가서는 관료조직의 역기능적 효과까지도 나타나기 시작한다. 일선·라인부서는 기능화된 통제 속에서 성취의욕을 잃게 되고 기동성도 저하되어, 점차 침체적인 조직분위기가 조성되기 시작한다. 그리하여 일선·라인부서의 자율성문제가 성장과정의 새 조직문제로 등장하게 된다.

(3) 분권적 조직구조의 설계

실무부서의 자율성을 높이고 조직을 활성화시키기 위하여 기업체는 새로운 조직구조설계를 모색하게 되는데, 이것이 바로 분권적 조직구조(decentralized structure)로서 기업성장의 세 번째 조직구조설계 단계가 된다. 분권적 조직은 제품, 지역, 또는 고객을 사업단위로 한 사업부(strategic business unit)를 형성함으로써 설계된다. 사업부중심의 분권조직은 점점 대형화·복잡화되는 경영조직구조를 사업조직별로 개편하고 통제와 효율중심의 관리체계를 사업별 책임경영체계로 전환시키면서 자율적인 사업별 시장확장을 통하여 기업체의 전체적인 성장을 가속화시킨다.

그러나 분권적 조직경영이 확대됨에 따라서 사업부 간 업무의 중복과 인력, 자금, 기술, 설비 등 자원상의 중복 및 낭비가 많아져서 효율적인 자원배분과 활용이 점점 심각한 문제로 등장하기 시작한다. 그리고 사업부 간의 경쟁도 심화되어 서로 간에 협조도 잘 안되어 자원의 낭비는 더욱 심해진다. 그리하여 이러한 현상은 기업성장에 새로운 장애요소로 작용하게 되어 결국 성장과정의 또 하나의 단계적 문제로 등장하게 된다. 따라서 모든 사업단위를 포함한 기업체 전체의 자원계획과 통제를 관리하는 전문기능이 생산, 판매, 재무, 회계, 인사 등 기능별로 설립되어 사업부 분권조직과 집권적 기능관리가 혼합된 연방적 분권조직(federal decentralization) 형태의 조직구조가 형성된다(Drucker, 1974).

(4) 통합기구의 설계

기업규모가 계속 대형화되고 기업경영이 복잡해짐에 따라서 연방적 분권조직도 사업부와 전문기능의 효율적인 운영과 통합에는 한계에 도달하게 된다. 따라서 계속 복잡해지는 조직기능을 잘 통합하고 기업체 내의 모든 자원을 잘 활용하여 기업환경에 효율적으로 대응하는 전략적인 문제가 조직구조설계의 중요한 측면으로 대두된다. 즉, 기업체가 대형화될수록 외부적으로는 환경변화에 대한 신속한 적응이 그리고 내부적으로는 계속 전문화·다양화되는 모든 기능 사이의 효율적인 통합작용이 점점 어려워진다. 그리하여 분권화된 사업단위의 자율적인 경영체계를 유지하면서 대규모 조직의 기동성도 발휘하여 급변하는 기업환경에 효율적으로 대응하는 문제가 성장과정의 또 하나의 단계적 문제로 등장하게 된다.

이러한 종합조정문제를 해결하기 위하여 기업체는 인력, 자금, 기술, 설비 등 사내 또는 그룹기업 내의 모든 자원을 보다 효율적으로 배분·활용하기 위한 종합적인 전략계획과 통합정책이 필요하게 된다. 그리하여 기업체는 성장과정의 네 번째 조직구조설계 단계로서 시설투자, 자금관리, 기술개발, 인력관리, 홍보활동, 정보관리 등 여러 분야에 걸쳐서 기업체 또는 그룹 전체를 대상으로 종합기획 및 조정기구를 설립하고, 공식적인 종합기획·조정 기능을 통하여 기업체 내의 장기적인 자원배분과 단기적인 자원활용의 효율성을 높이도록 노력하게 된다.

(5) 매트릭스조직과 팀조직의 설계

종합기획실이나 종합조정실과 같은 전문통합기구는 한편으로는 기업체의 전략을 종합적으로 계획·수행하고 전문화 및 고도화되는 기능을 총괄적으로 통합한다는 점에서 합리적인 조직구조의 설계방법이라고 할 수 있다. 그러나 기업성장이 지속되고 경영과정이 더욱 복잡해짐에 따라서 종합기획·조정기능도 그 효율이 점점 의문시되기 시작하면서 기업체는 또 다른 단계의 새로운 문제에 봉착하게 된다. 기업규모가 커지고 조직구조가 복잡해질수록 환경변화에 대한 신속한 대응이 더욱 중요해진다. 그러나 공식적인 종합기획·조정기능은 일선부서에 규제를 가하면서 통제체계가 관료화·경직화되어 일선부시와 종합기획·조정스태프 간의 갈등과 불화가 빈번해지고 그 결과 신속한 환경적응이 어려워진다. 따

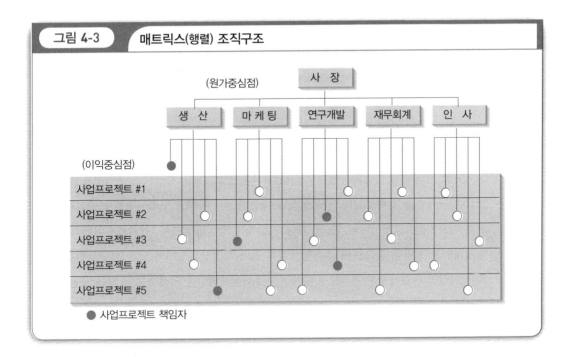

그림 4-3 매트릭스(행렬) 조직구조

(원가중심점)
사 장
생 산 | 마 케 팅 | 연구개발 | 재무회계 | 인 사

(이익중심점)
사업프로젝트 #1
사업프로젝트 #2
사업프로젝트 #3
사업프로젝트 #4
사업프로젝트 #5

● 사업프로젝트 책임자

라서 기업체가 급변하는 환경에 효율적으로 적응하려면 상위계층의 공식적인 지시나 종합
조정관리 기능에만 의존할 수 없게 된다.

그리하여 기업체의 기동력을 강화하고 신속한 환경적응을 위하여 보다 유동적이고 유
기적인 조직구조를 설계하게 되고, 상황변화에 따른 실무부서의 신축적인 적응과 상호 협
조를 목적으로 각 구성원의 적응능력과 창의적인 문제해결능력 그리고 협조적인 경영행동
을 개발하는 데 노력을 기울이게 된다. 따라서 조직구조설계에 있어서는 시스템개념을 중
심으로 매트릭스조직이나 팀조직의 형태를 사용하게 되고(〈그림 4-3〉 참조), 이러한 조직
형태가 효율적으로 활용될 수 있는 구성원의 행동과 조직문화개발에 노력하게 된다. 이것
이 기업체의 성장과정에서 나타나는 다섯번째 단계의 조직구조설계이다.

(6) 네트워크조직의 설계

그러나 매트릭스조직과 팀조직도 계속 대형화·복잡화되는 기업체의 조직경영문제를
모두 해결해주지는 못한다. 매트릭스 및 팀조직의 유기적인 조직구조설계와 개방적 조직행
동은 구성원들 상호 간의 적응과 창의력발휘 그리고 솔선적 행동에 도움을 주지만, 사업 자
체가 점차적으로 한계점에 도달함에 따라서 신제품개발이나 인력·조직개발 등 내부자원

을 통한 문제해결이 점점 어려워진다. 그리하여 기업체는 다른 기업과의 전략적 제휴나 외부 집단·기관과의 협력관계를 추진하게 되고, 따라서 기업영역이 외부조직에까지 연장되는 네트워크조직(network organization)이 설계되기 시작한다(Greiner, 1998). 장기적인 관점에서 네트워크조직을 여섯 번째의 조직구조설계로 결론짓기에는 아직 이른 감이 없지 않지만, 정보통신기술의 활용추세와 선진기업에서의 조직경영추세로 보아 현대기업에서 네트워크조직의 설계는 앞으로 더욱 가속화될 것으로 전망된다.

이상 기업체의 성장과정에서 나타나는 조직경영문제를 중심으로 조직구조설계의 단계적 변화패턴을 살펴보았다. 규모성장에 대응하는 구체적인 조직구조설계는 기업체마다 모두 다르지만, 그레이너의 연구결과는 기업체의 성장과정에서 나타나는 일반적인 조직설계패턴을 정리해 줌으로써 조직체설계에 있어서 성장과정에서 다가오는 조직경영문제와 장기적인 관점에서 단계적으로 예측되는 조직설계방향을 이해하는 데 많은 도움을 준다(Greiner, 1998).

그레이너는 기업체 상황에 따라 단계별 기간을 3∼15년으로 예측함으로써 기업체의 환경변화, 기술, 경영전략 등이 성장속도를 결정하는 중요요인임을 시사하고 있다. 우리나라 기업은 고도성장의 대표적인 사례로서(〈그림 4-2〉 참조), 많은 기업들이 성장과정에서의 단계적 조직경영문제를 원만히 해결할 충분한 시간을 갖지 못하였다. 따라서 외형은 거대하지만 내적 조직구조는 성장초기의 리더십문제로부터 성장중기의 집권조직과 통합문제 그리고 성장후기의 팀·매트릭스 조직문제와 심지어는 네트워크 조직문제까지 모두 혼합되어 있는 경우를 많이 볼 수 있다.

③. 조직구조설계의 내적 영향요소

조직규모 이외에도 기업체가 추구하는 사업과 전략은 무엇이고, 기업체가 환경변화에 어떻게 대응하며, 고도의 기술을 얼마나 많이 그리고 잘 활용하고, 경영이념이 얼마나 진취적이고 이를 얼마나 강력하게 추진하느냐에 따라서 조직구조설계는 많은 영향을 받는다. 이들 경영요소가 어떻게 조직구조설계에 영향을 주는지를 살펴본다.

(1) 사업성격과 전략목적

전략과 조직구조 간의 밀접한 관계를 전제하는 상황적합성 이론에 따라 조직체의 사업성격과 전략목적이 이에 적합한 조직구조설계에 영향요인으로 작용하는 것은 당연하다. 사업전략과 조직구조와의 밀접한 관계는 근래 우리나라 재벌그룹의 구조조정에서 명백히 나타나고 있다. 재벌그룹의 사업전문화, 지배구조개선 등 사업 및 경영전략의 변화는 계열사의 매각, 사업단위의 통폐합, 회장 비서실(종합조정실)의 개편, 자율경영 및 책임경영 조직단위의 설계 등 조직구조에 많은 변화를 가져오고 있다. 그리고 사업단위 수준에서도 경쟁력강화전략은 조직의 기동성과 개방성 그리고 적응성을 높이기 위한 조직구조개혁에 반영되고 있다(이학종, 1998b).

(2) 환경변화에 대한 대응

제품과 기술 그리고 고객과 시장이 비교적 안정되어 조직체환경의 변화가 심하지 않은 경우에는 일반적으로 집권적·기능적 조직구조가 많이 사용된다. 이러한 경향은 안정된 조직환경 속에서 이익과 비용통제가 조직체의 가장 중요한 목적이고 이러한 목적을 달성하기에는 집권적이고 기능적인 조직구조가 가장 적합하기 때문이다(Perrow, 1967).

그러나 제품과 기술 그리고 고객과 시장의 변화가 많은 동태적·다변화환경 속에서는 조직체의 전략과 목적에도 많은 변화가 일어난다. 대체로 다변화환경 속에 있는 조직체는 성장과 기술개발 그리고 모험적 사업운영을 강조하는 경향이 높고, 따라서 이에 적합한 신축적이고 유기적인 분권적 조직구조 형태가 형성되는 경향이 높게 나타난다(Perrow, 1967; Burns & Stalker, 1961; Galbraith & Nathanson, 1978).

(3) 정보기술의 활용

조직환경의 또 하나의 중요한 요소는 각종 정보기술의 발달이다. 정보기술은 정보조직체계와 정보의 흐름, 관리자의 정보처리 업무와 의사결정, 그리고 관리자의 경영기능과 권력구조에 영향을 줌으로써 조직구조와 직무구조에 많은 변화를 가져올 수 있다(〈그림 4 - 4〉 참조). 정보기술의 집중적 정보처리기능을 중심으로 분권적 조직을 집권적 조직으로 바꿀 수 있고, 정보기술의 분산처리기능과 의사결정 지원체계를 활용하여 집권적 조직을 분권적 조직으로 전환시키거나 이미 분권화된 조직에 더 많은 자율성을 부여할 수도 있다(이학종, 1998a).

이와 같이 정보기술은 조직체의 경영목적에 따라서 집권적 또는 분권적 조직구조의 형성과 경영과정의 개선 그리고 권력구조변화에 중요한 매개요소로 작용할 수 있다. 따라서

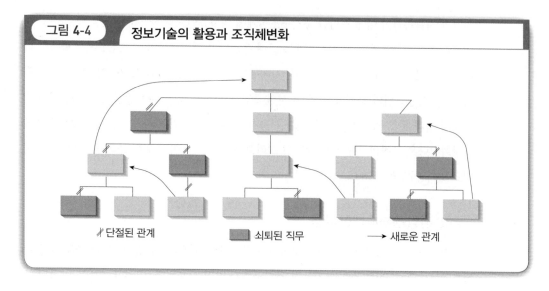

그림 4-4   정보기술의 활용과 조직체변화

╱ 단절된 관계   ■ 쇠퇴된 직무   ⟶ 새로운 관계

조직체는 정보기술을 활용하여 조직의 전략목적달성에 적합한 조직구조설계를 효율화할 수 있다. 특히 근래에 정보기술의 발전으로 급격히 확산되고 있는 인터넷(Internet)과 인트라넷(Intranet), 그리고 사회적 네트워트 시스템(SNS: Social Network System) 등은 조직구성원들 간 그리고 조직체 간의 상호 작용에 엄청난 변화를 일으키면서 조직구조설계에도 획기적인 변화를 가져오고 있다.

(4) 인적자원의 수준

조직체의 기술인력과 관리인력 등 인적자원의 수준이 높아질수록 조직구조의 형태도 달라진다. 특히 조직체에서 필요로 하는 기술이 다양화되고 기술 수준이 높아질수록 고급기술인력의 수요는 커지는 반면에 이를 충당할 수 있는 공급은 부족해진다. 따라서 이들 고급인력을 잘 활용할 수 있는 신축적이고 적응적인 조직구조의 설계가 바람직해진다. 기술의 고도화 및 다양화 현상은 주로 대규모 조직체에서 나타나고, 대규모 조직체는 사업부중심의 분권적 조직구조를 형성할 가능성이 높다. 이러한 조직구조 상황에서는 부족한 고급기술인력을 최대한 활용하는 것이 우선적인 목적이므로 팀조직이나 매트릭스조직과 같은 조직구조 개념을 활용하는 경향이 높아진다.

(5) 경영이념과 경영혁신

마지막으로 조직체에서 오랫동안 지켜 온 경영이념과 전통도 조직구조설계에 중요한 요소로 작용한다. 특히 개인의 자율성과 창업정신, 그리고 솔선수범과 경영참여 등의 경영이념을 중시할수록 이를 실현할 수 있는 권한위양적, 자율적, 그리고 분권적 조직구조를 형성하는 경향이 크다. 그 반면에, 조직의 경제적 이익과 비용절약 및 통제관리를 강조할수록 조직체 내의 모든 기능과 업무활동을 통합시키고 전문화·집중화시키게 되며, 따라서 집권적·기능적 그리고 수직적 조직구조를 형성할 가능성이 크다.

현대조직에서 경영이념과 기본가치는 특히 경쟁력강화를 위한 구조조정과 경영혁신과정에서 새로운 조직구조설계에 직접 반영되어 성공적인 개혁과 경쟁력강화에 많은 도움을 준다. GE는 무경계 경영이념으로 기능 간, 사업 간 그리고 계층 간의 장벽을 없애는 열린 조직구조를 설계하였고, ABB는 '크지만 작고, 분권적이지만 중앙집권적이며, 세계적이지만 현지적인' 경영을 강조하면서 세계 140여 개국에 5,000개의 자율적 이익센터로 구성된 글로벌 매트릭스 조직구조를 구축하였다(Peters, 1994; 이학종, 2003; Ghoshal & Bartlett, 1997; 〈그림 4-5〉 참조). 그리고 독일의 지멘스(Siemens)도 고객가치창조의 경영이념으로 전통적인 수직적, 기능적 조직구조를 고객을 위한 부가가치를 최대화시킬 수 있는 수평적 네트워크 조직으로 재설계하였다([예시 4-1] 참조).

이와 같이 조직구조는 기업체의 사업과 규모, 경영이념과 전략, 환경변화, 기술과 인적자원 수준 등 여러 가지 요소로부터 많은 영향을 받는다. 따라서 이들 영향요소를 이해하는 것은 성공적인 조직구조설계에 많은 도움이 된다.

그림 4-5   ABB의 글로벌 매트릭스 조직구조

사 장	사 업 부			
최고경영위원회* 운영위원회**	발전 Plant	송변전 배 전	산업용기기 건설시스템	수송장비
지 역 유 럽 미 주 아시아	가스터빈 제어시스템 발전소사업 오염방지사업 등 11개 사업영역	변압기 네트워크 제어 전력시스템 에너지 등 9개 사업영역	산업공정 발전기 냉각장치 건축서비스 등 18개 사업영역	복합수송 철도 신호시스템 등 8개 사업영역

 * Executive Committee로서, 사장, 4명의 사업담당 부사장, 3명의 지역담당 부사장으로 구성된다.
** Top Management Council로서 EC위원과 핵심임원으로 구성된다.

예시 4-1   지멘스의 네트워크 팀조직

독일의 기계장비 및 전기통신기기 제조업체인 지멘스(Siemens)사는 1990년대 초반에 매출규모는 계속 증가하는 데도 불구하고 경상이익은 점점 감소되는 데 심각한 위기감을 느끼고, 회사의 생산성 향상과 경쟁력 강화를 목적으로 TQM, JIT, TBM, 경쟁적 벤치마킹 등 혁신기법들을 도입하였다. 그러나 전통적으로 기능별로 부문화된 수직적 조직구조하에서는 기능부문별 통제와 기능 간의 갈등 그리고 집권화·관료화된 관리체계 때문에 이들 혁신기법의 효과를 거둘수가 없었다. 따라서 지멘스사는 조직구조와 경영체계를 수직적·계층적 체계에서 고객을 위한 가치창조를 목적으로 부가가치 과정에서의 기능 간 상호 작용과 피드백 중심의 수평적 팀조직으로 개편하여 특정 경영과정에 관련된 구성원들과 팀을 모두 연결시키는 네트워크 조직을 구축하였다(아래 그림 참조).

네트워크 조직하에서 지멘스사는 TOP(Time Optimized Process: 시간효율극대화)라고 불리는 경영혁신운동에 착수하여 첫 5년 동안에 생산성을 2~3배 증가시키고 신제품개발도 두 배 이상 증가시켰다. 그리하여 총 50억 달러 상당의 효율성 증대효과를 가져오면서 경쟁력을 대폭 강화하는 데 성공하였다(2003년 매출 805억 달러, 세계 21위).

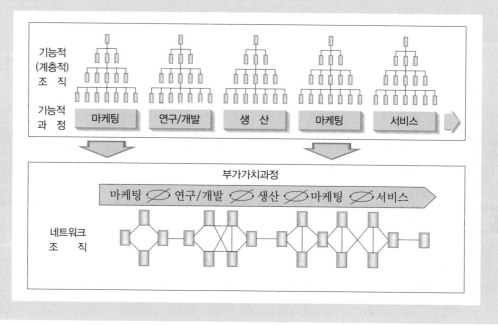

④ 현대기업의 조직구조설계 방향

조직체성과와 경쟁력강화에 기여하는 바람직한 조직구조는 물론 조직체상황에 따라 다르다. 그러나 열린 경영, 스피드 경영, 자율적 경영, 적응적 조직, 신축적 조직 등 세계화

와 정보화의 환경 속에서 경쟁력강화에 요구되는 조직경영 특성들을 조성하려면 조직구조 설계에 있어서 몇 가지 기본적인 접근과 구체적인 조직구조설계가 바람직하다.

(1) 관료조직의 탈피

첫째는 관료조직으로부터 탈피하는 것이다. 관료조직은 근본적으로 수직적, 계층적, 기능적, 기계적 조직구조와 더불어 집권적, 통제적, 권위적 조직행동을 의미한다(Pinchot & Pinchot, 1993). 이와 같은 관료적 조직은 특히 우리나라의 많은 조직체에서 나타나고 있는 특성으로서, 우리나라 조직체로 하여금 환경변화에 무감각하게 만들고 변화에 대한 장애요소로 작용하면서 우리나라 조직체의 경쟁력을 저하시키는 큰 원인이 되고 있다. 따라서 조직구조설계에 있어서 관료조직구조를 탈피하는 것이 우리나라의 많은 조직체가 당면한 중요과제이다.

(2) 사업현장 중심의 간소화된 조직구조설계

조직의 비대화는 흔히 관리스태프조직과 상위경영계층에서 발생하고, 이것이 조직의 집권화와 관료화를 심화시키는 원인이 되기도 한다. 따라서 조직구조설계에 있어서 특히 관리스태프조직과 상위경영계층을 축소하고 간소화하는 것이 조직구조개선에 매우 중요한 측면이다. 그 대신 사업현장의 조직을 확충하고 사업단위의 자율적 경영을 강화하는 것이 현대기업의 조직구조설계의 추세이다. 정보통신기술의 발달은 하위계층의 업무자동화는 물론 경영정보시스템과 의사결정과정에도 많은 변화를 가져오면서 경영·관리계층과 관리스태프조직의 축소 및 간소화를 가능케 한다(이학종, 1998a).

(3) 소규모의 자율적 사업구조 설계

부문화(departmentalization)의 기준을 기능에서 사업으로 전환하여 기능중심조직을 사업중심조직으로 재설계하는 것도 조직구조설계의 중요한 흐름이다. 사업조직으로의 조직구조 전환은 가능한 한 소규모 사업단위 중심의 자율적 경영구조를 설계하여 조직을 활력화하는 것이 바람직하다. 작업현장에서의 자율적 작업팀의 형성도 하위조직을 활성화하고 생산성을 향상시키는 데 크게 기여한다.

(4) 수평적, 매트릭스, 팀 조직의 설계

세계화와 정보화 그리고 급변하는 환경 속에서 조직구성원들 간에 개방적인 상호 작용을 조성하고 그들의 자율적 행동을 증진하여 환경변화에 신속히 그리고 유연하게 적응할 수 있도록 하는 데 적합한 조직구조는 수평조직, 매트릭스조직, 그리고 팀조직이다. 수평조직, 매트릭스조직, 팀조직 구조는 많은 조직체에서 심각한 문제로 제기되고 있는 집권화와 기능화 그리고 관료화에서 탈피하고 조직체를 활성화하는 데 많은 도움을 준다(Pinchot & Pinchot, 1993). 따라서 전통적인 피라미드형의 수직적, 계층적 조직구조로부터 수평적, 매트릭스, 그리고 팀조직의 조직구조로 재설계하는 것이 현대조직의 일반적인 경향이다.

수평적 조직구조는 전통적으로 강조되어 온 전문기능보다는 사업과정(business process)을 중심으로 설계되고, 업무를 세분화·계층화하여 이를 통제·관리하기보다는 업무를 통합하여 수직적 계층구조를 수평화하고 작업팀의 자율적인 관리에 의존하는 것이 중요한 특징이다. 그리하여 제품개발, 판매촉진, 고객서비스, 재고관리 등 업무과정별로 추구하는 목적이 분명해지고, 팀에게 자율적인 자체 관리와 더불어 책임을 부여한다. 그리고 팀성과에 따른 보상이 이루어지고, 상하계층 간의 커뮤니케이션도 효율화된다. 이와 같이 수평적 조직구조는 대규모의 조직체로 하여금 소규모의 조직체와 같은 기동성을 발휘하게 하고 유기적이고 신축적인 경영행동을 가능케 한다. 그뿐 아니라, 수평적 조직은 근래에 선진기업에서 급속히 확산되고 있는 네트워크조직의 설계도 용이하게 만든다([예시 5 - 1] 참조).

수평적 조직의 성공적인 운영을 위하여 이에 요구되는 중요한 요건들을 요약한다(Ostroff, 1999).

① **과정중심의 조직구조설계**: 조직구조를 기능 중심에서 벗어나 3~5개의 핵심적인 업무과정을 중심으로 설계하고, 업무과정마다 구체적인 성과목표와 책임자를 배정한다.

② **계층의 수평화**: 세분화된 과업을 통합하고 부가가치가 낮은 과업은 없애든지 자동화시키며, 업무과정에서 요구되는 활동들을 최소화하여 관리업무를 축소시킨다.

③ **자율적 팀관리**: 조직을 팀으로 구성하고 팀에게 공동목표의 설정과 성과달성에 대한 전적인 책임을 부여함으로써 관리업무의 필요성을 최소화시킨다.

④ **고객 최우선목표**: 고객만족을 성과측정과 평가의 가장 중요한 기준으로 적용한다.

⑤ **팀성과중심의 보상**: 업적평가와 성과급 지불의 기준으로서 팀성과를 우선적으로 강조한다.

⑥ **고객과의 상호작용 증대**: 구성원들로 하여금 고객 및 공급업체와의 관계를 활성화

하고, 가능한 한 팀작업에 고객과 공급업체를 참여시키도록 한다.

⑦ **정보활용능력의 개발**: 일상적인 정보피드백 이외에 구성원들과 관리스태프가 정보
자료를 잘 활용하여 자신의 의사결정을 효율화할 수 있도록 교육훈련을 통하여 그
들의 정보분석 및 정보활용능력을 향상시킨다.

제 2 절 전략적 인적자원계획

전략적 인적자원계획은 근본적으로 조직체의 전략목적을 효율적으로 달성하는 데 필
요한 인적자원을 적시에 확보하기 위한 인적자원관리과정을 의미한다. 따라서 전략적 인
적자원계획은 조직체의 전반적인 전략경영의 중요한 부분으로서 성공적인 전략경영에 많
은 영향을 준다. 조직체는 항상 조직체에서 요구되는 인력의 수요를 내부의 기존인력이나
외부의 인력으로 충당해 나가는 한편, 불필요한 인력은 해임 등으로 인적자원을 조정해 나
간다. 따라서 인적자원계획은 외부인력 고용을 위한 모집과 선발, 내부인력의 장단기 훈
련·개발과 승진·배치 및 해임·조정, 그리고 조직구조설계 등에 따른 필요인력 확보와 조
정에 관련된 인적자원관리 기능의 총합이라고도 할 수 있다(Anthony et al., 1999). 따라서
조직체는 모두가 공식 또는 비공식적으로 인적자원계획을 하고 있으며, 다만 그 체계와 효
율성이 조직체마다 다를 뿐이다.

인적자원은 조직이 필요로 할 때 즉각적으로 공급되지 않는다. 이것이 바로 인적자원
이 다른 자원과 다른 점이다. 따라서 필요한 인적자원을 확보하려면 전략계획과의 긴밀한
연계 속에서 항상 조직체의 인력수요 예측을 바탕으로 장기간에 걸쳐서 지속적으로 내부인
력을 개발하고 외부인력 공급원을 개발하여 수요인력을 충당해 나가는 체계적인 계획이 필
요하다.

1. 전략계획과 인적자원계획

조직체의 성과는 조직을 구성하고 있는 인적자원에 달려 있으므로, 조직체의 성공 여
부는 조직체가 필요로 하는 인력을 적시에 그리고 얼마나 신속하게 조달하느냐에 달렸다 해

도 과언이 아니다. 조직체의 전략목적이 아무리 잘 설정되었다 해도 이를 달성하는 데 필요한 적정인력이 구비되지 않으면 아무 의미가 없다. 의욕적인 전략목적은 수립되었지만 이를 달성할 인력이 없어서 어려운 상태에 놓이거나, 마땅한 사람을 찾지 못하여 상당기간 요직을 공석으로 비워 놓거나 비적임자로 채워넣는 조직체를 많이 볼 수 있다. 또는 유능한 사람을 스카우트해 왔으나 조직체 여건이 기대에 맞지 않아서 곧 다른 직장으로 빼앗겨 버리는 등 조직체의 직무와 인력 간의 매칭이 잘 이루어지지 않는 경우도 많이 볼 수 있다.

이와 같이 조직체의 전략계획의 달성은 인적자원계획과 이를 실천하는 인적자원관리에 달렸다. 따라서 인적자원계획은 조직체의 전략계획과 인적자원관리를 연결시키는 중요한 역할을 한다(Butler, 1988; Baird & Meshoulam, 1988; 〈그림 4-6〉 참조). 그리고 인적자원계획의 목적은 어디까지나 조직체의 전략목적의 한 부분인 만큼, 인적자원계획도 전반적인 조직체 전략계획의 한 부분이다. 따라서 인적자원계획은 생산계획, 마케팅계획 등 경영 각 분야의 계획과 함께 전체 조직의 전략계획을 달성하기 위한 부문계획으로서 인적자원부서 수준에서 구체적인 목표와 월별 또는 분기별 실천계획으로 세분화되어 실행된다(〈그림 4-7〉 참조).

| 그림 4-6 | 인적자원관리의 전략적 연계 |

전략계획 ↔ 인적자원계획 ↔ 인적자원관리

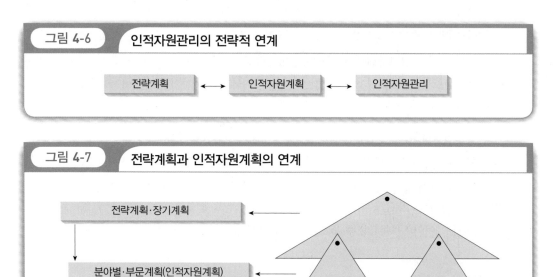

| 그림 4-7 | 전략계획과 인적자원계획의 연계 |

전략계획·장기계획

분야별·부문계획(인적자원계획)

실행계획(목표·기간별)

2. 인적자원계획 과정

인적자원계획은 조직체의 전략목적을 달성하기 위한 경영계획으로서 구체적인 계획 수립에 있어서 다음의 몇 가지 단계를 포함한다(〈그림 4 - 8〉 참조).

(1) 인력수요 예측

인적자원계획의 첫 번째 단계는 분야별 부문계획과 인적자원목적을 중심으로 조직체의 전략목적을 달성하는 데 필요한 인력을 생산, 마케팅, 재무, 회계 등 경영 각 분야별로 나누고, 필요인력의 기술과 능력 등을 분석하여 직급, 기능, 그리고 기술별 인력수요를 구체화하는 것이다. 여기서 인적자원목적은 경영전략·계획과 경제예측, 시장예측, 과학기술추세, 인력시장 등 경영환경요소를 감안할 때 인적자원관리 측면에서 특별히 강조되어야 할 중점경영사항들을 가리킨다. 따라서 인적자원목적에는 인적자원관리 차원에서 중점을 두고 추진해야 할 인력운영목표와 전략 등이 포함된다.

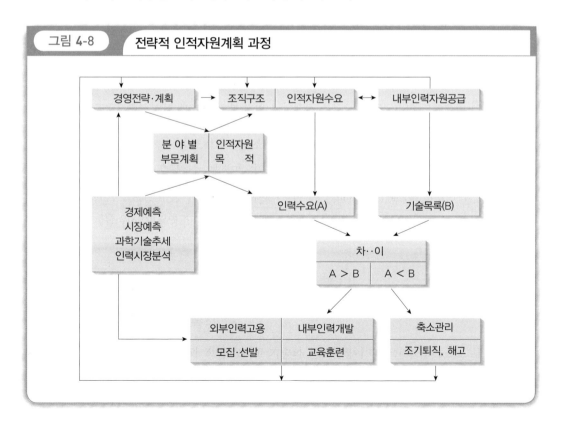

그림 4-8   전략적 인적자원계획 과정

(2) 내부인력공급 예측

인적자원계획의 두 번째 단계는 내부인력의 공급을 예측하는 것이다. 전략계획을 수행하는 데 필요한 인력을 공급해주는 1차 공급원은 조직체 내부인력이다. 내부인력 공급원이 인력수요를 충족하지 못할 때 2차적으로 외부인력 공급원으로부터 인력을 충원한다.

① 마르코프 인력전환확률표

내부인력공급을 예측하는 데 유용하게 사용될 수 있는 방법이 마르코프 행렬표(Markov matrix)이다. 마르코프 행렬표는 인력전환확률표(transition probability matrix)로서 일정기간 동안에 각 직무레벨에 있던 인력이 어떤 비율로 이동했는지를 보여준다(〈표 4 - 1〉 참조).

〈표 4 - 1〉은 2009년도에 직무레벨 1부터 직무레벨 8에 있던 인력이 2011년 기준으로 각각 어떻게 이동했는지를 확률로 보여주고 있다. 예를 들면 2009년도 직무레벨 4에 있던 인력의 5%는 직무레벨 3로 강등되어 내려갔고, 70%는 직무레벨 4에 머물러 있으며, 20%는 직무레벨 5로 승진되어 올라갔고, 나머지 5%는 회사를 떠났다. 내부인력공급 측면에서 보면 직무레벨 5의 경우 2년 정도의 시차를 두고 직무레벨 4에 속한 인력규모의 20%에 해당하는 인력을 내부에서 공급받을 수 있음을 보여준다. 위 마르코프 인력전환확률표는 내부인력공급 예측의 목적에 따라 인력이동 시차를 달리할 수 있으며, 직무레벨 이외의 기준(예, 기술 수준, 직급 등)을 사용하여 분석할 수도 있다. 다만, 이것은 과거의 인력전환 패턴이 미래에도 지속되리라는 것을 전제하고 있기 때문에 미래 내부인력공급을 예측할 때에

■ ■표 4 - 1   **마르코프 인력전환확률표** - 예시

2009	2011								이직	총합
	레벨 1	레벨 2	레벨 3	레벨 4	레벨 5	레벨 6	레벨 7	레벨 8		
레벨 1	1.0									
레벨 2	.15	.80							.05	1.00
레벨 3		.16	.76	.04					.04	1.00
레벨 4			.05	.70	.20				.05	1.00
레벨 5					.85	.05			.10	1.00
레벨 6					.15	.75	.03		.05	1.00
레벨 7						.10	.60	.10	.20	1.00
레벨 8								.60	.40	1.00

이러한 한계를 감안하여 활용할 필요가 있다.

② 기존인력의 기술목록 구축

내부인력공급을 예측하기 위해서는 조직체 내의 모든 인적자원을 분석하여 그들의 기술목록(skill inventory)을 구축할 필요가 있다. 기술목록에는 가능한 한 인적자원계획에 도움이 되는 모든 정보자료를 포함시키는 것이 바람직하다. 일반적으로 기술목록에서 중요한 부분을 차지하는 사항들은 다음과 같다(Schuler, 1998).

① **기본인적사항**: 성명, 연령, 성별, 학력, 입사일자, 현직 등
② **기술 · 경력정보**: 보유기술, 자격증, 특기, 직무경력, 교육훈련이력 등
③ **능력평가자료**: 능력평가 결과, 외국어 능력, 리더십 등
④ **업적평가자료**: 업적평가내역 등
⑤ **기타사항**: 경력목표, 선호지역 등

기술목록의 입력자료 범위가 넓어질수록 정보관리시스템을 활용하는 것이 불가피해진다. 그리고 관리자의 경우에는 경력과 경험, 잠재능력과 업적평가 그리고 관리자로서의 강점과 약점 등 보다 자세히 그리고 정확하게 분석해야 할 사항이 많으므로(〈표 4 - 2〉 참조), 관리자들을 대상으로 별도의 기술목록을 구축하는 조직체도 많이 있다. 기술목록에 입력되는 자료는 주로 설문서와 면접을 통하여 조직구성원으로부터 직접 수집되며, 입력된 자료들은 조직구성원 자신에 의하여 그 정확성을 확인받도록 한다.

이와 같이 구축된 기술목록이 조직체 내부의 인적자원 공급원으로서 인력수요와 매칭이 되려면 또 한 가지의 자료가 추가되어야 한다. 그것은 인적자원 계획기간 동안에 기대되는 기술목록상의 변동사항들이다. 즉, 계획기간 동안에 승진, 전직, 이직 등 인사이동뿐만 아니라 각종 교육훈련 프로그램을 통하여 기술목록상에 변동이 많이 발생한다. 퇴직이나

■ ■표 4-2 **기술목록 인력정보자료**-예시

성 명:		연 령:	입사일자:
현 직:		연 수:	업적평가:
능력평가자료:			
강 점:	약 점:		개선할 점:
1차승진대상직무:	가능년도:		요구되는 교육훈련:
2차승진대상직무:	가능년도:		요구되는 교육훈련:

교육훈련 프로그램은 거의 확실한 변동사항이므로 이들 사항을 추가하는 데에는 별 문제가 없다. 그러나 승진과 전직, 그리고 이직과 해고는 예측하기가 매우 어렵다. 한 가지 방법은 연령과 현직에서의 근속년수 그리고 직무계단(job ladder)을 중심으로 승진과 전직을 어느 정도 예측하여 그것을 기대되는 변동사항으로 추가 입력할 수 있다. 이직과 해고의 경우에도 과거의 경험과 통계자료를 중심으로 이를 예측하여 추가로 입력할 수 있다.

이와 같이 기술목록은 조직체 인적자원의 재고현황을 상세히 기록한 것으로서 조직체의 목적달성에 필요한 인력공급을 예측하는 데 필요한 기본자료이다. 기술목록은 설정된 조직체목적을 달성하는 데 필요한 인력공급을 계획하는 것 이외에 다른 전략적인 결정에도 사용된다. 선진국의 많은 기업들이 기술목록을 신규 사업을 선정하는 데 사용하거나, 기술목록과 회사의 실현가능한 성장 대안들(growth alternatives)을 중·장기별로 매칭시켜 적정 성장률을 검증해보는 정책시뮬레이션에 오랫동안 사용해왔다.

(3) 차이측정과 실행계획의 수립

인적자원계획의 세 번째 단계는 인력수요와 인력공급 간의 차이를 측정하고 그 차이에 대한 대응책을 수립하는 것이다. 조직체의 내부인력공급과 조직체 목적달성에 필요한 인력수요분석 자료를 비교하여 그 차이를 측정하게 된다. 그리고 인력수요와 내부인력공급 간의 차이를 메우기 위한 구체적인 인적자원계획이 수립된다.

인력수요가 내부인력공급을 초과하는 경우에는 인력자원이 부족한 것을 의미하고, 따라서 외부로부터의 추가인력을 확보하기 위한 모집 및 선발계획으로 연결된다. 인력부족이 단기적이거나 또는 얼마 안 되는 경우에는 기존 인력에게 연장 근무를 시키거나 인력의 활용을 효율화하여 인력부족문제를 어느 정도 극복할 수 있다. 특히 연장근무는 경우에 따라 기업체와 근로자에게 상호이득이 되는 효과적인 방법이 될 수 있다(Koretz, 1998). 그리고 임시직원을 단기간 고용하여 단기적인 인력부족문제를 극복할 수 있는데, 이것 역시 고용의 신축성과 비용관점에서 단기적 인력부족문제의 효과적인 해결방법이 될 수 있다(Schiff, 1997).

그러나 인력부족문제가 이러한 단기적인 방법으로 해결되지 않을 때에는 부족인력을 외부에서 채용하거나, 또는 보다 바람직한 방법으로서 부족인력 중에서 비교적 상위층의 기술 또는 관리인력은 기존 인력을 개발하여 보충하고 하위계층의 인력은 외부에서 고용할 수 있다. 또는 부족인력문제를 외주(outsourcing)로 해결할 수도 있다. 특히 외주는 저기술업무에 적용될 때 경영혁신적 의미가 있을 수 있고, 외주를 저임금국가 기업에 줄 때에는 세계경영관점에서도 전략적 의미를 지닐 수 있다(Cothran, 1995).

근래 우리나라 기업에서 인력수요를 비정규직 인력으로 충당하는 경우가 많아져서 노사 간은 물론 정부정책에까지도 큰 이슈로 제기되고 있다. 인적자원계획 관점에서 비정규직 인력은 주로 단기적인 인력수요변동에 대한 대책이고, 따라서 인력부족이 장기적으로 지속되는 경우에는 비정규직 인력의 활용은 정상적인 인적자원계획 관점에서 적절하지 않다. 우리나라 기업에서 비정규직 인력의 장기채용이 계속되고 있는 데에는 불확실한 경제상황과 인건비절약이 큰 원인으로 작용하고 있을 것이다. 그러나 장기적인 인적자원계획 관점에서 볼 때 정규인력을 최소화하고 비정규직 인력을 장기적으로 활용하기보다는 정규인력의 역량개발 및 다기능화를 통하여 환경변화와 인력수요변동에 유연하게 적응해 나가는 것이 보다 더 바람직할 것이다.

내부인력공급이 인력수요를 초과하는 경우에는 조직체에 잉여인력이 존재하고 있다는 것을 의미하고, 따라서 인원감축을 위한 여러 가지 대책이 강구될 수 있다. 조기은퇴, 명예퇴직, 강등·해고, 근무시간의 감소 등 여러 가지의 감축방법들이 바로 그것들이다.

그러나 장기적으로는 여유인력을 활용하여 구성원들의 지속적인 역량개발과 다기능화, 창의적 업무수행을 촉진하는 인력운영 기조전환의 계기로 삼는 것이 경쟁력강화 차원에서 바람직할 수 있다. 인력수요와 내부인력공급이 일치될 때에는 우연의 경우이거나 과거의 인력계획이 적중한 것을 의미한다. 그러나 이러한 경우는 극히 드물며, 대부분의 경우에 인력수요와 내부인력공급 사이에 차이가 나타남으로써 그 차이에 대한 대응계획을 필요로 하게 된다.

제 3 절　인력수요예측방법

인적자원계획은 조직체에서 미래에 요구되는 인력을 확보하는 과정인 만큼, 미래의 인력수요를 얼마나 잘 예측하고 내부인력자원을 얼마나 잘 파악하며 기대되는 변동사항을 얼마나 잘 예측하느냐에 따라서 인적자원계획의 효과가 결정된다. 따라서 인력수요를 정확하게 예측하기 위한 여러 가지 방법과 기법이 개발되고 있다. 특히 정보기술은 인력수요예측

■ ■ 표 4-3 **인력계획기법의 개발과정**

단　계	내　용
1. 비공식토의	경영목적과 인력수요에 대한 비공식적 토의
2. 종합계획	경영계획과 예산편성에 인력계획 반영 수요인력의 능력, 기술 분석 경영승계, 대체관리인력 모색, 실행계획 수립
3. 정보기술활용	인력수요예측과 기술목록에 컴퓨터 활용 경력진로, 경력계획 연구분석
4. 모형활용	인력계획 모형구축, 인력수급 시뮬레이션 최적 인력계획, 인사이동, 기타 인적자원정보 산출

기법을 발전시키는 데 중요한 기술로 활용되고 있다.

인력수요를 정확하게 예측할 수 있는 방법을 개발하는 데에는 오랜 기간이 걸린다. 이 것은 인력수요에 작용하는 변수가 너무나 많고 복잡할 뿐 아니라, 조직체의 전략목적과 계획도 항상 유동적으로 변하기 때문이다. 일반적으로 인력수요예측은 처음에는 일부 상위계층에서의 비공식적인 토의로부터 시작되어 인력계획이 정식으로 조직체의 경영계획과 예산편성과정에 연결·반영된다. 그 다음에는 정보기술의 활용으로 인력예측 및 계획모형들이 개발·적용되어 보다 체계적이고 종합적이며 과학적인 기법이 개발될 수 있다(〈표 4-3〉 참조). 인력계획에 사용되는 인력수요예측방법에는 여러 가지가 있다. 이들 방법은 인력계획 접근에 있어서 주로 하향적 방법(top-down approach)과 상향적 방법(bottom-up approach)으로 분류된다.

1. 하향적 접근방법

하향적 접근은 인력수요를 예측하는 데 있어서 주로 조직체의 상위계층과 인적자원스태프의 주도하에 계량적 기법을 집중적으로 사용하여 인력수급에 대한 실행계획을 수립하는 방법이다. 하향적 접근방법에서 사용되는 주요 방법은 다음과 같다.

(1) 전문가 예측방법

전문가 예측방법(expert estimate technique)은 주로 인적자원스태프나 인력관리 전문가가 자신의 경험과 판단에 의하여 조직체의 인력수요를 예측하는 가장 간단한 방법이다.

따라서 조직체 규모가 비교적 작고 조직체의 전략목적달성에 작용하는 인적자원변수가 간단하고 제한된 경우에 이러한 주관적이고 비공식적인 방법을 사용하여 어느 정도 정확한 인력을 예측할 수 있다.

전문가의 예측을 보다 더 정확하게 하기 위하여 델파이기법(Delphi technique)이 흔히 활용된다. 델파이기법은 1940년대에 랜드회사(Rand Corporation)에서 개발된 자료수집방법으로서 전문가들을 대상으로 주로 설문서와 면접을 통하여 그들의 의견을 종합하는 기법이다. 인력수요예측에 있어서 델파이기법은 인적자원 전문가와 경영관리자를 대상으로 그들의 의견을 종합하는 데 유효하게 활용될 수 있다(Preble, 1985).

(2) 추세분석방법

추세분석방법(trend projection technique)은 주로 인력수요와 밀접한 관계를 가진 변수를 사용하여 그들 간의 과거의 관계를 중심으로 미래의 인력수요를 예측하는 방법이다. 예를 들면, 판매원의 수요는 일반적으로 매출량과 매우 밀접한 관계를 맺고 있다. 따라서 조직체에서 목적하는 판매량을 중심으로 이에 필요한 판매원 수를 예측할 수 있다. 이 방법은 과거의 추세와 변수 간의 상관관계가 앞으로도 계속된다는 것을 기본전제로 하고, 주로 변수 간의 선형(linear)관계를 중심으로 미래의 인력수요를 예측하게 된다. 그러나 과거의 추세가 미래에는 타당하지 않거나 변수 간의 관계가 선형이 아니라 곡선(curvilinear)인 경우에는 이를 수용할 수 있는 계산방법이 매우 복잡해진다.

(3) 모형분석방법

추세분석방법은 주로 인력수요와 한 가지 변수와의 상관관계를 분석한다. 그러나 인력수요는 어느 단일변수로는 정확한 예측이 어렵다. 따라서 판매량뿐만 아니라 경제지수와 소비자 소득액 등 여러 가지의 변수를 인력수요에 연결시키면 보다 정확한 인력수요를 예측할 수 있다. 이러한 복수예측모형(multiple predictive model)은 조직체 전체나 각 부서의 목적달성에 필요한 인력수요를 계산해 줄 뿐 아니라, 전략결정에 있어서 기술목록과 더불어 시뮬레이션을 통하여 가장 적합하고 실현가능한 조직체 목적도 설정해 줄 수 있다. 많은 변수를 사용하고 또 변수 간의 관계가 복잡하므로 인력예측모형을 구축하는 것은 많은 전문가와 비용투입이 필요하다. 따라서 인력예측모형은 주로 대규모 조직체에서 많이 시도되고 있다.

2. 상향적 접근방법

상부 경영층에서 인력전문가와 계량적 기법을 사용하여 인력수요를 예측하는 하향적 접근방법과는 달리, 실무부서를 단위로 각 구성원과 직무를 분석하여 부서의 목적을 달성하기에 필요한 인력수요를 예측하고, 이것을 상부 경영층에서 종합하는 것이 상향적 접근방법이다. 상향적 접근방법은 각 부서가 중심이 되어 구성원 각자를 분석하고 퇴직과 승진, 전직 등 기대되는 변동사항도 감안하여 설정된 목적달성에 필요한 인력수요를 예측함으로써 구성원의 능력과 기술 등 질적 요소가 많이 반영될 수 있는 장점이 있는 반면에, 부서의 부분적이고 단기적인 관점에서 인력수요를 일반적으로 과대예측하기 쉬운 단점도 있다.

실무부서 단위의 인력수요예측에서 가장 긴요하게 활용되는 것이 인력대체도(replacement chart)이다. 대체도는 주로 관리인력과 기술인력을 대상으로 그들의 연령과 성과수준 그리고 승진가능성 등 몇 가지의 중요한 사항을 요약·기재하고 앞으로 기대되는 관리자의 승진경로와 후임자후보들을 기재해 놓은 조직도표이다(〈그림 4-9〉 참조). 따라서 대체도는 각 부서의 중요 인물의 능력과 기대되는 변동사항을 인력수요예측에 반영시키는 데 많은

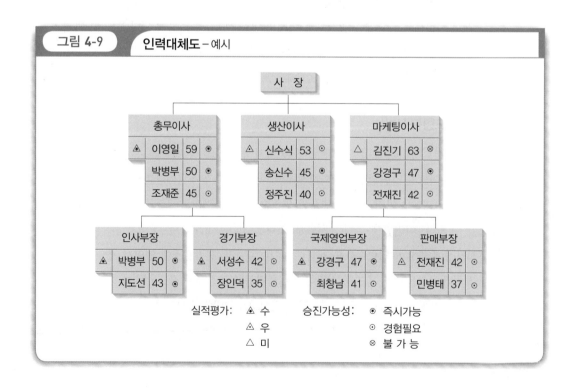

그림 4-9   **인력대체도 – 예시**

도움을 줄 수 있다.

이상 인력수요예측에 사용되는 주요 방법과 기법을 살펴보았다. 이들 방법과 기법은 인력수요예측에 있어서 단독적으로만 사용되는 것이 아니라, 서로 복합적으로 사용되고 있다. 그러므로 추세분석방법과 모형분석방법에도 전문가의 예측이나 델파이기법이 활용될 수 있고, 나아가서는 실무부서 단위의 인력수요예측을 감안하여 수정·조정할 수도 있다. 조직체의 인력예측 상황이 복잡하고 불확실하며 이에 작용하는 변수가 많을수록 보다 정확한 인적자원계획을 위하여 여러 가지의 인력예측기법이 복합적으로 사용된다.

제 4 절　인적자원계획의 문제점

지금까지 우리는 항상 변하는 조직환경 속에서 조직의 전략목적을 달성하기 위한 조직구조설계와 조직체에서 필요로 하는 인적자원계획에 관하여 연구하였다. 근본적으로 인적자원계획은 조직체의 목적달성에 필요한 인적자원을 적시에 공급해 주는 인적자원관리 과정이다. 따라서 조직체의 규모가 크고 조직체환경에 변화가 많으며 제품과 시장 그리고 기술이 다양하고 복잡할수록 인적자원계획의 중요성이 클 뿐 아니라, 인력수요를 예측하고 조직체 내부의 인적자원을 분석하는 데 있어서도 고도의 선진기법을 활용하는 경향이 크게 나타난다.

그러나 조직체의 규모와 기술 그리고 제품과 시장을 막론하고 조직체환경은 일반적으로 점점 다변화·복잡화되어 가고 있고, 따라서 인적자원계획의 중요성은 더욱 강조되고 있다. 특히 근래에 와서 정보기술은 인력수요예측과 내부인력분석에 점점 더 많이 활용됨으로써 인력수요예측모형에 크게 공헌하고 있다. 그러나 이들 모형과 기법을 개발하고 활용하는 데에는 여러 가지의 문제가 있다.

① 인력예측모형의 문제점

가장 중요한 문제점은 인력예측 기법과 모형의 실제 타당도이다. 즉, 추세분석방법이나 모형분석방법이 전문가 예측방법이나 실무부서단위 예측방법에 비하여 인력수요를 실제로 얼마나 더 정확하게 예측하느냐에 대한 문제이다. 추세분석과 모형분석의 타당도는 이에 관련된 비용이 너무 많이 발생하므로 비용-효익 측면에서 문제가 제기되고 있다. 그리고 실제 연구결과에서도 고도의 계량적 예측방법이 전문가 예측방법과 델파이방법보다 덜 정확하다는 것이 드러나고 있다. 따라서 실제로 전문가 예측방법과 실무단위 예측방법이 비교적 많이 사용되고 있는 것이 사실이다.

또 한 가지 문제는 조직체상황에 따라서 이들 인력예측방법이 모두 다른 효과를 나타낼 수 있다. 조직규모가 작고 안정된 환경에서는 간단한 예측방법으로도 충분하고, 조직규모는 크지만 복잡한 환경에 처해 있지 않으면 전문가에 의한 하향적 예측방법도 효과적으로 사용될 수 있다. 그러나 조직규모가 크고 지역적으로 분산되어 있으며 복잡하고 변화도 많은 경우에는 계량적 방법과 모형 그리고 실무단위 예측방법 등 여러 가지가 종합적으로 활용되어야 할 것이다. 이와 같이 인력예측방법은 조직체 상황과 필요성에 따라서 이에 적합한 방법을 선택하여 사용하는 것이 바람직하다.

② 기술목록의 문제점

기술목록을 개발하고 이것을 효율적으로 활용하는 데에도 몇 가지의 중요한 문제들이 제기된다.

(1) 정보자료의 내용과 범위

기술목록의 첫 번째 문제는 기술목록에 입력시킬 정보자료의 범위에 관한 것이다. 구성원들에 관한 정보자료를 가능한 한 많이 기술목록에 입력시키는 것이 좋을 것같이 생각될지도 모른다. 그러나 이것은 정보기술의 효율적 활용에 바람직하지 못하다. 더 중요한 것은 승진, 전직, 교육훈련 등 인적자원관리 결정에 필요한 정보가 의사결정에 활용될 수 있는 정보자료의 형태로 입력되어야 한다. 이 문제는 특히 구성원의 기술과 경험 그리고 능력과 자질을 분류하는 데 있어서 매우 중요하다. 따라서 이들 사항을 분류하고 세분하는 기본적인 체계와 기준이 확립되어야 한다.

기술 및 능력의 분류체계와 기준이 관리자의 의사결정기준과 일관성이 있는 경우에는 기술목록에서 제공되는 정보자료가 인력계획과 기타 인적자원관리 의사결정에 유익하게 사용될 수 있다. 그러나 그렇지 않은 경우에는 인력계획과 인적사원관리 의사결정에 도움을 줄 수 없다. 기술목록은 이력서 자료와는 다르고, 따라서 주로 이력서 자료로 입력된 인사정보자료는 효율적인 인적자원계획과 의사결정에 도움이 되지 않는다. 이력자료는 주로 교육배경과 직장경험을 포함하므로 인적자원관리 의사결정이 능력(창의성, 결단력, 설득력, 기획성, 분석력, 판단력, 행동의 융통성, 불확실성 수용력 등)을 기준으로 하는 경우 아무런 도움이 될 수 없다. 따라서 조직체가 필요로 하는 기술과 능력을 중심으로 그리고 인적자원관리 의사결정기준과 일관성 있는 기술목록체계에 맞추어 정보자료가 입력되어야 할 것이다.

(2) 유지 · 관리문제

둘째, 기술목록을 유지하고 관리하는 데에도 문제가 있다. 이론적으로 인적자원기록은 조직구성원의 모든 사항을 입력하고 있어야 한다. 그러나 구성원의 변동사항을 즉시로 입력시켜 항상 정확하고 완전한 기술목록을 유지하기가 매우 어렵다. 변동사항의 입력기간은 조직체마다 다르지만 기술목록을 많이 활용하는 조직체에서는 가능한 한 변동사항을 매월 입력하는 것이 바람직하다.

(3) 의사결정자의 문제

기술목록을 활용하는 데 있어서 의사결정자의 행동에도 문제가 있다. 기술목록에서 제공되는 정보자료는 조직구성원의 직무에 따라서 그 타당도가 모두 다르다. 예를 들면, 적임자 선정에 있어서 전문기술자에 관한 정보자료는 그 정확성과 객관성 그리고 타당도가 비교적 높으므로 구성원의 자격을 평가하는 데 유효하게 사용될 수 있다. 그러나 일반관리자의 경우에는 그의 능력과 경험 및 자질 등에 관한 정확하고 객관적인 자격평가가 기술목록으로부터의 정보 자체만으로는 불충분하다. 따라서 기술목록 정보자료와 더불어 의사결정자의 적절한 주관적 판단이 요구된다.

그러나 의사결정자가 이와 같이 상황에 따라 기술목록으로부터의 정보자료를 잘 이해하고 신축적인 해석과 적절한 판단력을 적용하여 효과적 의사결정을 할 것으로 기대하기는 매우 어렵다. 따라서 기술목록 정보자료를 그대로 사용한다거나 또는 이와 반대로 이를 전적으로 무시하고 자기 자신의 판단에만 의존하는 극단적인 행동을 많이 볼 수 있다. 그뿐 아니라, 특별한 목적도 없이 기술목록자료를 요구하고 이를 남용하는 의사결정자도 있다. 따라서 기술목록의 효과를 높이기 위하여 기술목록 정보자료의 보안을 기하는 것은 물론, 기술목록 정보자료의 타당도에 따라 적절한 주관적 판단을 부과하는 관리자의 의사결정행동을 조성하는 것이 중요하다.

③. 인적자원스태프의 역할

전략적 인적자원계획을 성공적으로 실천하려면 조직체의 전략계획과 분야별 부문계획과의 연계는 물론 모집과 선발, 승진, 교육훈련과 인력개발, 인력조정, 조직구조설계 등 여러 인적자원관리 기능 간의 밀접한 관계를 유지해야 한다. 따라서 인적자원스태프의 전략적 동반자 역할과 행정전문가 역할이 성공적인 전략적 인적자원계획에 매우 중요한 역할을 한다. 인적자원스태프의 변화담당자 역할과 구성원 옹호자 역할도 실무관리자들의 인적자원계획에 대한 이해도를 높이고 그들의 협조를 유도하는 데 매우 중요한 요인으로 작용한다. 전략적 인적자원계획을 성공적으로 수행하는 데 요구되는 인적자원스태프의 주요 역할을 정리해 본다.

(1) 인적자원계획에 대한 이해증진과 참여유도

인적자원계획의 가장 큰 문제는 특히 우리나라의 많은 조직체에서 인적자원계획에 관한 기본적인 인식이 부족한 것이다. 특히 관리자들이 인적자원계획에 대하여 전혀 모르거나 최고경영층의 관심이 부족한 것이 일반적이고, 인력계획차원의 노력을 한다 하더라도 그 체계와 절차가 명백하지 않고 전반적인 전략계획과의 연계성이 결여되어 전략적 인적자원계획이 실천되지 못하고 있다. 따라서 인적자원스태프는 최고경영층에게 인적자원계획의 중요성을 인식시키고, 인적자원계획 시스템과 과정 그리고 구체적인 절차를 설계하여 최고경영층으로부터는 이에 대한 지지를 그리고 일선관리자들로부터는 적극적인 참여와 협조를 얻어내야 한다.

(2) 연결 및 지원역할

분야별 부문계획과 소요인력의 예측 및 계획은 일선관리자의 적극적인 참여 없이는 이루어질 수 없다. 그리고 실무현장에서의 인력배치와 개발은 일선관리자의 협조 없이는 불가능하다. 따라서 일선관리자가 인력계획과 개발에 주도적 역할을 하고, 그 과정에서 인적자원스태프는 그들의 역할을 연결하고 통합하며 그들을 지원한다. 그리하여 필요인력의 확보와 조달이 실제로 실무성과에 기여하는 정도에 비례하여 인적자원계획에 대한 일선관리자들의 관심과 노력은 더욱 커지고 인적자원계획도 더욱 활성화되어 나간다.

(3) 계량적 분석결과의 조정

앞에서 설명한 바와 같이 인력예측모형과 기술목록은 정보자료상 그리고 의사결정상에 여러 가지 문제가 있고, 따라서 인적자원스태프는 이들 기법의 타당도를 높이기 위하여 적절한 조정역할을 수행할 수 있다. 인력수요 예측모형과 기술목록을 사용하는 경우, 모형의 수요예측결과와 기술목록의 인력자원 분석결과의 정확성 및 타당도는 과대평가되는 경향이 있는 반면에, 일선관리자의 질적 의견은 과소평가되는 경향이 있다. 이러한 현상은 인력계획의 효과를 감소시킬 뿐만 아니라, 인력계획과정에서 일선관리자를 소외시키는 결과도 가져올 수 있다. 따라서 계량적 기법의 합리성과 일선관리자의 질적 평가가 상호 보완됨으로써 인력계획의 효과가 최대화될 수 있고, 여기에 인적자원스태프가 적절한 조정역할을 할 수 있다.

(4) 인력계획의 중점관리

인적자원계획을 활성화시키는 데 있어서 인적자원스태프는 최고경영층의 지지를 받아 부하능력개발을 일선관리자의 실적평가에 반영시켜 이를 관리할 수 있다. 여기에는 중점인력계획(commitment manpower planning)과 승진자격자비율을 조직활성화지수(organizational vitality index)에 포함시키는 방법이 있다. 중점인력계획은 일선관리자들로 하여금 연별 또는 분기별로 부하들의 능력을 분석하여 그들의 승진가능성을 평가하고 인력수요를 분석하도록 하고, 승진자격자비율은 일선관리자들로 하여금 승진자격자를 많이 배출하도록 유도하는 것으로서 일선관리자들이 인력개발과 인적자원계획에 기여하도록 하려는 취지이다(Chicci, 1979; Russ, 1982).

장을 **맺으며**

조직체성과는 전략목적달성에 적합한 조직구조의 설계와 이에 알맞은 인적자원의 확보에 달렸다는 전제하에 이 장은 조직구조의 설계와 설계의 주요 영향요소를 중심으로 현대조직의 경쟁력강화에 기여하는 조직구조설계방향을 연구하였다. 그리고 인적자원계획은 경영전략과 인적자원관리를 연결하는 기능으로 보고 기술목록과 인력예측기법을 중심으로 전략적 인적자원계획과정을 설명하였다.

규모성장에 따른 조직구조설계의 단계적 변화패턴과 조직구조에 영향을 주는 경영요소 그리고 현대조직의 경쟁력에 기여하는 조직구조형태를 이해하는 것은 전략목적달성에 적합한 조직구조를 설계하는 데 많은 도움을 준다. 전략적 인적자원계획은 성공적인 전략경영에 필요한 인력자원을 적시에 확보·조달하기 위한 인적자원관리 과정으로서, 모집과 선발, 인력개발, 인력조정 등 다양한 인적자원관리 기능을 포함한다. 급변하는 내외 조직환경에서 경영전략과의 연계는 물론 이들 인적자원관리 기능간의 연결관계는 전략적 인적자원계획을 성공적으로 수행하는 데 매우 중요한 요인으로 작용한다. 그리고 인적자원계획은 인력수요예측과 인력개발 등 일선관리자들의 적극적인 참여 없이는 이루어질 수 없다. 따라서 특히 인적자원스태프의 전략적 동반자 역할과 행정전문가의 역할이 전략적 인적자원계획의 중요한 성공요인이라 할 수 있다. 우리는 이제 제 5 장에서 직무분석과 직무설계를 그리고 제 6 장에서 모집과 선발을 각각 연구한다.

유한킴벌리의 조직구조 개편

유한킴벌리는 1995년 문국현 사장의 취임과 더불어 기업전체 차원에서 혁신을 본격적으로 시도하였다. 좋은 품질의 생활용품을 저가에 생산함으로써 경쟁력을 확보한다는 경쟁전략을 수립하고, 이를 효과적으로 달성하기 위해 조직구조를 대대적으로 개편함은 물론 조직구성원들의 능력과 창의성을 최대한 발휘할 수 있도록 인적자원관리시스템을 대폭 정비하여 실행하고 있다. 그 결과 이 회사는 킴벌리 클락(Kimberly Clark Corporation)의 전 세계 공장 중에서 가장 높은 생산성을 기록하고 있다.

유한킴벌리가 추진한 조직구조 개편의 구체적 내용은 〈표 4-4]에 나타나 있다. 새롭게 도입된 유한킴벌리 조직구조의 첫 번째 특징은 사업본부제이다. 종전의 수직적, 계층적 조직구조에서는 기업본부가 모든 사업을 계획하고 통제하였으나, 현행 사업본부제하에서는 가정용품, 유아위생용품, 여성성인용품 등 각 제품 라인별로 사업부를 구성하여 자율적인 경영활동을 수행함과 동시에 그 운영상의 책임도 지고 있다.

▪▪표 4-4 **유한킴벌리의 조직구조 개편 내용**

	종 전	새 모 델
전체 조직	• 수직적 계층조직 • 관료주의적 계획과 통제 • 경직된 규정, 관행, 절차 • 수직적 명령과 지시	• 수평적 · 슬림화된 조직 • 권한위임, 임파워먼트, 자율 • 공동의 목표와 가치관 • 수직적, 횡적 의사소통 • 매트릭스 조직구조
생산 조직	• 3조 3교대 • 교육/자기계발 시간 없음 • 수직적 조직과 감시 • 사후적 품질검사	• 4조 2교대 • 평생학습조직 구축 • 자율관리팀 • 팀의 역할과 책임범위의 명확화 　– 현장에서의 사전품질검사

▪▪표 4-5 **유한킴벌리의 매트릭스 조직구조**

기능축 ＼ 사업축	유아/위생용품 사업부	여성/성인용품 사업부	가정용품/Wet Wipes 사업부
제품개발	유아/위생용품 개발	여성/성인용품 개발	가정용품/Wet Wipes 개발
마 케 팅	유아/위생용품 마케팅	여성/성인용품 마케팅	가정용품/Wet Wipes 마케팅
재 　 무	유아/위생용품 재무	여성/성인용품 재무	가정용품/Wet Wipes 재무
생 　 산	대전공장	안양공장	김천공장

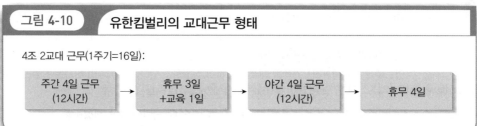

그림 4-10 유한킴벌리의 교대근무 형태

4조 2교대 근무(1주기=16일):

| 주간 4일 근무 (12시간) | → | 휴무 3일 +교육 1일 | → | 야간 4일 근무 (12시간) | → | 휴무 4일 |

두 번째 특징은 수평적이고 슬림화되어 있는 조직구조이다. 이는 위계를 최소화하고 꼭 필요한 단위부서들로 조직을 구성함으로써 종전의 보고체계를 간결화함과 동시에 조직하부 구성원들의 의견개진을 활성화하였다. 그리고, 세 번째 특징은 매트릭스 조직구조이다. 〈표 4-5〉에서 보듯이 유한킴벌리의 매트릭스 조직구조는 제품 또는 프로젝트를 한 축으로 만들고, 여기에 조직활동을 기능별로 그룹화하여 다른 한 축으로 만들어 종과 횡으로 결합한 형태이다. 즉, 유아/위생용품, 여성/성인용품, 가정/Wet Wipes용품 등이 제품사업부 축과 제품개발, 마케팅, 재무, 생산 등 기능단위의 축을 결합하여 구성한 것이다.

유한킴벌리는 전체적인 조직구조뿐만 아니라, 생산현장조직도 개편하였다. 유한킴벌리가 도입한 새로운 생산조직은 4조 2교대제를 바탕으로 하고 있다. 유한킴벌리는 1993년 대전 공장에서 4조 3교대제를 시범적으로 도입한 이래 1998년 4월에는 김천공장에 4조 2교대제를 도입하였고, 그 해 12월부터는 군포공장에 4조 2교대제를 도입하였다. 현재는 4조 2교대제로 통합되었는데, 4조 2교대제는 2개조가 12시간씩 하루 24시간을 근무하는 동안 나머지 2개조는 휴무 또는 교육을 받는 형태이다. 4조 2교대제하에서 일하는 사람들의 작업스케줄은 〈그림 4-10〉에 나타나 있다. 종전 3조 3교대제하에서는 조직 구성원들이 여가시간은 물론 교육과 자기개발에 투자할 여유시간을 갖지 못하였다. 그러나 4조 2교대제를 도입한 이후 근로자들은 여가시간뿐만 아니라 교육과 학습을 위한 여유시간을 갖게 됨으로써 4조 2교대제는 평생학습조직 구축의 기반이 되었다.

또한 유한킴벌리는 생산조직의 수직적 관리방식을 자율관리방식으로 바꾸었다. 각 생산라인의 교대조 단위에게 역할과 책임의 범위를 명확히 규정해 주고 사안에 따라 스스로 결정하고 관리할 수 있는 자율관리팀(self-managing team)의 성격을 부여하였다. 의사결정은 합의(consensus) 정신을 존중하도록 하되 필요에 따라서는 합의에 의하지 않고 팀원들의 의견수렴 후 팀장이 결정하도록 하였다. 팀별 의사결정은 ① 회사와 사업에 유익한 결정인가? ② 사원 개인에게도 유익한 결정인가? ③ 고객에게 가치(품질, 서비스 등)를 증가시키는 결정인가? ④ 회사의 기업이념과 경영방침에 일치하는 결정인가? ⑤ 법적, 사회적, 환경적, 윤리적으로 타당하고 건전한 결정인가? 등 다섯 가지 기준에 따라 자율적으로 행하도록 하되, 위 기준에 부합하지 않는 내용은 채택할 수 없도록 했다.

토의질문

1. 매트릭스 조직구조의 장·단점을 분석하고, 매트릭스 조직구조가 제대로 기능하기 위한 선행조건에 대하여 논의하시오.

2. 유한킴벌리의 생산현장조직에서 도입·시행되고 있는 4조 교대제를 비용과 효익 차원에서 분석·평가하고 효과적 실행방안에 대하여 논의하시오.

3. 자율관리팀이 성공적으로 기능하기 위한 조건이 무엇인지를 논의하시오.

직무분석과
직무설계

CHAPTER 05

직무분석과 직무설계

이 장은 인적자원관리의 기본토대라 할 수 있는 직무분석과 직무설계에 관하여 연구한다. 제1절에서는 직무분석의 목적과 직무분석방법 그리고 직무분석의 전략적 접근과 문제점에 관하여 연구하고, 제2절에서는 개인-조직 간 통합관점에서 직무설계의 전략적 중요성을 설명한다. 그리고 제3절에서는 직무설계방법들을 중심으로 현대조직에서의 전략적 직무설계방향을 살펴본다.

제 1 절 직무분석과 인적자원관리

우리나라에서는 공공조직과 금융기관을 제외하고는 직무분석이 제대로 이루어지지 않았다. 저임금 노동력이 풍부한 조건에서 인력투입을 늘려 생산량을 높이려는 성장위주의 경영을 추구해왔기 때문에 체계적인 인력운용과 그것의 기초가 되는 직무분석을 등한시해 온 것이 사실이다. 또한 우리나라 기업들은 전통적으로 서구기업과 달리 직무를 기본축으로 한 인적자원관리 시스템(job-based HRM system)를 운용해오지 않았기 때문에 직무분석을 체계적으로 활용하지 않았던 측면도 있다. 예컨대, 서구기업은 직무에 공석이 생기면 직무단위로 직원을 채용하는 데 반해 우리나라 기업은 기업단위로 직원을 채용해왔고, 서구기업은 직무별로 기본급을 설정하고 특정 직무를 맡은 사람에게 그 직무에 설정된 기본급을 지급하지만, 우리나라 기업은 개개인의 경력이 반영된 호봉에 따라 기본급을 지급하였다. 인적자원관리 체계가 서구기업과는 근본적으로 달랐던 것이다. 그러나 1990년대 후반부터 우리나라 기업들도 효율적 인력운영방안을 모색하는 차원에서 직무분석의 필요성을 인식하기 시작하였고, 일부 기업들을 중심으로 직무기반 인적자원관리 시스템(job-based

HRM system)을 도입하기 시작하였다.

직무분석은 인적자원관리의 가장 기본적인 기능 중 하나이다. 특별히 전통적으로 직무기반 인적자원관리 시스템을 운영해온 서구기업들에서는 더더욱 그렇다. 조직이 필요로 하는 인적자원은 무엇보다도 직무분석에서 확정된 작업내용과 자격요건에 기초하여 채용되고, 구성원의 임금설정과 그의 직무수행에 대한 평가도 직무분석을 통해 확정된 작업내용과 표준성과 등을 기준으로 이루어지며, 구성원의 역량계발 또한 직무내용과 직무수행에 필요한 역량이 중요한 준거가 된다. 이와 같이 직무분석은 모집과 선발, 임금설정, 직무수행평가, 교육훈련, 인력계획 등 여러 인적자원관리 기능이 필요로 하는 기본 자료를 제공한다. 따라서 직무분석 자료가 없이는 이들 인적자원관리 기능이 제대로 작동할 수 없다. 직무분석의 목적과 절차, 방법, 그리고 전략적 관점과 문제점을 차례로 살펴본다.

① 직무분석의 목적과 절차

조직구성원들은 모두 조직의 목적달성을 위하여 일하고 있다. 구조적인 관점에서 보면 조직의 목적을 효율적으로 달성하기 위해 필요한 모든 활동과 역할이 직무로 분화되고 그 직무들이 서로 연결되어 직무체계를 형성한다. 직무분석(job analysis)이란 조직 내에 존재하는 다양한 직무들을 대상으로 그 안에서 수행되는 작업내용과 직무수행자가 그 직무를 수행하기 위해 갖춰야 할 자격요건 등에 관한 정보자료를 수집·분석·정리하는 과정을 일컫는다(Noe et. al., 2010).

■■■표 5-1 **직무관련 용어의 개념**

① 작업(Task): 동작요소들로 구성된 일의 작은 단위(예: 문서 수발, 문서 분류, 문서 보관).
② 직위(Position): 한 작업자가 수행하는 작업의 집합(예: 기획실 문서담당, 비서실 문서담당, 정책실 문서담당 등).
③ 직무(Job): 작업내용이 비슷한 직위들을 묶어 부르는 포괄적 개념으로서, 직무분석 시 분석단위가 됨(예: 문서담당, 연락담당 등).
④ 직무군(Job family): 조직 내 유사한 직무들의 집합(예: 비서직).
⑤ 직종(Occupation): 모든 조직에 걸쳐서 공통적으로 적용되는 직무군의 포괄적 분류(예: 프로그래머, 교원, 변호사 등).
⑥ 직종군(Occupational group): 사무직, 기술직, 관리직 등 유사한 여러 직종을 묶어 부르는 개념

(1) 직무분석의 목적

직무분석의 중요한 목적은 다양한 인적자원관리 기능을 효과적으로 수행하기 위한 기초자료를 제공하는데 있다. 이미 앞에서 언급한 바와 같이 서구기업들은 전통적으로 직무기반 인적자원관리 시스템을 운영해왔다. 사람을 채용할 때도 공석이 생긴 직무 단위로 채용하고, 기본급여를 책정할 때도 개별 직무의 가치를 평가하여 책정하며, 조직구성원의 직무수행성과를 평가할 때도 해당 직무의 작업기준에 비춰 평가함은 물론 교육훈련을 실시할 때도 직무수행을 위해 필요로 하는 역량을 중심으로 실시한다. 따라서 직무분석을 통해 조직 내 직무별 작업내용과 필요역량 등에 관한 기초자료를 확보하지 않으면 인적자원관리 기능에 상당한 차질을 빚게 된다. 〈그림 5 – 1〉는 직무분석 자료가 다양한 인적자원관리 기능에 도움이 되는 구체적인 사항을 요약한다(Schuler, 1998; Plachy, 1987).

① 직무담당자와 관리자가 그 직무의 내용과 요구사항을 이해하는 데 도움을 준다.
② 채용과정에서 자격요건을 명시하고, 취업희망자에게 직무에 관한 정보를 제공한다.
③ 상하 연결관계, 보고체계, 책임소재 등 조직관계를 명시한다.
④ 직무수행에 필요한 지식, 기술, 역량에 관한 정보를 제공하여 교육훈련에 기여한다.
⑤ 직무별 인력수요에 관한 정보를 제공함으로써 인적자원계획에 도움을 준다.
⑥ 직무설계와 작업관리의 개선에 도움을 준다.
⑦ 직무가치 평가를 위한 자료를 제공하여 임금구조의 균형을 달성하도록 한다.
⑧ 경력경로와 진로의 설정 등 경력계획의 기초자료를 제공한다.

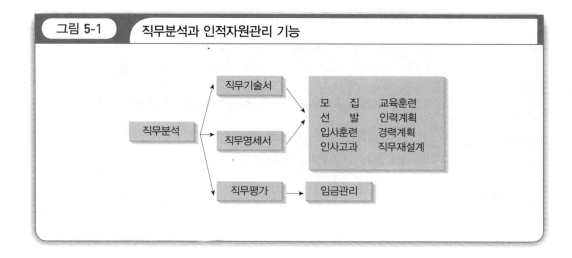

그림 5-1   직무분석과 인적자원관리 기능

(2) 직무분석 절차

직무분석에서 수집·분석되는 자료는 직무분석의 구체적인 목적과 조직의 상황에 따라서 다르다. 따라서 직무분석 절차도 직무분석 목적에 따라 다를 수 있지만, 직무분석은 대체로 다음과 같은 절차에 따라 수행된다(Anthony et al., 1999).

① **직무분석 목적설정**: 직무분석의 목적은 앞에서 확인한 바와 같이 다양한 인적자원관리 기능들과 관련되어 있다. 그 외에 경영혁신 차원에서 추진하는 조직구조변화 등이 흔히 추가적 직무분석을 필요하게 만든다.

② **분석대상 직무선정**: 직무분석 목적에 비춰 분석에 포함할 직무를 선정한다.

③ **조직구성원과의 커뮤니케이션**: 직무분석의 필요성과 목적을 설명하고 구성원의 참여와 협조를 요청한다.

④ **직무분석 자료수집**: 직무관련 자료의 수집방법을 선정하고 자료를 수집한다. 직무관련 자료의 정확성과 타당도를 높이기 위하여 한 가지의 정보수집방법에 의존하지 않고 몇 가지의 방법을 사용하는 것이 바람직하다.

⑤ **직무분석 자료정리**: 수집된 자료를 통일된 양식에 의하여 정리하고, 자료가 불충분한 경우에는 추가적인 자료를 수집·보완한다. 이어 직무기술서와 직무명세서를 작성한다.

⑥ **직무분석 자료의 계속적인 보완**: 직무의 내용이 지속적으로 변화하기 때문에 직무분석 자료를 계속적으로 업데이트할 필요가 있다.

② 직무관련 자료의 내용과 자료수집

(1) 분석대상 직무관련 자료

직무분석에서 수집 대상이 되는 기본 자료에는 개별 직무에서 수행되는 작업 및 책임사항 등에 관한 자료와 직무수행성과 기준, 근무조건, 해당 직무와 연계된 보고체계를 포함한 조직관계, 특별작업조건, 직무수행에 필요한 지식, 기술, 능력 등에 관한 직무수행요건 등이 포함된다(〈표 5-2〉 참조). 직무분석을 통해 정리된 자료는 작업과 책임사항, 근무조건, 보고체계 등을 중심내용으로 한 직무기술서(job description)와 직무수행에 필요한 지식, 기술, 능력 등을 중심내용으로 한 직무명세서(job specification)를 작성하는 데 사용되

■ ■표 5-2 **직무분석 자료**-예시

직무명:	작성일자:
직무담당자:	소 재 지:
소속부문:	승 인:
소속부서:	직무담당자:
차상위 직위:	차상위자:

1. 직무개요와 내용: 목적, 주요 기능 및 작업, 업무수행절차, 책임 등
2. 직무수행성과: 직무수행 성과기준, 표준성과, 표준 업무수행시간 등
3. 직무수행조건: 작업환경, 권한, 급여, 성과급, 예산 등
4. 조직관계: 상사, 부하, 협의대상자 등
5. 특별작업조건: 기계, 안전요건, 특별기기 등
6. 직무수행요건: 능력, 자격, 경험, 기타 요건
7. 기타 사항

고, 개별 직무의 상대적 가치를 평가하기 위한 직무평가(job evaluation)의 기본 자료로도 사용된다.

(2) 직무정보의 출처

직무분석으로부터 얻은 자료의 질은 자료제공자의 적격성에 의하여 크게 영향을 받는다. 따라서 직무관련 자료를 제공하는 사람은 분석대상 직무에 대하여 잘 알 뿐 아니라, 정확한 자료를 제공할 의지를 가지고 있는 사람 중에서 선정할 필요가 있다. 첫 번째 자격요건 측면에서 적격자는 분석대상 직무를 이해하기에 충분한 기간 동안 일해 온 작업자와 그들을 지도·감독하는 직속상사 등이 될 것이며, 그 직무와 직접 연계되어 있는 내·외부 고객 또한 보조적 자료제공자가 될 수 있다.

한편, 두 번째 자격요건 측면에서 보면 직무분석의 목적이 현재 해당 직무를 수행하는 작업자의 이해관계에 상당한 영향을 미칠 것으로 판단될 경우 작업자가 제공하는 직무관련 자료가 왜곡될 여지가 있다. 예를 들면, 특정 직무의 기본급을 결정하기 위한 기초자료를 확보할 목적으로 직무분석을 실시할 경우 그 목적을 인지한 작업자는 자신이 수행하고 있는 직무의 가치와 직무수행에 필요한 기술습득의 난이도 등을 부풀리려는 동기가 작용할 수 있다. 따라서 현재 해당 직무를 수행하는 작업자로부터 확보한 직무관련 자료는 직속상사의 검토와 보완을 통하여 확정하는 것이 바람직하다(Noe, et al., 2010). 그뿐 아니라,

작업자는 자신이 '현재 수행하고 있는' 작업들에 관한 자료를 제공하는 경향이 강한 반면, 상사는 '마땅히 수행되어야 할' 작업들에 관한 자료를 제공하는 경향이 있다는 점을 감안할 때 작업자와 상사로부터 확보한 직무관련 자료는 상호 보완성을 가지고 있다고 볼 수 있다.

③ 직무분석의 주요 용도

수집된 자료는 분석·정리되어 직무기술서와 직무명세서로 작성된다. 그 과정에서 직무분석가는 작업자와 상사의 협조를 받으며, 이와 같이 작성된 직무기술서와 직무명세서는 최종적으로 그들의 동의를 거쳐 공식문서로 채택된다.

(1) 직무기술서

직무기술서(job description)는 직무의 목적과 주요 작업내용, 책임과 조직관계, 표준성과(standard performance) 등을 명시한 공식문서이며, 경우에 따라서는 구체적인 직무수행방법과 절차도 명시한다. 이 자료는 구성원의 교육훈련, 직무수행평가 등의 기초자료로 사용되며, 조직구조에 관한 분석과 설계 그리고 경영관리자의 승계계획 등을 수립하는 데도 활용된다(〈표 5 – 3〉 참조).

■ ■ 표 5 - 3 **직무기술서** - 예시

직 무 명: 일반회계과장   작 성 일 자:
소 속 부 문: 재무   소 재 지:
소 속 부 서: 경리부   승   인:
직무담당자: 직무담당자:
차상위직위: 경리부장   차상위자:

직 무 개 요:
　판매수입을 제외한 모든 회계처리가 적정하게 이루어지는지를 감독하고, 일반적으로 인정되는 기업회계기준
에 의거하여 회계절차 및 기준을 점검하며, 결산작업과 결산결과분석을 감독한다.
직 무 크 기:
　감독인원: 선임회계직원 3명, 경리직원 7명, 서무직원 2명, 타자원 1명.
　연간급여:
　운영예산:
직 무 내 용:
　1. 경리부는 일반회계과, 판매회계과, 관리회계과로 구성되며, 일반회계과장은 경리부장에게 보고하고 3명의
　　 선임회계직원으로부터 보고를 받는다.
　2. 월차/연차결산 계획을 검토한다.
　3. 모든 일반회계사항의 입력 및 기록의 적정성·정확성을 점검한다.
　4. 지급증빙서를 승인한다.
　5. 제반 회계보고서 및 부속명세서를 건토·승인히며, 특벌한 사항에 내하여 경리부장에게 보고한다.
　6. 급여회계 및 투자회계 업무를 검토·확인한다.
　7. 관계 당국에 필요한 회계자료를 제공한다.
　8. 결산작업 및 결산결과분석을 지휘·감독한다.
직 무 책 임:
　1. 회계처리가 적정하게 이루어졌는지를 검토한다.
　2. 사업소의 회계처리 오류를 정정한다.
　3. 인명계장 현황을 점검·통보한다.
　4. 수취계정을 점검하고 정산에 필요한 조치를 취한다.
　5. 회계보고서의 정확성을 점검·검토한다.
　6. 기타 지시된 업무를 수행한다.
조   직:

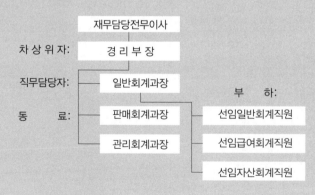

(2) 직무명세서

직무명세서(job specification)는 직무를 만족스럽게 수행하는데 필요한 지식, 기술, 능력 등 필요역량 혹은 자격요건을 명시한 공식문서로서 주로 모집, 선발, 훈련, 경력계획과 경력상담 등에 사용된다(〈표 5-4〉 참조).

■ ■표 5-4 **직문명세서**-예시

직 무 명: 일반회계과장	작 성 일 자:
직무담당자: 재무	소 재 지:
소 속 부 문: 경리부	승 인:
소 속 부 서:	직무담당자:
차상위직위: 경리부장	차 상 위 자:

직무수행요건
1. 회사의 회계제도와 일반적인 기업회계기준을 이해하고, 회사의 회계절차 및 기준 등을 개선·보완할 수 있는 세부적인 지식과 실무 경험을 필요로 한다.
2. 일반회계는 물론 세무회계, 관리회계 등 관련 회계영역에 대한 세부적인 지식과 아울러 회계관리와 직·간접적으로 관련되는 모든 경영활동 및 단기 경영목표 등에 대하여도 포괄적인 지식을 갖추어야 한다.
3. 각 사업별 거래회계 및 결산회계업무, 고정자산, 자재거래회계업무 및 인건비 회계업무 등을 담당자별로 적정하게 배정하고, 효율적인 업무수행이 이루어질 수 있도록 적절히 지원·점검하여야 한다.
4. 회계처리에 있어서 원인행위 부서와의 상충되는 의견을 회계원칙 및 전사관점에서 조정·설득할 수 있는 자질과 능력을 갖추어야 한다.
5. 업무수행상 발생되는 제반 경영문제를 전사 관점에서 해결하려는 적극적인 자세와 치밀한 일처리를 할 수 있는 자질과 능력을 갖추어야 한다.
6. 일반회계과장으로 보임되기 위하여는 다음의 일반적인 자격요건을 갖추어야 한다.

연 령	학 력	전 공	경 력	자격/면허
30세 이상	대 졸	상경계	경리부 근무경력 최소 3년 이상	-

(3) 직무평가

직무의 가치를 평가하여 공정한 임금을 결정하는 직무평가(job evaluation)도 직무분석 자료가 사용되는 중요 분야이다. 직무의 가치를 측정하는 중요 요소는 지식, 경험, 노력(정신적·육체적), 책임, 직무조건 등을 포함한다. 직무평가에 관해서는 제9장 임금관리에서 자세히 설명한다.

④. 직무정보 수집방법

직무기술서와 직무명세서에 담길 직무관련 자료는 여러 가지 방법에 의하여 수집된다. 가장 많이 사용되는 몇 가지 방법들을 요약한다.

(1) 사전정보

직무분석은 통상 기존에 여러 곳에 산재해 있는 분석대상 직무관련 자료를 수집하는 것으로부터 시작된다. 이전의 직무기술서에 담긴 자료나 다른 조직의 직무분석 자료 등을 참고하여 분석대상 직무에 대한 기초자료를 확보할 수 있으며, 한국고용정보원이 발간한 『한국직업사전』(웹사이트: know.work.go.kr)이나 미국 노동부(U.S. Department of Labor)가 제공하고 있는 직종정보망(O*NET: Occupational Information Network)의 자료를 활용하여 분석대

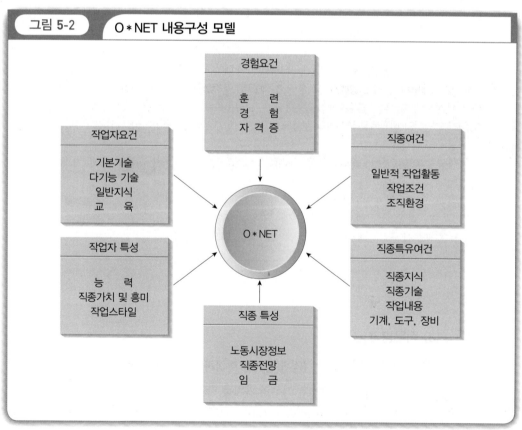

그림 5-2   O*NET 내용구성 모델

자료: Mumford & Peterson(1999).

상 직무에 관한 기초자료를 확보할 수도 있다. 『한국직업사전』은 핵심수행직무(직무개요, 하는 일)와 부가직업정보(직능수준, 교육수준, 환경, 사무)를 중심으로 개별 직무를 정리하고 있는데, 『2011 한국직업사전』에는 914개의 직업이 수록되어 있다. 『한국직업사전』은 새로 생긴 직업과 소멸된 직업을 반영하여 그 내용이 매년 일정 산업별로 업데이트되고, 모든 산업의 직업이 업데이트되는 시점에 〈통합본〉으로 발간된다. 지금까지는 〈통합본 제 3 판〉이 발간되었고, 2006년부터 2011년 사이에 업데이트된 것들을 모아 2012년에 〈통합본 제 4 판〉이 발간될 예정으로 있다. 한편, 직종정보망(O*NET)은 포괄적 수준에서 분류된 1,000여 개의 직종을 직종특성(occupation characteristics), 직종여건(occupation requirements), 직종특유여건(occupation-specific requirements), 작업자요건(worker requirements), 작업자특성(worker characteristics), 경험요건(experience requirements) 등에 따라 기술하고 있다(〈그림 5 - 2〉 참조).

(2) 관찰법

관찰법(observation method)은 직무분석가가 작업자의 직무수행과정을 관찰하고 직무내용과 직무수행방법, 작업조건 등 필요한 자료를 기재하는 방법이다. 관찰법은 그 방법이 가장 간단하므로 사용하기 쉽고, 특히 관찰이 용이한 육체적 활동 중심의 직무관련 자료를 수집하는데 적절히 사용될 수 있다. 그러나 지적 사고과정이 많이 포함된 직무를 분석할 때나 작업수행의 주기가 긴 직무를 분석할 때는 관찰이 어렵거나 관찰에 너무 긴 시간이 소요되기 때문에 활용도가 떨어진다. 그리고 이 방법은 전적으로 직무분석가의 관찰에 달렸으므로 직무분석가의 적절한 사전훈련이 필요하다는 것도 또 하나의 제약조건이다. 그러나 중요사례기법(critical incident technique) 등 다른 분석방법과 병행하여 사용할 때에는 좋은 결과를 가져올 수 있다.

(3) 면접법

면접법(interview method)은 작업자와의 직접면접을 통하여 직무관련 자료를 수집하는 방법인데, 개인적으로 혹은 소그룹 단위로 면접을 시행할 수 있다. 면접법은 작업자로부터 직접 직무관련 자료를 수집하기 때문에 자료의 실질성이 큰 반면에, 면접에 많은 시간이 소요될 수 있다. 직무내용이 비교적 구조화되어 있는 경우에는 지시적 면접(directive interview)을 통하여 시간을 절약할 수 있으나, 직무내용이 비구조화되어 있는 경우에는 비지시적 면접(nondirective interview)방법을 사용해야 하므로 많은 시간이 소요될 수 있다.

(4) 설문지법

설문지법(questionnaire method)은 직무내용에 관한 설문서를 작성하여 작업자로 하여 금 개별 항목이 분석대상 직무에 해당되는지, 해당된다면 어느 정도로 해당되는지 응답하 도록 하여 직무관련 자료를 수집하는 방법이다. 설문서가 잘 설계되고 작업자들이 정확한 직무관련 자료를 제공하는 경우, 이 방법의 효과는 매우 크고 많은 작업자로부터 비교적 단 시일 내에 직무관련 자료를 수집할 수 있는 장점이 있다. 그러나 직무내용을 정확하게 포착 할 수 있도록 설문서를 설계하려면 많은 노력과 비용이 소요되며, 설문서 자체가 너무 길어 질 위험성도 크다. 조직 내에 존재하는 다양한 직무들을 하나의 설문서에 포괄하고자 할 경 우 설문문항이 지나치게 많아지거나, 설문문항수를 줄이고자 할 경우 지나치게 포괄적 수 준에서 직무내용을 서술함으로써 개별 직무내용을 정확하게 잡아내지 못할 수 있다. 이러 한 딜레마를 해결하기 위해서는 조직 내에 존재하는 다양한 직무를 몇 개의 직무군으로 구 분하여 직무군별 설문서를 작성하는 것을 고려해 볼 수 있다.

직무분석용 설문서는 개별 조직의 특성을 반영하여 자체적으로 작성할 수도 있지만, 설문서개발자에 의하여 이미 개발·보급된 표준설문서도 다수 존재한다. 대표적인 예로는 직위분석설문서(PAQ: Position Analysis Questionnaire), 플레시만 직무분석설문서(F-JAS: Fleishman Job Analysis Survey), 관리직위설문서(MPDQ: Management Position Description Questionnaire) 등을 들 수 있다.

직위분석설문서(PAQ)는 정보투입(information input), 정신작용(mental processes), 작 업산출물(work output), 대인관계(relationships with other persons), 직무여건(job context), 기타 특성(other characteristics) 등 직무특성의 여섯 가지 측면에 관한 194개 문항으로 구성 되어 있으며, 응답자로 하여금 각 항목별로 6개의 척도(사용정도, 투입시간, 직무에서의 중요 도, 발생가능성, 적용가능성, 특별 코드 등)에 응답하도록 설계된 설문서이다. 이 설문서는 투 입에서 산출까지의 전 작업공정에 관한 정보를 담고 있다는 점과 상이한 직무들을 비교하 기에 용이하다는 장점을 가지고 있으나, 대학졸업자 수준의 독해력을 요할 정도로 설문내 용이 난해하다는 단점을 가지고 있다(McCormick, 1979; Noe, et. al., 2010).

플레시만(Fleishman) 직무분석설문서(F-JAS)는 특정 직무수행을 위해 요구되는 능력 을 중심으로 직무를 분석하도록 설문이 구성되어 있다. 직무관련 능력을 52개로 분류한 플 레시만 능력분류체계에 기초하고 있는데, 설문지는 52개의 개별 능력을 하나 하나 설명 하고 분석대상 직무가 각각의 능력을 어느 정도 필요로 하는지 응답하도록 설계되어 있다

(Fleishma, 1992; Noe et. al, 2010에서 재인용).

관리직위설문서(MPDQ)는 관리직 직무와 관련된 13개의 핵심요소—감독(supervision), 지원업무(staff service), 내부사업통제(internal business control), 복잡성 및 스트레스(complexity and stress), 단위조직 간 조정(coordination of other organizational units and personnel), 공공 및 고객 관계(public and customer relations), 광범위한 인사책임(broad HR responsibility), 자율성(autonomy of action), 고급 컨설팅(advanced consulting), 고급 재무책임(advanced financial responsibility), 재무적 커미트먼트의 승인(approval of financial commitments), 제품 및 서비스 책임(product and service responsibility), 제품·시장·재무계획(product, market, and financial planning) 등—를 중심으로 197개 문항으로 구성되어 있는 설문서로서 관리직 직위를 분석하고 더 나아가 그러한 관리직 직위들을 특정한 직무군(job family)으로 분류하는 데 유용하다(Tornow & Pinto, 1976; Jackson & Schuler, 2003에서 재인용).

(5) 중요사례기법

중요사례기법(critical incident method)은 매우 성공적인 직무수행 사례들과 매우 비효과적인 직무수행 사례들을 체계적으로 모아 분석함으로써 효과적인 직무수행 방법과 피해야 할 직무수행 방법, 그리고 그와 연계된 직무수행 자질 등에 관한 자료를 도출하는 방법이다. 통상 중요사례기법을 사용할 때는 각 사례들을 정리할 때 (1) 어떠한 상황에서, (2) 무슨 일이 발생했으며, (3) 그것을 어떻게 처리했는지, 그리고 (4) 그 때 중요하게 작용한 직무수행자의 자질이 무엇이었는지 등을 중심으로 정리·분석한다. 이 방법을 통해 얻은 직무관련 자료는 양 극단적 업무처리와 관련된 것들이기 때문에 보통 수준에서 직무를 수행할 때 관련되는 자료를 확보하는 데는 한계가 있다. 한편 이렇게 확보한 자료는 직무수행자들을 교육할 때 유용하게 활용될 수 있고, 또한 직무수행평가 양식 중에서 행동준거평정양식(behaviorally anchored rating scale)을 개발할 때 유용하게 활용될 수 있다.

(6) 기타 방법

그 이외에도 통계적 관찰방법을 사용하는 작업표본기법(work sampling method), 직무를 직접 수행해 보는 경험기법(experiential method) 등이 있다. 그리고 직무의 공통점들을 중심으로 직무군(job families)들을 찾아서 직무를 분석하는 요소분석기법(factor analysis

■ ■표 5-5 **직무정보 수집방법**

수집 방법	장 점	단 점
사 전 정 보	• 인터뷰 질문이아 설문지 개발을 위한 기초 자료를 제공함 • 정보수집 비용이 비교적 저렴함	• 종합적인 정보를 제공할 수 없음 • 이미 낡은 정보일 수 있음 • 자격요건이나 업무의 중요도 등에 관한 세부 정보는 없는 게 보통임
관 찰 법	• 직무수행자에 의존하는 것에 비해 직무에 대한 보다 더 깊은 이해를 가능케 함	• 정신활동 파악이 안됨 • 중요하지만 간헐적 직무내용을 간과할 수 있음
면 접 법	• 빈도가 낮은 업무, 정신활동 등에 관한 정보 수집이 가능 • 여러 사람에 의존함으로써 직무에 대한 종합적이고 정확한 판단 가능	• 정보의 질이 면접자의 면접 기술에 따라 영향을 많이 받음 • 직무수행자가 직무분석의 의도에 대해 의심할 경우 정보의 질 왜곡이 가능
설 문 지 법	• 비용이 저렴하고 사용이 용이함 • 많은 사람들로부터 정보수집 • 정량적 분석이 가능함	• 응답들의 설문내용 파악 미흡 가능성 • 범용성이 높은 설문지: 특정 직무에 관한 구체적 정보를 담는데 한계가 있음 • 개발비용이 높을 수 있음
중요 사례법	• 관찰, 측정 가능한 행동에 관한 정보 수집 → 직무성과 평가 기준으로 사용 • 직무수행의 기대치 제공 가능	• 통상적 수준의 직무수행 행동들에 관한 정보가 누락될 수 있음 • 중요사례를 모으는데 시간이 걸림

method)도 있다. 그러나 이들 방법은 특수한 상황을 제외하고는 단일방법으로는 그 활용도가 일반적으로 제한되어 있다. 〈표 5 - 5〉는 다양한 직무관련 자료 수집방법의 장·단점을 정리하여 보여주고 있다.

④ 직무분석 시 유의사항

직무분석은 단순히 직무에 관한 자료를 기계적으로 수집·정리하는 것이 아니라, 직무기술서와 직무명세서를 통하여 모집·선발, 교육훈련, 경영승계, 경력계획 등 인적자원관리 전반에 걸쳐서 유효한 자료를 제공할 수 있도록 분석·정리해야 한다. 그리고 직무에 관한 모든 자료를 수집하는 과정에서 실무자들의 적극적인 협조를 얻어야 한다. 직무분석과정에서 흔히 발생되는 중요한 문제점과 관련하여 몇 가지 유의사항을 요약한다.

(1) 직무내용의 모호성

첫째로 직무기술서와 직무명세서의 내용이 너무 애매하게 표현되어 직무에서 요구되는 행동이 분명치 않을 때가 많고, 따라서 직무기술서와 직무명세서에서 의도하는 목적이 달성되지 않는 경우가 적지 않다. 그러므로 직무분석은 〈표 5 – 6〉에서 보는 바와 같이 직무에 관한 정보를 가능한 한 구체적인 행동으로 표현하여 직무의 목적과 표준성과를 명백히 하는 것이 바람직하다(Schneier, 1976; Austin, 1977).

■ ■표 5 – 6   **직무기술서의 표현비교** – 예시

애매한 표현	행동적 표현
1. 표준생산량을 만족스럽게 달성할 것	1. 시간당 최소 〇〇개를 생산하고 불량률은 〇%를 초과하지 않을 것
2. 주어진 업무에 적극적인 사세와 긍정적인 태노로 임할 것	2. 난제협약에 규성된 이유 이외에는 결근이나 지각을 하지 말 것
3. 모든 사항을 모든 사람들에게 신속히 전달할 것	3. 예산상의 변경사항을 서신으로 〇일 내에 관련 부서장에게 통지할 것

(2) 직무내용의 실제성

직무는 고정되어 있지 않고 항상 변한다. 그리고 직무를 수행하는 작업자도 자주 바뀐다. 따라서 이러한 변화와 더불어 직무기술서와 직무명세서의 내용이 실제와 일치하지 않는 경우가 많이 발생한다. 그러므로 직무분석은 분석 당시의 작업자에게 너무 의존하지 말고 보다 객관적인 입장에서 직무내용을 분석해야 한다. 그리고 주기적으로 직무내용을 검토하여 직무기술서와 직무명세서가 항상 실제 직무내용과 일치하도록 수정해 나가야 한다(Schneider & Konz, 1989; Anthony et al., 1999).

(3) 실무자의 협조

직무에 관한 연구는 일반적으로 작업자의 의구심과 불안감 그리고 저항감을 야기시키는 경향이 있다. 작업자는 항상 자기의 직무수행방법이 가장 이상적이라고 생각하는 경향이 있기 때문에 낯선 직무분석가가 작업장에 와서 자기의 직무에 관한 자료를 수집하는 데 대하여 부정적인 태도를 갖게 된다. 노조도 직무분석을 표준생산 수준을 높이기 위한 수단으로 오해하고 대체로 비협조적인 태도를 취한다. 그러므로 직무분석가는 실무자들의 입장

을 이해하고 그들에게 직무분석의 목적을 인식시키며 그들의 협조를 받을 수 있는 신뢰관계를 조성해야 한다.

⑤. 조직문화와 직무분석

이 절에서 우리는 직무분석의 기본개념과 과정을 살펴보고 직무분석 시 유의사항을 알아보았다. 직무분석은 조직의 직무체계를 명확하게 하고 다양한 인적자원관리 기능의 효율적 작동을 뒷받침한다. 그러나 직무분석이 지나치게 정확성과 효율성을 강조하다 보면 과도하게 구체화·세분화된 직무를 설계하는 경향이 커지고, 따라서 구성원들의 능력활용범위와 능력개발 가능성을 제한하는 결과를 가져올 수 있다. 그뿐 아니라, 직무내용이 너무 구체적으로 세분화되면 직무경계가 필요 이상으로 엄격하게 되어 구성원들 각자가 직무기술서에 명시된 작업과 업무 이외에는 관심을 갖지 않을 가능성이 있다. 그리하여 구성원들 간에 이기적이고 비협조적인 태도가 조성되고, 나아가서는 조직 전체가 관료적인 분위기를 형성할 위험성도 있다.

이러한 경향을 배제하기 위하여 세분화된 직무경계보다는 유기적이고 신축적인 직무경계를 설정하고, 구성원들 간의 상호 협조와 공동체의식을 강조하는 조직이 많이 있다. 좋은 예가 일본기업들인데, 그들은 집단적 문화(collective culture) 속에서 구성원들 각자에게 세분화되고 엄격한 업무분담과 책임을 강조하지 않고 집단성과 달성을 목적으로 구성원들 사이의 유기적인 직무수행을 강조한다. 따라서 구성원들 모두가 '내 일'과 '남의 일'을 가리지 않고 '모두가 내 일'이라는 개념 하에 직무를 수행하는 것을 강조한다(Shook, 1988).

이와 같이 구성원들 사이에 집단의식과 공동체의식이 강한 조직문화에서는 세분화된 직무분석과 명백한 직무경계가 요구되지 않는 것이 사실이다(Hofstede, 1983). 너무 구체적인 직무설계는 구성원들의 활동범위와 능력개발 의욕을 제한시킬 수 있다. 그러나 공동체의식이 결여된 조직문화나 조직분위기에서는 어느 정도의 명백한 직무경계 구분이 없이는 업무분담의 불균형과 비일관성 그리고 직무수행상의 마찰과 혼란 등 많은 문제가 야기될 수 있다.

6. 직무분석의 전략적 접근과 인적자원스태프의 역할

앞 장에서 설명한 바와 같이, 경영전략은 조직구조에 영향을 주고(제4장 제1절 참조) 나아가서 직무설계와 직무분석에도 영향을 준다. 저원가전략을 통하여 경쟁력강화를 추구하는 조직은 직무의 세분화와 단순화 그리고 저임금 인력의 철저한 관리통제를 통하여 효율성을 극대화하려고 노력한다. 그 반면에 창의와 혁신에 의존하여 비교경쟁우위를 확보하려는 조직은 고기술, 고임금 인력을 중심으로 신축적이고 광범위한 직무설계와 자율적이고 개방적인 직무환경을 조성한다. 이와 같이 경영전략은 조직구조와 직무설계에 영향을 주고, 이와 같은 영향관계는 직무분석에도 반영되어 경영전략과 연계된 직무분석이 실시된다.

(1) 직무분석의 전략적 접근

직무분석의 전략적 접근은 주로 직무분석과 관련된 중요한 의사결정과 관련된다. 첫째는 직무분석을 얼마나 인적자원관리의 기본기능으로 강조하고 계속적인 노력을 투입할 것인가에 대한 결정이다. 과거에 우리나라 조직은 성장제일의 경영전략을 추구하면서 직무위주의 인사경영보다는 사람위주의 경영을 계속해 왔다. 그리하여 많은 조직에서 구성원들 간에 업무의 불균형과 불공평한 보상 그리고 인력분포의 불균형 등 조직효율성이 저하되는 결과를 가져왔다. 우리나라의 집단적·집권적 그리고 권위적 기업문화(Hofstede, 1983)도 직무분석을 등한시하는 요인으로 작용하였다. 그러나 이제 직무분석은 전략적 인적자원관리의 기본요건으로서 우리나라의 많은 조직이 그 중요성을 인식하게 되었고, 따라서 직무분석에 대한 커미트먼트는 현대조직의 매우 중요한 전략적 결정이 되었다.

둘째는 직무분석을 얼마나 자세히 그리고 심층적으로 실시할 것인가에 관한 문제이다. 앞에서 설명한 바와 같이 효율성위주의 세분화된 직무체계 하에서는 매우 자세한 작업별 분석과 더불어 표준수행시간의 설정까지도 요구되지만, 창의와 혁신 그리고 자율성이 강조되는 직무상황에서는 포괄적 수준의 분석만으로도 충분하다. 그리고 주로 교육훈련에 적용할 목적으로 직무분석을 실시한다면 보다 자세한 분석이 요구되는 반면에, 주로 보상관리에 적용된다면 전반적인 분석결과만으로도 충분하다. 따라서 경영전략과 직무분석의 목적 및 용도에 따라서 분석의 성격이 전략적으로 결정되어야 할 것이다.

셋째는 직무분석과정에 관련 구성원을 얼마나 참여시킬 것인가에 대한 결정이다. 직무분석에 구성원을 참여시키는 것은 공동작업 관점에서 그리고 분석결과에 대한 신뢰성과 수용성 관점에서 긍정적인 효과를 가져올 수 있다. 따라서 현대조직에서 직무분석에 구성원을 참여시키는 것은 바람직하다. 그러나 구성원이 자기 직무의 중요성을 과대평가할 가능성도 있다. 따라서 같은 직무에서 일하는 여러 구성원을 참여시켜 정보자료의 정확성을 기하는 것이 바람직하다.

넷째는 직무분석의 실시시기에 관한 결정이다. 구조조정으로 인한 조직구조의 변화, 새로운 기술의 도입, 업무수행절차의 개편, 새로운 직무의 추가 등은 모두가 관련 직무내용에 변화를 가져오면서 해당 직무에 대한 분석을 필요하게 만든다. 특히 변화가 심한 경우에는 앞으로의 조직구조와 직무의 변화를 예측하고 적절한 직무분석 실시시기를 결정하는 것도 중요한 전략적 선택이다. 그리고 직무분석내용에 있어서도 앞으로 기대되는 변화추세에 맞추어 앞으로 중시될 직무요소와 사항들을 차별적으로 강조하는 것도 직무분석의 매우 중요한 전략적 접근방법이다(Rothwell & Kazanas, 1989).

(2) 인적자원스태프의 역할

인적자원스태프는 직무분석가(job analyst)로서 직무분석에서 가장 중요한 역할을 수행한다. 이 때 인적자원스태프가 유의해야 할 사항은 직무분석에서 자료를 수집·분석·정리하는 곳은 실무현장이며, 직무내용과 작업의 수행방법, 절차 그리고 표준성과가 적용되는 곳도 바로 실무현장이라는 점이다. 그러므로 현장의 작업자와 관리자가 직무분석의 결과를 잘 수용하려면 직무분석과정이 해당 작업자와 관리자의 협조 및 참여하에 이루어져야 하고, 따라서 그들과 신뢰적이고 협조적인 관계를 조성하는 것이 매우 중요하다.

〈표 5-7〉에서 보는 바와 같이 인적자원스태프는 직무분석가로서 관리자와 작업자에

■■표 5-7   **직무분석에서의 역할관계**

인적자원스태프	작업자	일선 관리자
직무분석의 중요성을 인식시킴	직무분석의 목적과 중요성 이해	직무분석의 필요성 인식
분석대상 직무 선정	관리자에게 직무변경사항 통보: 직무분석 요청	분석대상 직무 협의
직무분석 실시	정보자료 제공, 협조	참여 작업자 선정에 협조, 참여 작업자의 협조 유도
변경사항 설명: 직무기술서, 직무명세서 작성	의견 제시: 직무기술서, 직무명세서 확인	분석결과 협의: 직무기술서, 직무명세서 검토 · 확인
표준성과 협의	의견 제시, 협조	표준성과 설성

게 직무분석의 필요성과 중요성을 인식시키고, 관리자와의 협의를 통하여 분석대상 직무와 참여 구성원들을 선정한다. 직무분석은 인적자원부서만이 아니라 관리자나 작업자의 요청에 의하여 실시되기도 한다. 작업자와 관리자로부터 정확한 직무관련 자료를 수집하는 것은 경우에 따라서는 매우 어려울 수 있다. 작업자는 근본적으로 자기가 하는 일에 대하여 과대평가하는 경향이 있어서 정확한 정보를 수집하기가 어렵다. 그뿐 아니라 작업자들은 외부인이 작업현장에 와서 그들의 작업을 관찰하고 자료를 수집하는 데 대하여 흔히 저항 감을 갖고 비협조적인 태도를 취할 수 있다.

인적자원스태프는 수집된 자료를 분석·정리하여 직무기술서와 직무명세서를 작성한다. 표준성과를 설정하는 경우에 작업자의 의견을 반영하여 표준성과 수준을 조정하지만, 최종결정은 작업자의 직속상사에게 의뢰하는 것이 바람직하다. 그리고 직무기술서와 직무명세서가 공식화된 후에도 인적자원스태프는 주기적으로 현장실무자와 협의하여 식무내용과 직무환경의 변동사항을 반영함으로써 직무분석 내용의 실제성과 유효성이 항상 유지되도록 노력해야 한다. 이와 같이 인적자원스태프는 직무분석가로서 일선관리자와 작업자의 협조 속에 직무분석을 주도하고 그들을 지원하는 행정전문가의 역할을 수행한다.

제 2 절   직무설계와 조직효율성

직무분석과 매우 밀접한 관계를 맺고 있는 인적자원관리 기능이 직무설계(job design)이다. 직무분석과 직무설계는 서로의 영역이 중복될 만큼 상호간에 밀접한 관계를 맺고 있다. 그러나 엄밀히 구분하면 직무분석은 주로 기존 직무를 대상으로 선발, 훈련, 인사고과, 임금설정 등 인적자원관리기능을 위한 직무관련 자료의 수집에 초점을 맞추는 데 비하여 (Harvey, 1991), 직무설계는 조직 초기에 직무체계를 구축한다든지, 동기부여적 관점에서 직무내용을 개선하고 직무의 효율성을 높이기 위하여 기존 직무를 재설계하는 데 초점을 맞춘다(Griffin, 1982). 이 절은 직무설계의 전략적 중요성을 동기부여 관점과 조직효율성 관점에서 살펴보고 다음 절에서 현대조직의 직무설계방향을 정리한다.

1. 개인과 직무

조직구성원은 조직에서 주어진 직무를 수행하면서 자기 일생을 보낸다. 그러므로 직장에서 수행하는 직무는 개인의 일상생활에 매우 중요한 부분을 차지하는 것은 물론, 그의 인간으로서의 성장과 자아실현에도 지배적인 영향을 준다. 따라서 개인과 직장 그리고 직무 간의 관계에 관한 문제는 오랫동안 조직연구의 중요한 주제가 되어 왔다.

개인에게 직장은 생계의 경제적 원천이다. 개인은 조직구성원으로서 그리고 직장인으로서 직무를 수행하고 그 대가로 보상을 받으면서 자기의 생계를 유지해 나간다. 또 한편으로는 직무를 수행하는 과정에서 자기의 능력을 개발하고 이에 만족하면서 자기 자신을 강화시키고 자아실현을 달성할 수 있다. 이와 같이 개인은 조직구성원으로서 경제적으로 그리고 심리적으로 조직과 그의 직무에 의존하고 있다. 보람있는 일을 수행하고 충분한 보상을 받을 때 그는 만족스러운 생활을 유지하고 자아실현도 달성할 수 있다. 그러나 자기의 능력을 발휘하지 못하고 보상도 충분치 못한 경우에는 불만족과 좌절감 속에서 침체될 수도 있다.

이와 같이 조직과 직무는 개인의 성장에 매우 중요한 영향을 준다. 20세기 초 인적자원관리가 발전하기 시작한 당시에 개인과 직무는 주로 경제적인 관점에서 그 관계가 다루어졌다. 그러나 1930년대에 인적자원관리의 인간적 접근이 적용되면서부터 개인과 직무의 관계는 조직과 집단 그리고 직무환경 등 전체적인 작업환경 관점에서 다루어지기 시작하였다. 그리하여 이러한 작업환경 관점에서 개인과 직무 그리고 조직 간의 통합관계를 모색하려는 노력이 증대되어 왔다.

조직에서 구성원들은 높은 임금과 안정된 직무 이외에 자기 직무에서 자기의 능력을 발휘할 수 있는 기회가 주어지기를 원하고, 자기가 거둔 성과에 대하여 정당한 보상과 인정(recognition)을 받기를 기대한다. 현대조직에서 성과에 대한 인정과 능력발휘 그리고 자아실현의 기회는 높은 임금 및 안정된 직무와 더불어 구성원들이 가장 원하는 직무요소들이다. 우리나라에서도 특히 노사분규에서 임금과 근로조건 그리고 후생복지 이외에도 직장생활의 질(quality of work life)과 관련하여 직무내용이 점점 중요한 이슈로 제기되고 있다. 근래의 소위 3-D 기피현상은 우리나라에서도 이제 직무내용이 근로자들에게 얼마나 중요한 요인으로 작용하고 있는지를 말해 준다(제1장 제1절 참조). 그리고 관리직과 기술직에서는 이미 오래 전부터 구성원들의 동기부여와 능력개발을 위한 직무내용을 크게 강조해 왔다.

② 직무설계와 자아실현

　　개인과 직무의 관계는 흔히 개인의 성숙과정 또는 자아실현과정과도 연결시켜 분석되고 있다. Argyris(1957)에 의하면 개인은 근본적으로 미성숙한 상태로부터 성숙한 상태로 성장하면서 자아실현의 과정을 경험하게 되는데(〈표 5 - 8〉 참조), 조직은 자체의 목적을 추구하는 과정에서 직무를 전문화하고, 명령체계를 강화하며, 지휘의 통일성을 강조하는 등 통제하기에 용이한 직무구조를 강화하게 된다. 그 결과로 자아실현을 추구하는 개인과 미성숙된 인간을 전제로 설계된 직무구조와는 갈등관계를 형성하게 되고, 개인은 갈등에서 오는 좌절감을 해소하는 방법으로 무관심한 직무태도, 이기적인 비공식집단 활동, 비정상적 행동, 자신의 개성을 포기하고 전적으로 조직에 의존하는 조직인간의 행태, 이직 등과 같은 여러 가지 불건전한 행동을 보이게 된다(〈그림 5 - 3〉 참조).

■ ■표 5 - 8 개인의 성숙과정

미성숙한 상태	성숙한 상태
수동적(Passive)	능동적(active)
의존성(dependence)	독립성(independence)
제한된 능력(limited capability)	다양한 능력(diverse capability)
낮은 관심도(shallow interest)	깊은 관심도(deep interest)
단기시각(short-time perspective)	장기시각(long-time perspective)
하위적 지위(subordinated position)	상위적 지위(superordinate position)
자아인식의 결여(lack of self-awareness)	자아인식과 통제(self-awareness & control)

그림 5-3　　개인과 조직체 사이의 갈등모형

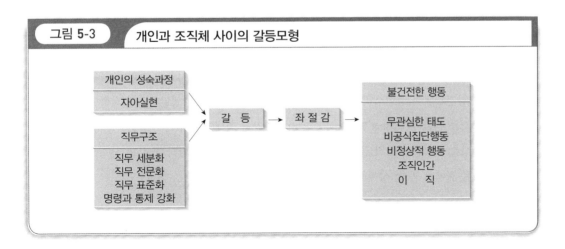

이와 같은 행동은 개인 자신의 성장이나 조직의 장기적인 관점에서 볼 때 극히 불건전한 현상이라 할 수 있다. 개인과 조직 사이의 가장 바람직한 관계는 개인이 조직구성원으로서 자기의 직무를 수행하는 과정에서 자아실현과 더불어 성숙인으로 성장할 수 있는 관계이다. 따라서 개인과 조직 사이의 관계에 대한 연구결과는 현대조직에서 구성원들이 성숙인으로 성장할 수 있는 직무내용의 설계가 얼마나 중요한지를 시사한다.

③. 직무설계, 자아실현, 그리고 조직성과

이와 같이 직무는 조직구성원과 조직을 연결하는 중요한 구조적 위치를 차지하고 있다. 따라서 직무를 어떻게 설계하느냐에 따라서 구성원과 조직 사이의 연결관계가 정해지고 나아가서 구성원의 성과와 조직의 전략적 목적달성에도 많은 영향을 준다.

(1) 구성원과 조직의 통합

앞에서 설명한 바와 같이 구성원과 조직 사이의 갈등은 구성원의 불건전한 부적응행동과 더불어 사기저하와 성과하락 등 조직효율성을 악화시킨다. 구성원과 조직 사이의 갈등에는 여러 가지의 요인이 작용하겠지만 직무구조와 직무내용이 큰 원인 중 하나인 만큼, 구성원과 조직 사이의 갈등을 최소화하고 상호 간 통합을 증진시킬 수 있는 직무구조와 직무내용의 설계가 요구된다. 직무설계에 있어서 구성원과 조직 사이의 통합은 경영학 발전초기(20세기 초)에는 과학적 관리법을 중심으로 주로 기계적·공학적 측면을 통하여 시도되었지만(제1장 제4절 참조), 행동과학의 발전과 더불어 근래에는 사회적·심리적·기술적 측면 등을 종합적으로 고려한 직무설계가 시도되고 있다.

구성원과 조직 간 통합은 직무내용뿐만 아니라 근무시간 또는 근무장소 등 근무조건과도 관련된다. 현대사회생활이 점점 복잡·다양해지고 정보기술의 발달로 근무장소의 물리적 공간개념이 점점 무의미해짐에 따라서 구성원은 자기의 생활패턴에 적합한 근무시간과 장소를 원한다(Trost & Hymowitz, 1990). 따라서 현대조직의 직무설계에서 특히 직무의 신축성은 구성원과 조직 간 통합에 매우 중요한 요소가 되고 있다. 직무의 신축성에 관해서는 다음 절에서 좀 더 상세히 설명한다.

(2) 전략 및 조직구조와의 일관성

개인과 조직을 통합시키는 직무설계와 더불어 경영전략과 조직구조를 연계하는 직무설계도 조직성과와 조직효율성에 크게 기여한다. 경영전략과 조직구조의 관계는 앞 장에서 자세히 설명하였다. 직무는 조직구조를 형성하는 부분으로서 조직구조와 밀접한 관계를 맺고 있다. 경영전략이 조직구조에 얼마나 잘 반영되어 있느냐에 따라서 조직성과에 영향을 준다. 경영전략과 조직구조 그리고 직무설계 간의 밀접한 관계는 많은 연구결과에서 실제로 입증되었다(Miles et al., 1978; Miles & Snow, 1984). 특히 조직의 성장전략 혹은 긴축전략은 조직구조와 직무설계에 많은 영향을 준다. 성장전략을 추구하는 조직에서는 시장경쟁에 적합한 분권조직구조와 자율성을 강조하는 직무내용이 설계되는 반면에, 긴축전략을 추구하는 조직에서는 집권적 조직구조와 통제를 강조하는 직무내용이 설계된다. 구체적인 직무설계방법에 관해서는 다음 절에서 자세히 설명한다.

제 3 절   직무설계방법

직무설계에는 기계적(mechanistic), 동기부여적(motivational), 생물학적(biological), 지각-동작적(perceptual-motor), 사회기술적(socio-technical) 접근법 등 다양한 접근방법이 있다(Anthony et al., 1999; Campion & Thayer, 1987; Noe et al., 2010). 이 절은 이들 접근방법을 설명하고 현대조직에서 흔히 활용되고 있는 직무재설계방법을 살펴본다. 그리고 이들 방법의 효과와 직무설계과정에서 인적자원스태프의 역할을 정리한다.

1. 기계적 직무설계방법

조직성과는 구성원들이 각기 무슨 일을 어떻게 수행하느냐에 달렸다. 따라서 조직은 항상 구성원들의 성과를 높이기 위한 직무설계와 직무개선에 많은 노력을 기울인다. 기계적 접근법은 직무의 전문성(specialization)과 능률(efficiency) 그리고 합리성과 생산성을 우선적으로 강조하는 직무설계방법으로서, 주로 테일러(F. Taylor)의 과학적 관리법과 인간공학개념에 기초한 접근법이다.

기계적 직무설계방법은 직무 내 작업의 수를 제한하고 작업조건을 표준화(standardiza-tion)하며 작업자의 대체성을 높일수록 직무의 능률이 향상된다는 전제 하에, 직무의 '과학적'인 분석을 통하여 가장 '이상적'인 직무내용과 직무수행방법을 설계하여 작업자로 하여금 이를 그대로 수행하도록 하는 하향적 접근방법(top-down approach)이다(Taylor, 1911a). 따라서 시간동작연구(time and motion study)를 통하여 직무내용과 직무환경 그리고 직무수행방법 등 주로 직무의 물리적 요소를 구조화하고 이를 체계적으로 그리고 기계적으로 분석하며, 조직의 경제적 성과를 기준으로 가장 이상적인 직무설계를 모색하는 것이 이 방법의 특징이다.

이와 같이 기계적 직무설계방법은 직무의 전문성과 상호 연결성 그리고 예측성과 통제성을 통하여 조직의 경제적 성과를 높일 수 있다고 전제한다. 그리고 성과급제에 의한 보상을 통하여 개인의 경제적 동기를 유발함으로써 개인과 직무 그리고 조직 간의 통합관계를 달성할 수 있다고 가정한다. 따라서 기계적 직무설계방법은 과거 오랫동안 생산시스템의 기계화와 자동화 그리고 능률중심적 경영관리에 유효한 접근방법인 것으로 인식되어 왔다.

그러나 과도한 직무 세분화, 전문화, 표준화는 구성원으로 하여금 직무수행과정에서 보람을 찾지 못하게 하고 오히려 불만과 소외감을 갖게 하는 요인이 되었으며, 그 결과 많은 조직에서 능률과 성과보다는 결근율과 이직률 그리고 불량률을 높이는 역기능적 결과를 야기하였다. 그리고 경제발전과 사회문화의 발전 등 조직의 환경변화는 구성원들의 욕구수준을 상승시키고 직무에 대한 그들의 태도에 많은 변화를 가져옴으로써 기계적 직무설계방법의 효과를 한층 더 저하시키는 요인이 되었다(Kravetz, 1988; Noe, et al., 2010). 이러한 직무구조화에 따른 구성원과 조직 사이의 갈등과 구성원의 불건전한 행동은 앞 절에서 자세히 설명하였다. 따라서 동기부여적 접근이 직무설계의 새로운 방법으로 등장하게 되었다.

② 동기부여적 직무설계방법

직무의 경제적·기술적 요소뿐만 아니라 직무와 연결된 심리적 요소들을 통합하여 조직구성원이 보람을 느낄 수 있는 직무내용을 설계하여 구성원의 동기를 유발하려는 것이 동기부여적 직무설계방법(motivational approach)이다. 동기부여적 직무설계방법은 기계적 직무설계방법과는 달리 직무성과는 직무수행에 따른 경제적 보상보다도 구성원의 심리적 만족에 달렸다는 전제하에 직무수행과정에서 구성원에게 동기유발과 더불어 자아실현의

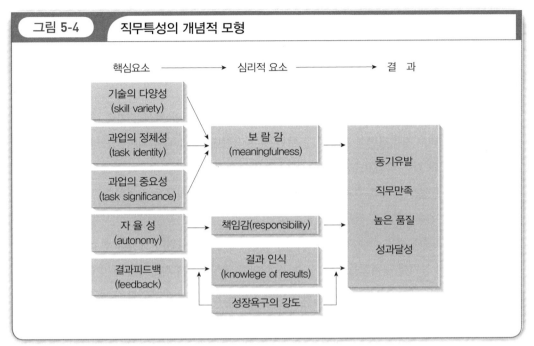

그림 5-4   직무특성의 개념적 모형

핵심요소 ─────→ 심리적 요소 ─────→ 결 과

기술의 다양성
(skill variety)

과업의 정체성
(task identity)

과업의 중요성
(task significance)

보 람 감
(meaningfulness)

자 율 성
(autonomy)

책임감(responsibility)

결과피드백
(feedback)

결과 인식
(knowlege of results)

성장욕구의 강도

동기유발

직무만족

높은 품질

성과달성

자료: Hackman and Oldham(1980), p. 90; Hackman and Oldham(1976).

기회를 부여하도록 직무내용과 직무환경을 설계하는 데 초점을 맞춘다. 따라서 동기부여적 직무설계방법은 욕구동기이론과 성취동기이론 등 행동과학 지식과 이론에 기초하고 있다.

〈그림 5-4〉는 헤크만(Hackman)과 올드햄(Oldham)의 직무특성모형(job characteristics model)으로서, 동기부여적 직무설계방법의 이론적 토대를 제공한다. 직무특성모형에 따르면, 조직효율성과 조직성과는 구성원의 심리적 강화에 따라 결정되고, 구성원의 내재적 동기강화는 직무핵심요소의 확대정도와 구성원의 성장 및 자아실현욕구의 강도에 따라 결정된다(Hackman & Oldham, 1976; 1980). 동기부여적 직무설계 관점에서 직무특성모형의 핵심요소는 수평적 측면과 수직적 측면으로 분류된다.

(1) 수평적 측면

직무설계의 수평적 측면은 직무를 구성하는 작업의 수와 종류에 관한 것으로서, 작업의 수와 종류를 확대할수록 직무 자체의 의미와 정체성은 커지고 구성원의 성취감은 높아진다. 기계적 직무설계에서는 작업의 수가 제한되어 직무는 전문화되고 반복성이 높으며, 특히 요구되는 기술 수준이 낮기 때문에 구성원은 직무에 지루함을 느끼게 되고, 의욕도 떨어져 생산성이 저하된다. 직무내용을 확대하여 이와 같은 역기능을 방지하려는 것이 동기부여적 직무설계방법의 목적이다.

(2) 수직적 측면

직무설계의 수직적 측면은 직무내용이 얼마나 고도의 지식과 기술, 창의력과 분석능력, 그리고 작업집단의 자율성 등 보람 있는 작업내용으로 구성되어 있느냐에 관한 것으로서, 이와 같은 작업요소의 구성비율이 높을수록 직무의 기술 수준과 중요성 그리고 구성원의 자율성은 커지고 결과에 관한 피드백은 강화되면서 직무는 전체적으로 충실화된다. 이와 같이 수직적으로 직무의 내용을 충실화하고 기술 수준을 높여서 직무의 의미와 정체성 그리고 중요성을 증대시킴으로써 직무수행과정에서 구성원이 보람과 성취감, 직무만족과 내재적 동기를 누리도록 하려는 것, 더 나아가 구성원에게 자율성을 부여하고 결과에 관한 피드백을 제공함으로써 구성원의 참여의식을 높이고 더불어 책임감을 제고하려는 것이 동기부여적 직무설계방법의 핵심 목적이다.

이와 같이 능률과 합리성을 중심으로 직무의 경제적 성과를 추구하기보다는 구성원의 내재적 만족과 내재적 동기유발 그리고 자아실현 촉진을 중심으로 직무내용을 설계함으로써 장기적인 성과를 높일 수 있다는 것이 동기부여적 직무설계방법의 기본전제이다.

③ 직무재설계방법

현대조직에서 동기부여적 직무설계방법은 기존 직무의 성과를 향상시키기 위한 직무재설계(job redesign)에도 많이 활용된다. 현대조직에서 흔히 활용되는 직무재설계방법들을 개인과 집단으로 분류하여 간단히 살펴본다(〈그림 5 - 5〉 참조).

(1) 개인 수준의 직무재설계방법

직무순환, 직무확대, 직무충실화 등이 개인 수준에서 흔히 적용되는 직무재설계 방법들이다. 직무순환(job rotation)은 기존 직무의 내용을 변경하지 않고 구성원을 바꾸는 방법이다. 직무순환은 주로 기술 수준이 비슷한 직무들 간에 적용되며, 여러 직무의 순환을 통하여 구성원이 다기능화되고 특히 직무내용이 단순하고 반복적인 경우에는 구성원으로 하여금 똑같은 업무의 지루함에서 벗어나도록 하는 데 도움이 된다. 직무확대(job enlarge-

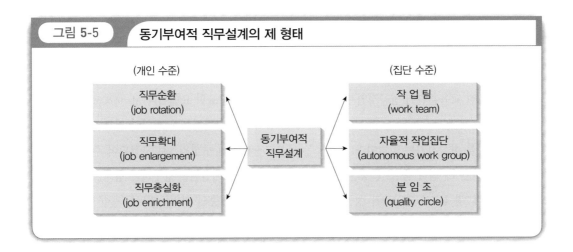

그림 5-5 동기부여적 직무설계의 제 형태

(개인 수준)
- 직무순환 (job rotation)
- 직무확대 (job enlargement)
- 직무충실화 (job enrichment)

동기부여적 직무설계

(집단 수준)
- 작 업 팀 (work team)
- 자율적 작업집단 (autonomous work group)
- 분 임 조 (quality circle)

ment)는 주로 직무내용의 수평적 측면에 해당하는 작업의 수를 증가시킴으로써 작업을 다양화하는 방법이다. 특히 전문화된 직무의 경우 직무확대는 작업의 다양화로 직무내용에 변화를 가져오지만, 일반적으로 직무 자체의 중요성을 증가시키거나 직무수행에서의 보람과 성취감을 강화해 주지는 않는다. 따라서 구성원은 작업의 다양화를 업무량의 증가로 지각하고 이에 거부감을 나타내는 경향이 있다(Anthony et al., 1999).

직무충실화(job enrichment)는 주로 직무내용의 수직적 측면을 강화하여 직무의 중요성을 높이고 직무수행으로부터의 보람을 증가시키는 방법이다. 직무충실화는 기술 수준을 고급화하여 직무자체의 정체성과 중요성을 강화하고, 구성원에게 자율성과 결과에 대한 피드백을 제공함으로써 책임감을 높여주고, 그에게 만족감과 더불어 내재적 동기를 강화한다. 직무충실화는 구성원의 성취욕구와 자아실현욕구가 강한 경우에 그 효과도 비교적 높게 나타난다.

(2) 집단 수준의 직무재설계방법

작업팀, 자율적 작업집단, 분임조 등이 집단 수준에서 흔히 적용되는 직무재설계방법들이다. 작업팀(work team)과 자율적 작업집단(autonomous work group)은 직무의 수평적 측면과 수직적 측면을 각각 집단 수준에 적용한 형태이다. 다시 말해서 작업팀은 주로 직무확대개념을 그리고 자율적 작업집단은 직무충실화개념을 집단 수준에 각각 적용한 것이다([사례연구 #5-2] 볼보 사례 참조). 따라서 작업팀과 자율적 작업집단은 구성원의 작업배정, 작업스케줄 결정, 능률향상 등에 전적인 책임을 가지고 특정 삭업을 수행한다는 점에서는 공통점이 있지만, 자율적 작업집단은 집단구성원의 선발과 집단의 조직 그리고 관리 및 통제를 집단 자체가 수행하고 자율적 작업집단의 책임자는 경영층과의 연결역할만을 수행한다는 점에서 차이가 있다. 따라서 자율적 작업집단 구성원과 관리자의 자율경영능력개발을 위한 교육훈련이 성공적인 자율적 작업집단의 매우 중요한 요인이다(Manz & Sims, 1987).

분임조(quality circle)도 직무의 수직적 측면을 강화하여 구성원의 직무만족과 집단성과를 향상시키는 방법이다. 분임조는 보통 7~10명의 구성원으로 구성되어 주기적으로(주 1회 정도) 만나 품질 및 생산관련 문제들을 토의하고 해결책을 강구하는 형식으로 진행된다(제7장 참조). 분임조가 성공적으로 운영되려면 경영층의 커미트먼트는 물론 구성원의 능력개발을 위한 적절한 교육훈련이 제공되어야 하며, 토의대상 문제도 전적으로 생산과정(work process) 문제에 국한되어야 한다(Koons, 1991).

④. 직무설계방법의 효과비교

직무설계에서 기계적 접근법과 동기부여적 접근법은 개념상으로나 실제 적용에 있어서 매우 대조적이다. 두 가지 방법을 자동차조립작업에 적용했을 때, 기계적 직무설계방법은 전통적인 조립라인(assembly line) 형태에서 조립공들은 극도로 기계화·자동화된 직무환경하에서 조립라인의 속도에 맞추어 각기 몇 가지의 반복적인 단순작업만을 수행한다. 그 반면에, 동기부여적 직무설계하에서는 조립공들이 소규모(10~25명 정도)의 작업팀을 구성하여 작업팀별로 자동차를 조립한다. 따라서 팀조립하에서 조립공들은 수많은 작업을 수행함으로써 작업이 다양화됨은 물론, 작업의 정체성과 중요성이 커지고 기술 수준도 자연적으로 높아진다. 그리고 작업팀에게 자율성이 부여되고 팀조립의 결과에 대한 피드백도 명확해진다(Berggren, 1994; 강수돌, 1993).

이와 같이 직무설계의 기계적 접근법과 동기부여적 접근법은 각기 직무구조와 내용 그리고 구성원들 간의 상호 작용에 있어서 큰 차이를 나타내고, 직무성과와 조직효율성 등 그 결과에 있어서도 큰 차이가 있을 수 있다. 특히 동기부여적 방법은 구성원들에게 심리적으로 긍정적인 영향을 줌으로써 경제적 성과에도 좋은 효과를 가져올 수 있다. 그러나 실제 연구조사결과에 의하면 동기부여적 직무설계가 항상 기대만큼의 좋은 결과를 가져오는 것은 아니다. 대다수의 연구조사결과에서는 동기부여적 직무설계에서 기대되는 효과가 실제로 나타났지만, 일부 연구결과에서는 그 효과가 분명하게 나타나지 않았다.

(1) 사기와 만족감

직무설계방법의 효과에 관한 연구는 주로 동기부여적 직무설계방법의 효과를 대상으로 선진국에서 많이 이루어졌다. 그리고 이들 연구는 조립생산직뿐만 아니라 일상적인 사무직에도 실시되었다. 조립생산공정에서 일하는 근로자들은 대체로 반복적이고 지루한 단순작업에 대하여 불만을 느끼고, 그들의 불만은 높은 이직률과 결근율의 중요 요인으로 작용하는 것으로 나타났다. 근로자들의 직무만족은 작업의 반복성뿐만 아니라 직무에서 요구되는 기술 수준과도 밀접한 관계가 있는 것으로 나타났다. 즉, 직무에서 요구되는 기술 수준이 높을수록 직무에 만족한 근로자의 비율이 높고 기술 수준이 낮을수록 불만족한 근로자의 비율이 높은 경향을 보였다(Kornhauser, 1985).

생산·사무직의 경우에도 직무만족은 기술 수준 및 직무의 세분화 정도와 밀접한 관계를 보이고 있다. 그리하여 직무에서 요구되는 기술 수준이 높고 작업이 다양할수록 직무에 대한 소외감이 낮은 것으로 나타났다. 그리고 구성원들의 직무만족은 작업의 수와 다양성 등 직무의 수평적 측면보다는 작업의 기술 수준과 자율성 그리고 팀 참여 등 수직적 측면으로부터 더 많은 영향을 받는 것으로 나타났다. 따라서 작업범위를 확대하기 위한 직무확대보다는 기술 수준과 구성원들 간의 상호 작용 등 직무의 질적 내용과 작업팀으로서의 활동이 직무만족에 더 중요한 요인으로 작용한다는 것을 알 수 있다(Business Week, March 4, 1972; Lee, 1975).

(2) 동기부여의 계량적 측정

동기부여적 직무설계가 실제로 구성원의 동기유발과 직무만족에 얼마나 기여하는지는 핵크만(Hackman) 등의 동기부여지수(motivation potential score: MPS)에 의하여 다음과 같이 측정될 수 있다(Hackman et al, 1975; Hackman and Oldham, 1980).

$$\text{동기부여지수}(MPS) = \frac{(\text{기술다양성} + \text{과업정체성} + \text{과업중요성})}{3} \times \text{자율성} \times \text{피드백}$$

위의 수식을 적용하는 데에는 직무설계의 수평적, 수직적 요인들을 계량화해야 하는 어려움이 있다. 계량화에 따라 동기부여지수가 달라지는 것은 물론이다. 이 수식에서 볼 수 있듯이 자율성과 피드백 등 수직직 요소들이 동기부여에 얼마나 중요한지를 알 수 있다.

(3) 능률과 경제적 성과

이와 같이 동기부여적 직무설계는 일반적으로 구성원의 직무만족에 긍정적인 결과를 가져온다는 것이 많은 연구조사결과를 통하여 실제로 입증되었다. 능률과 경제적 성과에 있어서도 많은 연구결과가 동기부여적 직무설계의 효과를 입증하고 있다. 한 세탁기 제조회사에서의 연구에 의하면 조립선의 공정과정에서 팀조립 형태로 작업구조와 방법을 변경한 결과 인건비의 절약과 품질의 향상 등 작업집단의 능률과 생산성이 높아졌다(Conant & Kilbridge, 1965). 스웨덴의 Volvo 자동차회사와 Saab 자동차회사에서도 전통적인 라인조립 방법을 팀조립 방법으로 바꾸어 근로자들의 이직률을 대폭 줄였고 품질도 크게 향상시켰다 (Mikalachki, 1975; Gyllenhammer, 1977; Peterson, 1976).

동기부여적 직무설계의 효과는 NUMMI(New United Motor Manufacturing, Inc.)에서 가장 뚜렷하게 나타났다. 자율적 작업집단개념을 도입한 NUMMI 공장은 결근율을 20~25%에서 3~4%로 저하시켰고, 제안제도 참여율도 85%나 증가시켰으며, 90%의 근로자들이 자기 직무에 만족하는 등 조직효율성을 크게 개선시켰다(Pfeffer, 1994). 그리고 무엇보다도 대당 조립시간(19.0시간)과 불량률(100대당 69건)을 일본의 도요다공장 수준(15.6시간, 63건)으로 낮추어 생산성과 품질 면에서 획기적인 개선을 가져왔다(〈표 5-9〉 참조).

또한 Texas Instrument, General Foods, AT&T, Lockheed, Corning Glass 등 많은 미국 기업에서도 동기부여적 직무설계가 결근율의 저하, 품질향상, 그리고 능률과 생산성의 향상 등 직무만족뿐만 아니라 경제적 성과에도 긍정적인 결과를 가져왔다(Myers, 1970; Glacel, 1997; Walton, 1974; Ford, 1973; Cole, 1979; U.S. Department of Labor, 1973). 그러나 동기부

■■표 5-9 **자동차 조립공장 간의 생산성 비교**

자동차 조립공장	생산성*	불량률**
혼다(미국)	19.2	72.0
닛산(미국)	24.5	72.0
NUMMI	19.0	69.0
도요다(일본)	15.6	63.0
GM(미시간)	33.7	137.4
GM(매사추세츠)	34.2	116.5

 * 자동차 한대 조립에 소요되는 시간.
** 100대당 불량건수.
자료: Osterman(1991), p. 225.

여적 직무설계의 이와 같은 효과와는 달리 스웨덴의 한 보험회사의 경우에는 동기부여적 직무설계(직무충실화)가 구성원의 직무만족과 조직분위기를 약간 향상시켰을 뿐 조직의 능률과 경제적 성과에는 아무런 변화를 가져오지 않았다(Dogherty & Stymme, 1974~1975).

(4) 동기부여적 직무설계의 성과향상 요인

이상 동기부여적 직무설계의 효과에 관한 연구결과를 종합해 볼 때, 동기부여적 직무설계방법은 전통적인 기계적 직무설계방법에 비하여 대체로 직무만족과 능률 그리고 조직성과에 긍정적인 결과를 가져온다. 그러나 동기부여적 방법이 반드시 좋은 결과를 보장하지는 않는다. 동기부여적 방법이 작업의 확대와 기술 수준의 향상으로 구성원들에게 직무만족을 가져온다 하더라도, 이것이 반드시 작업집단이나 조직의 높은 성과로 연결된다고는 할 수 없다.

동기부여적 직무설계방법이 구성원들의 직무만족과 더불어 조직의 성과를 실제로 향상시키는 데에는 구성원들의 적극적인 경영참여활동이 매우 중요한 역할을 한다. 특히 생산현장에서 품질과 생산성의 향상을 목적으로 형성된 분임조활동은 구성원들에게 경영참여를 통하여 자율성을 부여하고 결과피드백을 증진시켜 그들의 동기유발과 심리적 강화에 긍정적인 영향을 줌으로써 성과향상에 크게 기여한다(Watanabe, 1991; Vasilash, 1996).

이와 같이 동기부여적 직무설계방법에서의 실제효과를 발생시키는 요인은 직무내용의 설계 자체보다도 구성원들의 참여와 품질개선 및 생산성 배가활동 등 그들의 성과향상노력이다. 그리고 구성원들의 적극적인 참여의식과 행동을 개발하고 그들의 참여활동에 필요한 지식과 능력을 개발해 주는 교육훈련, 그들의 성과지향적 행동을 유도·강화시켜 주는 관리체계의 설계, 협력적 노사관계, 그리고 일선관리자들의 리더십역할 등 실무현장과 전문스태프의 인적자원관리 기능도 동기부여적 직무설계의 중요한 성과요인이다. Volvo와 NUMMI에서의 성공사례가 이를 뒷받침하는 좋은 예이다.

5. 현대조직의 직무설계방향과 인적자원스태프의 역할

현대조직의 성공적인 직무설계를 위해서는 인적자원스태프의 전략적 역할과 더불어 몇 가지의 전략적 요인이 고려되어야 한다. 현대조직의 직무설계방향을 정리하는 데 있어서 직무설계의 전략적 접근과 인적자원스태프의 역할을 살펴본다.

(1) 전략적 직무설계 접근

전략적 직무설계 접근과 성공요건은 조직의 상황에 따라서 모두 다르다. 그러나 조직 환경변화와 구성원의 욕구수준 상승 등 현대조직의 일반적인 상황을 고려할 때, 구성원과 조직을 통합하고 구성원에게 내재적 만족을 향상시킬 수 있도록 직무의 수직적 측면(기술 수준, 자율성, 피드백 등)을 강화하는 직무내용의 설계가 바람직하다. 그리고 이와 같은 접근을 가능한 한 집단 수준으로 적용하는 것이 효과적이다. 이것은 기계적 접근보다는 동기부여적 접근이 현대조직의 직무설계에 적합하고, 나아가서는 직무설계에 있어서 작업팀, 자율적 작업집단, 분임조 개념을 최대로 활용하는 것이 바람직하다는 것을 의미한다. 여기에서 정보기술은 직무의 기술 수준을 높이고 자율성을 강화하며 피드백을 효율화하는 데 전략적으로 활용될 수 있다. 특히 현대조직의 업무과정 리엔지니어링에서 정보기술은 직무재설계의 전략적 도구로 활용되어 획기적인 결과를 가져올 수 있다(Osterman, 1991; 이학종, 1998a).

기술의 고급화와 자율성의 강화 그리고 피드백의 효율화 이외에도 직무내용의 신축성을 높이는 것도 현대조직의 바람직한 직무설계방향이다. 사회문화발전에 따른 생활스타일의 다양화, 정보통신기술의 발달, 그리고 여성인력의 증가 등은 현대조직의 직무설계에 많은 영향을 준다. 생활스타일이 다양해지고 여성인력이 증가함에 따라서 신축적 근무제도(flexitime), 직무공유(job sharing), 압축근무(compressed work), 영구임시직(permanent part-time job) 등이 점점 많이 활용되고 있고, 정보통신기술의 발달은 재택근무(telecommuting)를 증가시키고 있다(Fryer, 1997; Hamilton, 1996; Greengard, 1994 and 1996; Hequet, 1994). 이와 같은 근무형태는 직무관리를 복잡하고 어렵게 만들 수 있지만, 구성원들의 욕구충족과 더불어 그들의 사기와 태도 그리고 노사관계와 비용절약에도 긍정적인 결과를 가져올 수 있다(Schuler, 1998). 따라서 이와 같은 새로운 근무형태를 전략적으로 적용할 수 있도록 직무내용을 신축적으로 설계하는 것이 바람직하다.

그러나 직무의 기술 수준을 높이고 자율성 및 피드백을 강화하며 신축성을 높이는 것은 구성원으로부터 보다 높은 수준의 지식과 기술 그리고 능력과 행동을 요구한다. 그리하여 이에 대한 교육훈련과 인력개발투자가 요구된다. 그리고 동기부여적으로 설계된 직무는 그렇지 않은 직무에 비하여 임금 수준이 높은 것이 일반적이다. 따라서 동기부여적 직무설계에서 예측되는 효율성과 그 대가(교육훈련비, 고임금 등)를 고려하여 적절한 수준의 동기부여적 직무설계를 시도할 필요가 있다(Campion & McClelland, 1991; Campion & Berger, 1990). 또한, 전략과 조직구조와의 밀접한 관계를 직무설계에 반영하여 전략 및 조직구조와 일관성 있는 직무내용을 설계하는 것도 전략적 접근의 중요한 측면이다. 전략, 조직구조, 그리고 직무설계 간의 연계는 앞 절에서 설명하였다.

(2) 인적자원스태프의 역할

직무는 구조적으로는 구성원과 조직 간의 통합을 그리고 성과상으로는 실제 성과에 영향을 주는 중요한 위치를 차지하고 있다. 따라서 직무를 어떻게 설계하느냐에 따라서 조직효율성과 성과가 큰 영향을 받는다. 현대조직에서 직무설계는 이제 기계적 접근보다는 동기부여적 접근이 장기적인 조직효율성과 성과관점에서 바람직한 것으로 인식되고 있다. 그러나 동기부여적 직무설계는 직무내용의 설계 자체뿐만 아니라 기대하는 효과를 실제로 발생시키기 위한 인적자원관리가 필요하고, 여기에 인적자원스태프가 중요한 역할을 한다.

앞에서 설명한 바와 같이 직무설계의 효과는 직무구조와 내용이 얼마나 경영전략 및 조직구조와 일관성을 가지고 있고 교육훈련과 보상 등 관련 인적자원관리가 얼마나 잘 연계되어 있느냐에 달렸다. 따라서 인적자원스태프는 성장, 자율경영, 인간존중 등 경영전략과 기본가치를 직무설계에 반영하고, 이를 강화하기 위하여 교육훈련과 보상시스템 등 관련 인적자원관리기능을 연계시키는 전략적 동반자 역할을 수행해야 한다. 동기부여적 직무설계는 구성원으로부터 보다 높은 수준의 기술과 보다 적극적인 참여활동을 요구한다. 따라서 이에 필요한 지식과 기술 그리고 행동이 교육훈련과 조직개발을 통하여 제공·개발되어야 하고, 구성원의 성과기여도에 따라 적절한 보상이 이루어져야 한다. 그래야 동기부여적 직무설계의 효과가 지속적으로 유지될 수 있다.

직무설계는 조직의 성과와 경쟁력에 영향을 주는 중요한 인적자원관리 기능인 만큼, 직무의 재설계를 일선관리자나 구성원 자신에게 전적으로 의존할 수 없다. 따라서 인적자원스태프는 조직성과와 조직효율성을 모니터링하는 과정에서 변화와 개선이 요구되는 직무에는 적극적인 직무재설계를 추진해야 한다. 특히 정보기술과 근래의 경영혁신기법들은 직무재설계를 성공적으로 추진하는 데 많은 도움을 준다. 여기에서 인적자원스태프는 문제진단, 직무재설계의 타당성분석, 직무재설계를 위한 개입전략의 검토, 개입과 변화추진, 결과분석 등 변화담당자로서의 진단 및 변화촉진 역할을 수행한다.

또한, 직무구조와 내용의 변화는 일선관리자와 구성원의 협조 없이는 기대하는 효과를 얻을 수 없다. 특히 경영혁신으로 직무구조와 설계에 큰 변화를 시도하는 경우에는 노조의 협조 없이 개혁을 추진하기가 매우 어렵다. 따라서 인적자원스태프는 노조와 관리자 그리고 구성원을 설득하고 그들의 협조를 유도하는 중요한 역할을 수행해야 한다. 여기에는 물론 최고경영층의 지원이 필요하고, 따라서 최고경영층의 커미트먼트와 지원을 얻어내는 것도 역시 인적자원스태프의 중요한 역할이다. 특히 최고경영층의 커미트먼트와 노조의 협조는 성공적인 직무설계의 필수조건이다.

장을 맺으며

이 장은 인적자원관리의 가장 기본적인 기능의 하나인 직무분석과 직무설계를 연구하였다. 직무분석은 직무기술서와 직무명세서의 작성, 직무평가, 모집·선발, 인력개발, 경력계획, 인사고과, 보상 등 여러 인적자원관리 기능에 필요한 자료를 제공하고, 직무설계는 구성원과 조직의 통합 그리고 동기부여 등 조직효율성과 성과에 많은 영향을 준다. 따라서 직무분석과 직무설계에 조직의 기본가치와 경영전략을 반영하고 관련 인적자원기능 간에 연계를 강화하는 것은 성공적인 전략적 인적자원관리에 많은 도움을 준다. 직무분석과 직무설계에서 인적자원스태프는 최고경영층을 포함한 실무층과 구성원 그리고 노조의 협조를 조성하면서 이와 같은 전략적 접근과 연계를 주도한다.

우리나라 조직은 과거 수십 년간 성장위주의 경영전략을 추구하면서 체계적인 직무분석과 직무설계에는 큰 관심을 기울이지 못하였다. 그러나 이제 세계화·정보화·민주화의 환경에서 조직경영과 인적자원관리가 비교경쟁 우위요인으로 작용한다는 인식이 확산되면서 체계적이고 전략적인 인적자원관리의 필요성을 느끼게 되었고, 따라서 직무분석과 동기부여적 직무설계에 대한 관심이 고조되고 있다. 따라서 체계적이고 전략적인 직무분석과 직무설계는 우리나라 조직의 인적자원경쟁력을 강화하는 데 기여할 것이다. 우리는 이제 다음 장에서 인적자원관리의 확보와 관련하여 모집과 선발을 연구한다.

사례연구 5-1

효성의 직무프로파일

효성(주)의 신 인사제도는 역량(Competency)과 핵심성과지표(KPI: Key Performance Indicator)를 매개고리로 하여 조직이 지향하는 비전, 사명, 목표, 전략 등과 인사제도가 연계되도록 설계되어 있다.

■■표 5-10 **효성(주)의 직무 프로파일**-예시

직위: ○○PU   ○○팀 Senior Manager(팀장급)
역할과 책임:
  – 팀 내의 업무를 총괄하는 책임과 권한을 가지고 업무수행을 지시하고 감독함.
  – 업무의 효율적 관리를 위하여 조직과 팀원을 지휘 · 통솔하며 타 부서와의 협조관계를 조정 · 통제함.
  – 영업분야에서 최고의 전문지식과 기술을 보유하고, 소속 직원을 전문적으로 지도 · 육성함.
  – PU의 영업과 관련된 경영 정책을 보좌하고, 소속 직원의 능력과 성과를 평가함.

과　업	핵심성과지표	역　량	숙련도
• 판매계획 수립/운용	재무적 관점	인적자본관리	3
• 기존 거래선 유지를 위한 방향 설정	판가/수금액/부도금액	문제해결	4
• 부실채권관리	수금률(거래처 판매금액대비)	비용관리	4
• 장기여신회수	여신금액/고객불만 금액	리더십	5
• 팀원 능력개발 확대 및 평가	매출액/매출이익/영업이익	의사결정	4
• 경쟁사 동향파악 및 대응방안 수립	수주액	커뮤니케이션기술	4
• 고객밀착경영 추진	고객 관점	발표기술	4
• 시장조사 및 분석	고객불만 건수/처리기간	정보관리	3
• 고객 불만사항 확인과 개선책 마련	핵심거래선 방문건수	컴퓨터사용	2
• 출고지시 및 확인	고객만족도	외국어	2
• 협상	내부 프로세스 관점	서류관리	2
	거래선 개발건수/금액	기록보관	3
	여신기일	판매/마케팅 계획	4
	M/S	가격책정 기술	5
	납기	프로세스 지식	4
	정확도	제품 고객화	4
	제품/고객별 판매비율	제품 지식	5
	학습 및 성장 관점	프로젝트 관리	3
	정보수집건수/활용건수	법률적용	2
	팀원 역량 향상도	시장조사	3
	교육참여일수/횟수	판매촉진	4
	이직률/건수, 인원	협상기술	5
	매뉴얼 작성건수	신시장 개발	4
	내부교육 실시 횟수	예측기술	4
		신용관리	3
		고객관계관리	5
		구조관련 지식	4
		고객필요 분석	4
		경쟁자 분석	3
		계약관리	3

그리고 역량과 핵심성과지표는 직무프로파일(Job Profile)을 통하여 특정 직위(position)를 담당할 직원의 자격요건과 책임이 되고, 개별 인사관련 기능들은 직무프로파일에 나타나 있는 역량과 핵심성과지표를 중심 축으로 하여 내적 적합성을 확보한 상태로 통합 운용되도록 되어 있다(제 2장의 [사례연구 #2－1] 참조). 이러한 점에서 직무프로파일은 효성 신인사제도의 기본토대를 이루고 있다고 볼 수 있다.

효성(주)에서 직무프로파일은 개별 직무에서 요구되는 역량과 달성해야 할 핵심성과지표를 중심으로 작성된 일종의 직무기술서이다. 직무프로파일에는 각 직위별로 핵심역할과 책임, 주요 작업과 핵심성과지표, 이를 수행하는 데 필요한 역량과 개별 역량의 요구수준 등이 명기되어 있으며, 직급별로 작성되어 있다. 〈표 5－10〉는 특정 PU 내 팀장(Senior Manager)의 직무프로파일의 한 예이다. 직무프로파일의 구성요소 중 하나인 핵심성과지표(KPI)는 특정 직위를 책임 맡고 있는 개인의 업무수행 최종성과를 객관적으로 측정하기 위하여 설정한 평가지표로서 균형성과지표(BSC: Balanced Scorecard)의 개념을 적용하여 재무(financial) 성과지표, 고객(customer) 성과지표, 내부 프로세스(internal process) 성과지표, 학습 및 성장(learning & growth) 성과지표 등을 담고 있다.

그림 5-6	효성(주)의 역량분류 틀

역량(Competency)

종 류	기초역량 (Foundation Competency)	기술역량 (Technical Competency)
내 용	• 조직구성원 모두에게 공통적으로 요구되는 능력이나 자질 • 조직에서 근무하기 위해 기본적으로 요구되는 역량 • 회사의 비전이나 핵심가치(Core Value)에서 추출됨	• 업무와 직접 관련된 역량 • 특정한 업무를 수행함에 있어서 요구되는 역량 • 상이한 업무에 따라 상이한 역량이 요구됨
적 용	7개의 범주로 분류하였으며 각각의 역량에 요구되는 행동들을 열거함	영업, 생산, 관리, 연구부문으로 분류하고 각 부문별 업무를 수행함에 있어 요구되는 170여 개의 역량을 설정함

　한편, 직무프로파일을 구성하는 또 하나의 핵심 구성요소인 역량은 기본역량(Foundation Competency)과 기술역량(Technical Competency)으로 나뉘는데, 〈그림 5-6〉에 제시된 바와 같이 기본역량은 조직구성원 모두에게 공통적으로 요구되는 능력이나 자질을, 그리고 기술역량은 특정한 업무를 수행하는 것과 직접적으로 관련된 역량을 각각 의미한다.

토의질문

1. 직무프로파일을 체계적으로 작성 · 관리함으로써 조직이 얻을 수 있는 효익(benefits)과 비용(costs)은 무엇인지 분석 · 검토하고, 현실적으로 실행 가능한 직무프로파일 시스템 관리방안에 대하여 논의하시오.

2. 효성(주)이 채택하여 시행하고 있는 직무프로파일 시스템의 장 · 단점을 분석하고, 시스템 관리 및 활용 측면을 고려할 때 개선해야 할 사항은 없는지 검토하시오.

사례연구 5-2

볼보의 동기부여적 직무설계

볼보(Volvo)자동차회사는 2004년도에 286억 달러의 매출(세계 180위)을 달성한 스웨덴 제일의 우수 기업체로서 고품질, 안전 최고의 자동차 제조업체로 널리 알려져 있는 세계적인 기업체이다. 볼보는 고품질의 제품뿐만 아니라 직장생활의 질을 강조하는 경영방식으로도 유명한데, 여기에는 무엇보다도 동기부여적 자동차 조립직무설계가 큰 몫을 차지하고 있다. 이 사례는 볼보의 동기부여적 조립직무설계가 어떻게 직장생활의 질을 향상시키고 있는지를 설명한다.

1. 경영이념의 전환과 새 조립시스템 설계

작업의 기계화·자동화로 인한 근로자의 직무소외가 가장 심한 작업장 중 하나가 자동차 조립공장일 것이다. 대량생산을 위한 전통적인 조립선(assembly line)에서 단순하고 반복적인 작업은 근로자들의 일에 대한 동기와 직무만족을 저하시키고 결근율과 이직률을 악화시키며, 나아가서는 생산성과 품질에도 부정적인 영향을 준다. 볼보자동차회사도 세계 각국의 자동차제조업체와 마찬가지로 대량생산 위주의 전형적인 조립선 시스템하에서 오랫동안 근로자들의 심한 직무소외와 높은 결근율 및 이직률로 심각한 경영문제를 겪어야만 했다.

산업발전으로 근로자들의 욕구 및 기대수준이 올라가고 특히 1970년대 중반 이래 스웨덴의 산업민주주의하에서 근로자들의 직업안정과 노사 공동경영참여제도가 한층 더 강화됨에 따라서 볼보는 더 이상 전통적인 조립선 생산시스템을 유지해 나갈 수 없었다. 따라서 볼보는 전통적 조립선 개념에서 벗어나 현대산업조직 근로자들의 욕구·동기와 행동패턴에 맞추어 혁신적인 새로운 조립생산시스템을 개발하기에 이르렀다. 이것이 바로 볼보의 동기부여적 팀조립 또는 조립섬(assembly island) 개념이다.

볼보의 동기부여적 조립생산시스템은 단순히 새로운 조립기술시스템이 아니라 새로운 인적자원관점에서 근로자들의 욕구충족과 직무만족 그리고 능력개발을 목적으로 그들의 인간적인 가치를 최대화하려는 새로운 경영이념과 인적자원관리를 기반으로 한 사회적·기술적 통합시스템이다. 다시 말해서 볼보의 동기부여적 생산시스템은 새로운 조립시스템을 통한 직무내용의 개선은 물론, 근로자들의 상호 작용과 사회적 욕구충족을 위한 쾌적한 휴식 및 생활공간 등 물리적 작업환경의 개선과 새로운 생산시스템하에서 근로자들의 능력 및 자질 향상으로 그들의 지속적인 자아실현을 가능케 하는 인력개발이 모두 통합된 인간·기술시스템이다.

2. 칼마르공장의 조립시스템과 직무설계

볼보의 동기부여적 조립시스템은 공장마다 다소 다른데, 600명이 일하는 칼마르(Kalmar)공장의 경우에 근로자들은 15~25명의 작업팀으로 구성되어 승용차의 내부장식, 제동장치, 전기배전장치 등 각기의 조립업무를 수행하고, 생산현황은 컴퓨터에 의하여 측정되어 전시판을 통하여 근로자들에게 피드백된다.

조립업무는 각기 자동추진운반장치(self-propelling carrier) 위에서 수행되는데, 이 장치는 공장바닥에 설치된 전도력 테이프(movable conductive tape)로 조정되어 작업팀 간에 이동된다. 자동추진운반장치는 컴퓨터의 지시에 의하여 이동되지만, 필요에 따라서는 작업팀이 언제든지 전도력 테이프를 조정함으로써 컴퓨터의 지시를 번복시킬 수 있다. 따라서 자동차가 조립되는 과정에서 어떠한 이상이 발견되면 작업팀은 그 자동차의 재작업을 위하여 담당작업팀에 돌려보낼 수 있다.

각 작업팀에는 완충지역이 있어서 근로자들이 들어오고 나가는 운반장치를 직접 조정하면서 작업의 진행속도를 조절할 수 있을 뿐만 아니라, 근로자들은 배정된 생산목표 내에서 작업진행을 그들 자신에 맞추어서 개별적으로 또는 공통으로 작업을 수행할 수 있다. 그리고 대부분의 근로자들은 전통적인 조립시스템에서와 같이 단지 몇 가지만의 고정된 조립업무를 서로 바꾸어 가면서 다른 여러 가지의 작업을 수행할 수 있다. 이와 같은 다양한 기술의 습득은 작업팀의 신축성을 증가시킨다. 또한, 팀조립시스템 하에서는 전통적인 조립공장에서 흔히 사용되는 엄격한 검사제도를 폐지하고 작업팀들이 자신들의 일을 검사한다. 그리고 검사결과는 컴퓨터에 의하여 분석되고, 그 결과는 담당작업팀에게 피드백되는데 되풀이되는 품질문제에 대해서는 과거에 적용된 문제해결방법까지도 알려준다.

그 밖에도 작업팀은 자율적으로 각기의 작업일정을 세우고, 조립 · 생산한 부분에 대한 검사와 수리 등 모든 작업을 수행한다. 각 팀의 근로자들은 전통적인 조립선방식보다 평균 6~8배나 더 많은 조립작업을 수행한다. 볼보회사측에 의하면 대당 소요되는 노동시간은 전통적인 조립선방식에 비하여 큰 차이가 없고, 완전가동의 경우에는 운영비 역시 별 차이가 없다. 불량품과 폐품 그리고 작업중단으로 인한 추가경비는 오히려 감소된다. 그리고 칼마르 공장의 건설비용은 전통적인 조립식 공장보다 10% 정도가 더 소요되었다. 생산성은 전통적인 공장과 비슷하거나 다소 낮지만, 근로자들의 직무만족과 결근율 · 이직률 등 조직효율성에 있어서는 큰 개선효과를 얻었다.

토의질문

1. 전통적인 조립선방식과 볼보의 조립팀방식에서 조립근로자의 직무내용이 어떻게 다른지, 그리고 이들 방식이 조직효율성에 미치는 영향이 어떻게 다른지를 비교 · 분석하시오.

2. 칼마르공장에서 팀조립시스템의 성공요인을 자세히 분석하시오.

3. 한국 자동차 제조업체(현대, 기아, GM대우 등)의 조립공장에서 팀조립방식의 적용성 여부와 성공요건을 자세히 분석하시오.

Chapter 06

모집과 선발

CHAPTER 06

모집과 선발

인적자원계획과 확보를 연구하는 데 있어서 우리는 제4장에서 조직구조설계와 인적자원계획을 연구하고 제5장에서 직무분석과 직무설계에 관하여 연구하였다. 인적자원계획은 조직체가 필요로 하는 인적자원을 실제로 확보하지 않고서는 그 의미가 없다. 조직체에서 요구되는 인적자원은 조직체가 이미 보유하고 있는 인적자원을 개발하여 충원하거나 또는 외부로부터 인적자원을 추가로 채용하여 공급할 수 있다. 이와 같이 조직체의 필요인력을 채용하는 인적자원관리 과정이 바로 모집과 선발이다.

우리나라 조직체에서의 모집과 선발은 주로 외부로부터의 인력채용에 치중해 왔다. 삼성이 1957년에 공개채용을 시작한 이래 대부분의 대기업과 공공기관이 공채시스템을 도입하면서 모집과 선발과정이 체계화되고 인적자원관리의 중요한 기능으로 발전하였다. 장기간에 걸친 고도의 경제성장은 우리나라 조직체의 인력수요를 계속 증가시켰고 특히 기술고도화와 기업의 국제화는 우수인력의 수요를 급격히 증가시켰다. 따라서 우리나라 조직체에서 모집과 선발은 이와 같은 인력수요를 충당하면서 조직체의 지속적인 성장을 유지시키는 데 크게 공헌하였다.

그러나 우리나라 조직체에서의 모집·선발은 전통적인 사회문화 속에서 능력보다는 학력과 연고(혈연, 학연, 지연 등) 관계에 지배적인 영향을 받아오면서 선발시스템의 타당도(validity)에 의문이 제기되었다. 그러나 세계화·정보화 등의 새로운 환경이 도래함에 따라 조직체의 경쟁력강화에 기여할 수 있는 능력중심의 채용에 대한 관심이 고조되면서 우리나라 조직체의 모집·선발과정에 많은 변화가 일어나고 있다.

이 장에서 우리는 조직체 외부로부터의 인적자원 확보를 살펴본다. 그리고 조직체 내부의 인적자원 개발에 관해서는 제11장에서 교육훈련 및 경력개발과 관련하여 살펴본다. 조직체의 인적자원 확보는 모집과 선발 그리고 배치의 세 가지 기능을 포함한다(〈그림 6-1〉 참조). 이 중에서도 모집과 선발은 인적자원관리의 매우 중요한 기능으로 인식되고 있

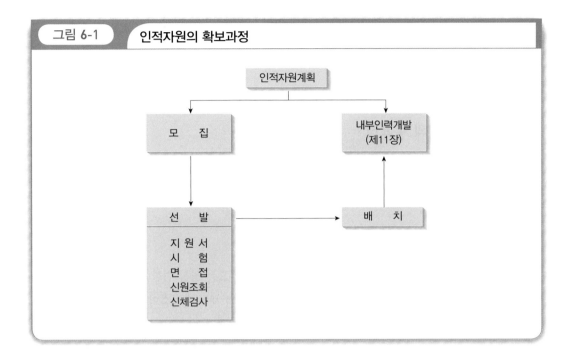

그림 6-1 인적자원의 확보과정

고, 특히 근래에 우리나라 조직체에서 경영혁신과 관련하여 우수한 인력을 채용하기 위하여 모집과 선발과정에 많은 변화와 개혁이 이루어지고 있다. 이 장은 인적자원확보의 순서에 따라 제1절에서 모집의 전략적 중요성과 모집방법상의 전략적 선택문제를 살펴보고, 제2절과 제3절에서 선발전략과 선발과정에서의 타당도 분석에 관하여 각각 연구한다. 그리고 제4절에서 주요 선발도구에 관하여 설명하고, 마지막으로 제5절에서 선발된 인적자원의 배치에 관하여 알아본다.

제 1 절 모집전략과 모집관리

간단히 말해서 모집(recruitment)은 조직체가 필요로 하는 인력이 조직체에 관심을 갖고 지원서를 제출하도록 이끄는 과정을 의미한다. 즉, 모집은 조직체의 목적달성에 기여할 수 있는 외부인력의 원천을 개발하고, 이들 인력으로 하여금 조직체에 관심을 갖고 조직체에서 일할 기회를 찾도록 만드는 과정이다. 그러므로 모집은 인적지원 확보에 있어서 우선적인 인적자원관리 기능으로서, 조직체 이미지와 관련된 조직체 전반에 대한 일반적인 정보제공으로부터 시작하여 구체적인 모집광고와 지원서의 접수에 이르기까지 여러 가지의 활동으로 구성된다.

① 모집의 중요성

현대조직에서 필요한 인적자원을 확보하는 데 있어서 모집은 몇 가지 측면에서 그 중요성이 강조되고 있다.

(1) 조직체의 인력수요 변동

제4장에서 설명한 바와 같이 조직체의 인력수요는 항상 변한다. 퇴직이나 이직 등으로 인한 자연적인 인력감소는 물론, 조직체의 성장과 새로운 기술의 도입 등 조직체의 변화와 더불어 인력규모와 구성도 항상 변한다. 일반적으로 조직체의 인력수요는 내부인력으로 충원할 수 있다면 가장 편리할 것이다. 그러나 새로운 지식과 기술 그리고 능력을 갖춘 새로운 인력이 필요하게 되고, 특히 조직체가 급격히 성장하는 경우에는 소요인력을 내부인력으로만 충당시키기가 매우 어렵다. 그리하여 조직체는 외부로부터의 인력조달에 의존하게 되고, 따라서 모집활동이 중요해진다.

(2) 외부 인력시장의 변동

외부의 인력시장구조도 항상 변한다. 경제발전으로 산업구조가 점차 고도화되고 있는 우리나라의 경우 인력시장에서 기술인력과 관리인력 등 전문인력의 비중이 커지고 있다. 그러나 외부로부터의 전문인력 공급은 내부의 인력수요에 항상 못 미치는 경향이 있고, 특히 새로운 기술인력과 고급 경영인력의 경우에는 인력수급 불균형의 문제가 더욱 커짐으로써 인력난이 심해진다. 따라서 외부 인력시장을 분석하고 특히 인력난이 심한 분야의 인력원천과 긴밀한 접촉을 유지하기 위한 모집활동이 매우 중요해진다.

(3) 관련 인적자원관리 기능과의 연계

조직체에서 요구되는 인력은 즉시에 공급되지 않는다. 특히 기술인력과 관리인력의 경우에는 역량습득에 상당한 시간이 소요되기 때문에 이들 인력의 적시공급이 더욱 어렵다.

따라서 소요인력을 확보하기 위하여 높은 임금과 프리미엄 등 특별한 조건을 제공해야 하는 경우가 흔히 발생하고, 이것은 기존 조직구성원들과 대우상의 불균형을 가져오게 된다. 그러므로 모집활동은 조직체의 수요인력예측과 긴밀한 관계 하에 충분한 시간적 여유를 두고 꾸준히 전개되어야 한다. 특히 전문인력의 경우에는 조직체에서 구성원들의 경력발전과 자아실현 등에 얼마나 높은 관심을 가지고 있는지 그에 대한 일반적인 인식과 명성(reputation)이 인력시장에서 매우 중요한 요소로 작용한다. 따라서 모집은 장기적인 관점에서 조직체의 전반적인 이미지 형성과 대외 홍보활동(public relations)과도 연결시켜 종합적으로 계획·추진되는 것이 바람직하다.

그뿐 아니라, 모집은 조직체의 선발전략과도 밀접한 관계 속에서 전개되어야 한다. 조직체에서 선호하는 인력은 교육과 경험, 자질과 기술 등 여러 면에서 조직체마다 다르고, 따라서 이것이 선발과정에 실제로 반영되고 있다. 그러므로 모집은 이러한 선발전략에 맞추어서 이에 적합한 인력원천을 대상으로 일관성 있게 계획되고 추진되어야 한다. 모집활동이 얼마나 잘 이루어지느냐에 따라서 조직체에서 필요로 하는 인력을 선발할 수 있으므로 효과적 모집은 효과적 선발의 선행조건이라 할 수 있다.

② 모집방법

모집은 인력의 공급원과 조직체의 인력수요를 연결시켜 주는 중요한 인적자원관리 기능으로서, 조직체에서 소요되는 인적자원을 실제로 확보하는 데 많은 영향을 준다. 외부 인력을 대상으로 한 주요 모집방법과 각각의 효과를 요약한다.

외부 인력을 대상으로 하는 모집방법에는 공개모집, 현장모집, 광고, 직업소개소, 학교, 협회, 내부인력의 추천 등 다양한 방법이 사용되고 있다. 그리고 그 활용도도 직종과 직급마다 다르다(〈표 6-1〉 참조). 일반적으로 고급기술인력 또는 관리인력일수록 헤드헌터사와 같은 민간직업소개회사, 학교와 단체기관 그리고 내부인력의 추천이 비교적 중요한 모집방법으로 사용되고, 하위계층의 인력일수록 광고와 직업소개소가 비교적 많이 사용된다.

근래에는 온라인 모집을 활용하는 조직체들이 급격하게 늘어나고 있으며, 점차 많은 기업들이 온라인으로 지원서를 접수하고 있다(Cappelli, 2001). 온라인 모집은 특별히 20~30대의 디지털 세대 구직자들에게는 매우 익숙할 뿐만 아니라, 조직체의 입장에서는 외부인력원천을 획기적으로 확장시킬 수 있는 중요한 수단인 동시에 모집활동에 소요되는

■■표 6-1 **모집방법의 활용도**

모집방법 \ 직종	생산직	사무직	관리·기술직
외부원천: 공개모집	×	×	×
현장모집	×	×	
공공직업소개소	×	×	
사설직업소개소		×	×
인터넷	×	×	×
학 교: 고등학교	×	×	
직업기술학교	×	×	×
대학교		×	×
기 타: 친지	×	×	×
협회, 단체			×
노동조합	×		

시간과 비용도 대폭 줄일 수 있는 방안이기도 하다. 온라인 모집은 구인업체와 구직자를 연결시켜 주는 온라인 취업사이트를 매개로 하여 이루어지기도 하지만, 많은 조직체들이 자체 웹사이트를 운영하면서 그 웹사이트를 통해 직접 지원자를 모집하는 등 그 추세가 늘어나고 있다.

인력계획과 모집의 중요성이 높아짐에 따라서 인적자원스태프는 모집요원(recruiter)으로서 주요 모집원천을 대상으로 활발한 모집활동에 나선다. 특히 선진국에서는 대학교와 고등학교를 대상으로 전문모집요원이 오랫동안 매우 중요한 역할을 해왔다. 학교에서도 직업소개실(Placement Office)을 두어 지원서와 회사소개자료의 배포, 모집면접의 주선, 그리고 추천서류의 구비 등 학생들의 취업과 회사측의 모집요원들을 도와준다. 이와 같이 모집요원의 역할은 학교와의 적극적인 협조관계를 조성하고 우수한 학생들을 모집하는 데 크게 기여한다(Stevens, 1997). 따라서 조직체는 모집요원의 사전훈련에 많은 노력을 기울인다.

우리나라에서도 근래에 대학교를 대상으로 모집활동이 점점 활발해지고 있다. 특히 선배임원과 인적자원스태프가 모교를 방문하여 기업설명회를 개최하고 우수한 후배들을 모집하려고 많은 노력을 기울인다. 그리고 버스를 대절하여 대졸 예정자들에게 기업체와 공장을 견학할 기회를 제공함으로써 기업체에 대한 실질적인 소개도 한다. 또한, 대학교 교수의 추천을 통하여 우수한 인력을 모집하는 방법도 많이 사용한다. 학교도 학생들의 취업을 위한 상담과 정보 및 서비스기능을 강화하여 학생들의 취업과 기업의 모집활동을 연결하고

자 노력하고 있다. 특히 청년실업문제의 심화는 학생들의 취업을 위한 대학의 서비스기능을 대폭 강화하는 계기가 되었다.

③. 모집전략과 방침

이상의 인력원천과 모집방법을 얼마나 그리고 어떻게 활용할 것인지는 조직체의 모집전략과 방침에 달렸다. 현대조직의 모집과정에서 흔히 고려되는 주요 전략적 결정들을 간단히 살펴본다.

(1) 내부인력과 외부인력 활용

모집과 선발에 있어서 첫 번째 전략적 결정은 내부인력과 외부인력에 얼마나 의존할 것인가에 관한 문제이다. 우리나라 조직체와 같이 종신고용과 연공서열의 전통에서는 필요인력의 우선적인 모집대상은 물론 내부인력이다. 그리고 계약고용과 능력을 강조하는 서구조직체에서도 내부승진을 우선적으로 강조하는 경우가 많이 있다. 특히 상위경영층으로 올라갈수록 특별한 경우를 제외하고는 필요인력을 내부승진으로 충원하는 조직체가 많다. 이와 같은 내부인력 활용은 특히 높은 성과를 달성하고 있는 우수기업에서 많이 활용되고 있다(Collins & Porras, 1994; Pfeffer, 1998; Collins, 2001). 우수한 기업일수록 인적자원수준이 높고 또 독특하고 강한 기업문화가 정착되어 있어서 외부인력보다는 내부인력이 더 적합하다는 관점에서 특히 상위경영층일수록 내부인력 활용이 강조되고 있다. 이와 같이 모집전략이 내부인력에 의존할수록 하위계층에서는 외부인력에 의존하는 정도가 자연히 높아지는 것은 물론이다. 또한, 내부승진은 우수한 인력을 유치하는 데에도 중요한 유인이 될 수 있다(Branch, 1997).

그러나 내부인력에 너무 많이 그리고 오랫동안 의존하게 되면 조직구성원들은 자신의 능력을 넘어서는 수준까지 승진함으로써 결국 조직체는 무능한 사람들로 구성되어 버린다는 피터의 원리(Peter's Principle)가 발효될 가능성이 있고, 따라서 조직체가 경직화되고 침체될 위험성이 있다(Peter & Hall, 1979). 그리고 승진을 위한 과다경쟁도 발생하여 조직체의 관료화경향과 이에 따른 역기능적 효과가 나타날 수 있다. 따라서 내부인력과 외부인력 활용은 조직체의 전통과 문화 등 조직체 상황에 따라 신중히 고려되어야 할 전략적 결정이다. 〈표 6 - 2〉는 내부인력활용과 외부인력활용의 장단점을 비교한다.

■■표 6-2   **내부인력 활용과 외부인력 활용의 장 · 단점**

장단점＼원천	내부인력원천	외부인력원천
장 점	승진자의 사기앙양 동기유발 능력개발 강화 정확한 능력평가 비용절약	새로운 관점 도입 인력개발 비용 절감 새로운 정보와 지식(경쟁기업 등) 제공
단 점	모집범위의 제한 승진하지 못한 구성원의 좌절감 승진을 위한 과다경쟁 인력개발 비용 증가	부적격자 채용의 위험성 안정되기까지의 적응기간 소요 내부인력의 사기저하

(2) 모집대상인력의 능력 수준

조직체는 모두가 우수한 인력을 모집하려고 노력한다. 우수한 조직체일수록 우수한 인력을 더욱 강조한다. 대표적인 예가 Microsoft사로서, "우리 회사의 톱 인재 20명만 빼내면 우리 회사는 망한다"라는 빌 게이츠(Bill Gates) 회장의 말대로 우수인력은 마이크로소프트의 생명이다(Seligman, 1997; Stross, 1996). 따라서 마이크로소프트는 지능 수준이 높은 명문대학 출신(특히 수학, 물리학 전공)을 모집하는 데 역점을 둔다. HP, GE, IBM 등 다른 우수기업들도 명문대학 출신의 우수인재를 모집대상으로 강조한다.

이와 대조적으로 일본의 마쓰시다(松下)전기는 소니, 도요다, 혼다 등 일본의 다른 우수기업만큼 명문대학 출신의 우수인재를 강조하지 않는다. 평범한 인력을 모집·선발하여 '마쓰시다 맨'을 만드는 것을 더 강조한다. 2등 인력으로 구성된 '마쓰시다 맨'으로 일등성과를 달성한다는 전략이다(Pascale & Athos, 1981; 이학종, 2003). 이와 같이 모집에서 우수인재를 얼마나 강조할 것인가도 조직체의 경영이념과 인력개발 그리고 경쟁력요인과 연결하여 고려해야 할 전략적 결정이다.

(3) 모집촉진 전략

모집의 목적은 조직체에서 필요로 하는 우수한 인력을 되도록 많이 조직체로 끌어들이는 것이다. 따라서 모집은 모집광고나 모집요원의 역할 등 직접적인 모집활동뿐 아니라 조직체 전반에 대한 대외적인 이미지로부터도 많은 영향을 받는다. 그러므로 장기적인 관점에서 조직체에 대한 긍정적인 이미지 형성을 모집과 연계시켜 이미지광고와 홍보활동에 얼마만한 노력을 기울일 것인지도 모집촉진과 관련된 중요한 전략적 결정이다. 이미지광고뿐만 아니라 자율경영, 고객만족경영, 환경보호, 내부승진, 경력개발, 고임금 등 조직체의 사회책임 역할이나 인적자원관리제도들도 대외적인 조직체 이미지에 실질적으로 많은 영향을 준다. 근래에 선진국 기업에서는 고용계약 시 특별보너스를 지불하거나 주식옵션을 제공하는 관행이 증가하고 있고, 이것이 실제로 우수인력을 기업체로 유도하는 전략적 효과를 발휘하고 있다(Clark, 1997).

(4) 모집방법의 전략적 활용

다양한 모집방법을 잘 활용하여 최대의 효과를 얻는 것도 물론 전략적 모집의 중요한 측면이다. 모집활동의 효과는 주로 수확률(yield ratio)을 사용하여 측정할 수 있다. 수확률은 모집에서 채용에 이르기까지 지원자의 단계별 통과비율을 의미한다. 〈표 6-3〉의 예시에서 보는 바와 같이 지원단계에서는 지방대학에서의 지원자수가 제일 많고, 그 다음으로 신문광고와 명문대학의 순이다. 시험단계에서는 수적으로 지방대학이 가장 많고 수확률에 있어서는 친지추천과 지방대학이 각각 80%로 가장 높은 비율을 나타낸다. 그리고 선발단계에서는 수적으로 지방대학이 가장 많고 수확률에 있어서는 명문대학이 가장 높은 비율을 보이며, 최종고용(합의)에 있어서는 지방대학에서의 지원자가 가장 많고 수확률에 있어서는 지방대학과 신문광고가 가장 높은 비율을 보인다. 마지막으로 총비용을 감안한 경제성

■ ■표 6-3 **모집방법의 수확률 분석**-예시

모집방법	지방대학교	명문대학교	신문광고	친지추천	직업소개소	계
지원서 접수(명)	400	100	300	50	20	870
시험응시(명)	320	50	200	40	10	620
수확률(%)	80	50	67	80	50	71
합격자수(명)	100	40	50	20	5	215
수확률(%)	31	80	25	50	50	35
고용합의(명)	90	20	45	15	4	174
수확률(%)	90	50	90	75	80	81
누적수확률(%)	90/400	20/100	45/300	15/50	4/20	174/870
	23	20	15	30	20	20
총비용(100만원)	150	80	200	5	5	455
1인당비용(100만원)	1.67	4.00	4.44	.33	5.0	2.61

에 있어서는 친지추천 신입사원이 가장 낮고 민간직업소개회사를 통한 신입사원이 가장 높은 수준을 보인다.

이와 같이 수확률은 모집에서 선발에 이르기까지 모집방법들 간의 단계별 그리고 전체적인 효율성을 분석·평가하는 데 도움을 준다. 그러나 수확률은 어디까지나 선발을 위한 모집방법들에 대한 평가로서, 선발이 실제로 잘 이루어졌는지에 대한 선발타당도와는 무관하다. 모집방법의 가치는 성과관점에서 지원자의 능력과도 관계가 있는 만큼, 효율적인 모집방법에 대한 평가는 사실상 고용 이후의 실제성과까지 포함하여 전체적으로 분석되어야 할 것이다.

제 2 절 선발전략과 관리체계

모집을 통하여 지원서가 접수되면 선발과정이 시작된다. 간단히 말해서, 선발(selection)은 주어진 조직체 상황에서 지원자 중 가장 적합한 자격을 갖추었다고 생각되는 사람들을 선택하는 과정이다. 테일러리즘에 입각하여 직무를 세분화, 전문화, 표준화한 통제적 작업조건에서는 개인간 직무성과 차이가 별로 크지 않았기 때문에 선발의 중요성이 크지 않았다. 그러나 지식기반경쟁시대로 전환된 오늘날에는 개인들의 역량발휘와 조직체에 대한 헌신이 조직체의 경쟁력 확보에 중요한 만큼 재량권과 주도권을 가능한 한 조직구성원들에게 많이 부여하게 되는데, 이러한 자율적 작업조건에서는 개인 간 직무성과 차이가 커지기 때문에 선발의 중요성이 그만큼 크다고 볼 수 있다. 그러므로 조직체는 목적달성에 가장 적합한 인적자원을 선발하기 위하여 많은 노력을 기울이게 되고 이에 많은 비용을 투입하게 된다. 여기에서는 선발에 있어서 전략적 접근방법과 선발절차 그리고 적격자를 선택하기 위한 선발도구들의 이론적 타당도를 간단히 설명한다.

1. 선발의 전략적 접근

조직체는 인적자원을 관리하는 과정에서 어떠한 사람들이 조직체에 가장 적합하고 성과에 기여하는지를 알게 된다. 즉, 조직체는 자체의 경험을 토대로 하여 '저성과자' 특성을 가진 사람들은 피하고 '고성과자' 특성을 가진 사람들을 선호하게 된다. 그리하여 조직체는 이와 같은 적합성 개념을 선발과정에 적용하여 지원자들을 대상으로 바람직한 특성들을 체계적으로 그리고 정확하게 측정·평가하기 위한 도구들을 개발하고 이를 활용한다.

한편, 조직체가 선호하는 바람직한 특성에는 조직체의 경영이념과 전략이 크게 작용한다. 조직성과의 주체는 구성원들인 만큼 조직체를 어떠한 사람들로 구성할 것인가는 인적자원관리는 물론 경영전략의 매우 중요한 측면이다. 따라서 현대조직에서 특히 신입사원을 결정하는 선발과정에는 경영이념과 전략이 직접 반영되고, 조직문화가 강하고 성과가 높은 우수기업일수록 경영이념과 전략이 선발과정에 반영되는 정도는 더욱 크다(Collins & Porras, 1994; Collins, 2001).

(1) 경영이념과 선발

전략적 인적자원관리 관점에서 선발의 전략적 접근은 조직체의 경영이념과 전략을 선발기준과 절차에 반영하여 경영이념과 전략적 목적달성에 적합한 지원자들을 효율적으로 선발하는 과정을 의미한다. 특히 조직체의 경영이념과 핵심가치가 경영 전반에 강하게 반영되는 가치중심적(value-driven) 경영에서 조직체가 원하는 바람직한 '구성원상'은 선발과정에 강하게 반영되어 선발전략과 밀접히 연계된다. 가치중심적 경영에 관해서는 제3장 제2절에서 자세히 설명하였다.

우리나라에서 '삼성맨', 'LG맨', 'SK맨' 등은 이들 기업의 경영이념과 기본가치가 구성원의 가치관과 행동에 반영된 각각의 '직원상'을 뜻한다. 선진국 기업에서도 'IBM맨', 'HP맨', '마쓰시다맨' 등도 해당 기업의 경영이념과 핵심가치가 반영된 독특한 '직원상'이다(Rodgers, 1986; Packard, 1995; Pascale & Athos, 1981; Rasiel, 1999). 이와 같은 기업의 바람직한 직원상은 선발과정부터 시작하여 교육훈련과 현장관리 그리고 직원들의 사회화 과정을 통하여 형성된다. 따라서 조직체의 경영이념과 핵심가치는 신입사원의 선발기준과 절차에 지배적인 영향을 준다.

앞에서 언급한 바와 같이 Microsoft는 소프트웨어산업의 최고지위를 유지하기 위하여 캠퍼스문화(campus culture)와 우수한 인재를 강조하고, 이를 선발기준에 직접 반영한다. 높은 지능지수를 강조함은 물론, 인재들이 흔히 개인주의적이고 지식독점주의적인 점을 감안하여 협력성과 팀워크 그리고 개방성과 지식 공유성을 선발기준으로 강조한다. 또한 수재들은 이론적인 연구에만 치중하는 점을 감안하여 창업적 기질도 함께 강조한다(Stross,

1996; Cusmano & Selby, 1995). HP도 자체의 HP Way 이념에 따라 선발기준에서 개방적이고 적극적이며 창의적인 자질을 강조한다(Packard, 1995; 이학종, 1996). 그리고 GE도 무경계(boundaryless)와 통합적 다양성(integrated diversity)의 경영이념을 선발과정에 적용하여 개방성과 팀워크 그리고 자원공유와 학습의식 등 핵심가치와 관련된 특성을 강조한다(Slater, 1999; 이학종, 2003). 경영이념과 핵심가치에 적합한 특성과 자질을 평가하기 위하여 이들 기업은 각종 선발도구를 활용하는데, 그 중에서도 일선관리자 및 팀원들과의 심층적인 면접을 특별히 중요시한다(제3장 [사례연구 #3 – 1] 참조).

(2) 경영전략과 선발

경영전략도 물론 선발과정에 많은 영향을 준다. 고도성장을 추구하는 조직체는 선발기준으로서 적극성과 모험성 그리고 불확실성 수용력 등을 강조하는 반면, 안정 또는 긴축전략을 추구하는 조직체는 정확성과 계획성 그리고 통제성 등 능률과 관련된 자질을 강조한다(Rynes & Barber, 1990). 또한, 성장을 지향하는 조직체는 소요인력을 외부 인력시장에서 충원해야 하기 때문에 성장전략에 적합한 인력자원을 선발하기 위한 선발도구를 개발하는데 많은 노력을 투입하는 반면에, 안정 또는 긴축을 지향하는 조직체는 조직축소와 능률향상을 위하여 내부 기존인력의 교육훈련과 개발에 비교적 많은 노력을 기울인다(Anthony et al., 1999).

(3) 학력중시 대 능력중시

우리나라 조직체는 전통적으로 학력을 가장 중시해왔다. 대졸 신입사원선발에 있어서 입사시험도 그 내용이 대체로 대학교육과 밀접한 관계가 있어서 서울지역의 명문대학 출신에게 유리하게 작용해 왔다. 그러나 경영 수준이 고도화되고 국내외의 경쟁압력이 거세지는 가운데 경쟁력강화를 위한 경영전략과 더불어 선발과정에도 성과와 능력개념이 적용되기 시작하였다. 그리하여 우리나라의 많은 조직체가 학력중시에서 능력중시로 선발기준을 바꾸고 있다.

(4) 직무중심 접근법 대 경력중심 접근법

또한, 조직체의 선발전략은 직무중심이냐 또는 경력중심이냐에 따라서 이에 적용되는 기준과 절차가 다르다. 직무중심 접근법(job-based approach)은 선발과정에서 충원해야 할 직무(job)의 자격요건을 기준으로 그 직무를 가장 만족스럽게 수행할 수 있는 자격자를 선발하는 방법이다. 따라서 이 접근법은 선발과정에서 포괄적 자질이나 잠재역량보다는 업무수행 지식이나 기술이나 경험을, 그리고 장기적인 개발가능성보다는 당장의 실적가능성을 더 강조한다.

경력중심 접근법(career-based approach)은 충원해야 할 직무의 자격요건보다도 지원자의 전체적인 능력을 중심으로 그의 전체 경력을 통하여 조직체에 기여할 수 있는 잠재 공헌도를 예측하여 그에 따라 적격자를 선발하는 방법이다. 그러므로 이 방법은 당장의 직무수행 지식이나 기술보다는 포괄적 자질이나 잠재능력을, 그리고 단기적인 성과보다는 장기적인 능력개발가능성을 더 강조하게 되고, 따라서 이러한 특성을 측정하기 위한 도구들이 많이 활용된다.

이들 접근법은 직무의 성격과 조직체상황에 따라서 그 적용성이 다르다. 직무내용의 전문성이 높을수록 직무에 명시된 자격요건에 의하여 선발이 이루어지는 경향이 크고, 직무내용이 일반성을 띠고 조직체 여건도 다변성을 지닐수록 경력중심의 접근법이 적용되는 경향이 높다. 접근법에 따라서 선발과정에서 적용되는 선발도구와 선발기준이 달라지는 것은 물론이다.

② 선발체계와 절차

선발은 조직체에서 요구되는 인적자원을 실제로 확보하는 과정으로서, 조직체의 목적달성에 가장 적합한 사람들을 선발하기 위해 선발대상자들에 대한 정확한 평가가 이루어져야 하고, 따라서 그 과정에서 많은 비용이 발생할 수 있다. 그러므로 선발과정을 효율적으로 운영할 수 있는 체계와 절차가 필요하다.

(1) 선발체계

지원자들 중에서 최적격자를 선택하는 데에는 전문적인 선발기능이 요구되는 만큼, 선발과정은 일선관리자들과 인적자원스태프 간의 협조체계 속에서 효율적으로 운영될 수 있다. 일반적으로 일선관리자들은 실무적인 관점에서 선발과정에서 중시해야 할 기준들을 인적자원스태프에게 전달하고, 인적자원스태프는 일선관리자들의 요청과 의견을 선발과정에 반영한다.

선발과정을 효율적으로 운영하기 위하여 인적자원부서는 지원서의 접수부터 선발된 인력의 현장배치에 이르기까지 모든 지원업무와 전문적인 평가 및 분석업무를 수행한다. 지원자들을 평가하는 각종 도구는 일선관리자들과의 협의 하에 개발되는 것이 바람직하고, 실제 평가과정과 최종 선발결정도 일선관리자들과의 협의 하에 이루어지는 것이 바람직하다. 대규모 기업그룹에서는 전통적으로 그룹 종합조정실의 인적자원관리팀에서 그룹 전체의 공개채용 및 선발업무를 총괄적으로 수행해 왔으나, 근래에는 계열회사별 혹은 사업부별로 점점 분권화되어가는 추세를 보인다.

(2) 선발절차

선발과정은 지원서의 접수와 지원서류 심사, 선발시험과 채점, 면접, 신원조회 그리고 신체검사 등의 절차로 구성된다(〈그림 6-1〉 참조). 지원자의 수가 많은 경우에는 서류심사에 합격한 지원자에 한하여 선발시험을 실시하고, 시험에 합격한 지원자에 한하여 면접을 실시함으로써 선발과정의 업무를 간소화할 수 있다. 시험은 대졸 지원자의 경우에는 적성검사와 성격검사 그리고 외국어와 전문분야의 시험 등을 포함한다. 선발절차에서 활용되는 각종 선발도구에 관해서는 제3절에서 자세히 설명한다.

제 3 절 ┃ 선발도구의 신뢰도와 타당도와 유효성분석

가장 우수한 지원자를 선발하는 데에는 다양한 선발도구들이 활용되고, 이들 도구를 통한 평가결과에 따라 선발이 이루어진다. 선발도구의 신뢰도와 타당도(validity)의 개념과 적용에 관하여 알아본다.

1. 신뢰도 개념

선발도구는 어떠한 상황에서도 똑같은 측정결과를 나타내는 일관성(consistency)이 있어야 한다. 시험장소나 시간에 따라서 시험결과가 영향을 받거나, 지원자들이 시험문제에 대한 해석을 달리함으로써 시험결과가 달라질 수 있다면, 그 시험결과는 안정성이 없고 따라서 그 결과에 대한 신뢰도가 떨어진다. 따라서 시험결과의 일관성을 보장해 주기 위하여 선발도구의 신뢰도(reliability)가 높아야 한다는 것은 시험의 가장 기본적인 필수조건이다. 그리고 선발도구의 높은 신뢰도는 다음에서 나오는 선발도구의 타당도를 높이기 위한 필수 조건이기도 하다. 특정 선발도구가 선발에 사용되려면 일반적으로 신뢰도가 .80 이상이 되어야 한다(Anthony et al., 1999; McCormick & Ilgen, 1980).

②. 타당도의 개념

조직체에 가장 적합한 지원자를 선발하려면 성과에 기여할 수 있는 특성들이 무엇인지를 분석하고, 이들 특성을 측정할 수 있는 도구와 방법을 개발하여 이를 선발과정에 적용해야 한다. 그뿐 아니라, 이들 도구와 방법이 성과에 기여할 수 있는 특성들을 얼마나 잘 측정하는지, 그 특성들이 실제 성과와 얼마나 밀접한 관계를 맺고 있는지 검증함으로써 선발과정의 효과성을 분석할 수 있으며, 그 분석결과에 따라 보다 효과적인 선발과정을 설계해 나갈 수 있다. 이와 같이 선발과정에서 성과를 예측하는 데 사용되는 여러 선발도구의 타당도를 연구·분석하는 과정을 타당도분석(validation)이라고 부른다(〈그림 6 - 2〉 참조). 타당도분석에 포함된 기본 개념들과 세 가지의 타당도를 중심으로 간단히 설명한다.

① **직무성과**(job performance): 직무성과는 선발의 궁극적인 목적으로서 조직체의 목적 달성에 기여하는 정도를 말하며, 선발에 관한 의사결정의 타당성을 판정하는 준거 (criterion)가 된다.

② **성과기준치**(performance index): 성과란 매우 포괄적이고 추상적인 개념이기 때문에 한 조직체 내에서 특정 개인이나 업무단위의 성과를 나타내려면 계량화된 성과지표가 필요한데, 이를 가리켜 성과기준치라 한다. 직무수행평가결과나 인당 부가가치, 반생산적 행동(counter-productive behaviors: 결근, 이직 등) 등이 이에 해당된다.

③ **예측요인**(predictors): 예측요인은 성과를 예측하는 데 유용하게 사용되는 개인특성 요인을 일컫는다. 예측요인은 일반적으로 직무명세서에 정리되어 있는 자격요건으로서, 지식, 기술, 능력, 성격, 적성 등을 포함한다.

④ **예측기준치**(predictor index): 성과처럼 예측요인 또한 포괄적이고도 추상적 개념이다. 따라서 예측요인 면에서 어느 한 개인이 다른 개인보다 우수한지 여부를 가리려

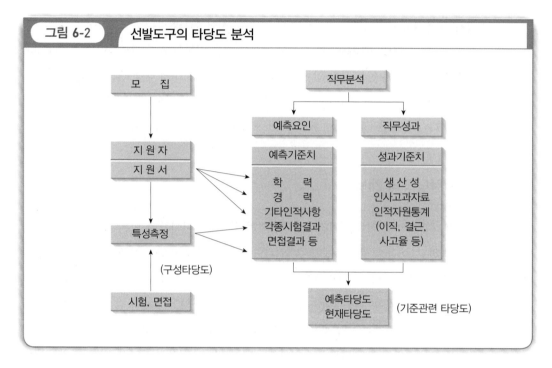

그림 6-2 선발도구의 타당도 분석

면 해당 예측요인을 계량화할 필요가 있다. 입사지원서, 필기시험, 면접, 종합평가 센터 테스트 등과 같은 선발도구는 바로 이러한 목적으로 개발된 예측요인 측정도 구이며, 그 측정도구를 통하여 얻어진 지표를 가리켜 예측기준치라고 한다.

(1) 기준관련 타당도

기준관련 타당도(criterion-related validity)는 성과기준치와 예측기준치 간 상관계수로 표시되는 계량화된 타당도로서 선발의 맥락에서 예측요인(predictors)을 측정하는 선발도 구들이 실제 성과를 얼마나 잘 예측하는지를 말해준다. 기준관련 타당도의 계수는 성과기 준치와 예측기준치 간에 아무 상관관계가 없음을 나타내는 0.00에서 완전한 상관관계가 있 음을 나타내는 1.00(또는 완전한 부의 상관관계가 있는 -1.00) 사이의 값으로 나타나며, 상관 계수가 클수록 해당 선발도구의 성과에 대한 예측도가 높고, 따라서 선발도구의 유효성도 높다고 할 수 있다(〈그림 6-3〉 참조).

기준관련 타당도를 측정하는 방법에는 두 가지가 있다. 첫째는 선발 당시의 예측기준 치(학력, 경력, 시험점수, 면접점수 등)와 선발 이후 직무에서 실제로 나타난 성과기준치(실적 평가점수, 인사고과점수 등) 간의 상관계수를 계산하는 방법으로서, 이와 같은 방법으로 측정

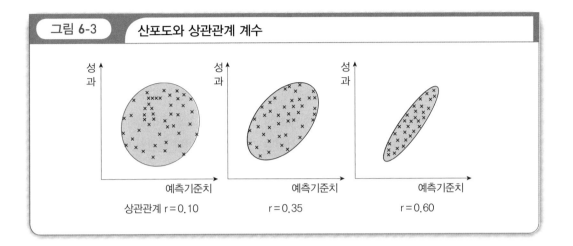

그림 6-3 산포도와 상관관계 계수

상관관계 r=0.10 　　　 r=0.35 　　　 r=0.60

된 기준관련 타당도를 예측타당도(predictive validity)라고 부른다. 그러나 이러한 실제 상관관계에 의하여 예측타당도를 계산하려면 일정한 기간이 소요된다. 선발 직후의 단기적 성과는 선발과정의 효과를 정확하게 측정할 수 있는 좋은 평가자료가 될 수 없으며, 그렇다고 해서 5~10년간의 장기적인 실제 성과를 사용하려면 그 만큼의 오랜 기간 동안을 기다려야 한다.

　그러므로 현재 실무에 종사하고 있는 조직구성원들로부터 예측기준치와 성과기준치를 측정하여 이들 간의 상관관계를 계산하여 선발도구의 타당도를 계산하는 것이 두 번째 방법인데, 이와 같이 현업에서 종사하고 있는 구성원들을 대상으로 계산된 기준관련 타당도를 현재타당도(concurrent validity)라고 부른다. 현재타당도는 예측타당도에 비하여 성과기준치에 관한 자료수집을 위해 일정기간 기다릴 필요가 없기 때문에 소요기간과 비용 상의 이점이 큰 반면에, 상관관계를 구하기 위하여 활용된 표본이 전체 입사지원자들을 대표할 수 없을 뿐만 아니라, 예측기준치를 측정할 때 조직구성원들의 의욕수준이 실제 지원자들과는 다르기 때문에 예측타당도를 대체할 수 없다는 단점을 가지고 있다.

(2) 내용타당도

　기준관련 타당도는 성과기준치가 설정될 수 있고 또 통계적 방법에 의하여 충분한 표본이 추출될 수 있는 상황에서 그 계산이 가능하다. 그러나 경우에 따라서는 성과기준치를 설정하기가 매우 어렵거나 통계적으로 충분한 크기의 표본 확보가 불가능할 때가 많이 있다. 기준관련 타당도를 계산하기에 필요한 최소 표본크기에 관해서는 통일된 견해는 없지만, 적어도 30명 이상이 되어야 하는 것으로 인식되고 있다(Heneman et al., 1980). 따라서 이와 같은 요건을 충족하지 못하는 상황에서는 내용타당도(content validity)에 의하여 선발도구의 타당도를 평가할 수 있다.

선발의 맥락에서 사용되는 내용타당도는 성과를 예측하기 위하여 시행되는 시험이나 면접의 내용이 업무를 수행하는 과정에서 당면하게 되는 상황이나 문제, 혹은 그러한 상황이나 문제를 해결하는 데 사용되는 지식이나 기술 등을 얼마나 일관성 있게 잘 반영하고 있는지를 나타낸다(Lawshe, 1985; Noe et al., 2010). 따라서 특정 선발도구의 내용타당도는 업무수행의 핵심내용을 측정하는 데 타당하다고 판단되는 시험문제 또는 면접질문을 선발도구의 내용이 되도록 함으로써 확보된다. 예를 들면, 회계직원의 선발에는 회계지식과 관련된 문제를, 그리고 컴퓨터요원의 선발에는 컴퓨터에 관한 문제를 시험에 출제하는 것이 내용적으로 타당하다고 볼 수 있다. 이와 같이 내용타당도는 실제적인 타당도 계수를 계산하지 않고 대신 전문가의 판단에 따라 업무내용과 일관성이 높은 시험문제를 설계함으로써 해당 선발도구의 타당도를 확보한다는 점에서 기준관련 타당도에 비하여 비교적 간단한 방법이라고 볼 수 있다(Cascio, 1998).

(3) 구성타당도

위에서 설명한 기준관련 타당도와 내용타당도가 선발도구의 직무성과에 대한 예측정도를 나타내는 데 반하여, 구성타당도(construct validity)는 일반적으로 특정한 추상적 개념(construct)을 측정하기 위하여 설계된 측정도구가 그 측정하고자 하는 개념을 얼마나 정확하게 측정하고 있는지를 나타낸다. 선발의 맥락에서는 업무성과와 관련성이 높다고 판단되는 특성들(예: 지능, 성격, 적성 등)을 측정하기 위하여 설계된 선발도구가 해당 특성을 얼마나 정확하게 측정하는지를 말해주는 것이 곧 구성타당도이다. 따라서 구성타당도는 특정 선발도구의 성과예측도를 나타낸다기보다는 해당 선발도구의 측정도구(measurement tool)로서의 적격성을 판정하는 타당도라고 할 수 있다. 그럼에도 불구하고 선발도구의 성과예측도 차원에서 구성타당도를 논하는 이유는 특정 예측요인(predictors)이 업무성과와 높은 연관성을 가지고 있다는 이론적 근거가 확보되어 있고, 따라서 해당 선발도구가 그 예측요인을 정확하게 측정하기만 하면 이는 곧 성과에 대한 높은 예측력을 담보할 수 있다고 보기 때문이다.

일반적으로 구성타당도는 한 번의 분석결과로부터 얻어지기는 어렵고, 또한 하나의 수치로 계량화되기도 어렵다. 예를 들어, 성격을 측정하고자 설계된 선발도구가 성격을 제대로 측정하는 도구인지 그 구성타당도를 확인하려면, 우선 내용면에서 성격에 해당하는 내용은 모두 측정하고 성격에 해당하지 않는 내용은 모두 배제해야 하며, 나아가서 이론적으로 성격과 일정한 관련성을 갖는 변인들과 실증적으로도 같은 관련성을 갖고 있음을 보여 줘야 한다. 따라서 구성타당도는 해당 측정도구에 대한 실증결과가 누적되는 과정을 통하여 비로소 확인될 수 있는, 그리고 타당도분석에서 가장 까다롭고 복잡한 부분으로 인식되고 있다(Anthony et al., 1999; Strauss & Sayles, 1980).

2. 선발도구의 유효성

선발도구의 유효성은 성과와 관련성이 높은 예측요인을 잘 선정하고, 해당 예측요인을 잘 측정할 수 있는, 즉 타당도가 높은 선발도구를 개발·적용하는 데 달려 있다. 그러나 선발과정에서 시험이나 면접 등 선발도구의 실제적인 유효성(utility)은 타당도 이외에도 몇 가지 다른 요소에 의하여 결정된다(〈그림 6-4〉 참조).

(1) 선발비율

선발도구의 유효성에 영향을 주는 또 한 가지 요소는 선발비율(selection ratio)이다. 선

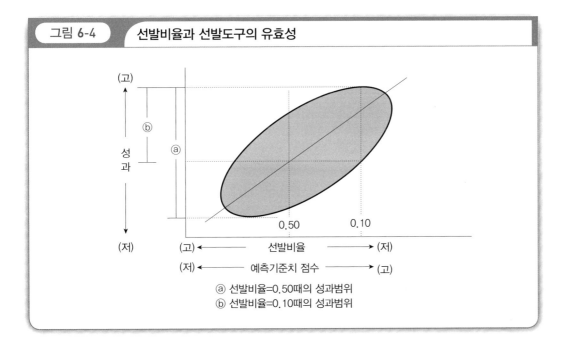

그림 6-4 선발비율과 선발도구의 유효성

ⓐ 선발비율=0.50때의 성과범위
ⓑ 선발비율=0.10때의 성과범위

발비율은 지원자수 대비 선발인원수의 비율로서, 선발비율이 낮을수록 경쟁률은 높고 선발
비율이 높을수록 경쟁률은 낮아진다.

선발비율(SR) = 선발인원수/지원자수

선발비율이 낮으면 비교적 우수한 지원자들이 선발되므로 보다 높은 성과가 가능해지
며, 따라서 선발도구의 타당도가 좀 낮다 하더라도 실제 성과에 있어서는 좋은 결과를 거둘
수 있다. 이는 〈표 6-4〉를 통해 확인할 수 있는데, 〈표 6-4〉는 기초비율과 선발비율 그리고
선발시험의 타당도가 주어질 때 기대되는 성공률(success rate), 즉 합격자 중에서 만족할 만
한 성과를 내는 사람들의 비율을 나타낸다. 예를 들어, 기초비율이 30%인 경우 선발비율이
.70이고 선발시험의 타당도가 .40일 때 성공률은 .37인데 반해, 동일한 기초비율 하에서 선
발비율이 .10이고 선발시험의 타당도가 .20일 때 성공률이 .43로서 위의 경우보다 더 높다.

■■■표 6-4 **기초비율, 타당도, 선발비율, 성공률 간의 관계**

	기초비율 = 30%		
타 당 도	신 빌 비 율		
	0.10	0.40	0.70
0.20	0.43	0.37	0.33
0.40	0.58	0.44	0.37
0.60	0.74	0.52	0.40
	기초비율 = 50%		
타 당 도	선 발 비 율		
	0.10	0.40	0.70
0.20	0.64	0.58	0.54
0.40	0.78	0.66	0.58
0.60	0.90	0.75	0.62
	기초비율 = 80%		
타 당 도	선 발 비 율		
	0.10	0.40	0.70
0.20	0.89	0.85	0.83
0.40	0.95	0.90	0.86
0.60	0.99	0.95	0.90

자료: Taylor-Russell Tables, Heneman et al.(1980), p. 253.

(2) 기초비율

선발도구의 유효성은 타당도와 선발비율뿐만 아니라, 기초비율(base rate)로부터도 영향을 받는다. 기초비율은 지원자들이 무작위로 회사에 입사할 경우 그들 중에서 만족스러운 성과를 거둘 수 있는 사람들의 비율을 가리킨다. 따라서 기초비율이 낮으면 만족스러운 성과를 낼 만한 사람들을 선별해 내는 것이 그만큼 중요해지기 때문에 선발도구 자체의 타당도를 높임으로써 그 유효성을 크게 높일 수 있다. 그에 반해 기초비율이 높으면 그 만큼 많은 사람들이 만족할 만한 성과를 낼 수 있기 때문에 선별의 필요성이 낮아지고, 따라서 선발도구 자체의 타당도를 높이더라도 전체적인 성과 향상에 기여하는 공헌도는 크게 높아지지 않는다.

〈표 6 - 4〉에 나타나 있는 바와 같이, 기초비율이 30%인 경우에는 선발도구의 타당도가 .20에서 .40으로 높아짐에 따라 선발비율이 .10인 상황에서 성공률을 0.15만큼 끌어올리는 반면, 기초비율이 80%인 경우에는 똑같은 선발비율 조건에서 선발도구의 타당도 개선을 통해 0.06만큼의 성공률 향상을 기대할 수 있을 뿐이다.

이와 같이 선발도구의 유효성은 선발도구 자체의 타당도뿐만 아니라, 선발비율과 기초비율의 복합적인 연관관계에 의하여 결정된다. 이처럼 선발도구는 선발상황에 따라 그 유효성이 달라지기 때문에 선발도구는 주어진 상황에 따라 전문가에 의하여 적절히 사용되어야 한다(Zedeck & Cascio, 1984; Schmidt & Hunter, 1981).

③. 선발상의 오류

선발도구를 사용할 때 선발에 대한 의사결정은 선발도구에 의하여 측정된 결과, 즉 시험의 경우에는 시험점수에 따라 이루어진다. 즉, 적정합격선을 결정하여 그 이상의 점수를 받은 지원자는 선발하고 그 이하의 점수를 받은 지원자는 탈락시키게 된다. 이와 같이 선발도구에 의하여 지원자를 평가하는 경우에는 선발도구의 타당도가 1.00이 아닌 이상 다음과 같은 두 가지 유형의 오류를 범하게 된다(〈그림 6 - 5〉 참조).

(1) 제1유형 오류

제1유형 오류(false negative error)는 입사시험성적은 합격선에 미달했지만 만약 선발되었더라면 만족스러운 성과를 올릴 수 있었던 지원자를 실제로 탈락시키는 데서 발생하는

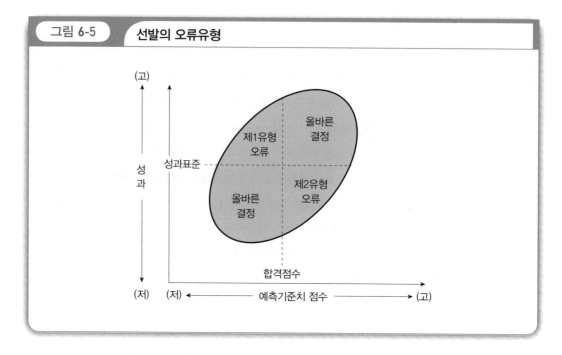

그림 6-5 **선발의 오류유형**

오류이다. 그러므로 이 그룹에 속한 시원자는 이론적으로 선발되었어야 하며, 그들은 불완전한 선발도구 때문에 조직체에 공헌할 수 있는 기회를 잃은 것이다.

(2) 제2유형 오류

제2유형 오류(false positive error)는 입사시험성적은 합격선을 초과했지만, 실제성과는 만족스럽지 못한 지원자를 선발하는 데서 오는 오류이다. 그러므로 이들 지원자는 탈락되었어야 했는데 불완전한 선발도구로 인하여 선발된 것이다. 결과적으로 볼 때, 제2유형 오류로 인하여 선발된 지원자들은 탈락시켰어야 하고, 제1유형 오류로 인하여 탈락된 지원자들은 채용했어야 한다.

이들 두 가지 유형의 오류는 선발도구의 타당도가 낮을수록 그 비중은 더 커진다. 따라서 선발도구를 개선함으로써 선발과정의 전체적인 타당도를 높일 때 이들 오류의 정도는 줄어들게 된다. 즉, 보다 높은 타당도를 가진 새로운 선발도구를 활용하거나 또는 기존 선발도구에 타당도가 확보된 선발도구를 추가하여 종합적인 평가를 함으로써 선발과정의 전체적인 타당도를 높일 수 있다.

④. 선발과정의 경제성분석

이와 같이 선발과정의 타당도를 높이기 위하여 예측요인(predictor)과 선발도구의 수를 증가시킬 수 있다. 그러나 예측요인과 선발도구를 추가할수록 이에 따른 비용도 증가한다. 그리고 선발도구의 타당도, 즉 성과에 대한 예측성을 높이는 것은 선발관점에서만 본다면 바람직스러울지 모르지만, 전체적인 효익분석(cost-benefit analysis) 관점에서는 비효율적일 수도 있다. 선발도구의 유효성을 높이는 데에는 선발도구의 타당도를 높이는 것은 물론, 합격점수를 높이기 위한 우수 지원자 모집도 중요하다. 따라서 타당도가 높은 선발도구의 개발비용과 우수 지원자의 모집비용 그리고 제1유형 오류에 따른 비용 등이 증가하게 된다. 제1유형 오류에 따른 비용은 선발되었어야 할 지원자들을 다른 경쟁회사에게 빼앗긴 이론 상의 비용과 다른 지원자들을 모집하여 선발하는 데 따른 비용 등을 포함한다.

반면에 선발도구의 타당도와 예측성이 높아지고 합격점수도 높아짐에 따라 교육훈련비와 제2유형 오류에 따른 비용은 어느 정도 감소된다. 제2유형 오류에 따른 비용은 탈락되었어야 할 지원자를 선발함으로써 이에 관련된 업무의 비능률에서 오는 비용과 결국에는 이들을 대체하는 데 소요되는 미래의 비용 등을 포함한다.

제 4 절 선발도구

선발은 조직체에서 가장 적합한 지원자를 선택하는 과정으로서, 합리적 결정에 필요한 모든 정보를 수집·분석하는 과정이다. 즉, 지원자의 자질에 관한 정보의 비대칭성을 줄임으로써 선발에 관한 합리적 의사결정을 하려는 과정이다. 이를 위해 사용되는 선발도구와 절차를 간단히 설명한다.

①. 선발도구의 분류

선발도구는 크게 세 개의 그룹으로 분류할 수 있다(〈표 6 - 5〉 참조). 첫 번째 그룹은 지원자의 자질을 간접적으로 측정하는 방식으로서 이력서, 입사지원서, 추천서 등이 여기에 해당한다. 이 방식은 지원자의 자질에 관한 정보를 지원자 본인이나 지원자를 잘 알고 있는 제3자에게 의존하여 확보한다. 이 방식의 가장 큰 특징은 지원자의 자질에 관한 정보의 통제권을 조직체가 아니라, 지원자나 제3자가 가지고 있다는 점이다. 따라서 정보수집 비용이 비교적 저렴하다는 장점을 가지고 있지만, 정보의 신뢰도나 타당도가 제한적일 수 있다는 단점을 가지고 있다.

두 번째 그룹은 지원자의 자질을 조직체가 주도하여 직접 측정하는 방식으로서 각종 필기시험이나 검사, 혹은 면접 등이 여기에 속한다. 이 방식은 조직체가 필요로 하는 자질을 선정하고 이를 직접 측정한다는 특징을 가지고 있는 바, 지원자 자질에 관한 정보의 통제권을 지원자나 제3자에게 맡기지 않고 조직체가 가진다는 의미를 갖는다. 따라서 정보수집 비용은 첫 번째 그룹에 비해 더 크다는 단점을 가지고 있지만, 정보의 신뢰도나 예측 타당도를 높일 수 있는 장점을 가지고 있다.

세 번째 그룹은 지원자의 자질보다는 업무수행역량을 조직체가 직접 측정하는 방식이다. 보통 생산직이나 낮은 직급에 적용하는 작업표본 테스트(work sample test)나 관리직에 적용하는 종합평가센터(assessment center), 혹은 인턴사원제 등이 여기에 해당한다. 이 방식은 정보의 통제권을 조직체가 가지고 있다는 점에서 두 번째 그룹과 같지만, 지원자의 업무수행역량을 측정한다는 점에서 지원자의 자질을 측정함으로써 그들의 업무수행역량을

■ ■표 6-5 선발도구의 비교요약

간접 측정	직접 측정	
지원자의 자질	지원자의 자질	업무수행역량
이 력 서	선발시험 　지적능력검사	작업표본 테스트
입사지원서	성격검사 　취향검사 　성취도검사	종합평가센터 테스트
추 천 서	심리동작 검사 　정직성 검사 　신체검사	
참고인조회	선발면접	인턴사원제
실행비용: 가장 저렴	실행비용: 중간	실행비용: 가장 높음
타당도: 가장 낮음	타당도: 중간	타당도: 가장 높음
공정성/수용도: 낮음	공정성/수용도: 중간	공정성/수용도: 높음

예측하는 두 번째 그룹의 선발도구들과는 다르다. 정보수집 비용은 앞의 두 방식에 비해 큰 편이지만, 정보의 신뢰도나 타당도 면에서 큰 장점을 가지고 있다.

② 이력서 및 지원서와 추천서

이력서와 지원서(application blank)는 선발과정에서 가장 보편적으로 사용되는 도구로서 학력, 경력, 가족 등 주로 기본 인적사항을 포함한다. 선발과정에서 이력서와 지원서의 가치는 지원자에 관한 일반정보자료를 수집하는 데에도 달렸겠지만, 그 보다 더 중요한 가치는 이력서와 지원서에 제공된 정보내용의 신뢰성과 타당도(validity) 관점에서 평가되어야 한다.

(1) 이력서 및 지원서의 타당도

이력서와 지원서의 정보자료는 전체적으로 성과를 예측하는 데 매우 중요한 기준치 역할을 할 수 있다(Rothstein et al., 1990; Hunter & Hunter, 1984). 이력서와 지원서에 제공된 학력, 경력, 사회활동, 취미 등의 정보자료를 중심으로 각 항목에 예측기준치로서의 중요도에 따라 가중치를 배정하고 배정된 가중치의 한도 내에서 점수를 부여하여 지원자의 예측기준치 점수를 시험점수와 마찬가지로 산출할 수 있다.

그러나 이력서와 지원서의 정보자료가 지니고 있는 가장 큰 문제는 무엇보다도 자료 자체의 신빙성이다. 학력과 경력에 관한 정보가 사실과 다르거나, 특히 경력에서 실제 경험이 그 내용에 있어서 사실보다 과장되어 있을 가능성이 있는 등 정확한 판단이 어려운 경우가 많이 있다. 한 취업포탈사(www.incruit.com)가 2011년 11월에 조사한 바에 따르면, 이직경험이 있는 직장인의 46.7%가 이력을 부풀린 것으로 나타났다. 따라서 이력서와 지원서 자료의 신뢰성에 대한 확인이 요구된다.

우리나라 조직체에서 이력서와 지원서에 제공된 지원자의 정보자료 중 학력과 경력 그리고 연령은 선발결정에 지배적인 영향요소로 작용해왔다. 그 중에서도 학력은 전통적으로 선발과정에서 가장 중시되어 온 항목이다. 그러나 우리나라 조직체에서 학력이 직무성과를 예측하는 데 있어서 실제로 높은 상관관계를 가지고 있는지에 대한 체계적인 연구는 많지 않은 상태이다. 선진국의 경우에는 여러 직종을 대상으로 학력과 직무성과 간의 관계를 분석한 결과 대체로 그 상관관계가 높지 않은 것으로 나타났다(Nadler, 1985). 우리나라 조직체에서도 학력의 타당도 문제는 앞으로 많은 연구를 통하여 정확히 규명되어야 하겠지만, 이미 많은 조직체에서 학력보다는 성격과 행동경향 그리고 실제 능력을 더 중요시하는 경향을 보이고 있다. 연령도 우리나라 조직체에서 연공서열의 전통과 구성원들 간의 인화를 유지하기 위하여 중요하게 고려되어 왔는데, 특히 신입사원 선발에 있어서 많은 조직체들이 연령상한을 설정하고 지켜왔는데, 근래에 선발과정에서 능력이 중요시됨에 따라서 연령제한이 완화되는 추세를 보이고 있다.

(2) 추천서

지원서 서류 중에서 선발과정에 매우 중요한 역할을 하는 것이 추천서이다. 우리나라 조직체에서 추천서는 거의 모든 공식 지원과정에서 보편적으로 요구되는 구비서류이지만, 추천서는 보편화된 만큼 너무나 형식화되어 그 신빙성이 의심되는 경우가 많이 있다. 그러나 신빙성이 높은 경우에 추천서는 업무성과를 예측하는 데 매우 유용하게 사용될 수 있다.

3. 선발시험

선발과정에서 최종 선발결정에 매우 큰 영향을 주는 것이 선발시험(selection test)이다. 시험은 선발목적과 지원자들에 따라서 다양하게 사용된다.

(1) 선발시험의 종류

조직체에서 선발과정에 사용되는 시험의 종류는 크게 다음과 같이 분류될 수 있다.

① 지적 능력검사(cognitive ability test): 지능이나 적성(aptitude)을 측정하는 필기시험으로서, 주로 언어능력과 수리능력 그리고 논리력 등을 측정한다.
② 성격검사(personality inventory): 외향성(extroversion), 탐구성(inquisitiveness), 성실성(conscientiousness), 친화성(agreeableness), 정서적 안정감(emotional stability) 등 개인의 성격 경향을 측정한다.
③ 취향검사(interest inventory): 개인이 어떤 직업과 직무에 적합한지를 알기 위하여 주로 개인의 취미와 관심 경향을 측정한다.
④ 성취도검사(achievement test): 주로 직무에 직접적으로 관련된 구체적인 지식이나 기

술 등을 측정한다.

⑤ **심리동작검사**(psycho-motor test): 뇌와 동작기관 사이의 원활한 연계성을 측정하는 검사로서 동작의 기민성, 균형능력 등을 측정한다.

⑥ **기타**: 그 이외에 개인의 정직성을 검사하는 정직성검사(integrity test), 신체적 능력을 측정하는 체력검사 등이 있다.

(2) 선발시험의 활용도와 타당도

이들 선발시험은 물론 직무의 성격에 따라서 그 활용도도 다르다. 일반적으로 선발시험은 하위직급에서 많이 사용되고, 상위직급으로 올라갈수록 사용도가 대체로 제한된다. 근래에 서구기업을 대상으로 이루어진 타당도분석 결과를 종합해 보면, 지적 능력검사와 성격검사 중 성실성(conscientiousness) 검사의 기준관련 타당도(criterion-related validity)는 다양한 직무에 걸쳐서 매우 높은 것으로 확인되고 있다. 특히 지적 능력검사는 복잡한 문제해결능력을 필요로 하는 직무와 변화에 대한 적응력을 필요로 하는 직무일수록 그 타당도와 유용성이 더 크고, 성실성 검사는 직무수행과정에서 재량권이 많이 부여되는 직무에서 그 타당도와 유용성이 더 큰 것으로 나타났다.

그뿐 아니라, 지적 능력검사와 성격검사 사이에는 측정하는 내용상의 중복도 낮아서 두 검사를 결합하여 사용할 경우 선발과정의 전체적인 성과예측 타당도를 높일 수 있을 것으로 기대된다(Dunn, et al., 1995; Hurtz & Donovan, 2000; LePine, Colquitt & Erez, 2000; Schmidt & Hunter, 1995; Wright et al., 1995). 또한, 근래에는 정직성 검사도 서구기업의 선발과정에서 점점 많이 사용되고 있다(Ones, Viswesvaran & Schmidt, 1993). 특별히 현금을 취급하는 기업이나 대형 소매유통점 등에서 도난과 공금횡령 등을 방지하기 위하여 선발과정에 사용된다.

우리나라의 조직체에서도 지적 능력검사, 성격검사, 외국어시험, 그리고 일반상식 또는 전공시험 등 각종 시험이 선발과정에 많이 사용되고 있다. 그러나 이들 시험이 지원자의 성과를 예측하는 면에서 타당도가 얼마나 높은지에 대한 체계적인 분석은 매우 미흡한 상태에 있다. 앞에서 설명한 바와 같이, 선발시험의 가치는 타당도분석 결과에 달렸고 또 시험을 사용하는 상황적 여건에 달렸다. 그러므로 시험에 대한 타당도분석을 항상 실시하여 시험내용을 수정·보완함으로써 시험의 효용성을 높여 나갈 필요가 있다.

④ 선발면접

선발면접(employment interview)도 역시 선발과정에서 매우 중요한 부분을 차지한다.

(1) 선발면접의 목적과 활용도

면접도 지원서와 같이 지원자에 대한 정보자료를 얻는 것이 기본목적이다. 그러나 면접은 지원서보다 더욱 정확하고 자세한 정보를 수집할 기회를 줄 뿐 아니라, 지원자의 동기와 성격 그리고 커뮤니케이션 기술 등 지원서에는 나타나지 않는 정보자료를 얻을 수 있고. 또 지원자에게 조직체에 관한 정보도 제공해 줄 수 있다는 점에서 다목적 성격을 지니고 있다. 우리나라에서도 근래에 선발기준이 학력보다는 능력을 강조하게 되면서 면접이 지원자의 능력을 평가하는 도구로서 선발과정에서 그 중요성이 급격히 중요해지고 있다.

(2) 선발면접의 타당도

면접에 있어서도 지원서나 시험과 같이 지원자의 실제성과를 예측할 수 있는 타당도가 가장 중요한 문세이고, 따라서 면접의 타당도를 높이기 위한 면접방법과 절차에 대하여 많은 관심이 모아져 왔다. 그리하여 구조적 – 비구조적(structured – unstructured) 또는 정형적 – 비정형적(patterned – nonpatterned) 면접,[1] 집단 또는 패널(group or panel) 면접, 스트레스(stress) 면접 등 여러 가지 방법이 적용되고 있고, 이들 방법의 효과도 연구되고 있다. 연구결과에 의하면 비구조적(비정형적) 면접보다는 구조적(정형적) 면접이 성과를 예측하는 예측치로서의 타당도가 높은 것으로 나타나고 있다.

집단 또는 패널 면접은 개인 한 사람의 의견보다도 여러 사람들의 의견을 종합한다는 점에서 효과적일 것으로 기대되었다. 그러나 실제 타당도 분석결과에 의하면 면접자 자신의 내적 신뢰도(intra-reliability)[2]는 일반적으로 높지만 면접자들 간 신뢰도(inter-reliability)는 낮기 때문에, 그 타당도도 의문시되어 왔다(Heneman et al., 1980; Pursell et al., 1980). 그러나 대학교와 연구소 등 고도의 전문지식이나 기술 그리고 팀워크가 성과달성에 매우 중

---

1) 선발과정에서 구조적 또는 정형적 면접은 주어진 직무의 지원자들에게 비교적 똑같은 내용의 질문순서에 의하여 면접을 진행하는 방법을 의미한다(Heneman et al., 1980).

2) 선발면접에서 내적 신뢰란 면접자가 똑같은 피면접자를 한 번 이상 면접한다고 가정할 때 그 평가결과 사이의 일관성을 뜻한다.

요한 요소인 경우에는 동료 구성원들의 면접결과가 어느 선발도구보다도 선발과정에서 중요한 역할을 한다. 대학교나 연구소의 경우 대체로 선발인원의 수가 적은 것도 면접에 많은 시간을 투입하고 그 결과도 중요시하는 주요 원인이 된다. 스트레스 면접은 목적과 내용에 있어서는 많은 관심을 끌지만 실제적인 가치에 대하여 아직 많은 의문점이 있고, 따라서 이 면접방법을 실제로 사용하는 조직체도 특별한 경우를 제외하고는 극히 드물다.

면접은 근본적으로 면접자의 지각오류에 빠지기 쉽다. 면접자는 지원자의 지원서류와 면접에서 얻은 첫 인상으로부터 선입감을 갖게 되고, 후광효과(halo effect)의 영향을 받을 수 있다. 그뿐 아니라 지원자들을 계속 면접하는 과정에서 대조효과(contrast effect)의 영향도 받게 된다. 그 이외에도 상동적 태도(stereotyping), 관대화 – 엄격화 경향(leniency – strictness), 집중화 경향(central tendency) 등의 지각오류도 범한다.

선발면접에서 이와 같은 지각오류를 최소화하고 면접의 타당도를 높이기 위하여 다음과 같은 대안이 제시되고 있다(Authony et al., 1999; Janz et al.., 1986; Latham et al., 1986).

① 직무에서 요구되는 주요 사항이 무엇인지를 직무분석 자료를 통하여 확정한다.
② 성공적인 직무수행에 필요한 지식, 기술, 능력, 행동을 구체화하고 면접의 초점을 이들 요건에 맞춘다.
③ 면접을 자연스러운 분위기 속에서 진행하고 질문을 간단·명료하게 한다.
④ 직무수행과정에서 발생할 수 있는 문제상황을 제시하고 이에 대한 해결방안을 질문한다.
⑤ 직무에서 요구되는 지식과 기술 그리고 능력만을 가지고 피면접자를 평가한다.

(3) 선발면접의 근래 추세

근래에 우리나라 조직체에서 면접을 통하여 지원자의 인성과 능력을 평가하는 데 있어서 새로운 방법이 다양하게 적용되고 있다. 특히 무자료면접과 면접관제도가 우리나라 조직체에서 급속히 확산되고 있다. 무자료면접에서는 면접이 지원자의 지원서류를 중심으로 이루어지지 않고 복수평가자들이 지원자들을 소집단으로 편성하여 특정 주제에 대하여 토의시키고 그들의 토의과정을 관찰하여 지원자 각자의 창의력, 분석력, 표현력, 설득력, 문제접근능력, 합의도출능력 등을 평가한다. 또는 지원자에게 간단한 문제상황을 제시하고 이에 대한 대응능력을 평가한다. 그리고 면접관제도에서는 주로 임원으로만 구성되어 온

면접팀을 사원 수준에까지 개방하여 각 계층의 구성원들이 면접관으로 면접에 참여하게 함으로써 신입사원선발에 있어서 세대 간의 의견 차이를 줄이도록 한다.

예시 6-1   **면접의 유효성과 문제점**

선발과정에서 면접이 성공적인 선발결정에 얼마나 기여하는지에 관하여 많은 연구가 실시되었다. 이들 연구는 공통된 결과를 보이지 않지만, 이들 연구결과를 종합해 볼 때 대체로 다음과 같은 결론을 내릴 수 있다.

1. 구조적 면접이 비구조적 면접에 비하여 신뢰도가 높다.
2. 면접자는 지원자의 긍정적인 면보다 부정적인 면에 더 많은 영향을 받는다.
3. 직무 자체에 대한 정보자료가 많이 제공될수록 면접자 간 평가의 일관성이 높게 나타난다.
4. 면접자는 면접이 시작됨과 동시에 지원자에 대한 편견을 갖게 되고, 그의 편견은 그의 선발결정에까지 영향을 준다.
5. 면접은 무엇보다도 지원자의 지능을 판단하는 데

도움을 주지만, 지능검사 결과보다 더 많은 도움을 주지는 못한다.
6. 면접자는 불합격시켜야 할 이유는 잘 설명하지만, 합격시켜야 할 이유는 잘 설명하지 못한다.
7. 지원자의 육체적 용모보다는 서면상의 인적사항이 평가에 더 많은 도움을 준다. 그리고 이러한 경향은 면접경험을 축적할수록 더 크게 나타난다.
8. 면접을 받는 지원자의 특성이 그 전의 지원자의 특성과 대조적인 경우, 극단의 평가를 받을 가능성이 높다(대조효과).
9. 면접은 지원자의 인간관계와 욕구동기를 평가하는 데 많은 도움을 준다.
10. 지원자에게 말할 기회를 더 많이 줄수록 면접자의 편견은 줄어든다.
11. 면접경험이 많을수록 면접자들 간에 의견일치의 가능성이 높고, 선발기준도 높아지는 경향이 있다.

---

5. 참고인 조회와 신체검사

지금까지 설명한 지원서와 선발시험 그리고 면접 이외에 공식적으로 사용되는 선발도구로서 참고인조회와 신체검사를 들 수 있다.

(1) 참고인 조회

참고인 조회(reference check)는 채용 가능성이 높은 지원자에 관한 인적자료와 그 이외의 정보자료를 확인하고, 또 필요에 따라 추가자료도 얻는 과정이다. 참고인 조회는 주로 공식적인 문서를 통하기보다는 비공식적인 대화나 전화통화를 통하여 이루어진다(Stanton, 1988). 이것은 일반적으로 모든 사람들이 다른 사람에 대한 서면상의 공식평가를 꺼려하는 경향이 있기 때문이다.

(2) 신체검사

선발의 또 하나의 과정은 신체검사(physical examination)이다. 신체검사도 참고인 조회와 같이 채용가능성이 높은 지원자에 한하여 실시된다. 직무수행과 조직생활에 적절한 건강상태를 확인하는 데에 그 목적이 있다. 신체검사 결과나 지원자의 건강질문에 대한 응답은 예측기준치로서의 타당도가 높지 않은 것으로 인식되고 있으나, 경찰관이나 소방관 선발의 경우 업무와의 직접적인 연관성이 매우 높다.

6. 종합평가제도

선발과정의 궁극적인 목적은 여러 가지 선발도구를 사용하여 조직체에서 높은 성과를 올릴 수 있는 지원자들을 선발하는 것이다. 그러한 노력의 일환으로 다양한 방법을 사용하여 지원자를 체계적으로 평가하여 선발결정의 타당도를 높이려는 것이 종합평가제도(assessment center)이다. 다시 말해서 종합평가제도는 복수의 방법과 복수의 평가자(multiple assessors)를 활용하여 지원자와 조직구성원의 자질과 능력을 보다 집중적으로 그리고 종합적으로 평가하는 방법으로서 많은 조직체에서 그 타당도를 인정받고 있다(Kiel, 1980).

종합평가제도는 1950년대 중반기에 AT&T사(American Telephone & Telegraph Company)에서 처음으로 개발되어, 처음에는 하위층 관리자들을 10~15명의 소집단 단위로 구성하여 2~3일간에 걸쳐서 집중 평가함으로써 그들의 잠재능력을 측정하고 그들의 승진가능성을 평가하는 데 적용하기 시작하였다. 그 후 이 기법은 조직체 각층 관리자의 능력평가에도 확대 적용되었고(Thatcher, 1993), 신입지원자들을 평가하는 데에도 활용되기 시작하였다. 종합평가제도의 효과가 인정되자 미국 내의 많은 조직체에서 각기의 필요성에 따라 다소 변형시켜 널리 활용하기 시작하여 거의 모든 대규모 조직체에서 종합평가제도 개념을 활용하게 되었다(Digman, 1978; Huck & Bray, 1976). 그리고 캐나다와 일본, 브라질과 호주 등 여러 나라에서도 많이 활용하기 시작하였다. 특히 일본기업은 종합평가제도 개념을 생산직에도 적용하였다(Fucini & Fucini, 1990; [사례연구 #6 - 2] 참조).

〈표 6 - 6〉에서 보는 바와 같이 종합평가제도에서 활용되는 평가기법은 적성검사(aptitude test), 심층면접(in-depth interview), 문제해결 시뮬레이션(simulation), 사례연구(case study), 역할연기(role play), 의사결정실습(inbasket exercise) 등 소집단에서의 리더십행동과 실제 경영실기를 많이 포함함으로써 지원자나 조직구성원의 실질적인 능력을 평가하는데 많은 도움을 준다. 측정결과도 평가전문가들에 의하여 분석·토의됨으로써 보다 전문적이고 정확한 평가가 가능해진다. 따라서 종합평가제도는 예측요인과 성과 간의 관계를 높임으로써 전체적인 선발과정을 효율화시키는 데 크게 기여한다.

우리나라 기업에서도 종합평가제도 개념이 선발과정에 점차 적용되고 있다. 일부 기업체에서는 선발면접과정에서 지원자들을 소집단으로 구성하여 특정 문제에 관하여 토의하도록 하고 여러 평가자들이 지원자들의 표현능력과 설득능력 그리고 의견취합능력 등을 평가하는 방법을 적용하고 있다. 또 다른 기업체들은 선발면접에서 지원자에게 특정 문제를 주고 면접자들이 그의 문제해결방법을 평가함으로써 사실상 종합평가제도 개념을 적용하고 있다. 이와 같이 복수평가자들에 의한 지원자의 실제능력평가는 앞으로 우리나라 조직체에서 그 활용도가 점차 증가할 것으로 전망된다.

■■표 6-6   **종합평가제도 운영일정**-예시

제1일:
- 오리엔테이션(10~15명의 피평가자 대상)
- 4개의 3~4인조 형성: 경영 시뮬레이션 게임 조직능력, 적응성, 리더십 등 관찰 및 평가
- 적성검사: 구두/계량분석능력, 논리적 사고력 측정
- 성격검사: 행동경향, 태도, 취미 측정
- 심층면접: 동기, 위약점 측정
- 소집단토의: 적극성, 설득력, 표현력, 신축성, 자신감, 패기 등 관찰 및 평가

제2일:
- 의사결정실습: 스트레스하의 의사결정 능력, 상황의 연결능력, 자료준비, 위임력, 타인에 대한 이해력 등 관철 및 평가
- 역할연기(고용 및 인사고과 면접 등): 타인에 대한 민감성, 상황의 이해력, 정보유출능력 등 관찰 및 평가
- 소집단행동(예산편성 재무관리 등): 협조, 표현, 열성 등 능력과 태도 관찰 및 평가

제3일:
- 사례연구: 표현력, 문제의식, 관련지식(생산, 마케팅, 회계, 인사, 재무 등)평가
- 동료평가
- 평가자 회의: 토의 및 종합평가

수주일 이후:
- 관리자와 평가결과 토의
- 경력목표설정과 경력개발에 대한 상담

종합평가제도의 타당도는 다른 평가도구에 비하여 비교적 높은 것으로 확인되고 있다(Gaugler et al., 1987; Parry, 1993; Jansen & Stoop, 2001). 그러나 실행에 따른 비용이 비교적 높기 때문에 종합평가제도를 상위계층의 경영자들에게만 제한하는 조직체도 많이 있다. 또한, 연구결과에 의하면 평가자들의 관찰은 일부 피평가자들에게 불안감을 야기시켜 그들의 실력발휘에 영향을 주는 것으로 나타났다(Fletcher & Kerslake, 1993; Iles & Robertson, 1989). 따라서 종합평가제도를 활용하는 데 있어서 이와 같은 문제를 최소화하도록 노력해야 할 것이다.

⑦ 인턴사원제도

근래에 신입사원채용과 관련하여 우리나라 조직체에 많이 활용하고 있는 것이 인턴십(internship)제도이다. 인턴사원제도는 기업체가 졸업을 앞둔 대학생들을 일정기간 동안 실무현장에서 근무시킨 후 특별한 문제가 없으면 그들을 정식사원으로 채용하는 제도이다. 인턴사원제도는 사원을 모집하는 조직체와 직장을 찾는 대졸예정자들에게 서로 탐색할 수 있는 기회를 제공한다는 점에서 상호 간에 만족스러운 선발제도가 될 수 있다. 뿐만 아니라, 선발목적의 인턴사원제도는 지원자에 대한 관찰기회를 제공함으로써 단시간에 파악이 어려운 자질의 측정을 가능하게 한다.

(1) 인턴사원제도의 확산

우리나라에서 인턴사원제도는 1984년에 LG그룹이 처음으로 도입한 이후 1990년대에 들어서 대기업을 중심으로 많은 조직체에 급속도로 확산되어 왔다. IMF 외환위기 이전에는 한때 여름방학기간 동안에만 약 6,000명의 대학졸업예정자들이 50여개의 기업체에서 인턴사원으로 채용되었다. 처음에는 주로 서울지역 사업장에서 실시되었으나 점차 지방의 공장으로도 확산되었고, 심화되는 세계화의 환경 속에서 장기적으로 해외지역 경영관리자와 기술전문 경영자를 육성하려는 목적으로 특히 해외영업과 생산기술 분야에 적용되기도 하였다.

(2) 인턴사원제도의 효과

인턴사원제도의 타당도에 관해서는 아직 체계적인 연구가 미흡한 상태에 있다. 그러나 인턴사원제도는 인턴사원으로 하여금 인턴기간 동안에 기업에 대한 현장감을 높이고 자기가 일하고 싶은 분야를 탐색해 보도록 하는 한편, 조직체에게는 인턴사원의 능력은 물론 조직체와의 적합성을 사전에 평가할 수 있게 함으로써 성공적인 선발과 고용관리에 기여할 수 있다. 한 재벌기업에서는 대졸신입사원들의 입사 후 첫 1년 내의 이직률이 15%였으나 인턴사원제도를 도입한 이후에는 이직률이 5%로 크게 하락하였다(Lee, 1998~99). 또한, 인턴사원제도는 조직체가 우수한 인재들을 유치하는 데에도 많은 도움을 줄 수 있다. 그러나 인턴사원제도가 조직체의 커미트먼트 없이 주로 홍보를 목적으로 형식적으로 운영되고 있는 경우도 많이 있다. 따라서 인턴사원제도가 모집·선발과정과 직무배치를 효율화하고 우수인력을 유치하는 데에도 기여하려면 인턴기간 동안 인턴사원들에게 의미있는 과업을 주고 그들의 능력과 행동 그리고 조직문화와의 적합성을 충분히 평가할 수 있는 체계적인 관리가 수반되어야 할 것이다.

제 5 절 선발결정과 직무배치와 오리엔테이션

선발과정의 마지막 단계는 최종적인 선발결정이고, 선발결정은 선발된 지원자들에 대한 직무배치(placement)와 오리엔테이션(orientation)으로 이어진다.

① 선발결정

지원서의 접수로부터 시작된 선발과정은 지원서류의 전형, 시험, 면접, 참고인조회, 그리고 신체검사 등을 거쳐 최종 선발결정에 이르게 된다.

(1) 선발자료의 종합분석

선발과정에서 수집된 자료는 종합적으로 평가되어 선발결정을 뒷받침한다. 일반적으로 경영 수준이 높은 조직체일수록 지원자에 대한 정보수집의 범위가 넓고 분석의 정도도 매우 심층적인 수준에까지 진행된다. 특히 구성원들 간의 팀워크와 상호 협조적인 조직문화를 강조하는 조직체일수록 지원자와 조직체와 적합관계를 확인하기 위하여 선발자료의 철저한 분석과 평가를 거쳐 나간다(Pfeffer, 1998).

(2) 선발전략과 방침의 반영

선발자료를 분석·평가하고 최종결정을 내리는 과정에서 조직체의 선발전략과 방침이 반영된다. 제2절에서 설명한 바와 같이 선발전략과 방침은 경영이념과 기본가치 등 조직체의 문화적 특성과도 매우 밀접한 관계를 맺고 있다. 그리하여 진취적이고 도전적인 조직문화를 추구하는 조직체는 적극적이고 창조적 행동경향이 강한 지원자를 선호하고, 친화적인 조직문화를 추구하는 조직체는 물론 인화적이고 협조적 행동경향이 강한 지원자를 선택한다.

선발방침은 성, 연령, 출신지역, 출신학교 등 인적 및 학력사항에도 반영되어 선발과정에 적지 않은 물의를 일으킬 수 있다. 여성보다는 남성을 그리고 연장자보다는 연소자를 선호하거나, 또는 특정지역이나 명문학교 출신을 선호하는 경향이 최종결정에 작용하는 경우가 많이 있다. 이러한 경향은 우리나라의 전통적인 문화적 습관으로서 효율적인 인적자원관리 관점에서 공개채용과 평등고용 그리고 합리적이고 체계적인 선발원칙에 위배되는 관행인 만큼, 조속히 시정되어야 할 사항들이다. 근래에 신입사원채용에 있어서 연령제한을 없앤 것은 평등고용과 능력중심의 고용관점에서 매우 바람직한 일이다. 앞으로 성, 학교, 그리고, 지역과 관련된 고용차별관행도 조속히 없어져야 할 것이다.

(3) 일선관리자의 권한

최종 선발결정은 원칙적으로 피선발자를 실무현장에서 실제로 활용하는 일선관리자의 권한에 속한다. 그러나 선발도구의 적용과 조직 전체를 통한 일관성 있는 선발절차의 적용 등 인적자원스태프의 전문기능과 지원역할 때문에 인적자원스태프가 최종 선발결정에 많은 영향을 줄 수 있다. 그리고 일선관리자들 자신이 선발과정을 하나의 전문적인 기능으로 보고, 인적자원스태프에게 전적으로 기능적 권한을 위양하는 경우가 많이 있다. 그러나 신입사원의 성과에 대한 책임은 일선관리자에게 있는 만큼, 선발과정에서 일선관리자가 적극적으로 참여하는 것은 물론 최종 선발결정에 있어서도 일선관리자에게 결정권한이나 동의권한을 부여하는 것이 바람직하다.

② 직무배치와 오리엔테이션 프로그램

신입사원은 조직체의 구성원으로서 실무현장에 배치되고 오리엔테이션이 시작된다. 오리엔테이션은 신입사원으로 하여금 조직체와 실무현장 그리고 배치된 직무를 잘 수행할 수 있도록 이를 습득시키는 과정이다. 대기업그룹의 경우에는 먼저 전체그룹차원에서의 오리엔테이션을 거친 다음에 계열사로의 정식 직무배치가 이루어지고, 계열사수준에서의 오리엔테이션을 실시하기도 한다.

신입사원은 모집과 선발과정에서 제공된 정보자료를 통하여 조직체와 직무내용 및 조건에 대하여 어느 정도 이해하고 있지만, 어느 정도의 기간 동안에는 신입사원과 조직체 사이에 불확실한 관계가 존재하는 것이 일반적이다. 조직체 입장에서는 신입사원이 계획된 직무를 만족하게 수행할 능력과 자질을 실제로 갖추고 있을지가 불명확하며, 신입사원의 입장에서는 직무내용과 조건 그리고 모든 대우조건이 실제로 기대한 바와 똑같을 지가 불확실하다. 그러므로 이 기간 동안에는 상호 간에 안정된 관계가 형성되도록 이에 대한 일선 관리자와 인적자원스태프의 특별한 관심이 요구된다.

이러한 불확실성을 제거하고 신입사원과 직무 간에 보다 현실적인 통합관계를 형성하기 위하여 오리엔테이션은 신입사원 교육훈련과 단기간의 직장순환 그리고 신입사원과 조직문화와의 조화관계를 조정하기 위한 사회화프로그램 등으로 구성된다.

(1) 입직교육훈련

입직교육은 신입사원에게 조직체의 경영이념과 주요 방침 및 규정 그리고 실무현장과 직무를 설명하여 신입사원으로 하여금 조직체를 이해하고 조직생활을 잘 시작할 수 있도록 하는 공식 프로그램이다. 조직체의 기본가치를 비롯하여 전통과 조직문화를 주입하는 정신훈련도 입직교육의 중요한 부분이다.

(2) 순환근무

또한, 대기업의 경우에는 신입사원으로 하여금 첫 몇 달 동안 생산, 판매, 재무, 회계, 총무 등 주요 분야에 순환근무를 하도록 하여 기업의 기본기능과 활동을 이해시키는 한편 자기에게 적합한 업무분야와 직무를 탐색해볼 기회를 부여한다. 순환근무가 끝날 무렵에는 신입사원들에게 '직무박람회' 프로그램도 개최하여 주요 기능분야의 대표들과 상담할 기회도 제공함으로써 자기가 원하는 부서와 직무를 선택하는 데 도움을 준다(Chung et al., 1997).

(3) 직무배치

신입사원이 특정 직무에 선발되지 않고 기업단위에서 선발된 경우에는 정식 직무배치는 선발과정과 입사교육 그리고 순환근무에서의 평가자료를 종합하여 결정된다. 그 과정에서 물론 신입사원 자신의 경력희망도 반영된다. 대기업그룹의 경우에는 계열사 간의 차이 때문에 신입사원이 희망하는 계열사와 업무분야에 직무가 배치되지 않을 수 있고, 따라서 이것이 신입사원의 높은 이직률의 주요 원인이 되기도 한다. 인턴사원 프로그램과 순환근무 동안의 '직무박람회' 프로그램은 이와 같은 문제를 해결하는 데 도움을 준다.

(4) 사회화 프로그램

입사교육훈련과 순환근무 이외에 신입사원의 오리엔테이션에 실질적으로 많은 도움을 주는 것이 사회화(socialization) 프로그램이다. 사회화 프로그램은 신입사원을 주로 조직문화와 실무현장문화에 익숙하게 만들 목적으로 공식 및 비공식으로 이루어지고, 어느 일정기간 동안이 아니라 입사이전부터 직무배치 이후에 이르기까지 신입사원의 필요(needs)에 따라 다양하게 이루어진다. 그러나 신입사원의 사회화과정은 대체로 예비사회화와 현장경험 그리고 안정화의 세 단계에 걸쳐서 이루어진다(Adkins, 1995; Morrison, 1993).

예비사회화(anticipatory socialization)는 신입사원이 선발결정 이전에 지원자로서 모집과 선발과정에서 조직체에 대한 정보자료와 모집요원과의 접촉 등을 통하여 조직체와 직장에 관하여 알기 시작하고 이에 관심과 기대감을 가지고 조직체와 직무 그리고 직무조건에 대하여 더 알고 싶어 하는 단계이다. 현장경험(encounter)은 직무에 배치되어 일을 시작하면서, 자기 일에 대하여 배우고 상사와 동료들과의 상호 작용을 통하여 실무현장문화를 체험해 나가는 단계이다(Morrison & Brantner, 1992; Major et al., 1995). 신입사원 사회화의 마지막 단계는 안정화(settle in)로서, 신입사원이 점차 자기 일에 익숙해지고 상사 및 동료 구성원들과도 원만한 관계를 맺으면서 실무현장문화에 잘 동화되어 가는 단계이다.

우리나라 조직체에서 신입사원에 대한 사회화 프로그램은 신입구성원에게 선배구성원을 배정하여 그의 오리엔테이션을 돌보아주고 지도하는 형식으로 이루어진다. 따라서 신입사원이 대졸예정자인 경우에는 입사 전 재학기간부터 선배구성원으로부터 오리엔테이션과 사회화의 지도를 받기도 한다(Chung et al., 1997). 신입사원의 성공적인 사회화는 그의 동기제고와 직무만족 그리고 조직체에 대한 커미트먼트에 긍정적인 영향을 준다(Ostroff & Kolowski, 1992; France & Jarvis, 1996). 신입사원의 사회화를 포함한 전반적인 오리엔테이션은 근본적으로 실무책임이다. 따라서 일선관리자와 현장동료구성원들 모두가 신입사원의 오리엔테이션에 관심을 가지고 성공적인 오리엔테이션에 기여해야 하고 인적자원스태프도 이를 적극 지원해야 할 것이다.

③. 인적자원스태프의 역할

모집과 선발과정에서 인적자원스태프는 조직체의 전략적 인적자원관리를 실천하는 데 매우 중요한 역할을 한다. 첫째는 전략적 동반자 역할로서 인적자원스태프는 조직체의 경영이념과 기본가치 그리고 경영전략을 모집·선발과정에 반영시키고 모집과 선발 그리고 직무배치와 오리엔테이션간의 통합을 통하여 전략적인 인적자원 확보에 결정적인 역할을 한다. 경영이념과 전략목적 달성은 우수한 인적자원 확보에 달렸고, 따라서 인적자원스태프는 조직체의 기본가치와 전략에 적합한 인적자원 확보를 위한 모집원천과 선발도구 그리고 모집·선발절차를 개발하는 데 주도적 역할을 수행한다.

둘째는 행정전문가 역할로서 인적자원스태프는 일선관리자와의 밀접한 관계하에서 일선 현장에서의 인력수요가 우수한 인력으로 적시에 충원되도록 이를 지원한다. 인적자원스태프는 모집·선발과정에서 조직체의 기본가치와 전략을 중심으로 실무층의 적극적인 참여를 유도한다. 선발의 목적은 근본적으로 실무현장의 인력필요를 충족시키는 것이다. 따

■■표 6-7 **모집 · 선발에서의 인적자원스태프 역할**

일선관리자	인적자원스태프
• 전략계획에 따라 충원필요성 결정: 충원 요청	• 모집 · 선발에 기본가치와 전략 반영: 모집과 선발의 연계 인력시장 조사, 외부모집원천 개발
• 모집 · 선발시스템 개발 참여: 선발도구 개발, 타당도분석에 협조 모집 · 선발절차 설계에 협조	• 모집 · 선발시스템 개발: 선발도구 개발, 타당도분석 모집 · 선발절차 설계
• 모집 · 선발 · 배치 · 오리엔테이션 참여: 선발방법, 도구선택에 제언 면접참여, 선발기준 제언 평가자료 수집(신원조회 등)에 참여 고용법규, 선발규정 준수 최종 선발 · 배치 결정 또는 참여 입직훈련, 순환근무, 오리엔테이션 참여	• 모집 · 선발 · 배치 · 오리엔테이션 주도: 선발방법, 도구선택 실무지원, 참여 유도 선발 평가자료의 종합적 분석 고용법규, 선발규정 준수 확인 최종 선발 · 배치 결정 또는 참여 실무협조 하에 입직훈련, 순환근무, 오리엔테이션 실시

라서 모집에서 선발 그리고 직무배치와 오리엔테이션에 이르기까지 전반에 걸쳐서 일선실무층에게 최대한의 참여기회가 주어져야 하고, 인적자원스태프는 일선실무층의 적극적인 참여를 지원한다(〈표 6-7〉 참조). 또한 선발은 인적자원관리에서 연고관계 등 윤리적 문제가 가장 많이 발생하는 과정인 만큼, 투명하고 공정한 선발과정을 관철시키는 데 있어서 특별한 노력이 필요하다.

장을 맺으며

　이 장은 전략적 인적자원계획과 확보의 마지막 부분으로서 인적자원의 모집과 선발을 연구하였다. 조직체의 목적달성은 인적자원에 달렸으므로 조직체에 적합한 인력자원을 찾고 그들을 조직체로 끌어들이는 것은 인적자원관리의 가장 중요한 기능의 하나라 할 수 있다.

　인적자원의 선발은 기계적으로 이루어질 수 없고 조직체의 상황적 조건과 주어진 직무성격에 따라서 적절히 이루어져야 한다. 따라서 개인의 특성에서부터 직무성과에 이르기까지 모든 관련요소들을 체계화하고 측정 가능하도록 구체화하며, 나아가서는 성과에 기여하는 개인특성을 정확하게 측정하는 도구를 개발해야 한다. 그리하여 이와 같이 개발된 선발도구를 통하여 선발의 타당도가 높아지고 이를 중심으로 경영관리적 판단이 보완됨으로써 합리적인 선발결정이 이루어질 수 있다.

　우리나라 조직체는 과거 40년간 지속적인 성장을 뒷받침하기 위한 필요인력을 조달하는 과정에서 공개채용 등 모집·선발상에 많은 발전을 이룩해왔다. 그러나 우리나라의 전통적인 사회문화 속에서 공채시스템은 연고와 특히 학력에 지나치게 치중되어 그 신뢰도와 타당도가 문제시되었고, 근래에는 세계화와 경쟁력강화의 압력 속에서 능력을 최우선으로 강조하는 모집·선발시스템으로 큰 개혁을 거쳐나가고 있다. 그러나 새로운 방법의 신뢰도와 타당도가 아직 체계적으로 입증되지 않은 상태여서 앞으로 이 분야에서의 많은 연구조사가 요구된다. 이제 우리는 확보된 인적자원을 효율적으로 활용하는 성과관리문제를 제Ⅲ부에서 연구한다.

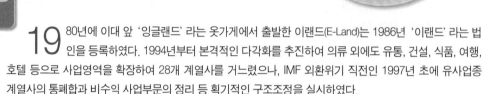

이랜드의 인재채용 전략

1980년에 이대 앞 '잉글랜드' 라는 옷가게에서 출발한 이랜드(E-Land)는 1986년 '이랜드' 라는 법인을 등록하였다. 1994년부터 본격적인 다각화를 추진하여 의류 외에도 유통, 건설, 식품, 여행, 호텔 등으로 사업영역을 확장하여 28개 계열사를 거느렸으나, IMF 외환위기 직전인 1997년 초에 유사업종 계열사의 통폐합과 비수익 사업부문의 정리 등 획기적인 구조조정을 실시하였다.

이랜드는 1997년 말에 몰아닥친 IMF 외환위기를 계기로 기업의 제1의 사명은 생산성향상과 혁신에 있으며, 그것은 바로 지식에 의해 가능하다는 깨달음에 기초하여 지식경영 전략을 대대적으로 추진해왔다. 리더십센터(LC: Leadership Center)와 수월성 센터(EC: Excellent Center) 등 2개의 학습조직을 기본축으로 하여 지식자본가(knowledge entrepreneur) 양성을 꾀하고 있으며, 균형성과지표를 활용한 성과관리 시스템(BSC: Balanced Scorecard)과 지식관리 시스템(KMS: Knowledge Management System)을 통하여 지식의 내부 축적 및 공유를 활성화시키고 있다. 즉, 리더십센터(LC)에서 경영전략이 수립되고, 수월성센터(EC)에서 전략완수를 위한 현장의 과업이 정의되며, 이들의 성과와 실패는 성과관리시스템(BSC)을 통해 피드백되고, 그 결과는 지식몰(KMS)에 저장돼 향후 전략수립에 활용되는 것이다. 따라서 이러한 지식경영 전략의 맥락에서 볼때 제대로 된 역량을 갖춘 인재를 선별 채용한다는 것은 매우 중요하다.

인재확보와 관련하여 이랜드는 '대기업과의 인재쟁탈전에서 어떻게 핵심인재를 선발하고 유지할 수 있느냐?', '우리 기업에 적합한 인재를 어떻게 시장에서 구별해 내고, 그들에게 몰입할 수 있는 가치를 심어줄 것인가?' 등의 고민을 가지고 있다. 이에 이랜드는 범용적 우수인재를 채용하기보다는 이랜드에 적합한 차별적 우수인재를 선발하고자 노력하고 있다. 즉, 기업의 정체성(identity)을 분명히 하고, 그러한 정체성의 유전인자를 가진 인재에 집중하는 전략을 구사하고 있는 것이다.

따라서 이랜드의 채용 시스템이 지향하는 바는 적격자를 적시에 확보하는 것이다. 여기에서 적격자란 회사가 지향하는 비전과 경영전략, 가치와 문화 등을 감안하여 설정한 회사의 인재상에 부합하고, 입사 후 담당할 직무를 성공적으로 수행하기 위하여 요구되는 자격요건을 충족시킬 수 있는 역량을 가진 사람을 말한다. 이는 이랜드의 인재선발 기준에 반영되어 있는데, 그 포괄적 기준은 ① 이랜드 가치 및 문화와의 적합성, ② 지식자본가(knowledge entrepreneur)로 성장할 수 있는 역량, ③ 글로벌 역량, ④ 열정 등이다.

이상의 자격요건을 충족시키는 적격자를 적시에 확보하기 위하여 이랜드는 채용채널을 다원화하여 가동하고 있는데, 일반 공개채용, 내부자 추천 수시채용, 캠퍼스 리크루팅, 인턴십 연계채용 등이 그것이며, 2004년부터는 학년파괴 채용프로그램을 새롭게 도입했다.

우선, 2001년 하반기부터 도입된 '자기증명식 채용 프로그램' 은 이랜드의 채용방식을 특징짓는 공개채용 방식이다. 이 방식은 지원자로 하여금 다양한 방식으로 자신의 역량을 최대한 증명해 보이도록 한다는 데 그 특징이 있는데, 지원자는 사전에 자신이 지원하고자 하는 부문에서 제시한 주제를 선택하여 자신의 재능과 역량을 증명할 수 있는 자료를 웹상에 파일로 등록해야 한다. 예를 들어 상품기획의 경우, ① 이랜드 계열 패션 브랜드 중 한 개 브랜드 상품군을 포트폴리오 모형을 통해 분석, ② 이랜드 브랜드를 제외한 타사 브랜드 한 개를 선택해 상품군 포트폴리오를 분석, ③ 브랜드를 리뉴얼하거나 성공적으로 전환경영의 경험을 했다면 그와 관련된 지식, ④ 이랜드 계열 패션브랜드 중 한 개 브랜드 상품을 지속적으로 업그레이드하고 차별화할 수 있는 지식 등이 주제로 제시된 적이 있다.

면접에서는 사전에 부여된 과제를 중심으로 개별 지원자가 약 2~3시간에 거쳐 여러 면접 포스트를 차례로 돌면서 자신이 가지고 있는 여러 측면의 역량을 입증해 보이도록 하고, 각 포스트에 배치된 면접위원은 포스트별로 배정된 특정 역량(비즈니스맨으로서 갖춰야 할 인성 및 덕목, 지원부문에 대한 재능, 지원부문별 프로젝트 수행능력 등)에 초점을 맞춰 지원자의 역량을 종합적으로 평가하게 된다.

한편, 2004년 상반기부터 운용되고 있는 '학년파괴 채용프로그램'은 대학 1학년부터 4학년(4학년 2학기생은 제외) 학생들을 대상으로 하는 조기채용 프로그램인데, 1, 2학년의 경우 자신이 선호하거나 원하는 브랜드로 지원하여 브랜드별 면접을 통해 선발되며, 동아리 개념으로 운영된다. 학기 중에는 해당 브랜드의 고객 모니터링, 상품 평가, 시장조사 등의 활동을, 방학 기간에는 전체 MT를 통해 개인 비전 세우기, 적성 및 재능 발견 등의 프로그램에 참가하며 해외 봉사활동도 체험하게 된다. 3,4학년의 경우는 비즈니스 스쿨 개념으로 운영되는데 주로 문제해결 및 업무개선 과정 중심으로 이루어지는 '실행 후 검토' (AAR: After Action Review) 과정, '현실제약에 관한 이론' (TOC: Theory of Constraints) 과정과 함께 '현장 훈련' (OJT: On the Job Training) 프로그램이 운영된다. 이 기간 동안의 활동은 경력으로 인정되며, 이 기간 중 보여준 근무능력에 대한 평가에 따라 사원 · 주임 · 대리 등의 직급으로 입사할 수 있다. 이 제도를 통해 이랜드는 맞춤 교육을 통한 인재 확보라는 이점을, 그리고 학생들은 비즈니스 경력개발이라는 이점을 얻을 수 있다.

또한, 이랜드는 "만족한 핵심인력이 핵심인력을 모은다"는 취지에서 사내 추천제도 적극 활용하고 있다. 이랜드에서 일하는 직원들이 어떤 인재가 필요한지 가장 정확하게 알고 있기 때문에 실무자가 추천한 인재들을 적극 채용하고 있는 것이다. 기타 이랜드–매경 지식경영 공모전(Knowledge Champion)이나 산학 인턴십 등도 우수인재 확보방안으로 활용하고 있다. 이랜드는 지식경영 시대에는 무형자산이 기업의 경쟁력을 결정하며, 무형자산의 핵심은 바로 인적자산이라고 판단하고 있다. 따라서 회사에 적합한 인재의 정의를 명확히 하고 이에 적합한 차별적인 인재를 채용하기 위한 이랜드 고유의 채용 방식을 끊임없이 모색하고 있는 것이다.

토의질문

1. 이랜드의 채용제도를 이랜드가 추구하는 사업전략 및 조직가치와의 적합성, 예상되는 선발 의사결정의 타당도 등의 측면에서 분석 · 평가하시오.

2. 노동시장환경의 변화를 고려할 때 이랜드가 채택한 '학년파괴 채용프로그램'으로부터 예상되는 비용(costs)과 효익(benefits)은 무엇인지 분석 · 평가하고, 위 프로그램이 효과적으로 운영되기 위하여 선행되어야 할 점이 무엇인지를 논의하시오.

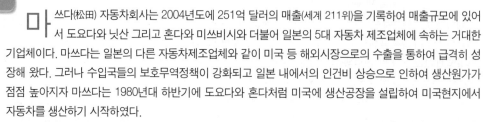

사례연구
6-2

마쓰다 해외공장의 선발전략

마 쓰다(松田) 자동차회사는 2004년도에 251억 달러의 매출(세계 211위)을 기록하여 매출규모에 있어서 도요다와 닛산 그리고 혼다와 미쓰비시와 더불어 일본의 5대 자동차 제조업체에 속하는 거대한 기업체이다. 마쓰다는 일본의 다른 자동차제조업체와 같이 미국 등 해외시장으로의 수출을 통하여 급격히 성장해 왔다. 그러나 수입국들의 보호무역정책이 강화되고 일본 내에서의 인건비 상승으로 인하여 생산원가가 점점 높아지자 마쓰다는 1980년대 하반기에 도요다와 혼다처럼 미국에 생산공장을 설립하여 미국현지에서 자동차를 생산하기 시작하였다.

마쓰다의 생산기지로 선정된 플렛트 록크(Flat Rock, Michigan)는 미국 자동차산업의 본거지인 디트로이트(Detroit, Michigan) 남쪽에 위치한 인구 7,000명의 작은 도시이다. 미국의 3대 자동차제조업체(General Motors, Ford, Chrysler)가 집중되어 있는 디트로이트 지역에서 자동차를 생산하는 것은 생산인력의 수급과 부품의 조달 면에서는 미국시장에 처음으로 진출하는 마쓰다에게 유리했지만, 일본에 비하여 생산성과 품질수준이 낮은 미국 근로자들의 작업자세와 전통적으로 노사 간의 갈등과 대립이 심한 디트로이트 지역의 산업문화는 마쓰다에게 적지 않은 우려를 안겨주었다.

일본의 자동차 제조업체들이 오랫동안 세계자동차시장을 장악해 온 미국의 자동차제조업체들에게 도전할 수 있었던 것은 품질과 가격에서의 경쟁적 비교우위 때문이었던 것은 너무나 명백한 사실이다. 그러므로 마쓰다가 미국현지에서 성공하려면 미국 근로자들로부터 일본 근로자들과 다름없는 높은 생산성과 높은 품질의 자동차를 생산하여 기존의 경쟁적 비교우위를 유지해야만 하였다. 따라서 미국 현지에서 높은 생산성과 높은 품질의 자동차생산을 위하여 이에 적합한 인력을 선발하는 것이 마쓰다에게 인적자원관리의 가장 우선적인 전략과제가 되었다.

1. 전략적 선발

자동차생산에는 기계화와 자동화 그리고 컴퓨터의 사용 등 모든 첨단기술이 활용되어 힘들거나 어려운 작업은 모두 없어져서 조립선에서 일하는 근로자들을 선발하는 데에도 어떤 전문적인 기술이나 능력 등 특별한 자격기준이 적용되지 않는 것이 미국 자동차산업의 일반적인 관행이었다. 따라서 자동차 조립작업을 수행할 수 있는 신체적 조건만 갖추면 누구라도 까다로운 선발절차를 거치지 않고 조립공으로 취업할 수 있었다. 그러나 일본에서와 같은 높은 생산성과 높은 품질을 달성하려는 마쓰다에게 이러한 미국식의 안일한 선발방법은 너무나 큰 위험부담을 안겨주었다. 따라서 마쓰다는 높은 생산성과 높은 품질의 전략목적을 달성하는 데 적합한 노동인력을 선발하기 위하여 근로자들의 가치관과 동기 그리고 기술과 행동경향 등 그들의 자질과 능력을 자세히 측정 · 평가하는 종합평가제도(Assessment Center Concept)를 적용하였다. 마쓰다의 종합평가제도는 서류전형, 필기시험, 면접, 팀문제해결, 그리고 모의조립 등 다섯 개의 단계로 구성되었는데 그 과정은 다음과 같다.

(1) 지원서류의 심사

마쓰다의 조립공 선발은 지원서류의 심사로부터 시작되었다. "마쓰다가 미국에 생산공장을 설립한 1980 년대 하반기에는 미국의 경제가 좋지 않았고, 특히 자동차산업의 침체로 디트로이트 지역의 실업률도 높아가고 있어서 마쓰다에 상당히 많은 지원서가 접수되었다. 그리하여 마쓰다는 서류전형을 통하여 마쓰다문화를 미국현지에서 실현시키는 데 적합하다고 생각되는 지원자들을 일차적으로 선발하는 데 매우 유리한 입장에 있었다." 마쓰다는 비교적 보수적인 일본기업체로서 전통적으로 구성원들의 종신고용과 장기적인 능력개발 그리고 구성원들 간의 협조정신과 노사 간의 공존공영에 입각한 공동체의식을 중요시하는 기업문화를 유지해 왔다.

이와 같은 기업문화특성에 적합한 지원자들을 서류전형을 통하여 선발하는 것은 매우 어려운 일이었다. 따라서 마쓰다는 서류전형에서 미국 자동차 제조업체에서 취업경험이 있는 지원자들에게는 엄격한 심사를 적용했고, 특히 미국 자동차제조업체에서 종사하는 동안에 노사 간의 대립과 높은 경제적 보상만을 추구하는 등 전형적인 미국 자동차 생산근로자들의 직업의식에 물들었을 가능성이 높은 지원자들은 서류전형에서 탈락시켰다.

(2) 필기시험

서류전형에서 선발된 지원자들은 두번째 선발절차인 필기시험을 치루었다. 필기시험은 주로 지원자들의 기초적인 수학지식과 독서실력 그리고 해독능력을 측정하기 위하여 2시간에 걸쳐서 실시되었다. 필기시험은 주로 고등학교 졸업수준을 기준으로 설계되어 대부분의 지원자들에게는 그리 어렵게 느껴지지 않았다. 또한, 수학지식과 독서·해독 이외에 불량품질에 대한 감정능력의 평가도 포함되었다. 즉, 지원자들에게 여러 개의 어떤 물품을 보여 주고 그 중에서 외형에 흠이 있는 물품을 골라내도록 하여 불량품을 가려낼 수 있는 그들의 능력을 측정하였다.

(3) 면   접

필기시험에 합격한 지원자들에게는 세번째 선발절차인 면접이 실시되었다. 면접은 마쓰다 본사에서 파견된 일본인 스태프 한 명과 현지에서 이미 고용된 미국인 근로자 두 명에 의하여 30분간 실시되었다. 이 세 명의 면접자들은 지원자를 개별면접하면서, 첫째로 왜 마쓰다에서 일하고 싶어하는지 그의 취업동기와, 둘째로 일에 대한 열성과 작업수행과정에서 팀구성원들과의 협조정신에 대하여 상세히 물어보았다. 그리고 셋째로 노조에 대한 그의 의견과 태도에 대하여 질문하고, 노사가 어떻게 서로 협조할 수 있는지에 대하여도 물어보았다.

(4) 팀 문제해결

조립공선발의 네번째 단계는 지원자의 팀 문제해결에 대한 평가로서 면접에 통과된 지원자들에게 약 2주일 후에 실시되었다. 팀 문제해결은 지원자들이 팀으로 나뉘어 두 명의 평가자의 관찰하에 6시간에 걸쳐서 진행되었다. 지원자들에게 세 가지 문제가 주어졌는데, 첫째 문제는 보상기준에 관한 것으로서 지원자들에게 무

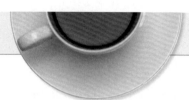

결근, 무사고 등 성과가 높은 공장의 사례를 제시하고 높은 성과에 기여한 공장근로자들을 어떤 기준에 의하여 어떻게 보상해야 될지를 토의하는 것이었다. 지원자들은 한 팀이 되어 주어진 사례의 보상문제를 서로 토의하여 전체 팀으로서의 보상기준과 우선순위를 결정하는 것이었다. 그 과정에서 평가자들은 지원자 각자가 팀 토의와 팀 문제해결 그리고 팀 합의에 얼마나 그리고 어떻게 기여하는지를 평가하였다. 지원자 각자가 토의과정에서 자기의 아이디어를 얼마나 잘 표현하고 다른 사람들의 의견을 얼마나 잘 듣고 이해하며, 팀구성원으로서 팀의 의견합의에 얼마나 많이 기여하는지 등이 중요한 평가기준이었다.

지원자들이 풀어야 할 두번째 문제는 카이젠(Kaizen) 프로젝트로서, 지원자들은 역시 팀을 구성하여 주어진 나무조각 또는 플라스틱 조각들을 사용하여 배나 비행기 등 특정 목적물을 함께 구축하는 것이었다. 평가자들은 지원자팀이 주어진 과제를 수행하는 데 소요되는 시간을 측정하고, 그들에게 주어진 조립과제를 보다 효과적으로 완료할 수 있는 방법을 구상하도록 하고 똑같은 과제를 반복시켰다. 지원자팀은 조립할 조각들의 배열이나 지원자들 간의 조립업무분담 등 조립과제를 수행하는 데 보다 효율적으로 그리고 체계적으로 접근해 나가면서 조립과제를 완료하는 데 소요되는 시간을 단축해 나가도록 하였다. 그 과정에서 평가자들은 주어진 카이젠과제에서 지원자 각자의 역할을 평가하였다.

팀 문제해결의 세번째 과제는 작업팀 구성원들 간의 인간관계에 관한 사례문제로서, 사례내용은 지원자팀에 따라 다르지만 대체로 집단구성원들 간에 흔히 야기되는 갈등문제에 초점이 맞추어졌다. 지원자팀은 주어진 작업집단 구성원들 간의 인간관계 문제를 어떻게 보며 어떻게 해결해야 할지를 토의하고, 평가자들은 지원자 각자의 관점과 의견 그리고 문제해결 접근방법에 대하여 평가하였다.

(5) 모의자동차조립

조립공 선발과정의 마지막 절차는 네 시간에 걸친 모의자동차 조립작업이었다. 지원자들은 공장의 교육훈련장에 설치된 모의조립작업장에서 생산기계를 조작하고 자동차의 한 부분을 조립하며, 조립된 부분을 해체하고 재조립하는 등의 작업을 수행하였다. 그리고 평가자들은 각 작업에 소요되는 시간을 측정하고 작업의 질을 평가하였다. 모의자동차조립은 조립기술뿐만 아니라 육체적으로 힘든 일도 포함하고 있어서 지원자들의 체력과 인내력을 평가하는 기회가 되었다.

2. 문화 간의 갈등

이와 같은 절차를 거쳐서 선발된 마쓰다의 조립공들은 다른 미국 내 자동차공장의 조립공들에 비하여 매우 독특한 특징을 보였다. 그들은 대체로 젊고, 대부분이 남성이었으며, 자동차조립경험이 없고, '문제아'의 가능성이 없으며, 직장생활에 대한 불만 가능성도 낮게 보였다. 한마디로 그들은 어느 작은 지방 대학교 신입생들과 같은 인상을 주었다. 그들은 마쓰다의 엄격한 5단계 선발과정에 합격한 것에 긍지와 자부심을 느꼈고, 이것은 그들의 동기부여에도 긍정적으로 작용하였다.

그 반면에, 마쓰다의 선발절차는 대내외적으로 비난과 의문점을 야기시켰다. 선발된 조립공들의 대부분이 조립경험이 전혀 없다는 사실은 새로 생산을 시작하는 마쓰다공장에게 적지 않은 부담감을 안겨주었다. 선발과정에서 탈락된 경험 많은 지원자들은 마쓰다가 실제로 공장운영을 해 보면 현실을 알게 될 것이라면서 마쓰다의 선발절차에 대하여 비웃었다. 선발된 조립공들이 남성 위주의 무경험자들이라는 사실은 선발절차 자체에 부당한 차별요소가 내재되어 있다는 비난의 소리도 높았다.

그러나 무엇보다도 큰 문제는 일본식 경영에 기초한 선발절차가 의도한 효과를 실제로 발휘할 것인가에 대한 의문점이었다. 5단계 절차를 통하여 지원자들을 엄격히 그리고 신중히 평가했지만, 기대하는 조립공들의 태도와 행동이 작업환경에서 실제로 나타날런지 그리고 그것이 지속될런지가 의심스러웠다. 그리고 특히 노조활동이 활발한 주위의 미국 자동차산업문화 속에서 일본기업에서와 같은 노사 간의 산업평화가 얼마나 가능할런지도 매우 의심스러웠다. 마쓰다 경영진은 한편으로는 전략적 선발에 희망을 걸면서도 대학교 신입생들과 같은 순진한 조립공들을 볼 때 이와 같은 문제들을 의식하지 않을 수 없었다.

토의질문

1. 마쓰다의 5단계 선발절차의 타당도를 분석하시오.

2. 마쓰다의 5단계 선발과정을 전략적 인적자원관점에서 평가하시오.

3. 마쓰다 공장에서 앞으로 문화간 차이 때문에 어떠한 문제가 예측되는지를 분석하고, 마쓰다 공장에서 문화 간의 시너지를 위하여 어떠한 노력이 필요한지를 자세히 분석하시오.

4. 마쓰다의 5단계 선발절차와 같은 종합평가제도가 한국의 자동차 조립공장에도 적용될 수 있을지, 문제점과 성공요건을 자세히 분석하시오.

제 **III** 부

인적자원의 활용과
전략적 성과관리

"

지금까지 우리는 제 I 부 전략적 인적자원관리의 기초에서 조직체의 경쟁력 강화 관점에서 전략적 인적자원관리의 개념을 정리하고 인적자원관리에 영향을 주는 상황적 요소들을 연구하였다. 그리고 제 II 부 인적자원의 계획과 인력확보에서 전략적 조직체 계획과 인적자원계획, 직무분석과 직무설계, 그리고 전략적 모집 · 선발에 관하여 연구 하였다. 우리는 이제 제III부에서 인적자원의 활용과 전략적 성과관리에 관하여 연구한 다. 조직체성과의 주체는 인적자원이고 조직체의 경쟁력은 조직체가 얼마나 높은 수준 의 성과를 계속 유지하느냐에 달렸다.

인적자원의 활용과 전략적 성과관리를 연구하는 데 있어서 우리는 제7장에서 성과 지향적 경영참여기법들을 살펴보고, 제8장과 제9장에서는 인적자원관리의 핵심 기능 인 인사고과와 임금관리를 각각 연구하며, 제10장에서는 인사이동과 징계관리를 연구 한다.

"

구성원 참여관리

CHAPTER 07

구성원 참여관리

인적자원을 효율적으로 활용하여 조직체성과에 기여하게 하려면 구성원들을 경영과 정에 적극적으로 참여시켜 그들에게 동기를 부여하고 그들의 능력을 최대로 발휘하도록 해 야 할 것이다. 따라서 구성원들의 경영참여는 성과관리의 핵심으로서 동기이론에서도 크게 강조되고 있는 인적자원관리 방법이다.

현대조직에서 구성원들의 경영참여는 권한위양(empowerment), 분임조(quality circle), 제안제도(suggestion system), 이득공유제도(gainsharing), 종업원지주제도(ESOP: employee stock ownership plan), 이윤배분제도(profit sharing), 그리고 복수경영제도(multiple management) 등 여러 가지 형태와 제도를 통하여 이루어진다.[1] 이들 경영참여 형태와 제 도의 목적, 절차, 효과, 그리고 문제점 등을 간단히 살펴본다.

①. 권한위양과 조직활력화

경영참여는 근본적으로 의사결정과정과 재무성과배분에의 참여를 의미하고, 따라서 구성원들의 경영참여는 조직체가 의사결정권한을 하위계층으로 위양하는 것을 의미한다. 그리고 노조가 결성된 조직체에서 구성원들의 경영참여는 노사 간의 협의 또는 공동의사결 정을 의미한다. 경영참여에서 구성원들의 역할은 경영문제에 대한 의견제시에 한정될 수도 있고, 문제의 진단과 분석에도 관여할 수 있으며, 최종 문제해결에까지 확대될 수도 있다. 구성원들의 경영참여가 최종 문제해결에까지 연장될수록 의사결정권한도 그 만큼 더 위양 된 것을 의미하고, 하위 구성원들에게 의사결정권한이 위양될수록 그들 자신의 자율적 경 영과 더불어 조직의 활력화가 이루어질 수 있다(Wolff, 1997; Fleming, 1991).

---

1) 참여관리에 관해서는 Lawler(1986), Harrick(1990) 참조.

(1) 기본전제와 성격

권한위양을 통한 구성원 경영참여는 실무현장에서의 문제는 누구보다도 현장 구성원 자신들이 더 잘 이해하고 그들 자신이 현장 문제해결에 직접 참여할 때 가장 효율적인 의사 결정이 가능하다는 기본전제에 기초해 있다(Jacob, 1994; Margulis & Black, 1987). 그리고 이론적으로는 구성원들의 성취욕구 충족과 작업집단의 사회적 욕구충족 그리고 그들의 커미트먼트 수준의 향상 등 조직행동이론에도 기초하고 있다. 따라서 현대조직은 이와 같은 기본전제와 행동이론을 적용하여 다양한 방법으로 구성원들에게 의사결정권한을 위양하여 그들에게 경영참여의 기회를 부여한다.

현대조직에서 하위 실무현장으로의 권한위양은 흔히 자율적 작업집단(autonomous work group)의 개념 하에서 이루어진다. 작업집단의 직무내용을 특히 수직적 측면에서 충실화하여 현장 구성원들 자신이 자체 관리하도록 자율적 권한을 부여하는 것이다(제5장 제3절 참조). GM NUMMI공장과 Volvo사의 조립공장 그리고 AT&T사에서 시행한 생산성 향상과 경쟁력강화를 위한 권한위양과 작업집단의 자율적 관리 등이 좋은 예이다. 이들 조직체에서 작업집단은 생산과정에서의 일상적인 문제해결뿐만 아니라 작업팀의 구성과 작업일정의 작성 그리고 품질관리 등 전통적으로 일선감독자가 수행하던 관리업무까지도 작업집단 자신들이 자체 관리한다. GE도 세계 최강의 경쟁력을 목적으로 워크아웃(Workout)이라는 구성원 참여프로그램을 도입하여 조직을 크게 활성화시키면서 획기적인 경영성과를 거두었다([사례연구 #7 - 2] 참조).

(2) 성공요건

권한위양으로 하위계층 구성원들에게 자율성을 부여하여 그들의 적극적인 경영참여를 유도하는 데에는 근본적으로 몇 가지의 요건이 조성되어야 한다.

① **최고경영층의 전폭적인 지원**: 첫째는 권한위양과 자율적 경영에 대한 최고경영층의 의지와 전폭적인 지원으로서, 의사결정권한을 구성원들과 공유하려는 경영이념과 이를 관철시키려는 강한 의지가 없이는 자율경영이 성공할 수 없다. 특히 노사관계에 있어서는 노조를 협력의 파트너로 보고 경영권(management prerogative)을 구성원들과 공유하는 기본자세가 필요하다.

② **자율적 의사결정의 존중과 성과배분**: 구성원들의 자율적 의사결정을 존중하여 이를

그대로 받아들이는 한편, 그들의 경영참여로 달성된 성과도 그들에게 배분함으로써 그들의 적극적인 참여를 계속 강화시킬 수 있다.

③ **교육훈련과 조직개발**: 구성원들의 경영참여는 끊임없이 이루어져야 하고, 참여수준이 고도화됨에 따라서 구성원들에게 새로운 지식, 기술, 행동, 능력을 개발하기 위한 교육훈련과 조직개발이 지속적으로 뒷받침되어야 한다.

② 분 임 조

현대조직에서 구성원들의 경영참여를 증진시키는 또 하나의 형태는 분임조(QC: Quality circle)활동으로서, 분임조는 많은 조직체에서 구성원들로 하여금 그들의 작업을 개선하고 성과를 높이는 데 직접 참여하는 제도로 활용되고 있다.

(1) 분임조의 성격과 목적

분임조는 구성원들이 작업과정에서 당면하는 문제들을 그들 자신이 공동으로 해결하고 그들의 능률과 성과를 올리기 위하여 형성된 작업집단이다. 분임조는 3~15명 정도의 같은 작업집단 구성원들 또는 작업상으로 연결된 구성원들로 형성되고, 매주 한 시간씩 또는 주기적으로 일정시간 동안 만나서 작업과정에서 발생하는 문제들을 분석·토의·해결한다. 따라서 분임조는 개인의 자율성과 성취감 그리고 목표설정행동과 자아실현욕구의 충족 등 동기이론을 작업현장에 실제로 적용한 좋은 예라고 할 수 있다. 그리고 분임조를 통한 구성원들의 참여와 더불어 그들의 성과를 상여금의 형태로 지불한다면 경제적 동기도 유발시킬 수 있다.

분임조활동은 일본기업체에서 주로 품질개선을 목적으로 시작되어 성공적인 결과를 거둠에 따라서 일본기업뿐만 아니라 전세계의 많은 기업으로 확산되었고, 문제해결도 품질뿐만 아니라 작업상의 모든 문제를 대상으로 전체적인 생산성향상을 목적으로 집단구성원들의 적극적인 참여와 협조를 유도하는 경영기법 또는 조직문화개발로 확대되어 왔다.

(2) 분임조의 구조체계

〈그림 7-1〉에서 보는 바와 같이 분임조는 작업집단을 중심으로 소규모 인원으로 구성된다. 분임조는 각기의 리더에 의하여 활동이 조성되고, 분임조 간의 연결과 통합은 조정

역(facilitator 또는 coordinator)에 의하여 이루어지며, 조직체 내 또는 사업장 내의 분임조는 운영위원회(steering committee)에서 총괄 관리하게 된다. 분임조의 중요한 활동의 하나는 사내 또는 사업장 내의 여러 분임조 간의 경진대회에 참여하는 것이다. 이러한 경진대회는

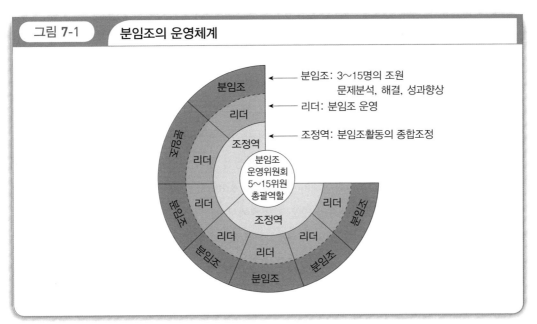

그림 7-1　분임조의 운영체계

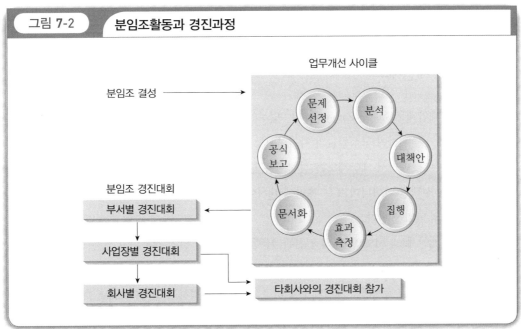

그림 7-2　분임조활동과 경진과정

분임조활동을 강화하여 구성원들의 참여의식과 공동체의식을 조직문화로 정착시키는 데 많은 도움을 준다(〈그림 7 - 2〉 참조).

(3) 분임조의 성공요건

분임조가 성공적으로 운영되고 기본목적이 달성되려면 몇 가지의 요건이 조성되어야 한다. 첫째는 집단구성원들이 문제해결에 필요한 기본자질과 기술을 갖추고 있어야 한다. 구성원들 자신이 수행하는 작업에 대한 완전한 지식과 기술은 물론, 품질관리의 통계적 기법 등 문제분석 능력과 기술을 가지고 있어야 한다. 둘째로 구성원들은 작업개선으로 인하여 감원이나 해고 등 작업집단에 불이익이 생기지 않는다는 확신을 가져야 한다. 셋째로 최고경영층을 포함한 모든 계층에서 분임조 활동을 적극 지원함으로써 구성원들에게 분임조 활동의 중요성을 분명히 확인해야 한다(Steers & Black, 1994).

분임조활동은 우리나라의 많은 기업체에서 적극적으로 추진되어 왔고, 그 결과로 품질향상과 경영합리화 그리고 구성원들 간 협조적인 분위기를 조성하는 데 실제로 좋은 성과를 거둔 기업체도 많이 있다. 그리고 현재 우리나라의 많은 조직체에서 적극적으로 추진되고 있는 경영혁신운동에 있어서도 분임조활동이 작업장에서 많은 개선을 가져오는 데 큰 역할을 하고 있다. 특히 분임조활동은 노사 간 협력적 관계를 조성하는 데에도 실질적으로 크게 기여할 수 있을 것이다.

③. 제안제도

제안제도(suggestion system)는 업무개선이나 비용절약 등 조직체의 능률향상과 효율성 제고를 위하여 구성원들의 아이디어를 체계적으로 수집하고 이를 활용하는 공식제도를 의미한다. 따라서 제안제도는 전체 구성원들에게 참여의 기회를 주는 공식제도일 뿐만 아니라, 선택된 아이디어 또는 제안에 대하여 적절한 상여금을 지불한다는 점에서 인센티브 제도의 역할을 한다.

제안제도는 1930년대의 인간관계운동 이래 가장 널리 적용되고 있는 공식참여제도로서 미국 포춘 500대기업의 80% 이상이 제안제도를 공식적으로 활용하고 있고, 그 이외에도 더 많은 조직체에서 제안제도를 비공식적으로 운영하고 있다(Schuler, 1998). 그 중에서 성과가 좋은 조직체는 놀라울 만큼의 비용절약을 달성하였고, 제안자도 상당한 금액의 상여금을 받은 사례들이 많이 있다.[2] 3M(Minnesota Mining and Manufacturing)은 전통적으로 구성원의 창의성을 조직경영의 가장 중요한 자원으로 강조해 왔으며, 창의적 아이디어를 조장하는 것을 가장 중요한 가치와 경영방침으로 이를 이념화해 왔다. 3M에서 구성원의 제안은 반드시 경영층의 신중한 심사를 거치게 되며, 비용절감이나 생산성 향상뿐만 아니라 신제품개발과 새로운 사업개발에까지도 창의적 아이디어를 모색하는 것을 중점경영방침으로 삼고 있다(Peters & Waterman, Jr., 1982; Business Week, April 10, 1989; Coyne, 1997).

우리나라에서도 제안제도는 많은 조직체에서 운영되고 있고, 특히 근래에 와서 경영합리화와 생산성제고의 일환으로 이를 한층 더 강조하는 조직체가 증가하고 있다. 특히 제안제도를 총체적 품질관리(TQM: total quality management)의 한 부분으로 적극 추진하여 좋은 성과를 얻고 있는 조직체도 많이 있다. 그러나 제안제도를 효과적으로 운영하는 것은 간단하지 않다. 제안제도의 기본목적과 운영 그리고 문제점과 대책 등을 간단히 살펴본다.

(1) 기본목적과 운영절차

제안제도의 기본목적은 구성원들의 창의적인 아이디어를 최대한 활용하는 동시에, 그들에게 참여의 기회를 부여함으로써 조직체의 능률을 높이고 구성원의 사기와 동기를 향상시키는 데 있다. 조직체의 실제문제와 개선은 실무를 맡고 있는 구성원 자신들이 가장 잘 알고 있고, 따라서 그들이 업무개선과 능률향상의 가장 타당한 원천이라는 것이 제안제도의 기본전제이다.

제안제도의 운영절차는 대체로 제안의 제출과 심사 그리고 상여금 지급으로 크게 구성된다. 구성원의 제안은 우선 공식양식에 의하여 제안함이나 제안위원회(Suggestion Committee)에 공식적으로 제출되고, 제출된 제안은 일선관리자와 인적자원스태프 또는 제안전문가로 구성된 제안위원회에 의하여 심사과정을 거치게 된다. 심사에서 채택된 제안에 대해서는 공식규정에 의하여 상여금이 제안자에게 지불되고, 채택되지 않은 제안에 대해서는 그 이유를 제안자에게 통보한다.

제안자가 아이디어를 제출하는 과정에서 그는 자기 상사와 협의하여 실현가능한 제안을 구상하는 것이 바람직하며, 제안위원회도 심사과정에서 해당 실무담당자의 의사를 감안

---

2) 유류파동 때 미국의 Goodyear Rubber Company에서는 에너지 절약 아이디어를 제안한 구성원에게 8만 달러의 상여금을 지불하였고, GM의 한 구성원은 여러 제안을 통하여 총 10만 달러 이상의 상여금을 받은 사례도 있다. 그리고 IBM, United Airlines, General Dynamics 등의 회사에서도 좋은 제안으로 4만 달러 정도의 상여금을 받은 구성원들이 있다(Pizam, 1974; Strauss & Sayles, 1980).

하여 제안의 현실성과 효익성을 평가하는 것이 바람직하다. 그리고 채택된 제안은 사내홍보를 통하여 제안자의 공헌을 인정해 주고 이를 널리 알림으로써 제안에 대한 동기와 조직분위기를 강화시킬 수 있다.

상여금은 일반적으로 제안으로부터 기대되는 첫해 이득의 10~25% 정도이다. 그러나 제안의 경제적 이득이 크지 않을 때에는 최저 일정액을 지불하거나 표창을 함으로써 상징적인 상여를 부여한다. 제안제도의 궁극적인 효과는 장기적인 능률향상에서 나타나겠지만, 그 이외에도 구성원의 제안제도 참여율과 제출된 제안의 채택률도 성공적인 제안제도의 중요한 지표가 된다. 일반적으로 제안 숫자가 구성원 수의 2분의 1을 초과하고 제안의 25~35% 이상이 채택된다면 제안제도가 비교적 성공적이라고 할 수 있다.

예시 7-1 **제안이 생활화된 일본기업**

일본기업의 강한 경쟁력에는 구성원들의 제안이 큰 몫을 차지하고 있다. 일본의 근로자들은 어느 기업에서나 특히 그들의 공정개선작업에 활발히 참여한다. 조금이라도 품질향상, 비용절감, 또는 작업의 효율성에 기여한다고 생각하면 거침없이 제안을 한다. 그들은 자기가 맡은 공정의 개선작업은 자신이 한다는 강한 주인의식을 가지고 있다. 그래서 일본기업의 공장은 전체가 근로자들의 아이디어로 가득 차 있는 기분을 준다.

마쓰다(松田)자동차의 경우 1994년에 3만여 명의 구성원이 240만 건의 제안을 제출하여 1인당 평균 제안수가 80건에 달하였고, 도요다(豊田)자동차와 닛산(日産)디젤은 1인당 평균 제안수가 각각 30건과 10건에 달하였다. 그들의 제안은 사무용품의 절약방법 등의 사소한 것에서 수천만 엔의 원가절감효과가 있는 아이디어에 이르기까지 규모와 분야를 가리지 않는다. 그리고 공장 내 어디를 가거나 근로자들과 분임조(QC)의 건의로 작업을 개선한 사례가 게시되어 있다. 우수사례만 게시한 것이지만 공장이 이들 전시물로 가득 차 있다.

회사측도 근로자들의 참여의식을 북돋우기 위하여 제안에 대하여는 채택이 되지 않더라도 최소 500엔씩을 지급한다. 물론 효과가 큰 제안에 대하여는 지급하는 수당도 더 많다. 따라서 제안에서 받은 수당을 모아 단체 해외여행을 즐기는 분임조도 많이 있다. 닛산디젤은 제안에 대한 수당으로 연간 1억 엔 정도를 지급하는 한편, 이로 인한 경제적 효과는 10억 엔 이상에 달한다. 이와 같이 제안이 생활화된 상태에서 작업효율이 향상되지 않을 수 없고, 품질이 높아지지 않을 수 없다.

---

(2) 중요 제약요인

그러나 이러한 결과를 지속적으로 유지하는 것은 쉬운 일이 아니다. 실제적으로 제안제도는 그 운영과정에서 많은 실질적인 문제에 봉착하게 된다. 첫째로 좋은 제안이 구상되려면 제안자의 실무적인 관점뿐만 아니라, 관리자와 관계부서의 전반적인 관점도 종합되어야 한다. 그러나 일반적으로 관리자는 현업에 너무 바빠서 구성원의 아이디어를 현실성 있는 제안으로 작성하는 데 도움을 주지 못할 때가 많이 있다. 따라서 제출된 좋은 제안도 채택되지 않게 되고, 나아가서는 제안자의 동기를 좌절시키는 결과까지도 가져오게 된다. 심사과정에서도 제출된 제안을 신속히 처리하지 않거나 또는 채택되지 않은 제안에 대하여 충분한 설명을 제공하지 않는 등 제안심사에 있어서 무성의를 보인다면 이것 역시 구성원의 동기에 좋지 않은 영향을 줄 수 있다.

그뿐 아니라, 구성원의 심리적인 문제도 제안제도에 작용할 수 있다. 구성원의 제안은 흔히 관리자나 관리체계의 개선과 관련될 때가 많고, 따라서 구성원은 민감하고 미묘한 문제는 자연적으로 피하게 된다. 이러한 문제를 극복하기 위하여 많은 조직체가 제안자뿐만 아니라 그의 담당 관리자에게도 함께 상여금을 주고 있다. 그리고 구성원들은 채택된 제안이 작업팀에 미치는 영향에 대해서도 민감하게 생각할 때가 많이 있다. 즉, 작업개선에 관한 제안이 현재의 작업팀을 분리시키거나 작업량을 감소시켜 인원을 축소시키는 등 현 상태에 변화를 가져오는 것에 대하여 민감하게 느낄 때가 많이 있다.

노조가 결성된 조직체에서는 노조가 또 하나의 문제가 될 수 있다. 일반적으로 노조는 제안제도에 저항감을 보이는데, 그것은 제안제도 절차에 있어서 조합원들이 노조와는 관계없이 경영층과 직접 상호 작용을 하게 되기 때문이다. 따라서 노조의 저항을 막기 위하여 제안위원회에 노조대표를 참여시킴으로써 노조의 협조를 얻을 수 있다.

또한, 구성원들이 제안제도로부터의 상여금에 대하여 큰 기대를 갖지 않을 때가 많이 있고, 경우에 따라서는 제출된 제안에 대하여 이것은 경영층에서 이미 고려되고 있다는 이유로 제안된 아이디어가 채택되지 않거나 또는 채택되지 않은 제안이 몇 달 후에 다른 부서에서 실제로 적용되는 등 경영층의 제안제도관리에 대하여 구성원으로부터 신뢰를 받지 못할 때도 적지 않다. 그러므로 제안제도를 성공적으로 운영하고 그 효과를 장기적으로 유지하려면 제안제도의 공식적인 체계는 물론, 제안제도에 대한 일선관리자의 관심과 역할 그리고 제안제도의 실제운영에 있어서 내실을 기하는 등 여러 가지의 많은 요건이 조성되어야 한다.

(3) 성공요건

제안제도에서 기대되는 효과는 조직체마다 다르고, 따라서 효과적인 제안제도 개념은 조직체 상황에 따라서 모두 다르다. 그러나 구성원의 제안제도 참여율과 제안 채택률을 중심으로 성공적인 제안제도를 검토해 보면, 다음과 같은 몇 가지 공통점을 발견할 수 있다 (Pigors & Myers, 1981).

① **최고경영층의 관심과 지원**: 최고경영층의 적극적인 지원하에 제안에 대한 일선관리자의 역할을 강조하고, 제안제도 운영과 관리에 있어서 인적자원스태프의 책임을 명백히 한다.

② **제안제도의 방침 공지**: 조직체에서 어떠한 제안을 원하는지를 구성원에게 알리고 제안제도의 절차는 물론 상여방침도 명백히 한다.

③ **신속한 심사**: 접수된 제안은 신속한 심사과정을 거쳐서 심사결과를 제안자에게 단시일 내에 통보해 준다.

④ **관대한 상여금**: 경제적 보상을 강조하고 첫해에 기대되는 이득의 10~20%를 기준으로 하며, 일반적으로 관대한 방향으로 보상을 제공한다.

⑤ **인정과 홍보**: 채택된 제안과 제안자를 사내홍보를 통하여 그 공헌을 인정해 주고, 제안제도에 대한 계속적인 동기부여와 조직분위기를 조성한다.

④. 이득공유제도

이득공유제도(gainsharing plans)는 구성원의 경영참여와 작업장, 사업부, 혹은 조직체 수준의 경제적 인센티브를 결합한 복합참여제도이다.

(1) 제 형 태

이득공유제도의 시발점이 된 스캔론제도(Scanlon Plan)는 미국철강노동조합(United Steelworkers of America)의 리더였고 한때 MIT 대학의 교수직을 지낸 Joseph Scanlon이 창안한 것으로서 1947년 이후 미국의 많은 기업체에서 성공적으로 적용되어 좋은 결과를 가져 왔으며(Lesieur, 1975; Frost et al., 1974; Moore & Ross, 1978), 스캔론제도의 기본원리는 미국뿐만 아니라 다른 나라에서도 널리 활용되고 있다. 스캔론제도는 노사 간 상호 협의 하에 조직체의 성과표준치(performance standard)를 설정하고 그 표준치를 초과한 이득(gain)을 회사와 구성원들 사이에 배분하는 제도로서, 구성원참여와 집단수준 인센티브의 두 가지 요소를 포함하고 있다(〈표 7-1〉 참조).

두 번째 형태의 이득공유제도는 럭커제도(Rucker Plan)이다. 이 럭커제도는 기본적인 원리 면에서 스캔론제도와 같으나, 성과표준치와 초과이득의 배분에 있어서 약간의 차이를 보인다. 성과표준치는 스캔론제도가 생산물 판매가액 대비 인건비를 사용하는 데 반해 럭커제도는 부가가치 대비 인건비를 사용한다(〈표 7 – 1〉 참조). 그리고 스캔론제도에서는 발

■ ■표 7 – 1　**이득공유제도의 이득배분계산**－예시

1. 스캔론제도:

합의된 표준 인건비 비율 – 30%(생산물 판매가액 대비 인건비 비율)

분배율(회사 대 사원) – 20:80

예비율 – 10%(표준 인건비 비율 미달시에 대비하여 연말까지 지불을 유보할 부분)

생산물의 판매가격	$ 1,000,000	예비비(10%)	$　5,000
표준 인건비	$　300,000	사원 몫(80%)	$ 36,000
실제 인건비	$　250,000	회사 몫(20%)	$　9,000
초과이득	$　50,000		

실제인건비 대비 이득 비율 36,000/250,000 = 14.4%

개인별 이득 지급액: 개인별 급여액의 14.4%

2. 럭커제도:

합의된 표준인건비 비율 – 50%(부가가치 대비 인건비 비율)

예비율 – 10%(표준인건비 비율 미달시에 대비하여 연말까지 지불을 유보할 부분

생산물의 판매가격	$ 1,000,000	실제 인건비	$ 250,000
자재비, 에너지, 간접비	$　400,000	초과이득	$　50,000
부가가치	$　600,000	예비비(10%)	$　5,000
표준 인건비	$　300,000	분배가능 이익	$　45,000

실제인건비 대비 이득비율 45,000/250,000 = 18%

개인별 이득 지급액: 개인별 급여액의 18%

3. 임프로쉐어제도:

합의된 기준시간(BPF):　1.80시간[3](생산단위당 소요시간)

분배율(회사 대 사원) 50:50

주간생산량	20,000단위
기준 소요시간	36,000시간(1.80×20,000)단위
실제 소요시간	28,000시간(40×700명)단위
절약시간 이득	8,000시간
회사 몫	4,000시간
사원 몫	4,000시간

실제소요시간 대비 이득비율 4,000/28,000 = 14%

개인별 현금이득 지급액: 5.6시간×$20 = $112(시급률 $20, 주 40시간 근로기준)

---

3) 여기에서 시간은 한 사람이 한 시간 일할 때 한 시간으로 계산하는 man-hour개념임.

생한 이득을 사전합의된 비율에 따라 사원과 회사에게 배분하는데, 럭커제도에서는 발생한 이득 모두를 사원들에게 배분한다.

세 번째 형태의 이득공유제도로는 임프로쉐어제도(ImproShare: Improved Productivity Sharing)를 들 수 있다. 이 제도는 생산직 구성원들에게 적용하는 제도로서 성과표준치를 제품 하나를 제조하는 데 소요되는 작업시간 단위로 설정하고 구성원들의 집단적 노력을 통하여 표준작업시간을 줄인 만큼을 이득으로 계산하여 회사와 구성원들이 합의한 배분비율에 따라 배분하는 제도이다.

(2) 구성원의 참여

일반적으로 노조가 결성된 조직체에서는 중요 사업장에 노조대표와 관리자가 생산위원회(Production Committee)를 구성하여 구성원들이 제출한 생산이나 부서운영상의 비용절감 또는 효율성제고에 대한 모든 제안을 심사하고 이를 실행한다. 전체 조직체에 관련된 제안이나 생산위원회의 심사범위를 넘어선 제안은 상위 조정위원회(Steering Committee)에서 심사를 거치게 된다(Driscoll, 1979). 생산위원회나 조정위원회가 다루는 내용에는 수로 원가통제와 품질관리, 자재관리 등 각종 생산관리문제와 주문, 입찰, 시장개척 등이 포함된다. 그러나 고충처리는 생산위원회나 조정위원회에서 취급하지 않고, 별도의 고충처리절차에 따라 이루어진다. 그리고 조정위원회에서 결정된 사항은 전체 구성원에게 전달되어 노사 상호 간 원활한 커뮤니케이션과 이해를 도모한다. 구성원의 참여 수준에 있어서는 스캔론제도가 가장 높은 수준의 참여를 기반으로 하는 데 반해, 임프로쉐어제도는 위원회 대신 생산성향상팀을 운영하며 구성원의 참여 수준이 상대적으로 낮은 상태로 운영된다.

(3) 성과표준치의 설정

노사 간의 이득배분을 결정하는 성과표준치를 설정하는 것은 이득공유제도의 중요한 측면이다. 스캔론제도에서는 성과표준치를 생산물의 판매가액(sales value) 대비 인건비 비율을 사용하여 적절한 표준치를 설정하는 데 비해 럭커제도에서는 부가가치(value added) 대비 인건비 비율로 성과표준치를 설정한다. 성과표준치의 설정은 성공적인 이득공유제도의 매우 중요한 부분으로서, 과거의 성과자료와 당면한 조직체상황 등을 종합적으로 검토하여 노사 간의 협의를 통하여 이루어진다. 그리고 성과표준치가 설정된 이후 새로운 기술도입이나 생산공정상의 변화 그리고 판매가격의 인상 등 성과표준치에 영향을 수는 중요한 변화가 있으면 성과표준치를 다시 수정하게 된다.

(4) 생산성 향상과 성과배분

성과는 매월 측정되며, 성과표준치 이상의 효율성을 달성하게 되면 그로부터 발생된 이득을 구성원들에게 상여금으로 배분한다. 예를 들면, 〈표 7 - 1〉에서 보는 바와 같이 한 스캔론제도에서 표준인건비 비율이 30%이고 실제인건비 비율이 25%였다면 절약된 5%포 인트에 해당하는 이득 중 사원에게 배분될 몫을 상여금으로 배분하게 된다.

상여금은 기본급 비율에 따라 배분되는데, 럭커제도와 같이 이득 전부를 구성원에게 배분하는 경우도 있고, 스캔론제도와 같이 노사 간 합의에 따라 전체 이득의 일정비율은 구 성원에게 배분하고 나머지는 회사에 유보 또는 경영층에 배분하는 경우도 있다. 구성원과 회사 사이의 배분율은 조직체의 재정적 형편에 따라 많은 영향을 받으며, 상여금의 배분은 보통 생산직뿐만 아니라 사무직 구성원에게도 해당된다. 이득공유제도 하에서 조직체는 항 상 성과표준치 이상의 성과 만을 기대할 수는 없다. 따라서 성과표준에 미치지 못하는 경우 에 대비하여 상여금의 일부를 유보하여 성과가 성과표준치에 미치지 못할 때에 이를 사용 하여 보다 안정된 임금 수준을 유지하도록 노력하는 것이 일반적이다(Florkowski, 1990).

(5) 이득공유제도의 효과와 성공요건

이득공유제도의 효과는 연구결과 매우 높은 것으로 나타나고 있다. 스캔론제도를 활용 하는 10개 회사를 연구한 결과에 의하면 스켄론제도로부터 10~40% 가량 생산성이 향상 되었고, 그 이외에도 구성원 참여의 활성화와 상여금 배분에 따른 동기부여의 효과 등이 나 타났다(Puckett, 1975; Geare, 1976). 그러나 이와 같이 성공적인 효과를 가져오려면 몇 가지 요건이 조성되어야 한다.

첫째로 경영층과 노조간부들의 공동협조에 대한 이념적 지지와 열성적 지원이 필요하 다. 경영층은 노조를 협조의 대상으로 보아야 하고, 노조는 회사발전에 관심을 가지고 공동 이익을 추구할 자세를 가져야 한다. 둘째로 경영층은 경영권에 대하여 고정적인 관념에서 벗어나서 구성원의 참여와 제안을 받아들일 수 있도록 보다 개방적이고 협조적인 자세를 가져야 한다(Ewing, 1989; Thomas & Olson, 1988). 셋째로 성과표준치와 성과측정방법 그리 고 성과배분방식 등의 측면에서 제도 자체가 간단·명료하고 구성원들이 이해하기 쉬워야 하며, 제도의 운영상황을 구성원들에게 지속적으로 알려야 한다(Paulsen, 1991). 그리고 구성원들의 적극적인 참여를 유도하여 높은 수준의 성과달성에 매진하도록 해야 한다.

이러한 요건이 구비되지 않으면 이득공유제도는 장기적으로 성공할 수 없고, 따라서 이러한 기본요건이 조성되지 않음으로써 이득공유제도를 폐지한 회사도 적지 않다.

(6) 제안제도와의 차이점

이득공유제도는 제안제도와 같이 제안을 통한 구성원의 참여와 성과에 따라 상여금을 지불하는 인센티브제도이다. 그러나 이들 두 제도는 다음 몇 가지 면에서 큰 차이가 있다.

① **제안절차**: 제안제도에서 제안은 주로 구성원에게 달렸고, 경영층은 수동적으로 구성원의 제안을 기다리는 입장이지만, 이득공유제도에서는 노사 양측이 좋은 제안이 나오도록 능동적으로 적극 노력한다.

② **성과배분**: 제안제도에서는 제안으로부터의 이득을 제안자에게만 배분하지만, 이득공유제도하에서는 모든 구성원 그리고 경우에 따라서는 경영층에까지도 이득을 배분한다.

③ **성과표준실정**: 제안제도는 성과표준치를 사용하지 않지만, 이득공유제도는 성과측정의 기준이 되는 표준지표와 표준수치를 사용한다.

④ **참여단위**: 제안제도에서는 제안의 범위가 주로 비용절약과 생산성 등 생산에 직접적으로 관련된 분야에 제한되어 있지만, 스캔론제도나 럭커제도에서는 주문, 입찰, 시장확대 등 회사의 이익 전반에 걸쳐서 광범위하게 노사 공동참여가 이루어진다.

이와 같이 이득공유제도는 제안제도에 비하여 구성원 참여와 인센티브의 범위가 넓고, 따라서 인적자원관리상의 의의도 더 크다고 할 수 있다. 이득공유제도는 특히 우리나라에서 협력적 노사관계를 구축해 나가는 데 실질적으로 기여할 수 있는 방법으로서 앞으로 그 중요성이 점점 커질 것으로 기대된다.

5. 이윤배분제도

조직구성원들이 달성한 이익의 일부를 구성원들에게 배분함으로써 그들이 조직체의 경제적 이익에 참여하고 그들의 동기유발을 유도하려는 또 하나의 참여방법이 이윤배분제도(profit sharing plan)이다. 이윤배분제도는 보너스의 한 형태인데, 우리나라에서의 보너스는 많은 조직체에서 조직체의 성과와는 관계없이 거의 고정된 금액이 지불되어 왔다는 점에서 선진국 이윤배분제도와는 큰 차이가 있다. 선진국에서 조직체성과에 비례하여 구성원들이 참여하는 이윤배분제도의 중요 내용과 효과 그리고 문제점을 요약한다.

(1) 중요내용

조직체에 대한 구성원들의 관심과 커미트먼트 수준을 높이고, 그들로 하여금 조직체의 성과향상을 위하여 적극 노력하도록 하는 동시에, 그들에게 안정된 보상을 제공하려는 것이 이윤배분제도의 기본목적이다. 이윤배분제도는 회사마다 다르지만, 일반적으로 회사 순이익의 일정액 또는 순자본(net worth)의 일정비율(예: 15%) 수준을 초과한 이익의 일정비율(보통 10~30%)을 구성원의 기본급비율에 따라서 연말에 배분하게 된다. 그리고 실제 배분에 있어서도 해당 이윤배분액 전부를 해당 기말에 배분하는 당년이윤배분제도(current distribution method)와 이윤의 일부를 보류하여 구성원의 차후 연금(pension)이나 회사의 이윤이 낮을 때 구성원의 안정된 임금지불에 적용하는 이연이윤배분제도(deferred distribution method), 그리고 이들 두 형태를 겸비한 결합이윤배분제도(combined distribution method)의 세 가지 종류로 구분된다.

미국에서 80% 이상의 이윤배분제도는 결합이윤의 형태를 갖추고 있고, 유보내용에 있어서 연금이 가장 큰 비중을 차지하고 있다. 결합이윤배분제도의 절반 정도가 구성원 자신에게 연금저축 옵션을 제공함으로써 이연이윤에서의 연금의 중요성이 한층 더 강조되고 있다. 이와 같은 방법에 의하여 이윤이 배분될 때, 구성원이 받는 액수는 월급의 10%를 넘는 경우가 많지 않다. 따라서 연간 이윤배분제도를 통하여 실제로 지급되는 액수는 한 달 월급의 50~70% 정도가 일반적이라 할 수 있다.

(2) 효   과

이윤배분제도는 오랜 역사를 지니고 있지만 근래에 와서야 기업에서 널리 활용되고 있다. 미국의 Sears Roebuck, Levi Strauss, Proctor and Gamble, Wal-Mart, Nucor Steel 등이 이윤배분제도를 사용하는 유명회사들이다(Helliker & Ortega, 1996; Schuler, 1998). 그리고 이윤배분제도로서 가장 널리 알려진 회사는 링컨전기회사(Lincoln Electric Company)이다. 링컨전기회사에서의 이윤배분제도는 개인성과급제와 집단성과급제 그리고 조직체 수준의 인센티브를 모두 결합시킨 종합적인 제도로서, 구성원들은 각기 개인성과급제를 중심으로 일을 하지만 모두가 비용절약과 생산성향상에 노력하며, 기말에 구성원 각자의 모든 성과를 종합·평가하여 보너스를 측정하게 된다. 이와 같이 측정된 보너스는 구성원 월급의 50～150%나 되며, 매월 월급의 100%를 보너스로 받는 것이 보통이었다고 한다. 이윤배분제도를 사용하기 시작한 1934년 이래 링컨전기회사는 지속적인 성장을 해왔고, 매월 월급의 100%의 보너스를 지불하면서도 순자본의 10% 이상의 순이익을 달성해 왔다(Henderson, 1989).

일반적으로 이윤배분제도는 구성원의 사기향상과 조직체에 대한 태도에 좋은 효과를 가져오는 것으로 인식되고 있다. 연구결과에 의하면, 이윤배분을 받는 구성원들은 이윤배분을 받지 않는 회사 구성원들에 비하여 회사발전에 공동참여를 하고 있다고 느끼고, 회사 경영진에 대하여도 보다 긍정적인 태도를 보이는 것으로 나타났다. 그리고 비용절약과 원가절감도 더 강조하고, 이윤배분이 구성원 자신들의 안정과 발전에 기여한다고 생각하는 것으로 나타났다. 특히 이윤배분제도는 제안제도, 분임조, 자율적 작업집단 등 다른 참여제도와 함께 사용될 때 구성원들의 공동체의식과 협조정신 그리고 그들의 동기부여에 보다 긍정적인 영향을 준다(Uchitelle, 1993; Labate, 1993).

(3) 제 한 점

이윤배분제도는 좋은 효과와 함께 여러 제한점을 지니고 있다. 이들 제한점을 간단히 살펴본다.

① 이윤배분액의 결정: 가장 어려운 문제의 하나는 배분할 이윤의 결정이다. 특히 주식 배당금과 투자, 세금 등을 감안하여 적절한 이윤배분액을 결정하는 것은 매우 어려운 일이다. 이윤배분에 있어서도 계층과 근속년수 그리고 부서별 성과 등 고려할 수 있는 요소들이 많으므로 공정한 이윤배분은 매우 어려운 결정이다.

② 노력과의 관계: 또 한 가지 문제는 구성원의 노력과 성과 그리고 보너스와의 연결관계이다. 특히 이연이윤배분제도에 있어서는 노력과 보너스와의 관계가 명백하지 않고 보너스의 계산방법도 복잡하여 구성원이 이를 이해하기가 어려우며, 상당한 시간이 흐른 후에 보너스가 지불되므로 노력과 성과와 보너스의 관계는 더욱 불명확해진다(Florkowski, 1987).

③ 동기와의 관계: 이와 같은 문제 때문에 이윤배분이 얼마나 구성원에게 동기를 부여

하는지가 불분명해진다. 오히려 구성원들은 보너스는 당연히 그들에게 지불되는 하나의 복리후생(fringe benefit)으로 생각하게 되고, 따라서 보너스가 적으면 그들을 불만족하게 만들지만 보너스가 많다 하더라도 동기를 유발시키지 않는 위생요인(hygiene factor)의 성격을 지니게 된다.

이와 같이 이윤배분제도는 그 목적에 있어서는 합리적이지만 운영 및 동기제고 효과에 있어서는 여러 제한점이 있다. 따라서 구성원의 사기와 협조정신이 실제효과로 연결되기가 비교적 쉬운 중소기업에서 이윤배분제도의 성공적인 운영이 더욱 가능하다고 할 수 있다(Strauss & Sayles, 1980). 그러나 앞으로 우리나라에서 성과에 의한 보상이 점점 강조됨에 따라서 이윤배분제도의 중요성은 전반적으로 점차 커질 것으로 기대된다.

6. 종업원지주제도

종업원지주제도란 조직체가 경영방침으로 구성원들에게 각종 편의(가격, 금융, 세금, 사무 등)를 제공하여 조직체의 주식을 취득할 수 있게 하는 제도이다. 종업원지주제도는 구성원들이 회사의 소유지분을 통하여 회사의 경제적 이득에 참여하고 주주로서 회사의 일과 경영에도 적극 참여하도록 한다는 점에서 경영참여제도로서의 의미가 있다.

(1) 종업원지주제도의 제 형태

종업원지주제도에는 여러 가지의 종류와 형태가 있지만 크게 세 가지로 분류할 수 있다. 첫째는 조직체로부터 독립된 별도의 기구를 설립하여 조직체의 주식을 구입하고 이를 구성원들에게 배정하여 신탁자산의 형태로 관리하는 소위 우리사주제도(ESOP: employee stock ownership plan)이다. 둘째는 조직체와 구성원들이 퇴직기금의 축적을 목적으로 공동으로 출연한 자금을 운영·관리하는 과정에서 조직체의 주식을 매입하는 제도이다. 셋째는 구성원들이 조직체로부터 제공받은 주식옵션을 행사하여 자기 조직체의 주식을 획득하는 주식옵션제도(stock option plan)이다. 그리고 이들 세 가지 형태 이외에도 조직체가 구성원들에게 상여금의 성격으로 자사주를 무상으로 주는 주식상여제도(stock bonus plan)와 조직체 이익의 일부를 자사주의 형태로 지급하는 이윤배분제도 등이 있다(임웅기 외, 1999). 여기서는 주로 우리사주제도에 관하여 설명한다.

우리나라에서 종업원지주제도는 1958년에 유한양행이 처음으로 구성원의 복지향상과 노사협력을 목적으로 간부들에게 공로주를, 그리고 사원들에게 자사주매입의 기회를 각각 부여한 이래,[4] 정부의 종업원지주제도 확대실시방침(1974년)과 종업원지주제도의 확충방안(1987년) 그리고 자본민주화와 경영혁신의 물결에 힘입어 급속히 발전해 왔다. 그리하여 1974년에는 상장법인 128개사 중 8개사(6.3%)만이 종업원지주제도를 도입하였으나, 1978년에는 345개사(상장법인의 97%)가 종업원지주제도를 도입하였으며, 1998년 당시 우리사주조합을 결성한 회사수가 상장법인 757개사를 포함하여 모두 1,012개사로 증가하여 이들 회사의 총 구성원 1,329,338명의 76.8%인 1,021,108명이 우리사주조합에 가입하고 있었다 (임웅기 외, 1999).

(2) 기본목적과 효과

종업원지주제도의 기본목적은 조직구성원들이 주주가 됨으로써 경제적인 이득은 물론, 회사에 대한 애사심과 충성심을 증진시켜 근로의욕을 높이고 생산성과 성과를 높이는 데 있다(Smith et al., 1990). 그리고 자본민주화와 관련하여 구성원들이 회사소유에 참여하게 하여 중산계층을 점차 확대시킴으로써 원만한 노사관계와 사회적 안정을 도모하는 것도 종업원지주제도의 이념적 목적이라 할 수 있다. 근래에는 특히 유능한 인재와 전문경영인의 영입은 물론 고성과를 위한 동기부여를 목적으로 주식옵션제도(stock option)를 도입하는 조직체도 급격히 증가하고 있다.

그러나 우리나라 조직체에서 종업원지주제도는 일반적으로 경제적 이득이나 근로의욕향상의 효과를 달성하지 못하고 있다. 지주제도 가입자의 대부분이 자신의 경제적 이익 증진을 목적으로 하고 있지만, 대다수가 실제 이득에 불만을 느끼고 있다. 그리고 근무능률이나 생산성향상에 있어서도 지주제도 참여자의 과반수가 부정적인 견해를 가지고 있으며, 경영층도 대체로 지주제도가 노사관계개선에 기여하지 못하는 것으로 느끼고 있다(임웅기 외, 1999).

그 반면에, 미국에서의 종업원지주제도는 대체로 긍정적인 결과를 가져오는 것으로 나타나고 있다. 즉, 연구결과에 의하면 종업원지주제도를 도입한 미국회사들이 다른 회사

---

4) 종업원지주제도는 원래 1893년 미국의 한 철도회사(Illinois Central Railroad Company)에서 처음으로 실시되어 미국에서 현재 1만여 개 이상의 조직체가 다양한 형태의 종업원지주제도를 도입하여 1,200여만 명 이상의 구성원들이 각기의 지주제도하에서 자기 조직체의 주식을 보유하고 있으며, 매년 600~800개의 조직체가 종업원지주세도를 도입하고 있다.

들에 비하여 이익이나 성장면에서 더 좋은 성과를 올리고 있다(Kanter, 1987; Conte & Tannenbaum, 1980; Marsh & McAlister, 1981). Microsoft, Pepsi, Wal-Mart, United Parcel Post, Southwest Airlines 등이 성공적인 종업원지주제도의 대표적인 예이다(Fortune, April 3, 1995; Schuler, 1998; Slater, 2003). 특히 종업원지주제도와 더불어 제안제도와 분임조활동 등 다른 참여제도를 도입한 회사들이 좋은 성과를 보이고 있어서 참여제도들 간의 시너지효과를 보이고 있다(Rosen & Quarrey, 1987).

(3) 성공요건

종업원지주제도의 성공적인 운영으로 의도한 목적과 효과를 실제로 달성하는 조직체가 많이 있지만, 그 반면에 종업원지주제도를 회사측에서 필요한 자금의 조달방법으로 잘못 활용하거나 또는 주식의 가격변동이 너무 심하여 구성원들로부터 불신을 얻게 되는 등의 문제로 인하여 이를 폐지한 조직체도 적지 않다. 따라서 종업원지주제도가 성공적으로 운영되려면 몇 가지의 요건이 갖추어져야 한다.

① **경영이념**: 종업원지주제도는 기업의 공개는 물론 기업을 구성원들과 공동소유하고 그들과 공존공영한다는 이념하에 실시되어야 한다.

② **착실한 성장**: 종업원지주제가 구성원들에게 불이익을 가져오지 않게 하기 위해서는 조직체가 장기적으로 꾸준히 성장할 수 있는 조건을 갖추고 있는 것이 바람직하다. 그리하여 조직체는 순이익의 일부를 정기적으로 구성원들의 주식소유에 할당할 수 있는 재정적 능력을 갖추어야 하고, 구성원들 자신도 일정한 한도(보통 월급의 15% 정도까지) 내에서 주식구매에 투입하도록 하는 것이 바람직하다.

③ **정보자료의 공개**: 조직체는 구성원들에게 지주제도에 관한 개념과 경제적 이득 등 그들에게 어떠한 영향을 주는지를 잘 인식시키고, 매출과 이익 그리고 생산성과 주식가격의 변동 등 조직체의 성과와 관련자료를 구성원들에게 주기적으로 공개함으로써 그들의 주식구매결정에 도움을 주어야 한다.

④ **경영참여**: 업무수행과정에서 구성원들이 의사결정에 참여할 수 있는 기회를 되도록 확대시켜 성과 면에서 시너지효과를 극대화시킬 필요가 있다.

⑦ 복수경영제도

구성원들이 경영의사결정에 직접 참여하는 또 한 가지의 제도는 복수경영제도(multiple management; bottom-up management)이다. 복수경영제도는 중견간부이사회 또는 청년이사회(Junior Executive Board)라고도 불린다.

(1) 기본목적과 운영방식

복수경영제도는 중간 또는 하위 관리자들이 최고경영층의 이사회(Board of Directors)와 같은 운영위원회를 형성하여 실무 운영에 필요한 의사결정을 하고 정책결정도 상위 경영층에 건의하는 관리자들의 참여제도이다. 중견간부이사회는 일반적으로 주요 기능부서들을 대표하는 부장 또는 과장급 관리자 7~12명으로 구성되어 6개월의 임기 동안 2주일에 한 번씩 회의를 소집하는 방식으로 운영된다. 중견간부이사회에서 결정된 사항은 대부분 최고경영층에서 받아들여지고 건의된 정책도 호의적으로 검토됨으로써 관리자들의 의미있는 참여가 이루어질 수 있다. 이사회에서 선정된 관리자들은 그들의 임기 동안에 조직체 운영전반에 걸친 의사결정 경험을 통하여 그들의 자질과 능력을 개발하는 것도 복수경영제도의 중요한 목적이다.

(2) 효과와 문제점

근래에 우리나라에서도 중견간부이사회제도를 도입하여 성공적으로 운영하는 조직체들이 증가하고 있다. 일반적으로 중견간부이사들은 조직체 문제해결에 열성적인 관심과 참여를 보인다. 그리하여 사원들의 복지문제해결과 근무환경의 개선 그리고 조직체가 당면한 문제에 대한 참신한 의견제시 등 많은 공헌을 한다. 그리고 사장이나 임원을 간부이사회에 초청하여 사원들의 의견도 전달함으로써 계층 간의 상호 이해를 도모한다. 이를 통해 중견관리자들의 능력개발은 물론, 구성원들의 사기를 증진시키고 상하 간에 신뢰관계를 조성하는 효과도 가져온다.

그러나 특히 간부이사회의 초기운영단계에서는 간부이사들이 자기 기능분야만을 대변하는 경향이 있고, 또 경우에 따라서는 최고경영층에서 받아들이기 어려운 의사결정이나 건의를 너무 많이 하는 것도 흔히 지적되는 문제들이다. 그리고 복수경영제도가 장기적으로 성공적으로 운영되려면 최고경영층의 지속적인 관심과 지원이 필요하다. 그렇지 않고서는 복수경영제도는 도입초기에 일시적인 효과가 있을 뿐, 그 이후에는 형식적인 제도에 지나지 않을 위험성이 높다. 근래에 우리나라에서 중견간부이사회나 청년이사회를 성공적으로 운영하여 조직체 내부에 참여분위기를 조성하는 긍정적인 효과를 가져온 조직체가 많이 있다.

장을 맺으며

인적자원의 활용과 전략적 성과관리를 연구하는 데 있어서 이 장은 구성원들의 동기유발과 성과향상을 위한 각종 참여제도를 살펴보았다. 이 장에서 설명한 참여관리제도는 선진국 조직체에서 구성원들의 경제적 욕구충족과 더불어 그들의 동기를 유발시키는 데 적극적으로 활용됨으로써 오랫동안 인적자원의 전략적 성과관리에 큰 역할을 해왔다. 근래에 우리나라에서도 경쟁력강화를 위한 경영혁신과정에서 구성원의 경영참여가 강조되고 있다. 앞으로 우리나라의 많은 조직체에서 강조되고 있는 자율경영, 인간존중, 노사협력 등의 경영이념이 실제 업무에 반영됨에 따라 실무현장에서의 경영참여제도도 더욱 활성화되어 성과관리와 인적자원관리가 보다 전략적으로 이루어질 것으로 기대된다. 우리는 이제 다음 장에서 성과관리의 매우 중요한 부분을 차지하고 있는 인사고과에 관하여 연구한다.

사례연구
7-1

LG전자의 TDR제도

LG전자의 디지털 가전(DA: Digital Appliance) 사업본부의 혁신 모토 중의 하나가 "5%는 불가능해도 30%는 가능하다" 이다. 디지털 가전에서 수행하는 모든 혁신 프로젝트의 목표는 현재보다 30% 이상의 향상을 추구한다. 그런데 이러한 도전적 목표를 달성하도록 해주는 중요한 혁신 실행도구 중 하나가 바로 파괴와 재설계(TDR: Tear Down & Redesign) 제도이다.

TDR은 비전달성을 위한 과제해결을 목적으로 구성되는 다기능팀(cross functional team)으로서 팀원 모두가 풀타임으로 혁신활동을 수행한다(〈그림 7-3〉 참조). 이름에서 알 수 있듯이 개별 TDR은 도전적 목표(stretch goal) 달성을 위하여 제로 베이스에서 기존과는 다른 창의적이고 혁신적인 해결방안을 모색하게 된다. 당시 김쌍수 본부장(전 LG전자 CEO)은 고성과 조직을 지향하기 위해서는 일상적 업무가 최소화되고, 혁신을 위한 조

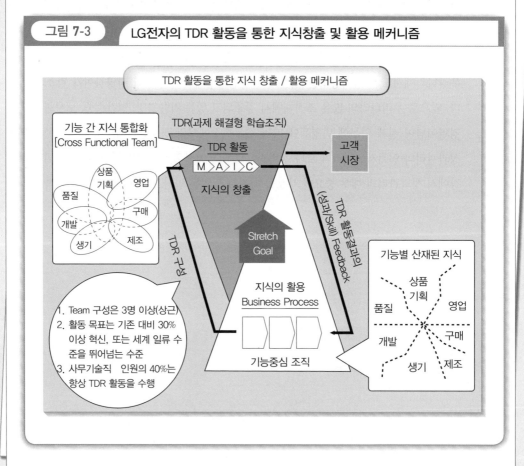

그림 7-3 **LG전자의 TDR 활동을 통한 지식창출 및 활용 메커니즘**

직운영이 체질화되는 모습으로 발전해야 한다고 생각하였다. 특히 구성원들이 기존 업무를 수행하면서 30% 이상 성과를 제고할 수 있는 혁신활동을 수행하는 것은 불가능하다고 판단하였기 때문에 일상업무를 담당하는 계층조직과 혁신을 추구하는 팀조직이 공존하도록 하려는 취지에서 이러한 제도를 도입한 것이다.

TDR 추진 초기에는 우선 팀원 및 관련부서의 전문가가 팀 활동의 결과물을 명확히 하고, 공감대를 확보하기 위하여 팀빌딩 융화(Team Building Melt-In)활동을 실시한다. 또한 TDR 활동이 진행되는 중간에는 최고경영진이 개별 TDR활동의 진척도 및 성과의 확인, 그들과의 직접적인 의사소통을 통한 신속한 의사결정, 타 사업부 우수사례의 리얼타임 공유, 최우수 TDR 선정 등을 위한 TDR 현장미팅을 매월 실시하게 된다. 특히, 이러한 현장미팅시에는 최고경영진이 단순히 프로젝트별 핵심성과지표(KPI: Key Performance Indicator) 달성추이와 진척도 등의 진행결과만을 보고 받는 것에 그치지 않고, TDR 추진의 애로사항을 해결하기 위한 방향 제시 및 기타 필요한 의사결정을 현장에서 바로 내려준다. 그리고 활동결과 우수사례는 최우수 실행방안(Best Practice) 발표회를 통하여 조직원과 공유하고, 우수팀에게는 포상을 실시하여 지속적인 동기부여와 조직성과를 창출하고 있다.

TDR에 참여하는 인력비중 측면에서 보면 디지털가전 사업본부의 경우 2002년 기준으로 전 사무기술직 직원의 약 60% 정도가 이 활동에 참여하였는데, 이를 풀타임 기준으로 환산해 보면 약 40%에 달한다. 사무기술직 인력의 40%는 항상 혁신활동을 하고 있다는 것이다. 많은 기업들이 현업에 바빠 혁신활동에 참여할 인력을 확보하기 어렵다고 하소연하는 것과 비교하면 정말 큰 차이라 아니할 수 없다. 그렇다고 디지털가전 사업본부가 혁신활동을 위하여 추가적인 인원을 확보했기 때문에 이처럼 많은 인력을 혁신에 투입할 수 있었던 것은 아니다.

실제적으로 1995년에 비해 2002년도에는 매출이 약 3배 정도 증가했지만 인력은 10% 미만으로 증가하였다. 디지털가전 사업본부는 일상적 업무의 효율화·합리화를 통하여 혁신업무에의 투입인력을 확대했고, 이를 통하여 기업성과를 획기적으로 향상시킨 것이다. 초기에는 소수의 인력으로 혁신활동을 시작하였으나, 성공적인 혁신활동을 통하여 업무효율성을 높이고 여기에서 확보된 여유인력을 다시 혁신활동에 투입하는 선순환의 사이클을 형성함으로써 지금의 모습을 갖춘 것이다. 물론 처음에는 TDR 활동에 자발적으로 참여하고자 하는 구성원은 극히 소수였다. 그러나 TDR 활동의 성과를 통한 성공 체험과 최고경영진의 지속적인 관심과 지원에 힘입어 이제는 대부분의 구성원들이 조직에서 성장하기 위해서는 TDR 활동에 참여해야 한다는 인식을 가지고 적극적으로 참여하고 있다.

이러한 TDR 활동을 통하여 디지털가전 사업본부는 기능별로 산재하여 있는 지식을 통합하여 시너지를 창출함으로써 지속적으로 탁월한 성과를 창출할 수 있는 기술을 개발하고, 도전적 목표달성을 위한 과제해결형 학습조직을 구축할 수 있었다. 동시에, 구성원들도 TDR 활동을 통하여 혁신활동을 수행하는 데 필요한 문제해결기법을 습득하고 실제 활용하여 성과를 창출할 수 있는 기회를 경험하게 됨으로써 자신들의 역량을 높이고 보다 도전적인 업무를 수행할 수 있다는 자신감을 얻을 수 있게 된 것이다.

이러한 혁신활동이 평균 5% 미만의 성장률을 보이는 성숙산업 중 하나인 가전산업에서 해마다 두 자리 수 이상의 고도성장을 가능케 하는 원동력이 되고 있는 것이다. 창원 디지털가전 사업본부에서 처음 시작된 TDR

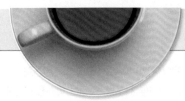

활동은 이제 LG전자 전체로 전파되어 이제는 LG전자의 혁신활동 프로젝트를 의미하는 대명사로 자리매김하고 있다.

토의질문

1. 조직구성원들의 주도적 참여를 통하여 혁신을 이끌어가는 TDR과 같은 제도가 성공적으로 정착되기 위하여 충족되어야 할 구체적 조건들에 대하여 논의하시오.

2. LG전자에서 운영하고 있는 TDR제도와 여타 구성원 참여제도와의 공통점과 차이점, 그리고 장 · 단점을 비교 분석하시오.

GE의 워크아웃 프로그램

조 직체의 성과관리에서 구성원들의 경영참여가 얼마나 중요한지는 모든 조직체가 잘 인식하고 있다. 따라서 많은 조직체가 여러 가지의 경영참여제도를 도입하여 성과향상에 노력한다. 그러나 실제로 대부분의 경영참여제도는 조직구성원들의 동기부여와 성과에 기여하기보다는 단지 위생요인의 역할에 그칠 뿐, 구성원의 경영참여 프로그램을 통하여 실제로 높은 성과를 지속적으로 거두고 있는 조직체는 소수에 불과하다. 이들 소수 조직체의 대표적인 예로 GE를 들 수 있는데, GE는 워크아웃(Workout)이라는 경영참여 프로그램으로 높은 경영성과를 달성함은 물론 경쟁적 비교우위를 획기적으로 개선하여 과거 10년간 세계 최강의 경쟁력을 가진 기업체로 인정받고 있다. 이 사례는 GE의 워크아웃 경영참여 프로그램의 도입배경과 그 내용을 설명한다.

1. 워크아웃의 도입배경

1879년 창설 이래 100여 년간 GE는 전기가전제품으로부터 시작하여 모터와 터빈 등 전기관련 제품, 의료기기, 항공엔진, 산업용 전자제품, 우주·통신 등 다양한 사업분야로 진출하면서 세계에서 가장 다각화된 기업으로 급성장하였다. 그러나 1980년대에 들어서 GE는 거대한 규모(매출 280억 달러, 구성원 40만 명)와 복잡한 사업조직(사업단위 200여 개)으로 조직구조는 관료화되고 경영의사결정은 둔화되는 소위 '대기업 병'에 감염된 증상을 보였다. 그리고 GE의 성장에는 점차적으로 자체의 경쟁력보다는 경제성장에 따라 외형만이 비대해지고 조직구성원들은 이러한 표면적인 성장으로부터 안일감에 젖어 있는 소위 'GNP회사'의 증상도 보이기 시작하였다.

이에 심각한 위기감을 느낀 웰치(J. Welch) 회장은 다가오는 세계화와 정보화의 기업환경속에서 GE를 장벽 없는 무경계(boundaryless)경영으로 세계 최강의 경쟁력을 가진 기업으로 만들겠다는 비전을 제시하고 강력한 구조조정과 경영혁신에 나섰다. 먼저 경쟁력이 약화되고 있는 전기관련 산업을 대폭 감축하고 유망한 새로운 첨단산업과 서비스 분야에 과감히 진출하여 사업구조를 크게 개선하고, 조직의 계층수를 줄이고 회사본부와 사업부조직도 축소시켜 조직구조를 수평화·슬림화·간소화하였다. 이와 같은 사업 및 조직구조 조정으로 40만여 명의 구성원수도 28만여 명으로 감축되었다.

2. 워크아웃 경영참여 및 혁신 프로그램

웰치 회장의 획기적인 구조조정에도 불구하고 오랫동안 정착된 GE의 관료문화와 안일한 조직분위기는 좀처럼 사라지지 않았고, 개방과 학습 그리고 스피드를 강조하는 웰치 회장의 무경계의 경영이념도 실현되지 않았다. 사업 및 구조적으로는 변신했지만, 구성원의 가치관과 행동면에서의 조직변신 및 체질개선은 이루어지지 않은 것이다. 따라서 웰치 회장은 GE의 체질과 조직문화를 근본적으로 바꾸고 그의 무경계경영의 실천을 가속화시키기 위한 경영혁신으로 워크아웃 경영참여 프로그램을 추진하였다.

GE의 워크아웃은 우리나라에서 IMF 외환위기 이후 도산에 직면한 기업을 채권금융기관이 회생시키려는

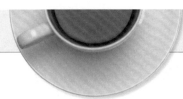

재무구조 개선작업과는 본질적으로 다르다. GE의 워크아웃은 작업 또는 업무현장의 구성원들이 자율적으로 당면한 문제를 선택하여 서로 자유롭게 토의하고 문제를 해결하여 경영층은 그들의 해결안을 그대로 수용하는 GE특유의 구성원 경영참여 프로그램인 동시에 경영혁신 프로그램이다. 웰치 회장은 워크아웃 프로그램을 GE의 모든 사업 및 업무현장에 도입하였다. 그러나 도입초기에는 구성원들이 워크아웃 프로그램에 적극적으로 참여하지 않았다. 그러나 워크아웃에서 건의된 해결책이 실제로 그대로 실천되고 그 혜택이 구성원들에게 분배되자 워크아웃은 구성원들부터 신뢰감을 얻게 되고 그들의 워크아웃 경영참여는 급속도로 확산되었다.

워크아웃에서 구성원들의 경영참여는 30~100명의 작업 또는 업무단위 구성원들이 공동으로 느끼는 문제에 대하여 각자가 자유스럽게 의견을 제시하고 서로 토의하는 형식으로 시작된다. 워크아웃 토의는 주로 사외 회의장이나 호텔에서 3일 정도에 걸쳐서 실시되는데, 첫날과 둘째 날에는 관리자의 참석 없이 사내 인적자원스태프나 외부 변화전문가의 지도 하에 구체적인 문제를 정리하고 5~20명 정도의 소집단을 구성하여 각기 세부적인 문제와 해결책을 자유롭게 토의한다. 그리고 마지막 날에는 관리자의 참석 하에 토의된 문제에 대한 구성원들의 해결책이 건의되고, 여기에서 관리자는 건의된 해결책을 그대로 채택할 것인지 또는 거절할 것인지에 대한 자신의 입장을 분명히 한다. 추가 정보자료가 필요한 건의사항에 대해서만 해결책을 건의한 팀에게 필요한 정보자료를 지정하는 날까지 제출하도록 하여 그 때까지 그의 결정을 지연시킬 수 있다.

이와 같은 워크아웃 토의는 필요에 따라 반복된다. 그 과정에서 구성원들은 자기 직무와 작업단위에 관련된 문제해결에 직접 참여하여 주인의식을 느끼게 되고, 그들의 건의사항에 대하여 관리자의 확답을 그 자리에서 받음으로써 경영층에 대한 신뢰감과 더불어 자신의 결정사항에 대한 책임감을 느끼게 된다. 채택된 건의사항은 실천사항으로서 상위계층에서 거절할 수 없고, 따라서 관리자는 건의된 사항에 대하여 전적인 권한과 책임을 가지고 신중히 결정해야만 한다. 전체적으로 건의사항의 80%에 대하여 채택 여부의 결정이 그 자리에서 내려지고, 나머지는 한 달 내에 추가적인 연구검토를 통하여 결정이 내려진다.

워크아웃에는 작업단위의 구성원들뿐만 아니라 관련부서의 구성원 그리고 외부의 고객과 협력업체까지도 참여하여 그야말로 장벽 없는 무경계경영이 실제로 이루어진다. 상하계층 간의 장벽도 무너뜨리는 것은 물론이다. 따라서 워크아웃 경영참여 프로그램은 과거의 계층구조 하에서 자기의 의견조차 제시할 수 없었던 많은 구성원들로부터 열성적인 환영을 받았다. 그리고 그들의 적극적인 경영참여는 회사에 대한 그들의 신뢰감과 책임감 그리고 주인의식을 크게 함양시켜 작업장을 활성화시킴과 동시에 전체적으로 GE의 조직문화를 활짝 바꾸면서 큰 경제적 성과를 거두었으며 경쟁력도 크게 강화하였다. 워크아웃이 시작된 1988년 이래 GE는 수많은 복수노조에도 불구하고 2003년까지 단 한 건의 파업도 발생하지 않았다. 그리고 GE의 새로운 무경계경영문화는 업무과정 리엔지니어링 등 각종 경영혁신 프로그램과 특히 1995년에 시작한 6-시그마 품질운동을 성공적으로 추진하는 데에도 크게 기여하였다. 그리하여 GE를 세계 최강의 경쟁력을 가진 기업으로 만들겠다는 웰치 회장의 비전은 실현되었다.

토의질문

1. GE에서 워크아웃 경영참여 프로그램의 성공요인을 자세히 분석하시오.

2. GE 워크아웃 경영참여 프로그램은 우리나라의 여러 기업체에서도 도입되어 실시되었으나 대부분 실패하였는데, 그 원인이 무엇이었을지 그리고 성공요건은 무엇일지를 자세히 분석하시오.

인사고과

인사고과

학생이 학교에서 자기가 배운 것에 대하여 평가를 받는 것과 같이 조직구성원도 조직체에서 자기가 달성한 성과에 대하여 평가를 받는다. 학생의 평가는 시험결과와 연구보고서 그리고 출석과 토의참여 등 교수가 정한 여러 가지 기준에 의하여 이루어진다. 이와 마찬가지로 조직구성원에 대한 평가도 업무실적과 창의성 그리고 근무태도와 인간관계 등 조직체가 정한 여러 가지 공식기준에 의하여 이루어진다.

그뿐 아니라 좋은 평가를 받은 학생은 이에 만족하고 공부에 더욱 열중하는 반면에, 나쁜 평가를 받은 학생은 실망과 불만족 속에서 학업에 대한 동기를 상실할 수도 있다. 또는 공정한 평가를 받지 못한 경우에는 교수의 평가방법에 불신감을 갖고 좌절감과 소외감까지도 느낄 수 있다. 조직구성원도 평가결과에 따라서 동기유발에 영향을 받게 되고, 평가자의 공정성에 대한 구성원의 느낌도 그의 욕구동기에 많은 영향을 준다.

이와 같이 조직체에서 구성원의 성과를 평가하는 인적자원관리 기능을 인사고과(performance evaluation)라고 부른다. 따라서 인사고과는 승진, 승급, 징계 등의 상벌결정, 조직구성원의 동기부여와 태도형성 그리고 능력개발에 매우 중요한 요소로 작용한다. 그 과정에서 인사고과는 조직체의 경영이념과 기본가치 그리고 전략목적을 반영함으로써 전략적 인적자원관리에 매우 중요한 역할을 한다. 인사고과를 연구하는 데 있어서 이 장은 인사고과의 기본개념을 정리하고, 고과자와 고과요소 그리고 고과방법 등을 살펴본다. 그리고 전략적이고 효과적인 인사고과의 방향을 모색한다.

인사고과와 전략적 인적자원관리

인사고과는 조직구성원이 조직체 목표달성에 얼마나 기여하고 있는지를 평가하는 인적자원관리 기능으로서 조직구성원의 보상(reward)과 동기부여 그리고 능력개발에 결정적인 역할을 하고, 나아가서는 전략적 인적자원관리에도 많은 영향을 준다. 그러므로 현대조직에서 인사고과는 인적자원관리의 매우 중요한 기능으로 강조되고 있고, 특히 조직을 활성화시키는 데에는 가장 중요한 인적자원관리 기능으로 인식되고 있다(Pearson, 1987). 따라서 현대조직은 구성원들의 성과를 정확히 그리고 공정하게 평가할 수 있는 인사고과시스템의 설계와 고과자에 대한 교육훈련에 많은 노력을 기울인다.

그러나 오랫동안에 걸친 많은 노력에도 불구하고, 정확하고 공정한 평가가 어렵고 좋은 평가에 대한 보상도 불충분하여 관리자들이 일반적으로 인사고과에 적극성을 보이지 않는 경향이 있다(Lee, 1996). 또한, 인사고과는 우리나라 조직체의 인적자원관리에서 가장 문제가 많은 분야의 하나로 인식되고 있다. 그러나 근래에 우리나라에서 강력히 추진되고 있는 경영혁신운동과 관련하여 많은 조직체에서 인사고과시스템의 개혁을 시도하고 있어서 앞으로 인사고과에 많은 발전이 있을 것으로 기대된다. 전략적 인적자원관리 과정에서 인사고과의 중요 목적과 인사고과과정의 중요 측면에 관하여 알아본다.

1. 인사고과의 목적

인사고과의 기본목적은 조직구성원들의 성과를 평가하는 데 있다. 그러나 평가요소와 평가기준 그리고 평가방법에 따라서 인사고과의 전략적 목적이 달라지고, 그것들이 조직체의 핵심가치와 전략을 얼마나 잘 반영하느냐에 따라서 인사고과가 전략적 인적자원관리에 기여하는 정도도 다르게 나타난다. 인사고과의 주요 목적을 살펴본다.

(1) 경영전략과의 연계

인사고과의 첫 번째 목적은 구성원들의 과업활동을 조직체의 전략적 목표와 연계시켜 그들로부터 성공적인 경영전략수행을 위하여 요구되는 행동과 활동 그리고 성과를 이끌어내는 것이다. 따라서 경영전략과의 연계는 전략적 인사고과의 가장 중요한 측면이라 할 수 있다.

(2) 진단과 성과향상

인사고과의 두 번째 목적은 구성원들의 업무수행과정을 진단하고 문제의 원인에 대한 해결방안을 모색함으로써 그들의 성과를 향상시키는 것이다. 인사고과는 구성원들의 실적을 평가하는 공식적인 계기로서, 고과자는 구성원들의 실적평가를 중심으로 앞으로 구성원들이 그들의 성과를 향상시키는 데 많은 도움을 줄 수 있다.

(3) 보상 및 상벌결정

세 번째로 조직체는 조직구성원들의 성과에 대하여 정당한 대우를 해주어야 하고, 따라서 그들의 성과를 주기적으로 측정하여 그 결과를 기준으로 승진, 승급, 강등, 징계 등 적절한 결정을 해야 한다. 인사고과결과는 이러한 상벌결정에 가장 중요한 자료로 사용된다.

(4) 피드백과 인력개발

인사고과의 또 한 가지의 중요한 목적은 구성원의 역량과 성과가 얼마나 향상되고 있고 조직체의 기대수준에 얼마나 접근하고 있는지를 구성원에게 알려 주는 것이다. 이와 같은 역량과 성과에 대한 피드백은 구성원의 동기부여는 물론 그의 성과향상에도 크게 기여한다. 그리고 구성원의 역량개발과 경력개발에도 매우 중요한 역할을 한다.

(5) 인력의 적재적소배치

인사고과는 조직구성원과 직무를 적재적소배치의 원칙에 따라 연결시키는 데에도 유효한 자료를 제공한다. 즉, 인사고과는 구성원의 성격과 능력에 따라서 이에 적합한 직무내용과 직무환경을 모색하는 공식적인 계기가 될 수 있다.

(6) 기타 목적

그 이외에 인사고과자료는 조직구성원들의 역량 데이터베이스 자료를 제공하고, 모집 및 선발 프로그램, 능력개발 프로그램 등 주요 인적자원관리 프로그램들의 타당도분석(validation)을 위한 준거(criterion)로 활용되며, 기타 연구조사의 입력 자료로도 활용된다.

이들 인사고과 목적 중에서 어느 것을 특별히 강조할 것인지는 물론 조직체의 전략적 선택에 달렸다. 그리고 특정 목적을 달성하기 위한 고과요소와 기준 그리고 고과방법과 절차도 조직체의 전략적 선택사항이다. 우리나라 조직체에서 인사고과는 전통적인 인사관리

■ ■표 8-1   **인사고과의 주요 목적**

목 적	중소기업	대 기 업	전 체
임금결정	80.2	60.7	74.9
성과향상	46.3	53.3	48.4
성과피드백과 인력개발	45.4	50.0	47.7
승진, 전직 등 인사배치	41.2	38.4	40.1
인사기록 · 문서화	29.0	32.2	30.2
연구조사, 기타	2.5	5.6	3.7

* 복수응답(%).
자료: Locher and Teel(1988), p.140.

관점에서 주로 상벌결정과 적재적소배치에 사용되어 왔다. 그러나 근래에 경영선진화의 압력이 커지고 현대적인 인적자원관리 개념이 확대됨에 따라서 인사고과는 피드백과 목표설정, 인력개발과 경력계획, 인적자원 데이터베이스와 인적자원관리 연구조사 자료로서 그 중요성이 점점 커지고 있다. 미국기업에서도 인사고과자료는 오랫동안 상벌결정 이외에 성과향상과 성과피드백 및 인력개발을 목적으로 사용되어 왔다(Peck, 1984; 〈표 8 - 1〉 참조).

②. 인사고과시스템의 전략적 가치

인사고과시스템의 전략적 가치는 인사고과시스템이 얼마나 조직체의 경영전략과 성과향상에 기여하느냐에 달렸다. 구체적으로 인사고과시스템의 전략적 가치를 평가하는 데에는 다음 다섯 가지 요소가 적용될 수 있다(Noe et al., 2010).

(1) 전략적 통합

첫째 요소는 전략적 통합으로서, 이것은 인사고과시스템이 조직체의 성공적인 경영전략에 필요한 행동과 성과를 구성원들로부터 실제로 이끌어내는 정도를 의미한다. 고객만족이 전략목적인 조직체에서 인사고과의 전략적 가치는 구성원들의 성과를 통하여 성공적인 고객만족경영에 실제로 기여하는 것이다. 인사고과시스템이 전략적 통합관점에서 높은 가치를 유지하려면 항상 변하는 조직체의 전략목표에 유연하게 적응해 나가야 한다. 급변하는 조직환경과 전략적 목표 속에서 인사고과시스템의 전략적 통합을 유지하는 것은 매우 어렵다. 따라서 이것이 현대조직의 전략적 인적자원관리의 중요한 과제이다.

(2) 성과측정의 타당도

성과측정의 타당도(validity)는 측정해야 할 성과를 실제로 측정하는 정도로서, 인사고과시스템의 구성타당도(construct validity)라고 할 수 있다. 성과측정에는 측정해야 할 성과가 빠졌거나 측정해야 할 성과와 무관한 성과가 포함되어 있는 경우가 많이 있다. 판매실적만으로 판매원의 성과를 측정하는 것은 측정해야 할 성과의 일부분(예, 고객서비스)을 빠뜨린 결과를 야기할 뿐만 아니라, 판매원의 노력의 결과라고 보기 어려운 실적치(예, 판매지역의 소득격차로 인한 실적차이)를 성과에 포함시킴으로써 오염된 결과를 야기하기도 한다. 인사고과시스템의 타당도는 인사고과요소들이 구성원의 성과를 측정하는 데 있어서 측정해야 할 성과를 실제로 얼마나 잘 측정하느냐에 달렸고, 타당도가 높을수록 인사고과시스템의 전략적 가치는 물론 커진다.

(3) 신 뢰 도

인사고과시스템의 신뢰도(reliability)는 근본적으로 성과측정결과의 일관성을 의미하며, 물론 신뢰도가 높을수록 인사고과시스템의 전략적 가치는 커진다. 성과측정의 신뢰도에서 가장 중요한 것은 고과자간 신뢰도(inter-rater reliability)이며, 그 외에도 고과항목들간의 내적 신뢰도(internal consistency reliability)도 종종 중요한 이슈가 될 수 있다.

(4) 수 용 성

인사고과시스템의 수용도(acceptability)는 인사고과시스템을 사용하는 구성원들(고과자, 피고과자, 기타 고과자료 사용자)이 실제로 인사고과시스템을 얼마나 잘 수용하고 이를 활용하는지를 나타내는 개념이다. 인사고과시스템의 타당도와 신뢰도가 높다 하더라도 인사고과에 너무 많은 시간이 소요된다면 고과자나 피고과자는 이에 거부감을 갖게 될 것이다. 인사고과시스템의 타당도와 신뢰도는 물론, 합법성과 정당성 그리고 공정성도 수용도에 많은 영향을 준다(Gilliland & Langdon, 1998). 인사고과시스템에 대한 구성원들의 수용도가 높을수록 전략적 가치는 물론 커진다.

(5) 피드백과 행동개선 가이드

피드백과 행동개선 가이드는 인사고과결과가 구성원에게 피드백의 역할을 얼마나 잘하고 성과향상을 위한 구체적인 개선방안을 얼마나 구체적으로 잘 제시하느냐를 의미한다.

인사고과시스템이 고과결과를 통하여 고과자와 피고과자에게 성과상의 전략적 통합정도를 알려주고 전략적 통합수준을 높이는 데 구체적인 도움을 줄수록 전략목적달성에 기여하는 바가 크고, 따라서 인사고과시스템의 전략적 가치가 커진다.

③ 인사고과과정의 중요단계와 측면

인사고과는 여러 가지의 단계와 측면으로 구성되어 있다. 인사고과과정을 구성하는 주요 단계와 측면을 살펴본다.

① **고과요소와 기준 설정**: 조직체의 기본가치와 전략이 반영된 고과요소와 평가기준 설정함.
② **자료수집 및 평가**: 고과요소와 평가기준에 비춰 피고과자에 관한 자료를 수집하고 그에 근거하여 평가함.
④ **고과면담**: 고과결과에 대해 피고과자와 면담하고 피드백을 제공함.
⑤ **최종고과**: 고과결과에 대한 최종적인 공식화.

이들 단계의 궁극적인 목적은 인사고과에 조직체의 경영이념과 전략을 반영하고, 이를 체계적으로 실시하여 구성원들에게 동기를 부여하고 그들의 능력을 개발하며 그들의 성과를 증대시키는 데 있다. 인사고과과정에서 구성원의 동기와 성과에 작용하는 요소들을 요약한다(Campbell & Ilgen, 1976; Kim & Hamner, 1976; Arnold, 1976; 〈그림 8-1〉 참조).

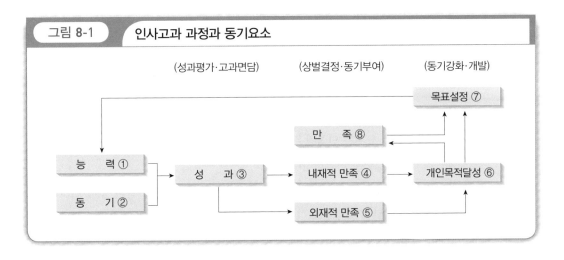

그림 8-1 　 인사고과 과정과 동기요소

(1) 능력과 성과의 관계

〈그림 8-1〉에서 보는 바와 같이 성과는 구성원의 능력에 의해 크게 영향을 받는다(①→③). 인사고과는 고과요소 혹은 고과기준(evaluation criteria)을 명백히 함으로써 구성원들로 하여금 조직체가 기대하는 성과와 그것을 달성하는 데 필요한 능력과 그 수준을 인식하도록 해 준다.

(2) 동기와 성과의 관계

성과는 구성원의 능력 외에도 그들이 업무수행에 얼마만한 에너지를 쏟아 붓는지에 따라 크게 달라질 수 있다(②→③). 인사고과는 조직체의 목적과 조직체에서 요구하는 성과수준을 명백히 함으로써 구성원들로 하여금 조직체 목적과 성과달성을 위하여 그들의 노력과 에너지를 효과적으로 투입하도록 촉진한다.

(3) 성과와 내재적 만족의 관계

구성원은 자신이 수행한 직무의 내용과 업무성과를 통하여 내재적 만족(intrinsic satisfaction)을 얻는다(③→④). 인사고과는 평가요소를 설계하는 데 있어서 구성원의 내재적 만족에 관련된 요소들을 고려함과 동시에 효과적 업무결과를 피드백해 줌으로써 그들의 내재적 만족과 동기를 강화해 준다.

(4) 성과의 외재적 만족의 관계

인사고과의 결과로서 구성원들에게 주어지는 임금인상이나 승진은 그들에게 외재적 만족감을 주는 동시에 그들의 동기를 더욱 강화시켜 준다(③→⑤).

(5) 개인의 목적달성과 성취동기

인사고과는 구성원들의 내재적 만족과 외재적 만족을 통하여 그들의 개인적 목적을 달성하게 하고, 여기서 느끼는 만족감은 그들의 열망과 성취동기를 더욱 북돋아 줌으로써 그들의 계속적인 동기강화로 연결시킨다(⑥→⑦, ⑥→⑧→⑦).

이와 같이 인사고과는 구성원들의 성과를 평가하는 과정에서 그들의 능력개발과 동기 그리고 만족감에 영향을 줌으로써 그들의 성과달성에 중요한 요소로 작용한다. 그리고 구성원들의 공정성 인식도 그들의 동기에 영향을 준다.

제 2 절　고과요소와 고과자

인사고과에서 가장 근본적인 문제는 무엇을 누가 평가하느냐에 관한 것이다. 일반적으로 인사고과는 상사가 부하의 실적을 평가하는 것으로 인식되고 있다. 그러나 보다 전략적이고 공정하고 정확한 인사고과를 위해서는 구체적인 고과요소와 고과자의 자격에 관하여 다시 한 번 생각해 볼 필요가 있다.

예시 8-1　　　GE의 전략적 인사고과

인사고과는 조직체의 전략적 인적자원관리에 매우 중요한 부분을 차지한다. 그러나 인사고과에 경영이념과 전략목적을 반영하고 구성원의 성과를 철저히 관리하는 조직체는 극히 드물다. 전략적 인사고과를 통하여 높은 수준의 성과를 달성했던 좋은 예로서 GE를 들 수 있다.

잭 웰치(J. welch) 회장(1981~2003) 체제 하에서 GE는 무경계(boundaryless), 속도(speed), 그리고 스트레치(stretch) 등의 경영이념과 전략을 고과요소에 직접 반영하여 구성원의 성과를 측정·평가했다. GE 관리자들의 성과를 평가하는 고과요소들은 다음 아홉 가지의 기본가치를 반영했다.

① 탁월성에 대한 열정(Passion for Excellence)
② 품질에 대한 열정(Passion for 6-Sigma Quality)
③ 임파워먼트(Empowerment of People)
④ 무경계(장벽 없는) 사고와 행동(Boundaryless Behavior)
⑤ 최고목표에 대한 도전과 비전(Challenging Stretch Vision and Goal)
⑥ 개방성·솔직성·공정성(Open, Candid, Fair)
⑦ 건설적 갈등의 수용(Relish Constructive Conflict)
⑧ 변화를 통한 기회포착(Seeing Opportunities in Every Change)
⑨ 정직성(Integrity)

고과과정에는 직속상사 이외에 동료와 부하가 고과자로 참여하는 360° 인사고과가 실행되었다. 그리고 고과결과는 임금결정과 인력개발 그리고 성과향상에 철저히 반영되었다. GE의 경영이념과 기본가치를 수용하고 전략목적달성에 노력하는 구성원은 지금 당장의 성과가 약간 미흡하더라도 능력개발을 통하여 성과을 향상할 수 있도록 적극 지원했다. 그 반면에, GE의 경영이념과 기본가치를 수용하지 못한 구성원들은 성과가 아무리 좋더라도 긍정적인 평가를 받지 못했다(Slater, 1999; Tichy & Sherman, 2001). 이와 같은 전략적 인사고과는 GE를 세계 최강의 경쟁력을 가진 기업체로 성장시키는 데 크게 기여하였다.

---

1. 고과요소

인사고과에서 실질적으로 가장 중요한 문제의 하나는 무엇을 평가할 것인가에 관한 것이다. 인사고과에는 조직체마다 여러 가지의 다양한 고과요소가 사용되고 있다. 이들 고과요소는 대체로 업무수행성과와 업무수행능력 그리고 업무수행태도 등 크게 세 가지로 구분된다(〈표 8-2〉 참조). 그러나 인사고과가 효과적으로 작동되도록 하려면 고과요소를 설정할 때 다음 몇 가지 요건을 고려할 필요가 있다.

(1) 전략적 통합

앞에서 설명한 바와 같이 인사고과의 전략적 가치는 일차적으로 전략적 통합에 달렸고, 따라서 성공적인 전략목적달성을 위하여 조직체의 경영이념과 기본가치 그리고 전략목적이 고과요소에 직접 반영되어야 한다. 조직체의 기본가치와 전략이 인사고과에 직접 반영되어 탁월한 성과와 경쟁력강화에 크게 기여하고 있는 기업으로 GE를 들 수 있다. [예시 8-1]에서 보는 바와 같이, GE는 자체의 기본가치를 고과요소에 그대로 반영시키고, 360° 다원평가를 실시하며, 평가결과에 의하여 성과관리를 철저히 실천했다. 그리하여 인사고과가 GE의 전략적 인적자원관리와 전략목표 달성에 실질적으로 크게 기여했다.

또한, 고과요소를 설계하는 데 있어서 흔히 문제가 되는 것은 실제성과나 이에 관련된 잠재적인 개인특성에 초점을 맞추지 않고 성과와 관련이 없는 내용을 평가한다는 것이다. 이러한 문제에 빠지지 않기 위하여 인사고과는 목적에 따라 성과와 관련성(relevance)이 높은 고과요소만을 포함하는 것이 바람직하다.

(2) 수행성과와 개인특성

인사고과는 실제 수행성과에 대한 평가뿐만 아니라 미래의 성과를 위한 잠재능력에 대한 평가도 포함한다. 따라서 인사고과는 실제 수행성과에 대한 평가지표뿐만 아니라 미래 성과에 관련된 개인의 특성(trait)도 고과요소에 포함하는 경우가 많이 있다. 실제 수행성과의 평가는 실질성과 객관성 측면에서 상대적으로 측정이 용이하지만, 장기적 성과와 관련된 태도와 성격 그리고 협조성 등 잠재능력과 자질에 대한 평가는 측정 면에서 많은 어려움을 내포하고 있다. 따라서 인사고과는 조직체에서 강조하고 있는 목적에 따라서 수행성과와 개인특성이 적절히 결합된 고과요소로 구성되어야 한다. 인사고과의 목적상 고과결과를 주로 임금에 반영하는 경우에는 실제 수행성과에 대한 고과요소가 중요하지만, 고과결과가 주로 승진결정에 사용되는 경우에는 개인의 능력특성에 대한 고과요소가 더 중요하다. 따라서 고과요소는 인사고과의 목적에 따라 그 내용구성이 달라진다.

■■■표 8-2 　**인사고과표** - 예시

고 과 대상자	고과기간:		년 년	월부터 월까지				년	월	일 작성

고 과 대상자	직원번호		현소속		직 위			성 명		
	직 급	급호	연 령	세	고과기간중 담당업무			고과구분	정기 수시	
고과자	구 분	직 위		성명	확인인		고과점수		평 균 점	
	1차 고과자									
	2차 고과자									

고과요소		착안사항	제1차 고과				제2차 고과			
			S	A	B	C	S	A	B	C
업 무 실 적 (20)	업 적 달성도	경영방침에 따라 담당직무수행에 요구되는 기능을 충분히 발휘함으로써 평정기간 내에 업무발전 내지 업적향상에 공헌정도는 어떠한가?	5	4.5	3.5	2	5	4.5	3.5	2
	업 무 처리내용	업무의 내용 및 문제점을 파악하여 소관업무를 정확·신속하게 오류없이 처리하는가?	5	4.5	3.5	2	5	4.5	3.5	2
	섭외활동 실 적	행내외 관계자들과 업무수행을 위하여 직·간접으로 접촉하여 그들과 원만한 유대관계를 유지하면서 목적한 바를 달성한 정도는 어떠한가?	5	4.5	3.5	2	5	4.5	3.5	2
	부하육성	부하에게 계획적으로 업무를 부여함으로써 끊임없이 자기계발의욕을 고취시키고 향상 발전시켜 우수한 관리자 또는 직원으로 육성한 정도는 어떠한가?	5	4.5	3.5	2	5	4.5	3.5	2
업 무 수 행 능 력 (20)	업 무 추 진 력	계획 또는 지시된 과업을 얼마나 의욕적이고 적극적으로 추진하는가?	5	4.5	3.5	2	5	4.5	3.5	2
	지 도 통 솔 력	부하를 조직적으로 통솔하고 능력을 개발하여 업무능률을 향상시킴으로써 조직목적에 공헌하는가?	5	4.5	3.5	2	5	4.5	3.5	2
	판 단 처 리 력	당면한 문제의 핵심을 정확히 파악하여 결론을 내리고 관련사항과 장래의 사항을 예측하여 적절히 처리하는가?	5	4.5	3.5	2	5	4.5	3.5	2
	기 획· 창 의 력	부과된 업무의 목적을 달성하기 위한 수단과 방안을 적절히 계획·입안하였으며 일에 대하여 항상 개선을 하고 참신한 아이디어를 창출하였는가?	5	4.5	3.5	2	5	4.5	3.5	2
업무 수행 태도 (20)	책 임 감	맡은바 임무를 반드시 수행하겠다는 의욕과 자기의 직무와 언행에 책임을 지는 정도 및 은행원으로서의 자부심을 가지고 은행의 발전을 위하여 헌신적으로 노력하는 정도는 어떠한가?	5	4.5	3.5	2	5	4.5	3.5	2
	인품 및 엄결성	공사를 불문하고 타의 모범이 되며 엄결을 존중하고 공정한 업무 처리를 하고 있는가?	5	4.5	3.5	2	5	4.5	3.5	2
종합 의견	제1차 고과자		제1차 고과합계				제2차 고과합계			
	제2차 고과자									

(3) 고과요소의 통제가능성

고과요소는 피고과자의 노력 여하에 따라 그 결과가 달라질 수 있는 것이어야 한다. 피고과자가 최선을 다해 노력했지만 그가 통제할 수 없는 요소에 의해 그 결과가 영향을 받고 결과적으로 인사고과에서 좋은 평가를 받지 못한다면 열심히 하려는 의욕이 꺾일 것이다. 뿐만 아니라, 본인의 노력과 상관없이 고과결과 면에서 다른 조직구성원과의 상대적 서열이 결정된다면 그 고과결과에 대해 공정하지 못하다는 인식을 갖게 될 것이다. 따라서 고과요소는 피고과자가 통제할 수 있는 것이어야 하고, 직급이 낮을수록 통제가능성(control-lability)이 높은 고과요소를 설정해줘야 동기부여 효과가 높아질 수 있다. 반면, 직급이 높아질수록 주어진 외부환경요소를 헤쳐나가면서 성과를 내야하는 역할과 책임이 주어진다. 그렇기 때문에 직급이 높은 관리자나 경영진의 인사고과를 위해서 사용되는 고과요소에서는 통제가능성보다는 책임성(accountability)이 더 큰 비중을 차지하게 된다.

(4) 업무수행 행동요소와 결과요소

고과요소를 설정할 때 업무수행 행동에 초점을 맞출 것인지, 아니면 업무수행 결과에 초점을 맞출 것인지도 중요한 선택사항이다. 업무수행 행동요소란 피고과자가 마땅히 수행해야 할 것들을 얼마나 만족할 만한 수준으로 수행했는지 여부를 가리킨다. 그에 반해, 결과요소는 피고과자가 수행해야 할 것들을 어떻게 수행했는지 여부보다는 그러한 업무수행의 결과가 무엇이냐를 가리킨다. 피고과자의 입장에서 보면 행동요소는 통제가능성이 높고, 그에 따라 고과의 동기부여 효과도 높아질 수 있다는 장점을 가진다. 그러나 행동요소는 가장 효과적인 업무수행방식의 도출이 가능하고 피고과자가 그 방식대로 업무를 수행하기만 하면 최선의 결과가 나올 수 있다는 것을 전제한다. 만약 그러한 전제가 충족되지 않는 조건에서는 행동요소 중심의 고과가 업무수행방식 면에서 경직성을 가져올 수 있고 업무수행의 유연성을 떨어뜨릴 수 있다. 오늘날처럼 업무수행조건이 급격하게 변하고 변화에 대한 높은 적응력과 유연성이 요구되는 시대에는 그러한 부작용이 커질 가능성이 높다. 반면, 결과요소는 업무수행방식 면에서 유연성과 창의성을 발휘할 수 있는 여지를 제공하는 장점을 가지고 있지만, 행동요소에 비해 통제가능성이 떨어지기 때문에 특별히 낮은 직급의 구성원들에게 동기를 부여하는 효과가 떨어질 수 있다. 따라서 일반적으로 결과요소는 책임성이 더 큰 비중을 차지하는 높은 직급의 관리자나 경영진의 인사고과에 많이 사용된다.

(5) 고과요소의 균형성

조직구성원들은 평가받는 고과요소에 자신들의 노력을 집중하게 된다. 평가기준으로 설정된 고과요소가 주로 단기성과와 관련성이 높은 요소로 구성되어 있을 경우 구성원들은 단기성과를 높이는 데 노력을 집중하게 되고 중장기 성과를 소홀히 하게 된다. 그런가 하면 고과요소가 업무수행의 특정 영역과 관련성이 높은 요소를 중심으로 구성되어 있을 경우에는 중요하지만 고과요소에 반영되지 않은 업무수행영역을 소홀히 하게 된다. 예컨대, 판매직원의 업무수행성과를 평가하는 데 고과요소가 단기 판매액 중심으로 구성되어 있다면 판매직원들은 중장기적 안목에서 고객과 신뢰관계를 형성하고 유지하는 일이나 고객의 필요를 파악하여 R&D부서의 제품개발에 활용하도록 정보를 제공하는 등의 역할을 소홀히 하게 된다. 따라서 고과요소를 설정할 때 업무수행영역 차원이나 업무수행에서 견지해야 할 장·단기적 시각 차원에서 균형성을 확보하지 않으면 오히려 균형적 업무수행을 저해하는 부작용을 야기할 수도 있다.

2. 고 과 자

〈그림 8-2〉에서 보는 바와 같이, 인사고과에는 직속상사를 비롯하여 다음과 같은 여러 사람들이 고과자로 고려될 수 있다.

- 직속상사(상사 ①)
- 상사들로 구성된 위원회(상사 ①, ②, ③)
- 직속상사의 상사(상사 ④)
- 동료
- 부하
- 인적자원스태프와 기타 전문고과자
- 고객 또는 외부관련(협력)업체 또는 기관
- 자기 자신(피고과자)

인사고과에서 가장 많이 사용되고 있는 고과자는 물론 직속상사이다. 직속상사 이외에 우리나라의 많은 조직체에서 차상급자(직속상사의 상사)가 제2차 고과자로서 인사고과에 참여하고, 나아가서는 인적자원부서의 스태프도 전체 조직체의 인사고과 결과를 종합·조

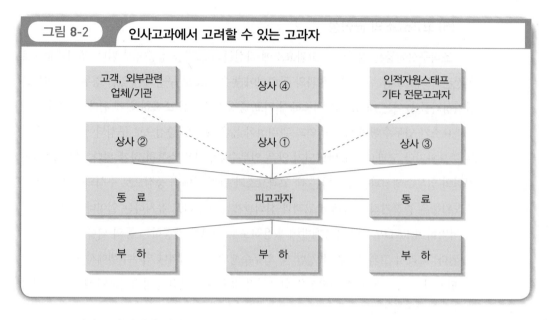

그림 8-2   **인사고과에서 고려할 수 있는 고과자**

정하는 과정에서 인사고과에 간접적으로 참여하는 경우가 많이 있다. 직속상사 이외에 고과과정에서 피고과자를 자기평가나 자기신고의 형태로 인사고과에 참여시키는 조직체도 많이 있고, 근래에는 부하가 상사를 평가하게 하거나 같은 동료 간에 평가를 하게 하는 다면고과를 적용하는 조직체도 증가하고 있다.

그러나 인사고과에서 가장 중요한 고과자는 역시 직속상사라 할 수 있다. 직속상사는 자기 부하를 가장 잘 이해하고, 그의 행동과 업무실적을 항상 관찰하여 그 결과를 승진이나 보상 등의 인적자원관리 결정에 공정하게 연결시킬 수 있는 위치에 있다. 그리고 조직체의 목적을 부하의 성과목표에 반영하고 일상업무를 관리하며, 인사고과를 통하여 부하의 동기를 유발하고 성과지향적 행동을 유도하며 일상관리에서 그를 지도하고 육성한다. 따라서 인사고과에서 직속상사가 가장 타당한 고과자라는 데에는 의심할 바가 없다. 그러나 조직체 상황에 따라서 직속상사 이외 다른 고과자에 의한 고과의 유용성과 중요성도 강조되어야 한다. 즉, 매트릭스조직(matrix organization)에서는 여러 명의 상사가, 팀조직에서는 동료들이, 그리고 특히 서비스업체에서는 고객사나 기관들이 각각 적합한 고과자로서 보다 정확하고 공정한 인사고과에 기여할 수 있다(Mohrman et al., 1988).

(2) 직속상사의 고과타당도

인사고과에서 직속상사가 가장 중요한 역할을 하지만, 직속상사가 피고과자(부하)를 얼마나 정확하게 그리고 공정하게 평가하는지는 직속상사의 능력에 달렸다. 대체로 유능한 관리자일수록 피평가자들 사이의 성과와 행동의 차이를 더욱 명백하게 구분하여 평가하고, 성과와 직접적으로 관련된 중요 고과요소들을 더욱 강조하는 경향이 있다. 반면, 무능한 관리자일수록 피고과자들 사이의 차이를 명백하게 구분하여 평가하지 못하고, 피고과자들을 관대하게 평가하는 경향이 있으며, 성과와 직결되는 고과요소보다는 현상유지를 위한 행동을 더욱 중시하는 경향이 있다(Kirchner & Reisberg, 1962).

　　고과자의 고과타당도는 고과자의 관리능력뿐만 아니라 인사고과제도의 운영방식과도 밀접한 관계가 있다. 즉, 인사고과과정에서 직속상사와 피고과자와의 상담(고과면담)은 보다 정확하고 공정한 평가에 크게 기여한다. 그리고 고과요소를 정확하게 기술하여 이에 대한 고과자의 이해도를 높일수록 고과결과의 타당도도 높아진다.

　　직속상사 이외에 다른 고과자들이 인사고과에 참여하는 경우에 직속상사의 고과결과와

예시 8-2　　크라이슬러회사의 상향평가제도

　　미국 크라이슬러(Chrysler)자동차회사의 본사는 구성원들의 경영참여를 확대시키기 위하여 인사고과제도에 부하가 상사를 평가하는 상향평가제도를 채택하였다. 주로 업무의 기술적 능력(technical ability)을 중시해 온 크라이슬러의 본사 경영진은 조직의 성과를 높이고 경쟁력을 강화하는 데 있어서 관리자들의 관리능력(supervisory skill)이 점차 중요해짐을 인식하고, 관리능력을 개발하는 데 있어서 부하의 평가가 매우 중요하다는 판단을 내린 것이다. 특히 부하의 능력개발과 경력개발에 있어서 상사의 역할이 중요해지는 것도 부하평가의 필요성을 한층 더 증대시켰다.

　　부하가 상사를 평가하는 상향평가제도를 설계하는 데 있어서 크라이슬러는 임원과 노조대표로 구성된 위원회를 형성하고 크라이슬러의 인사고과시스템을 설계한 경험이 있는 외부 전문가를 위원장으로 임명하였다. 상향평가제도 설계위원회는 사내 각계 각층에서 선발된 50명의 표본 구성원들로부터의 의견을 종합하여 여러 차례의 수정 끝에 상사의 인간관계 및 관리능력의 고과요소를 다음과 같이 설정하였다.

1. 팀워크: 작업집단 구성원들 간의 협조와 팀워크를 조성하는 능력.
2. 커뮤니케이션: 집단의 업무와 관련된 상황을 파악하고 이를 집단구성원들에게 알려주는 능력.
3. 업무의 질: 질 관리에 대한 커미트먼트 수준.
4. 리더십: 말과 행동의 일관성 및 솔선수범.
5. 기　획: 집단구성원들의 업무에 대한 기획능력.
6. 개　발: 권한위양과 자율성의 부여 등 집단구성원들의 능력개발.

　　이들 고과요소는 5점 척도에 의하여 평가되도록 설계되었다. 이와 같이 설계된 상사에 대한 부하평가는 사업본부장으로부터 하위 다섯 계층에 적용되어, 고과결과는 본인과 본인의 직속상사에게 전달되며, 본인은 고과결과를 중심으로 자기개발계획을 작성하여 이를 직속상사와 협의하도록 설계되었다. 이와 같이 크라이슬러의 상향평가제도는 부하로부터 관리행동에 대한 피드백과 관리자 자신의 자기개발을 목적으로 활용되고 있고, 관리자들은 운영결과에 대하여 대체로 만족하고 있다(Santora, 1992).

다른 고과자들의 고과결과 간에는 대체로 큰 차이를 보이지 않는 것이 일반적이다. 연구결과에 의하면, 직속상사와 상사들로 구성된 고과위원회의 고과결과 간에는 큰 차이가 없고, 상사에 대한 부하들의 고과결과도 직속상사의 고과결과와 비교할 때 별 차이가 없으며, 동료들의 평가도 직속상사의 고과결과와 큰 차이가 없는 것으로 나타났다(Farh et al., 1988; Kane & Lawler III, 1978). 이와 같은 연구결과는 인사고과에 있어서 직속상사 이외에 다른 고과자들의 참여에 대하여 의문을 제기하기보다는 다른 고과자들의 참여로 말미암아 직속상사의 인사고과가 보다 정확하게 그리고 공정하게 이루어지는 것으로 해석할 수 있다.

(3) 고과목적에 따른 고과자의 활용

인사고과에서 가장 타당한 고과자는 피고과자의 직속상사이다. 그러나 직속상사의 고과능력과 조직체 상황에 따라서 다면고과를 적용하여 직속상사 이외에 다른 상사들과 동료 그리고 부하들까지도 고과자로 활용할 수 있다. 동료와 부하 평가는 피고과자를 직속상사와는 또 다른 각도에서 관찰한 정보자료를 제공함으로써 피고과자에 대한 피드백과 능력개발에 있어서 매우 유용한 수단이 될 수 있다(McEvoy, 1988; Santora, 1992; Facteau & Craig, 2001; [예시 8 - 2] 참조). 팀조직에서는 동료평가가 점차 보편화되어 가고 있으며(Jackson & Schuler, 2003), 특히 관리자에 대한 고과에서 동료와 부하에 의한 평가결과는 서로 일관성이 있는 것으로 확인되고 있다(Maurer, Raju, & Collins, 1998).

따라서 인사고과는 상벌결정과 능력개발 그리고 성과피드백 등 인사고과에서 강조되고 있는 목적에 따라서 직속상사 이외에 고과위원회와 동료 그리고 부하 등의 고과자들도 적절히 활용하는 것이 고과타당도를 높이는 데 바람직하다. 그리고 고과자의 범위를 확대시키는 것은 조직체 내에 참여분위기를 조성하고 인사고과의 신뢰도를 높이는 데에도 도움이 된다. 고과목적별 활용 측면에서 보면 차상급자의 제2차 평가는 주로 직속상사의 고과결과를 확인하기 위하여, 인적자원스태프는 각 부서의 고과결과를 전체 조직체 관점에서 정상분포로 조정하기 위하여, 동료나 부하에 의한 평가는 역량개발 차원의 피드백을 위하여, 그리고 피고과자의 자기평가는 참여를 통한 자기개발을 촉진하기 위하여 각각 제한된 목적 하에서 적용되고 있는 것이 일반적이다.

제 3 절 고과방법과 절차

인사고과에서 고려되는 또 하나의 중요한 문제는 피고과자를 어떻게 평가하느냐에 관한 것이다. 이 문제는 인사고과를 언제, 얼마나 자주, 어떤 주기로, 어떠한 고과방법을 적용하느냐 등 여러 가지를 포함한다. 고과시기와 빈도 그리고 방법에 관하여 차례로 살펴본다.

1. 고과시점과 빈도

인사고과는 어느 일정한 시점에 일괄 실시하는 것이 일반적이다. 그러나 이것이 가장 효과적인 방법인지는 의문스러운 점이 많이 있다. 첫째로 동일 시점에 인사고과를 실시해야 하므로 고과자는 매우 바쁜 시간을 할애해야 하고, 따라서 인사고과에 충분한 시간을 투입할 수 없게 된다. 그뿐 아니라 피고과자의 성과는 모두 다른 시점에 그 결과가 결정되는 경우가 많으므로, 한 시점에 일괄해서 성과를 평가하는 것은 많은 경우에 불공평한 고과결과에 대한 문제제기의 소지를 안고 있다.

이러한 문제를 고려할 때, 인사고과를 피고과자의 과업주기(task cycle)에 맞추어서 중요과업이 완료되고 고과자가 충분한 시간을 투입할 수 있는 시기에 실시하는 것이 가장 효과적이다. 그러나 경영관점에서의 편의와 승진·승급의 결정시기 등 실질적인 문제가 인사고과 시점선정에 작용하는 것이 사실이다.

인사고과를 얼마나 자주 해야 하는지도 신중히 고려해야 할 문제이다. 가장 널리 적용되고 있는 방법은 1년을 주기로 인사고과를 실시하는 것이다. 생산직보다는 사무직에서 1년을 단위로 인사고과를 실시하는 경우가 많고, 하위계층일수록 6개월을 단위로 인사고과를 실시하는 것이 일반적이다. 외재적 동기이론과 강화이론에 의하면, 성과에 대한 피드백을 자주 주고 성과와 임금 간의 관계를 명백히 할수록 피고과자의 욕구동기는 강해지고 따라서 그의 성과도 높아질 수 있다. 이러한 이론에 비추어 볼 때, 1년에 한 번씩 인사고과를 실시하는 것은 동기부여 관점에서 효과적이라고는 할 수 없다. 그러므로 공식적인 인사고과는 1년에 한 번씩 실시하더라도 비공식적인 피드백은 피고과자에게 자주 제공함으로써 그의 동기를 강화해 주는 것이 바람직하다.

② 고과방법

인사고과에는 여러 가지 방법이 사용되고 있다. 전통적으로 흔히 사용되어 온 방법들을 요약하여 설명한다.

(1) 그래픽 평정척도법

그래픽 평정척도법(graphic rating scale method)은 가장 오랫동안 그리고 가장 널리 사용되고 있는 방법으로서, 고과양식에 개인특성(traits)이나 수행성과 등 고과요소를 나열하고 고과자로 하여금 주어진 측정척도(보통 5단계)에 따라 개별 고과요소에서 피고과자가 보여준 수준을 표시하도록 설계된 방법이다. 구체적인 척도의 형식에 있어서는 〈표 8 – 3〉에서 보는 바와 같이 몇 가지 종류가 있으나(Jackson & Schuler, 2003), 기본 원리는 똑같다. 그래픽 평정척도법의 장점은 형식이 단순하고 사용이 간편하다는 점인데, 개별 고과요소와 척도상의 각 단계에 대한 해석에 대하여 고과자에게 재량권을 부여함에 따라 고과자 간 신

▒ ▒ ▒ 표 8 – 3   **그래픽 척도법과 체크리스트법** – 예시

그래픽 척도법				
업무달성도 저				고
업무달성도 1	2	3	4	5
업무달성도 불량	평균미달	평균	양호	우수

업무 달성도	1	2	3	4	5	6	7	8	9	10	11	12	13	14	15	16	17	18	19	20
	불 량				평균미달				평 균				양 호				우 수			

체크리스트법	가	부
근무시간을 잘 지킨다.	——	——
책임감이 있다.	——	——
자기 개발에 노력한다.	——	——
팀워크에 적극적으로 기여한다.	——	——

뢰도(inter-rater reliability)는 낮다(Noe et al., 2010). 그래픽 평정척도법이 안고 있는 이러한 단점을 극복하기 위하여 고과요소가 무엇을 의미하는지를 설명하고, 척도의 각 단계에 해당하는 고과표준을 제시함으로써 고과자의 공통된 이해를 높여 평정의 정확도와 신뢰도를 높일 수 있는데, 이러한 원리를 이용한 것이 행동기준고과법(BARS: behaviorally rating scale)이다. 행동기준고과법에 대해서는 제5절에서 다시 설명한다.

(2) 체크리스트법

체크리스트법(checklist method)은 수행성과나 개인특성에 대한 질문을 나열하고 고과자로 하여금 개별 질문에 대한 가부를 표시하게 함으로써 피고과자를 평가하는 방법이다. 질문마다 가중치를 배정하여 고과결과를 수치로 계산할 수도 있다. 직무마다 해당되는 질문이 다르므로 전체적인 평가가 어렵고, 또 직무마다 별도의 질문들을 설계해야 하므로 많은 시간의 투입이 요구된다.

(3) 중요사례기법

중요사례기법(critical incident method)은 고과기간 동안에 일어난 중요 사건, 즉 매우 효과적이었던 직무수행 사례나 반대로 매우 비효과적이었던 직무수행 사례를 피고과자별로 기록해 두었다가 이를 중심으로 피고과자를 평가하는 방법이다. 이 방법은 피고과자에게 구체적으로 그가 어떻게 직무를 수행했는지, 조직체의 목표달성에 어떻게 기여했는지에 대하여 구체적인 피드백을 제공할 수 있게 해 준다는 장점이 있으나, 고과자가 중요사건에 대한 기록을 유지하기에 많은 시간이 요구될 뿐 아니라, 어떤 사건들을 기록해 두어야 될지에 대한 개념이 고과자마다 다를 수 있다.

(4) 서 열 법

서열법(ranking method)은 피고과자들을 서로 비교하여 그 순위를 정하면서 그들을 평가하는 방법이다. 서열법에는 포괄적 성과 수준을 기준으로 피고과자들의 순위를 정하는 단순서열법(simple or straight ranking method), 가장 우수한 사람을 뽑고 이어 가장 열등한 사람을 뽑고 나머지 사람들 중에서 또 우열한 사람을 교대로 뽑아 나가는 교대서열법(alteration ranking method), 그리고 모든 피고과자를 교대로 두 사람씩 쌍을 지어 비교한 후 쌍대비교에서 우열판정을 받은 수를 기준으로 하여 피고과자들의 서열을 정하는 쌍대비교법(paired comparison method) 등이 있다. 서열법은 피고과자수가 많을 경우 비교가 쉽지 않기 때문에 대체로 피고과자수가 제한되었을 때 사용할 수 있는 방법이다.

(5) 강제분포법

피고과자들의 성과를 비교 평가하는 또 하나의 방법은 강제분포법(forced distribution method)이다. 강제분포법은 성과등급을 몇 개(보통 5개)의 범주로 나누고 각 범주에 일정한 비율의 피고과자를 할당하도록 강제하는 방법이다. 우리나라 많은 대기업들이 이 방법을 채택하여 사용하고 있는데, 등급별 할당비율의 예로는 S-5%, A-25%, B-55%, C-10%, D-5% 등을 들 수 있다. 이 방법은 그래픽 평정척도법을 사용할 경우 나타날 수 있는 고과자의 관대화경향이나 중심화경향을 극복할 수 있는 장점이 있으나, 팀원들 간 지나친 경쟁을 유발한다든지, 고과자의 재량권을 제약하여 일정 비율의 팀원들에게는 반드시 낮은 등급을 부여하게 함으로써 팀원들의 사기를 떨어뜨릴 수 있다(Noe, et al., 2010).

③. 고과면담

인사고과는 피고과자의 성과를 평가할 뿐 아니라, 그에게 피드백을 줌으로써 앞으로 그의 성과를 향상시키고 그의 능력을 개발하도록 돕는 것을 목적으로 한다. 따라서 고과자는 고과결과를 피고과자에게 알려주는 면담과정을 통하여 서로의 이해를 증진시킴으로써 보다 높은 수준의 성과를 지향하게 한다. 이와 같이 인사고과과정에서 고과자와 피고과자가 앞으로의 업무수행에 관하여 토의하고 면담하는 것을 고과면담(appraisal interview)이라고 부른다.

우리나라 대부분의 조직체에서는 고과면담을 실시하지 않고 있고, 따라서 이것이 구성원들로 하여금 인사고과에 대하여 불신감을 갖게 하는 중요한 원인이 되고 있다. 그러나 근래에 와서 기업선진화 및 경영혁신과 관련하여 인사고과제도 개선의 일환으로 고과면담을 실시하는 조직체가 증가하고 있다. 선진국에서는 거의 모든 조직체가 고과면담을 실시하고 있고(Baker & Morgan, 1984; Fear, 1984), 따라서 고과면담이 없는 인사고과는 상상하기조차 어렵다.

고과면담의 효과는 고과자의 태도 및 면접기술에 따라 다르다. 고과자의 입장에서 피고과자가 좋은 성과를 거둔 경우에는 그의 성과를 인정해 주고 지속적인 동기를 강화해 주는 데 별 문제가 없지만, 고과결과가 나쁠 때에는 이를 피고과자에게 솔직히 말해 주고 앞으로의 개선방안에 대하여 서로 토의하기를 매우 꺼려하게 된다. 그리고 피고과자도 부정적인 평가를 받기 싫어하고 또 이에 대하여 방어적인 반응을 보일 때가 많으므로 미래성과에 대한 건설적인 토의가 보장되기 어렵다.

이러한 실질적인 문제로 인하여 고과자는 고과면담을 그리 환영하지 않게 되고, 따라서 고과자는 피고과자에게 정확한 피드백을 주지 않고 단지 형식적인 고과면담을 하게 되는 경우가 많이 있다. 피고과자에게도 고과면담이 실제로 얼마나 도움이 되는지는 연구결과마다 다르지만, 피고과자가 고과결과에 대한 피드백을 원하는 것은 사실이다. 그리고 피고과자는 고과과정에 참여하기를 원하며, 자기행동과 성과를 높이는 데 도움이 되는 구체적인 방안을 토의하고 싶어한다. 그뿐 아니라, 인사고과의 공정성이 높고 고과결과가 보상과 직접적으로 연결되어 있을수록 인사고과에 관심을 갖게 되고 이에 참여할 기회를 찾게 된다. 따라서 고과면담의 효과는 고과면담 자체보다도 고과자의 고과면담에 대한 태도와 면접기술에 많이 달렸다고 할 수 있다.

우리나라의 조직구성원들도 인사고과과정에 참여하기를 원하고, 공식적인 고과면담을 통하여 성과피드백을 받기 원하며 적재적소배치와 경력개발에 관하여 상사와 면담하기를 원한다. 따라서 고과면담은 앞으로 우리나라 조직체에서의 인사고과제도를 개선하고 구성원들의 성과를 향상시키며 그들로부터 인사고과결과에 대한 신뢰를 얻는 데 매우 중요한 역할을 할 수 있다.

제 4 절 인사고과의 문제점

지금까지 이 장은 인사고과의 목적과 과정 그리고 고과요소와 고과방법에 관하여 연구하였다. 인사고과는 조직구성원의 성과를 평가하고 그 결과를 상벌결정과 성과향상 그리고 인력개발에 연결시키는 중요한 인적자원관리 기능이다. 또한 인사고과는 구성원의 성과를 조직체의 경영전략과 연결시키는 전략적 인적자원관리와 전략목적달성을 위한 성과관리에 매우 중요한 역할을 한다. 그러나 많은 조직체에서 인사고과는 경영전략과의 연계로부터 고과자와 고과방법 그리고 평가결과의 활용에 이르기까지 많은 문제를 가지고 있고, 따라서 전략적 관점에서 만족할 만한 수준의 인사고과효과를 얻고 있는 조직체는 많지 않다. 인사고과의 주요 문제점들을 정리해 본다.

1. 인사고과시스템의 문제점

인사고과의 문제점은 조직체가 강조하는 인사고과목적과 조직체상황에 따라 다르다. 그러나 대부분의 조직체는 특수한 상황에 관계없이 인사고과시스템에 대체로 공통된 문제를 가지고 있다.

(1) 전략경영과의 연계성 부족

인사고과의 가장 큰 공통적인 문제점은 인사고과가 조직체의 경영전략과 잘 연결되지 않아서 전략적 인적자원관리와 전략목적달성에 기여하지 못하는 것이다. 인사고과가 조직체의 목적달성에 기여하려면 고과요소에 조직체의 경영이념과 핵심가치 그리고 경영전략을 그대로 반영시키고 이를 중심으로 구성원의 성과를 평가해야 할 것이다. 그러나 고과요소가 실제로 이와 같은 연계관계를 중심으로 설계된 경우는 매우 드물다.

(2) 성과측정의 구성타당도 결여

경영이념과 핵심가치 그리고 경영전략이 고과요소에 잘 반영되었다 하더라도 실제 성과측정에 있어서 측정해야 할 성과가 누락되거나 비관련 요소의 측정으로 측정자료가 오염되어 성과측정 또는 평가자료의 구성타당도가 의문시되는 경우가 많이 있다. 구성타당도가 의문시되는 평가결과는 결국 전략경영과 연계성을 무의미하게 만든다.

(3) 정확성과 구체성 결여

고과요소는 전략적 연계뿐만 아니라, 성과측정에 있어서 정확성과 구체성이 확보되어야 한다. 객관성이 결여된 성과측정은 고과자의 주관적 평가로 인해 편견, 관대화, 중심화, 후광효과 등 많은 문제를 야기한다. 그리고 구체성이 결여된 평가는 성과향상을 위한 행동개선을 유도하는 데 어려움을 준다.

(4) 고과면담과 피드백

우리나라의 많은 조직체가 고과면담을 실시하지 않고 있어서 고과자와 피고과사 간의 성과피드백과 성과향상을 위한 공식적인 상담·토의가 이루어지지 않고 있다. 따라서 피드백을 통한 성과향상과 인력개발 등의 인사고과목적을 달성할 수 없다. 성과피드백에 대한 관심은 성취동기수준이 높을수록 더욱 강하게 나타난다(McClelland, 1966; Shrauger 1975). 따라서 성과지향적인 구성원일수록 성과피드백을 원하고, 고과면담과 피드백의 기회가 주어지지 않는 경우에 그의 불만은 더욱 커진다.

(5) 고과결과의 활용

평가결과는 보상 및 상벌 결정, 성과피드백, 인력개발, 인적자원의 적재적소배치 등 다양하게 활용된다. 그러나 아직도 많은 조직체에서 평가결과가 충분히 잘 활용되지 않고 있다. 특히 연공서열제도하에서 인사고과결과는 상벌결정에 전혀 활용되지 않고, 따라서 인사고과는 하나의 형식에 지나지 않는 경우가 많다.

이와 같은 문제는 인사고과시스템의 전략적 가치를 하락시키고, 인사고과시스템에 대한 구성원들의 신뢰감을 저하시키며 인사고과에 대한 동기도 좌절시킨다. 그리하여 인사고과에 대한 구성원들의 거부감을 야기시키고, 결과적으로 인사고과를 성과관리의 중요한 과정이라기보다도 무의미한 형식적 요식행위로 전락시키는 경우가 적지 않다.

② 고과자의 문제점

인사고과시스템뿐만 아니라, 인사고과에 있어서 고과자에게도 많은 문제가 있다. 고과자는 특히 고과과정에서 여러 가지의 오류를 통하여 부정확한 고과를 시행할 수 있다. 이러한 오류는 고과자의 평가를 부정확하게 만들고 인사고과에 불공정성을 야기함으로써 피고과자에게도 문제를 가져온다. 즉, 고과상의 각종 오류는 고과결과에 대한 피고과자의 신뢰를 저하시키고, 나아가서는 고과결과와 관련된 상벌결정의 정당성과 타당성에 의문을 갖게 만든다. 더구나 피고과자가 인사고과의 목적과 과정을 잘 인식하고 있지 않은 경우에 이러한 문제는 더욱 악화될 수밖에 없다. 고과자가 흔히 범하는 오류를 요약한다.

(1) 중심화 및 관대화 경향

중심화 및 관대화 경향은 고과자가 피고과자를 평가하는 데 있어서 정규분포(normal distribution) 형태로 평가하지 않고 제한된 점수대 내에서 피고과자를 평가함으로써 고과결과가 평균이나 평균 이상에 지나치게 치우치는 경향을 말한다(〈그림 8-3〉 참조). 일반적으로 고과자는 피고과자를 낮게 평가하는 것을 꺼려하며, 따라서 평균치나 평균 이상에 집중하는 경향을 보이는 경우가 많이 있다. 평균치에 집중하는 경향을 보이는 것을 중심화 경향(central tendency)이라고 부르고, 평균치 이상에 집중하는 경향을 보이는 것을 관대화 경향(leniency tendency)이라고 부른다.

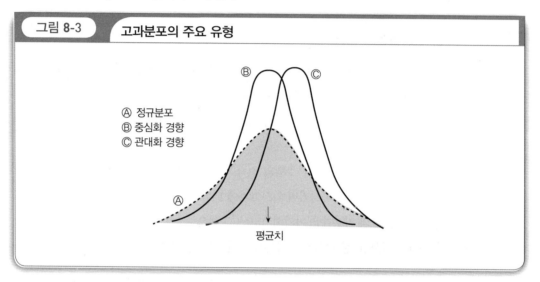

그림 8-3   고과분포의 주요 유형

Ⓐ 정규분포
Ⓑ 중심화 경향
Ⓒ 관대화 경향

평균치

특히 조직체가 평균 이하의 고과결과에 대하여 고과자에게 특별한 설명을 요구하는 경우에는 평균이나 평균 이상에 집중하는 경향이 더욱 심하게 나타난다. 그리고 평균 이상의 고과결과에 대하여 설명을 요구하는 경우에도 평균 수준에 집중하는 경향이 더욱 심하게 나타난다. 이러한 집중화의 경향은 특히 그래픽 평정척도법에서 심하며, 이러한 문제를 줄이기 위하여 정규분포를 기준으로 강제분포법을 사용하기도 한다. 그러나 강제분포법 또한 이미 앞에서 설명한 바와 같이 여러 문제점을 안고 있다.

(2) 고과표준에 대한 이해차이

고과자는 평가척도에 사용되는 용어에 대한 지각과 이해가 다르므로 고과상의 오류를 범할 수 있다. 즉, 우수, 보통, 만족 등에 대한 기준은 고과자마다 모두 다르다. 그러므로 똑같은 피고과자에 대한 고과결과가 고과자에 따라 다르게 나올 수 있다. 이러한 문제는 특히 그래픽 평정척도법에서 흔히 나타난다. 고과표준문제는 행동기준고과척도(BARS)처럼 평가척도의 표준을 명확히 설명함으로써 어느 정도 줄일 수 있다. 그리고 고과자로 하여금 자신의 전반적인 고과패턴을 인식하게 하는 것도 도움이 될 수 있다.

(3) 후광효과

어느 한 고과요소에서의 고과결과가 다른 요소에 대한 평가에 영향을 주거나 피고과자의 포괄적 인상이 인사고과에 영향을 주는 오류를 후광효과(halo effect)라고 부른다. 예를 들면, 글씨를 잘 쓴다고 해서 그것이 성과를 평가하는 데 영향을 준다거나 또는 출근율이 좋다고 해서 창의력을 높이 평가하는 등의 오류가 후광효과이다. 후광효과를 줄이기 위한 방법으로는 인사고과를 피고과자별로 하지 않고 고과요소별로 모든 피고과자들을 평가하거나, 고과요소의 수를 줄이고, 똑같은 피고과자를 여러 고과자들이 평가하는 등 몇 가지 방법이 사용될 수 있다(Borman, 1975).

(4) 편 견

출신학교나 출신지역 그리고 직종에 대한 편견(bias)도 인사고과에 영향을 줌으로써 고과결과에 오류를 가져올 수 있다. 편견에 따른 오류도 고과표준에 관련된 오류와 마찬가지로 고과자로 하여금 그의 전체적인 고과패턴을 인식하게 함으로써 어느 정도 줄일 수 있다. 그리고 그래픽 평정척도법보다는 목표관리방법을 사용하는 것이 편견을 줄이는 데 도움이 될 수 있다.

(5) 최근결과에 대한 편중성

마지막으로 고과자는 피고과자의 과거 성과나 행동보다도 최근에 일어난 일에 더 많은 영향을 받음으로써 고과상의 오류를 범할 수 있다. 이러한 오류경향 때문에 인사고과 시기가 다가오면 피고과자는 고과자에게 특별히 잘 보이려고 노력하는 것을 흔히 볼 수 있다. 최근결과에 대한 편중성(recency error) 경향은 중요사례기법과 목표관리제에서 비교적 적게 나타난다.

3. 사회문화적 특성

인사고과에서 고과자와 피고과자가 지니고 있는 문제는 사회문화적 특성과도 관련되어 있다고 볼 수 있다. 피고과자의 성과를 정확히 평가하고 그 결과를 보상 및 상벌 결정에 공평하게 연결시키는 것은 합리적 경영과 개인의 성취동기가 실현되고 있는 서구문화에서는 자연적인 과정일 수 있다. 그러나 개인적인 성취욕구보다는 집단구성원들 상호 간의 사회적 관계를 중시하고 합리적 경영보다는 구성원들 간의 친화적 분위기를 강조하는 동양적 문화(Redding & Martyn-Johns, 1979)에서는 합리성에 입각한 철저한 인사고과를 성공적으로 실시하는 데 많은 어려움이 있을 수 있다. 비교문화연구에서 우리나라는 대체로 집단주의적 성향이 높고 불확실성 회피경향(uncertainty avoidance)이 강하여(Hofstede, 1983), 이것이 인적자원관리에서 종신고용제도와 연공서열제도를 강화시키는 문화적 요인이 되고 있는 것으로 나타났다.

우리나라는 전통적으로 신뢰와 친화를 중시하는 사회문화 속에서 많은 조직체가 인화를 강조하는 조직문화를 형성해 왔다(이학종, 1997). 그리하여 상사와 부하 그리고 동료 간에 원만한 인간관계를 중시해 왔고, 따라서 이러한 조직문화적 특성은 정확하고 공평한 인사고과와 조화되기 어렵다. 그리고 우리나라 조직체의 전통적인 연공서열제도도 합리적인 인사고과의 장애요인이 되는 것이 사실이다. 이와 같이 우리나라의 전통적인 사회문화적 그리고 조직문화적 특성은 효과적인 인사고과를 제한하는 요인이 되고 있다. 그러나 급속히 발전하는 사회문화적 환경 속에서 그리고 경영선진화의 압력 속에서 우리나라의 많은 조직체가 경영혁신을 통하여 보다 합리적이고 진취적인 문화특성을 개발해 나가고 있고, 그 과정에서 인사고과에도 여러 가지의 개선이 시도되고 있다.

제 5 절 인사고과의 개선방향

우리나라 조직체에서 인사고과가 전략적 목적을 달성하고 전략적 인적자원관리와 효율적인 성과관리에 기여하려면 인사고과 시스템상으로나 고과자 행동 면에서 많은 개혁이 요구된다.

1. 전략적 인사고과

우리나라 조직체의 인사고과에서 가장 절실히 요구되는 개혁은 주로 형식에 치우쳐 있는 인사고과를 전략적 인사고과로 전환하는 것이다. 그러기 위해서는 제1절에서 설명한 인사고과시스템 평가기준을 중심으로 고과요소와 고과방법 그리고 고과행동면에서 근본적인 변화가 이루어져야 한다.

첫째는 전략적 통합관점에서 조직체의 경영이념과 핵심가치 그리고 전략목표를 고과요소에 반영하고 성과측정에 있어서 타당도를 높이는 것이다. 그리고 측정된 성과를 성과관리에 철저히 적용하여 전략적 목표달성을 위한 성과향상을 추구하는 것이다. 조직환경과 전략목표가 항상 변하는 현대조직상황에서 전략목표를 고과요소에 적시에 반영하는 것은 매우 어려운 과제임이 틀림없다. 따라서 고과요소를 신축적으로 설계하는 것이 바람직하다(Noe et al., 2010; Schuler & Jackson, 1987). 정확한 평가를 위하여 성과측정의 정확성을 높이고 성과관리에서 성과향상에 도움을 주기 위하여 성과측정의 구체성을 높여야 하는 것은 물론이다.

둘째는 인사고과시스템의 신빙성과 신뢰성을 높이기 위하여 직속상사 이외에 특히 동료와 부하 그리고 피고과자 자신(자기평가)을 고과자에 포함시키는 것이 바람직하다(Antonioni, 1994; Bernadin & Klatt, 1985). 경우에 따라서는 고객을 고과과정에 참여시키는 것도 바람직하다(Sherman, 1995; Tornow & London, 1998). 또한, 평가결과를 상벌과 성과향상 그리고 인력개발과 적재적소배치 결정에 적극적으로 활용해야 한다. 이와 같은 전략적 인사고과를 성공적으로 운영하고 있는 좋은 예가 GE이다([예시 8-1] 참조).

② 고과면담의 실시

전략적 인사고과에서 중요한 것은 성과의 평가 이외에 고과과정에서의 고과자와 피고과자 간의 관계 그리고 고과결과와 능력개발 및 성과향상과의 연결성이다. 즉, 인사고과에서 강조되어야 할 점은 정확하고 공정한 성과의 평가뿐만 아니라, 고과과정에 고과자와 피고과자가 공동참여하고, 고과결과가 피고과자의 성과향상과 능력개발에 연결되어 피고과자의 동기행동을 조성하는 것이다. 행동기준고과법과 목표관리제도가 인사고과에 점점 많이 활용되고 있는 것도 바로 그 이유 때문이다.

인사고과시스템이 아무리 잘 설계되었다 하더라도 고과결과가 목표지향적 행동과 능력개발로 이어지지 않으면 인사고과시스템의 효과가 충분히 발휘될 수 없다. 고과결과를 피고과자의 동기행동과 능력개발에 연결시키는 데 가장 중요한 역할을 하는 것이 고과면담이다. 고과면담은 고과결과에 대한 피드백과 토의뿐만 아니라, 고과자와 피고과자 간의 상호이해를 증진시키고, 필요에 따라서는 조직체의 방침설명과 피고과자를 위한 상담에까지 연결함으로써(Baker & Morgan, 1984; Cowley et al., 1998) 상사와 부하 간의 의사소통을 활성화하는 좋은 기회가 된다. 그뿐 아니라 고과면담은 피고과자의 참여는 물론 고과자로 하여금 인사고과에 보다 높은 책임감을 갖게 함으로써 인사고과에 충실을 기할 수 있다(Martinez, 1997).

앞에서 설명한 바와 같이, 우리나라 많은 조직체에서 인사고과가 피고과자를 위한 성과피드백으로 사용되고 있지 않을 뿐만 아니라, 앞으로의 성과향상과 능력개발에도 구체적으로 연결되고 있지 않다. 따라서 인사고과에 대한 피고과자의 신뢰감이 저하되고 이에 대한 관심도 떨어진다. 그러므로 인사고과과정에서 고과자와 피고과자 간의 고과면담을 진작하는 것이 우리나라 조직체에서의 인사고과를 개선하는 데 실질적으로 기여할 수 있는 중요한 방법의 하나이다. 그뿐 아니라, 고과면담을 통한 성과피드백과 고과결과의 공개는 능력중심의 선발과 연봉제의 도입 등 우리나라의 많은 조직체가 추구하고 있는 경영혁신에도 매우 중요한 역할을 하게 될 것이다.

③. 고과자 훈련

전반적으로 볼 때, 전략적 인사고과의 효과는 고과요소와 방법 등 인사고과시스템 자체의 영향을 많이 받고 있지만, 이와 더불어 중요한 것은 고과자 자신의 고과행동이다. 즉, 고과자의 고과기술과 고과결과를 피고과자의 피드백과 동기부여 그리고 앞으로의 성과향상과 능력개발로 연결시키는 관리기술이 매우 중요하다. 따라서 앞 절에서 설명한 바와 같은 고과과정에서의 여러 가지 오류를 범하지 않도록 자신이 빠질 수 있는 오류에 대한 감수성훈련과 효과적인 고과면담을 위한 훈련이 매우 중요하다. 그리고 인사고과에 관심을 갖고 이에 충분한 시간을 투입하려는 고과자의 태도와 이러한 고과행동이 가능하도록 만들어 주는 여건 조성도 매우 중요하다.

④. 360° 다원평가

상사, 동료, 부하, 고객, 자신 등 피고과자를 관찰할 수 있는 위치에서 피고과자를 둘러싸고 있는 다양한 사람들을 고과자로 활용하는 고과방식을 360° 다원평가라 한다. 이와 같은 다원평가는 전통적인 상사평가에 비해 훨씬 더 공정하다고 인식되고 있다. 피고과자와 서로 다른 방식으로 상호 작용하는 다양한 사람들이 평가과정에 관여한다는 특성으로 인하여 다원평가는 특정 개인의 편견으로부터 영향을 적게 받으며, 따라서 타당도가 더 높은 고과결과를 산출한다(Edwards & Ewen, 1996; Jackson & Schuler, 2003). 그럼에도 불구하고 360° 다원평가로부터 제대로 된 효과를 기대하기 위해서는 몇 가지 개선해야 할 점들이 있다.

첫째는 무엇보다도 동료 혹은 부하 고과자의 경우 개개인의 익명성 보장이 중요하다. 익명성이 보장되지 않은 상황에서 동료나 부하가 피고과자를 있는 그대로 평가하기가 쉽지 않다. 따라서 동료나 부하를 고과자로 활용할 경우 그들 중 일부만을 고과자에 포함시키기보다는 모두를 고과자에 포함시키는 것이 바람직할 것이다.

다음으로 고과를 주관하는 부서에서 고과내용을 종합적으로 분석하고 요약·정리하여 피고과자에게 제공할 필요가 있다. 이는 고과자의 익명성을 보장하는 효과뿐만 아니라, 고과결과에 대한 피고과자의 이해도 및 활용도를 높이는 효과를 가져다 줄 것이다.

끝으로 고과결과의 활용측면에서 360° 다원평가는 일차적으로 개인의 역량개발을 위한 피드백을 제공할 목적으로 활용하는 것이 적합하다. 고과결과가 피고과자의 보상이나 상벌 등에 중대한 영향을 미치도록 설계되어 있을 경우 특히 부하의 입장에서 상사에 대한 정확한 정보를 제공하기가 부담스러워질 수 있다.

⑤ 행동기준고과

전략적 인사고과에서 고과결과의 정확성과 신뢰성을 높이기 위하여 현대조직에서 널리 사용되고 있는 고과기법으로 행동기준고과법(BARS: behaviorally anchored rating scale)이 있다. 이미 앞에서 설명한 바와 같이 그래픽 평정척도법 등 전통적인 인사고과방법은 중심화경향과 고과표준에 대한 해석차이로 인한 낮은 신뢰도 등 여러 문제를 내포하고 있다. 이들 문제는 고과자의 훈련을 통하여 어느 정도 해결할 수 있다. 그러나 고과방법 자체를 개선하여 고과상의 문제를 줄일 수 있다면 고과결과의 정확성과 신뢰성은 그만큼 더 향상될 수 있다. 따라서 많은 조직체에서 오랫동안 고과방법을 개선하는 데 노력을 투입해 왔다. 그 일환으로 개발된 고과방법의 하나가 행동기준고과법이다. 이 방법은 중요사건방법과 그래픽 평정척도법을 결합하여 이 두 방법의 장점을 강화하고 단점을 보완함으로써 고과결과의 정확성과 신뢰성을 높이려 하고 있다. 행동기준고과법의 기본설계와 적용과정을 요약한다.

(1) 중요과업의 선정

첫째로 직무를 구성하고 있는 중요 과업(task)과 책임 분야를 선정한다. 여기에는 직무분석을 통한 직무기술서(job description)가 중요한 자료의 원천이 된다.

(2) 척도설정과 기준행동의 기술

과업별로 그 과업의 수행수준을 5~7개로 구분하고 각 수행수준마다 이에 해당하는 과업행동을 정확하게 기술한다(〈표 8-4〉 참조). 각 수행수준별 기준행동은 중요사건기법을 통하여 도출된 과업행동을 활용하여 설정한다.

(3) 과업행동의 고과

설계된 척도와 기준행동을 사용하여 피고과자의 과업성과와 행동에 해당하는 기준행

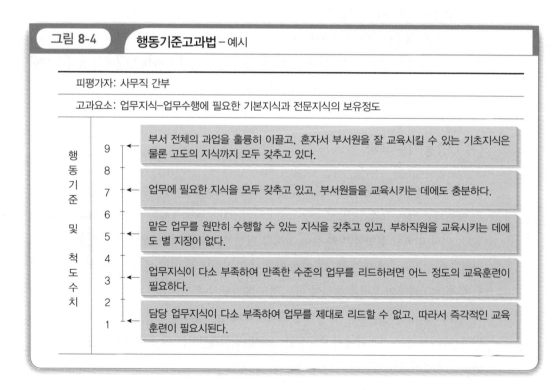

| 그림 8-4 | 행동기준고과법 - 예시 |

피평가자: 사무직 간부

고과요소: 업무지식-업무수행에 필요한 기본지식과 전문지식의 보유정도

행동기준 및 척도수치

9 — 부서 전체의 과업을 훌륭히 이끌고, 혼자서 부서원을 잘 교육시킬 수 있는 기초지식은 물론 고도의 지식까지 모두 갖추고 있다.

8

7 — 업무에 필요한 지식을 모두 갖추고 있고, 부서원들을 교육시키는 데에도 충분하다.

6

5 — 맡은 업무를 원만히 수행할 수 있는 지식을 갖추고 있고, 부하직원을 교육시키는 데에도 별 지장이 없다.

4

3 — 업무지식이 다소 부족하여 만족한 수준의 업무를 리드하려면 어느 정도의 교육훈련이 필요하다.

2

1 — 담당 업무지식이 다소 부족하여 업무를 제대로 리드할 수 없고, 따라서 즉각적인 교육훈련이 필요시된다.

동과 척도를 선택함으로써 피고과자를 평가한다. 이 고과절차는 과업별로 반복되어 평가된 척도의 계량적 수치를 합산하여 고과점수를 산출하게 된다.

(4) 고과표의 공동설계

행동기준고과법은 관리자에 의하여 일방적으로 설계되는 것이 아니라 직무수행자와 공동으로 설계된다. 즉, 관리자와 직무수행자가 공동으로 중요과업을 선정하고 과업마다 기준행동을 기술하며 척도의 계량수치도 배정한다. 이 공동설계과정에서 관리자와 직무수행자 간의 의사가 맞지 않는 기준행동이나 계량수치는 제외시키고, 상호 간의 합의가 이루어진 기준행동과 계량척도만을 고과양식에 포함시킨다.

(5) 행동기준고과법의 장단점

행동기준고과법은 몇 가지의 중요한 장점을 지니고 있다. 첫째로 행동기준고과법은 직무수행자(피고과자)의 직접적인 참여를 통하여 공동으로 설계되므로 인사고과에 대한 그의 신임과 적극적인 관심 그리고 참여를 이끌어낼 수 있다. 둘째로 행동기준고과법은 행동의 정확한 기술을 통하여 고과표준에 대한 고과자 간 이해차이를 줄일 수 있다. 따라서 고과결과의 신뢰도를 높여 줄 수 있다. 연구결과에 의하면, 행동기준고과법은 일반적인 고과법에 비하여 높은 신뢰도를 보일 뿐만 아니라, 관대화경향과 중심화경향도 낮춤으로써 고과결과의 타당도를 높여 주는 것으로 나타나고 있다(Millard et al., 1976). 그리고 특히 직무내용이 비교적 간단하고 최선의 직무수행방법이 존재하는 직무에 효과적으로 적용될 수 있다(Noe et al., 2010).

그 반면에 행동기준고과법은 몇 가지의 단점도 지니고 있다. 첫째로 행동기준고과법은 직무수행자와의 공동설계에 많은 시간이 소요된다. 그리고 과업마다 별도의 기준행동과 평가척도를 설계해야 하고, 또 직무마다 개별적으로 고과양식이 설계되어야 하므로 이에 상당히 많은 시간과 비용이 투입되어야 한다. 따라서 경영층과 구성원들 사이에 협조적 관계가 형성되지 않고서는 행동기준고과법의 적용이 매우 어려운 것이 사실이다. 그러나 인사고과의 중요성이 커짐에 따라서 우리나라 조직체에서도 행동기준고과법의 적용이 점차 증가되고 있다.

6. 목표관리제

전통적인 인사고과방법은 고과 자체에 있어서 조직체나 직무목표와의 연결성이 분명하지 않고 따라서 고과의 기준도 불확실하며, 성과에 대한 피드백이나 고과면담도 충실하게 이루어지지 않는 등 여러 가지 문제를 포함하고 있다. 이러한 문제를 극복하기 위하여 성과목표와 고과기준을 명백히 하고 고과과정에서 고과자와 피고과자의 참여를 최대화함으로써 인사고과의 효과를 높일 수 있는 것이 목표관리제(MBO: management by objective)이다.

목표관리제는 드러커(P. Drucker)가 1954년에 처음으로 창안한 이래, 여러 학자들과 실무자들에 의하여 수정·보완됨으로써 인사고과뿐만 아니라 조직의 전체적인 성과를 높이기 위한 경영기법으로 발전해 왔다. 인사고과와 관련하여 목표관리제의 중요 단계와 목표관리제의 특징을 요약한다.

(1) 공동 목표설정

고과자와 피고과자가 공동으로 고과기간 동안에 달성할 목표를 설정한다. 목표는 대체로 일상업무 성과를 위한 일상적 목표와 창의적인 업무성과를 위한 창의적 목표 그리고 피고과자의 능력개발을 위한 개인개발 목표 등으로 구성된다(Odiorne, 1986).

(2) 중간 피드백

피드백 시기를 정하여 그 때까지의 업무성과와 목표달성 정도를 고과자와 피고과자가 공동으로 토의하고, 필요에 따라 목표달성을 위한 방안을 세워서 경과상황에 적절히 대처해 나간다.

(3) 기말평가

기말에 가서 고과기간 동안에 실제로 달성한 성과를 목표와 비교하여 그 차이와 원인을 공동 분석·평가하여 앞으로의 목표와 계획에 대하여 토의하고, 이것을 차기 목표설정에 연결시킴으로써 목표관리의 사이클이 계속 진행되어 나간다.

(4) 목표관리제의 효과와 문제점 및 성공요건

이와 같이 목표관리제는 고과자와 피고과자와의 공동참여를 통하여 성과목표와 고과방법을 분명히 함으로써 고과결과의 타당도를 높여 줄 수 있다. 그리고 고과자와 피고과자의 공동토의를 통하여 피고과자의 성과향상과 능력개발은 물론, 조직체 목표와 피고과자 개인의 목표도 통합시킬 수 있다(Rodgers & Hunter, 1991). 따라서 목표관리제는 특히 사무직과 기술직 그리고 관리직에 많이 적용되고 있다.

그러나 목표관리제가 기대하는 효과를 발휘하려면 몇 가지 중요한 조건이 구비되어야한다. 우선 목표 자체에 있어서 객관성 있는 계량화된 목표가 바람직하지만, 직무성격에 따라서 이러한 계량적 목표설정이 어려울 경우가 많이 있다. 그리고 직무목표와 조직체목표에 연결된 목표를 설정하는 것도 쉬운 일이 아니다. 그뿐 아니라 조직체와 개인의 목표가 통합된 균형있는 목표체계를 설계하는 것도 어려운 것이 사실이다. 따라서 조직체 목표달성만을 강조하는 일방적인 목표가 설정되기 쉽고, 이에 따라 목표관리에 대한 구성원의 관심이 감소될 위험성이 많이 있다.

목표관리제의 또 한 가지 문제는 고과자와 피고과자의 단독적인 관계에서 개인별 참여는 많이 이루어질 수 있지만 집단참여는 등한시될 수 있다는 점이다. 따라서 직무 간의 상호의존관계가 높은 경우에는 개인별 목표관리가 팀 전체의 성과달성에 장애요소로 작용할 수도 있다. 그러므로 목표관리제의 보다 효과적인 기능을 위하여 집단구성원들의 협조적 태도를 조성하고 집단참여를 강조하는 집단목표관리제(MBGO: management by group objective) 또는 협조적 목표관리제(CMBO: collaborative management by objective)가 점차적으로 많이 활용되고 있다.

집단 또는 협조적 목표관리제는 집단구성원들의 상호의존관계를 중시하고 상호 간의

■■ ■표 8-5 **목표관리에 의한 평가결과** – 판매원 예시

목표 항목	목 표	달 성	차 이
1. 판매촉진: 고객접촉수	200	210	+5%
2. 새로운 고객접촉수	50	30	-40%
3. 판매량: 상품A	15,000	12,000	-20%
4. 판매량: 상품B	20,000	23,000	+15%
5. 고객불평/서비스 요청	10	7	-30%
6. 판매관리 교육 참가시간	40	30	-25%

협조와 공동노력을 강조한다. 따라서 개인의 목표는 조직체 전체의 목표와 집단의 목표 등 상위목표를 충분히 공동토의한 후에 설정한다. 이와 같이 집단 또는 협조적 목표관리제는 조직체 – 집단 – 개인 목표 간의 통합을 중시하고, 구성원 상호 간의 협조행동도 성과평가에서 중요한 측면으로 강조한다. 연구결과에 의하면, 이러한 집단참여적 목표관리는 일반적으로 각 개인의 만족감과 집단 전체의 만족감을 높여줌으로써 집단성과에 크게 기여하는 것으로 나타나고 있다(Latham & Saari, 1979).

이와 같이 인사고과에서 집단참여적 목표관리의 적용은 집단의 공동참여와 상호 간의 협조적 행동을 통하여 고과자와 피고과자 사이의 공동목표 설정과 공동성과 평가를 증진시킨다. 따라서 목표관리제의 효과가 최대로 발휘되려면 집단구성원 사이의 상호협조와 공동참여행동을 조성하기 위한 구성원의 행동과 조직분위기의 개발이 필요하다.

(5) 목표관리와 인사고과

목표관리에서 유의해야 할 점은 목표관리 자체가 바로 인사고과가 아니라는 점이다. 즉, 목표관리는 상사와 부하가 공동으로 목표를 설정하고 달성된 성과를 공동으로 토의함으로써 개인과 조직체 사이의 목표를 통합하고 개인의 동기부여와 능력개발을 증진시키려는 경영기법이다. 따라서 목표관리에서 개인의 목표는 개인마다 다르고, 또 그 성과를 평가하는 기준도 개인마다 다를 수 있다. 그 반면에 인사고과에서 개인의 성과는 공통된 고과요소에 의하여 평가된다.

그러므로 목표관리를 사용하는 조직체는 목표관리 이외에 별도의 인사고과제도를 적용할 수도 있고, 그렇지 않으면 목표관리 자체를 인사고과제도로 겸용할 수도 있다. 목표관리와 인사고과가 별도의 시스템으로 적용되는 경우에는, 목표관리는 주로 개인의 성과달성과 능력개발을 목적으로 사용되고, 인사고과는 종합적인 성과를 일률적인 기준에 의하여 평가하는 데 사용된다. 목표관리와 인사고과는 성과의 정확한 평가는 물론, 개인의 능력개발과 피드백 등 서로 공통된 목적을 지니고 있으므로 두 시스템을 사용하는 경우에는 두 시스템의 장단점을 상호보완함으로써 공정한 평가와 능력개발 그리고 동기부여에 좋은 효과를 가져올 수 있다. 그러나 두 시스템을 운영할 경우 일선관리자와 인적자원스태프의 관리 및 사무업무가 많이 증가하는 것은 사실이다.

장을 맺으며

인사고과는 조직구성원의 성과를 평가하여 이것을 조직체의 상벌결정에 연결시키는 중요한 인적자원관리 기능이다. 이와 더불어 인사고과는 조직구성원에게 성과에 대한 피드백을 주고 그의 성과 수준을 높이며, 나아가서는 그의 자질과 능력을 개발하는 등의 목적도 가지고 있다. 그러므로 이들 목적 중 어느 것을 강조하느냐에 따라서 고과요소와 고과자의 역할 등 목적에 타당한 인사고과과정이 다소 다를 수 있다. 그러나 인사고과의 가장 중요한 목적은 경영전략과의 통합을 통하여 전략적 인적자원관리와 성과관리 그리고 궁극적으로는 조직체 목표달성에 기여하는 것이다.

이와 같이 인사고과는 전략적 인적자원관리의 중요한 부분으로서 학계와 실무에서 많은 연구의 대상이 되어 왔다. 그리하여 성공적인 전략적 인사고과를 위한 고과요소와 고과방법, 고과자의 역할과 조직체의 여건조성 등 여러 측면에 관한 연구가 전개되어 왔다. 이들 연구결과는 대체로 인사고과와 전략목표와의 연계성, 성과측정의 타당도, 그리고 성과피드백 등이 전략적 인사고과의 성공요인임을 강조하고 있다. 그리고 전통적인 성과평가와 더불어 성과향상과 능력개발도 인사고과의 중요한 목적으로 강조되고 있다.

우리나라 조직체에서 인사고과는 매우 중요한 인적자원관리 기능으로 인식되고 있지만, 실질적인 효과를 얻기에는 많은 문제점을 안고 있는 분야이다. 따라서 이 장에서 제시한 전략적 인사고과의 개념과 성공요건 그리고 행동기준고과와 목표관리 등은 근래에 본격적으로 추진되고 있는 경영혁신운동과 관련하여 인사고과를 개선하려는 우리나라 조직체에 좋은 방향제시가 될 것이다. 이제 우리는 다음 장에서 인적자원관리의 가장 중요한 기능의 하나인 임금관리에 관하여 연구한다.

> **사례연구 8-1**
>
> ## P사의 평가제도
>
> P사의 인적자원관리 기본방향은 ① 능력과 성과 중시의 인사제도 운영, ② 전문분야 핵심인재 확보 및 육성, ③ 삶의 질 향상을 위한 선진화된 노무 후생서비스 구축 등을 통하여 초일류 글로벌기업으로서의 인적경쟁력을 확보한다는 것으로 집약될 수 있다. 특히, P사는 총괄직(과장급) 이상 사원에게 목표관리제(MBO: Management By Objectives) 방식의 평가와 연봉제를 적용하고, 평가에 따른 연봉차등 폭을 확대 적용함은 물론 근무실적이 우수한 직원에게 조기승진의 기회를 부여함으로써 능력과 성과중심의 평가·보상·승진체계 인사운영을 강화하고 있다.

■■표 8-6 **P사의 평가체계**

평가 구분		제도적 특성	평가결과의 활용
업적 평가	MBO 방식	• 연 1회 실시 • 총괄직 이상 대상 • 조직목표와 개인목표 간 유기적 연계 • 평기집단별 상대평가	• 고과면담 • 업적연봉(70% 비중) • 승진에 일부 반영
역량 평가	직무 역량 평가	• 연 1회 실시 • 기초역량, 리더십역량. 전문역량중심 평가 • 평가집단별 상대평가	• 고과면담 • 업적연봉(30% 비중) • 승진에 일부 반영
	다면 평가	• 연 1회 실시 • 현장주임과 총괄직 이상 대상 • 부하직원. 팀 동료, 인접부서 동료가 평가	• 리더십/역량개발 지원 • 연봉/승진에 반영 안함

P사의 평가제도는 상사에 의한 업적평가 및 능력평가를 중심으로 하고, 부하 동료에 의한 다면평가를 통하여 객관성을 보완하고 있다. 2000년 상반기부터 실시된 업적평가와 능력평가는 상대평가로서 평가결과는 연봉 및 인사에 반영된다. 반면, 2000년 하반기에 도입된 다면평가는 절대평가로서 연봉과 인사에는 직접 반영되지 않고, 능력평가 및 인사판단의 참고자료로만 활용되고 있다(〈표 8-6〉 참조).

업적평가는 목표관리제 방식으로 순수 업적만을 평가하며, 연초에 목표를 설정하고 연말에 평가를 실시한다. 목표관리제에서 목표는 전사-조직-개인 간 목표연계를 강화하고 있으며, 도전적 목표(stretch target) 설정을 유도하기 위하여 난이도에 따라 1차 평가자가 ±10%의 가감점을 부여할 수 있도록 하고 있다. 그리고 부·실장은 목표관리제에 균형성과지표(BSC: Balanced Scorecard)를 연결하여 70%까지 반영하도록 하고 있다.

직무역량 능력평가는 구성원의 자질, 리더십, 능력 등에 초점을 맞춰 평가한다. 평가대상 역량은 전사 공통으로 적용되는 기초역량과 리더십역량, 그리고 업무내용에 따라 평가항목이 상이한 전문역량으로 구분되며(〈표 8-7〉 참조), 평가는 연 1회 실시된다.

■ ■표 8-7 P사의 직무역량별 세부 평가요소와 가중치

직무역량 구분	평가요소	가중치	
		직책 보임자	직책 미보임자
기초 역량 (전직원 공통)	변화주도, 창의력, 프로의식, 고객지향, 기업윤리의식	30%	30%
리더십 역량	직책보임자: 업무추진, 팀워크 활성화, 지도육성, 공정평가 미보임자: 업무추진, 팀워크 활성화	30%	20%
전문 역량 (부/실별 선정)	직책보임자: 해당 직책의 전문역량 전 항목(평균 6개) 미보임자: 직상급자 전문역량을 준용하되 필요 시 부서장 책임 하에 일부 요소 제외	40%	50%

다면평가는 연 1회, 11월경에 총괄직 이상 및 현장주임을 대상으로 실시된다. 평가자는 ERP 시스템에 의하여 피평가자별로 10명 정도 무작위로 선정되는데, 부하직원 또는 소속팀 동료 50%, 인접 타부서 동료 50% 정도로 구성된다. 전년도 평가자로 참여한 직원은 차순위로 선정되며, 평가 곤란 의견제시자는 인사부서에서 재선정 조치한다. 직무역량 평가요소 중 기초역량(5개), 리더십역량(2~4개)을 기본으로 하고, 기타(비즈니스 매너, 자기개발) 항목을 추가하여 직책 보임자는 11개, 미보임자는 9개의 평가요소로 평가를 받게 된다.

평가과정을 살펴보면, 목표설정 및 면담단계에서는 먼저 조직(실, 팀) 목표를 상세하게 설정하고, 여기에 맞춰 개인목표를 정하게 되는데, 1차 평가자와의 면담 및 협의를 거쳐 목표를 확정하고, 2차 평가자가 주재하는 발표회 등을 통하여 확정된 목표를 검토한다. 연 1회 7월에는 의무적으로 목표의 중간면담 및 성과지도활동이 이루어진다. 상사는 소속직원과의 면담을 통하여 목표진척도에 관한 중간평가를 하게 되며, 목표진척도가 부진할 때에는 원인분석과 지도 및 격려가 이루어진다. 또한 경영환경의 변화, 최고경영층의 특별지시 및 조직구성원 변경 등이 있을 경우에는 목표가 수정되기도 한다.

평가는 자기평가 → 고과면담 → 1차평가 → 2차평가 → 최종등급 산출 및 결과피드백의 순서로 이루어진다. 자기평가에서는 업적과 능력을 객관적으로 점검하고, 평가요소별 5단계의 절대평가를 실시한다. 다음 고과면담에서는 1차평가자(또는 단독 평가자)가 피평가자와 MBO 목표달성도, 능력 수준 점검 및 자기평가 결과의 적정성 등에 대해 면담을 실시한다. 그리고 면담결과는 평가시스템의 상사의견란에 입력된다.

점수누계방식의 1차평가에서는 자기평가, 고과면담 결과를 기초로 평가요소별 5단계의 절대평가를 실시

■ ■표 8-8 P사의 고과등급별 분포율(직책 미보임자 기준)

고과등급	S 등급	A 등급	B 등급	C 등급	D 등급
등급설명	탁 월	기대 이상	기대 충족	기대 이하	열 위
분 포 율	10% 이내	20% 이내	50% 이내	20% 이상	

한다. 피평가자가 고과면담 완료확인 및 1차평가 점수 동의 후에는 2차평가가 진행된다. 종합평가 방식인 2차평가에서는 1차평가자 성향에 따른 부서간 불공평 등 1차 평가자의 평가오류 여부를 확인하고, 오류가 있다고 판단되면 1차평가자에게 수정을 지시한다. 그리고 1차평가결과를 고려하되 피평가자를 종합적으로 판단하여 9단계의 절대평가를 실시한다. 마지막으로 최종등급 산출단계에서는 1, 2차 평가 결과를 50:50으로 반영하여 총점 산정 및 서열순으로 최종등급을 산출하게 된다(〈표 8-8〉 참조). 그리고 피평가자들이 ERP를 통하여 평가결과의 상세내역을 직접 조회할 수 있도록 한다.

업적평가와 역량평가 결과는 다양하게 활용된다. 우선, 업적평가 결과 70%와 역량평가 결과 30%가 연봉산정에 반영된다. 승진에도 업적평가와 역량평가 결과가 후보선정 시 통과기준으로 직접 활용된다. 또한, 인사이동과 인력개발에도 업적평가와 역량평가 결과를 종합적으로 고려한다.

향후 P사는 성과주의를 보다 강화할 계획이다. 지금까지의 연봉제는 실질적 성과창출에 의한 연봉보상보다는 승진에 대한 집착이 높아 연봉평가 왜곡, 불필요한 서열의식 등 성과의식을 저해한 측면이 있었다. 이를 위하여 2004년 평가결과에 따른 연봉조정부터는 승진 시 연봉인상 효과를 없앴다. 대신 승진과 연봉에 의한 보상을 순수 연봉에 의한 보상으로 전환하기 위하여 누적식·비누적식 혼합방식의 연봉을 누적식으로 전환하였다. 따라서 성과 우수자는 승진의 혜택은 없으나, 대신 연봉이 현행보다 빨리 상승하게 되는 혜택을 누리게 되고, 성과 열위자는 연봉 상승이 거의 없어 불이익이 증가하게 된다. 또한 지금까지 동일하게 인상을 해온 일괄상승(Base-up) 부분도 인사평가 결과에 따라 차등적으로 인상하여 연공적인 임금인상을 완전 배제하기로 하였다. 이와 같이 성과주의가 보다 강화됨에 따라 평가의 중요성은 더욱 커질 것이다.

토의질문

1. P사 평가제도의 제반 특성을 감안하여 위 제도의 장·단점을 심도 있게 분석 평가하고, 예상되는 문제점과 개선방안에 대하여 논의하시오.

2. P사 평가제도와 같이 업적평가와 역량평가를 분리·운용할 경우 기대할 수 있는 긍정적 효과와 예상되는 문제점을 분석하시오.

K사의 영업직 평가제도

K사는 1990년대 중반에 설립된 CRM 관련 중소 소프트웨어 개발 및 컨설팅 전문업체로서 수주 건당 평균 2억원 정도 되는 CRM프로젝트를 수주하여 개발 및 컨설팅을 수행한다. 구성원은 2004년 현재 약 40여명 수준이며, 최근 3년 동안의 연평균 매출액은 약 30억원 수준이다.

K사에서는 업종의 특성상 수주영업 위주의 B2B 사업을 하기 때문에 영업직의 역할이 매우 중요하다. K사에서 영업직의 평가는 크게 팀 단위의 업적평가와 개인단위의 역량평가로 이루어지며, 업적평가의 결과는 연봉인상, 보너스, 승진 등에 직접적으로 반영된다. 그러나 역량평가의 결과는 교육훈련의 기초자료로 사용되지만, 연봉인상이나 보너스 등에는 간접적으로 약하게 반영될 뿐이며 그나마 승진에는 전혀 반영되지는 않는다.

K사에서의 업적평가는 팀 단위 목표관리제(MBO: Management by objectives) 방식으로 이루어진다. 연초에 최고경영자가 전사적 차원의 성과목표를 핵심성과지표(KPI: Key Performance Index)별로 설정하면 팀장은 각 팀의 핵심성과지표별 성과목표를 설정하고, 최고경영자와의 협의·조정과정을 거쳐 팀의 성과목표를 확정한다. 성과목표설정 및 평가를 위하여 사용하는 핵심성과지표는 〈표 8−9〉에 나타나 있는 바와 같고, 월 단위 MBO 목표와 목표 대비 평가결과가 핵심성과지표별로 평가시스템에 입력된 후 연말에 최종 집계된다.

■■표 8−9　K사 영업사원 평가를 위한 핵심성과지표

– 수주목표(원): 영업 건의 계약기준 수주액
– 매출목표(원): 영업 건의 계산서 작성기준 매출액
– 고객접촉(건): 고객과의 월별 접촉 건수
– 단계변동(건): 영업 건의 월별 단계변동 건수
– 최종제안(건): 영업 건의 최종 제안 월별 제출 건
– 영업 IN(건): Inbound에 의한 신규생성 월별 영업 건
– 영업 OUT(건): Outbound에 의한 신규생성 월별 영업 건

한편, 역량평가는 리커트 타입의 5점 척도(매우 부족, 다소 부족, 평균 수준, 다소 우수, 매우 우수)를 사용하며 피평가자의 자기평가와 상사(이 회사에서는 최고경영자)에 의한 상사평가로 이루어진다. 역량평가를 위해 역량별 중요도에 따라 가중치를 부여하여 가중합산 점수를 구하게 되는데, 고과면담을 통해 자기평가 결과와 상사평가 결과 간 차이(gap)를 확인하게 된다. 역량평가에서 사용되는 기준은 크게 과업 및 프로젝트 수행, 내부 팀워크 향상 능력, 회사 경영차원의 관여도, 기타 역량으로 나뉘는데, 각각의 역량은 〈표 8−10〉에 제시된 바와 같이 세부 역량으로 다시 나뉜다.

■■표 8-10   K사 영업사원 평가를 위한 핵심성과지표

- 과업 및 프로젝트 수행 역량
  - 배정된 과업 혹은 프로젝트에 대한 계획, 조직, 통제
  - 과업 및 프로젝트 수행 후 결과물의 질적 수준(품질평가, 안정성 등)
  - 회사의 핵심 솔루션에 대한 이해
  - 협력사 직원과의 공동작업 시 타 회사직원들과 생산적인 관계 유지
  - 효율적인 회의 진행
  - 논점 및 중요도 파악, 프리젠테이션(문서작성 및 발표) 역량
  - 문제해결능력(우선순위 결정, 자원배분, 문제해결능력)
- 내부 팀워크 향상 능력
  - 다른 직원, 상사, 다른 팀(부서), 거래처와의 커뮤니케이션 능력
  - 내부에 축적되는 지식의 캡슐화(지식관리, 표준화) 기여도
  - 압박(시간, 신기술) 조건에서의 업무수행 능력
  - 리더십
  - 부하직원에 대한 인사고과 및 경력개발 지원 역량
  - 책임감, 열의, 정보관리 등 공동의무에 대한 기여
- 회사 경영 차원의 관여도
  - 프로젝트 직·간접 참여로 인한 수익기여도
  - 원가관리·비용관리에 대한 방안 지시 및 실행
  - DBM 관련 기술에 대한 새로운 지식습득 노력
  - DBM/CRM 범위 내 신기술, 신솔루션에 대한 아이디어 및 추진 대안 제시
  - 회사의 지식 공유제도에 대한 기여
  - 회사 중장기 계획 및 체계적 실행방안 제시 능력
  - 발전적 조직문화에 대한 기여(근무환경 개선 등)
- 기타 평가항목: 피평가자의 업무특성상 고려되어야 할 사항을 기록(특별기여 등)
  - 밀착영업, 선행영업 등 Outbound 영업 발굴을 위한 노력
  - 회사 마케팅관련 중요 지인관리에 대한 노력

토의질문

1. B2B 성격의 소프트웨어 개발 및 컨설팅 사업의 영업특성을 감안하여 이 회사의 핵심성과지표(KPI)가 영업팀의 성과를 평가하는 기준으로서 적절한지 여부에 대해 검토하시오.

2. 이 회사는 팀 단위로 영업을 수행하기 때문에 최근 들어 개인 단위의 업적평가를 팀 단위의 업적평가로 전환하였다. 개인 단위의 업적평가와 팀 단위 업적평가를 영업직에 적용했을 때 각각의 장·단점에 대해 논의하시오.

3. 이 회사에서는 업적평가와 역량평가를 이원화하여 시행·활용하고 있는데, 역량평가 결과를 업적평가와 통합하여 연봉인상이나 승진 등에 활용할 경우 예상되는 긍정적, 부정적 효과에 대해 분석하시오.

Chapter 09

임금관리

임금관리

인적자원의 활용과 전략적 성과관리를 연구하는 데 있어서 우리는 제7장에서 참여관리를, 그리고 제8장에서 인사고과를 각각 연구하였다. 이제 우리는 이 장에서 인적자원관리의 가장 중요한 분야의 하나인 임금관리를 연구한다. 임금관리는 조직체가 자체의 전략목표를 추구하는 데 있어서 가장 중요한 경영수단의 하나로 인식되고 있다. 임금은 조직구성원들의 태도와 행동에 지배적인 영향을 주고, 조직체가 원하는 인적자원을 유치하고 유지하는 데에도 결정적인 역할을 한다. 또한, 인건비는 조직체 전체비용 중에서 차지하는 비중이 상대적으로 큰 만큼 임금의 효율적 관리는 조직체의 경제적 성과에 많은 영향을 준다(Noe et al., 2010; Saratoga Institute, 1997).

조직구성원에게도 임금은 그의 경제적 소득과 생활수준에 직접적인 영향을 주며, 그의 지위와 조직체에서의 중요성을 말해 주는 중요한 상징이기도하다. 따라서 임금은 구성원의 태도와 동기부여 등 그의 조직체와의 관계에도 큰 영향을 준다. 이와 같이 임금은 조직체와 조직구성원 모두에게 중요한 위치를 차지하고 있고, 따라서 조직체는 전략적이고 효과적인 임금관리에 많은 노력을 기울인다. 그러나 효과적인 임금관리를 통하여 전략목적을 성공적으로 달성하는 조직체는 극히 드물다.

임금관리를 연구하는 데 있어서 이 장은 제1절에서 전략적 인적자원관리 관점에서 임금관리의 기본개념과 중요성을 정리하고, 제2절부터 제5절까지 전략적 임금관리의 중요 측면을 연구한다. 제2절에서는 임금수준에 관하여, 제3절에서는 임금구조에 관하여, 제4절에서는 임금지불방법과 연봉제에 관하여, 그리고 제5절에서는 복리후생에 관하여 차례로 연구한다.

임금관리와 전략적 인적자원관리

임금관리는 인적자원관리에서 가장 중요한 분야 중 하나로서 조직체의 목표달성을 위한 전략적 인적자원관리의 매우 중요한 부분을 차지한다. 전략적 관점에서 임금의 개념과 중요성 그리고 임금의 중요 결정요인에 관하여 살펴본다.

1. 임금의 개념과 중요성

넓은 의미에서 보상(reward)은 조직구성원이 조직체에 기여한 공헌에 대한 대가로서, 경제적 보상과 비경제적 보상을 포함한다. 경제적 보상(compensation)은 각종 임금과 주식옵션 등 직접적인 보상과 각종 복리혜택 등 간접적인 보상을 포함한다. 그리고 비경제적 보상은 직장안정과 경력발전 등 경력상의 보상(혜택) 그리고 지위신분 및 인정 등 사회·심리적 보상 등을 포함한다(⟨그림 9-1⟩ 참조). 이 장에서 다루는 임금은 주로 경제적 보상에 속하는데, 경제적 보상은 조직구성원이 조직체에 기여한 공헌에 대해 조직체가 지불하는 경제적 대가를 의미한다.

임금관리는 근본적으로 구성원과 조직체 간의 관계를 경제적 측면에서 조정하는 인적자원관리 과정으로서 구성원의 행동과 조직체성과에 많은 영향을 미친다. 그러나 많은 조직체에서 기대되는 효과를 실제로 얻지 못함으로써 임금관리에 많은 어려움을 겪고 있다. 경제적 만족감만 보더라도 임금과 복지혜택이 우리나라 근로자들의 직무불만족의 큰 원인

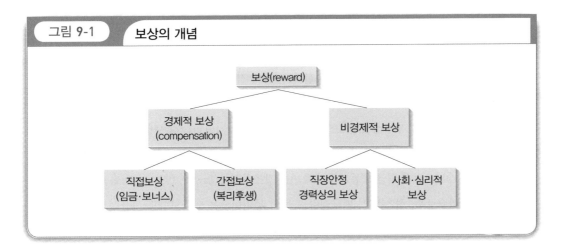

그림 9-1　　보상의 개념

이 되고 있고(이학종, 1997), 임금 수준이 높은 선진국에서도 미국의 경우 노동인력의 45%
가 정당한 임금을 받지 못하고 있다고 느낀다(Kravetz, 1988). 임금이 구성원과 조직체에 대
하여 지니고 있는 중요성을 요약한다.

(1) 경제적 중요성

임금은 조직구성원에게는 경제적 소득의 원천인 동시에 조직체에게는 가장 중요한 비
용의 하나이다. 조직구성원의 입장에서는 경제가 발전할수록 소득향상에 대한 기대가 커지
는 반면에, 조직체의 입장에서는 시장에서의 경쟁이 심화될수록 인건비를 절약해야 할 필
요성을 절감하게 되고 이를 위하여 각종 선진기술을 도입하여 생산 또는 사무의 기계화 및
자동화에 힘쓰게 된다. 따라서 조직체의 임금관리는 인건비관리 차원에서 뿐만 아니라, 개
별 조직구성원의 정당한 임금관리 차원에서도 더욱 중요해진다.

(2) 투자로서의 중요성

조직체에서 주어진 직무를 수행하고 성과를 달성하는 과정에서 구싱원은 자기의 기술
과 능력을 개발해 나간다. 따라서 임금은 조직구성원의 노력에 대한 대가일 뿐만 아니라,
인적자원의 개발을 위한 투자라고 할 수 있다. 인적자원으로서 조직구성원의 능력개발은
직무설계와 권한위양 등 조직체 내부의 여러 가지 요소로부터 영향을 받는데, 임금관리는
이들 요소가 구성원의 능력개발에 작용하도록 촉진제 역할을 해 줄 수 있다는 데에도 큰 의
미가 있다.

(3) 구성원의 만족감과 성과상의 중요성

가장 실질적인 측면에서 임금은 조직구성원의 만족감에 많은 영향을 주고, 나아가서는
그의 직무수행성과에도 크게 작용한다. 임금이 직무 외재적 요소로서 구성원의 만족과 성과
에 얼마나 중요한 요인이 되고 있는지에 대해서는 여러 가지 이론이 있다. 테일러는 임금을
만족과 성과의 가장 중요한 요인으로 보았고(Taylor, 1911a), 허츠버그는 임금을 위생요인으
로서 불만족의 가장 중요한 요인으로 보았으며(Herzberg, 1966), 포터와 로울러는 목표-경로
상의 수단으로서 임금의 동기증진 측면을 강조하였다(Lawler, 1981; Porter & Lawler, 1968).

마슬로우, 허츠버그, 맥클래란드 등의 동기이론은 임금보다도 자율성과 성취감 등 개
인의 상위욕구와 직무 내재적 요소들을 동기요인으로 강조하지만(Maslow, 1943; Herzberg,

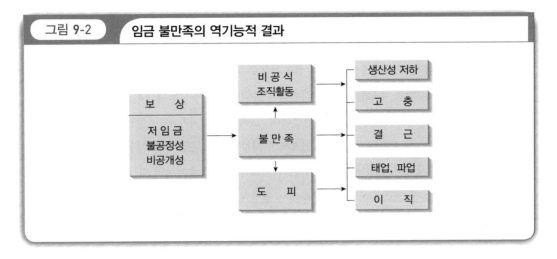

그림 9-2 임금 불만족의 역기능적 결과

1968; McClelland, 1962), 목표-경로 관점에서 볼 때 이들 욕구충족과 직무만족이라는 개인적 목표달성이 임금이라는 수단에 의하여 이루어지는 한, 임금의 동기적 가치를 무시할 수는 없다. 다시 말해서 임금은 생리적 또는 물질적 욕구 등 하위욕구를 충족시켜 줄 뿐만 아니라, 성과와 성취 그리고 성공의 상징으로서 수단적 성격도 지니고 있기 때문에 이들 상위욕구 충족이나 직무 내재적 만족과 밀접한 관계를 맺고 있는 것이 사실이다.

임금의 중요성은 조직구성원의 만족과 성과뿐만 아니라 그의 불만족과 이로 인한 역기능적 행동에 있어서도 그 중요성이 명백히 나타나고 있다. 임금에 대한 불만족은 금액 자체뿐만 아니라 임금에 대한 불공정성(정연앙, 1993) 그리고 임금정보의 비밀 등 여러 가지 요소에 의하여 형성된다. 그리고 역기능적 행동은 성과의 저하는 물론 이직과 결근 그리고 불평·불만 등 여러 가지 형태로 나타난다(〈그림 9-2〉 참조). 이러한 역기능적 결과는 여러 연구결과를 통하여 입증되고 있다(Wallace & Fay, 1988; Jaques, 1963; Adams, 1963; Nash & Carroll, 1975).

임금에 대한 부정확한 지각도 불만족의 중요한 원인이 되고 있다. 한 연구결과에 의하면, 관리자들은 일반적으로 자기 상사의 임금은 과소평가하는 반면에 동료와 부하의 임금은 과대평가하는 경향이 있는 것으로 나타났다(Lawler, 1966). 임금에 대한 이러한 부정확한 지각은 조직구성원의 불만족을 야기하는 요인이 되고 있으며, 따라서 공정한 임금률과 임금구조의 설계는 물론 임금에 대한 적절한 정보관리가 매우 중요하다.

② 임금의 구성요소

우리나라 조직체에서 임금은 전통적으로 기본급을 포함한 기준노동임금과 초과노동임금 그리고 각종 수당을 포함한 기준외 노동임금으로 구성된다(〈표 9-1〉 참조). 상여금은 원래 구성원 및 조직체의 성과와 연결하여, 그리고 각종 수당은 구성원의 특별한 자격과 업무내용 그리고 그의 인적 상황과 연결하여 지불할 목적으로 각각 설정되었다. 그러나 이러한 목적이 제대로 달성되지 않음에 따라 우리나라 조직체에서의 임금 구성요소에 대한 논의가 오랫동안 계속되어 왔고, 근래에는 경영혁신과 관련하여 많은 조직체에서 중요한 개혁의 대상이 되었다. 이와 관련된 이슈는 제4절에서 연봉제와 관련하여 자세히 설명한다.

■■표 9-1 **임금(재래식)의 구성요소**

기본임금	기 본 급		
	정상 근무수당		수 당
기준외 임금	특별 근무수당		
상 여 금	개 인	집 단	조 직 체
복리후생	법정 복리후생		
	법정외 복리후생		

③ 전략적 임금관리

조직체에서 전략적으로 효과적인 임금체계를 설계하고 이를 효율적으로 운영하려면 여러 가지 조건이 구비되어야 한다. 따라서 이들 조건을 갖추는 것이 전략적 임금관리의 가장 중요한 목적이라고도 할 수 있다.

(1) 경영전략과의 적합성

조직체가 효율적인 성과달성을 위하여 고려해야 할 것은 임금체계와 경영전략 사이의 정합성이다. 조직체는 자체의 전략목표달성을 추구하는 과정에서 이에 적합한 임금체계를 설계해 나간다(Chandler, 1962; 제2장의 〈그림 2-1〉 참조). 즉 고임금, 저임금 또는 경쟁적 임금 등 조직체상황에 적절한 임금 수준전략을 선택하게 되고, 성과급과 복리후생 등 조직체상황에 알맞은 임금지급방법을 택하게 되며, 임금결정도 상황에 맞추어 집권적 또는 분

■ ■ 표 9-2 **성장-집중화 전략과 임금관리**

비교항목	성장전략	집중화전략
구성원들 간의 보상 격차	고	저
시계(time horizon)	장기적	단기적
단기적 보상 수준	경쟁임금 이하	경쟁임금 이상
장기적 보상 수준	경쟁임금 이상	경쟁임금 이하
보상결정·관리체계	분권적	집권적
보상요소	직능(skill) 중심	직무(job) 중심

권적 체계를 갖추게 된다.

경영전략과 보상체계 사이의 정합성을 분석한 한 연구결과에 의하면 성장전략을 추구하는 기업은 집중화전략(concentration strategy)을 전개하는 기업에 비하여 임금 수준에 있어서 단기적으로는 평균 이하이지만 장기적으로는 평균 이상으로 나타났고, 구성원들 간의 임금 격차도 비교적 크게 나타났다. 그리고 복리후생에 있어서는 대체로 평균 이하로 나타났고, 지불요소에 있어서는 직무보다는 기술을 강조하는 경향을 보였으며, 임금결정에 있어서는 보다 분권적 체계를 사용하는 것으로 나타났다(Gomez-Mejia & Balkin, 1992; 〈표 9-2〉 참조).

또한, 조직체의 성숙주기(life cycle)단계도 임금체계에 영향을 준다. 조직체의 성숙단계는 대체로 초기, 고성장기, 성숙기, 안정기, 쇠퇴기의 다섯 단계로 구성되고, 조직체의 단계별 경영전략상황에 따라서 임금체계도 이에 적합한 특징을 나타낸다. 창업초기와 성장단계에서는 대체로 성과급을 중시하고 성숙단계에서는 경쟁력 있는 임금 수준을 유지하는 데 치중하며, 안정단계와 쇠퇴단계에서는 성과급은 점차 등한시되면서 그 대신 복리후생을 강조하게 된다(Milkovich & Newman, 1990). 조직체가 성장하는 과정에서 경영전략이 기능조직전략 → 분권경영전략 → 통합경영전략 → 팀경영 전략으로 변해나감에 따라서 보상시스템도 이에 맞추어 기본급+성과급 → 개인별 보너스+이익분배 → 팀 보너스의 방향으로 변해나간다(Greiner, 1998; 제4장의 〈그림 4-2〉 참조). 따라서 전략적 임금관리에서 효과적인 임금체계의 설계는 조직체의 전반적인 경영전략과의 정합성 차원에서 이루어지는 것이 바람직하다.

(2) 임금관리의 전략적 결정

전략적 임금관리에서 조직구성원의 임금은 인력시장에서의 인력수급상황과 경쟁업체

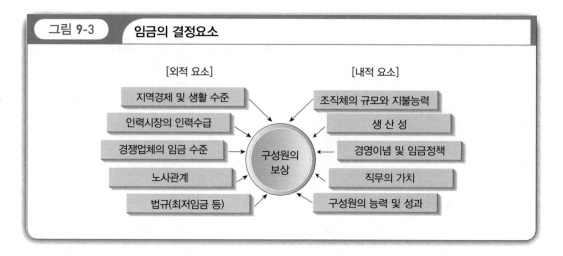

그림 9-3 임금의 결정요소

에서의 임금 등 외적 환경요소, 조직체의 지불능력과 직무의 가치 등 조직체의 내적 요소들, 그리고 구성원 자신의 능력 등에 의하여 결정된다(White & Jensen, 1984; 〈그림 9-3〉 참조). 외적 환경요소들과 조직체의 지불능력은 조직체 전체의 전반적인 임금 수준을 결정하는 데 작용하고, 직무의 가치와 구성원의 능력 및 성과가 구성원의 임금을 결정하는 데 직접적인 요소로 작용한다. 따라서 효율적인 임금관리를 위하여 다음 다섯 가지 측면에서 중요한 전략적 결정과 관리가 요구된다.

① 외부환경 분석을 통한 조직체 전반의 임금 수준 결정.
② 직무평가를 통한 공정한 임금구조의 형성.
③ 시간급, 성과급 등 효율적인 임금지불방법의 선정.
④ 동기부여를 위한 인센티브의 활용.
⑤ 복리후생 등 균형 있는 보상 패키지의 구성.

이 장은 다음 절부터 조직체의 임금체계와 구성원의 임금을 결정하는 이들 전략적 측면을 차례로 연구한다. 구성원의 성과와 관련된 업적평가는 앞 장에서 인사고과와 관련하여 이미 연구하였다.

제 2 절 임금 수준

전략적 임금관리의 첫째 결정은 임금을 얼마나 잘 줄 것인가와 관련된 임금 수준에 대한 전략적인 결정이다. 이 전략적 결정은 임금관리에서 가장 중요하고 어려운 결정 중 하나로서 다음과 같은 여러 외부적 요소와 내부적 요소에 의하여 영향을 받는다.

1. 외적 환경요소

임금 수준 결정에 작용하는 중요한 외부 환경적 요소는 다음과 같다.

(1) 경제적 환경

경제적 환경은 여러 가지 면에서 조직체의 임금 수준에 직접 또는 간접적으로 영향을 준다. 경제 수준이 높고 경제성장률이 높을수록 조직체의 임금 수준이 일반적으로 높으며, 경제가 침체되어 있을수록 임금 수준은 낮은 경향을 보인다. 산업별로 비교하더라도 어떤 산업은 성장률과 수익성이 높고, 따라서 이들 산업에 속하는 조직체의 임금 수준도 비교적 높다. 그리고 지역에 따라 경제적 환경도 다르므로 지역의 경제사정과 생활비에 따라서 그 지역에 위치한 조직체는 임금 수준에 영향을 받게 된다.

(2) 인력시장

경제적 환경은 취업률과 인력시장구조에 변화를 가져오고, 따라서 임금 수준은 이의 영향을 받는다. 취업률이 높고 인력공급이 부족할 때에는 조직체의 임금 수준은 일반적으로 높은 경향을 보인다. 그리고 특별한 기술(첨단기술, 의료기술 등)을 보유한 인력이나 관리인력에 있어서도 외부의 인력수급상황에 따라 이들 인력을 많이 사용하는 조직체는 비교적 높은 임금 수준을 유지하게 된다. 인력수급은 지역에 따라서도 달라진다. 따라서 인력공급이 부족한 지역에 위치한 조직체는 자연적으로 높은 임금 수준을 유지하게 된다.

(3) 경쟁회사

임금 수준에 실질적으로 가장 큰 영향을 주는 것이 비슷한 경쟁사들이다. 업종이 비슷할수록 똑같은 인력을 대상으로 경쟁하게 되므로 임금 수준에 영향을 미치게 된다. 그러나 경쟁이 심하다고 해서 반드시 임금 수준이 높아지지는 않는다. 경쟁회사들이 많을 경우라도 인력수급에 따라서는 임금 수준이 낮아질 수 있다.

(4) 노동조합

노동조합(labor union)의 목적은 임금과 작업조건 등 조합원의 복지를 향상시키는 데 있다. 따라서 노조가 결성된 조직체의 임금 수준은 노조가 결성되지 않은 조직체에 비하여 임금 수준이 일반적으로 높은 경향을 보인다. 이러한 경향은 노조결성률이 높은 산업일수록 더욱 크게 나타난다.

(5) 법   규

최저임금법이나 정부의 임금가이드라인 등도 조직체의 임금 수준에 영향을 준다. 법령으로 제정된 최저임금법은 경제계획과 경제성장에 따라 최저임금 수준을 조정함으로써 조직체의 임금 수준 결정에 많은 영향을 준다.

2. 조직체의 내적 요소

외부환경요소와 더불어 조직체 내부의 요소들도 임금 수준에 많은 영향을 준다. 중요한 내적 요소들을 요약한다.

(1) 조직체 규모

첫째로 조직체의 규모가 클수록 일반적으로 보다 높은 능률과 지불능력을 의미하고, 따라서 임금 수준이 높아지는 경향이 있다. 조직체 규모와 더불어 조직체의 성숙도도 임금 수준에 영향을 준다. 새로 부상한 조직체는 일반적으로 높은 임금 수준을 유지하는 경향이 있는 반면에, 교육계 등 오랜 역사를 가진 조직체의 임금 수준이 오히려 낮은 경향을 보인다. 이러한 현상은 새로운 조직체일수록 어느 정도의 모험이 뒤따르므로 높은 임금을 지불해야 하고, 오랜 역사와 명성이 높은 조직체의 경우에는 임금 이외의 다른 욕구충족 요소가 작용하고 있기 때문이다.

(2) 생 산 성

조직체의 임금 수준을 결정함에 있어서 상품 및 서비스 시장에서의 경쟁강도가 임금 수준 결정의 제약요건으로서 임금 수준의 상한선을 결정하는 데 중요한 영향을 미치지만, 조직체의 생산성도 임금 수준 결정에 중요한 영향을 준다. 높은 생산성은 낮은 평균생산단가를 뜻하고 이로 인하여 그 만큼 임금 수준을 높일 여지를 키워준다. 높은 생산성을 달성하는 기업들이 높은 임금 수준을 유지함으로써 좋은 자질의 사람들을 뽑고, 조직구성원들의 사기와 일에 대한 의욕도 높임으로써 더욱 더 높은 생산성을 유지하는 선순환을 확립할 때 그 조직체는 경쟁력 우위를 확보하고 지속해 나가는 데 유리한 위치를 점할 수 있게 된다(Yellen, 1984).

(3) 경영이념과 정책

마지막으로 조직체의 임금 수준은 경영이념과 임금정책의 영향을 받는다. 따라서 어느 조직체는 전통적으로 높은 임금 수준을 유지하는 반면에, 또 어느 조직체는 비교적 낮은 임금 수준을 유지하고 있다. 고임금정책은 우수한 인력을 유치하고 그들의 동기유발을 통하여 높은 성과를 지향하는 접근방법이다. 고임금정책은 대체로 구성원들에게 최선의 대우를 제공하려는 경영이념에 의거하지만, 조직체의 높은 성과도 이를 가능케 하는 실질적인 요소로 작용한다. 저임금정책은 필요한 인력을 확보하고 유지하는 데 있어서 가능한 한 최저의 임금을 지불하는 접근방법으로서 재정상태가 좋지 않거나 구성원들에게 경제적 욕구충족 이외에 다른 욕구를 충족시켜 줄 수 있는 이점을 가지고 있는 조직체에서 흔히 적용된다. 그리고 경쟁임금정책은 가장 보편적으로 적용되는 임금관리로서 다른 유사한 조직체와 대등한 수준의 임금을 지불하는 접근방법이다.

③. 임금조사

이와 같이 조직체의 임금 수준은 여러 가지의 내외적 환경요소에 의하여 결정된다. 이들 요소 중에서도 특히 다른 유사한 조직체나 경쟁업체의 임금자료는 임금 수준 결정에 매우 중요한 정보자료로 활용된다. 외부의 유사한 조직체(업종, 규모, 지역 등)들로부터 임금 수준과 임금률 그리고 임금구조결정에 필요한 정보자료를 수집하는 과정을 임금조사(wage survey)라고 부른다. 임금조사의 절차를 간단히 설명한다.

(1) 임금조사방법

임금조사는 면접, 전화면접 그리고 설문조사에 의하여 실시된다. 면접은 정확한 임금 정보를 수집할 수 있는 것이 장점이지만 시간과 비용이 많이 투입되고, 설문서방법은 경제적인 장점은 있으나 설문대상 조직체의 유사성에 따라서 수집된 정보자료의 정확성에 많은 영향을 받는다. 그리고 설문서를 사용하는 경우에는 조사대상 조직체를 선정하는 문제가 매우 중요하다(Rynes & Milkovich, 1986).

(2) 기준직무

조직체규모가 크고 직무가 다양한 경우에는 모든 직무를 임금조사에 포함하여 조사할 수 없다. 따라서 제한된 수의 직무를 선정하여 조사대상으로 사용해야 한다. 이와 같이 임금조사에 선정된 직무들을 기준직무(key jobs)라고 부른다. 기준직무는 다음 두 가지의 조건을 잘 충족시킬수록 그 가치가 높아진다. 하나는 직무명칭이나 내용으로 보아 일반성(대표성)과 표준화 정도가 높아야 하고, 또 하나는 임금률을 결정하는 데 있어서도 다른 직무들에게 벤치마크가 될 수 있어야 한다(Schwab, 1980). 임금조사에 포함되는 기준직무의 수는 20개를 넘지 않는 것이 일반적이다.

(3) 임금조사 내용

〈표 9-3〉에서 보는 바와 같이 임금조사는 기준직무의 기본임금과 임금의 폭, 상여금과 복리후생비, 지급방법, 근무시간과 휴가일수 등 임금과 임금정책 그리고 지불방법에 관한 상세한 항목으로 구성되어 있다. 임금조사자료가 임금 수준과 임금률 그리고 임금구조 결정에 어떻게 사용되는지는 다음 절에서 설명한다.

■ ■표 9-3　**임금조사표** - 예시

회사명:　　　　　　주소:　　　　　업 종:
작성자:　　　　　　직위:　　　　　작성일:

	생산직	사무직	기술직	판매직
1. 구성원수:				
2. 최저임금:				
3. 근로시간수: 일주당				
일년당				
4. 기본임금을 기준으로 다음 교대와 작업에 지불되는 임금의 비율은?				
오후교대	%	%	%	%
야간교대	%	%	%	%
일요일작업	%	%	%	%
휴일작업	%	%	%	%
5. 성과급을 사용하는 경우 그 형태는?				
6. 기본급을 기준으로 성과급의 평균비율은?	%	%	%	%
7. 기본급을 기준으로 복리후생비의 평균 비율은?	%	%	%	%
8. 여름 휴가일수는?: 5년 미만 근로자				
6~10년 근로자				
10~15년 근로자				
15년 이상 근로자				
9. 연간 휴가일수는?				
10. 복리후생 명세: 의료보험				
재해보험				
퇴직금				
주택혜택				
기타				

11. 기준직무에 관한 임금정보

기준직무명	최저임금	최고임금	평균임금	구성원수	평균근속년수
＿＿＿	＿＿＿	＿＿＿	＿＿＿	＿＿＿	＿＿＿
＿＿＿	＿＿＿	＿＿＿	＿＿＿	＿＿＿	＿＿＿
＿＿＿	＿＿＿	＿＿＿	＿＿＿	＿＿＿	＿＿＿

(이상 기준직무의 직무기술서를 첨부해 주십시오)

직무평가와 임금구조

조직체의 전반적인 임금 수준과 더불어 각 직무의 임금도 결정되어야 하고, 이들 직무의 임금은 상호 간에 공정한 관계를 형성해야 한다. 따라서 임금 수준은 외부와의 공정성을 유지해야 하는 데 비하여 내부의 임금구조는 직무 상호 간의 공정성을 유지해야 한다. 그리고 외부 조직체의 임금자료는 임금조사에 의하여 수집되는 데 비하여 내부의 임금구조는 직무평가에 의하여 형성된다.

1. 직무평가의 목적과 과정

직무평가(job evaluation)는 직무별 임금을 결정하기 위하여 직무의 상대적 가치를 비교·분석하는 공식적이고 체계적인 평가과정이다. 다시 말해서 직무평가는 직무내용을 중심으로 일정한 기준에 의하여 직무가 조직체 목적달성에 기여하는 정도를 평가하여 이를 기준으로 임금을 결정하는 과정이다. 그러므로 직무평가는 제5장에서 설명한 직무분석 자료, 즉 직무기술서와 직무명세서 등을 많이 활용하게 된다.

(1) 직무평가의 목적

직무평가의 구체적인 목적은 첫째로 조직체내 직무별 기본임금이 공정한 임금구조를 갖도록 공정하고 합리적인 기반을 마련하는 것이고, 둘째는 직무와 내용이 변한 직무에 대하여 새로운 임금을 설정할 수 있는 체계적이고 일관성 있는 방법을 제공하는 것이다. 그리고 세 번째 목적은 조직구성원들에게 임금결정에 관한 정보자료를 제공하고 임금에 관한 고충처리에도 유효한 문제해결의 틀을 제공하는 것이다.

(2) 직무평가의 단계적 과정

직무평가에는 여러 가지 방법이 있다. 그러나 어떤 방법을 사용하든지간에 직무평가과정은 근본적으로 다음 몇 가지의 중요 단계로 구성되어 있다(〈그림 9-4〉 참조).

① **직무분석**: 직무내용 및 자격요건에 관한 정보수집(제5장 제1절 참조)
② **보상요소의 선정**: 직무를 평가하는 기준의 선정

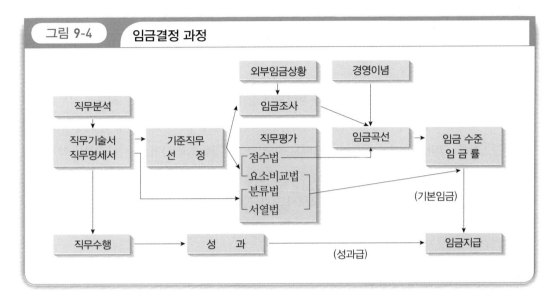

그림 9-4 임금결정 과정

③ 직무평가방법의 적용: 서열법, 분류법, 그리고 점수법 등 구체적인 직무평가방법의
　적용
④ 임금의 설정

2. 보상요소의 선정

보상요소(compensable factors)란 직무의 보상가치를 평가하는 데 있어서 조직체 관점
에서 기여도에 대한 경제적 대가로 보상대상이 되는 직무요소를 말한다. 따라서 보상요소
는 직무의 가치와 임금결정에 결정적인 역할을 한다. 그러나 직무평가에서 보편적으로 사
용될 수 있는 통일된 보상요소는 없으며, 따라서 조직체는 각기 가장 적합한 보상요소를 선
정하게 된다. 어느 조직체에서도 사용될 수 있는 가장 이상적인 보상요소를 개발하려는 노
력이 과거에 많이 있었으나 성공을 거두지 못하였고, 따라서 조직체 상황과 조직체 방침에
따라서 각기의 보상요소를 선정하게 된다.

그러나 다른 조직체에서 적용되고 있는 보상요소는 보상요소 선정에 많은 참고가 될
수 있다. 여러 산업단체와 협회에서 종합한 자료에 의하면 보상요소는 주로 숙련도와 노력
그리고 책임과 직무조건 등 네 가지 요소에 집중되어 있다. 노력은 정신적 노력과 육체적
노력으로 구분하여 모두 다섯 가지의 보상요소로 사용하는 경우도 많이 있다. 보상요소의

적정 수에 대하여 많은 연구가 있지만, 대체로 직무평가의 정확성은 보상요소의 수에 비례하지 않고 오히려 몇 개의 잘 설정된 보상요소가 가장 유효하다는 것이 일반적인 인식이다 (Risher, 1989).

이들 보상요소에는 가중치가 부여되어 상대적 중요성이 평가된다. 시간제 직무에서는 대체로 숙련도가 가장 큰 비중을 차지하고, 숙련도 중에서도 경험이 가장 큰 가중치를 차지한다. 그리고 월급제 직무의 경우에도 숙련도(특히 경험과 교육)가 높은 가중치를 차지하는 것이 일반적이다. 보상요소와 가중치를 결정할 때에는 조직체의 보상전략을 반영함은 물론 관련 구성원들의 의견도 반영함으로써 보다 전략적이고 현실적인 보상요소를 설정할 필요가 있다.

③. 직무평가방법

보상요소가 선정되고 가중치가 결정된 다음에는 보상요소 체계에 따라서 직무의 가치를 평가하게 된다. 직무의 가치를 비교·분석하는 데에는 서열법, 분류법, 요소비교법, 그리고 점수법 등 네 가지 방법이 사용될 수 있다. 먼저 서열법과 분류법 그리고 요소비교법을 간단히 설명한 다음에 점수법을 자세히 설명한다.

(1) 서 열 법

서열법(ranking method)은 가장 간단하고 사용하기도 쉬운 방법으로서, 보상요소를 기준으로 직무의 가치를 비교하여 직무들을 평가된 가치의 순서대로 서열을 정하고 이에 따라서 임금을 정하는 방법이다. 직무 간의 상대적인 가치를 보다 정확하게 비교하기 위하여 쌍대비교법(paired comparison method)을 사용할 수도 있다. 서열법은 간단하기는 하지만 직무의 수가 늘어나면 정확한 비교가 어려워지므로 다른 방법을 사용하지 않으면 안 된다.

(2) 분 류 법

분류법(classification method)도 비교적 간단한 직무평가방법으로서 직무기술서와 직무명세서를 사용하여 직무를 생산직, 사무직, 기술직, 판매직 등 중요 직종으로 분류한 다음에 보상요소를 중심으로 등급을 설정하여 등급기술서를 작성한다. 등급기술서는 보상요소를 중심으로 작성되며, 각 직무는 등급기술서에 의하여 분석되어 적합한 등급에 분류된다. 분류법은 주로 공공기관, 학교, 서비스 조직체 등 등급분류가 용이한 사무, 기술, 관리직에 많이 적용되며, 등급 수는 5~15개가 적절한 것으로 인식되고 있다.

(3) 요소비교법

서열법과 분류법은 비계량적 방법인 만큼, 직무의 가치를 평가하는 데 있어서 평가자나 평가위원회의 주관적인 판단이 많이 작용하게 된다. 요소비교법(factor comparison method)과 점수법은 계량적 방법으로서 보상요소 체계를 중심으로 직무의 가치를 보다 정확하게 평가할 수 있다. 요소비교법은 20개 이내의 기준직무를 선정한 다음 보상요소에 따라 기준직무를 비교하여 서열을 정하고(〈표 9 - 4〉 참조), 기준직무의 현재 임금을 보상요소별로 할당하여 이를 직무평가기준표(job comparison scale)에 기재한다(〈표 9 - 5〉 참조).

기준직무의 요소별 임금을 직무평가기준표에 옮긴 다음, 일반 직무들을 요소별로 기준직무와 비교하여 적절한 임금란에 기재한다. 모든 직무가 기준직무와 비교·분석되어 직무평가기준표가 완성되면 일반직무의 임금은 요소별 임금을 합하여 계산할 수 있다. 요소비교법은 요소별 비교를 통하여 직무의 임금을 계량적으로 정확하게 결정할 수 있으나, 요소별 비교가 사실상 어려울 뿐 아니라, 직무의 수가 많은 경우에 비교과정이 매우 복잡해지므로 그 활용도가 제한된다. 직무평가의 또 한 가지 방법은 점수법이다. 점수법은 직무의 가치를 가장 체계적으로 평가하는 방법인 만큼, 다음 부분에서 좀 더 자세히 설명한다.

■■■표 9 - 4 **요소비교법의 금액배분표** - 예시

직무기준	보상요소 임금(천원)	정신적 노 력	숙 련	육체적 노 력	책 임	작업조건
A	1,016	(1) 452	(6) 156	(9) 60	(1) 300	(9) 48
B	1,012	(2) 380	(3) 184	(5) 132	(2) 240	(5) 76
C	984	(3) 360	(4) 180	(4) 156	(3) 204	(4) 84
D	768	(4) 340	(5) 176	(8) 72	(5) 120	(7) 60
E	764	(5) 232	(7) 84	(3) 240	(4) 74	(6) 64
F	744	(6) 200	(1) 276	(7) 96	(7) 60	(2) 112
G	672	(7) 180	(2) 260	(6) 108	(6) 72	(8) 52
H	652	(8) 160	(9) 64	(1) 184	(8) 36	(3) 108
I	604	(9) 120	(8) 72	(2) 164	(9) 24	(1) 124

( )는 평가요소별 서열순위.

■■표 9-5   **요소비교법의 직무평가기준표** - 예시

평가요소 / 임금(천원)	정신적 노력	숙 련	육체적 노력	책 임	작업조건
480	A				
440	Ⓚ				
400	B				
360	C				
320	D			A	
280	Ⓙ	F	Ⓜ	Ⓜ B	
240	E	G	H I E	Ⓚ	Ⓙ
200	F G H	Ⓚ	Ⓛ	Ⓒ Ⓙ	Ⓚ
160	Ⓜ	B, Ⓒ, D	Ⓚ C	E	Ⓛ
120	I	A	B G F	D Ⓛ G	I F H C B
100		Ⓜ	D A	F	A, D, E, G
80	Ⓛ	E I H	Ⓙ	H I	
40					
0		L			Ⓜ

○ 비기준직무.

4. 점 수 법

직무평가방법 중에서 비교적 많이 사용되고 있는 것이 점수법(point method)이다. 미국과 영국 기업의 반 이상이 점수법을 사용하고 있는 것으로 추정되고 있다. 점수법은 직무평가방법 중에서 가장 체계적이고 또 사용하기도 비교적 쉽기 때문에 널리 사용되고 있다. 점수법의 직무평가절차를 요약한다.

(1) 직종과 직무평가 단위의 형성

직무기술서와 직무명세를 중심으로 각 직무를 주요 직종으로 분류하고, 평가될 직무의 범위와 구성단위를 정한다.

(2) 보상요소의 선정과 가중치 배정

보상요소를 선정하고 이들 요소를 명확히 기술한다. 그리고 각 요소를 4~6개의 단계

■■■표 9-6 **직무평가 기준표** - 예시

평가요소		단 계				
		I	II	III	IV	V
숙 련 (250점)	지 식	14	28	42	56	70
	경 험	22	44	66	88	110
	솔 선 력	14	28	42	56	70
노 력 (75점)	육체적 노력	10	20	30	40	50
	정신적 노력	5	10	15	20	25
책 임 (100점)	기기 또는 공정	5	10	15	20	25
	자재 또는 제품	5	10	15	20	25
	타인의 안전	5	10	15	20	25
	타인의 직무수행	5	10	15	20	25
직무조건 (75점)	작업조건	10	20	30	40	50
	위 험 성	5	10	15	20	25

로 구분하고, 각 단계도 명확히 기술한다. 각 보상요소에 가중치를 배정하고, 주어진 가중치 한도 내에서 각 단계에도 가중치를 할당한다. 보상요소와 단계 그리고 이에 배분된 가중치는 직무평가의 기준체계를 구성하고, 이를 종합하여 직무평가 메뉴얼과 직무평가 기준표(〈표 9-6〉 참조)를 작성한다.

(3) 직무가치의 평가

직무기술서와 직무명세서를 자세히 분석하여 보상요소별로 각 직무의 가치를 평가한다. 직무평가메뉴얼과 직무평가기준표를 사용하여 각 직무에 해당하는 요소별 평가점수를 배정하고, 이를 합하여 각 직무의 총점수를 계산한다.

(4) 임금곡선표의 작성

직무의 가치를 평가한 점수는 임금곡선표로 이어진다. 먼저 기준직무의 평가점수와 임금조사에서 수집된 외부 조직체에서의 임금을 중심으로 산포도를 작성하여 회귀선(regression line)을 찾아낸다. 그 다음 모든 직무의 평가점수와 현재의 임금을 중심으로 산포도를 작성하고, 기준직무에 대한 외부 조직체의 임금(임금조사자료)과 임금 수준에 대한 조직체의 기본전략 및 정책(고임금, 저임금, 경쟁임금 등)을 감안하여 최고 임금 수준과 최저 임금

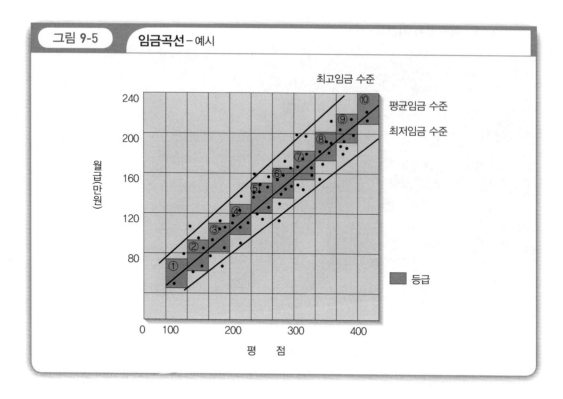

그림 9-5   임금곡선 – 예시

수준을 임금곡선으로 나타낸다(〈그림 9-5〉 참조).

(5) 임금분류, 폭, 등급의 설정

이와 같이 설정된 세 개의 임금곡선을 중심으로 임금의 밀집성을 발견하여 주요 임금 구분(wage classification)을 찾아내고 직무마다 임금폭(wage range)을 결정하며, 여러 직무를 묶어 임금의 등급(wage grades)을 설정한다(〈그림 9-5〉 참조).

(6) 구성원 임금의 결정

이와 같이 설정된 임금은 조직구성원 각자의 직무평점과 구성원 개인의 기술과 경험을 감안하여 각 개인의 최종적인 임금결정으로 이어진다. 그러나 개인의 직무평점과 현재의 임금 그리고 새로 설정된 임금체계에서의 임금은 서로 일치되지 않을 때가 많고, 따라서 새로운 임금결정은 매우 고민스러운 과정을 거치게 된다. 현재의 임금이 새로 설정된 임금보다 낮은 것을 상향조정하는 데에는 문제가 없으나, 그 반대로 하향조정을 해야 하는 경우에는 여러 가지 문제를 겪게 된다.

특히 최고 수준보다 높은 임금을 받는 사람들에게는 해결방안이 간단하지 않다. 이러한 경우에는 현재의 임금을 계속 지불하고 과업을 추가시킬 수도 있다. 그러나 더 합리적인 방법은 현재의 임금이 새로 설정된 임금 폭 범위에 들어올 때까지 임금 인상을 적용하지 않거나, 승진 또는 전직 시기까지 기다려서 그 때 그들을 새로운 직무로 전환시키는 것이다. 이와 같이 예외적인 문제는 상황에 따라서 개별적으로 해결해 나가면서 임금의 하향조정은 되도록 피하는 것이 일반적이다. 이와 같은 접근방법은 경쟁적 임금지불 관점에서 내부의 직무평가점수보다는 외부 임금조사자료에 더 비중을 둔다는 것을 의미한다(Levine, 1992).

점수법에 의하여 형성된 임금구조는 임금관리의 몇 가지 중요한 목적을 달성할 수 있다. 첫째는 임금조사자료를 통하여 외부조직체와의 임금균형을 달성할 수 있고, 둘째는 직무평가를 통하여 내부의 임금균형을 달성할 수 있으며, 셋째는 임금 수준에 대한 최고경영층의 임금전략과 정책도 임금곡선에 반영할 수 있다. 따라서 경영이념을 기반으로 내외적으로 균형있는 공정한 임금구조를 설계할 수 있다. 이러한 이점 때문에 점수법이 직무평가에 가장 많이 사용되고 있다.

5. 직무평가의 신뢰성

이들 네 가지의 직무평가방법 중에서 어느 방법이 가장 효과적인지에 대해서는 많은 연구가 실시되지 않았고, 따라서 어느 직무평가방법이 가장 효과적인지에 대해서는 정확한 결론을 내리기가 어렵다. 평가자 간의 전반적인 일관성은 일반적으로 0.90 이상의 높은 신뢰도를 보이고 있지만, 요소별 평가에 있어서는 이와 같이 높은 신뢰도를 보이고 있지 않다. 대체로 숙련도와 작업조건에 대한 신뢰도는 비교적 높지만, 리더십이나 관리행동 등 추상적인 평가요소에 대해서는 낮은 신뢰도를 보인다. 따라서 직무평가의 신뢰성은 방법 자체보다는 방법에서 적용되는 보상요소를 얼마나 잘 분류하고 정확하게 기술하느냐에 달렸다고 할 수 있다(Milkovich & Newman, 2008).

그리고 직무평가과정에서 평가자의 역할도 직무평가의 신뢰도에 크게 작용한다. 즉, 직무내용을 잘 알수록 여기에 평가자의 편견이 작용하지만, 이 편견이 직무를 후하게 또는 박하게 평가하는지는 분명치 않다. 그러므로 이러한 편견을 배제하기 위하여 위원회를 구성하여 여러 평가자의 공동판단에 의하여 직무를 평가하고 실무구성원들의 의견도 감안하며, 특히 노조가 결성된 경우에는 노조의 협조 내지는 참여를 구하는 것이 성공적인 직무평가에 매우 중요한 요건이 된다. 이와 같이 직무평가는 과학적이고 계량적인 기계적 분석과 정이 아니라 보상요소와 가중치 등 질적 판단에 의한 체계적인 분석과정이므로 평가과정을 체계적으로 구조화하고 전문 평가자들을 중심으로 여러 실질적인 견해와 판단을 잘 종합함으로써 보다 현실적이고 효과적인 직무평가를 가능케 할 수 있다.

제 4 절 임금지급방법

효과적인 보상시스템은 적절하고 공정한 임금, 안정되고 균형있는 임금, 그리고 타당하고 동기부여적인 임금 등 여러 가지 요건을 갖추어야 한다. 지금까지 우리는 임금 수준과 임금구조를 통하여 적절하고 공정한 임금에 관하여 연구하였다. 이제 우리는 안정되고 균형있는 임금 그리고 동기부여적 임금 등 효과적 보상시스템의 나머지 요건들을 살펴본다.

안정된 임금은 임금에 큰 변동이 없음을 의미하고 동기부여적 임금은 성과와의 연결성을 의미한다. 그리고 타당한 임금은 조직체 입장에서 볼 때 경제성과 수용가능성을 의미한다. 따라서 이들 요건은 임금의 지급방법과 직접적으로 연결되어 있다. 임금의 균형은 복리후생에 관련된 문제로서 이 요건에 관해서는 다음 절에서 연구하기로 한다.

임금지급방법에는 여러 가지가 있고 방법마다 장단점이 있으며, 따라서 각기 효과적인 보상시스템 요건을 부분적으로나마 충족시켜 줄 수 있다. 임금지급방법은 시간급과 성과급의 두 종류로 크게 분류된다. 조직체에서 흔히 적용되고 있는 임금지급방법들을 간단히 살펴본다.

1. 시 간 급

시간급은 가장 널리 사용되고 있는 임금지급방법으로서 성과에 관계없이 일한 시간에 따라서 임금을 지급하는 방법이다. 지급시간 기준을 시간, 일, 주, 월, 그리고 연간 등 여러 단위를 사용함에 따라서 시간제, 일급제, 주급제, 월급제, 그리고 연봉제[1] 등 여러 형태로

---

1) 여기서 '연봉제'는 단순히 연당 임금(annual salary)을 의미한다. 근래에 우리나라에서 많이 거론되고 있는 성과급의 성격을 가진 연봉제에 관해서는 본 절 후반부에서 자세히 설명한다.

임금이 지급된다. 하위계층의 직무일수록 임금은 시급, 일급 그리고 주급의 형태로 지급되고, 상위계층의 직무일수록 월급제와 연봉제의 형태로 임금이 지급된다.

(1) 시간급의 장단점

시간급제의 가장 중요한 장점은 작업량에 관계없이 조직구성원들에게 안정된 임금을 지불한다는 것과 임금계산이 간단하므로 실질적으로 사용하기가 편리하고 쉽다는 것이다. 그러나 전통적으로 시간급제는 성과급제에 비하여 성과와 직접적인 연결성이 없어서 동기부여에 기여하지 않는다는 것이 중요한 단점으로 제기되고 왔다. 행동수정과 작동적 조건화(operant conditioning) 관점에서도 시간급은 고정간격법(fixed interval schedule)을 사용함으로써 행동강화 측면에서 가장 비효율적인 것으로 인식되고 있다.[2] 그리고 특히 월급제나 연봉제의 경우에는 작업량에 작업시간을 신축적으로 적용할 수 없으므로 고정비용이 높고 따라서 경제성이 없다는 것도 단점으로 지적되고 있다.

(2) 생산직에서의 시간급 적용추세

그러나 IBM, Texas Instrument, Polaroid, Gillette, Black & Decker 등 선진국의 기업체들이 원래 시급제로 지급하던 생산직 근로자들에게 월급제로 변경한 결과, 이들 근로자들과 조직체와의 통합이 더 잘 이루어지고 이직률과 결근율도 대체적으로 낮아짐으로써 실제 성과에 있어서 좋은 결과를 거둔 경험이 있다. 따라서 조직체가 일반적으로 안정된 경우에는 월급제와 같은 시간급제도 경제적으로 단점이 되지 않고 오히려 성과면에서도 긍정적인 결과를 가져올 수 있다는 것을 암시해 준다.

우리나라에서도 근래에 생산직 근로자들에게 월급제를 적용하는 기업체들이 급격히 증가하고 있다. 한국경영자총협회의 연구조사결과에 의하면, 30대 기업그룹의 과반수가 생산직 근로자들에게 월급제를 이미 적용하고 있고, 나머지도 상당수가 월급제의 도입을 검토 또는 계획하고 있다. 이와 같이 우리나라 기업에서 생산직에 월급제의 적용이 확산되고 있는 데에는 경영혁신과 관련된 신인사제도의 일환으로 생산직과 관리직 간의 단일호봉제의 도입과 노조의 강력한 요구가 중요요인으로 작용하고 있다.

---

2) 행동수정, 작동적 조건화, 고정간격법, 변동간격법에 관하여는 이학종·박헌준(2004), 132~149면 참조.

② 개인성과급제

일한 성과에 따라서 임금을 차등 지급하는 방법을 성과급제라고 부른다. 성과급제에는 여러 가지 형태가 있는데 크게 개인성과급제와 집단성과급제 그리고 조직체성과급제의 세 가지로 분류할 수 있다. 이들을 간단히 설명한다. 먼저 개인성과급제와 집단성과급제를 간단히 설명하고, 이어 대표적인 조직체성과급제로 이윤배분제도를 설명한다.

개인성과급제는 구성원 개인의 성과에 따라서 임금을 지불하는 보상방법으로서, 성과급제도로는 가장 오랫동안 사용된 임금형태이다. 개인성과급제에는 성과급률의 적용에 따라서 다음의 몇 가지 형태가 있다(〈그림 9-6〉 참조).

① **단순성과급제**(straight piecework): 성과(생산량, 판매량 등)에 기본임금률을 적용하며 성과에 정비례하여 임금을 지불하는 방법이다.

② **차등성과급제**(differential piece rate plan): 테일러(F. Taylor)가 적용한 성과급제로서 표준량까지는 일정한 성과급률을 적용하고 표준량을 초과하면 높은 성과급률을 적용하는 방법이다.

③ **할증성과급제**(premium piecework): 표준량까지는 기본 시간급을 지불하고 표준 초과량에 대하여 성과급률을 적용하는 방법이다.

대부분의 연구결과는 개인성과급제가 실제로 성과를 높이는 데 기여한다는 것을 입증하고 있지만, 또 일부 연구는 불확실한 결과를 보이고 있다. 그리고 일부 연구결과는 개인

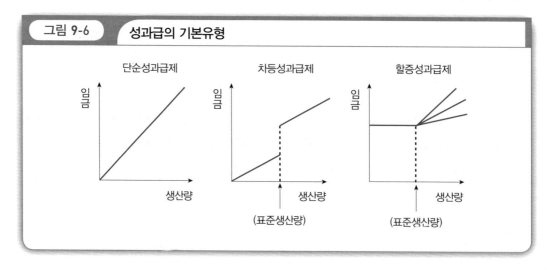

그림 9-6 성과급의 기본유형

성과급제의 효과는 개인의 동기와 인지 등 개인의 특성에 따라서 실제 효과가 다르다는 것을 강조하고 있다. 개인의 특성과 더불어 개인성과급제가 그 기능을 성공적으로 발휘하려면 다음의 몇 가지 요건이 갖추어져야 한다(Patton, 1972; Watkins, 1973; Fein, 1973; Nash & Carroll, 1975).

① **직무설계**: 직무내용이 지루하지 않고, 구성원이 흥미를 느끼도록 설계되어야 한다. 그리고 직무성과에 있어서 품질이 그리 중요하지 않고, 직무수행에 있어서도 구성원에게 어느 정도의 자율성이 부여되어야 한다.
② **지급수준**: 표준량과 성과급률이 잘 책정되어 보상 수준이 구성원의 동기를 유인할 수 있어야 한다.
③ **관리층의 협조**: 성과급제를 설계하고 이를 유지하는 데 있어서 경영층이 적극 참여·협조하여 성과급제에 대한 구성원들의 관심을 강화시켜야 한다.

그러나 근래에 와서 조직체의 직무환경은 점점 기계화·자동화되고, 직무 자체는 더욱 분권화·전문화되면서 직무 간의 상호의존성이 더욱 높아졌다. 그리하여 조직구성원의 성과는 그의 개인적인 동기유발보다는 전체 공정이나 작업시스템에 의하여 조정되고, 개인의 성과도 전체적인 성과로부터 분리하기가 점점 어려워졌다. 이러한 직무환경의 변화는 개인성과급제의 효력을 제한시키고 집단성과급제의 중요성을 증가시키는 결과를 가져왔다.

③. 집단성과급제: 이득공유제도

집단성과급제는 제한된 인원으로 구성된 작업집단(팀, 부서, 작업장, 사업부 등)을 단위로 기준성과 대비 그들의 실제성과를 측정하고 이를 기준으로 성과급을 지불하는 방법이다. 이득배분제(gainsharing)가 대표적인 집단성과급제도인데, 이미 제7장에서 설명한 스캔론제도(Scanlon plan), 럭커제도(Ruscker plan), 임프로쉐어(ImproShare)제도 등이 이 범주에 해당한다.

집단성과급제는 개인성과급제에 비하여 여러 가지 장점이 있다. 첫째로 앞에서 설명한 바와 같이 직무환경상 개인별 성과측정이 어려워서 성과급을 적용하려면 작업집단 전체를 한 단위로 하지 않으면 안 되는 경우가 많이 있다. 따라서 이러한 상황에서는 집단성과급제를 사용할 수밖에 없고, 작업집단의 전체성과에 따라서 성과급 또는 보너스와 같은 형태의 상여금이 지불됨으로써 작업집단 구성원의 동기부여에 기여할 수 있다(McShulskis, 1996; Tully, 1993). 그뿐 아니라, 집단성과급제는 구성원들 간의 상호협조와 상호 간의 압력을 통하여 동기부여적 집단분위기를 조성할 수도 있으며(Prichard et al., 1989; Nickel & O'Neal, 1990), 조직구성원들의 이익과 조직체의 이익을 연계시킴으로써 조직구성원들로 하여금 조직체의 이익에 기여하는 방식으로 일하도록 촉진하는 장점이 있다.

특히 일관조립라인과 같이 생산량이 기계화된 작업라인에 의하여 조정되는 경우에는 개인보다는 전체 작업집단을 중심으로 성과급제를 적용하는 것이 합당한 것은 물론이다. 그뿐 아니라, 같은 조립라인에서 같이 작업을 하는 집단구성원들 간의 직무와 임금률의 차이에 대한 불평도 집단성과급제를 적용함으로써 크게 감소시킬 수 있다.

그러나 이러한 장점에 반하여 집단성과급제는 몇 가지 중요한 단점도 지니고 있다. 첫째로 집단성과급제는 집단구성원들 간에 공동협조를 유도할 수 있는 반면에, 구성원들 사이의 능력과 성과에 큰 차이가 있을 때에는 구성원 각자의 성과와 실제 임금 간의 연결성이 결여됨으로써 공동협조와 집단의 동기부여가 장기적으로 지속되기가 매우 어렵다. 그뿐 아니라, 높은 집단성과를 달성하게 되면 이에 따른 성과급률이나 표준량의 재조정 그리고 직무축소나 감원 등에 대한 구성원들의 불안감도 적지 않아서 이것이 적극적인 동기부여를 저지시키는 요인이 될 수 있다.

집단성과급제의 효과에 관해서는 긍정적 결과들을 보여주는 연구결과들이 발표되었다. 33개의 집단성과급제 사례를 분석한 블락과 팁스에 따르면, 분석대상 사례 중 3분의 2가 성공적이었다고 평가되었으며, 대다수의 사례에서 생산성, 구성원의 태도, 직장생활의 질, 아이디어 및 제안, 노사간 협조, 급여 등이 향상된 것으로 나타났다(Bullock & Tubbs, 1987). 단순성과급제(piecework plan) 형태의 개인성과급제에서 참여적 집단성과급제로 전환한 기업을 제도전환의 전후로 4년에 걸쳐 관찰·분석한 연구에서도 팀워크와 제품의 품질에서 큰 향상이 있었던 것으로 나타났다(Hatcher & Ross, 1991). 그들의 연구결과에 따르면 고충건수가 현저하게 줄었으며, 제품 1,000개당 불량품도 종전 20.93개에서 2.31개로 대폭 감소한 것으로 드러났다. 그 외에도 1981년에서 1988년 사이에 임프로쉐어(Im-proShare)제도를 도입 시행하고 있는 112개의 사업장을 대상으로 연구한 결과에서도 생산성 향상률의 중간값(median)이 첫 해에는 8%, 이어 3년차까지의 누적 생산성 향상률은 17.5%에 이르고, 그 이후에도 그 수준을 유지해 나가는 것으로 나타났다(Kaufman, 1992).

집단성과급제는 작업장에서 직무간의 상호의존성이 높아짐에 따라서 그 적용성이 점차 증가되고 있다. 특히 작업집단의 분임조 활동은 구성원들 간의 상호관계를 증진시킴은 물론 공동성과분배를 통하여 집단성과급제의 적용을 확대시키는 효과를 가져온다. 특히 우리나라 조직체의 구성원들은 상여금배분에 있어서 대체로 개개인의 성과보다는 집단중심의 균등배분을 선호하는 경향이 높고(신유근, 1991), 따라서 우리나라에서 집단성과급제의 적용 및 수용가능성은 매우 높다고 할 수 있다.

④. 조직체성과급제: 이윤배분제도

위에서 설명한 이득배분제 중에서 스캔론제도나 럭커제도는 적용범위를 넓혀 조직체수준에서 적용되기도 하지만, 대표적인 조직체성과급제는 이윤배분제도(profit sharing plan)이다. 이윤배분제도는 전체 조직체의 이윤이 목표기준치를 초과했을 때 해당 이윤초과분을 구성원들에게 상여금 형태로 지불하는 방법이다.

(1) 이윤배분제도의 도입추세

우리나라에서 이윤배분제도는 1988년 이후 많은 조직체에서 도입되어 적용되고 있고, 많은 기업체가 앞으로 성과배분제도의 도입을 검토 또는 계획하고 있다(남성일, 1993; 노동부, 2003). 우리나라에서 이윤배분제도의 전망이 밝은 것은 노사관계가 활성화되어 조직체의 성과와 임금과의 관계가 더욱 밀접한 관계를 맺게 되었기 때문이다. 또한, 경기침체기에 인건비부담을 완화함으로써 위기를 극복하는데 도움이 되는 점도 이윤배분제도의 도입을 증가시키는 요인이라 할 수 있다.

이윤배분제도에서 성과지표는 주로 경제적 부가가치(EVA: economic value added) 혹은 이윤(profit)이 가장 많이 사용된다. 그리고 이윤배분액은 다음과 같이 이윤목표치를 초과한 실제이윤에 배분율을 적용하여 산출된다.

이윤배분액 = (실제이윤 − 목표이윤) × 배분율

이윤배분을 상여금으로 지불하는 경우 상여금의 비율은 이윤배분액을 기본급총액으로 나누어 산출되는데, 이와 같이 계산하는 방법을 연속형(또는 경사형)이라고 부른다. 연속형보다는 덜 정확하게 계산되지만, 90~100% 성과달성에는 보너스 5%, 100~120% 성과달성에는 보너스 7% 등 계단식으로 계산하는 방법을 계단형이라고 부른다. 그리고 성과목

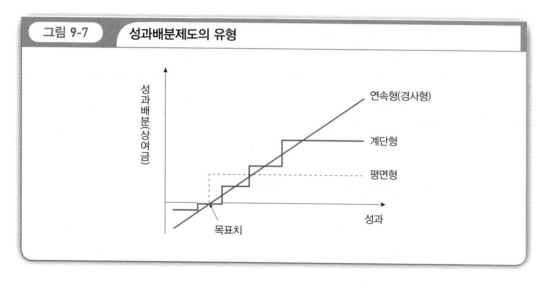

그림 9-7 성과배분제도의 유형

표를 달성하는 경우에 특정 비율의 보너스를 지급하는 단순한 방법을 평면형이라고 부른다
(〈그림 9-7〉 참조). 우리나라 조직체에서는 대체로 평면형과 계단형이 많이 사용되고 있고,
연 1~2회 지급된다.

(2) 이윤배분제도의 효과와 제한점

우리나라 조직체에서의 이윤배분제도는 대체로 생산성향상, 근무집중도의 증가, 잔업
회피태도의 감소, 노사 간 협조적 분위기의 조성, 수월한 임금교섭 등 긍정적인 효과를 가
져온다. 이 중 생산성향상과 노사 간 협조적 분위기의 조성은 매우 중요한 효과라 할 수 있
다. 그리고 이러한 효과는 이윤배분제도를 오랫동안 실시한 조직체일수록 그 효과가 크게
나타나는 경향이 있다.

위와 같은 효과와 더불어 이윤배분제도는 우리나라 조직체에서 몇 가지 중요한 제한
점도 안고 있다. 첫째는 우리나라의 많은 조직체에서 이윤배분제도는 구성원의 경영참여
(제7장 참조)가 결여된 상황에서 적용되고 있고, 따라서 성과향상에 대한 충분한 동기부여
여건을 조성하지 못하고 있다. 둘째로 이윤배분에 대한 정확한 공식을 일관성 있게 적용하
지 않고 상황에 따라 편의적인 방법으로 이윤배분을 하고 있다. 따라서 조직구성원들이 성
과지표를 정확하게 알지 못함으로써 그들의 목표의식과 동기를 충분히 자극하지 못하고 있
다. 그리고 우리나라에서 많이 적용되고 있는 평면형의 이윤배분방식도 성과와의 정확한
연계성이 결여되어 구성원들의 동기부여를 증진하지 못하고 있다. 셋째로 이윤배분액은 배

분율과 이윤목표치를 어느 수준에서 정하느냐에 따라서 많은 영향을 받는다. 따라서 이윤 목표치를 높게 설정하려는 경영층과 이를 낮게 설정하려는 구성원들 사이에 많은 갈등이 발생하여 오히려 노사 간의 불신감과 불화를 야기하는 경우가 많이 있다.

그뿐 아니라 이윤배분액의 산출에 있어서도 노조의 요구, 동기유발의 필요성, 사내유 보의 필요성 등 상충되는 충족조건들이 다양하고 복잡하여 적절한 조화를 이루기가 쉽지 않다. 우리나라 조직체에서 이윤배분제도를 실시한 경험이 부족한 것도 이러한 문제를 더 욱 가중시킨다. 이윤배분제도는 우리나라 조직체에서 생산성향상과 협력적 노사관계에 크 게 기여할 수 있다. 따라서 노사 간의 신뢰와 공동노력으로 조직체상황에 알맞은 이윤배분 제도를 정착시켜 나가는 것은 우리나라 노사관계의 발전에도 큰 도움이 될 것이다.

⑤ 연봉제도

근래에 우리나라 조직체에서 연봉제도에 많은 관심이 모아지면서 연봉제를 도입·실시 하는 조직체가 급격히 증가해 왔다. 연봉제의 도입배경과 연봉제 설계상의 전략적 측면 그 리고 문제점 등을 살펴본다.

(1) 연봉제도의 도입배경

우리나라 조직체에서 연봉제도가 확산되고 있는 이유는 재래식 임금제도가 주로 학력 과 연공에 치중되어 있었고, 상여금은 성과보다는 기본급의 추가급 형태로 지불되어 왔으 며, 각종 수당도 그 종류가 너무나 많고,[3] 특히 많은 기업에서 이를 임금상승의 수단으로 남용하는 경향도 보이는 등, 전체적으로 임금제도에 근본적인 개혁이 요구되었기 때문이 다. 근래에 우리나라의 많은 조직체에서 본격적으로 전개되고 있는 경영혁신운동은 임금제 도에서 구성원의 능력과 성과를 중시하게 되었고, 따라서 연봉제도에 더욱 많은 관심을 갖 게 되었다. 그리하여 1997년에는 연봉제를 도입한 기업체가 3.6%에 불과했지만, 2004년에 는 41.9%로, 2008년에는 57.4%로 크게 증가하였고, 이제는 우리나라 대부분의 주력기업들 이 연봉제를 도입·실시하고 있다. 그러나 우리나라 조직체에서 연봉제는 주로 과장급 이상

---

3) 우리나라의 재래식 임금제도에서 흔히 적용되고 있는 수당은 직무관련 수당으로 직무수당, 직급수당, 능률수당, 기능 기술수당, 자격수당, 직책수당 등을 포함한다. 그리고 생활관련 수당으로 근속수당, 물가수당, 주택수당, 식사수당, 통 근수당, 벽지수당, 가족수당, 체력단련수당 등을 포함하며, 법정수당으로 시간외수당, 야간근로수당, 휴일근로수당, 연월차수당 등을 포함한다.

의 간부직에 적용되고 있고, 연봉제를 전 사원에게 실시하고 있는 조직체는 비교적 드문 상태이다(안희탁, 1999).

(2) 연봉제설계의 전략적 결정

연봉제도는 근본적으로 구성원의 능력과 업무성과 그리고 조직체에 기여하는 정도를 평가하고, 계약에 의하여 연간 보상을 결정하는 능력중심의 임금제도이다. 〈그림 9-8〉에서 보는 바와 같이 연봉제는 재래식 임금제도에서 방만하게 적용되고 있는 각종 수당을 정비하여 이를 기본연봉에 포함시키고 기본급의 형태로 지불되고 있는 상여금(보너스)부분도 기본연봉에 포함시킴으로써 임금제도를 크게 간소화·현실화한다. 그리고 무엇보다도 업적과 능력에 대한 인사고과를 통하여 이를 보상에 반영함으로써 성과와 보상 간의 연계를 시도한다.

재래식 임금제도(〈표 9-1〉 참조)를 연봉제로 전환하는 데에는 보상의 전략적 목적 정립으로부터 보상자료의 정비 그리고 업적·능력의 정확한 평가제도 설계 등 많은 개혁과 변화가 요구된다. 첫째로 연봉제는 전략적 차원에서 업적과 능력중심의 임금제도를 통하여 조직체의 전략목표달성에 기여할 목적으로 도입되어야 한다. 성과와 동기부여 중심의 임금제도에 대한 강한 신념과 커미트먼트 없이 연봉제를 단지 인건비절감의 수단으로 도입하는 경우에는 실패할 가능성이 매우 높다. 연봉제는 사실상 보상총액을 오히려 증가시키는 경우가 많고, 따라서 연봉제의 성공 여부는 구성원들의 동기부여를 통하여 그들의 가치창출과 성과를 얼마나 증대시키느냐에 달렸다.

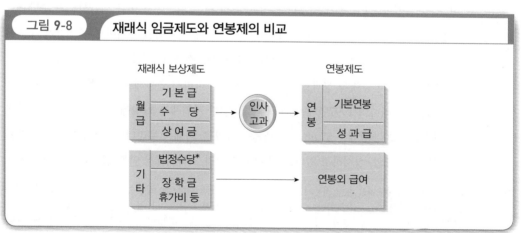

그림 9-8 재래식 임금제도와 연봉제의 비교

* 시간외 수당, 야간근로수당, 휴일근로수당, 연월차수당 등.

둘째로 연봉제에서 성과급의 비중과 성과급분배에 있어서 차등의 규모를 얼마나 크게 설정할지도 연봉제설계의 중요한 전략적 결정이다. 성과급의 비중과 성과급분배의 차등을 크게 설정할수록 보다 뚜렷한 업적과 능력 중심의 보상이 이루어진다. 그러나 차등을 지나치게 크게 할 경우 개인간 제로-섬 경쟁을 심화시키고 팀워크에 부정적 영향을 미침으로써 조직의 문화와 성과에 부정적 영향을 미칠 수 있다(Gratton, 2007; 이민우·양혁승·김현영, 2011) 한편, 업적과 능력의 평가요소 설정과 이를 정확하게 평가할 수 있는 고과방법의 설계도 연봉제의 중요한 전략적 결정사항이며, 구성원에게 고과결과를 피드백해 주고 참여기회를 제공하는 것 또한 성공적인 연봉제운영의 매우 중요한 요건이다.

우리나라 조직체에서 연봉제는 임금제도의 큰 개혁으로서, 재래식 임금제도의 상태에 따라서 구체적인 개선작업이 많이 요구된다. 그러나 연봉제를 도입하는 데 있어서 방만하게 운영되어 온 수많은 수당을 철저히 검토하여 이를 통합·간소화하고, 직군과 직무의 표준화 그리고 경력경로를 재조정하여 조직체 실정에 맞는 새로운 직무·직급체계를 확립하는 것은 연봉제도입에 있어서 많은 조직체에서 공통적으로 요구되는 작업이다. 그리고 연봉제의 적용범위를 결정하고, 구체적인 연봉구조체계의 구축을 위하여 직무와 직위 간의 연계와 직무별 등급을 설정하며, 연봉의 구성요소를 중심으로 연봉을 산정하고 직무별 연봉의

■ ■ 표 9-7 **표준연봉표** – 예시

등 급	표준연봉(단위: 1,000원)		
	기준급*	연 봉	구간 차액
수석컨설턴트 (Senior Consultant) Ⅰ	4,400	79,200	4,800
수석컨설턴트 (Senior Consultant) Ⅱ	4,133	74,400	4,800
수석컨설턴트 (Senior Consultant) Ⅲ	3,866	69,600	7,200
컨설턴트 (Consultant) Ⅰ	3,467	62,400	4,200
컨설턴트 (Consultant) Ⅱ	3,233	58,200	4,200
컨설턴트 (Consultant) Ⅲ	3,000	54,000	6,000
전 문 가 (Specialist) Ⅰ	2,666	48,000	3,600
전 문 가 (Specialist) Ⅱ	2,467	44,400	3,600
전 문 가 (Specialist) Ⅲ	2,267	40,800	4,800
분 석 자 (Analyst) Ⅰ	2,000	36,000	3,000
분 석 자 (Analyst) Ⅱ	1,834	33,000	3,000
분 석 자 (Analyst) Ⅲ	1,667	30,000	초 임

* 연봉의 18등분: '보너스' 600%까지 지불.

범위를 설정하여 표준연봉표(〈표 9-7〉 참조)를 작성하는 것도 연봉제를 설계하는 데 필수적으로 요구되는 작업들이다.

이들 작업의 진행과 그 과정에서의 중요한 결정은 조직체의 경영전략을 반영하면서 상위경영층의 지도하에 이루어진다. 대체로 임금체계와 직무·직급체계를 간소화하고 성과에 따라 연봉 차등이 나타나도록 하는 것이 일반적인 경향이다. 삼성, LG 등 우리나라의 많은 기업체들이 점차적으로 임금 및 직급체계를 간소화하고 지급등급·단계의 수도 줄이면서 성과에 따른 차등의 폭을 넓힘으로써 성과 및 능력 중심의 연봉제를 보다 현실화하는 데 노력해왔다.

(3) 연봉제도의 문제점

우리나라의 임금제도는 전통적으로 학력과 연령 그리고 연공을 기준으로 설계되어 적용되어 왔다. 따라서 이와 같은 전통적 임금제도를 능력과 성과중심의 임금제도로 개선하는 데에는 많은 어려움이 따른다. 첫째로 연봉제가 실시되려면 조직구성원 개개인의 능력과 업적에 대한 객관적이고 공정한 평가가 이루어져야 한다. 앞 장에서 설명한 바와 같이 우리나라 조직체는 일반적으로 인사고과에 많은 문제점을 안고 있다. 따라서 고과요소와 고과기준의 개선, 다원고과, 고과면담을 통한 고과결과의 공개 또는 피드백 등(제8장 제5절 참조) 인사고과의 획기적인 개혁이 없이는 연봉제도의 효율적인 적용이 그 만큼 어려워진다.

둘째로, 학력과 연공서열을 중시하는 고정된 개념에서 능력과 업무성과를 중시하는 가치관으로서의 의식개혁이 이루어져야 한다. 이와 같은 의식개혁을 통한 조직문화의 근본적 변화가 없이는 연봉제가 조직구성원들 간 갈등과 위화감 그리고 불건전한 경쟁을 야기할 위험성이 많고, 나아가서는 그들의 의욕과 동기까지도 저하시키는 결과를 가져올 수 있다. 따라서 우리나라 조직체는 이와 같은 문제점을 감안하여 연봉제의 도입과 더불어, 또는 도입에 앞서서 인사고과시스템의 개선과 직무·보상체계의 정비 등 효율적인 연봉제운영에 필요한 요건을 조성하는 것이 바람직하다. 그리고 조직체의 내부 상황(예, 구성원의 수용도 등)에 따라서 연봉제의 적용범위와 성과급의 비중 및 성과급분배의 차등을 적절히 조정하여 연봉제를 점진적으로 확대·적용해 나가는 것도 연봉제를 성공적으로 도입하는 데 많은 도움이 될 것이다(양혁승, 2003a; Yang & Klaas, 2011).

6. 임금피크제

　　최근 국내 조직체의 임금관리에서 많은 관심이 모아지고 있는 것이 임금피크제이다. 2003년 신용보증기금이 노사합의를 통하여 임금피크제에 해당하는 "보직전환제 및 임금커브제"를 도입한 이래 우리나라의 여러 기업들이 임금피크제에 관심을 갖고 이를 도입했거나 도입할 것을 고려하고 있다. 임금피크제란 근속년수에 따라 임금이 상승하는 연공형 임금제도하에서 정년을 몇 년 앞 둔 시점부터 임금액을 삭감하는 제도이다. 예를 들면, 신용보증기금의 경우 정년을 3년 앞 둔 시점인 55세부터 보직을 일반직에서 업무지원직(예, 채권추심, 소액소송, 경영지도, 신용조사서 감리 등)으로 전환하고, 연차적으로 54세 때 받은 임금(생애 피크임금)의 75%, 55%, 35%를 지급하는 것으로 하며, 정년연령 이후에는 일부 계약직으로 전환이 가능하도록 하고 있다.

　　임금피크제의 취지와 목적을 이해하기 위해서는 연공형 임금제도하에서 생애임금과 생애생산성 간의 관계를 이해하는 것이 필요하다(〈그림 9-9〉 참조). 연공형 임금제도하에서는 장기고용관계를 전제로 일정 시점까지는 조직구성원이 자신의 생산성, 즉 조직체에 대한 자신의 기여도에 못 미치는 수준의 임금을 받지만, 그 시점이 지난 후부터는 자신의 생산성보다 높은 수준의 임금을 받는 것이 일반적이다. 고용관계의 양 당사자로서는 〈그림

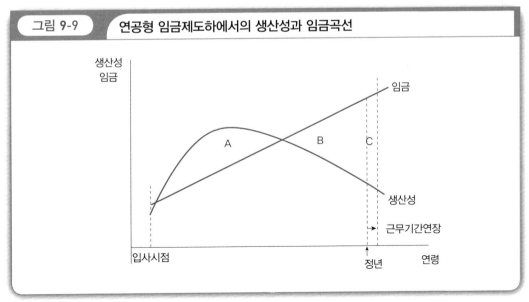

그림 9-9　연공형 임금제도하에서의 생산성과 임금곡선

자료: 대한상공회의소(2003).

9-9)상의 면적 A의 현재가치(present value: 현재가치는 미래 시점에 얻게 되는 현금액을 이자율을 반영하여 현재시점의 화폐가치로 환산한 값을 일컬음)가 면적 B의 현재가치와 같다면 생애임금과 생애생산성 간의 관계를 받아들임으로써 장기고용관계로부터 얻을 수 있는 부가적 혜택을 누릴 수 있다. 조직의 입장에서는 구성원들을 일정시점까지 조직에 머물게 함으로써 구성원들의 이직으로 인한 생산성 손실을 예방할 수 있고, 구성원의 입장에서는 소득수요가 적은 일정시점까지 A에 해당하는 금액을 강제저축의 형태로 조직에 남겨두었다가 소득수요가 높은 고연령기에 B에 해당하는 금액을 되돌려 받음으로써 정년까지의 고용보장과 함께 안정적 소득을 확보하는 혜택을 누릴 수 있게 된다.

이러한 생애임금과 생애생산성 간의 관계유형에 일부 변화를 유발하게 되는 임금피크제가 일본기업들에서 본격적으로 도입되기 시작하게 된 것은 일본사회의 노령화와 깊이 연계되어 있다. 인구고령화에 따른 연금재정의 악화가 예상되는 상황에서 연금지급개시 연령을 65세로 늦춤에 따라 정년(60세) 후 5년 동안 소득보전의 필요성이 제기되었고, 정부의 고령자고용확대정책에 따른 기업의 추가적 인건비 부담을 경감하는 차원에서 임금피크제가 도입되기 시작하였다. 임금피크제를 도입하지 않은 상태에서 정년만을 연장하는 경우 〈그림 9-9〉의 C에 해당하는 만큼의 추가부담을 기업이 떠안게 되기 때문에 정년 전 일정시점을 임금피크 연령으로 설정하여 피크연령 시의 임금을 기준으로 임금피크 연령 이후 잔여

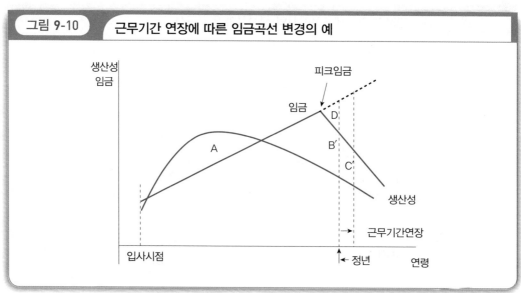

그림 9-10   근무기간 연장에 따른 임금곡선 변경의 예

자료: 대한상공회의소(2003).

기간 동안의 임금액을 삭감함으로써 정년 연장에 따른 인건비 부담을 줄이려는 취지이다.

〈그림 9-10〉에서 C′와 D의 현재가치가 같다면 조직이나 구성원 중 어느 한 쪽에 일방적 불이익을 가져다주는 불합리함은 없을 것이다. 따라서 임금피크제는 조직의 입장에서 볼 때 연공형 임금제도를 유지하면서도 정년 후 근무기간 연장에 따른 기업의 추가적인 인건비부담을 줄일 수 있는 방안으로, 그리고 구성원의 입장에서 볼 때 정년 후 일정시점까지 고용보장과 함께 일정한 소득을 보전 받도록 해 주는 방안으로 이해할 수 있다.

우리나라에서 몇몇 기업들이 도입하고 있는 임금피크제는 일본의 정년연장형 임금피크제와는 달리 정년보장형 임금피크제인 것으로 파악되고 있다. 연공형 임금제도에서 성과주의 임금제도로의 이행과 IMF 외환위기를 전후로 대대적인 구조조정을 겪으면서 전통적인 연공형 임금제도하에서 자신의 생산성을 웃도는 임금을 받던 고연령층은 조기퇴직의 압력을 받게 되었고, 그 과정에서 정년까지의 고용보장을 전제로 정년 전 일정기간 동안 임금 삭감을 받아들이는 방식으로 임금피크제가 도입되었다.

2001년 기준 국내기업들의 약 78.6%가 연공형 임금제도를 유지하고 있었고(한국노동연구원, 2001), 조직 내 인력구성의 고령화 현상이 심화되고 있는 점을 감안하면 상당기간 동안 임금피크제는 어떠한 형태로든 계속 확산될 것으로 예상된다. 더욱이 사회적으로 인구의 고령화가 심화됨에 따라 국민연금기금은 점차 감소되어 갈 것이며, 이와 맞물려 사회정책적으로 고령인구 고용확대정책은 불가피할 것으로 예상되는바, 정년보장형에서 더 나아가 일본의 정년연장형 임금피크제의 도입에 대한 검토도 머지 않아 본격적으로 이루어질 것으로 예상된다. 임금피크제는 기업의 임금 전략적 차원만이 아니라, 인구의 고령화 문제, 국민연금기금 고갈문제, 청년층의 실업문제 등 매우 복합적인 사회·경제적 요인들과 깊이 맞물려 있기 때문에 사회적 수준에서 임금피크제의 바람직한 활용방안에 대한 합의도출이 필요할 것으로 보인다.

⑦. 경영자 보상

임금관리에서 또 한 가지 중요한 부분은 상위계층 경영자에 대한 보상이다. 상위경영자, 특히 최고경영자(CEO)의 보상은 지금까지 설명한 일반 구성원들과 관리자들에 대한 보상과 다른 점이 많기 때문에 별도의 설명이 필요하다. 최고경영자를 포함한 상위계층의 경영자들에게도 물론 지금까지 설명한 임금수준과 임금구조상의 균형 그리고 지급방법 등의 원칙이 적용되는 것이 사실이다. 그러나 특히 최고경영자의 보상은 대기업의 경우 능력(장기성과에 대한 기여)과 인센티브는 물론 주식옵션과 기타 금전적 혜택을 모두 포함한 전체 패키지의 개념이 적용되고 그 액수가 엄청난 규모에 달하는 경우가 많기 때문에 일반구성원과 관리자들의 보상에 비하여 매우 다른 특성을 지닌다.

(1) 상위경영자의 보상요소와 보상 수준

최고경영자와 상위경영자의 보상에 있어서 직무평가 관점에서 어떤 합리적인 보상요소(제3절 참조)를 기준으로 보상수준을 결정해야 하는지는 매우 어려운 문제이다. 특히 최고경영자의 경우에는 기대하는 성과와 능력평가의 기준이 너무나 불분명하여 구체적이고 객관적인 보상요소의 선정조차 거의 불가능하다. 따라서 최고경영자의 보상은 기업의 경우 주로 시장 메커니즘에 의하여 결정되고, 그 결과 최고경영자들 간에 보상의 차이가 심해지는 경향이 있다. 따라서 최고경영자와 일반근로자 간의 임금격차도 심해지는 것은 물론이다. 우리나라 기업에서 최고경영자와 일반근로자 간의 임금격차는 선진국기업에 비하여 아직은 작은 편이지만, 앞으로 세계화에 대응하여 기업경쟁력을 강화해 나가는 과정에서 최고경영자의 보상은 급진적으로 상승할 것이고, 따라서 일반근로자와의 임금격차도 더욱 커질 것으로 예측된다.

최고경영자와 근로자 간의 임금격차는 구성원들의 사기와 신뢰감 그리고 나아가서는 팀워크와 조직효율성에 부정적인 영향을 미칠 수 있고, 따라서 최고경영자와 근로자의 임금격차를 적절한 수준에 고정시켜야 한다는 이론도 있다. 이와 관련하여 드러커(Drucker)는 20:1 정도를 적정비율로 제시하고 있다(Anthony et al., 1999). 그러나 선진국의 많은 초우수기업에서는 이와 같은 이론이 실현되지 않고 있고, 오히려 임금격차가 적은 공공조직에서 조직의 비효율성 문제가 더 많이 제기되고 있다. 따라서 최고경영자의 보상 수준을 보상요소나 임금격차비율 등의 기준에 의해서만 설정할 수는 없다.

(2) 주식옵션과 금전적 혜택

최고경영자의 보상은 기본임금이나 성과배분보다는 주로 주식옵션(stock option) 때문에 엄청난 액수에 달할 수 있다. 2003년 미국기업에서 최고보상을 받은 CEO 20명의 평균보상은 4,654만 달러(약 550억원)이었고, 그 중 주식옵션을 제외한 연봉은 770민 달러(약 90억원)로서(Business week, April 19, 2004) 일반 구성원 평균연봉의 220배에 달하였다. 한편, 최고연봉을 받는 우리나라 20대기업 등기이사의 평균연봉은 9억 6,000만원이었고, 그 중 연봉 수준이 가장 높은 기업체의 등기이사의 평균연봉은 58억원으로서 일반구성원 평균연봉(4,900만원)의 119배에 달하였다.

주식옵션(또는 주식매입 선택권)이란 근본적으로 조직체 임직원이 일정한 가격으로 일정량의 자사주식을 구입할 수 있는 권리를 말한다. 임직원은 회사가 주식옵션을 제공할 때 결정한 행사가격으로 정해진 기간에 주식을 취득한 후 주식을 팔아 시세차익을 얻을 수 있다. 주식옵션은 기업의 가치가 높이 올라갈수록 임직원에게 더 많은 금전적 보상을 보장하기 때문에 기업 가치를 높이려는 임직원들의 의욕을 북돋우는 데 유리한 임금제도로 인식되고 있다. 그리고 선진국에서는 경영자의 동기부여뿐만 아니라 유능한 인재를 스카우트해 오는 데에도 주식옵션을 제공하는 사례가 증가하고 있다(Clark, 1997).

우리나라에서도 능력위주의 임금제도가 확산됨에 따라서 이제 주식옵션이 많은 최고경영자와 상위경영자들에게 제공되고 있다.[4)] 최고경영자와 상위경영자에게는 차량, 금융·보험, 클럽회원권 등의 많은 혜택도 주어지고 있고, 선진국 기업에서는 불의의 해고에 따른 피해보상과 나아가서는 도산이나 적대적 합병에 따른 피해보상까지도 제공하고 있다(Bernstein, 1997; Ovwall & Liblin, 1977). 임금과 주식옵션 그리고 기타 금전적 혜택을 모두 합하면 특히 최고경영자의 전체 보상패키지는 엄청난 액수에 달할 수 있고, 따라서 선진국에서는 최고경영자의 보상이 학계와 이해관계자들로부터 비난을 받고 있다(Kay et al., 1994; Salwen, 1992; Business Week, April 19, 1999). 그러나 최고경영자의 보상에 대한 뚜렷한 기준이 없는 상황에서 선진국기업에서 최고경영자의 보상 수준은 계속 높아져가고 있다.

제 5 절　복리후생

효과적인 임금관리의 마지막 요건은 구성원들에게 균형있는 보상패키지를 제공하는

---

4) 1998년에 주택은행장과 동아건설회장이 그리고 1999년에 서울증권사장이 취임시 주식옵션을 받기로 한 것이 대표적인 예로서, 그 이후 많은 조직체에서 주식옵션이 최고경영자와 상위경영자의 보상방법으로 사용되고 있다. 그리하여 삼성전자, 삼성SDI, 포스코, 현대차 등의 상위경영자들이 주식옵션으로 거액의 주식자산을 보유하고 있다(「매일경제」, 2004.11.9). 근래에 급증하고 있는 벤처기업에서도 주식옵션이 최고경영자와 상위경영자 그리고 유능인력에게 많이 활용되고 있다.

것이다. 구성원들의 경제적 안정을 위해서는 금전적인 임금지불은 물론, 그들과 그들 가족의 일상생활에 필요한 경비의 일부를 지급해 주는 것도 매우 중요하다. 예를 들면, 의료보험이나 통근, 주택, 운동·여가시설 등은 모든 구성원들의 일상경비로서 그들의 임금에서 지불되어야 하지만, 조직체가 이를 단체적으로 부담하면 규모의 경제(economy of scale)에 의하여 이를 보다 효율적으로 감당할 수 있다. 따라서 구성원들은 간접적인 보상혜택을 받게 되고, 동시에 조직체는 구성원들의 욕구충족과 복지향상에 기여할 수 있다.

1. 복리후생의 개념

이와 같이 기본임금과 수당 그리고 성과급과 인센티브 이외에 구성원들의 경제적 안정과 그들 생활의 질을 향상시키기 위한 간접적인 보상을 복리후생(employee benefits)이라고 부른다. 전통적으로 복리후생은 부가급부(fringe benefit) 또는 보완급부(supplementary benefit) 개념하에 기본임금에 더하여 부여되는 추가적인 혜택으로 취급되어 왔으나, 근래에 와서 복리후생이 전체 보상에서 차지하는 비중이 커짐에 따라서 부가급부 개념으로부터 보다 포괄적인 복리후생 개념으로 변해가고 있다.

미국의 경우 복리후생이 전체 임금에서 차지하는 비중은 1950년대의 17% 수준에서 1997년의 41.3%로 2.5배나 증가하였다(U.S. Chamber of Commerce Research Center, 1997). 미국 조직체에서의 복리후생은 법정외 퇴직금과 의료보험 그리고 휴가보상이 비교적 큰 비중을 차지하고 있는 반면에, 우리나라 조직체에서는 급식과 통근, 주택보조 등 미국 조직체에서는 제공되지 않는 혜택이 복리후생의 중요한 부분을 차지하고 있다. 현재 우리나라의 복리후생은 내용의 구성요소에 따라 대체로 전체 급여의 20% 수준에 미달할 것으로 예상되지만, 미국 조직체에서와 같이 휴일과 근무시간에 근무하지 않는 부동시간을 엄격히 계산하여 복리후생에 포함시킨다면 복리후생의 비중은 훨씬 더 커질 것이다.

앞으로 사회경제가 발전하고 산업이 고도화됨에 따라서 개인이 부담해야 할 복리후생 비용이 급진적으로 커질 것이 확실하고, 따라서 이것이 점점 조직체의 사회적 책임영역으로 들어오게 될 것이 분명하다. 조직체 입장에서 볼 때, 구성원들의 복리후생은 어디까지나 조직체의 비용이고 따라서 이의 경제적 타당성이 확보되어야 하므로 복리후생의 필요성과 효과관점에서 이의 적절한 한계와 범위가 연구·분석되어야 할 것이다.

2. 복리후생의 내용

복리후생은 여러 가지 종류로 구성되어 있고, 그 종류와 범위는 점점 확대되어 가고 있다. 복리후생의 중요 구성부분을 요약한다.

(1) 법정복리후생

첫째는 법에 의하여 구성원들과 그들 가족의 사회보장을 위하여 그들을 직장이나 일상생활의 여러 가지 위험으로부터 보호하는 것이다. 현재 우리나라에서는 건강보험, 산업재해보험, 고용보험, 국민연금 등 사회보험이 적용되어 조직체가 보험료의 일부 또는 전액을 부담한다.

(2) 경제적 복리

법정복리후생 외에도 조직체가 자발적으로 제공하는 복리후생 프로그램이 많이 있다. 구성원들과 그들 가족의 경제적 안정에 직접적으로 관련된 프로그램으로서 다음을 들 수 있다.

① 주택급여와 주택소유를 위한 재정적 또는 제도적 지원
② 구성원과 직계가족의 경조사와 재해에 대비하기 위한 공제제도
③ 구성원과 가족의 교육비 지원
④ 급식, 통근, 구매, 매점 등 소비생활의 보조
⑤ 퇴직금과 의료비 등 법정복리 이외의 추가혜택 부여
⑥ 예금, 융자 등의 금융제도

(3) 건강과 여가

의료실, 건강상담, 미용실, 운동 및 여가시설 등 구성원들과 가족들의 보건생활과 여가활동에 필요한 시설과 서비스를 포함한다. 그리고 도서실과 문화회관, 교양강좌 그리고 기타 문화 및 취미활동에 대한 편의와 보조를 제공하는 조직체도 있다.

(4) 휴가와 무노동시간 보상

월급을 받는 구성원의 경우에는 법정 휴일과 병가, 연차휴가 그리고 기타 개인적인 사

유로 인한 결근 등 실제로 일하지 않은 날과 시간에 대해서도 보상을 해 준다. 그리고 중식 시간, 휴식시간, 세수시간, 탈의시간, 개인적인 용무로 자리를 비우는 시간 등의 무노동시 간에 대해서도 임금을 지불한다.

③. 효과적인 복리후생 프로그램의 설계

이와 같이 복리후생은 여러 가지 프로그램을 통하여 구성원들의 경제적 안정과 신체적 건강을 도모하고 그들의 사기를 향상시키는 데 공헌하고 있다. 그러나 복리후생 프로그램 은 조직체에게 많은 비용부담을 발생시키고 있고, 장기적인 추세로 볼 때 복리후생 비용은 계속 증가할 것으로 예상된다. 그뿐 아니라 복리후생 프로그램을 관리하는 데에도 많은 비 용이 소요된다. 복리후생은 많은 조직체에서 인력확보와 더불어 인적자원스태프가 실제로 가장 많은 시간을 투자하는 분야이다. 따라서 복리후생의 효과를 분석하여 그들의 복지를 향상시키는 동시에 조직체 목적달성에 기여할 수 있는 효율적인 복리후생 프로그램을 설계 해야 할 것이다. 효과적인 복리후생 프로그램을 위하여 고려될 수 있는 몇 가지 측면을 요 약한다.

(1) 복리후생과 조직체성과

복리후생이 구성원의 동기부여에 얼마나 작용하고 있고, 나아가서 조직체성과에 실제 로 어느 정도 기여하고 있는지를 정확하게 말하기가 어렵다. 그러나 연구결과에 의하면 일 반적으로 구성원들은 복리후생을 직무수행 및 직무성과와 연결하여 생각하지 않고, 따라 서 복리후생은 임금만큼 조직의 생산성과 이익에 공헌하고 있지 않는 것으로 인식되고 있 다. 허츠버그가 주장하는 바와 같이, 복리후생은 프로그램이 좋지 않으면 구성원의 불만족 을 야기하지만 프로그램이 좋다 하더라도 구성원에게 동기를 부여하지 않는 위생요인(hygiene factor)의 역할을 하고 있는 것이다(Herzberg, 1968).

(2) 복리후생욕구 분석

복리후생의 근본적인 문제는 복리후생 프로그램이 구성원의 욕구를 사실상 얼마나 잘 충족시켜 주고 있는지에 대한 것이다. 조직체는 남녀는 물론 연로자와 연소자, 교육수준이 높은 사람과 낮은 사람들, 기혼자와 미혼자, 가족이 많은 사람과 적은 사람, 그리고 기술 수준이 높은 사람과 낮은 사람 등 모두 배경이 다른 사람들로 구성되어 있고, 따라서 그들이 원하는 복리후생 프로그램도 모두 다르다. 일반적으로 구성원들은 복리후생보다는 임금을 선호하겠지만, 그들의 소득수준과 학력 그리고 나이에 따라서 임금보다는 특정 복리후생 혜택을 원할 수도 있다.

그뿐 아니라, 구성원들은 복리후생 프로그램 중에서도 특히 건강보험과 퇴직금 그리고 종업원지주제도(employee stock ownership plan) 등에 대해서는 비교적 높은 선호도를 보이지만, 상담과 일부 휴가보상에 대하여는 비교적 낮은 선호도를 보인다. 그리고 연로자들은 무엇보다도 퇴직금에 가장 많은 관심을 보인다. 이와 같이 구성원들은 그들의 배경에 따라서 복리후생에 대한 욕구가 다르고, 그들의 욕구는 그들의 배경이 달라짐에 따라서 변해 나간다. 그러므로 조직체는 개별 구성원의 복리후생 욕구를 이해하고 이에 적절한 복리후생 프로그램을 설계할 필요가 있다.

(3) 카페테리아 복리후생 프로그램

이와 같이 구성원 각자의 욕구에 따라서 그들로 하여금 그들이 선호하는 복리후생 패키지를 선택하도록 하는 신축적인 프로그램이 카페테리아 복리후생 프로그램(cafeteria benefit program)이다(Cole, 1983). 즉, 식당메뉴에서 원하는 음식을 선택하는 것과 같이, 구성원이 그에게 할당된 복리후생비용 범위 내에서 주어진 여러 복리후생 옵션 중 자신에게 가장 적합한 프로그램 옵션을 선택하는 개념이다.

카페테리아 복리후생 프로그램은 미국의 American Can Company, TRW Systems Group, North American Van Lines 등의 회사에서 적용되어 좋은 효과를 얻고 있다. 연구 결과에 의하면 카페테리아 복리후생 프로그램은 그 옵션범위와 선택 수에 있어서 프로그램마다 다소 다르지만, 일반적으로 일률적인 프로그램에 비하여 구성원들의 복리후생 욕구를 잘 충족시켜 주는 것으로 확인되고 있다(Cockrum, 1982; Maskal, 1980). 우리나라 기업에서도 카페테리아 복리후생 프로그램이 점차 확산되면서 구성원들로부터 좋은 반응을 얻고 있다(김탁, 1999). 그러나 카페테리아방법은 조직체에 추가비용을 발생시킨다. 선택옵션이 많고 복잡할수록 전반적인 복리후생 관리업무가 대폭 증가한다. 그러나 IT의 발전에 따라 관리비용의 감축여건이 향상되었다. 또한, 노조가 결성된 조직체에서는 노조의 저항도 감안해야 한다. 이것은 복리후생 옵션선택에 있어서 구성원들에 대한 노조의 역할과 영향력이 감소되기 때문이다(Shea, 1981).

(4) 복리후생의 범위와 한계

복리후생이 구성원의 경제적 안정과 사기향상에 공헌하는 것은 사실이다. 그러나 복리
후생은 조직체에게 큰 경제적 부담을 준다. 그리고 이미 언급한 바와 같이, 복리후생과 구
성원 성과와의 관계는 불확실하거나 낮은 것으로 나타나고 있다. 따라서 구성원이 원한다
고 해서 복리후생을 무조건 확대해 나갈 수는 없다. 지나친 복리후생은 조직체에게 과대한
부담을 줄 뿐 아니라, 구성원으로 하여금 조직체에 너무 의존하게 만들고 그들의 자립성을
제한함으로써 구성원과 조직체의 관계가 불건전해질 수도 있다.

사회적 관점에서도 조직체의 지나친 복리후생은 경제적 혜택의 불공정한 분배와 비
효율적인 자원배분 그리고 결국에는 사회비용의 상승효과를 가져올 수도 있다(Friedman,
1970). 따라서 조직체는 복리후생을 제공하는 데 있어서 개인의 책임과 정부의 역할을 감
안하고 복리후생의 효익분석도 실시하여 조직체가 담당해야 할 복리후생의 한계와 범위를
명백히 함으로써 효과적인 복리후생의 경영이념과 정책기반을 마련해야 할 것이다. 급격히
확대되는 복리후생을 고려할 때, 이러한 이념적 정립은 복리후생뿐만 아니라 보상구조의
균형관점에서도 매우 중요하다.

장을 맺으며

인적자원의 유지와 전략적 성과관리를 연구하는 데 있어서 우리는 이 장에서 조직구성
원의 만족감과 직무성과 그리고 전략적 인적자원관리에 많은 영향을 주는 임금관리를 연구
하였다. 전략적 인적자원관리에 기여하는 효과적인 임금관리는 적절한 임금수준과 공정한
임금구조 그리고 동기부여적인 지급방법과 균형 있는 임금패키지에 달렸다는 전제하에, 이
장은 효과적인 임금관리의 중요 측면을 구성하고 있는 임금수준과 임금구조 그리고 임금지
급방법과 복리후생에 관하여 연구하였다. 공정한 임금구조와 동기부여적인 보상 등 효과적
인 임금체계는 일시에 이루어지지 않고 외부의 임금상황과 내부의 직무변화에 적응하면서
오랜 기간에 걸쳐서 완성된다. 그러므로 조직구성원에게 공정하고 조직체에게 타당한 임금
체계를 형성하려면 주기적인 임금조사와 직무평가 등 계속적인 임금관리가 요구된다. 따라

서 임금관리는 인적자원관리에서 점점 전문적인 기능으로 발전하고 있고, 선진국에서는 임금관리 전문가(compensation expert)가 점차적으로 많이 활용되고 있다.

우리나라에서도 근래에 고도의 경제성장과 경영의 민주화 그리고 노사 간 단체교섭의 활성화를 통하여 임금과 복리후생 등 구성원들의 보상 수준이 꾸준히 상승해 왔다. 그리고 근래에는 임금제도가 경쟁력강화를 위한 경영혁신과정에서 능력과 성과중심의 연봉제로 획기적인 변화를 거쳐가고 있고, 성과에 따라 상여금을 구성원들에게 분배하는 성과배분제도도 점차 확산되고 있다. 임금관리가 조직체의 성과관리와 인적자원관리에 매우 중요한 부분을 차지하는 만큼, 우리나라 조직체에서 점차 확산되고 있는 연봉제도는 전략적 성과관리와 인적자원관리 그리고 경쟁력강화에 결정적인 역할을 할 수 있는 중요한 경영혁신이다. 따라서 연봉제도의 성공적인 운영과 정착은 우리나라 조직체가 당면한 매우 중요한 임금관리 차원의 과제라 할 수 있다. 이제 우리는 다음 장에서 전략적 인사이동과 징계관리에 관하여 연구한다.

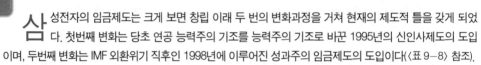

사례연구
9-1

삼성전자의 성과주의 임금제도

삼성전자의 임금제도는 크게 보면 창립 이래 두 번의 변화과정을 거쳐 현재의 제도적 틀을 갖게 되었다. 첫번째 변화는 당초 연공 능력주의 기조를 능력주의 기조로 바꾼 1995년의 신인사제도의 도입이며, 두번째 변화는 IMF 외환위기 직후인 1998년에 이루어진 성과주의 임금제도의 도입이다〈표 9-8〉참조).

현재 시행되고 있는 삼성전자의 성과주의 연봉제도는 G3직급 이상 전 사원에게 적용되고 있다(G1과 G2 직급에는 월급제 적용). 연봉제 적용대상자의 급여는 크게 개인별 고정연봉과 전년도 고과결과를 반영하여 결정하는 개인별 변동연봉, 생산성 격려금(PI: Productivity Incentive)과 이익배분제(PS: Profit Sharing) 등의 조직 인센티브, 그리고 별도의 계약에 의하여 핵심인력들에게 지급되는 핵심인력 인센티브 등으로 구성되어 있다〈그림 9-11〉참조).

기본급은 기본적인 생활보장을 위하여 지급되는 급여이고, 능력급은 직급별 동일금액으로 책정되는 항목으로서 직급수당에 해당하며, 귀성여비는 연 2회 설날과 추석에 각각 기본급의 100%씩 지급되는데, 이상이 개인별 고정연봉에 해당한다. 한편, 능력가감급은 전년도 개인별 업적고과와 역량고과의 결과에 의하여 결정되는 비누적식 변동연봉으로서 총 5단계(가, 나, 다, 라, 마) 고과등급에 따라 '가' 등급을 받을 경우에는 능력급의 최고 130%까지 추가로 지급할 수 있으며, '마' 등급의 경우에는 15%까지 삭감할 수 있다. 따라서 이론적으로는 '가' 등급을 받은 사람과 '마' 등급을 받은 사람 사이에는 능력급의 145%까지 연봉차이가 발생할 수 있으며, 이러한 고과등급별 큰 연봉의 차이가 삼성전자 임금제도의 성과주의를 특징짓는 1차적 요소이다.

■■표 9-8 **삼성전자 보상제도의 변천내용**

구 분	연공 · 능력주의	능력주의	성과주의
시 기	창립~1995년	1995년~IMF	IMF~2004년 현재
환경특징	고성장, 안정적	저성장, 안정적	불확실한 환경
보상전략	연공중심 급여제도 승격중심 능력주의	월급여 중심 능력주의 초우량 복지정책	성과중심 급여제도 부가급여 축소
임금체계	연공급	직능급	성과급
고정급 구성	기본, 근속, 직급, 상여	기본, 고정상여	기본, 능력, 귀성여비
개인 성과급	개인업적 가감	고과승급	능력가감급
집단 성과급	상여금에 집단업적 회사평가 가감률 적용	생산성격려금(PI)	생산성격려금(PI) 이익배분제(PS)
특 징	호봉승급과 보너스 위주의 연공 · 능력주의 그룹 공통 급여체계	월급여 승급관리 중심의 능력주의 계열사별 급여체계	단기성과 인센티브 중심의 성과주의 평생직장 이념 폐기

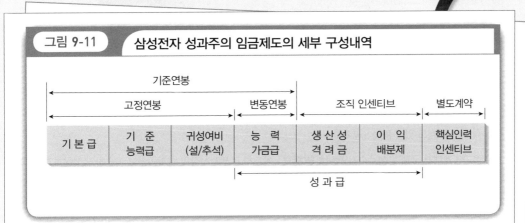

그림 9-11   **삼성전자 성과주의 임금제도의 세부 구성내역**

기 본 급	기 준 능력급	귀성여비 (설/추석)	능 력 가급급	생 산 성 격 려 금	이 익 배분제	핵심인력 인센티브

개인별 기준연봉 총액은 이상의 고정연봉과 변동연봉의 합계액에 의하여 결정된다.

　삼성전자 임금제도의 성과주의 특성은 조직 인센티브에서도 드러난다. 생산성 격려금(PI)은 총괄 및 사업부의 2단계 업적평가(A, B, C)에 따라 상반기와 하반기 두 번에 걸쳐 지급되는데, 총괄단위 평가에서는 종합재무성과(EVA와 부채비율)와 주가(주가상승률, 시가총액)를 기준으로, 사업부 평가에서는 재무성과 70%, 최고경영자의 특별 미션 달성 정도 30%를 기준으로 평가한다. 보너스 규모 측면에서는 A 등급을 받은 총괄의 경우 연간 기준 기본급의 100%, B 등급을 받은 총괄의 경우 기본급의 50%를 보너스로 지급 받으며, A 등급을 받은 사업부 소속 직원의 경우 기본급의 200%, B 등급을 받은 사업부 소속 직원의 경우 기본급의 100%를 보너스로 지급 받는다. 그러나 평가등급 C를 받은 사업부는 생산성 격려금을 받지 못하며, 평가시점에 적자를 내고 있는 사업부 또한 평가등급에 관계없이 생산성 격려금 지급이 보류된다.

　2000년에 도입된 이익배분제(PS)는 각 사업부별 경제적 부가가치(EVA: Economic Value Added=세후이익-자기자본비용)의 20%를 재원으로 하여 년 1회 지급하는데, 이익배분제를 통해 지급되는 개인별 지급한도는 개인 기준연봉의 50% 이내로 정해져 있다. 또한, 해당 기간중에 이익을 냈더라도 누적결손으로 경제적 부가가치가 적자인 사업부는 전년 대비 이익 개선금액의 10% 범위 내에서 PS를 지급한다.

　한편, 핵심인력 인센티브는 직무수행성과가 뛰어나고 사업추진상 상당히 중요한 역할을 수행할 수 있는 잠재역량을 보유한 핵심인재들에게 지급되도록 고안된 특별 인센티브로서 500만원에서 1억 5,000만원까지 지급할 수 있도록 설계되어 있다. 이는 국제적인 인력시장에서 세계적인 기업들과 인재 쟁탈전을 벌여야 하는 상황에서 핵심인재급 인력들을 확보·유지하는 데 필요한 임금경쟁력을 확보하기 위하여 도입한 제도이다.

　이상에서 살펴본 삼성전자의 성과주의 임금제도는 회사에 대한 기여를 그때마다 연봉과 성과상여금에 반영하여 지급한다는 의미와 함께 변동급의 비중을 키우고 개인과 조직 간 성과 차이에 따라 보상에 있어서의 차등 폭을 크게 함으로써 성과주의를 강화하겠다는 의미를 내포하고 있다.

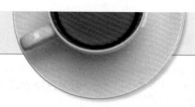

토의질문

1. 삼성전자 임금제도의 제반 특성을 감안하여 위 제도로부터 기대할 수 있는 긍정적 효과와 예상되는 부정적 효과를 심도 있게 분석·평가하시오.

2. 전자업계에서 국제적 선두주자의 위치를 확보·유지하고 세계시장의 변화동향에 신속하게 적응하기 위하여 상시구조조정의 틀 위에서 지속적인 기술혁신과 디지털 기술의 융복합화를 이뤄가려는 전략적 목표에 비추어 위 임금제도의 적절성을 분석하시오.

대우조선해양의 연봉피크제

대우조선해양은 2000년 10월 대우중공업으로부터 회사가 분할되어 설립되었다. 선박제조가 회사매출의 주요 부분을 차지하고 있는 대우조선해양은 2003년 기준으로 매출액 약 4조 3천억원, 순이익은 약 2천 5백억원에 이르고 있다. 2003년 말 기준 구성원 수는 약 10,500명이며, 50세 이상의 고령자 비율은 1.8% 정도이다.

대우조선해양은 2004년 2월부로 사무·기술직을 대상으로 연봉피크제를 도입하여 시행하고 있다. 연봉피크제란 근속급 임금제도하에서 개인의 생산성이 최고점에 이른 연령 이후에도 지속적으로 임금이 상승함으로써 기업에 인건비 부담을 주게 되고, 그 결과 정년 이전에 조기퇴직을 강요당하는 것을 방지하기 위하여 정년 전 일정연령을 기점으로 연봉액을 낮추거나 연봉상승률을 둔화시키는 제도를 말한다.

대우조선해양의 경우 1999년부터 인력의 자연감소율이 연 2% 이하로 급격히 떨어지면서 구성원의 고령화가 급격히 진전될 것으로 예측되었다. 그리고 이러한 고령화로 인하여 인력구조의 왜곡, 인력운영의 경직성, 인력순환의 어려움도 가중될 것이라고 판단하였다. 또한 연봉제를 시행했음에도 불구하고, 연공급 위주의 임금체계가 유지되는 등 임금체계의 혁신적 변화도 더디게 진행되었다. 이러한 상황을 고려, 우선적으로 중장년층의 고용불안 해소 및 근속생애 임금의 합리적 조정을 통하여 능력 있고 성실한 우수 인재가 헌신적으로 일할 수 있는 근무풍토를 조성할 필요가 제기되었다. 이를 배경으로 연봉피크제를 도입하게 된 것이다.

대우조선해양의 연봉피크제는 정년을 5년 남겨둔 사무·기술직 직원들을 그 적용대상으로 하고 있으며, 직책자의 경우 대상에서 유예하고 있다. 연봉피크제의 적용방식에는 일정 피크연령에 도달했을 때 연봉을 삭감한 후 나머지 기간 동안 그 수준을 유지하거나 조금씩 인상하는 방식, 피크연령부터 연봉을 점진적으로 삭감하거나 동결하는 방식, 피크연령부터 인상률을 둔화시키는 방식 등 다양한데, 대우조선해양의 경우 일정 연령부터 임금상승률을 둔화시키다가 동결하는 방식을 채택하고 있다. 〈표 9-9〉는 대우조선해양의 피크임금 적용방식을 보여준다.

우선, 일괄 상승분(Base-up)의 경우 정년을 5년 앞둔 시점부터 3년 앞둔 시점까지 2년 동안은 해당 연도 평균인상률의 1/2 수준을 인상하고, 나머지 3년 동안은 인상하지 않는다. 고과급은 5년 동안 동결을 원칙으로 하되 저 성과자는 연봉을 삭감할 수 있도록 하고 있다. 그리고 성과 상여금은 2년 동안은 기준 성과급의 50%를 적용하고 나머지 3년 동안은 성과급을 지급하지 않는 것으로 하였다.

■■표 9-9   대우조선해양의 피크연봉 적용방식

구 분	정년-5년~정년-3년	정년-2년~정년	정년 이후
Base-up	당해 평균의 1/2 수준	미 실시	정년 직전 연봉의 90% 이하 연봉 책정
고 과 급	동결(저 실적 지원 Down)		
성과 상여	기준 성과급의 50%	성과급 미지급	

　한편, 연봉피크제의 적용을 받는 직원들의 성과저하를 막고 동기를 증진시키기 위하여 연봉피크제 적용기간의 평가결과에 기초하여 정년 후 재고용 여부를 결정하고 정년직전 연봉의 90% 이하 수준에서 연봉을 책정하되 평가결과를 연봉책정 시 반영하도록 하였다.

　이러한 연봉피크제 도입을 통하여 대우조선해양은 성실하고 우수한 직원이 긍지를 가지고 정년 이후까지 헌신적으로 일할 수 있는 근무풍토를 조성함으로써 기업인력의 고령화에 적절하게 대비할 수 있게 되었다.

토의질문

1. 연봉피크제 도입에 대한 찬성입장과 반대입장에서 서서 각각의 논점을 정리하시오.

2. 연봉피크제의 바람직한 활용방안과 선행조건에 대하여 검토하시오.

3. 연봉피크제가 고령화 사회로 접어든 우리 사회에서 어떠한 사회정책적 의미를 가질 수 있을지를 분석하시오.

Chapter 10

인사이동과 징계관리

CHAPTER 10

인사이동과 징계관리

조직구성원들은 모두가 현재 자기가 하고 있는 일보다 더 높은 수준의 일을 하기를 원하고 또 실제로 할 수 있다고 믿고 있다. 그리하여 그들은 조직체에서 일하면서 경험과 경력을 쌓고 자기 능력과 자질을 개발하면서 실제로 더 높은 수준의 일을 할 수 있는 자격을 갖추어 나가고 있다. 그리하여 퇴직이나 이직 등 인력의 자연감소(attrition)가 발생할 때 조직체는 자격을 갖춘 내부 인원으로 필요인력을 충원해 나간다. 조직체가 성장하는 경우에는 이러한 자연적인 인사변동뿐만 아니라 새로운 기능과 직무도 설계되고, 따라서 이에 대한 인적자원의 계획과 확보가 더욱 중요해진다.

인적자원의 계획과 확보에 있어서 외부로부터의 인력공급은 제6장에서 모집 및 선발과 관련하여 이미 연구하였다. 이 장에서는 조직체의 인력수요를 내부의 인력자원으로부터 공급하는 문제를 살펴본다. 이것이 바로 승진과 전직 등 인사이동에 관한 문제이다. 그러나 조직체는 항상 성장한다고만 가정할 수 없다. 경제환경변화와 조직체의 전략목적에 따라서 조직과 인력의 감축을 단행해야 할 필요성도 발생한다. 1997년 IMF 외환위기와 2008년 세계적 금융위기는 우리나라 조직체에게 획기적인 구조조정과 경영혁신을 요구하면서 전례에 없는 많은 휴직과 퇴직 그리고 해고 등 인력규모와 구성에 큰 변화를 가져왔다. 환경변화가 심해짐에 따라서 현대조직에서 이와 같은 인력감축과 변화는 그 빈도가 점차 증가함으로써 새로운 인력의 공급만큼 인적자원상의 전략적 중요성이 커지고 있다. 전략적 인적자원관리 관점에서 승진과 전직 그리고 휴직과 이직 및 해고 등의 인사이동은 전략목적달성을 위한 인적자원계획, 적임자와 이동대상자의 선정, 인사고과에 의한 상벌결정, 그리고 경력계획과 인력개발 등 여러 인적자원관리 기능과의 밀접한 관계하에서 이루어진다. 따라서 현대조직에서 인사이동은 효율적인 인적자원관리의 중요한 부분을 차지한다. 현대조직의 전략적 인사이동과 징계관리를 연구하는 데 있어서 이 장은 전략적 인적자원관리 관점에서 제1절에서는 승진관리를, 그리고 제2절에서는 전직관리를 가가 연구한다. 그리고

제3절에서는 휴직과 이직 및 해고관리에 관하여, 그리고 제4절에서는 징계관리에 관하여 각각 연구한다.

제 1 절   승진관리와 전략적 인적자원관리

승진은 조직구성원에게 자아실현관점에서 실질적으로 가장 큰 의미를 갖고, 조직체에게도 성과관점에서 매우 중요한 전략적 의미를 지닌다. 따라서 승진관리는 조직체와 구성원 모두에게 큰 관심의 대상이고 상위계층으로 올라갈수록 승진관리에 대한 관심은 더욱 커진다.

1. 경영이념과 승진관리

인적자원의 계획과 확보 관점에서 승진은 조직체의 인력수요를 내부 구성원으로 충원하는 것을 의미한다. 이러한 인적자원의 확보개념과 더불어 승진은 인적자원의 개발과 경력계획 관점에서도 큰 의미를 지니고 있고, 조직구성원에게도 자신의 발전과 동기부여에 매우 중요한 요인으로 작용한다. 개인의 동기에 관한 중요 이론들도 승진은 조직구성원의 만족감과 동기에 가장 중요한 요소라는 것을 강조한다(Maslow, 1954; Herzberg et al., 1959; Adams, 1963). 따라서 승진은 조직구성원의 가장 큰 관심의 대상으로서 그들에게 직접적인 동기요인으로 작용할 뿐 아니라, 경로-목표 관점에서도 그들로 하여금 열심히 일하게 만드는 가장 중요한 요소라고 할 수 있다(Vroom, 1964; Porter, 1985). 반면에 승진욕구가 충족되지 않은 경우에는 동기상실과 좌절감은 물론 이직까지 하는 경우도 적지 않다. 상위계층으로 올라갈수록 승진과 관련된 문제가 이직의 중요한 이유로 작용하는 경향이 높게 나타나고, 따라서 상위계층일수록 효과적인 승진관리가 더욱 중요해진다.

이와 같이 승진은 조직구성원들의 동기요인으로서 그들의 성과에 결정적인 역할을 하는 만큼, 조직체는 경영이념과 기본가치 그리고 전략경영을 승진관리에 연계시켜 자체의 전략목적달성을 촉진시키려고 노력한다. 따라서 현대조직에서 승진관리는 경영이념과 전략목적이 실질적으로 가장 명백하게 반영되고 전략적 인적자원관리가 가장 뚜렷하게 실천될 수 있는 기능이다. 조직체가 어떤 구성원을 어떤 기준에 의하여 승진시키는지는 조직체가 강조하는 경영이념과 기본가치 그리고 전략목적이 무엇인지를 구성원들에게 그대로 전달하는 가장 효과적인 방법이다.

경영이념과 승진관리 간의 연계는 특히 가치중심적 경영을 전개하고 있는 초우수기업에서 명백히 나타나고 있다. GE의 무경계 이념과 스피드, 스트레치의 경영전략은 인사고과와 승진에 직접 반영되고 있고(제8장의 [예시 8-1] 참조), HP에서는 HP Way 경영이념(MBWA), 그리고 마쓰시다전기에서는 마쓰시다정신이 승진관리에 철저히 반영되고 있는 좋은 예이다(제3장 제2절 [사례연구 #3-1] 참조). 경영이념과 승진관리 간의 이와 같은 연계는 전략적 인적자원관리는 물론, 성과지향적 조직문화의 강화와 궁극적으로는 조직체성과에 크게 기여한다는 것을 시사한다.

② 승진관리의 전략적 접근

일반적으로 승진(promotion)은 구성원이 현재 맡고 있는 직무보다 더 나은 직무로 올라가는 수직적 이동을 말한다. 그러나 정확히 말해서 '더 나은 직무'는 그 정도에 따라서 승진과 승급으로 구분할 수 있다. 승진은 대체로 책임과 신분 그리고 기술과 임금에 있어서 더 좋은 직무로 올라가는 것을 의미한다. 즉, 책임이 커지고 직급도 높아지며 기술이나 과업수준도 높고 대우도 좋아지는 것을 의미한다. 이에 비하여 승급은 소규모의 승진으로서, 특히 같은 직종이나 직무분류 내에서 상위급으로 올라가는 것을 말한다. 일반적으로 책임과 신분 그리고 기술과 급여도 올라가지만 그 정도가 승진만큼 크지 않은 것이 일반적이다. 2등 기능직에서 1등 기능직으로 올라가거나 호봉급수가 올라가는 것 등이 좋은 예이다.

그러므로 승진과 승급은 많은 조직구성원들의 가장 중요한 목적이고, 자아현실의 상징이며, 동기의 유인가(valence)에도 가장 강하게 작용한다(Vroom, 1964). 그뿐 아니라, 승진과 승급은 조직구성원의 공정성 지각에 있어서도 가장 중요한 요소로 작용한다. 따라서 조직체는 승진과 승급에 대한 명백한 전략과 방침을 설정하고, 이를 투명하게 그리고 공정하게 집행하는 데 많은 노력을 기울인다.

현대조직에서 승진관리에 대한 접근은 승진기준에 있어서 연공과 능력 간 선택, 사회문화 및 조직체환경과의 적합성문제, 그리고 내부승진과 외부영입 간 선택 등의 전략적 이슈들에 대한 검토를 요구한다.

(1) 연공 대 능력중심의 승진관리

연공(seniority) 중심의 승진관리는 승진기준으로 근속년수를 가장 중시하는 접근방법이다. 연공에 의한 승진관리는 조직구성원의 근무년수와 공헌도 간의 정(+)의 관계를 전제하고, 더 나아가 과거의 조직체에서 쌓은 경험은 앞으로 더 중요한 직무를 수행하는 데 도움이 된다는 경험제일주의의 타당도도 전제한다. 근무년수의 객관적 기준은 주관적 견해의 차이를 없앨 수 있고, 따라서 안정과 인화의 조직분위기를 조성하는 데 기여할 수 있다. 그러나 이와 같은 전제는 사회문화의 변화와 더불어 현대조직에서 그 정당성과 타당성이 의문시되면서 점차 능력중심의 승진관리 방향으로 변화가 일어나고 있다.

능력중심의 승진관리는 승진기준으로 능력을 가장 중시하는 접근방법이다. 그러므로 능력에 의한 승진관리는 조직체성과 관점에서 가장 합리적이고 공정성 관점에서도 가장 합당하며, 적재적소원칙에 입각해서도 가장 합리적인 승진기준이라고 할 수 있다. 따라서 능력중심의 승진관리는 직무성과와 이에 관련된 특성을 중요시하고, 성과에 작용하는 구성원의 특성들을 구체화함은 물론 이들 특성을 어느 정도 정확하게 측정할 수 있다고 전제한다. 그러나 이러한 전제가 실제로 타당한지는 타당도분석(validation)과정에서[1] 의심의 대상이 되고 있다. 따라서 성과를 높일 수 있는 능력 자체와 구성원의 해당 능력 소지 여부에 관해서는 평가자의 주관적 견해에 많은 차이가 있을 수 있다. 주관적 판단에 의하여 승진이 결정되는 경우 능력중심의 승진관리는 기대한 만큼의 성과를 가져올 수 없고, 따라서 조직구성원으로 하여금 공정성보다는 불공정한 지각을 갖게 만드는 원인이 될 수 있다.

(2) 사회문화 및 조직환경과의 적합성

승진관리의 전략적 접근은 사회문화와 조직환경 등 조직체의 상황적 요소에 대한 고려를 요구한다. 사회문화 측면에서 집단주의가 강한 문화에서는 연공서열을 승진기준으로 강조하는 반면에, 개인주의가 강한 문화에서는 능력을 강조하는 경향이 크다. 그리고 불확실성 회피성이 강한 문화에서는 연공서열을 강조하고, 불확실성 회피성이 약한 문화에서는 개인의 성과와 능력을 강조하는 경향이 크다. 우리나라는 일본과 함께 집단주의와 불확실성 회피성이 강한 문화를 가지고 있다(Hofstede, 1983; 제3장 제1절 참조). 따라서 연공과 능력의 어느 것을 승진기준으로 적용할지에 관한 선택문제는 사회문화적 특성을 고려하여 전

---

1) 타당도분석에 관하여 제6장 제2절 참조.

략적으로 결정되어야 할 것이다.

조직체환경도 전략적 승진관리에서 고려되어야 할 중요한 상황적 요소이다. 연공중심의 승진제도는 전통적으로 조직체환경이 안정적이고 조직구성원의 능력도태가 심하지 않은 상황에 적합한 것으로 인식되어 왔다. 그러나 근래에 조직체의 내외환경변화가 심해짐에 따라서 연공서열주의는 많은 조직체에서 조직을 침체시키고, 유능한 인력을 퇴출시키며, 변화에 대한 적응력과 창의력을 약화시키고, 안정과 충성심 그리고 무사안일한 조직분위기를 조성하는 요인으로 작용하게 되었다. 따라서 많은 조직체가 전통적인 연공서열주의에서 벗어나 능력을 승진기준으로 강조하기 시작하였다. 연공서열제도가 종신고용제와 더불어 1960년대와 1970년대 고도성장의 주요 요인으로 기여한(Ouchi, 1981) 일본기업에서도 환경변화가 심해짐에 따라 승진기준이 점차 능력을 강조하는 방향으로 변해나가고 있다. 이와 같이 조직체환경도 사회문화와 더불어 전략적 승진관리에서 고려되어야 할 중요한 상황요소이다.

(3) 연공과 능력의 전략적 적용

이와 같이 승진관리에서 연공과 능력의 적용성은 사회문화와 조직체환경 여선에 따라 다르고, 따라서 연공주의와 능력주의는 조직체상황에 따라 전략적으로 적용되어야 한다. 사회문화와 조직체환경을 막론하고 승진관리에서 순수한 연공서열주의나 능력주의를 적용하는 조직체는 극히 드물고, 대부분의 경우 연공서열과 능력을 적절히 조화시켜 이를 승진관리에 반영한다. 일반적으로 서구의 조직체는 능력을, 그리고 전통적으로 우리나라와 일본의 조직체는 연공을 비교적 더 강조해 왔다. 그러나 근래에는 우리나라와 일본의 조직체에서도 능력을 중시하는 경향이 강하게 나타나고 있다(이학종, 1994; Neff, 1994). 우리나라 조직체에서 이와 같은 경향은 발탁인사제도에서 명백히 나타나고 있고([예시 10-1] 참조), 특히 IMF 외환위기 이후 그 경향은 더욱 가속화되고 있다.

연공서열과 능력 간의 조화를 모색하는 데 있어서 연공서열은 주로 승진결정에 그리고 능력은 주로 임금결정에 각각 반영함으로써 두 가지의 기준을 모두 전략적으로 적용하는 조직체도 많이 있다. 전통적으로 우리나라와 일본에서는 승진에 연공서열을 많이 반영하고 임금에는 능력을 많이 반영해 온 반면에, 서구사회에서는 승진에 능력을 그리고 임금에 연공서열을 비교적 많이 반영시키는 경향이 있다. 또 일부 조직체의 경우 하위계층에서는 주로 연공서열을 그리고 상위계층에서는 능력을 승진기준으로 사용하기도 한다. 여하튼 우리나라 조직체에서 승진기준으로 능력이 점차 강조되고 있는 것은 승진관리가 성과와 경쟁력

| 예시 10-1 | 확산되는 발탁인사와 사내공모제도 |

근래에 우리나라 기업에서 기업변신과 경영혁신이 가속화되면서 근무연한에 관계없이 업무실적이 우수한 구성원들을 조기에 승진시키는 발탁인사제도가 대기업그룹을 시작으로 점차 확산되어가고 있다. 삼성, 현대, LG, SK 등 기업그룹이 1990년대 상반기부터 임원들에 대한 발탁인사를 단행한 것을 시작으로 많은 기업체가 능력에 의한 발탁인사제도를 도입하고 있다. 발탁인사제도는 임원급뿐만 아니라 중간관리층에도 적용되어 과장, 차장, 부장을 진급소요년수에 앞당겨 승진시키는 기업체가 점점 증가하고 있다. 우리나라 기업에서 경영혁신운동이 더욱 본격화됨에 따라서 능력과 업적이 뛰어나고 성장잠재력이 큰 인재들을 조기승진시키는 경향은 전사적으로 확산·적용될 것이 확실시된다.

또한, 신규사업분야나 특정사업부문에서 일하기를 원하는 구성원들에게 공개모집형태로 동등한 기회를 부여하여 인원을 선발·충원하는 사내공모제도의 도입도 포철, LG, 현대, 삼성, SK 등을 시작으로 우리나라 기업에서 급격히 증가하고 있다. 사내공모제도는 종래의 부서장 추천이나 예정된 파견순위에 따른 도식적인 선발절차에서 벗어나 구성원들의 경력희망과 능력을 중시하고 그들에게 동등한 기회를 제공한다는 점에서 구성원들에게 긍정적으로 받아들여지고 있다. 그리고 연공서열식의 인사관행을 철폐하고 경영자의 고유권한으로 여겨지던 인사제도의 일방성을 탈피한다는 점에서 사내공모제도는 우리나라 기업의 경영혁신에도 큰 박차를 가해주고 있다.

강화를 위한 전략적 인적자원관리와 연계되어 가고 있음을 의미한다.

능력을 승진기준으로 활용하는 데 있어서 흔히 제기되는 이슈는 능력을 평가하는 특성들의 타당도에 관한 문제이다. 지능, 적성, 성격 등 능력평가에 사용되는 특성들이 실제 성과와의 높은 상관관계를 가지고 있음으로써 성과를 예측하는 예측요인으로서의 타당도가 높다면, 이들 특성을 승진결정에 반영하는 것이 물론 바람직하다. 그러나 이들 특성의 타당도가 의문시된다면 그만큼 근무년수와 같은 객관적인 기준이 더욱 중요해지고, 따라서 연공서열이 승진결정에 더 많이 적용될 수밖에 없다. 그러므로 승진결정에서 능력을 중시할 때에는 능력을 평가하는 특성들에 대한 타당도분석이 선행되어 능력주의의 타당성이 이론적으로 뒷받침되어야 할 것이다.

능력평가의 타당도와 관련하여 종합평가제도(assessment center)의 연구자료는 특히 능력특성을 선정하는 데 많은 도움을 줄 수 있다. 연구결과에 의하면 종합평가결과는 피고과자의 승진을 예측하는 데 높은 신뢰도를 보이고 있고, 관리자들도 종합평가제도가 승진에 관련된 특성을 잘 측정·평가해 주고 있다고 생각하고 있는 것으로 나타났다(제6장 제3절 참조).

(4) 내부승진 대 외부영입

승진관리에서 전략적으로 중요한 또 한 가지 측면은 조직체 내의 인력수요를 우선적으로 내부인력으로 충원할 것인지 또는 외부영입으로 충원할 것인지에 대한 결정이다. 인력수요를 내부승진으로 충원하는 것은 매우 자연스럽고 구성원들의 사기에도 긍정적인 영향을 주는 장점이 있다. 그러나 외부 인력시장의 보다 능력있는 인력을 포기하는 단점이 있고, 특히 조직체에 개혁과 변화가 요구되는 경우에 그 단점은 더욱 심각한 문제가 될 수 있다. 인력수요를 우선적으로 외부영입에 의하여 충원하는 경우에는 외부인력시장에서 능력있는 인력을 영입하는 장점이 있는 반면에, 내부 구성원들에게 승진기회를 줄임으로써 그들의 사기와 조직분위기에 부정적인 영향을 줄 수 있다.

갑작스러운 성장이나 신규사업진출 등으로 인력수요를 내부인력의 승진으로 충원할 수 없는 경우에는 물론 외부인력시장에 의존할 수밖에 없다. 그러나 정상적인 경우에 인력수요는 가능한 한 내부승진으로 충원하는 것이 바람직하다. 내부승진 우선방침은 구성원들에게 승진의 기회를 부여함으로써 그들의 직무만족과 경력발전에 도움을 줌은 물론, 조직체의 전통과 문화를 강화하는 데에도 긍정적인 요인으로 작용한다. 따라서 내부승진방침은 오랫동안 높은 성과를 달성하고 있는 초우수기업(P&G, Nordstrom, Motorola, 3M, IBM, Walt Disney 등)의 공통된 특징이다(Collins & Porras, 1994; Collins, 2001).

(5) 투명한 승진관리

승진은 구성원들 모두의 가장 큰 관심사인 만큼, 승진방침과 심사절차 그리고 승진경로와 승진 자격조건 등을 명확히 하여 구성원들에게 인식시켜야 한다. 승진관리방침과 절차를 명백히 하는 것은 구성원들 자신의 경력계획과 경력개발에 많은 도움을 준다. 그리고 조직구성원들이 승진결정에 대하여 이의를 갖는 경우에 대비하여 그들로 하여금 이의를 제기하고 검토할 수 있는 공식절차와 규정도 마련할 필요가 있다. 특히 노조가 결성된 조직체에서 승진결정이 단체교섭의 협약사항을 이행하지 않았다고 노조가 느끼는 경우에는 노조에게 이를 심사할 수 있는 기회를 부여함으로써 공정한 승진결정이 보장될 수 있다.

이 절은 전략적 관점에서 승진관리와 경영이념과의 연결관계를 살펴보고 연공주의와 능력주의를 중심으로 승진관리의 전략적 접근방법을 알아보았다. 승진관리는 조직구성원들의 가장 중요한 관심사이고 그들의 직무만족과 자아실현에 큰 영향을 주는 인적자원관리 기능이다. 따라서 승진은 조직체성과와 구성원들의 동기부여 및 능력개발 관점에서 전략적으로, 공정하게 그리고 투명하게 관리되어야 할 것이다.

제 2 절 전직관리

승진은 수직적인 인사이동인 데 비하여 전직(transfer)은 수평적 인사이동을 뜻한다. 따라서 전직은 책임과 신분 그리고 기술과 보상에 있어서 현재의 직무와 대등한 직무로 옮기는 것을 말한다. 전직관리에는 전략적 관점에서 여러 가지의 단기적 그리고 장기적 목적이 반영된다. 성과관리관점에서 조직체 내의 각 부서와 업무분야는 각기 성과달성에 필요한 적정인원을 구성하여 이를 기준으로 항상 인력상의 균형을 유지하려고 노력한다. 조직구성원의 관점에서는 적재적소의 원칙에 따라 직무와의 정합관계를 통하여 자신의 직무만족을 증대시키려고 노력한다. 그리고 인력개발관점에서는 다양한 직무경험과 새로운 기술의 습득을 통하여 구성원들의 경력개발을 증진하려고 노력한다. 또한 경력의 쇠퇴단계에 있는 구성원에게는 점진적인 역할축소와 극단의 경우에는 퇴직의 사전준비로 전직이 적용될 수 있다(Hall & Isabella, 1985). 현대조직은 여러 가지의 상황변화 속에서 이와 같은 인력조정과 인적자원의 적재적소 배치 그리고 경력 및 인력개발이 요구되고, 따라서 전략적이고 효율적인 전직관리가 요구된다. 먼저 생산직에서의 전직관리를 살펴보고, 직무순환을 중심으로 관리직의 전직관리를 알아본다.

1. 생산직의 전직관리

생산근로자들의 전직관리는 주로 효율적인 생산 및 성과관리 차원에서 인원조정과 적재적소 배치 그리고 다기능화를 목적으로 이루어진다. 생산근로자들에게 적용되는 주요 전직형태들을 요약한다(Pigors & Myers, 1981).

(1) 생산전직

생산전직(production transfer)은 부서 간 업무량의 변화 또는 어느 부서인원의 이직으로 인하여 같은 직무수준에서 일어나는 인원의 배치전환을 의미한다. 즉, 어느 부서의 생산량이 감소되었을 경우 이로 인한 잉여인원을 인력이 부족한 다른 부서로 이동함으로써 잉여인원의 해고와 필요인원의 추가고용을 피하면서 조직체 내의 인력안정을 기하려는 것이 이 배치전환의 목적이다.

(2) 대체전직

대체전직(replacement transfer)도 조직체 내의 업무량이 전체적으로 감소되는 경우, 이로 인한 잉여인원을 주로 연공 또는 근속년수에 따라서 인원을 조정하는 배치전환방법이다. 경제불황이나 사업축소로 말미암아 전체적인 인원조정이 필요할 때 주로 연공서열을 중심으로 부서 간의 인원을 재배치시킴으로써 오랜 경력을 가진 구성원들을 보호하면서 조직체의 인력안정을 기하려는 것이 이 배치전환의 목적이다.

(3) 다능전직

다능전직(versatility transfer)은 조직구성원의 기술범위와 능력범위를 넓히고, 그의 직무배치상의 융통성과 신축성을 높이기 위한 직무의 배치전환을 의미한다. 따라서 생산전직과 대체전직은 인력상의 안정을 목적으로 하는 데 비하여 다능전직은 훈련과 다기능개발을 목적으로 한다. 다능전직은 구성원의 능력범위를 넓힘으로써 생산전직과 대체전직이 필요할 때, 이들 배치전환을 더 원만히 이루어질 수 있도록 해 준다.

(4) 교대전직

교대전직(shift transfer)은 조직체가 주간교대 이외에 야간교대를 사용하는 경우 주간과 야간교대 간 직무의 배치전환을 뜻한다. 주로 연공 또는 근속년수를 기준으로 야간에서 주간교대로 배치전환하는 것이 일반적이다.

(5) 개선전직

개선전직(remedial transfer)은 주로 조직구성원의 개인적인 문제나 사정에 따라서 적용되는 직무의 배치전환이다. 즉, 직무환경이나 조건 또는 상사나 동료 구성원과의 관계에 문제가 있을 때 보다 적합한 직무조건과 환경으로 배치전환하는 것을 의미한다. 원래의 직무배치가 잘못되었거나 혹은 구성원의 개인적인 건강이나 성격을 고려하여 보다 적합한 직무로 재배치하는 전환방법이다.

이들 배치전환 형태는 상호배타적인 것이 아니라 상호 간에 다목적의 성격을 지니고 있다. 다시 말해서 생산전직은 경우에 따라서 대체전직의 성격을 지니면서도 다능전직과 개선전직의 성격도 지닐 수 있다. 따라서 이들 배치전환방법에는 한 가지의 주어진 목적뿐만 아니라, 인력안정과 훈련 그리고 적재적소 배치 등 여러 가지의 다양한 목적이 복합적으로 작용하는 경우가 많이 있다.

② 직무순환과 관리직의 전직관리

직무순환은 구성원들을 현 수준의 지위신분과 대우범위 내에서 여러 기능부서나 업무 분야의 각종 직무에 배정하는 인사이동으로서, 여러 관련업무와 기능에 대한 구성원의 이해를 증진시키고 구성원들 상호간의 접촉범위를 넓히며 조직체목적에 대한 이해와 실질적인 문제해결능력도 향상시킨다(Noe et al., 2010,). 그리하여 대체로 구성원의 직무만족에 긍정적인 영향을 준다(Campion et al., 1994). 〈표 10 - 1〉은 성공적인 직무순환의 요건을 요약한다.

■ ■표 10-1 **직무순환의 성공요건**

- 직무순환이 전체조직체에 걸쳐서 모든 구성원에게 적용된다.
- 구성원의 경력개발과 밀접하게 연결되어 있다.
- 직무순환의 기회가 모든 구성원에게 균등하게 주어진다.
- 관리직에 필요한 경험과 기술을 향상시킨다.
- 구성원이 직무순환에서 개발해야 할 구체적인 기술을 알고 있다.
- 개발효과의 극대화와 비용절감 관점에서 적절한 시기에 이루어진다.

조직체 내의 여러 가지 변화는 인원상의 이동을 필요로 하게 되고, 인적자원관리의 적재적소 배치원칙에 따라 관리직에도 전직과 직무순환이 많이 필요하게 된다. 현대조직은 특히 관리직의 경우에 여러 가지의 관리기능과 사업의 경영 그리고 조직구성원에 대한 관리경험을 필요로 하기 때문에 관리능력과 자질의 개발관점에서 직무순환을 활용한다. 근래에 우리나라 기업의 급속한 성장은 유능한 경영인력의 수요를 급격히 증가시켰고, 따라서 경영인력의 훈련방법으로 관리직의 직무순환이 크게 강조되고 있다.

선진국에서 관리직의 직무순환은 경영인력의 양성과 경력개발의 방법으로 많이 사용되어 왔다. 한 연구결과에 의하면 25세부터 45세 사이의 구성원 중 거의 70% 가량이 적어도 3년마다 한 번씩 직무순환을 하며, 23%는 2년마다 그리고 18%는 매년 직무순환을 한다고 한다. 이것은 구성원이 새 직무에 완전히 익숙해지는 데 2∼3년이 걸리고, 그 다음에는 곧 다른 직무로 배정하는 것이 인력개발관점에서 바람직하다고 생각되기 때문이다. IBM회사의 경우에는, 한때 직무순환이 너무 심해서 구성원들이 IBM은 "I've Been Moved!"를 의미한다고까지 비유한 적도 있다. 일본기업에서도 직무순환은 구성원들의 인력개발과 경력개발뿐만 아니라 일반 경영관리의 중요한 부분으로 인식되고 있다(Pascale & Athos, 1981).

이와 같이 직무순환은 특히 관리직에서 경영인력의 개발방법으로 많이 강조되어 왔다. 그러나 직무순환은 조직체에 많은 재정적 부담을 준다. 그리고 다른 지역으로 전직되는 경우에는 관리자 자신뿐만 아니라 그 가족들의 적응도 큰 문제가 될 수 있다(Brett et al., 1992). 따라서 많은 적응과 희생이 요구되는 전직은 구성원들의 거부감을 야기시키고, 조직체는 구성원을 설득하는 데 많은 어려움을 겪는다. 근래에는 선진국 기업에서도 관리자의 전직은 1960년대와 1970년대만큼 심하지는 않지만, 그래도 경영인력 개발과 경력개발에 있어서 직무순환의 중요성은 여전히 강조되고 있다. 대체로 경력발전에 의욕적인 구성원들이 전직배치에 잘 협조한다(Noe & Steffy, 1988).

③. 전직전략과 방침의 설정

직무순환은 인력안정과 인력의 적재적소 배치 그리고 인력개발 등 인적자원관리에 여러 면으로 도움이 될 수 있다. 그러나 그 반면에 직무순환이 너무 심하면 조직체에 경제적 비용부담과 직무수행상에 불안정도 가져올 수 있다. 따라서 직무순환은 적절한 한도 내에서 제한되어야 하고, 이를 위하여 명백한 전직전략과 방침이 설정되어야 한다. 전직전략과 방침을 설정하는 데 고려해야 할 중요한 측면들을 요약한다.

(1) 전직의 적용범위

첫째로 직무순환을 적용할 수 있는 대상 부문조직의 범위를 명백히 할 필요가 있다. 직무순환의 범위는 대체로 같은 기능부서로부터 시작하여 지역과 사업부 그리고 나아가서는 계열회사에까지 그 범위를 확대시킬 수 있지만, 계층에 따라 그 적용범위를 달리 적용할 수도 있다. 일반적으로 조직체가 단기적 성과를 강조할수록 직무순환의 범위는 제한되고, 인력의 적재적소 배치원칙과 인력개발을 강조할수록 직무순환의 범위는 확대된다.

(2) 대우조건에 대한 방침

구성원들을 다른 직종이나 사업부 또는 다른 계열회사로 전직시키는 경우에는 이에 따른 대우에 관하여도 명백한 방침이 설정되어야 한다. 특히 다른 사업부나 계열회사 간에 전직이 이루어지는 경우에는 임금구조와 대우조건이 많이 다를 수 있으므로 현재의 대우조건을 유지해 주는 원칙하에 적절한 방침이 설정되어야 한다. 그리고 전직이 경력상의 쇠퇴단계나 퇴임을 앞둔 대기단계에 적용되는 경우에도 적절한 대우조건과 지침이 마련되어야 한다.

(3) 전직요청에 대한 권한과 책임

원칙적으로 전직요청에 대한 공식적인 권한과 책임은 일선관리자에게 있다. 그러나 전직의 필요성과 중요성에 대해서는 일선관리자마다 견해가 모두 다르다. 따라서 어느 관리자는 전직을 필요 이상으로 자주 요청하는 반면에, 또 어느 관리자는 전직이 필요한 데도 불구하고 이를 묵인하는 수도 있다. 따라서 실무관리층에서의 전직요청을 전체 조직체관점에서 전략적으로 분석하여 효과적인 직무순환을 결정할 수 있는 종합적인 검토과정이 필요하다. 이 과정에서 인적자원스태프는 전직요청의 원천인 실무층과 직무순환의 최종결정자인 최고경영층 간의 연결 및 통합역할을 수행한다.

(4) 직무의 연결성

직무순환은 직무에서 요구되는 기술과 책임 그리고 자격 등 직무 간의 연결관계를 기반으로 이루어지는 것이 바람직하다. 따라서 직무분석을 통하여 직무기술서와 직무명세서가 작성되고 이를 기준으로 직무 간의 연결성과 경로(job ladder or job progression)가 명시되어야 한다. 특히 직무순환이 경력개발과 인력개발에 활용되는 경우에는 이러한 직무경로를 기반으로 효과적인 경력계획과 조직구성원의 자기개발이 실현될 수 있다.

(5) 인재개발

직무순환은 경력개발과 더불어 특히 인재개발에 매우 중요한 부분을 차지하고, 따라서 유능한 인재개발이 직무순환 결정에 매우 중요한 기준이 될 수 있다. 선진국의 우수기업에서는 유능한 인재를 조기에 발견하고, 그들을 특별 관리하는 과정에서 교육훈련과 더불어 직무순환을 능력개발의 중요한 방법으로 활용하고 있다. 우리나라에서도 근래에 유능한 인재를 그들의 경력초기에 발탁하여 그들을 중점 개발하는 임원육성제도(Executive Manage-ment Development System)를 도입하는 기업이 증가하고 있다.

(6) 직무순환의 의사결정기준

마지막으로 똑같은 직무순환에 여러 후보자가 고려대상이 되는 경우, 공정한 의사결정을 내릴 수 있는 기준이 명백히 설정되어야 한다. 전직도 승진과 마찬가지로 주로 근속년수와 능력이 중요한 기준이지만, 전직의 경우에는 능력개발 이외에 특별한 인적사항도 많이 고려된다. 따라서 전직에서 고려되는 의사결정기준을 명백히 하고 이를 일관성 있게 적용하는 것이 효과적인 전직관리에 매우 중요하다.

제 3 절 ｜ 휴직과 이직관리

인사이동의 또 한 가지 형태는 휴직과 이직이다. 휴직(layoff)은 일시적 고용단절을 뜻하며, 따라서 일시해고라고도 불린다. 휴직은 조직체의 상황 여하에 따라서 재고용을 전제로 하고 있다는 점에서 해고와는 의미에 차이가 있다. 이직(separation)은 고용관계의 영구적인 단절을 의미하며, 사직과 퇴직 그리고 해고의 여러 형태를 포함한다. 사직(resignation or quit)은 조직구성원 자신이 자발적인 의사에 따라 고용관계를 단절하는 것을 뜻하고, 퇴직(retirement)은 정년에 따라 직장을 떠나는 것을 의미하며, 해고(discharge)는 징계조치로서 조직체가 구성원과의 고용관계를 단절하는 것을 뜻한다.

조직체와 구성원 사이의 고용관계를 일시적 또는 영구적으로 단절하는 결정은 조직체에게 중요한 전략적 의미를 지닌다. 생산량의 감축으로 휴직조치가 불가피한 경우에는 휴직 대상자의 결정은 물론 근로분배와 직무분배 등 휴직을 극소화하기 위한 여러 가지 전략적 접근방법이 시도될 수 있다. 사직은 사직구성원들의 배경과 사직이유에 따라서 전략적 차원에서 인적자원관리에 매우 중요한 문제증상을 제공할 수 있다. 그리고 퇴직에 있어서는 정년은 물론, 조기퇴직과 강제퇴직 등 조직체상황에 따라서 적절한 전략적 관리가 요구되며, 해고에 있어서도 합법성과 공정성은 물론 조직체성과와 조직분위기 그리고 도덕적 관점에서의 전략적 관리가 요구된다.

휴직과 이직은 해당 조직구성원에게 경제적 그리고 심리적 충격을 줄 뿐 아니라, 조직체에게도 조직체의 효율성과 장기성과에 많은 영향을 줄 수 있다. 따라서 이에 대한 명확한 전략과 방침을 설정하는 것은 물론, 이를 적용하는 데에도 신중을 기해야 한다. 우리나라 조직체에서 휴직과 이직에 대한 관리는 전통적인 집단주의 중심의 사회문화와 종신고용의 관행 속에서 인적자원관리에서 큰 관심을 얻지 못하였다. 그러나 근래에 경쟁력강화와 경영혁신의 물결 속에서 조직체성과가 강조되고 종신고용이 점차 사라지면서 휴직, 퇴직, 해고 등 인사이동의 체계적이고 전략적인 관리가 중요해졌다. 근래의 IMF 외환위기나 세계적 금융위기 등으로 인한 인력감축의 필요성도 우리나라 많은 조직체가 휴직, 조기퇴직, 명예퇴직, 해고 등의 고통스러운 인사조치를 실제로 단행해야 하는 어려움을 가중시키는 결과를 가져왔다. 이 절은 휴직, 사직, 퇴직, 해고 등 인사이동을 전략적 관점에서 차례로 살펴본다.

1. 휴직에 대한 전략과 방법

휴직의 가장 큰 원인은 생산량의 감소나 조직의 축소로 말미암아 잉여인력이 발생하여 조직체가 이에 대한 경제적인 부담을 견디지 못하게 되기 때문이다. 그러므로 휴직은 조직체의 내외적 상황변화에 따른 부득이한 인력의 감원조치이다. 우리나라 조직체에서 IMF 외환위기 사태로 인한 인력감축이 좋은 예이다. 이와 같은 상황에서 조직체는 휴직조치를 취하는 과정에서 인원조정의 충격을 최소화하기 위한 전략으로서 다음과 같은 여러 가지의 접근을 시도할 수 있다.

(1) 근로배분

휴직을 단행하기 전에 고려할 수 있는 첫 번째 방법은 근로시간의 단축이다. 즉, 업무량의 감소에 대응하는 방법으로서 일부 구성원들을 희생시키지 않고 이에 영향을 받는 부서의 모든 구성원들이 공동으로 조금씩 희생한다는 원칙하에 근로시간을 단축하는 것이다. 근로배분(work sharing) 방법은 주로 시간급제 또는 성과급제 생산직에서 쉽게 적용될 수 있으며, 노조가 결성된 미국기업에서는 이 방법을 단체협약 사항으로 포함시키는 경우도 많이 있다. 1990년 중반에 독일의 폭스바겐(Volkswagen) 자동차회사에서 경영난을 극복하기 위하여 인력감축 대신에 근로자들의 주당 작업일수를 4일로 줄인 것은 근로배분의 좋은 예이다([예시 10 – 2] 참조).

| 예시 10-2 | 제안이 생활화된 일본기업 |

다임러 벤츠(Daimler Benz)에 이어 유럽 제2의 자동차제조업체인 독일의 폴크스바겐(Volkswagen: 2004년 매출 1,106억달러, 세계 제15위)은 1994년에 극심한 불황을 맞아 매출이 급락하고 가동률이 저하되어 10만명 인력의 30%를 감축시켜야만 하는 고용구조조정에 봉착하였다. 그러나 폴크스바겐은 주정부가 대주주인 공기업이었기 때문에 대량해고를 피해야 한다는 정부정책을 충실히 준수해야 하는 입장에 놓여 있었다. 따라서 폭스바겐의 경영난을 극복하는 동시에 실업난도 해소하는 방안으로 근로분배(work sharing)를 적용하였다.

폭스바겐의 근로분배제도는 30%의 근로자들을 해고하는 대신에 근로시간을 30% 단축하여 모든 근로자들이 공동으로 고통을 분담한다는 원칙에 기초하였다. 즉 근로자들은 주 5일의 정상근무를 주 4일의 근무로 근무시간을 20% 단축하고, 보상에 있어서도 근무시간의 단축만큼 임금감소를 받아들였다. 이와 같은 근로분배제도는 노사간의 합의를 얻어 3년간 실시되었다. 그리하여 폭스바겐은 대량해고 없이 고용의 구조조정을 성공적으로 수행하여 불황경기에 따른 경영난을 극복할 수 있었다.

폭스바겐뿐만 아니라 선진국 기업에서는 특히 정리해고의 경우 정리해고대상 구성원들을 다른 부서에 배치하여 직무를 나누어서 수행하는 직무분배(job sharing)도 흔히 적용되고 있다. 이것도 역시 고통분담의 원칙하에 임금을 다소 희생하면서 해고를 피하자는 것이다. 이와 같은 외국기업에서의 근로분배와 직무분배는 우리나라 기업의 구조조정에도 좋은 참고가 된다.

(2) 직무공유

휴직과 관련하여 고려될 수 있는 또 하나의 방법은 직무를 나누어서 하루에 몇 시간 또는 격일로 일을 하도록 직무를 공유하게 하는 것이다. 직무공유(job sharing) 방법은 업무량의 감소로 말미암아 불필요해진 직무가 생길 때에 이에 영향을 받게 되는 구성원들을 다른 직무에 배치하여 몇 시간이나마 일할 수 있도록 함으로써 휴직을 피하도록 하는 것이다. 이 접근방법은 선진국에서 1970년대의 경제불황 당시 많이 사용된 인력조정방법이다. 한 직무를 두 구성원에게 나누어서 오전·오후로 공동 분배하는 경우, 구성원 사이의 협조에 따라서 직무성과가 매우 좋을 수 있다는 연구결과도 나와 있다(Clutterbuck, 1979).

(3) 임금삭감

이 방법은 업무량의 감소가 일시적이라는 전제하에 일시적인 고난을 조직구성원들 모두가 공동으로 타개하려는 목적으로 임금을 희생하더라도 일부 구성원의 휴직을 피하고 조직체를 되살리려는 접근방법으로서, 1980년대의 일시적인 경제불황 당시 일본과 우리나라 기업에서 적용되어 많은 기업에서 좋은 결과를 얻었다. 이 방법은 대체로 경영층보다도 조직구성원의 자발적인 협조에 의하여 실현되는 경우가 많고, 따라서 평소에 온정적이고 가족적인 분위기를 유지해 온 중소기업에서 성공가능성이 비교적 높다.

(4) 순환휴직

인력감축을 극소화시키기 위한 또 한 가지의 접근방법은 순환안식월제 또는 순환안식년제다. IMF 외환위기 당시 극심한 경영난에 처한 아시아나항공은 여객기수를 줄이고 일부 국제항로를 폐쇄하는 등 사업축소를 단행했지만 잉여인력을 정리해고하지 않고 순환안식월제와 순환안식년제를 통하여 해당 인력을 조정하는 데 성공하였다(이학종, 1998b).

(5) 휴직기준의 설정

휴직조치가 불가피한 경우에는 휴직을 단행하는 데 있어서 명확한 기준이 설정되어야 한다. 노조가 결성된 조직체에서는 일반적으로 근속년수에 따른 연공(seniority)이 휴직결정에 가장 중요한 기준으로 사용된다. 노조가 결성되지 않은 조직체에서도 연공은 휴직결정의 매우 중요한 기준이지만, 이와 더불어 능력(competence)과 연령도 중요한 기준으로 사용된다. 그리고 정규 구성원들에게 휴직을 단행하기에 앞서서 임시직 또는 수습기간 중의 구성원들을 먼저 휴직시키는 것도 일반적인 관행이다.

(6) 기타 방침

그 이외에도 휴직을 피하는 데 있어서 정년퇴직이나 조기퇴직 또는 자발적인 사직 등 인력의 자연감소(personnel attrition)를 가능한 한 많이 활용하여 휴직의 충격을 줄일 수 있다. 휴직이 필요하게 될 가능성을 미리 예측할 수 있는 경우에는, 이에 대한 사전계획을 통하여 유능한 인력을 보호하고 휴직대상 구성원들을 재훈련시켜 다른 직무에 배치하는 등 휴직의 충격을 줄이도록 노력할 수도 있다. 그리고 휴직을 당한 구성원들에 대해서도 가능하면 외부 조직체에서 채용될 수 있도록 그들을 위한 직업알선(outplacement) 서비스도 고려해 볼 수 있다(Piccolino, 1988).

②. 사직관리

사직은 조직구성원의 자발적 의사에 의한 영구적인 고용관계의 단절로서 인적자원관리에 있어서 매우 중요한 의미를 지닐 수 있다.

(1) 사직의 문제증상분석

사직은 조직구성원이 자발적으로 조직체를 떠나는 것이므로 사직구성원들의 특성과 사직이유는 인적자원관리에 매우 중요한 의미를 지닌다. 즉, 자기 의사에 의하여 사직하는 구성원들의 근속년수와 연령층, 그들의 능력과 성과수준, 직종과 직무, 근무부서, 그리고 새로 취직해 간 조직체 등은 현행 인적자원관리 시스템에 대하여 여러 가지의 문제증상을 암시해 줄 수 있다(Shaw et al., 1998).

이와 같은 사직자들에 대한 분석은 인적자원 통계자료를 활용하여 이루어질 수 있고, 생산성과 사기조사 결과 그리고 고충처리 등 여러 가지의 다른 인적자원관리 통계자료 및 지표를 통하여 현행 인적자원관리 시스템의 문제점을 파악할 수 있다. 대체로 5~15년의 근속년수를 가진 30~45세 연령층의 고성과 기술직 및 관리직의 경력자가 사직하는 경우에는 인적자원관리에 심각한 문제가 있음을 암시한다. 이것은 이들 구성원들의 경력양성을 위하여 조직체는 많은 자원을 투입했을 뿐만 아니라, 그들을 계속 유지하지 못하고 다른 조직체에 빼앗긴다는 것은 구성원들의 경력발전이나 대우 등 인적자원관리상에 확실히 문제가 있다는 것을 의미하기 때문이다.

고용초기에 사직자가 많은 경우에는 조직체의 모집·선발 그리고 입사훈련 과정에 문제가 있는 것을 의미한다. 그리고 부서별로도 사직자에 관한 통계를 분석함으로써 조직체 내부 관리상의 특수한 문제증상도 찾아볼 수 있다. 그 반면에, 결혼예정인 미혼여성인력이나 비기술인력의 사직은 일반적으로 심각한 문제를 제기하지 않는다. 그리고 사직자가 없다고 해서 이것이 조직체에게 반드시 좋은 증상을 의미하는 것은 결코 아니다. 그것은 무사안일한 침체된 조직체의 상태를 의미할 수도 있기 때문이다. 따라서 사직자에 대한 분석은 사직자 통계뿐만 아니라 그들의 특성과 조직체성과에 관련된 다른 통계자료와 함께 종합적으로 분석되어 그 원인과 인적자원관리상의 문제가 정확히 연구되어야 한다.

(2) 이직면접

사직자의 사직원인에 대한 직접적인 조사방법으로 이직면접(exit interview)을 들 수 있다. 이직면접은 일반적으로 인적자원관리 스태프가 사직자와 직접 면접하거나 그에게 설문조사 협조를 청하여 사직이유와 이에 관련된 모든 상황을 수집하는 것을 목적으로 한다. 그러나 사직자의 심리적인 상태에 따라서 정확한 정보자료가 수집되지 않는 경우가 많다. 그리고 사직자 자신도 신원조회 등을 우려하여 솔직한 의사를 표현하지 않을 때가 많이 있다. 따라서 이직면접의 신뢰도에 대하여 많은 문제가 제기되고 있다(Lefkowitz & Katz, 1969; Embrey et al., 1979). 그러나 다른 대안이 없는 한 이직면접은 사직자의 이직문제와 이유를 파악하는 데 중요한 방법으로 계속 사용될 것이다.

③. 퇴직관리

조직체와 구성원 간의 고용관계를 단절하는 또 한 가지의 형태가 퇴직(retirement)이다.

(1) 퇴직의 형태

퇴직은 구성원의 연령과 관련하여 조직체의 규정 또는 구성원 자신의 의사에 따라서 조직체를 떠나는 것으로서, 다음과 같은 몇 가지 형태가 있다.

① 강제퇴직(Mandatory Retirement): 강제퇴직 또는 정년퇴직은 조직체의 규정에 의하여 일정한 연령에 일단 퇴직하는 것을 말한다. 서구에서는 전통적으로 65세를 퇴직연령으로 적용해 왔으나, 근래에는 퇴직연령을 70세로 연장하는 추세를 보이고 있으며, 미국은 강제퇴직을 원칙적으로 금하고 있다.
② 신축적 퇴직(Flexible Retirement): 신축적 퇴직은 퇴직연령에 대하여 어떠한 규정이 없이 구성원마다 신축적으로 퇴직을 적용하는 방법이다.
③ 조기퇴직(Early Retirement): 조기퇴직은 규정에 따라 주로 40세 이후에 어느 정도의 근속년수를 쌓은 구성원에게 정년 이전에 퇴직할 수 있는 기회를 제공하는 방법이다.

(2) 퇴직연령의 연장추세

이상 여러 형태의 퇴직은 정년연령은 물론 퇴직금과 퇴직연금과도 밀접한 관계를 맺고 있다. 그뿐 아니라, 조직체의 내외환경변화와 이에 따른 인력자원의 도태 및 적응문제와도 밀접한 관계를 맺고 있다. 그리고 경제발전과 국민보건의 향상은 취업인력의 경제적 활동성을 증가시켜 줌으로써 퇴직관리에 중요한 과제를 남겨 주고 있다. 일반적으로 현대사회의 다변화추세는 인력자원의 도태를 가속화시키는 반면에, 취업자의 건강은 더욱 좋아지고 수명도 길어져 가고 있다. 따라서 경제활동이 가능한 고령자들이 전체 인구에서 차지하는 비중이 점점 높아지고 있고, 이러한 현상은 사회적인 문제뿐만 아니라 특히 퇴직관리와 관련하여 점점 중요한 문제로 제기되고 있다.

그러나 계속 인력시장에 들어오고 있는 젊은 인력과 조직체의 계속적인 발전을 생각할 때 퇴직관리에 있어서 고령인력만을 보호해 줄 수는 없다. 그렇지만 고령인력의 경험과 지혜는 경우에 따라서 조직체에서 매우 유익하게 활용될 수 있을 뿐만 아니라, 일부 고령인력은 젊은 인력에 못지 않은 역량과 강한 의욕을 가지고 있으므로 선진국에서는 이러한 고령인력을 되도록 잘 활용하려는 방안이 적용되고 있다. 따라서 정년을 65세에서 70세로 연장하거나 정년규정을 폐지하는 추세에 있다. 고문직이나 임시직 또는 비상임직의 형태로 고령인력이 조직체에 공헌할 수 있는 기간을 연장하고 있다.

(3) 조기퇴직의 증가

이와 같이 국민의 활동수명이 길어지고 퇴직연령도 길어지는 한편, 정년 이전에 조기퇴직(early retirement)의 기회도 확대되고 있다. 특히 선진국의 조직체는 퇴직금과 연금저축에 있어서 여러 가지의 혜택을 제공함으로써 구성원들에게 조기퇴직의 옵션을 부여하고 있다. 근래에 선진국의 많은 조직체에서 긴축전략과 구조조정을 추구하는 과정에서 조기퇴직은 조직체와 구성원이 모두 이득을 볼 수 있는 방안이 될 수 있다. 그리하여 IBM, GE 등을 포함한 많은 조직체가 조기퇴직을 통하여 인력을 대폭 감축하였다.

우리나라에서도 근래의 구조조정 및 경영혁신과 관련하여 많은 조직체에서 정년 이전의 조기퇴직이 명예퇴직, 정리해고 등 여러 가지 형태로 실시되고 있다.

(4) 퇴직 사전준비 프로그램

마지막으로 퇴직은 오랜 직장생활을 마치는 중요한 계기로서 구성원에게 많은 경제적 그리고 심리적 충격을 줄 수 있다. 따라서 이러한 충격을 완화시키기 위하여 여러 가지의 퇴직 사전준비 프로그램(pre-retirement program)을 제공할 수 있다. 1980년대에 미국 기업체의 3분의 1 정도가 퇴직 사전준비 프로그램을 제공하고 있었다(Underwood·이학종, 1985). 퇴직 사전준비 프로그램의 중요 내용 몇 가지를 요약한다.

① **퇴직사전상담**(pre-retirement counseling): 퇴직 후의 생계유지와 이와 관련된 재정

적·경제적 문제, 그리고 이에 대비하여 여러 가지 계획과 적응에 대한 전문적인 상담을 제공한다.

② **퇴직사전계획**(pre-retirement planning): 퇴직 후의 생활적응을 위하여 퇴직하기 오래 전부터 구성원의 저축계획을 적극적으로 권장하고 사무적 지원을 제공한다. 그리고 퇴직 후에도 다른 조직체로의 취업을 희망하는 구성원에게는 이에 필요한 기술을 습득하도록 이에 적극 협조한다.

③ **점진적 퇴직**(phased retirement): 퇴직에 따른 심리적 충격을 완화시키기 위하여 퇴직자의 의사에 따라서 근무시간을 줄이고 직무배치도 정신적으로나 신체적으로 비교적 부담이 적은 직무로 전직 배치함으로써 퇴직과정을 점진적으로 조정해 나간다.

그 이외에도 조직체는 퇴직에 관한 강의와 퇴직 대상자들 간의 모임 그리고 퇴직에 관한 간행물도 준비하여 그들의 퇴직 사전준비에 대한 인식도를 높이고, 그들도 자신의 퇴직 계획에 따라 순조로운 퇴직이 이루어지도록 노력할 수 있다.

4. 해고관리

해고는 징계조치에 의하여 또는 극도의 저성과를 이유로 조직체가 구성원과의 고용관계를 영원히 단절하는 것으로서 인적자원관리에서 가장 고통스러운 결정 중의 하나이다.

(1) 해고의 전략적 중요성

조직체는 일반적으로 일부 구성원에 대한 해고의 필요성을 알면서도 결단을 못내리는 경우가 많이 있다. 특히 우리나라에서 대부분의 조직체는 인화와 가부장적 온정주의(paternalism)의 전통 속에서 극단의 징계사유를 제외하고는 구성원들의 종신고용을 보장해 왔다. 종신고용의 관행 속에서 해고해야 할 구성원을 해고하지 않음으로써 발생하는 피해에 대한 구체적인 연구는 매우 미흡한 상태에 있다. 그러나 해고해야 할 구성원을 해고하지 않는 것은 인화와 온정경영 관점에서 바람직한 것 같이 보이지만, 사실은 그렇지 않은 경우가 많다. 그것은 해고해야 할 구성원을 해고하지 않음으로써 조직체의 기강과 성과지향적 분위기에 부정적 영향을 주기 때문이다.

선진국에서의 연구조사에 의하면 해고되어야 할 구성원이 다른 구성원들에게 주는 악

영향은 구성원들이 임금, 작업조건, 관리자행동 등으로부터 느끼는 불만족보다도 훨씬 더 큰 것으로 나타났다. 그리하여 해고되어야 할 구성원의 악영향은 오히려 다른 선량한 구성원들을 자진 사퇴하게 만드는 요인으로 작용하는 것으로 나타났다(Branch, 1998; Schmit & Allsheid, 1995). 그 반면에, 과거의 해고결정에 대하여 대부분의 조직체는 그 결정이 효과적이었다고 느끼고 있고 해고결정을 지연시킴으로써 오히려 피해를 입었다고 느끼고 있다(Heizer, 1979). 따라서 전략적 인적자원관점에서 타당한 해고결정을 과감히 단행하는 것이 바람직하다고 할 수 있다.

(2) 해고의 정당성

해고결정은 물론 정당해야 한다. 해고결정의 정당성에는 세 가지의 기준이 적용될 수 있다. 첫째는 결과의 공정성으로서, 이것은 특정 해고결정이 다른 준거결정과 비교하여 얼마나 공평하고 공정하냐에 관한 것이다. 두 번째는 절차상의 정당성으로서, 이것은 해고결정이 얼마나 객관적이고 일관성 있게, 정확하고 공개적으로, 그리고 도덕적이고 이의제기도 수용하는 방법과 절차에 의하여 이루어졌는지에 관한 것이다. 그리고 세 번째 기준은 상호관계상의 정당성으로서, 이것은 해고결정을 집행하는 데 있어서 피해고자에게 해고결정을 얼마나 잘 설명하고 그의 사정을 경청하고 동정하며 얼마나 인간적으로 대해 주느냐에 관한 것이다(Noe et al., 2010). 이들 세 가지 기준을 충족시킬수록 해고결정에 대한 납득 및 수용가능성은 높아진다.

해고는 인적자원관리에서 가장 어려운 결정의 하나이므로 매우 신중히 다루어져야 한다. 이 문제에 관해서는 다음 절에서 징계관리와 관련하여 좀 더 자세히 설명한다. 해고는 특히 구성원 자신의 경력에 큰 타격을 가져올 수 있으므로 가능한 한 구성원으로 하여금 휴직이나 조기퇴직 또는 자발적 사직의 형태를 취하도록 유도하는 것이 바람직하다. 그리고 해고는 일반적으로 전직이나 강등의 형식으로 사전경고를 준 다음 최종적인 징계방법으로서 적용된다.

제 4 절 | 징계관리

인사이동의 마지막 형태는 징계(discipline)에 의한 강격(降格; downgrading), 강등(demotion), 그리고 해고(discharge)이다. 징계는 그 목적과 방침 그리고 조치에 있어서 인사이동과는 다른 의미를 지니고 있는 것이 사실이다. 그러나 편의상 인사이동과 관련하여 징계의 목적과 과정 그리고 방법을 간단히 살펴본다.

1. 징계의 목적

조직체에는 여러 사람들이 같이 일하고 있고, 그들은 모두 다양한 행동기준에 의하여 행동하고 있다. 대부분의 사람들은 조직구성원으로서 조직체의 목적달성에 기여하고 있고, 조직체와 동료 구성원들의 기대 수준에 맞는 행동을 하고 있다. 그러나 극소수의 구성원들이 전체 구성원들의 일반적인 행동기준에 어긋나는 행동을 취함으로써 조직체의 목적달성과 조직구성원 간의 상호관계에 위협을 줄 수 있다. 따라서 조직체는 이러한 역기능적 행동을 억제할 필요가 있다. 이러한 목적으로 조직구성원에게 기대되는 일률적인 최저 행동기준을 설정하고 이를 어기는 구성원에 대하여 적절한 조치를 취하는 인적자원관리 과정을 징계라고 부른다.

(1) 징계대상 행동

일반적으로 징계의 대상이 되는 행동은 다음을 포함한다(Sherman & Bohlander, 1992).

① 부당한 태업, 파업, 사보타지(sabotage) 또는 이와 관련된 행동, 특히 노조협약사항이나 중재사항을 이행하지 않고 이러한 부당행동에 참여 또는 선동하는 행동
② 상사에 대한 부당한 또는 의도적인 불복종 또는 반항행동
③ 서류나 정보자료의 위조
④ 고용계약에 합의된 사항을 이행하지 않거나 성과가 극히 부진한 행동
⑤ 과다한 부당 결근 또는 지각
⑥ 근무 중 음주, 마약을 소지 또는 복용하는 행동
⑦ 근무 중 과격한 장난, 폭행 또는 공격적 행동
⑧ 부당한 무기 소지

　⑨ 도난행동

　⑩ 근무 중의 노름

　⑪ 조직체 자산에 대한 의도적 파손행위

　⑫ 안전 및 건강관리 규정의 위반행위

이와 같이 징계대상 행동들은 조직체의 목적달성과 조직구성원 간의 정상적인 관계에 좋지 않은 영향과 결과를 주는 행동들이다. 이들 징계대상 행동 중에서도 특히 부당한 태업, 파업, 사보타지 그리고 상사에 대한 폭력행동, 무기의 사용 그리고 도난행동 등은 비교적 중대하게 다루어져야 된다는 것이 일반적인 인식이다.

(2) 징계의 효과

징계는 이러한 행동을 억제하는 데 있어서 몇 가지 중요 효과를 목적으로 하고 있다. 첫째는 예방적 효과로서, 징계방침과 규정을 명백히 하고, 조직구성원의 적절한 직무배치와 업무관리를 통하여 징계대상 행동이 발생하지 않도록 이를 사전에 방지하는 것이다. 징계의 두 번째 목적은 행동개선효과로서, 위반행위를 범하거나 그런 증상을 보이는 구성원의 경우에는 징계방침과 규정을 중심으로 관리자의 상담과 지도 그리고 구성원 자신의 자기개발을 통하여 행동개선을 모색하는 것이다. 그리고 징계의 세 번째 목적은 처벌효과로서, 예방적 또는 개선효과가 불가능할 경우에는 최종적으로 부당행위 또는 위반행위를 저지시키고 벌칙을 적용함으로써 앞으로 그러한 행동을 억제시키는 것이다.

이상의 효과 중에서 예방적 효과와 행동개선 효과를 통하여 징계대상행동을 사전에 막는 것이 가장 바람직한 것은 물론이다. 그러기 위하여 조직체는 효과적인 징계시스템을 설계하고 징계방법을 적절히 적용해야 한다.

2. 징계시스템의 설계

징계시스템을 설계하는 데 있어서는 두 가지의 접근방법이 있다. 하나는 처벌을 강조하는 전통적인 방법이고, 또 하나는 조직구성원의 행동개선을 목적으로 하는 징계방법이다. 〈표 10 - 2〉에서 보는 바와 같이 전통적 방법은 처벌에 의한 위법행위의 제지효과를 강조하는 반면에, 행동개선 목적의 징계는 징계의 타당성과 조직구성원 자신의 자기통제에

■ ■표 10-2 **징계관리 접근법**

전통적 징계	행동개선 목적의 징계
• 경영층의 일방적 방침 설정	• 징계의 정당성과 합법성 강조
• 처벌목적 강조	• 행동개선 강조
• 선례에 의한 처벌	• 선례 참조
• 규정에 의한 예외없는 처벌	• 조직체 목적에 의한 신축적 징계
• 일률적인 처벌 강조	• 징계시스템의 주기적 평가
• 처벌에 대한 홍보를 통해 준법행동을 강화	• 자기통제 및 유도 강조

의한 행동변화를 강조한다. 이들 방법 중 행동개선 목적의 징계가 더 바람직한 것은 물론이다. 행동개선 목적을 위한 징계시스템을 설계하려면 다음과 같은 몇 가지의 기본요소를 갖추어야 한다.

(1) 합법적 징계시스템의 설계

첫째로, 징계방침과 규정은 조직구성원들의 지지와 협조를 얻을 수 있는 내용으로 설계되어야 한다. 조직구성원이 받아들일 수 없는 징계방침과 규정은 합법성이 없으며, 따라서 그 목적이 의문시될 수 있다. 징계규정은 조직구성원 전체의 가장 근본적인 목적과 이를 달성하는 데 필요한 최저 행동기준을 중심으로 설정되어야 한다.

(2) 커뮤니케이션

징계방침과 규정은 명백히 설정되어야 되고, 전체 구성원에게 명확하게 전달되어야 한다. 징계방침과 규정에 대한 책자도 준비하여 구성원에게 배부하는 것이 바람직하며, 그 이외에도 실무관리자의 직접적인 커뮤니케이션을 통하여 징계방침과 규정이 완전히 이해되어야 한다. 징계방침과 규정을 설정하는 데 있어서 관리자들이 참여하게 되면 보다 공정하고 실현가능한 징계시스템이 설계될 수 있으므로 실제 커뮤니케이션에 있어서도 그들의 적극적인 협조를 얻을 수 있다.

(3) 구성원행동의 평가 및 개선

조직구성원의 징계대상 행동을 분석·평가하여 사전행동 개선에 노력한다. 특히 인사고과 또는 목표관리와 연결시켜 징계대상 행동이나 그 증상을 보이는 구성원에 대해서는 구체적인 행동개선을 목표화하고 관리자는 이에 특별한 관심을 가지고 관리해 나간다.

(4) 징계시스템의 주기적 평가

조직구성원의 행동평가 및 개선뿐만 아니라 징계방침과 규정 그리고 적용방법도 주기적으로 분석·평가함으로써 상황변화에 적절한 방식으로 징계시스템을 유지해 나간다.

(5) 점진적 징계조치

징계조치를 부득이 취해야 되는 경우에는 가능한 한 점진적 징계조치를 취함으로써 조직구성원에게 행동개선의 기회를 부여한다.

③. 징계방법과 절차

위반행위에 대한 징계의 실제 적용은 위반행위 자체와 상황 여하에 따라서 다르다. 일반적으로 중대한 위반행위를 제외하고는 징계과정에서 다음과 같은 몇 개의 점진적 단계를 거쳐 나감으로써 조직구성원으로 하여금 반성과 행동개선의 기회를 주는 것이 바람직하다 (Klaas & Wheeler, 1990; Campbell et al., 1985; Fulmer, 1986).

(1) 경고 또는 인적자원관리 기록 입력

첫 번째 위반행위에 대해서는 관리자가 구성원에게 경고와 더불어 징계방침과 규정 그리고 벌칙에 대하여 자세히 설명해 준다. 징계규정과 관리자의 재량에 따라서 위반행위와 이와 관련된 상황을 인적자원관리 기록파일에 입력한다.

(2) 재경고 및 인적자원관리 기록 입력

똑같은 종류의 두 번째 위반행위에 대해서는 관리자가 구성원에게 징계방침과 규정 그리고 벌칙을 다시 한 번 설명하고, 다음 위반에는 벌칙이 적용된다는 것을 재차 경고한다. 그리고 인적자원관리 기록파일에도 입력한다. 다른 종류의 첫번 위반행위인 경우에는 경고와 더불어 관리자의 재량에 의하여 인적자원관리 기록파일에 입력한다.

(3) 휴   직

세 번째 위반행위를 범하는 경우에는 2~3일, 일주일 또는 한 달 동안의 휴직조치를 취하고 다음 단계의 벌칙은 해고라는 것을 밝힌다. 그리고 인적자원관리 기록파일에도 물론 입력한다.

(4) 해   고

위반행위가 재발되는 경우에는 마지막 징계조치로서 해고를 단행한다. 그 과정에서 관리자는 상위관리층과 인적자원부서 그리고 인사위원회와 협의하는 것은 물론이다. 해고의 전략적 중요성과 해고의 정당성에 관해서는 앞에서 이미 설명하였다.

이상의 여러 징계단계를 거쳐 나가는 동안 구성원 자신의 행동개선은 물론 관리자도 상담과 인사고과 그리고 전직배치, 강격, 강등 등 여러 가지 방법을 사용하여 구성원의 행동상의 변화를 유도한다. 그러나 이러한 모든 노력에도 불구하고 위법행위를 계속하는 구성원에 대해서는 조직체의 성과달성과 조직구성원 간의 역기능적인 영향을 저지하기 위해서라도 마지막 방법으로 그를 해고시킬 수밖에 없다. 그 과정에서 위반행위에 대한 상황을 완전히 파악하는 것은 물론, 정확한 사실에 의하여 적절한 징계조치가 취해져야 한다. 특히 인적자원스태프는 정확한 상황을 파악하는 데 중심적 역할을 할 뿐 아니라, 구성원과 관리자에게도 징계방침과 규정을 설명하고 이를 적절히 적용하도록 관리자에게 조언·지원함으로써 효과적인 징계관리를 위해 중요한 역할을 수행한다.

장을 맺으며

이 장에서 우리는 조직체의 인력수요를 내부의 인력자원으로 충당하는 방법으로서 여러 가지 형태의 인사이동을 전략적 인적자원관점에서 연구하였다. 수직적인 인사이동으로서 승진과 강등을, 그리고 수평적인 인사이동으로서 전직과 직무순환을 각각 살펴보았다. 또한 일시적인 고용단절로서의 휴직과 영구적인 고용단절로서의 사직 및 퇴직도 알아보았으며, 휴직과 해고 조치를 포함한 조직체의 징계관리에 관해서도 살펴보았다.

인사이동은 조직체의 인력수요충원뿐 아니라 조직구성원의 인사고과와 경력개발 그리고 조직구조변화와 조직개발과도 밀접한 관계를 맺고 있다. 승진은 조직구성원의 가장 큰 관심의 대상이며 따라서 그들의 동기부여와 경력개발 그리고 자기발전에 많은 영향을 준다. 직무순환도 경력개발과 인력양성 그리고 인적자원관리의 적재적소 배치원칙에 매우 중요한 역할을 한다. 휴직과 해고는 조직체 인력조정과 역기능적 행동제지의 마지막 방법으로서 조직체의 목적달성과 바람직한 조직구성원의 행동조성 측면에서 전략적 중요성을 지니고 있다. 그리고 이직자의 분석은 효과적인 인적자원관리에 도움이 되는 자료를 제공해주고, 효과적인 사전 퇴직관리는 퇴직자로 하여금 만족스러운 퇴직생활을 계획하는 데 기여할 수 있다.

이와 같이 여러 형태의 인사이동과 징계는 각기 인적자원관리상의 전략적 중요성을 지니고 있다. 따라서 이들 인적자원관리 측면이 인력의 안정과 동기부여 그리고 경력개발 등에 좋은 효과를 발휘할 수 있도록 전략적으로 설계함으로써 인적자원의 효율적인 유지와 전략적 성과관리에 기여할 수 있다.

사례연구 10-1

D건설사의 직급체계 및 승진제도

D건설사는 기존의 연공서열 및 승진중심의 인사제도를 탈피하고 인재의 능력개발 포인트를 파악하고 육성 · 개발시키기 위하여 인적자원관리 시스템을 대폭 정비하였다. 현재 인적자원관리 시스템은 역할중심, 사업중심, 보상강화 등을 주 내용으로 하는 성과주의 인사전략으로 특징지울 수 있다. 보상의 경우 업계 상위의 보상수준을 유지하되 업무성과 및 회사에 대한 기여도를 임금에 반영하고 있으며, 인사고과제도는 성과지향적 측면을 강화하면서 전략과의 연계성을 강화하려는 노력을 기울이고 있다. 직급 및 승진 시스템의 변경도 그러한 맥락에서 이루어졌다. 〈그림 10-1〉는 변경 전과 변경 후 직급제도를 보여준다.

변경의 주요 내용을 보면 일반 직군과 연구개발 직군을 분리하고 종전 8단계였던 직원 직급단계를 4단계(스태프-주니어-시니어-매니저)로 통합하면서 이사부장은 임원직급으로 전환하였다. 또한 직급과 직위호칭을 분리하고 직위호칭은 호칭상승연한에 도달하면 자동상승이 가능하도록 하였다. 다만, 과장과 부장 호칭에 한해 각각 시니어와 매니저로 직급상승이 이루어졌을 때에만 부여하는 것으로 하였다. 그리고 스태프 직급에 해당하는 사원들의 경우 편의상 S1(대졸), S2(전문대졸), S3(고졸)로 구분하여 관리하고 있다. 이렇게 직급체계를 변경한 것은 직급단계의 축소를 통하여 조직운영의 유연성 및 효율성을 확보하고, 직급과 직위호칭을 분리함으로써 역할과 역량중심으로의 사고전환을 유도하는 데 있다. 동시에 직급 단계를 줄이는 대신 직급 간 중첩형 보상구조를 도입함으로써 직급보다는 금전적 보상중심의 성과주의 조직문화 구축도 모색한 것이다.

한편, 승진관리의 경우 종전에는 표준승진체류연한 도달자를 승진대상으로 삼았다. 그러나 새로운 제도하

그림 10-1 D건설사의 변경 전후 직급제도

변경 전		변경 후: 일반 직군		변경 후: 연구개발 직군
이사부장	→	경영임원/전문위원		전문위원
부장 (5)	→	매니저(Manager)(5)		선임연구위원(Senior Researcher)(5)
차장 (5)	→	시니어(Senior)(9)		연구위원(Researcher)(9)
과장 (4)	→	시니어(Senior)(9)		연구위원(Researcher)(9)
대리 (4)	→	주니어(Junior)(4)		연구원(Associate)(4)
4급갑 (3)	→	S1(3)	스태프(Staff)	보조연구원(Assistant)(3)
4급을 (3)	→	S2(3)	스태프(Staff)	
5급 (4)	→	S3(4)	스태프(Staff)	

* ( )는 차상위 직급으로 승진하는 데 필요한 표준 승진소요연한을 나타냄.

에서는 승진 점수제와 교육 이수제 등을 기초로 자격심사를 실시한 후 심사기준을 통과한 구성원을 승진대상자로 삼고 있다. 즉, 표준승진연한에 관계없이 높은 성과를 내는 경우에는 단기간에도 특별승진이 가능하도록 기회를 확대시킨 것이다. 승진심사 평가배점 측면에서는 기존 60%를 반영하였던 업적과 능력에 대한 평가점수를 70% 수준으로 높였다. 그리고 업적과 능력의 상대적 점수 비중을 직급에 따라 차별화하였다. 즉, 임원승진 시에는 역량 50%, 업적 50%를 반영하고, 매니저 승진시에는 역량 60%와 업적 40%를, 시니어 이하 직급으로 승진하는 경우에는 역량 70%와 업적 30%를 반영하도록 한 것이다.

경력경로 측면에서는 전체 직무를 시공, 기술, 사업관리, 경영관리, 영업 및 개발 등 다섯 개의 직무 클러스터로 구분하였다. 그리고 스태프와 주니어 직급에서는 직무 클러스터 간 이동이 가능케 함으로써 다양한 직무경험을 통해 향후 자신의 경력경로를 모색할 수 있도록 하였다. 반면, 시니어 직급에서는 특정 직무 클러스터 간의 이동만을 허용함으로써, 특정 분야의 전문적인 지식과 경험을 축적하도록 하였다. 그리고 다시 매니저직급으로 올라가면 직무 클러스터 간 이동이 가능하도록 함으로써 광범위한 경영활동 경험을 통하여 예비임원으로서의 자질을 준비할 수 있도록 하였다.

토의질문

1. D건설사가 채택한 새직급체계 및 승진제도가 가져올 수 있는 긍정적 효과와 그로부터 야기될 수 있는 부작용을 분석하고, 새제도가 정착되는 데 필요한 보완대책에 대하여 생각해 보시오.

2. 새로운 직급체계와 승진제도의 도입에 따라 다양한 집단들의 이해관계가 상충될 여지가 많을 것을 감안하여 새로운 제도를 성공적으로 정착시킬 방안을 모색하시오.

사례연구 10-2

주물제조과의 김 과장

삼일전기(주)는 가정용 전기제품 제조업체로서 제품생산에 필요한 모든 알루미늄 주조(diecasting)부품을 외부 중소업체로부터 구입해 왔다. 그러나 2000년대에 들어와서 전기믹서와 전기청소기의 수요가 점차적으로 증가하자 알루미늄 주조부품을 자체적으로 생산할 것을 결정하였다. 이와 때를 같이하여 알루미늄 제조부품을 공급해 오던 외부업체가 경영주의 은퇴로 사업을 그만두게 되자 삼일전기(주)가 그 회사의 직공장 김 씨와 몇 명의 노련한 기술자들을 인수하게 되었다.

삼일전기(주)는 이들을 정식 채용하고 생산부장 이 씨 산하에 주물제조과를 설립하여 김 씨를 과장에 임명하였다. 이 부장은 주조공정에 대하여 전혀 경험이 없으므로 김 과장에게 주물제조분야의 인원채용과 기계구입 등 모든 업무와 권한을 전적으로 맡겼다. 몇 달 지나서 회사의 영업이 더욱 활발해지고 생산량도 증가함에 따라서 이 부장은 자기 산하의 모든 생산업무를 관리하면서 동시에 상위경영층 및 여러 지원부서와의 연결역할을 하기가 너무 벅차서, 현장의 생산업무를 총괄하는 차장직을 신설하여 이 자리에 총무과에서 일해 오던 정 씨를 임명하였다(〈표 10−2〉 참조).

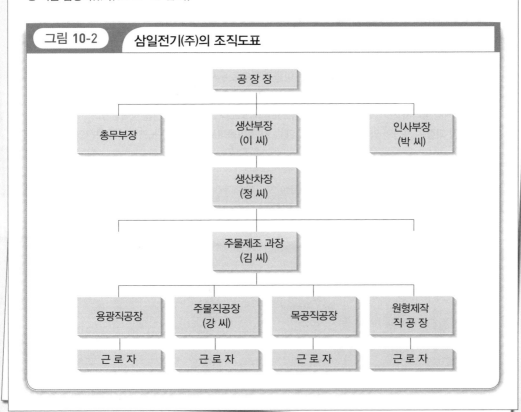

그림 10-2 삼일전기(주)의 조직도표

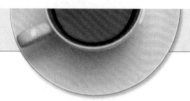

　　김 과장은 유능한 주조기술자였고 자존심이 강한 성격의 소유자였다. 그러나 얼마 안가서 그의 성격이 다른 부서와 일하는 데 많은 문제가 있다는 것이 드러나게 되었다. 김 과장은 시간이나 장소에 구애받지 않고 마음대로 담배를 피우거나 아무 때나 퇴근하는 등 회사규칙에 별로 신경을 쓰지 않았다. 또한 그는 술을 즐겨 마셨는데, 이것이 그의 작업능력에는 영향을 미치지 않았으나 그의 행동에는 영향을 주었다. 전 직장에서 거친 사람들을 다루었던 경험 때문인지 상스러운 말과 거친 업무수행방법을 함부로 사용하는 경향도 나타났다. 그러나 그의 노련한 기술과 능력은 주물제조과에 좋은 성과를 가져왔고, 따라서 그는 상위관리층으로부터 질책을 당한 적이 없었다. 그리고 신설된 주물제조분야를 혼자 이끌어 나간다는 점에서 관련부서 사람들도 그의 독선적인 방법을 허용하였다.

　　정 차장은 35세의 종교적 신앙심이 매우 강한 열렬한 금주자였다. 사무직 출신인 그는 차장으로 승진되기 전까지 공장의 경리와 원가계산을 맡고 있었다. 정 차장은 김 과장의 독자적인 행동을 못마땅하게 생각했지만, 그는 김 과장이 점차 행동을 개선하리라는 희망과 함께 이 문제를 부각시키지 않았다.

　　김 과장의 독선적인 행동이 계속되자 그의 부하들은 물론 다른 부서에서도 김 과장에 대한 불평과 비난이 쏟아져 나오기 시작하였다. 그리하여 결국 2000년 11월에 노조위원회로부터 인사부장 박 씨에게 고충처리에 대한 정식요청이 들어왔는데 고충내용은 김 과장에게 최근 노조현장대표로 선발된 홍 씨가 주조작업 현장의 환풍시설을 개선할 것을 요구했는데 김 과장은 이를 전적으로 무시하고 홍 씨를 노조대표로 인정조차 하려 하지 않았다는 것이었다. 그리하여 박 부장은 고충처리 절차에 따라 김 과장과 노조대표 홍 씨 그리고 고충처리위원장 최 씨를 불러서 자기 사무실에서 김 과장으로부터 노조대표를 인정할 것을 약속받았다.

　　그 후, 김 과장은 자신의 약속에도 불구하고 계속 자기 마음대로 행동했고, 노조측이나 자신의 직속상사와

■■표 10-3　**김 과장의 결근기록**

연　　월	작업시간	결근시간	배 분 율
2000.2	184	16.00	8.70%
3, 4, 5	2492	0.00	0.00
6	152	16.00	10.52
7	2176	45.42	25.80
8	2160	8.00	5.00
9	152	14.23	9.36
10	184	66.92	36.37
11	176	7.07	4.02
12	160	2.13	1.33
2001.2	176	63.00	35.80
총　　계	2,012	238.77	11.86%

도 원만한 관계를 유지하지 못하였다. 그리하여 2001년 2월에 정 차장은 김 과장의 임의적인 출퇴근, 작업장에서의 음주 습관, 노조현장대표에 대한 인정 거부, 상말과 욕설, 그리고 상사에 대한 무시 등 과장으로서 적합한 성격과 행위를 갖추지 않았다는 내용의 보고서를 김 과장의 결근기록(〈표 10-6〉 참조)과 함께 작성하여 생산부장에게 제출하였다. 그리고 김 과장의 후임으로는 주조직공장이며 주조기계수리 전문가로서 김 과장이 자리를 비울 때마다 과장직무를 대행해 온 강 씨를 추천하였다.

정 차장의 보고서는 박 부장에게도 전달되었다. 그리하여 박 부장은 김 과장을 자기 사무실로 불러서 다음과 같은 대화를 주고 받았다.

박 부장: 김 과장님, 오늘의 모임은 저의 입장에서도 좀 난처합니다. 실은 김 과장님에 대하여 여러 사람들로부터 불평을 받았습니다. 그것은 김 과장님께서 회사의 규칙을 무시하고 마음대로 출퇴근하며, 다른 사람들에게 함부로 욕설을 퍼붓는다는 등의 불평입니다. 우선 이러한 불평에 대해서 어떻게 생각하십니까?

김 과장: 그래요? 그런 불평이 있다는 것을 저로서는 처음 듣습니다.

박 부장: 김 과장님, 지난 11월 김 과장 소속의 노조대표가 제기했던 불만을 김 과장님도 틀림없이 기억하고 있을 겁니다. 그 때에도 김 과장님이 함부로 욕설을 사용한 것이 문제가 되지 않았습니까? 사실 그 때 이 사무실에서도 김 과장님은 함부로 말씀하시던데…….

김 과장: 아 글쎄 박 부장님은 그 이유를 모르십니까? 그 친구들이 그 어리석은 놈을 대표로 선출했고, 또 그 놈은 무슨 영문인지도 모르고 바보 같은 요구를 해 가면서 자기가 마치 무슨 거물이나 된 것처럼 행동하니까 그런 것 아니에요? 나도 바쁜데 어떻게 그런 쓸데 없는 문제에 신경을 쓰면서 시간을 낭비할 수 있겠어요?

박 부장: 그래도 김 과장님, 이제 우리는 10년, 20년 전에 근로자들을 다루었던 방식으로는 그들을 다룰 수 없다는 것을 깨달아야 합니다. 이미 노조가 몇 차례 불평을 제기해 왔어요. 그렇지만 저는 이 문제보다는 오히려 전체 상황에 대한 김 과장님의 태도에 문제가 있다고 봅니다. 김 과장님은 회사의 지시 사항들을 무시하고 마음 내키는 때에 출퇴근하고 있지 않습니까? 예를 들면, 지난 일 년 동안 김 과장님은 이유도 없이 200시간 이상을 결근했습니다. 게다가 김 과장님은 술 마시는 것으로도 유명합니다. 언젠가 김 과장님이 술집에서 술에 취해서 주먹 싸움을 했다는 소문도 들었습니다. 일반적으로 우리는 외부에서나 퇴근 후의 구성원 행동에 대해서는 별로 관심이 없습니다. 그러나 내부 조직에 영향을 끼칠 만한 행동에 대해서는 신경을 써야만 합니다. 그리고 김 과장님은 흡연에 관한 작업장 규칙에 대해서도 무관심하십니다. 김 과장님께서 이런 규칙들을 잘 지키지 않는다면 도대체 어떻게 부하들이 이런 규칙을 지키리라 기대할 수 있겠습니까?

김 과장: 걱정 마십시오. 그래도 그들은 누가 상사인 줄 알고 있습니다.

박 부장: 그건 별 문제라고 합시다. 그런데 왜 김 과장님께서는 직속상사와 협조하지 않으려 하십니까?

김 과장: 글쎄요. 처음 이 회사에 들어왔을 때, 나는 생산부장으로부터 주물제조과를 신설하고 작업팀을 구성해 달라는 요청을 받았습니다. 그래서 나는 충분한 권한을 가지고 생산 목적을 달성하는 한 내 마음대로 할 수가 있었습니다. 나는 주조에 대해서는 자신 있습니다. 이 분야에서는 어느 누구도 나만큼 아는 사람이 없을 겁니다. 그리고 한 말씀 드리겠는데, 나는 주조공정시설을 갖추기 위해서 밤낮으로 일했습니다. 내가 처음 왔을 때에는 아침 6시부터 밤 12시까지 일했던 날도 수없이 많았습니다. 솔직히 말해서 내가 20

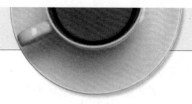

년간 주물제조업에 종사하면서 이런 불평불만을 듣기는 처음입니다.

박 부장: 그렇지만 김 과장님, 이 불만들은 사실에 근거한 것이기 때문에 우리는 이것들을 무시할 수가 없습니다. 그리고 정 차장은 주물제조작업뿐만 아니라 다른 작업들도 모두 종합관리할 책임이 있습니다. 다른 과장들은 정 차장과 잘 협조하는 데 김 과장님은 왜 정 차장과 협조하지 않습니까?

김 과장: 글쎄요. 나도 정 차장에 대해서 특별한 반감은 없습니다. 나도 정 차장이 좋은 분이라 늘 생각해 왔습니다. 그렇지만 정 차장은 내가 맡고 있는 작업에 대해서 전혀 모르는 분입니다. 그리고 나는 한 사람 이상의 상사에게 보고해 본 적이 없습니다.

박 부장: 그렇다면 김 과장님, 과장님의 상사는 누구라고 생각하십니까?

김 과장: 물론 이 부장님이 나의 상사이지요.

박 부장: 그렇게 본다면 왜 공장장님을 김 과장님의 상사라고 말하지 않습니까? 생각해 보세요. 만약 김 과장님의 부하들이 과장님을 직속상사로 모시지 않고 정 차장 말만 듣는다면 주물제조작업은 어떻게 운영되어 나갈 수 있겠습니까? 우리같이 큰 공장은 조직을 갖고 있어야 합니다. 우리 조직이 김 과장님의 마음에는 맞지 않을지도 모르겠습니다. 그러나 이 부장이 여러 과장들을 직접 접촉할 시간이 없지 않습니까?

김 과장: 그렇지만 저의 상사되는 사람은 제가 원할 때 의사결정을 분명히 해 줄 수 있어야 합니다.

박 부장: 정 차장이 그렇게 해 줄 수 있지 않습니까?

김 과장: 정말 그래요?

박 부장: 김 과장님, 이제 이 문제에 대해 저는 충분히 말씀드렸다고 생각합니다. 따라서 김 과장님께서도 우리의 입장을 잘 이해하실 줄 믿습니다. 김 과장님의 능력을 의심할 사람은 아무도 없습니다. 그렇지만 우리 조직 전체의 이익을 위해서는 서로 협조해야 하며, 따라서 김 과장님 자신도 회사 전체를 위하여 다소 희생하실 용의가 있어야 할 줄로 믿습니다. 김 과장님께서 정 차장을 직속상사로 인정하실 수 없다면 우리는 김 과장님의 사표를 요청할 수밖에 없겠습니다.

김 과장: 글쎄요. 그렇다면 제가 꼭 여기서 일할 필요가 없겠군요. 그리고 제가 이곳에서 계속 일한다면 정 차장 자신이 모든 골치 아픈 일들을 맡아야 할 꺼에요. 비록 주물제조작업에 대해 아무 것도 모를 테지만요.

박 부장: 그러니까 서로 잘 협조해서 계속 일해 주십시오. 김 과장님의 수고는 우리 모두가 잘 이해하고 있습니다. 그렇지만 과장님께서 우기신다면 우리도 하는 수 없이 과장님의 사표를 요구할 수밖에 없을 겁니다.

김 과장: 좋습니다. 정 차장과 함께 일할 수 있을지 우선 두고 보죠. 그러고도 안되면 하는 수 없죠. 그 때엔 저는 여기에 있지 않을 겁니다.

박 부장: 좋습니다. 이렇게 서로 분명하게 해 두는 것이 좋습니다. 제발 적극 협조해 주시길 바랍니다.

두 달 후, 어느 날 김 과장은 몸이 편치 않다는 이유로 일찍 퇴근한 후 아무 소식이 없었다. 그리고 몇 주일 후, 다른 회사의 주물제조과장으로 일하고 있다는 소문이 들려왔다.

토의질문

1. 이 사례에서 김 과장의 행동을 어떻게 설명할 수 있을까요? 그의 행동에 영향을 준 중요 요소를 중심으로 그의 행동을 설명하시오.

2. 김 과장을 인적자원관점에서 평가하시오.

3. 김 과장 문제를 징계관리관점에서 어떻게 해결해야 했을까요? 그리고 박 부장의 역할이 적절했는지 평가하시오.

제 **Ⅳ** 부

인적자원개발과
고몰입 인적자원관리시스템

Strategic
Human
Resource
Management

제6장

전략적 인적자원관리

전략적 인적자원개발과 인적자원관리

Strategic
Human Resource Management

Chapter 11

인력개발과
경력관리

CHAPTER 11

인력개발과 경력관리

현대조직에서 인적자원이 비교경쟁우위요소로 작용하려면 조직구성원들이 항상 조직체 성과에 기여하는 지식과 기술 그리고 행동을 갖추고 있어야 한다. 다시 말해서 현대조직이 세계화·정보화·기술고도화의 환경에서 경쟁력을 지속적으로 강화하려면 교육훈련과 인력개발을 통하여 조직구성원들의 성과향상에 필요한 새로운 기술과 지식 그리고 행동을 끊임없이 개발해야 한다. 이 장은 제1절에서 인력개발의 전략적·체계적 접근방법을 연구하고, 제2절과 제3절에서 교육훈련의 기초적 이론과 주요 교육훈련 및 인력개발기법들을, 그리고 제4절에서 경력계획 및 경력관리에 관하여 연구한다.

제1절 인력개발의 전략적 접근

인적자원은 조직체의 가장 중요한 자원이다. 따라서 조직체의 장기성과와 경쟁력은 인적자원의 능력과 이의 효율적인 활용에 달렸다. 그러므로 현대조직은 인적자원의 잠재능력을 최대로 개발하는 데 많은 노력을 기울인다. 그리고 조직체가 성장하고 발전할수록 인적자원개발의 필요성과 중요성은 더욱 커진다. 현대조직에서 교육훈련과 인력개발의 전략적 중요성 그리고 이의 체계적인 접근방법을 살펴본다.

1. 인력개발과 전략적 인적자원관리

현대조직에서 교육훈련과 인력개발은 흔히 똑같은 의미로 사용된다. 그러나 엄밀한 의미에서 교육훈련과 인력개발은 약간의 차이가 있다. 교육훈련에서 특히 훈련은 조직구성원이 자기 업무나 작업에 즉각 적용할 수 있는 지식이나 기술을 가르치는 것을 의미하는 반면에, 인력개발에서 특히 개발은 구성원의 근본적인 자질과 능력을 향상시키는 것을 의미한다. 따라서 훈련은 현 직무의 비교적 단기적인 효과향상에 초점을 맞추는 반면에, 개발은 구성원의 중장기적 발전과 조직체의 중장기적 필요에 초점을 맞춘다. 여하튼 교육훈련과 인력개발은 조직구성원의 직무성과와 능력향상 그리고 경력발전을 위한 지식, 기술, 자질, 행동의 개발을 의미한다(Anthony et al., 1999; Bartz et al., 1989). 교육훈련과 인력개발은 엄밀한 의미에서 차이가 있지만, 인력개발은 넓은 의미에서 교육훈련을 포함한 포괄적인 개념으로 사용되는 경우가 많이 있다. 우리도 이 장에서 편의상 인력개발을 교육훈련을 포함한 포괄적인 개념으로 사용한다.

현대조직의 내외환경변화는 인적자원으로부터 새로운 지식과 기술 그리고 새로운 역량을 요구한다. 조직구성원의 역량개발이 없다면 인적자원은 도태되고, 따라서 조직의 경쟁력은 약화되어 버릴 수밖에 없다. 따라서 현대조직에서 인력개발은 인적자원관리에서 매우 중요한 위치를 차지한다.

(1) 인적자원의 반감기

현대조직에서 인적자원의 도태는 환경변화가 심할수록 더욱 빠르게 나타난다. 인적자원의 반감기(half-life cycle)설에 의하면 인적자원의 지식과 기술은 지속적 개발이 없을 경우 3년마다 50%씩 감소되어 10년 후에는 조직체에서 거의 무용지물로 변해버린다고 한다(이성용, 1999). 즉, 대졸신입사원의 경우 그의 역량지수는 입사시의 100%에서 3년 후에는 50%로, 6년 후에는 25%로 그리고 9년 후에는 12.5%로 감소되어 버린다는 것이다. 물론 인적자원의 역량감소는 지식과 기술의 종류에 따라, 또한 업종과 업무 분야에 따라 다르지만, 이와 같은 인적자원의 반감기설은 현대조직에서 인력개발이 얼마나 중요한지를 말해 준다. 인력개발은 이와 같은 역량감소를 방지하고 새로운 환경에서 요구되는 지식과 기술을 습득시켜 인적자원이 조직체의 전략적 목표달성에 끊임없이 기여하도록 만든다.

<table>
<tr><td>

예시 11-1

GE의 경영인력 개발정책

GE는 값싼 전구로부터 의료기기, 제트엔진, 핵발전소, 그리고 정보통신과 금융서비스에 이르기까지 다양한 제품을 생산하는 세계에서 가장 다각화된 초대형 기업체이다. 따라서 GE는 무경계 경영이념 하에 통합된 다양성(integrated diversity) 문화와 세계 최강의 경쟁력을 목적으로 수많은 사업부(SBU)와 회사 전체의 통합된 전략경영을 수행할 우수한 경영인력 개발을 모든 경영자들과 관리자들에게 책임화하고, 이에 많은 노력을 기울이고 있다. GE의 경영인력 개발의 기본이념과 주요 정책은 다음과 같다.

1. 우수한 경영인력의 개발은 GE 회장의 가장 중대한 책임이다.
2. 사내 각계 각층의 경영자도 경영인력개발에 똑같이 중대한 책임을 진다.
3. 내부승진은 동기부여 관점에서 예외없이 적용되어야 한다.
</td><td>

4. 인력분석과 감사(manpower review)는 경영인력개발계획의 중요 과정이다.
5. 경영인력의 개발은 근본적으로 경영업무를 수행하는 과정에서 이루어진다.
6. 경영인력개발은 인사이동에 필수적으로 연결·반영되어야 한다.
7. 다양한 경영스타일과 특성 그리고 경영능력의 개발을 조장한다.
8. 경영인력의 경력진로와 경력개발계획은 회사의 규모와 다양성 그리고 분권체계에 적합하게 설계되어야 한다.
9. 경영인력개발의 목적을 달성하기 위해서는 정규적인 보상정책과 조직경영에 예외가 적용될 수도 있다.
10. 전문관리스태프는 인력개발과정에 관여하지만, 그 기능은 어디까지나 실무경영자의 경영인력개발 역할을 지원하는 데 있다.
</td></tr>
</table>

(2) 인력개발의 전략적 중요성

다변화환경 속에서 현대조직은 비교경쟁우위를 강화하기 위하여 새로운 기술을 도입하고 환경변화에 신속히 대응할 수 있는 유기적이고 신축적인 조직구조를 설계해 나간다. 그리고 인력개발을 통하여 새로운 기술과 조직변화에 적합한 구성원들의 의식과 태도 그리고 행동을 개발하는 데 많은 노력을 기울인다. 현대조직에서 특히 지식근로자의 증가는 인력개발 그리고 나아가서는 경력개발의 중요성을 한층 더 높여준다(Von Glinow, 1989). 그리고 성과가 높은 우수한 조직체일수록 인력개발을 더 중시하고 이를 경영이념화·전략화하여 모든 관리자의 중요한 실무책임으로 이를 강조한다(이학종, 1994; Collins & Porras, 1994; [예시 11 - 1] 참조).

새로운 기술의 도입과 조직구조조정 그리고 이를 위한 교육훈련과 인력개발은 조직구성원들로부터 많은 저항과 반발을 야기할 수 있다. 변화에 대한 구성원들의 저항을 극복하지 못하는 조직체는 항상 변하는 내외환경에 적절히 적응하지 못하고 점점 도태·침체될 수밖에 없다. 따라서 교육훈련과 인력개발은 현대조직의 생존은 물론 이의 지속적인 발전에 필수적인 요소라 할 수 있다.

2. 체계적인 인력개발관리

교육훈련과 인력개발은 자동적으로 이루어지지 않는다. 종래에는 조직체에서 일하는 동안에 실무경험을 통하여 조직체가 필요로 하는 모든 기술과 능력이 자연적으로 개발될 수 있었으나 조직체의 내외환경변화가 심해짐에 따라서 실무경험과 더불어 중점적인 교육 훈련과 인력개발 프로그램이 필요하게 되었다. 그렇다고 해서 교육훈련과 인력개발을 맹목적으로 추구하는 경우에는 경제성과 효과성이 의문시될 수 있다. 그러므로 교육훈련과 인력개발은 뚜렷한 목적하에 조직체의 성과향상을 위하여, 그리고 효과적인 방법과 내용을 중심으로 체계적으로 계획·추진되어야 한다. 인력개발에 포함된 중요한 단계적 계획 및 실천과정을 요약한다(〈그림 11 - 1〉 참조).

(1) 인력개발의 필요성 분석

인력개발의 첫 번째 단계는 조직체가 교육훈련·인력개발의 필요성을 파악하는 것이

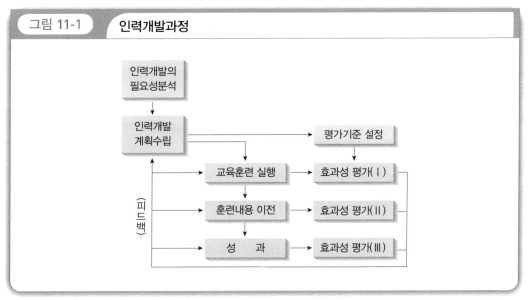

그림 11-1 **인력개발과정**

자료: Goldstein, I. L.(1986).

다. 이것은 조직체의 실제적인 성과나 각종 통계지표 그리고 구성원들로부터의 피드백 등을 통하여 감지된다. 즉, 이익의 저하, 시장경쟁력의 약화, 구성원의 협조의식 저하, 유능한 인력의 이직, 원가상승, 생산성의 저하, 부서 간의 갈등, 사기저하 등 여러 가지 증상이 나타나면 일단 인력개발의 필요성 징후로 인식할 수 있다. 그러나 보다 구체적인 인력개발의 필요성은 대체로 다음 세 가지 단계를 거쳐 확인하게 된다.

① 조직체분석(Organization analysis): 조직체의 전략목적을 중심으로 이를 달성하는 데 요구되는 역량수요와 그러한 역량수요를 충족하는 데 있어서 역량개발이 가장 적절한 접근법인지를 검토하는 등 전체 조직체 수준에서 인력개발의 필요성을 분석하고, 조직체 차원에서 역량개발을 위한 여건이 조성되어 있는지 여부를 점검한다.

② 업무분석(Task analysis): 성과달성을 위해 필요한 업무의 내용과 업무수행자가 갖춰야 할 역량수준을 분석함으로써 인력개발 필요성을 점검한다.

③ 개인분석(Person analysis): 업무수행 성과표준을 달성하기 위해 요구되는 구체적인 지식, 기술, 행동 등에 비춰 조직구성원별로 인력개발의 필요성을 분석한다.

이와 같이 인력개발의 필요성은 조직체와 업무 그리고 개인 수준에서 조직체목적과 과업 그리고 성과표준을 중심으로 자세히 분석되어 조직체의 구체적인 인력개발 목적과 계획으로 연결된다. 이 분석과정에서 조직체는 관찰, 설문, 면접, 외부자문, 그리고 시험과 토의 등 여러 가지의 평가방법을 사용하며, 그 외에도 각층 관리자와 조직구성원 개개인으로부터 그들의 의사와 제안 그리고 건의를 받아서 이를 참조하여 인력개발의 필요성을 정확하게 파악하도록 노력한다. 그리고 현재뿐만 아니라 미래도 감안하여 인력개발의 필요성을 파악한다(Wexley & Latham, 1981; Caffarella, 1985).

(2) 인력개발 계획수립

인력개발의 필요성을 파악한 후에는 인력개발의 목적을 구체화하고 그 목적을 달성할 계획을 수립해야 한다. 인력개발의 목적은 필요성 분석에서 확인된 필요역량과 보유역량에 있어서의 격차(gap)를 해소하는 데 맞춰지는 것이 보통이고, 계획은 그 목적을 효과적으로 달성하기 위한 방안을 모색하는 과정인데 이 단계에서는 조직구성원에 대한 실제 교육훈련 프로그램뿐만 아니라, 교육훈련을 담당할 연수요원에 대한 계획과 교육훈련자료의 개발 그리고 교육훈련에 필요한 설비시설과 기자재에 대한 계획도 포함한다. 그리고 인력개발은 교육훈련은 물론 인사이동과 실무경험을 통한 경력개발과도 밀접한 관계가 있으므로 실무부서 및 경영층과의 긴밀한 협의 하에 수립되어야 한다. 그리고 이 단계에서 또 한 가지 계획에 포함시켜야 할 내용이 프로그램을 실행한 후 해당 프로그램의 효과를 평가하는 데 사용할 평가기준이다. 인력개발 프로그램의 효과성 평가는 해당 프로그램이 달성하고자 하는 목적에 비추어 이루어져야 하기 때문에 계획단계에서 미리 평가기준을 구체화해 놓을 필요가 있다.

(3) 교육훈련 실시

인력개발의 다음 단계는 각종 교육훈련을 실제로 실시하는 것이다. 교육훈련은 사외, 사내, 계층별, 전문기능별, 집단, 개인 등 여러 형태로 실시된다. 그리고 교육훈련방법도 강의, 토의, 사례연구, 사이버 교육 등 여러 가지 방법이 사용된다. 각종 교육훈련 형태와 방법에 관해서는 다음 절에서 자세히 설명한다.

(4) 훈련내용의 이전

조직 내 훈련이 일반교육과 다른 점은 훈련프로그램을 통하여 습득한 지식이나 기술, 행동양식 등을 직무에서 활용하는 것을 전제로 한다는 점이다. 훈련을 받은 사람들이 훈련기간에 습득한 내용을 자동적으로 직무현장에서 적용하고 활용하는 것은 아니기 때문에 훈련의 효과성을 높이려면 훈련내용의 업무수행 현장으로의 이전(transfer of training)에 특별한 주의를 기울일 필요가 있다. 훈련과정에서 대인관계기술이나 문제해결기술을 습득한 조직구성원이 자신의 직무로 돌아가서 배운 기술을 적용하려 했을 때 함께 일하는 동료들이나 상사가 냉소적인 시선으로 바라보며 비협조적인 자세로 대한다면 훈련내용의 업무수행 현장 이전은 잘 일어나지 않을 것이다.

훈련내용의 업무수행 이전은 두 가지 차원에서 생각해 볼 수 있다. 첫째는 훈련내용의 유지 차원으로서 훈련과정에서 습득한 내용을 잊어버리지 않고 지속적으로 유지·적용하는 것을 가리킨다. 통상 적용범위가 좁은 직무 특유 혹은 직종 특유의 지식이나 기술이 이러한 차원의 이전 대상에 해당한다고 볼 수 있다. 다음으로는 훈련내용의 응용 및 일반화 차원으로서 직무수행과정에서 훈련을 통하여 습득한 내용을 응용하고 활용하는 것을 가리킨다. 통상 적용범위가 넓은 다기능 지식이나 다기능 기술 혹은 업무관련 기본지식이나 기본기술 등이 이러한 차원의 이전대상에 해당한다고 볼 수 있다.

훈련내용의 업무수행현장 이전을 제고하기 위해서는 훈련프로그램의 설계 및 실행 단계에서 고려해야 할 요인들과 직무복귀 이후 단계에서 고려해야 할 요인들, 그리고 전반적인 조직의 분위기와 인센티브 메커니즘 등을 점검할 필요가 있다. 우선 훈련프로그램의 설계 및 실행 단계에서 고려해야 할 상황들은 다음을 포함한다.

① 훈련현장과 직무현장 사이의, 그리고 훈련내용과 직무내용 사이의 유사성을 제고한다.

② 훈련기간 중 습득한 내용을 실습해보거나 적용해볼 수 있는 기회를 제공한다.

③ 학습내용이 충분한 정도로 익숙해지기 위하여 과학습(overlearning)이 일어나도록 한다.

④ 응용력을 제고하기 위해서는 일반원리 등을 숙지하도록 하되 다양한 상황을 설정하여 적용해보도록 훈련한다.

또한, 훈련내용의 업무수행현장 이전을 제고시키기 위하여 직무복귀 이후 고려해야 할 상황들은 다음을 포함한다.

① 새로 습득한 내용을 현장에서 적용할 수 있는 기회를 제공한다.

② 적용하는 데 어려움을 야기하는 장애요인을 제거한다.

③ 훈련내용을 현장에서 적용하고 활용하는 데 필요한 자원을 제공한다.

이러한 구체적 지원 외에도 훈련과정을 통해 습득한 내용을 이전하는 데 큰 영향을 미치는 것이 조직의 분위기와 인센티브 메커니즘이다. 상사나 동료들이 새로 습득한 기술이나 행동양식을 적용하고 활용하는 것을 격려하고 긍정적 피드백을 제공하는 등 지지적 분위기를 형성할 때 당사자들은 심리적 안정감을 갖고 보다 더 적극적으로 훈련내용을 업무수행현장에 이전하려 할 것이며, 그에 더하여 훈련내용을 적극적으로 활용한 결과 자신의 경력발전 등과 같은 내재적 보상(intrinsic rewards)을 얻거나 임금인상 등과 같은 외재적 보상(extrinsic rewards)을 얻게 되면 훈련내용의 이전은 더욱 더 활발하게 일어날 수 있다.

(5) 효과 분석

인력개발 프로그램을 효과적으로 관리하려면 교육훈련의 효과를 반드시 측정·평가하여 그 결과를 앞으로의 교육훈련·인력개발 계획에 참조해야 한다. 인력개발 프로그램의 효과성 측정을 위한 기준은 해당 프로그램의 목적을 설정하는 초기단계에 미리 확정해 놓을 필요가 있다는 점은 앞에서 지적한 바와 같다. 그럼에도 불구하고 인력개발 프로그램의 효과를 측정하는 것은 용이하지 않다. 그것은 교육훈련의 효과발생 시기를 정확히 예측하기가 어려울 뿐만 아니라, 효과를 측정할 측정치 개발도 쉽지 않기 때문이다.

일반적으로 교육훈련의 효과는 다음 네 가지 수준에서 이루어진다(Kirkpatrick, 1998).

① 반응(Reaction): 교육훈련 프로그램 참가자들의 프로그램에 대한 평가
② 학습(Learning): 교육 참가자들이 해당 프로그램에 참여한 결과로서 그들의 태도, 지식, 기술 등에서 향상이 일어난 정도
③ 행동(Behavior): 교육 참가자들이 해당 프로그램에 참여한 결과로서 그들의 행동에서 변화가 일어난 정도
④ 결과(Results): 교육 참가자들이 교육훈련 프로그램에 참여한 결과로서 최종 결과물(생산성, 품질, 비용, 사고율, 판매율, 이직률 이익 등)에서 변화가 일어난 정도

그러나 교육훈련의 효과는 일반적으로 교육훈련 프로그램에 대한 참가자들의 반응수준에서 측정하거나, 교육훈련내용에 대한 학습효과를 중심으로 측정되는 것이 보통이다. 교육훈련 참가자가 실무로 되돌아가 업무를 수행하는 과정에서 나타나는 업무수행성과, 즉 행동이나 결과 수준에서 효과를 측정하는 경우는 드문 것이 현실이다. 이는 행동이나 결과 수준에서의 효과측정이 훨씬 더 중요함에도 불구하고 실행상의 어려움이 있기 때문이다. 행동 수준에서의 효과를 측정하려면 교육훈련 참가자들의 상사로부터 도움을 받아야 하고, 결과 수준에서의 효과를 측정하려면 교육훈련 프로그램과 관련이 없는 개인 혹은 조직체 요인이 해당 결과에 미치는 효과를 제외하고 해당 교육훈련에 의하여 향상된 결과만을 근거로 하여 그 효과를 측정해야 하는 등의 어려움이 있다.

그럼에도 불구하고 교육훈련의 효과는 결국 실제 직무수행성과로 연결되어야 하므로 교육훈련의 학습효과와 더불어 행동이나 결과 수준에서의 효과를 측정하는 것은 교육훈련 전문스태프의 중요한 과제이다. 특히 교육훈련의 학습효과는 실무에서의 강화작용이 없이는 그 효과가 소멸될 위험성이 있으므로 교육훈련의 이전효과를 발생시키는 일선관리자들의 역할이 매우 중요하다(〈그림 11 - 1〉 참조). 그리고 교육훈련의 행동 및 결과 수준에서 효과분석은 일선관리자들로 하여금 교육훈련 프로그램의 개선에 대해서도 관심을 갖도록 하는 좋은 방법이 될 수 있다. 특히 인사고과는 교육훈련의 실제 직무수행성과 수준에서 효과를 평가할 수 있는 좋은 기회가 될 수 있다(Russ-Eft & Zenger, 1985).

제2절 교육훈련의 이론적 기초

앞 절에서 설명한 바와 같이, 인력개발의 목적은 조직구성원으로 하여금 조직체의 전략적 목적에 기여할 수 있는 능력을 개발하게 하는 것이고, 인력개발의 목적을 효율적으로 달성하려면 교육훈련에 대한 전략적이고 체계적인 접근은 물론 교육훈련 프로그램에서 몇 가지의 학습원리(learning principles)가 잘 적용되어야 한다.

1. 교육훈련의 목적과 타당도

교육훈련의 궁극적인 목적은 조직구성원의 능력개발을 통한 성과향상이다. 다시 말해서 교육훈련은 구성원의 단기적 또는 장기적 성과를 향상시키기 위하여 이에 필요한 자질과 능력의 개발을 목적으로 한다. 현대조직에서 교육훈련이 지향하는 주요 변화측면과 교육훈련의 타당도에 관하여 알아본다.

(1) 교육훈련의 변화측면

현대조직의 교육훈련은 그 목적에 따라 지향하는 바가 다르지만, 일반적으로 다음 세 가지 측면을 대상으로 변화를 시도한다.

① 지식과 기술: 조직구성원의 업무수행능력과 관련된 일반지식이나 전문지식 그리고 과업수행방법이나 업무수행기능 등을 포함한다.
② 동기와 태도: 조직구성원의 일에 대한 동기나 태도 등은 조직구성원의 업무수행능력과 기술을 성과향상으로 연결시키는 심리적 요소이다.
③ 행동과 대인관계: 조직구성원의 직무수행행동과 집단구성원과의 상호작용능력으로서 성과와 직접적으로 연관된 행동적 요소이다.

세계화·정보화·기술고도화의 환경변화는 현대조직 구성원들로부터 많은 변화를 요구하고, 여기에 새로운 지식과 기술 그리고 태도와 행동을 개발하기 위한 교육훈련이 필요하게 된다. 그리하여 〈그림 11-2〉에서 보는 바와 같이 교육훈련 프로그램의 내용과 방법은 교육훈련이 지향하는 변화를 반영하고, 지식과 기술 그리고 행동상의 변화는 실제 성과에 연결되어 교육훈련의 타당도를 결정하는 중요한 요소로 작용한다. 따라서 교육훈련의 목적

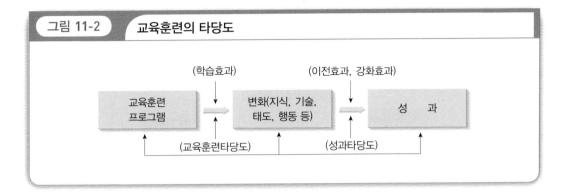

그림 11-2　교육훈련의 타당도

(학습효과)　　　(이전효과, 강화효과)

교육훈련 프로그램　→　변화(지식, 기술, 태도, 행동 등)　→　성　과

(교육훈련타당도)　　　(성과타당도)

을 구체적인 조직구성원의 변화목표에 연결시켜 이를 교육훈련 내용과 방법에 반영시킴으로써 타당도가 높은 교육훈련 프로그램을 설계할 수 있다.

(2) 교육훈련의 타당도

교육훈련 프로그램의 타당도를 분석하는 데 있어서 교육훈련내용 및 방법과 그 프로그램이 지향하는 변화의 내용과의 관계는 교육훈련타당도(training validity)에 의하여 측정되고, 교육훈련과 실제 성과와의 관계는 성과타당도(performance validity)에 의하여 측정된다(Goldstein, 1984; 〈그림 11 – 2〉 참조). 그리고 교육훈련을 통한 구성원의 변화는 학습효과를 말해 주는 데 비하여, 실제 성과는 학습효과를 실무에 적용하는 이전효과와 이를 촉진하는 강화효과가 중요하다는 것을 말해 준다. 그러므로 교육훈련 프로그램의 효과를 높이려면 이들 타당도를 높여야 한다. 이와 같이 교육훈련의 타당도분석은 교육훈련의 효과를 정확히 분석하고 보다 높은 효과성을 모색하는 데 이론적인 면에서 많은 도움을 준다.

② 학습의 원리

학습이 효과적으로 일어나도록 훈련 프로그램을 설계하기 위해서는 개인들이 어떻게 새로운 것들을 습득하는지 그 기본원리에 대한 이해가 전제되어야 한다. 그뿐 아니라, 어떠한 조건 아래서 새로 습득한 것들을 직무수행 현장으로 잘 이전하는지에 대해서도 충분한 고려가 있어야 한다.

우선, 훈련의 목표가 직무관련 지식을 증대시키는 데 있다면 ① 구체적이고 도전적인 학습목표 설정, ② 의미있는 학습자료 제공, ③ 적용기회 제공, ④ 피드백 등 네 가지 요소

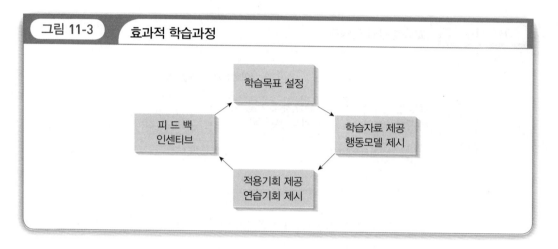

그림 11-3   효과적 학습과정

가 훈련프로그램 안에 갖춰질 때 학습이 효과적으로 일어난다. 그러나, 훈련의 목표가 직무 관련 기술의 증대나 행동양식의 변화를 이끌어내는 데 있다면 ① 구체적이고 도전적인 학습목표 설정, ② 행동모델 제시, ③ 연습기회 제공, ④ 피드백 등의 네 가지 요소가 훈련 프로그램안에 통합될 필요가 있다(〈그림 11 - 3〉 참조).

(1) 학습목표의 설정

효과적 학습의 첫 번째 원리인 학습목표의 설정은 목표설정이론(goal setting theory)에 기초하고 있는데, 그 이론에 따르면 구체적이고 도전적인 목표를 설정하고 나면 당사자들이 그 목표를 달성하기 위하여 자신들의 행동을 스스로 규율함으로써 높은 성취도를 이루게 된다. 목표설정은 개인들의 주의력을 목표에 집중하도록 하고, 그 목표를 달성하기 위하여 보다 많은 노력을 기울이도록 동기를 부여하며, 목표를 보다 효과적으로 달성하기 위하여 다양한 전략을 세우도록 유도함으로써 높은 성과를 이룰 수 있게 한다. 물론 이 때 중요한 것은 당사자들이 그 목표에 얼마나 몰입하느냐인데, 이를 위해서는 피교육자들이 능동적으로 목표설정 과정에 참여하도록 유도할 필요가 있다.

(2) 의미 있는 학습자료 및 행동모델의 제시

효과적인 학습의 두 번째 원리는 지식 증진을 위한 훈련에서는 의미 있는 학습자료를 제공하고, 기술이나 행동양식 훈련에서는 행동모델을 제시하는 것이다. 지식증진을 위한 훈련에서 학습자들에게 유용하고 의미 있는 학습자료를 제공할 때 학습에 흥미를 갖고 그 과정에 몰입하리라는 것은 재론의 여지가 없다. 한편, 기술이나 행동양식 훈련에서 행동모델을 제시함으로써 훈련의 효과가 높아진다는 원리는 사회적 학습이론(social learning theory)에 근거해 있다. 그 이론에 따르면, 사람들은 훈련의 내용에 해당하는 기술이나 행동양식에 대해 깊이 알고 있다고 믿을 만한 모델이 해당되는 기술이나 행동양식을 직접 시현해 보여줄 때 그것을 관찰함으로써 잘 배울 수 있다. 모델이 시현해 보여주는 기술이나 행동양식이 해당 기술이나 행동양식을 구성하는 중요 단서들을 제공해 주기 때문이다. 따라서 이를 효과적으로 활용하기 위해서는 모델이 해당 기술이나 행동양식을 시현해 보여줄 때 핵심 관찰 포인트가 무엇인지 미리 학습자들에게 제공해 줌으로써 그것들에 주의를 기울여 해당 핵심 포인트들을 관찰할 수 있도록 도와주는 것이 바람직하다.

(3) 적용 및 연습기회의 제공

효과적 학습의 세 번째 원리는 학습내용을 실무적 문제에 적용하거나 연습해 볼 수 있도록 기회를 제공하는 것이다. 특히 훈련내용이 기술이나 행동양식일 때 학습자들에게 행동모델에게서 관찰한 내용을 직접 실습할 수 있는 기회를 제공하고 실습한 바를 본인에게 피드백해 줌으로써 부족한 부분을 바로잡고 그것에 익숙해지도록 할 필요가 있다. 특별히 교육내용의 업무수행현장 이전을 촉진하려면 피교육자가 학습한 내용에 충분히 익숙해지도록 반복적인 학습, 즉 과학습(overlearning)이 일어나도록 하고, 응용력을 제고하기 위해서는 일반원리 등을 숙지하도록 하되 다양한 상황을 설정하여 실제 그 원리들을 적용해 보도록 훈련할 필요가 있다.

(4) 피드백 및 인센티브의 제공

효과적 학습의 네 번째 원리는 피드백과 인센티브를 제공하는 것이다. 교육훈련에서 피교육자에게 학습결과를 수시로 알려주는 피드백은 학습의 효과를 증대시키는 데 많은 도움을 준다. 그리고 새롭게 학습한 기술이나 행동양식이 자신에게 긍정적 결과를 가져다준다는 것을 확인시켜주는 인센티브가 존재할 때 그러한 기술이나 행동양식은 더욱 더 강화될 수 있다. 교육훈련을 받은 사항을 구성원의 경력발전과 연결시키고, 교육훈련결과를 인사고과 등에 반영하며, 더 나아가 교육훈련의 결과를 승급이나 승진으로 연결시킨다면 교육훈련의 강화효과는 더욱 커질 것이다.

(5) 학습곡선

학습은 개인의 학습동기와 학습내용 및 방법에 따라서 〈그림 14 - 4〉에서 보는 바와 같이 여러 가지 형태의 패턴을 나타낸다. 〈그림 11 - 4〉의 A형은 체감형으로서 비교적 쉬운 학습과정에서 흔히 볼 수 있는 반면에, B형은 가속형으로서 비교적 어려운 학습과정에서 흔히 나타난다(Bass & Vaughn, 1966). 그리고 C형은 플라토우형으로서 동기소진이나 포만효과 또는 학습방법상의 문제 등으로 학습효과가 일단 정지되는 과정을 보여 준다. 따라서 이러한 여러 가지 형태의 효과패턴을 감안하여 교육효과를 최대화하도록 노력할 필요가 있다.

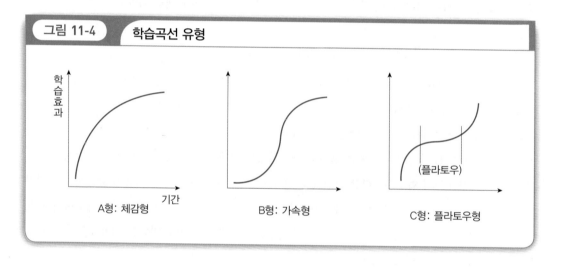

그림 11-4 학습곡선 유형

학습효과 / 기간
A형: 체감형
B형: 가속형
(플라토우)
C형: 플라토우형

③. 교육훈련 체계와 형태

조직체는 여러 계층과 기능분야로 구성되어 있고, 조직구성원들도 경력과 경험, 지식과 기술 수준 그리고 능력과 행동에 있어서 모두 다른 배경을 가지고 있다. 따라서 각 계층과 기능분야는 물론, 구성원마다 교육훈련의 필요성도 모두 다르다. 이러한 상황에서 조직체는 구성원이 필요로 하는 교육훈련을 효과적으로 제공하기 위하여 기본적인 교육훈련체계를 설계할 필요가 있다. 물론 조직체에서 요구되는 교육훈련체계는 조직체마다 다르다. 그러나 일반적으로 교육훈련체계는 교육훈련목적과 교육대상자 그리고 교육장소에 따라서 다음과 같이 분류될 수 있다(〈표 11 - 1〉 참조).

■■표 11-1 교육훈련 체계

사내교육훈련	• 입직훈련 • 계층별 훈련 • 전문분야별 훈련 • 경영자 교육	• 기능공훈련 • 직무현장훈련 • 특수훈련 • 위탁훈련
사외교육훈련	• 교육기관 • 연구 · 연수기관 • 용역기관	• 산업 · 경제단체 • 해외연수

(1) 입직훈련

입직훈련(orientation)은 신입사원에 대한 교육훈련으로서 조직체의 조직체계와 방침, 역사와 전통 등 조직체에 대한 일반적인 소개와 조직체의 일원으로서 조직체 생활에 필요한 자세와 태도를 갖추게 하는 것을 목적으로 한다(Jones, 1984). 입사초기에 이직률이 높은 경우가 많기 때문에 입직훈련은 입직 시부터 신입사원의 조직체에 대한 만족스러운 적응을 위하여 그 중요성이 점점 커지고 있다. 특히 현대조직의 조직문화관점에서 입사 초기부터 조직체의 전통가치를 습득시키고 '조직인'을 만드는 사회화과정도 점점 강조되고 있다(Pascale, 1984).

우리나라에서도 입사 시부터 조직체 구성원으로서의 기본 정신과 자세를 개발하는 것을 입직훈련에서 강조하는 조직체들이 많이 있다.

(2) 계층별, 전문분야별 훈련

조직체 계층과 조직구성원의 신분에 따라서 교육훈련 프로그램을 작성할 수도 있다. 임원진으로부터 시작하여 간부 또는 중견간부, 일선관리자, 사원 등의 계층을 중심으로 각 계층에서 필요로 하는 교육훈련을 제공할 수 있다. 일반적으로 상위계층일수록 전략적인 과제를, 그리고 하위계층일수록 실무기술에 관련된 과제를 각각 강조한다. 또한 교육훈련 프로그램은 조직체의 전문분야를 중심으로 형성될 수 있다. 생산, 마케팅, 재무·회계, 인사·노무, 기획, 국제경영, 정보기술(IT) 등에 관한 기능분야별 전문교육 프로그램이 이에 속한다.

(3) 경영자 교육

전문분야별 교육과 더불어 특히 근래에 우리나라 기업에서 강조되고 있는 것은 선진

기업 경영자로서의 기본 자질과 능력의 개발이다. 경영자교육의 근래 추세는 경영학석사(MBA) 수준을 목표로 한 몇 달 동안의 집중적인 교육으로서, 주로 위탁교육 형태(위탁교육 참조)로 이루어진다. 그리고 일부 기업에서는 우수한 경영인재들을 조기에 발굴하여 이들의 교육훈련과 개발을 체계적으로 특별 관리하는 임원육성제도도 도입하여 운영하고 있다.

(4) 직무현장훈련

직무현장훈련(on-the-job training)은 흔히 OJT라고 불리는데, 생산직 기능공은 물론 사무직에서도 상사가 부하의 직무수행을 지도하면서 직무수행방법과 이에 필요한 기술을 습득시키는 방법이다. 감독자뿐만 아니라 고참 구성원도 직무훈련을 담당할 수 있다. 매우 실질적이고 적용 가능한 방법이므로 여러 교육훈련방법 중에서 실제로 가장 널리 사용되는 방법이다. OJT를 보다 공식적으로 실시하는 경우에는 특별히 훈련을 받은 교육자가 정식으로 임명되어 OJT를 담당하고, OJT의 목적과 절차 그리고 훈련과정 등에 관한 매뉴얼을 작성하여 OJT에 적용한다(Rothwell & Kanzanath, 1990; Filipczak, 1996).

(5) 기능공훈련

기능공을 위한 훈련은 계층별 또는 전문분야별 훈련에 포함될 수도 있지만, 교육대상자가 많고 그 중요성도 크므로 별도로 분류될 수 있다. 기능공훈련은 주로 생산직 기능공에 대한 기술훈련 프로그램으로서 강의실교육(class-room training)과 실습장훈련(vestibule training), 그리고 도제식 훈련(apprentice train-ing)과 직무현장훈련(on-the-job training)을 포함한다. 기능공훈련의 대상자가 많기 때문에 그들의 효율적인 훈련을 위한 작업지시훈련(job instruction training)방법도 많이 활용된다. 도제식 훈련은 강의실교육과 직무현장훈련을 결합한 교육훈련방법으로서, 특히 유럽국가에서 많이 활용되어 전통적으로 기업의 기능공수급에 많은 도움이 되어 왔다.

(6) 특수 교육훈련

그 이외에 언어교육과 같은 특수 교육훈련 프로그램도 별도로 설계될 수 있다. 기업의 국제화·세계화가 심화됨에 따라서 영어는 물론 일어, 중국어, 불어, 독일어, 서반아어, 러시아어, 아랍어 등의 언어교육 프로그램이 점점 활발해지고 있다. 그리고 근래에는 구조조정 및 경영혁신과 관련하여 많은 조직체에서 여러 가지 혁신기법과 조직변신 그리고 신조직문화 개발 등에 관한 집중교육훈련도 실시하고 있다.

(7) 위탁교육

이상은 주로 같은 조직체의 구성원을 대상으로, 조직체의 자체 연수원이나 조직체 내에서 교육훈련이 이루어지는 사내교육훈련 프로그램이다. 대부분이 집합교육의 형태로 실시되지만, 직무현장훈련과 같이 개인적 교육형태로도 실시된다. 그리고 이들 사내교육훈련은 대부분의 경우 사내의 교육담당자나 연수요원에 의하여 그 프로그램이 계획되지만, 경우에 따라서는 외부의 교육기관이나 연수기관에 의뢰하여 위탁교육의 형태로 계획될 수도 있다. 특히 금호아시아나, LG 등이 오랫동안 국내 경영대학원에서 경영학석사(MBA)에 해당하는 위탁교육을 실시해 왔고, 선진국 유명 경영대학원과의 특별 경영석사 학위과정도 실시하고 있다. 그리고 국내외 교육기관에서 최고경영자(CEO)를 위한 위탁교육도 실시하고 있다.

4. 사외교육훈련

이들 사내교육훈련과 더불어 조직구성원들이 외부에 나가서 다른 조직체 구성원들과 같이 교육을 받는 사외교육훈련 프로그램도 많이 있다. 사외교육훈련 프로그램의 중요 형태를 요약한다.

(1) 교육기관

조직구성원으로 하여금 직업훈련학교, 대학교 및 대학원 등 교육기관에서 교양과목으로부터 전문기술과 특수 교육과정 그리고 학위과정에 이르기까지 여러 가지의 다양한 교육을 받도록 할 수 있다. 특히 우리나라도 경제발전과 더불어 경영대학원과 산업대학원 등 특수대학원에서 전문경영관리자의 양성교육이 1960년대 이래 계속 활발하게 실시되어 왔다 (Lee, 1993).

(2) 연구 및 연수기관

능률협회, 생산성본부, 노동연구원, 인력개발원, 한국경영연구원 등 여러 연구 및 연수기관에서도 주로 기업을 대상으로 각종 교육훈련 프로그램을 제공하고 있다. 따라서 조직체는 이러한 외부기관에 구성원들을 보내서 교육을 받도록 할 수 있다. 그리고 학원에서도 컴퓨터교육 등을 제공하며 용역회사에서도 각종 교육훈련 프로그램을 제공하고 있다. 근래에 이들 외부 연구 및 연수기관의 교육훈련 프로그램은 급속히 증가하고 있다.

(3) 정부 및 경제 · 산업단체

공무원교육연수원, 대한상공회의소, 한국무역협회, 전국경제인연합회, 경영자총협회, 중소기업진흥회 등 정부 및 경제·산업단체도 공무원과 기업을 포함한 모든 직업인들을 대상으로 여러 가지 교육훈련과 세미나 프로그램을 제공하고 있다.

(4) 해외연수

근래에 우리나라에서 점점 중요시되고 있는 사외교육으로 해외교육과 연수 프로그램을 들 수 있다. 주로 전문기술자나 전문경영자를 선정하여 선진국의 대학원학위 과정이나 특수교육과정에 보내는 인재양성방법이다.

이상 중요한 사내외교육훈련 프로그램을 중심으로 조직체의 교육훈련체계를 살펴보았다. 이들 교육훈련 프로그램은 과거 30년 동안 우리나라의 경제발전과 더불어 계속 확장되어 왔다. 그리고 사외교육훈련에 대한 조직체의 지원도 점차적으로 확대되어 왔다. 대기업의 경우 사외교육훈련은 조직구성원의 경력개발과 자기개발 관점에서 그 중요성이 점점 커지고 있고, 특히 교육기관교육과 해외연수에 있어서도 조직구성원의 장기적인 인력개발 관점에서 이에 대한 지원이 증대되고 있다.

제 3 절   교육훈련방법

앞 절에서 강조한 바와 같이 교육훈련 프로그램은 조직체가 교육훈련에서 달성하고자 하는 목적에 따라서 그 내용이 타당해야 하고, 그 내용에 따라서 이에 적합한 교육훈련방법이 적용되어야 한다. 그리고 학습의 효과를 높이기 위하여 학습목표 설정, 의미있는 자료 제공이나 행동모델 제시, 적용이나 연습, 피드백, 강화작용 등의 학습원리도 적절히 적용되어야 한다. 교육훈련이 지향하는 변화에는 지식과 기술, 동기와 태도, 행동과 대인관계 등

■■표 11-2 **교육훈련방법의 활용도(미국기업)***

교육훈련방법	활용도(%)	교육훈련방법	활용도(%)
강의식 교육훈련	94	멀티미디어중심의 교육훈련	36
비디오중심의 교육훈련	74	게　임	28
시청각중심의 교육훈련	56	인트라넷중심의 교육훈련	21
역할연기	52	극기훈련	11
사례연구	38	인터넷중심의 교육훈련	10

* 복수응답결과.
자료: Training(October 1997), p. 56.

여러 가지 측면이 포함되어 있고, 이들 측면에서의 변화는 교육내용은 물론 교육훈련방법에 따라서 그 효과가 달라진다.

〈표 11-2〉에서 보는 바와 같이 강의, 비디오, 시청각 교육 등이 대체로 선진국기업에서 가장 많이 사용되는 교육훈련방법이고, 사례연구와 역할연기 그리고 컴퓨터 중심의 멀티미디어의 사용을 통한 교육훈련도 증가하고 있다. 그리고 인트라넷과 인터넷을 사용하는 교육훈련방법도 점차 늘어가고 있다. 이와 같은 현상은 우리나라에서도 대체로 똑같이 나타나고 있다. 미국기업에서 멀티미디어, 인트라넷, 인터넷 등 웹기반 교육훈련방법이 지속적으로 늘어날 것으로 전망되고 있다(Koehle, 1997). 웹기반 교육훈련방법은 경제적으로 큰 장점을 가지고 있어서(Gupta, 1996), 우리나라에서도 급속히 확산되고 있다. 교육훈련방법을 결정하는 데에는 물론 새 기술과 경제성도 중요하겠지만, 무엇보다도 교육훈련의 목적에 따라서 가장 효율적인 방법이 결정되어야 할 것이다.

앞 절에서 설명한 바와 같이, 변화관점에서 현대조직의 교육훈련목적은 피교육자들의 지식·기술의 변화와 동기·태도의 변화 그리고 행동의 변화이다. 현대조직은 이들 변화목적을 달성하기 위하여 다양한 교육훈련방법들을 사용한다. 이들 방법을 전통적인 방법과 새로운 정보기술에 의한 방법 그리고 조직개발기법을 중심으로 간단히 설명하고, 실무현장에서의 교육훈련과 성공적인 교육훈련사례로 제록스(Xerox)사의 LUTI 품질교육훈련을 살펴본다.

1. 전통적인 교육훈련방법

현대조직의 교육훈련에는 그 목적과 교육대상에 따라서 여러 가지 방법이 사용된다. 현대조직에서 비교적 오랫동안 사용해 온 전통적인 교육훈련방법과 그 효과를 요약·비교한다.

(1) 강의식 교육

강의(lecture)는 가장 오랫동안 그리고 우리나라에서는 가장 많이 사용되는 교육훈련방법이다. 가장 간단하고 경제적이며, 따라서 가장 쉽게 활용될 수 있는 교육훈련방법이다. 강의방법은 지식·개념·정보 전달을 위한 교육훈련에는 비교적 효과적이지만, 실제 능력개발이나 행동변화에는 비효과적이다. 강의의 학습효과를 높이기 위하여 비디오, 시청각기술, 사례연구방법 등이 적절히 활용될 수 있고, 근래에는 멀티미디어기술도 점점 많이 활용되고 있다.

(2) 회의 · 토의

회의·토의는 주로 소집단 형태에서 교육요원의 지도하에 회의나 토의형식으로 피교육자들의 참여를 통하여 교육훈련을 진행하는 방법이다. 회의·토의의 구조에 따라서 자유토의, 패널토의, 분임토의(team discussion) 등의 방법이 사용될 수 있다. 피교육자 각자가 교육훈련과정에 직접적으로 참여할 수 있는 것이 가장 큰 장점이다.

(3) 시청각교육

시청각교육은 TV, 영화, 비디오, 프로젝터(OHP) 등을 많이 사용하는 교육훈련방법이다. 많은 정보자료에 현대적 시청각 기술을 적용하여 교육훈련내용을 보다 효과적으로 전달할 수 있는 것이 가장 큰 장점이지만, 그 효과는 기대하는 수준만큼 높지 않을 때가 많이 있다.

(4) 사례연구

사례연구는 사례를 중심으로 실제 문제분석과 문제해결 능력을 기르려는 것이 주목적이다. 따라서 문제분석과 해결능력을 배양히는 데에는 매우 효과적이지만, 지식교육에는 그리 효과적이지 않다. 사례연구와 비슷한 방법으로 짧은 중요 사건을 연속적으로 분석해 나가면서 문제의 분석과 해결능력을 배양하는 사건분석방법도 있다.

(5) 역할연기

역할연기는 주어진 사례나 문제에서 어떠한 인물의 역할을 실제로 연기해 봄으로써 그의 당면한 문제를 체험해 보는 교육훈련방법이다. 따라서 인간관계의 태도나 행동변화에 비교적 적합하지만, 지식교육에는 그리 효과적이 않다.

(6) 모의교육

모의교육(game simulation)은 주어진 과제를 중심으로 소집단 피교육자들이 상호 작용이나 문제해결 또는 의사결정을 실제로 수행함으로써 그들로 하여금 소집단행동과 문제해결방법 또는 의사결정상의 문제를 체험하게 하는 교육훈련방법이다. 운영방법에 따라서 특히 문제해결 능력개발과 행동변화에 좋은 효과를 발휘할 수 있다.

(7) 프로그램화된 교육

프로그램화된 교육 또는 자기학습(self-directed learning)은 주로 컴퓨터나 학습기자재를 사용하여 구체적인 지식이나 기술을 교육하는 방법이다. 학습, 연습, 피드백 그리고 강화원리를 가장 잘 적용한 방법으로서, 개인 각자가 주어진 학습지시에 따라 학습을 진행해 나가면서 주기적으로 교육담당자와 토의를 하는 것이 이 교육방법의 일반적인 과정이다. 따라서 개인의 능력 수준과 동기에 따라서 교육을 진행할 수 있다는 점과(Piskurich, 1994) 지식교육에 특히 효과적이라는 것이 가장 중요한 장점이다(Ganger, 1989). 프로그램화된 교육은 컴퓨터의 도움을 받아 반복적인 연습과 문제해결, 시뮬레이션과 게임, 그리고 각종 개인화된 교육학습효과 측정에 활용되어 현대조직에서 그 효과가 인정되어 왔으나, 근래에는 정보기술의 발전으로 점차 웹기반 교육훈련방법으로 대체되어 가고 있다.

2. 정보기술을 활용한 교육훈련방법

현대조직에서 정보통신기술의 활용은 교육훈련에 새로운 기술과 방법을 제공하면서 교육훈련의 경제성과 효과를 획기적으로 증진시킬 수 있는 기회를 가져오고 있다.

(1) 원격 교육훈련

원격 교육훈련은 지역적으로 분산된 피교육자들에게 컴퓨터와 통신기술을 사용하여 교육훈련을 제공하는 방법이다. 교육훈련 이외에 조직체의 정보자료도 제공하여 실무교육에도 활용된다(Hannum, 1995). 교육자와 피교육자 그리고 피교육자들 간의 복합 커뮤니케이션을 통하여 동시에 정보가 교환되고 교육훈련이 이루어진다. 시청각회의, 비디오회의, 문서회의 등이 원격교육의 주요 형태이고, 인터넷이나 멀티미디어를 통한 개인별 교육훈련도 원격 교육훈련에 속한다(Galagan, 1994).

지역적으로 그리고 나아가서는 전세계에 분산되어 있는 피교육자들에게 교육훈련이 가능하다는 것이 원격 교육훈련의 가장 중요한 장점이다. 교육장에 직접 가지 않고 최고의 강의를 들을 수 있음으로써 막대한 비용절감이 가능하다. 그 반면에 교육내용에 따라서 교육자(강사)와의 직접적인 상호 작용이 제한되는 것이 물론 단점이지만, 현장교사(facilitator)를 활용하여 질의응답을 실시함으로써 이 단점을 어느 정도 보완할 수 있다. 미국의 Phoenix University, National Technological University 등은 원격 교육훈련방법을 사용하여 특정 분야에 학위까지 수여하고 있으며, IBM, DEC, Eastman Kodak 등 많은 미국기업이 이들 교육프로그램에 참여하고 있다(Noe et al., 2010).

(2) 웹기반 교육훈련

웹기반 교육훈련(Web-based training)은 인터넷에 의한 공개 컴퓨터네트워크나 인트라넷에 의한 사적 컴퓨터 네트워크를 통하여 제공되는 교육훈련 프로그램을 의미한다(Glener, 1996). 기업에서의 웹기반 교육훈련은 주로 인트라넷을 통한 교육자와 피교육자 간의 단순한 커뮤니케이션 수준으로부터 특정 교육훈련 프로그램을 중심으로 교육자와 피교육자 그리고 피교육자들 간 높은 수준의 커뮤니케이션과 학습 상호 작용에 이르기까지 다양한 형태로 구성된다. 높은 수준의 웹기반 교육훈련은 교육훈련 프로그램들 간의 상호연결을 통하여 교육훈련자원의 범위를 대폭 확대하는 한편, 피교육자들의 학습경험도 상호교환하고 이를 데이터베이스에 입력·저장시켜 조직체의 지적자본 데이터베이스를 구축하는 데 중요한 역할을 한다.

웹기반 교육훈련도 원격 교육훈련과 같이 분산된 피교육자들에게 그들 자신의 통제하에(학습시간, 학습진행 속도, 교육프로그램의 선정 등) 경제적이고 유익한 교육훈련을 받을 수 있는 기회를 제공하고 이것이 바로 웹기반 교육훈련의 장점이다. 또한, 웹기반 교육훈련은 교육자와 피교육자 그리고 피교육자들간의 커뮤니케이션을 가능케 함으로써 정보·경험의 교환은 물론 학습결과의 피드백을 통하여 학습효과를 증진시키는 장점도 제공한다. Xerox 와 Owen-Corning 등이 웹기반 교육훈련을 성공적으로 운영하는 기업체들이다(Pollack & Masters, 1997).

③. 행동개발 훈련기법

지금까지 설명한 전통적 교육훈련방법과 컴퓨터를 사용한 새 교육훈련방법은 주로 지식교육과 기술 및 능력개발에 효율적으로 활용될 수 있다. 태도와 행동개발에 있어서는 피교육자의 참여와 체험을 중심으로 각종 행동개발 훈련기법들이 효과적으로 적용될 수 있다. 현대조직에서 태도 및 행동개발에 흔히 사용되는 조직개발기법들을 살펴본다.[1]

(1) 감수성훈련

감수성훈련(sensitivity training)은 피교육자로 하여금 자신의 행동에 대한 민감성을 높이고 자신의 가치의식에 변화를 가져옴으로써 자신의 행동을 개선하고 대인관계기술을 향상시키는 기법이다. 소집단의 피교육자들을 대상으로 변화담당자의 개입 하에 피교육자들 자신의 행동에 대한 상호 간의 개방적인 피드백이 이 교육훈련의 가장 중요한 방법이다.

(2) 상호작용분석

상호작용분석(transactional analysis)은 감수성훈련과 같이 피교육자로 하여금 자신의 행동에 대한 인식을 높이고, 동시에 행동개선을 유도하는 행동개발방법이다. 피교육자의 행동은 부모, 성인, 유아 등 세 가지의 자아상태(ego states)에서 형성된다고 가정하고 (Berne, 1964; Harris, 1969), 성인으로서의 성숙한 행동을 유도해 나가는 것이 이 훈련방법의 기본목적이다.

(3) 행동모형화

행동모형화(behavior modeling)는 강의, 시청각교육 그리고 역할연기방법에 피드백 강

---

1) 개인, 집단, 조직체 수준에서의 행동개발 훈련기법에 관하여 이학종(2003), 제5장과 제6장 참조

화법칙을 적용하여 피교육자의 기술향상과 행동개선을 가져오게 하는 훈련방법이다. 이 방법은 우선 강의를 통하여 기본개념을 가르쳐 주고 영화나 비디오로 모범기법이나 행동을 보여 준 다음에, 피교육자 자신의 실제연기를 영화나 비디오로 촬영하여 이것을 상영해 주고 교육담당자와 피교육자들이 실제연기에 대한 피드백을 해줌으로써 학습의 효과가 실제행동의 개선과 기술향상으로 이전되도록 한다(Hinrichs, 1976). 행동모형화 방법은 일반적으로 그 효과가 좋은 것으로 인정되고 있고 조직체에서도 면접방법, 판매행동, 브리핑방법, 회의진행방법 등 여러 가지 행동개발훈련에 많이 사용되고 있다(Latham & Saari, 1979; Meyer & Raich, 1983).

(4) 팀 구 축

팀구축(team building)은 주로 작업 또는 과업집단의 효율성을 높이기 위하여 변화담당자의 개입하에 집단구성원들 간의 개방적인 의사소통과 문제토의를 통하여 상호이해와 상호작용을 향상시키는 행동개발기법이다. 팀구축의 초점에 따라서 주로 집단의 문제진단을 목적으로 하는 문제진단 회합과 집단구성원 간의 응집력강화아 효율적인 상호관계를 목적으로 하는 가족적 팀구축 회합, 그리고 집단구성원 간의 역할마찰과 역할갈등을 줄이고 상호 간의 역할조화를 목적으로 하는 역할분석 회합 등 여러 가지 형태가 있다.

(5) 집단 간의 대면

집단 간의 대면(confrontation)은 작업집단이나 과업집단들 사이 또는 실무부서와 전문스태프부서 사이의 갈등관계를 해소하고 집단 사이에 보다 협조적인 관계와 상호 작용을 유도하는 집단 간의 행동개발기법이다. 이 방법도 변화담당자의 개입 하에 여러 단계의 회합을 통하여 문제집단들 간의 개방적인 상호피드백과 토의를 유도하여 상호 간의 이해를 도모하고, 나아가서는 문제집단들 자신의 문제진단과 해결로 연결시켜 나가는 것을 목적으로 한다.

(6) 그리드훈련

그리드훈련(grid training)은 리더의 행동을 생산에 대한 관심과 인간에 대한 관심의 복수연속선 개념 하에 여러 가지의 리더 행동유형을 정립하고, 가장 이상적인 리더는 생산에 대한 관심과 인간에 대한 관심을 모두 극대화할 수 있는 9.9형이라고 진제한다(〈그림 11 - 5〉

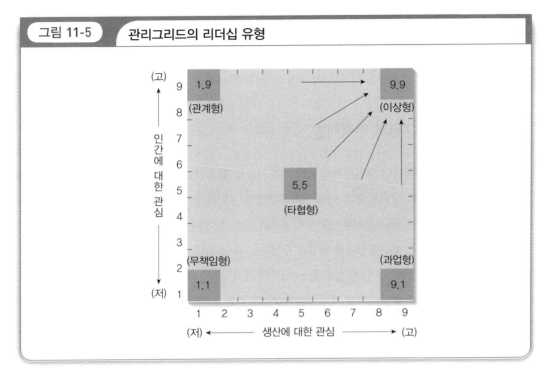

그림 11-5　관리그리드의 리더십 유형

참조). 따라서 그리드훈련방법은 피교육자들로 하여금 이러한 이상형의 리더십행동을 개발하고, 개발된 행동을 실제 성과에 연결시켜 나감으로써 단계적으로 성과지향적 리더십행동을 조직체 전체에 확대시켜 나가도록 한다(Blake et al., 1964; Blake et al., 1968). 그리드훈련과정을 구성하는 중요 단계는 다음과 같다.

① 개인행동개발 단계: 관리그리드에 관한 세미나와 리더 유형 측정을 통하여 자아인식도를 높인다.

② 집단행동개발 단계: 관리그리드 개념을 중심으로 동료와 상사 그리고 부하와의 토의를 통하여 자기 자신의 행동에 대한 인식을 높이고 집단구성원으로서의 바람직한 행동을 개발한다.

③ 집단간행동개발 단계: 집단구성원으로서의 행동을 집단 간의 행동으로 연장시켜 집단 간의 상호협조적인 행동을 개발한다.

④ 조직적 사고개발 단계: 이상적 조직을 대상으로 목표설정과 경영조직상의 개선을 통하여 전체 시스템적인 사고와 행동을 개발한다.

⑤ 조직체행동개발 단계: 이상적 조직을 계속 추구하면서 실제 목적달성을 위한 개혁

행동을 개발해 나간다.

⑥ 정착단계: 이상 다섯 단계를 통하여 개발된 행동을 강화·정착시키고 이를 영구적인
행동으로 안정시킨다.

④ 실무훈련과 인력개발

이상 전통적인 교육훈련방법과 정보기술을 활용한 교육훈련방법 그리고 행동개발기
법들을 간단히 살펴보았다. 이들 교육훈련방법은 인력개발을 목적으로 대부분 강사나 교육
담당자 또는 변화담당자의 지도하에 공식적으로 이루어진다. 이러한 공식적인 교육훈련 외
에 인력개발은 실무현장에서 업무를 수행하는 과정에서도 많이 이루어진다. 특히 조직체는
구성원들의 업무성과의 향상은 물론 그들의 경력개발을 위하여 의도적으로 여러 가지 실무
경험을 쌓도록 함으로써 조직구성원에게 실질적인 훈련과 인력개발의 기회를 제공한다. 작
업현장에서 가장 많이 활용되고 있는 훈련방법은 직무현장훈련(OJT)과 양성공훈련이다.
이들 훈련방법은 앞부분에서 간단히 설명하였다. 그 이외에 조직체에서 구성원들의 업무능
률향상과 실무경험 및 경력개발을 위하여 흔히 사용되는 훈련방법을 요약한다.

(1) 실무지도와 상담

실무지도(coaching)와 상담도 가장 널리 사용되고 있는 실무훈련방법의 하나로서, 상
사가 부하를 직접 가르치고 질문에 대답하며 직무개선 등에 관하여 부하에게 상담도 해주
는 각종 지도를 포함한다. 이와 같은 실무지도와 상담역할은 관리자의 가장 중요한 기능의
하나이며(Veiga, 1973; Pitts, 1977), 특히 직무순환과 잘 결합하면 부하훈련과 육성에 매우
좋은 효과를 가져올 수 있다.

(2) 직무순환

직무순환(job rotation)은 조직구성원에게 폭넓은 경험을 주기 위하여 여러 분야의 직
무로 순환시키는 실무훈련방법이다. 대졸신입사원의 경우에는 여러 기능분야에 6개월 내
지 1년 동안 근무시키면서 기본적인 실무 경험을 갖도록 한다. 직무순환에 대해서는 다양
한 의견이 있지만, 일반적으로 일반경력자(generalists)를 양성하는 데에는 효과적인 훈련
방법으로 인식되고 있다. 그리고 특히 일본 기업체에서와 같이 여러 분야의 구성원들과 상

호 작용을 하면서 협조적인 관계를 조성하는 것도 직무순환의 중요한 효과 중 하나이다 (Marsland & Beer, 1983).

(3) 과도기적 과업

앞으로 더 중요한 직무에 임명할 것을 목적으로, 이에 필요한 경험을 주기 위하여 특수 프로젝트나 운영위원회의 특별업무를 수행하도록 하는 것도 실무훈련의 중요한 방법이다. 그리고 최고경영자의 스태프나 대역으로 일하면서 비교적 짧은 기간 내에 경영분야의 시야 를 넓힐 수 있는 기회도 줄 수 있다.

(4) 행동수정 프로그램

관리자는 부하에 대하여 구체적인 행동개선 목표를 설정하고 긍정적 강화(positive reinforcement) 원리를 실무에 적용하여 부하의 행동개선에 대하여 칭찬과 보상 그리고 휴 가 등의 강화요인을 사용함으로써 부하의 바람직한 행동을 개발해 나갈 수 있다(Luthans & Kreitner, 1985). 이러한 행동수정 프로그램은 많은 조직체에서 좋은 결과를 얻은 사례가 많 이 있다(Schmitz & Heneman, 1980). 그러나 행동수정의 지속적이고 장기적인 효과를 위해 서는 다양한 강화요인이 사용되어야 하는데, 조직체가 그러한 여건을 구비하기는 매우 어렵 다. 따라서 성공적인 행동수정 프로그램을 장기적으로 유지하기는 현실적으로 매우 어렵다.

5. 전략적 교육훈련

교육훈련과 인력개발의 궁극적 목적은 구성원의 업무성과를 높이고, 나아가서는 조직 체성과를 향상시키는 것이다. 따라서 전략적 교육훈련은 교육훈련의 학습효과를 높이고 학 습효과를 성과로 이전시켜 성과타당도를 높이는 성과지향적 교육훈련을 의미한다.

(1) 과정중심적 – 과업중심적 교육훈련

교육훈련에서 그 목적이 얼마나 구성원의 기본적인 자질개발 또는 업무성과향상을 강 조하느냐에 따라서 과정중심적 교육훈련과 과업중심적 교육훈련으로 구분할 수 있다. 과 정중심적(process-oriented) 교육훈련은 구성원의 자아인식과 새로운 가치관 그리고 행동변 화를 통하여 구성원의 기본자질을 향상시키는 행동개발방법을 의미하고, 과업중심적(task-oriented) 교육훈련은 구성원의 과업수행과정에서 성과를 높이기 위한 구체적인 지식과 기술 그리고 기법에 관한 교육훈련방법을 의미한다. 따라서 감수성훈련과 상호작용분석은 대체로 과정중심성이, 그리고 행동모형화와 팀구축은 과업중심성이 비교적 큰 교육훈련방법이다.

과정중심적 교육훈련은 일반적으로 학습효과는 있지만 이를 실제 업무성과로 연결시키는 이전효과에는 문제가 많은 반면에, 업무성과향상을 위한 과업중심적 교육훈련은 성과지향적 의식의 부족으로 충분한 효과를 달성하지 못하는 제한점이 있다. 따라서 교육훈련에 많은 노력이 투입되는데도 불구하고 기대한 만큼의 성과향상을 달성하지 못하는 경우가 많이 있다. 그러므로 과정중심적 교육훈련과 과업중심적 교육훈련을 적절히 활용하여 학습효과와 이전효과의 시너지를 통하여 성과향상에 최대로 기여하는 것이 전략적 교육훈련의 과제이다.

(2) 제록스회사의 품질교육

과정중심적 교육훈련과 과업중심적 교육훈련이 잘 혼합되어 학습효과를 높이고 학습효과가 실무성과에 잘 연결되어 높은 이전효과를 발휘한 좋은 예로서 제록스(Xerox)사의 품질교육을 들 수 있다(Kearns & Nadler, 1992). 제록스는 1970년대에 약해진 경쟁력을 강화하고 일본경쟁업체에게 빼앗긴 복사기시장을 되찾기 위하여 적극적인 품질전략의 일환으로 1984년부터 1986년까지 10만 명의 구성원들에게 품질관리 교육훈련을 실시하였다. 제록스회사의 품질교육은 연수원교육과 실무현장에서의 교육을 결합하여 96시간으로 구성되어, 품질에 대한 의식개혁부터 시작하여 실제 품질향상에 이르기까지 교육의 이전효과를 목적으로 통합적 조직개발관점에서 이루어졌다.

품질과 고객에 대한 의식을 높이기 위한 과정중심적 교육에서는 판매현장에서 판매원들이 실제로 당면하는 품질문제들을 비디오로 생생하게 보여주었고, 역할연기를 통하여 고객이 무엇을 원하는지를 직접 이해하도록 하였다. 품질개선을 위한 과업중심적 교육에서는 실무현장에서 당면하고 있는 실제 품질문제 사례를 중심으로 경영연수원의 품질교육 전문요원들이 연구·개발한 구체적인 품질개선절차와 품질문제 해결기법을 터득시켜 구성원들의 품질개선능력을 집중적으로 개발하였다.

제록스회사의 품질교육은 상위계층으로부터 시작하였다. 그리하여 품질교육을 받은 구성원들은 실무현장에서 이미 품질교육을 받은 관리자의 지도하에 학습결과를 각기의 품

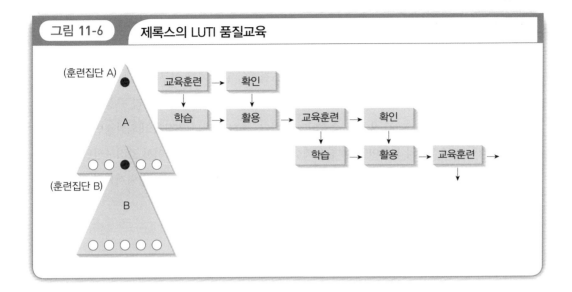

그림 11-6 제록스의 LUTI 품질교육

질문제에 직접 적용하였다. 그리고 그 다음에는 교육훈련 전문가의 도움을 받아 각기 하위 구성원들에게 품질교육을 실시하여 그들이 학습결과를 품질개선에 실제로 잘 적용하였는지를 직접 확인하였다. 그리하여 학습효과를 실무에 적용하고, 나아가서는 교육훈련을 실무현장에 전파하는 학습(Learn) → 활용(Utilize) → 교육훈련(Train) → 확인(Inspect)의 LUTI 과정을 거쳐나가도록 하였다. 그리하여 제록스의 품질교육은 학습효과가 실제 품질향상으로 이전될 뿐 아니라 하위계층으로의 확산효과도 달성하여 단기간에 큰 성과를 거두었다(이학종, 2003; 〈그림 11 - 6〉 참조).

이상 교육훈련의 여러 가지 방법으로 전통적인 방법, 정보기술을 활용한 교육훈련방법, 행동개발기법, 그리고 실무에서의 훈련방법을 살펴보았다. 그리고 실무현장에서 교육훈련의 학습효과를 실제 업무성과로 이전시키는 현장관리의 중요성도 알아보았다. 교육훈련은 지식과 기술, 동기와 태도, 행동 등 조직구성원의 자질과 능력 및 행동상의 개발을 목적으로 한다. 이 장에서 설명한 여러 가지의 교육훈련방법은 이들 목적을 달성하는 데 각기 유효하게 적용될 수 있다. 특히 교육훈련에 조직체의 전략목적과 구체적인 성과목표를 직접 반영하고 조직체의 구조조정과 경영혁신도 이에 밀접하게 연계시켜 추진함으로써 교육훈련이 보다 전략적이고 종합적인 조직개발관점에서 전개될 수 있다. 교육훈련의 이와 같은 접근은 교육훈련의 이전효과와 성과타당도를 높임으로써 교육훈련이 조직체성과에 기여하는 정도를 크게 향상시킬 수 있다.

제 4 절 경력계획

　　지금까지 이 장은 인력개발을 주로 조직체의 관점에서 연구하였다. 그러나 인력개발이 보다 효과적으로 실천되려면 조직체의 인력개발 필요성뿐만 아니라 구성원의 경력개발(career development) 욕구도 충족되어야 한다. 특히 근래의 조직체 내외환경변화와 더불어 개인과 조직체의 통합이 점점 중요해짐에 따라서 인력개발에 있어서 조직구성원의 경력발전문제가 점차적으로 중시되어 왔다(Hall, 1996; Von Glinow, 1989). 경력계획의 기본개념과 구체적인 계획과정 그리고 이에 관련된 중요 문제점을 살펴본다.

① 경력계획의 기본개념

　　경력계획(career planning)이란 조직체의 인적자원 수요와 조직구성원이 희망하는 경력목표를 통합시켜 구성원의 경력진로(career path)를 체계저으로 계획·소정하는 인적자

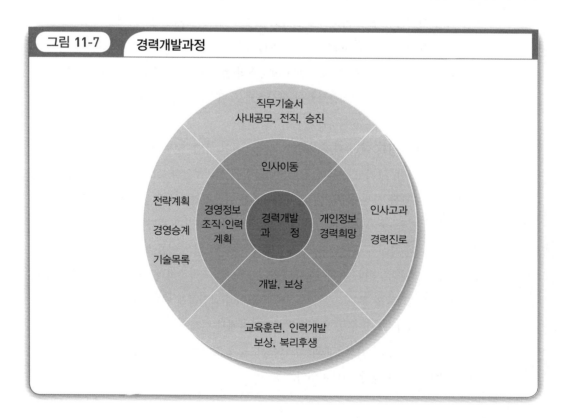

그림 11-7　경력개발과정

원관리 과정을 말한다. 따라서 경력계획은 조직체계획과 인적자원계획, 인적자원의 확보와 개발, 인사고과와 보상, 그리고 인사이동과 인적자원 정보시스템 등 인적자원관리의 모든 기능과 밀접한 관계를 맺고 있다(Leibowitz et al., 1986; 〈그림 11 - 7〉 참조).

(1) 경력계획의 목적

경력계획은 조직체의 인력수요를 적시에 충족시키고, 구성원에게 앞으로의 경력진로의 기회를 알려주며, 현행 인력계획과 인력개발 프로그램을 활용하여 조직체의 인적자원개발과 조직구성원의 경력희망 및 욕구를 동시에 만족시켜 주는 것을 기본목적으로 한다(Winterscheid, 1980). 그러므로 경력계획은 인적자원계획과 교육훈련 그리고 직무분석과 인사고과 등 여러 인적자원관리 과정과 밀접한 관계를 맺고 있고, 실제 경력계획과정에 있어서도 조직체와 관리자 그리고 구성원 모두의 협력과 책임을 요구한다. 점차 심화되는 환경변화 속에서 경력희망과 욕구를 신축적으로 조정해 나가는 구성원들의 태도와 접근이 특별히 요구된다(Hall, 1996; Arthur et al., 1995).

(2) 경력기회에 관한 정보제공

이러한 목적을 달성하기 위하여 조직체는 장·단기 인적자원계획을 통하여 조직구성원들에게 경력진로를 명백히 하고 그들에게 경력기회를 알려 줄 책임이 있다. 그뿐 아니라 조직체는 모든 직무의 자격조건을 명시하고 구성원 각자의 기술목록(skill inventory)과 인사고과 결과 등 모든 인적자원 자료를 체계적으로 정리할 책임이 있다. 그리고 경력계획이 잘 실시될 수 있는 조직분위기도 조성해야 한다.

(3) 관리자의 경력상담자 역할

또한 관리자는 자기 부하의 경력발전에 관심을 갖고 그들의 경력계획에 상담을 비롯한 모든 지원을 제공해야 한다(Randolph, 1981). 일선관리자의 적극적인 관심과 도움이 없이는 경력계획이 성공할 수 없다. 마지막으로 조직구성원은 경력개발과 경력계획이 자기 자신의 책임이라는 것을 인식하고, 경력계획 전문가와 관리자의 지도하에 조직체와 자기 자신에게 가장 적합한 경력진로를 밟아 나가도록 꾸준히 노력해야 한다(Brousseau et al., 1996). 이와 같이 경력계획은 조직체의 적극적인 지원과 일선관리자의 지도하에 조직구성원 각자에 의하여 수립되고 조직체와 일선관리자 그리고 구성원 자신의 공동노력으로 이루어진다.

2. 경력단계와 직무이동

조직체에서 직장생활을 하는 동안에 구성원은 수직적 그리고 수평적 직무이동을 거쳐 나가면서 몇 가지의 경력단계를 밟아 나간다. 직무이동과 경력단계는 구성원마다 모두 다르지만, 직장생활에서의 수명주기(life cycle) 관점에서 〈그림 11 – 8〉과 같은 일반적인 패턴을 찾아 볼 수 있다(Hall, 1996).

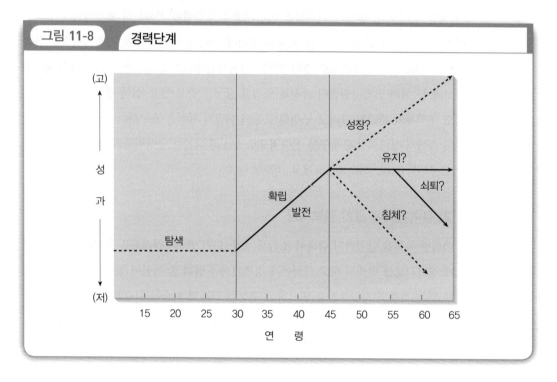

그림 11-8   경력단계

(1) 탐색단계

경력의 첫 번째 단계는 17세부터 30세까지의 탐색단계로서, 조직구성원은 자기 자신을 인식하고 학교교육과 직장경험을 통하여 여러 가지를 실험해 보면서 자기에게 적합한 직업을 선정하려고 노력한다. 외국에서는 이 탐색단계에서 직장도 옮기면서 경력목적과 직업을 선택한다.

(2) 확립단계

경력의 두 번째 단계는 30세부터 45세의 확립단계로서, 선택한 직업분야에서 정착하려고 노력하고 결국에는 한 직업에 정착하는 단계이다. 그뿐 아니라, 확립단계는 구성원이 조직체에서 성과를 올리고 업적을 축적하여 승진하면서 경력발전을 달성하고 조직체의 경력자로서 조직체에 커미트먼트를 하는 단계이다.

(3) 유지단계

경력의 세 번째 단계는 45세부터 55세까지의 시기로서 자기 자신을 반성하고 경력진로의 재조정을 고려하며 경우에 따라서는 심리적 충격도 받게 되는 유지단계이다. 이 단계에서 조직구성원은 신체적 노화와 능력상의 도태를 느끼기 시작하고, 이 단계를 원만히 거쳐나감으로써 계속적인 경력발전을 달성할 수 있다. 그러나 이 단계에서 심리적 충격을 극복하지 못하면 침체되어 버릴 수도 있다.

(4) 쇠퇴단계

경력의 마지막 단계는 55세 이후의 퇴직과 더불어 그 이후의 새로운 생활을 계획하는 쇠퇴단계이다. 우리나라 조직체에서 근래에 단행한 구조조정 등과 같은 많은 변화는 쇠퇴시기를 앞당기는 경향이 있다.

이상의 경력단계를 거쳐 나가는 과정에서 조직구성원은 수직적인 승진과 강등, 수평적

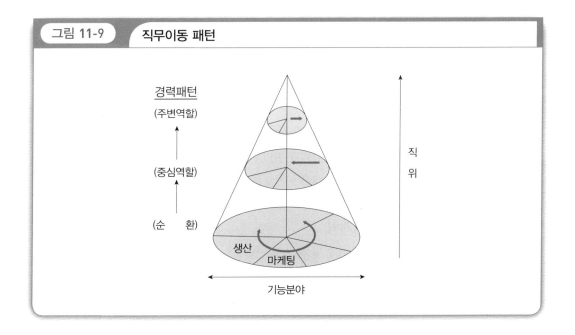

그림 11-9 **직무이동 패턴**

경력패턴

(주변역할)

(중심역할)

(순　환)

생산

마케팅

직위

기능분야

인 직무순환, 그리고 중심적 또는 주변적 역할을 수행해 나간다(Schein, 1971; 〈표 11 - 9〉 참조). 일반적으로 조직구성원은 탐색단계에서는 여러 가지의 기능분야를 순환하면서 기초적인 경험을 얻고, 확립단계에서는 승진·발전하면서 중심적인 역할을 한다.

그리고 유지단계에서는 점점 주변역할 또는 지위격하도 겪어나가면서 쇠퇴단계로 접어들게 된다. 이러한 일반적인 경력상의 단계적 발전과 직무상의 이동은 경력계획에 좋은 참고가 된다.

③. 경력계획과정

경력계획은 여러 가지의 과정으로 구성되어 있다. 그 중 가장 기본적인 과정 일곱 가지를 순서적으로 요약하면 다음과 같다(Stone, 1982; 〈표 11 - 10〉 참조).

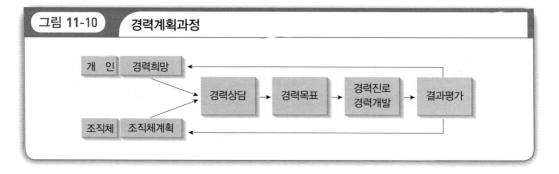

그림 11-10 경력계획과정

(1) 구성원의 인적자료 수집

경력계획의 첫 번째 순서는 조직구성원의 일반적인 인적사항으로부터 학력, 경험, 기술, 적성과 능력에 관한 평가, 인사고과 자료 등 모든 인적자원 자료를 수집·정리하는 것이다. 여기서 조직구성원은 자신의 능력과 취미 그리고 적합한 경력 등에 관한 자기평가를 통하여 자기 자신의 강점과 약점에 대한 인식도를 높일 수 있다.

(2) 직무분석과 인력계획

두 번째 순서는 직무분석을 통하여 각 직무의 직무내용은 물론 자격조건과 직무간의 연결관계와 승진패턴 그리고 승진진로를 명백히 하는 것이다(〈표 11 - 11〉 참조). 또한 조직체 계획과 인적자원계획을 통하여 조직체의 장기적 그리고 단기적 인력수요도 분석한다.

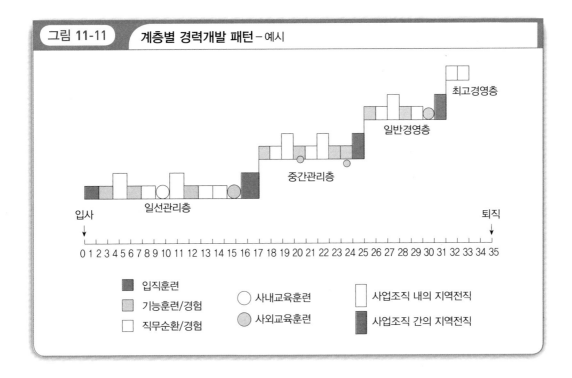

그림 11-11 계층별 경력개발 패턴 - 예시

(범례)
- ■ 입직훈련
- ▨ 기능훈련/경험
- □ 직무순환/경험
- ○ 사내교육훈련
- ◉ 사외교육훈련
- □ 사업조직 내의 지역전직
- ■ 사업조직 간의 지역전직

(3) 경력기회에 대한 커뮤니케이션

경력계획의 세 번째 순서는 조직체의 인력수요를 중심으로 경력기회와 옵션들을 조직 구성원들에게 알려 주는 것이다. 새로운 직무나 공석을 게시할 수 있고, 인사고과면담을 통하여 새로운 경력기회도 토의함으로써 그들로 하여금 조직체 내의 경력기회를 인식하도록 한다.

(4) 경력상담과 경력목표설정

다음 순서는 일선관리자나 전문경력상담자와의 상담을 거쳐서 구성원들이 자기의 경력목표를 설정하는 것이다. 이 과정에서는 특히 구성원과 경력기회에 대하여 잘 알고 있는 일선관리자의 역할이 매우 중요하다. 따라서 일선관리자는 경력상담에 대한 어느 정도의 기술을 갖추고 있어야 한다(Meckel, 1981). 그러나 일반적으로 유능한 관리자들은 대부분 부하의 경력상담도 잘 할 수 있는 것으로 인식되고 있어서 그들에게는 이에 대한 특별한 훈련이 강조되고 있지 않다. 경력상담에 대한 훈련은 그 내용에 따라 일선관리자뿐만 아니라 전문경력상담자에게도 도움이 된다(Leibowitz & Schlossberg, 1981).

■■표 11-3 **경력개발분석표** - 예시

직무담당자: 홍길동   소 속: _____

직 무 명: 부산사무소 영업차장대리   현직무 재직기간: _____

분 석 자: _____ 직 위: _____   분 석 일: _____

직무소요능력:

1. 기 획 력: 목적과 목표를 설정하고 우선순위를 명백히 하는 능력.
2. 조 직 능 력: 장·단기 계획을 작성하고 계획달성에 필요한 자원을 조달하는 능력
3. 의사결정능력: 정보자료를 활용하여 적절한 판단과 모험도를 감안하여 의사결정을 하는 능력.
4. 문제분석능력: 필요한 정보자료를 수집하고 적절한 기법을 사용하여 문제를 정립하고 창의적 대안을 강구하는 능력.
5. 집 행 능 력: 프로그램 집행에 필요한 세부적인 규정과 가이드를 마련하고 관계자들의 지원을 동원하는 솔선력과 프로그램 추진 및 완성능력.
6. 관 리 능 력: 예산, 통제, 임금관리 등을 포함한 일상업무의 관리 및 분석능력
7. 인 간 관 계: 부하에게 동기를 부여하고 부하, 동료, 상사들과 원만한 의사소통과 관계를 유지하는 능력.

능력평가:

능력요소	능력요소의 중요성			직무담당자의 현새능력수준					능력개발필요성		
	일반적으로 중요함	매우 중요함	절대적으로 중요함	낮음	최저수준	만족한 수준	높은 수준	전문적 수준	단기적 필요성	중기적 필요성	장기적 필요성
기획력		X		X					X		
조직능력			X			X				X	X
의사결정능력		X				X					
문제분석능력	X			X					X		X
집행능력			X		X						X
관리능력		X					X				
인간관계			X					X	−	−	−

(5) 경력개발의 필요성 분석

경력계획의 다섯 번째 순서는 조직구성원의 경력목표설정에 있어서 현 직무에서의 구성원의 능력을 평가하고 앞으로의 능력개발 필요성을 분석하는 것이다. 이 과정에서 직무에서 요구되는 능력수준과 구성원이 현재 갖추고 있는 능력을 비교하여 필요한 능력개발을 능력요소별로 평가함으로써 보다 현실적인 경력목표를 설정하는 데 도움을 줄 수 있다(〈표 11-3〉 참조).

(6) 경력진로의 설정

〈표 11 - 4〉와 〈표 11 - 5〉에서 보는 바와 같이, 경력계획의 여섯 번째 순서는 구성원의 경력목표를 달성하기 위하여 구성원이 거쳐 나가야 할 직무와 그 동안에 수행해야 할 중요 교육훈련 프로그램 등 경력진로를 설정하고 실무경험을 주기 위한 특별 임무도 포함함으로

■■■표 11-4 **경력진로계획표** - 예시

직무담당자: 홍길동 　　　　　　　　　작성일: _____

직 무 명: 부산사무소 영업차장대리　　상담자: _____ 　　직위: _____

분 석 자: 부산사무소 영업차장 　　　　확인자: _____ 　　직위: _____

진　　　로	장　소	2010	2011	2012	2013
현재: 부산사무소 영업차장대리	부　산	→			
서울사무소 영업차장대리	서　울		→		
대구사무소 영업차장	대　구			→	
목표: 부산사무소 영업차장	부　산				★

■■■표 11-5 **경력개발계획표** - 예시

직무담당자: 홍길동 　　　　　　　　　작성일: _____

현　　　직: 부산사무소 영업차장대리　　상담자: _____ 　　직위: _____

목 표 직 무: 부산사무소 영업차장 　　　확인자: _____ 　　직위: _____

경력개발프로그램	장　소	2010	2011	2012	2013
P대학경영대학원 연구과정	부　산	→			
사내 관리자 교육		→			
사내 마케팅 교육		→			
Y대학교 경영대학원 중간관리자 과정	서　울		→		
사내 리더십 훈련			→		
사내 운영위원회 간사			→		
마케팅 특수프로젝트 팀			→		
K대학교 경영대학원 연구과정	대　구			→	
사내 차부장 교육훈련				→	
단기 해외견습훈련				→	
사내 운영위원회				→	
사내 운영위원회	부　산				→

써 구성원의 구체적인 인력계획을 작성하는 것이다.

(7) 결과분석 및 경력계획의 조정

이와 같이 작성된 경력계획은 구성원의 직무수행과 능력개발을 위한 기본지침으로 활용된다. 그러나 구성원의 실제 성과와 그의 경력목표상의 변경 그리고 조직체의 상황변동에 따라서 구성원의 경력계획은 주기적인 결과평가와 경력상담을 거쳐서 적절히 조정·수정되어 나간다.

4. 경력계획의 문제점과 성공요건

경력계획을 효과적으로 실시하는 데에는 여러 가지 실질적인 문제가 있다.

(1) 비현실적인 경력목표

경력계획의 첫 번째 문제는 조직구성원이 과다한 자기중심적인 경력발전만을 원함으로써 비현실적인 경력목표를 추구하는 것이다. 자기 경력발전에 대하여 높은 수준의 목표를 추구하려는 의지는 좋지만, 조직구성원의 경력발전은 어디까지나 조직체의 전반적인 상황에 맞추어서 계획되어야 한다. 따라서 조직구성원은 조직체의 상황은 물론, 자기평가를 통하여 자기 자신의 정확한 위치를 알아야 한다.

(2) 빠른 승진경로

경력개발을 승진과 동일시하는 경향도 경력계획의 또 하나의 문제로 들 수 있다. 승진만을 경력개발의 목적으로 보고 빠른 승진경로(fast track)에 너무 많은 관심을 보임으로써 많은 구성원들이 '인기직무'로 경력목표를 집중하는 경향도 있다. 경력개발은 승진뿐만 아니라 구성원의 적성과 능력에 따라서 가장 적합한 경력진로를 추구하는 것을 목적으로 한다. 따라서 경력계획의 우선적인 목적은 조직구성원의 경력과 능력개발이며, 승진은 그 과정에서의 부산물로 인식되어야 한다.

(3) 과다한 의존경향

경력계획은 인적자원부서와 경력전문가의 책임이라는 그릇된 인식하에 경력계획을 전적으로 이들 스태프에 맡기고 그들에게 의존하는 경향도 경력계획의 또 하나의 문제이다. 이러한 문제는 이들 스태프는 물론, 경력계획 프로그램 전체에 대한 조직구성원의 불신 문제를 야기할 수 있다. 이미 강조된 바와 같이, 경력계획의 최종적인 책임은 조직구성원 자신이며 전문스태프와 일선관리자는 구성원으로 하여금 가장 적합한 경력목표와 경력진로를 설정하도록 지원하는 것이다. 따라서 경력계획에 대한 조직구성원의 적극적인 태도가 매우 중요하다.

(4) 경력정체

경력계획은 조직구성원의 경력발전만을 항상 지향할 수는 없다. 〈그림 11 - 8〉에서 본 바와 같이, 구성원은 여러 경력단계를 거쳐 나가는 과정에서 신체적 노화와 능력상의 도태로 인하여 경력 상의 정체 혹은 침체를 겪어 나갈 수 있다. 특히 조직체가 획기적인 구조조정을 필요로 할 때에는 이로 인한 경력 상의 재조정도 필요하게 된다. 그러므로 경력계획은 이러한 고통스러운 문제도 해결해야 하며, 따라서 일선관리자와 경력전문가의 소신 있는 상담역할이 중요하다. 따라서 구성원의 경력정체를 미리 예측하고 이에 대한 사전방지 또는 사전조치를 취하는 것이 바람직하다(Ference et al., 1977).

(5) 체계적 요건

경력계획은 비교적 수준 높은 현대적인 인적자원관리 기능으로서 인적자원계획과 직무분석, 역량평가와 교육훈련, 그리고 인사고과와 인적자원정보시스템 등 여러 기능과의 밀접한 상호연관관계를 맺고 있다. 그리고 경력계획은 직무분석자료를 중심으로 직무연결과 자격조건 그리고 기술목록과 업적평가자료 등 모든 인적자원관리 시스템과 기본자료가 구비되어야 한다. 특히 종합평가제도는 경력계획 프로그램에서 매우 중요한 기능을 발휘한다.

(6) 조직관리 요건

경력계획을 효과적으로 운영하려면 이에 대한 제도적 체계와 더불어 인적자원스태프와 경력상담가 등 전문가의 지원도 중요하다. 그러나 더 기본적인 것은 인력개발에 대한 경영층의 관심과 지원 그리고 일선관리자의 직접적인 상담 및 지도역할이다. 경력계획과 개발은 실질적으로 현업에서 이루어져야 하며, 여기에서 가장 중요한 역할을 하는 것이 일선관리자이다. 따라서 일선관리자와 구성원 그리고 전문스태프 간의 긴밀한 협조와 의사소통

을 위한 신뢰적이고 개방적인 조직분위기의 조성도 성공적인 경력계획 프로그램의 매우 중
요한 요건이다.

장을 맺으며

　　인적자원개발을 연구하는 데 있어서 이 장은 인력개발과 경력계획을 살펴보았다. 인력
개발은 인적자원관리의 중요한 기능으로서, 특히 근래에 다변화환경 속에서 현대조직의 장
기성과에 매우 중요한 영향을 준다. 따라서 근래에 인적자원의 개발은 현대조직의 인적자
원관리에 매우 중요한 위치를 차지하게 되었고, 그 기능도 특히 조직개발 및 경력계획과 관
련하여 점차적으로 확대되어 왔다.

　　인력개발의 효과는 궁극적으로 조직체의 성과향상에 반영되어야 하며, 따라서 조직체
성과를 목적으로 조직구성원의 지식과 기술, 농기와 태도, 그리고 행동의 변화를 지향해야
한다. 그리하여 교육훈련 타당도와 성과타당도가 높은 교육훈련 내용을 설계하고, 이에 적
합한 교육훈련방법과 자료가 활용되어야 한다. 그러므로 교육훈련 프로그램은 인적자원의
인력개발 필요성에 대한 정확한 파악으로부터 시작하여 내용타당도가 높은 교육훈련 프로
그램의 설계와 실시 그리고 경력계획과 인사고과와도 밀접한 관계를 유지해야 한다. 따라
서 인력개발은 조직체의 교육훈련은 물론, 구성원의 자기개발과 경력계획 그리고 종합평가
에 의한 능력측정과 일선관리자의 실무지도가 모두 통합된 상태에서 그 효과가 극대화될
수 있다.

　　우리나라 조직체에서의 인력개발은 과거 40여 년 동안의 경제 및 기업성장과 더불어
급속히 발전되어 왔다. 앞으로 우리나라의 조직체가 계속 성장함에 따라서 조직체의 인적
자원수준도 더욱 높아질 것이다. 따라서 교육훈련 등 인력개발 수준도 더욱 고도화되고 인
력개발에서 경력계획의 필요성도 점점 커질 것이다. 우리는 이제 다음 장에서 전략적 조직
개발과 변화관리에 관하여 연구한다.

SK텔레콤의 인력육성체계

SK 텔레콤의 조직문화와 인사제도는 SK그룹 차원의 SKMS(SK Management System)와 SUPEX 에 근간을 두고 있다. SKMS는 경영이념과 경영관리요소로 구성되어 있는데, SK텔레콤의 경 영이념은 '인간위주의 경영'으로 대표될 수 있으며, 경영관리요소는 경영기법 중심의 '정적 요소'와 의욕관 리, 역량관리, 조정(coordination) 관리, 커뮤니케이션 관리 등과 같은 '동적 요소'로 나누어진다. 한편, SUPEX 는 "Super Excellent 수준"을 의미하며 인간의 능력으로 도달할 수 있는 최상의 수준이다. SUPEX 추구법은 SKMS의 경영이념과 경영관리요소가 현장에서 효율적으로 실천될 수 있도록 하는 도구이다. SKMS가 경영 원리라면, SUPEX는 실천방안인 것이다.

SKMS 전반에 걸쳐서 인적자원 및 인력관리의 중요성이 강조되고 있으며, SK텔레콤 또한 구성원들의 수 준이 바로 사업경쟁력의 원천이라고 생각하고 있다. 따라서 기업경영의 주체인 구성원들의 체계적 육성을 위 해 SK텔레콤은 2000년부터 역량중심의 인력육성 시스템을 도입하여 운영하고 있다.

SK텔레콤의 인력육성 전략은 첫째, 미래 리더로서의 성장잠재력이 있는 인력 확보 및 체계적인 육성, 둘 째, 멀티 비즈니스 환경에서 미래 비즈니스 포트폴리오와 연결된 차별화된 육성, 셋째, 리더 인력풀에 대한 지 속적인 추적 발굴과 더불어 경험과 교육이 통합된 인력육성의 세 가지 축으로 요약할 수 있다. 이를 달성하기 위하여 SK텔레콤은 우선 기업의 사업경쟁력을 확보하고 유지하는 데 필요한 핵심역량을 파악하고, 필요 핵 심역량에 비추어 개인별 역량을 측정한 후 그로부터 확인된 격차(gap)를 기초로 개인별 육성 니즈(needs)를 도 출하게 된다. 그리고 일단 개인별 육성 니즈가 도출되면 그 니즈에 맞는 육성 개발 프로그램으로 연결하고, 이 어 각자의 직무에서 역량을 활용하고 발휘할 수 있는 기회를 제공한 후 그 결과를 평가하여 피드백을 제공하 는 순환과정을 거친다(〈그림 11-12〉 참조).

SK텔레콤 인력육성시스템의 기초가 되는 역량체계는 SK텔레콤 구성원에게 기본적으로 요구되는 기본자 질(기업관, SKMS/SUPEX 추구, 패기, 리더십, 변화선도), 직무수행을 위하여 보편적으로 요구되는 능력요소인 직 무 공통역량(전략적 사고, 고객만족, 조정 및 커뮤니케이션, 글로벌화 추구, KM/IT 능력, 시장대응 능력, 상황대처 능

그림 11-12 SK텔레콤의 인력육성 과정

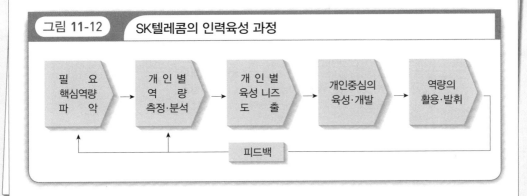

력, 창의적 사고능력, 합리적 판단능력), 그리고 특정 직무에서 요구되는 핵심적 경쟁우위요소인 직무 전문역량 (경력분야별로 10~15개) 등으로 구성되어 있다. 이러한 역량구조는 종전 인사평가제도에서 사용되던 태도 및 능력항목을 대체한 것이다.

그림 11-13   SK텔레콤의 인력육성체계

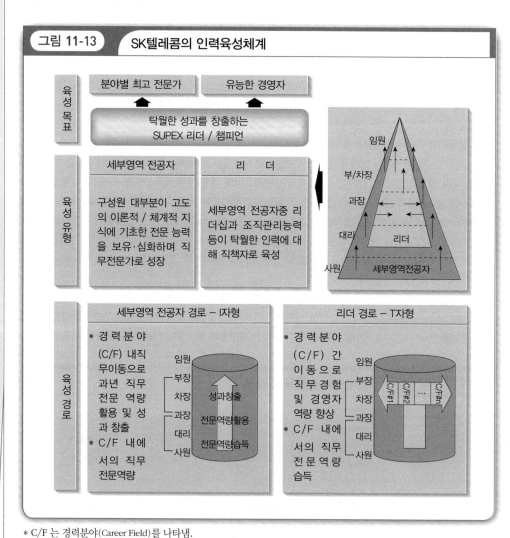

* C/F 는 경력분야(Career Field)를 나타냄.

종전의 인사제도 하에서는 전문가 육성을 위하여 필요한 구체적인 능력 및 자질을 파악하고 체계적으로 육성하는 데 한계가 있었고, 직무 및 구성원 필요에 맞는 교육 제공도 곤란하였다. 그러나 SK텔레콤이 조직차원에서 필요로 하는 역량체계와 이에 비추어 개인이 보유한 역량을 입체적으로 측정·파악할 수 있는 평가시스템을 갖춤에 따라 육성대상 분야의 필요역량을 명확하게 파악할 수 있게 되었고, 역량중심의 교육프로그램 개발이 가능해졌으며, 역량별 요구수준 대비 현수준의 격차분석을 통하여 파악한 개인별 개발 니즈와 교육훈련 프로그램 간 연계를 통하여 직원들의 역량향상을 기할 수 있게 되었다.

SK텔레콤의 인력육성경로는 당초 일반경영자(generalist), 세부영역 전공자(specialist), 전문가(expert)의 세 경로로 나뉘어 있었으나 새로운 육성제도 하에서는 〈그림 11-13〉에 제시된 바와 같이 세부영역 전공자(specialist) 경로와 리더(leader) 경로로 이원화되었다. 모든 직원들은 특정 직무와 관련된 전문역량을 습득해 가는 세부영역 전공자 경로를 밟는 과정에서 탁월한 리더십과 조직관리능력을 보유한 자로 판명이 나면 과장 직급을 전후하여 일반경영자로 육성되는 리더 경로로 옮기게 된다. 리더 경로가 세부영역 전공자 경로와 가장 크게 다른 점은 다양한 직무군(SK텔레콤에서는 이를 경력분야로 규정하고 있음)을 수평적으로 이동하면서 일반경영자로서의 역량을 키워나간다는 점이다.

SK텔레콤이 이와 같이 이원화된 육성경로를 채택하게 된 것은 IMF 외환위기 이후 평생직업 개념이 일반화되고 직무에서 전문성의 확보가 회사와 사원 모두에게 크게 중요시되면서 일반경영 분야의 사원들을 특정 직무분야의 전문가로 육성해야 할 필요성을 느끼게 되었기 때문이다. 결국 모든 구성원을 해당 직무분야의 전문가로 육성하고 그 중 조직관리능력이나 인력관리능력, 과업관리능력 등 리더십이 뛰어난 사원은 향후 유능한 경영자로서 선발·육성한다는 개념이 정립된 것이다.

토의질문

1. SK텔레콤의 인력육성체계가 원활하게 운영되었을 때에 기대할 수 있는 효과와 예상되는 취약점에 대해 분석하시오.

2. SK텔레콤의 인력육성체계가 제대로 기능하여 조직의 성과 및 경쟁력 향상에 필요한 인재를 원활하게 육성·배출하려면 여타 HRM 기능들과의 유기적 연계성 속에서 운영되어야 할 것이다. HRM 기능들 간 내적 적합성을 감안하여 위 SK텔레콤의 인력육성체계가 효과적으로 운영되기 위한 조건들에 대해 검토하시오.

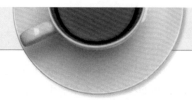

사례연구 11-2

POSCO의 그린라이프 서비스프로그램

POSCO의 그린 라이프 서비스(Green Life Service) 프로그램은 2001년부터 도입된 라이프 플랜 서비스(Life Plan Service) 제도의 한 부분으로 시행되고 있다. 라이프 플랜 서비스 제도란 한 개인이 입사하여 퇴직할 때까지의 경력경로 및 인생설계를 개인과 회사가 함께 참여하여 체계적으로 계획·관리해 나가기 위한 제도이다.

POSCO의 라이프 플랜 서비스 제도는 경력 단계별로 네 개의 과정으로 구성되어 있다.

① 경력설계(Career Design) 과정: 만 30세에 자신의 경력경로를 설계하고 삶과 일에 대한 확실한 목표를 설정하도록 돕는 과정.

② 경력검토(Career Review) 과정: 만 35세에 전문직업인으로서의 자기가치 증대를 위한 실천계획과 5년 전 자신이 설계했던 경력 설계 및 목표를 다시 한번 생각하게 하는 과정.

③ 제2경력(Second Career) 과정: 만 45세에 인생과 직장생활의 전환점에서 지금까지의 자기 삶에 대한 성찰과 미래의 균형 있는 삶의 방향을 설정하고, 직장생활 면에서 새롭게 실천계획을 수립하도록 돕는 과정.

④ 그린 라이프 서비스(Green Life Service) 과정: 정년을 1년 앞둔 만 55세가 되면 새로운 인생설계를 준비하여 나갈 수 있도록 도움을 주는 과정.

이러한 라이프 플랜 서비스 제도는 개인에게는 자아실현의 기회를 제공하고 회사는 직원의 도전적인 경력욕구를 충분히 수용하고 지원함으로써 더 나은 경영성과를 이루려는 제도이다. 그리고 더 나아가 직원의 퇴직 이후까지도 배려함으로써 고령화 사회에서 기업의 사회적 책임까지도 생각하는 프로그램으로 활용되고 있다.

그 중 그린 라이프 서비스 프로그램은 정년퇴직을 1년 정도 남겨둔 시점에서 회사업무에서 완전히 손을 떼고 미리 퇴직 후의 새로운 인생을 설계하고 개척할 수 있도록 회사가 체계적으로 지원하는 퇴직지원 프로그램이다. 이 프로그램은 정년퇴직 예정자들이 제2의 진로를 성공적으로 개척할 수 있도록 필요한 실용 정보와 지식을 제공함으로써 퇴직으로 인한 심리적 불안감 완화와 사회에 조기 적응할 수 있도록 지원하는 것을 기본 목표로 하고 있다.

POSCO의 그린 라이프 서비스 프로그램의 특징은 우선적으로 구조조정의 대상자들이 아닌 정년퇴직을 앞두고 있는 직원들을 주 대상으로 한다는 점을 들 수 있다. 그리고 심리상담을 통하여 퇴직 후의 생활에 대비하도록 도와준다는 점, 구조조정을 전후하여 한시적으로 시행되는 전직지원(outplacement) 프로그램과는 달리 상시적으로 운용되고 있다는 점, 사내에 전담부서를 두고 있으며, 그린 라이프 서비스를 위한 그린 라이프 센터(Green Life Center)를 운용하고 있다는 점 등도 주요 특징으로 들 수 있다.

이 프로그램은 매년 4월과 10월 두 번에 걸쳐 새로 시작하는데, 1년 3개월을 한 사이클로 하고 있다(〈표 11-19〉 참조). 준비 단계와 실행 단계에 해당하는 1년 동안은 재직자 신분으로서 급여를 받게 된다.

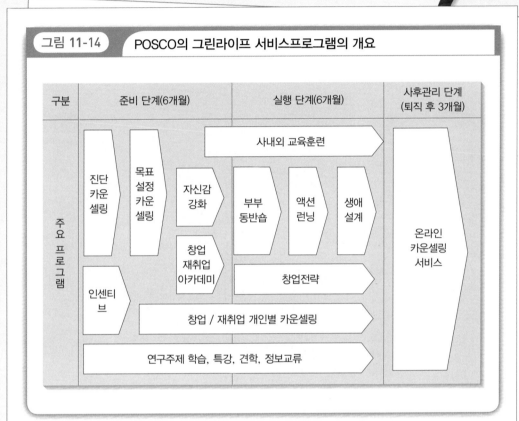

그림 11-14 POSCO의 그린라이프 서비스프로그램의 개요

구분	준비 단계(6개월)	실행 단계(6개월)	사후관리 단계 (퇴직 후 3개월)
주요 프로그램	진단 카운셀링 / 목표설정 카운셀링 / 자신감 강화 / 창업 재취업 아카데미 / 인센티브	사내외 교육훈련 / 부부 동반숍 / 액션 러닝 / 생애 설계 / 창업전략 / 창업 / 재취업 개인별 카운셀링 / 연구주제 학습, 특강, 견학, 정보교류	온라인 카운셀링 서비스

특히 이 제도는 퇴직 이후의 삶에서 가족의 비중이 커지는 만큼 부부가 함께하는 프로그램과 다양한 주제의 워크숍을 통하여 삶의 질과 폭을 넓히고 은퇴에 대한 새로운 인식을 갖고 풍요로운 은퇴 후 생활설계가 가능하도록 지원하고 있다. 따라서 실제 프로그램에 참여하는 구성원들은 평생을 직장생활에만 전념했던 자신의 과거를 떠나 삶의 또 다른 의미와 질을 찾을 수 있는 기회를 갖게 되는 것이다.

토의질문

1. 우리나라 기업들이 왜 퇴직자 관리에 관심을 기울여야 하는지 논의하고, 비용-편익 분석 차원에서 회사가 퇴직자관리 프로그램에 투자할 만한 가치가 있는지 논의하시오.

2. POSCO의 그린 라이프 서비스 프로그램과 같은 퇴직자관리 프로그램이 성공적으로 정착되기 위해 갖춰져야 할 조건이 무엇인지 논의하시오.

Chapter 12

조직개발과
인적자원관리

CHAPTER 12

조직개발과 인적자원관리

조직체는 환경변화에 항상 적응하면서 자체의 목적을 추구해 나간다. 따라서 변화는 조직체가 피할 수 없는 위협인 동시에 조직체가 계속 성장하고 발전할 수 있는 기회이다. 즉, 조직체는 환경변화에 적절히 적응하지 못하면 침체되어 버리는 반면에, 환경변화에 성공적으로 적응하면 무한한 성장과 발전을 달성할 수 있다. 오늘날, 모든 기업체는 점차 가속화되는 세계화·민주화·기술고도화의 환경변화 속에서 살아남기 위하여 체질개선, 조직활력화, 조직변환(organizational transformation), 조직문화 개발 등 여러 가지 경영혁신을 추진하면서 조직구조조정(organizational restructuring), 업무과정 리엔지니어링(BPR: business process reengineering), 경쟁적 벤치마킹(competitive benchmarking), 고객만족경영(CSM: customer satisfaction management), 총체적 품질관리(TQM: total quality management) 등 각종 혁신기법을 그들의 변화과정에 적용하고 있다.

조직체는 구성원들로 구성되어 있는 만큼, 변화의 주체는 구성원들이고 따라서 조직체의 변화는 근본적으로 구성원들의 행동변화를 의미한다. 그러므로 인적자원의 전략적·효율적 관리 없이는 이와 같은 조직체의 변화를 성공적으로 달성할 수 없다. 조직체의 변화를 전략적, 체계적, 그리고 계획적으로 달성하려는 것이 바로 조직개발(OD: organizational development)의 기본목적이다.[1]

이 장은 제1절에서 환경변화로 인한 조직개발의 압력과 변화측면을 살펴보고, 제2절과 제3절에서 조직개발의 개념과 과정을 각각 설명한다. 그리고 제4절에서 조직개발의 전략적 개입활동과 인적자원스태프의 역할에 관하여 알아본다.

---

1) 조직개발의 이론과 기법 그리고 사례연구자료로서 이학종(2003) 참조.

제 1 절 환경변화와 조직개발

　　간단히 말해서, 조직개발은 내외환경변화에 대한 조직체의 적응능력을 기르기 위하여 조직체의 변화와 조직구성원의 행동개선을 효율적으로 달성하는 활동과 과정을 의미한다. 시스템 관점에서 볼 때, 조직체는 사회의 한 부분으로서 사회·문화·정치·경제·기술 등 외부환경과 밀접한 관계를 맺고 있다. 따라서 외부환경의 변화는 조직체의 경영전략과 조직구조 그리고 조직구성원들 간의 상호작용에 직접 또는 간접적인 영향을 준다(Chandler, 1962). 그러므로 외부 환경변화에 맞추어 이에 알맞는 경영전략을 모색하고 이에 적합한 조직체의 체질과 내부구조 그리고 구성원들의 행동을 개발하는 것은 구성원들의 성과를 높이고 나아가서는 조직체 전체의 핵심역량과 경쟁력을 강화하는 데 필수적으로 요구되는 과정이다. 이와 같이 환경변화 속에서 조직체의 성과와 경쟁력을 높이기 위하여 경영조직의 개선과 구성원들의 행동변화를 효율적으로 달성하려는 것이 조직개발의 목적이다.

1. 현대조직의 변화압력

　　환경변화에 대한 조직체의 변화는 자연적으로 이루어지지 않는다. 특히 환경변화가 심하게 그리고 급격히 일어나는 경우에는 조직체가 이에 적응하기가 매우 어려워진다. 특히 기존의 경영체계와 구성원들의 행동패턴이 굳게 정착되어 강한 조직문화가 형성되어 있는 경우에 이를 탈피하고 새로운 조직환경에 적응하기 위하여 획기적인 변화를 달성하는 것은 매우 고통스러운 과정일 수도 있다. 따라서 많은 조직체가 환경변화에 적응하지 못하고 쇠퇴하거나 침체되어 버린다. 장기간의 높은 성과를 달성한 우수한 조직체도 예외가 아니다. IBM, GM, Sears Roebuck, Xerox 등은 모두가 세계적인 초일류기업으로서 오랫동안 우수한 성과를 달성했지만 근래에 급격한 환경변화에 적응하지 못하여 고통스러운 변화과정을 겪어야만 했다(Carroll, 1993; Keller, 1989; Kearns & Nadler, 1992; Gerstner, 2002).

　　우리나라에서도 한때 높은 성과를 달성하던 기업이 환경변화에 적응하지 못하여 평범한 기업으로 전락하거나 심지어는 영원히 퇴출된 사례도 많이 있다. 건국 이후 반세기에 걸쳐서 우리나라 기업은 특히 1960년대부터 1980년대까지 세계 기업역사에 보기 드문 고도성장을 달성하였다. 그 과정에서 많은 기업들이 세계적인 규모로 성장하면서 세계기업 톱 리스트에 포함되는 영예를 차지한 반면에, 역시 많은 기업들이 환경변화에 적응하지 못하여 그 위치에서 탈락되었다.

　근래에 세계화·정보화·민주화의 물결 속에서 급속히 다가온 지식기반 무한경쟁시대
는 우리나라 기업에게 전례가 없는 위협과 위기감을 주고 있고, 따라서 우리나라의 많은 기
업체들이 이에 대응하여 본격적인 경영혁신을 전개해 나가고 있다. 경영혁신운동은 근본적
으로 구성원들의 의식개혁과 실제 행동의 변화 없이는 그 목적을 달성할 수 없는 만큼, 우
리나라 조직체의 경영혁신과정에는 조직개발의 압력이 강하게 작용하고 있다. 따라서 체계
적이고 계획적인 조직개발은 우리나라 조직체의 경영혁신을 성공적으로 달성함으로써 환
경변화에 대한 적응능력은 물론 세계시장에서의 경쟁력을 강화하는 데 필수적인 요건이다.

2. 조직체의 변화측면

　조직체 내의 변화는 단지 조직체의 환경변화에 의해서만 요구되지 않는다. 시스템이론
에서 설명하는 바와 같이 조직체에는 열역학에서 말하는 소위 엔트로피(entropy)가 작용하
여 자연도태 또는 자연부패의 현상이 항상 일어나고 있다. 따라서 조직체는 이에 대응하여
소식체의 현상유지를 위해서라도 적절한 부적 엔트로피(negative entropy)의 투입 또는 변
화가 요구된다(Katz & Kahn, 1966). 다시 말해서 조직체는 시간이 경과함에 따라서 자연적
으로 시설·설비는 노화되고, 기술은 낙후되며, 인력도 도태되고, 구성원들의 갈등과 사기
저하 그리고 무사안일한 태도가 형성되는 경향이 있다.

　이러한 엔트로피현상은 조직체의 침체와 조직체의 목적달성에 역기능적인 결과를 초
래한다. 따라서 조직체의 계속적인 생존을 위하여 새로운 시설과 기술 그리고 인력의 활성
화를 위한 변화가 요구된다. 이러한 엔트로피현상은 과학기술의 발달과 세계화 등 조직체
의 환경변화가 심할수록 더욱 크게 작용하므로 이로 인한 변화도 더욱 많이 요구된다. 그리
고 이러한 환경변화 속에서 조직체가 고도의 성장과 발전을 추구할수록 더욱 많은 변화가
요구된다. 따라서 이러한 변화의 효율적인 계획과 집행을 위한 조직개발이 요구되고, 여기
에 인적자원관리가 매우 중요한 역할을 하게 된다.

　조직체에서 요구되는 변화는 조직체 전체에 걸친 변화와 일부 집단이나 특정 구성원
의 개인적인 변화 등 여러 가지가 있다. 그리고 이러한 여러 수준에서의 행동변화는 조직구
조조정과 방침, 제도의 개선 등 여러 가지 경영조직의 변화와도 연결된다. 조직체에서 흔히
요구되는 변화들을 분류·정리한다.

(1) 공식조직의 변화

〈그림 12 – 1〉에서 보는 바와 같이 조직환경의 변화는 조직체에서 새로운 기회와 도전 그리고 위협과 문제를 가져오면서 조직체에게 많은 변화를 요구한다. 조직체는 이러한 환경 변화에 적응하는 과정에서 내부 공식조직에 다음과 같은 여러 가지 변화를 시도하게 된다.

① **경영전략**(Strategy): 공식조직 변화의 첫 번째 측면은 조직체의 새로운 목적을 설정하거나 기존목적을 달성하는 데 있어서 조직체의 장기전략방향과 장기계획 그리고 중요자원배분에 변화를 가져오는 것이다. 조직체의 경영전략은 조직체의 장기방향과 조직체의 기본성격을 지배하는 중요 요소이므로, 경영전략의 변화는 전략수행에 필요한 세부적인 공식조직의 변화는 물론 새로운 경영전략에 적합한 조직체의 체질과 행동패턴 그리고 조직문화의 형성 등 조직개발의 기본방향에 중요한 영향을 준다.

② **구조**(Structure): 공식조직 변화의 두 번째 측면은 경영전략을 수행하는 데 필요한 조

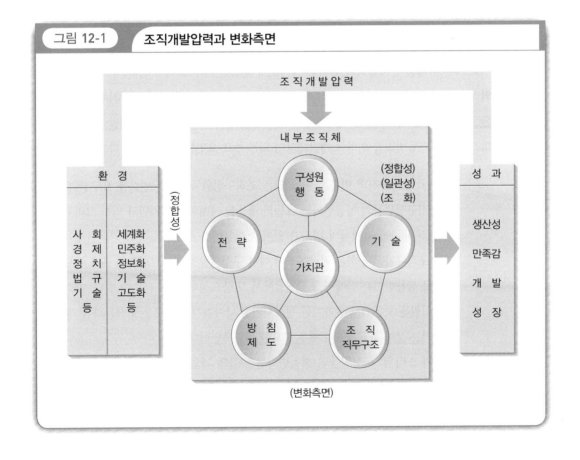

그림 12-1 조직개발압력과 변화측면

직구조와 직무설계 그리고 권한관계와 방침, 제도, 절차, 규율 등 조직의 일상운영
과 경영과정에 관련된 모든 공식구조적 요소들이다. 이들 구조적 요소는 조직구성
원들 간의 상호관계는 물론 그들의 보상과 인센티브, 커뮤니케이션과 의사결정, 목
표설정과 통제, 조정 등 조직체 경영시스템의 형성요소로서 조직체의 전략목적달성
과 구성원들의 행동변화에 많은 영향을 준다.

③ 기술(Technology): 공식조직의 또 하나의 중요한 변화측면은 새로운 생산시설과 기
계 및 도구 그리고 컴퓨터를 포함한 각종 정보처리기술과 제어장치 등 여러 가지 형
태의 하드웨어기술들이다. 이들 기술은 조직체 내부의 과업환경에 직접적인 변화를
가져오는 동시에 조직구조와 직무구조 그리고 경영과정과 제도 등 공식구조적 변화
에 직접 또는 간접적인 요인으로 작용함으로써 구성원들의 행동변화와 조직체의 성
과향상에 매우 중요한 역할을 한다.

(2) 구성원의 행동변화

조직체의 성과관점에서 볼 때, 공식조직의 변화는 구성원들이 이들 변화를 잘 받아들
이고 그들의 행동에 바람직한 변화를 가져오지 않으면 아무 의미가 없다. 따라서 조직개발
의 궁극적인 목적은 구성원들의 실제 행동변화에 있다. 앞에서 설명한 공식조직은 바람직
한 구성원행동을 유도·조성하는 데 중요한 역할을 한다. 그 이외에 조직개발에서 구성원들
의 바람직한 행동변화를 위하여 개발대상이 되는 주요 요인들을 요약하면 다음과 같다.

① 가치관: 공식조직의 변화는 이에 맞는 조직구성원들의 행동변화를 요구한다. 그리
고 조직구성원들의 행동변화는 그들의 행동을 지배하는 가치관과 의식 그리고 기본
전제(assumptions)에서의 변화가 없이는 이루어질 수 없다. 특히 기본전제와 가치
관은 조직체가 추구하는 전략목적에 대한 구성원들의 커미트먼트에 매우 중요한 요
인으로 작용한다는 점에서 조직개발에서 그 중요성이 크다고 할 수 있다. 따라서 조
직구성원들 모두의 공유가치를 정착시키고 나아가서는 새로운 조직문화를 개발·정
착시키는 것이 조직개발의 매우 중요한 변화측면이다.

② 기술과 스타일: 구성원들의 행동변화는 그들의 과업수행에 연결되어 실제 성과로
나타나야 한다. 따라서 조직개발은 구성원들의 태도와 행동을 지배하는 가치관뿐만
아니라, 그들의 과업수행에 필요한 지식과 개념 그리고 구체적인 기술과 방법에도

변화를 가져와야 한다. 특히 관리자의 경우에는 부하들에 대한 동기부여와 행동강화 그리고 목표관리와 참여관리 등 여러 가지의 새로운 관리기법과 리더십스타일이 관리기술과 행동개발에 매우 중요한 부분을 차지한다. 따라서 과업수행상의 구체적인 기술과 방법 그리고 기법도 경영행동의 개선과 조직체의 성과향상에 직접적으로 관련된 조직개발의 매우 중요한 변화측면이다.

③. 변화와 조직변환

시스템 관점에서 볼 때 조직체는 자체의 목적달성을 위한 개방적 사회집단으로서, 주어진 환경에 적합한 전략을 설정하고 성공적인 전략경영에 필요한 내부조직을 형성해 나간다(Chandler, 1962). 기업의 경우 내부조직을 시스템관점에서 공식구조(직무, 조직구조, 방침, 제도 등)과 구성원(가치관, 능력, 행동 등) 그리고 경영과정(리더십, 관리기술 등)으로 구성되어 있고, 전체적으로 경영전략과의 일관성 속에서 구성요소들 상호 간에 조화와 일관성을 유지하려고 노력한다. 따라서 환경과 전략 그리고 조직구조와 조직행동 사이에는 상호 간에 정합성과 일관성이 존재하고(Nadler & Tushman, 1993), 그 정합성과 일관성이 클수록 대체로 기업의 성과도 높은 것으로 인식되고 있다(〈그림 12 - 1〉 참조).

이와 같이 환경과 전략 그리고 조직구조와 구성원 행동 간에는 밀접한 관계가 있기 때문에 환경변화는 경영전략의 변화와 더불어 조직구조와 경영과정 그리고 직무내용과 구성원행동에 변화를 가져온다. 환경변화가 완만하고 점진적인 경우에는 기업의 전략도 이에 맞추어 점진적으로 조정되고 내부구조와 구성원행동도 진화과정에 의하여 서서히 조화와 균형을 유지해 나갈 수 있다. 그러나 환경변화가 갑자기 그리고 급격히 일어나는 경우에는 경영전략의 획기적 변화는 물론 조직구조와 경영과정 그리고 직무내용과 구성원행동에 있어서 큰 변화와 더불어 이들 요소 간의 새로운 조화관계가 요구된다. 이것이 바로 조직변환(organizational transformation)이고, 이것이 바로 우리나라의 많은 조직체가 특히 IMF 외환위기 이후 구조조정과정에서 당면했던 상황이다. 시스템관점에서 볼 때, 조직체가 개방적일수록 조직변환은 비교적 자연적으로 이루어질 수 있는 반면에, 조직체가 관료적이고 폐쇄적일수록 조직변환 과정은 매우 어렵고 고통스러울 수 있다.

이들 변화와 조직변환을 보다 전략적이면서 체계적으로 그리고 효율적으로 달성하여 조직체의 성과를 높이고 핵심역량을 강화하려는 것이 조직개발의 목적이며, 그 과정에서 인적자원스태프가 전략적 동반자로서 그리고 변화담당자로서 성공적인 조직개발에 중요한 역할을 한다.

④. 전략적 변화관리

조직체에서 일어나는 변화압력은 그 원인과 정당성은 어떻든지 구성원들에게 잘 받아들여지지 않는 것이 일반적이다. 따라서 변화에 대한 구성원들의 저항은 자연적인 반응이라고도 할 수 있다(Reitz, 1977). 변화에 대한 구성원들의 저항행동을 일으키는 중요원인들을 정리하고(Kotter & Heskett, 1991), 현대조직에서 전략적 변화관리의 필요성에 관하여 알아본다.

(1) 변화에 대한 저항요인

첫째로 변화에 대한 구성원의 저항감은 고용안정에 대한 위협감에서 온다. 구성원들은 변화가 그들의 고용안정을 위협한다고 느낄 때 변화의 정당성이나 타당성에 관계없이 그들의 고용안정을 위협하는 변화에 강하게 저항한다. 이와 같은 현상은 특히 IMF 외환위기 이후 우리나라 기업에서의 구조조정과 정리해고 그리고 기업의 인수·합병 과정에서 나타난 노조의 단체행동에서 명백히 볼 수 있다.

둘째로 구성원들은 조직구조나 직무내용 그리고 업무환경의 변화로 인하여 안정된 지위나 대우 또는 확립된 위치에 손실이 예측되는 경우 이를 두려워하고 새로운 변화에 저항감을 갖는다. 또한, 변화로 인한 새로운 직무나 지위 그리고 역할이 그들 자신의 경력진로에 도움이 되지 않는다고 생각될 때에는 이에 위협을 느끼면서 변화에 저항한다. 특히 새로운 기술이 도입되거나 업무수행방법이 달라지는 경우, 안정된 기존 업무패턴이 변하고, 구성원들이 새로운 방법과 업무환경에 적응하기 위하여 교육훈련 등 여러 가지의 불편과 노력을 감수해야 하기 때문에 저항하게 되며, 이것이 오랫동안 계속될 것으로 예상될수록 그들의 저항감은 더욱 커진다. 집단구성원이나 직무관계에 변화가 있는 경우에도 새로운 상급자와 동료구성원 등 새로운 관계와 상호 작용을 요구하게 되고, 따라서 구성원들은 기존 시스템에서의 안정감과 소속감을 희생하고 새로운 관계를 맺는 데 대하여 불확실성과 불안감을 느끼면서 변화에 저항감을 갖는다.

또한 현대조직에서 권한의 집중화와 업무체계의 관료화는 구성원들을 소외시키고 조직의 효율성증대를 위한 개혁이나 변화에 대하여 무관심 또는 저항감을 갖게한다. 특히 관료조직의 경직된 문화는 구성원들로 하여금 목적의식을 잃게 하고 무사안일한 태도와 더불어 어떠한 개혁에도 저항하는 역기능적 행동을 조성한다. 한때 높은 성과에 기여한 조직문화가 경직되어버린 경우에도 구성원들이 환경변화를 외면하고 과거 성공에만 집착하여 기존 관행을 버리지 못하고 환경변화를 외면하면서 새로운 변화에 저항한다. 이와 같은 경향은 우리나라 기업에서 흔히 볼 수 있다. 우리나라 기업은 과거 40여 년간에 걸쳐서 정부주도의 계획경제에 적합한 강한 기업문화를 정착시켰다. 그러나 세계화와 무경계의 개방경제화로 인해 새로운 기업문화가 요구되는 현 상황에서는 강하게 정착된 기존 문화는 새로운 환경에서 요구되는 변화와 개혁에 큰 장애요인이 된다.

(2) 전략적 · 체계적 변화관리의 필요성

조직변화에 대한 구성원들의 이와 같은 저항은 그들의 태도와 행동에 있어서 여러 가지의 형태로 나타난다. 변화의 필요성과 타당성을 의심하거나 사소한 이유로서 실질적인 효과에 대하여 의심을 보이는 등 변화에 대한 부정적인 반응과 비협조적인 태도를 보인다. 경영층에 대한 불신감과 적대감도 나타내고 구성원들 간의 상호작용이 둔화됨은 물론 분열까지도 생기며, 나아가서는 구성원들의 사기저하와 성과저하 그리고 유능한 인재들의 이탈 등 악순환으로까지 이어진다.

이러한 현상을 방지하고 변화압력과 저항 간의 균형관계를 변화방향으로 유도하기 위해 조직체는 인관관계기법을 통하여 구성원의 협조를 얻는 데 많은 노력을 기울이게 된다. 즉, 조직체는 위기감을 공유하고, 변화에 대한 필요성을 구성원들에게 설득시킴은 물론 변화를 실제로 집행하는 데 있어서도 변화로부터 직접적으로 영향을 받는 구성원들을 변화과정에 참여시키는 등 다양한 노력을 기울인다. 또한 변화로 인한 구성원의 불안감과 공포감, 불확실한 느낌 등을 해소시키고 구성원들 자신이 변화에 잘 적응하도록 신경을 쓴다. 이러한 변화관리방법은 주로 인적자원관리 관점에서 구성원들과의 커뮤니케이션과 그들의 경영참여 그리고 집단역학 등 전통적인 인적자원관리기능과 인간관계기법을 중심으로 변화의 효율적인 도입과 구성원을 포함한 조직체 전체의 효율적인 적응을 도우려는 것이다.

그러나 근래에 와서 변화의 정도와 빈도가 심해지자 전통적인 인적자원 관리기능을 중심으로 변화를 계획하고 관리하기가 매우 어려워졌다. 더구나 구성원들은 이러한 전통적인 방법을 경영층의 조작적 또는 통제적 수단으로 지각하는 경향을 보였고, 따라서 변화에 대한 구성원들의 협조를 기대하기가 점점 어려워짐으로써 전통적인 변화관리 방법의 실질적

인 효과가 의문시되기 시작하였다. 그리하여 현대조직은 조직변화를 추진하는 데 있어서
보다 전략적이고 현대적인 조직개발 변화기법에 의존하게 되었고, 따라서 전략적 동반자로
서 그리고 변화 담당자로서의 인적자원스태프의 역할이 더욱 중요해졌다.

제 2 절   조직개발의 개념과 변화과정

2004년에 미국의 GE는 1,524억 달러의 매출과 166억 달러의 순이익 그리고 3,749억
달러의 시장가치로 1998년 이후 계속 〈Fortune〉, 〈Forbes〉, 〈Business Week〉지에서 세계
제일의 초우수기업으로 평가되어 왔다. GE가 이와 같은 영예로운 평가를 받게 된 데에는
1980년대 이래 GE가 적극적으로 추진해온 구조조정과 경영혁신 그리고 GE를 세계최강의 경
쟁력을 가진 기업으로 변신시킨 워크아웃(Workout)으로 대표되는 조직개발 노력이 주요
요인으로 작용하였다.

1981년 잭 웰치(Jack Welch) 회장의 취임 당시 GE는 270억 달러의 매출 규모를 가진
세계에서 가장 다각화된 기업으로 성장하고 있었다. 그러나 200개나 되는 사업부조직은 너
무나 복잡하고 관료화되어 엄청난 낭비와 더불어 신속하고 효율적인 전략경영이 어려워지
면서 소위 '대기업 병'으로 경쟁력이 약화되는 증상을 보였으나, 이에 위기감을 느낀 웰치
회장은 다가오는 세계화와 무경계의(boundaryless) 기업환경에서 살아남으려면 무엇보다
도 GE의 경쟁력을 획기적으로 강화해야 한다는 판단하에 GE를 세계최강의 경쟁력을 가진
회사로 변신시키겠다는 의욕적인 비전을 제시하고 강력한 사업구조조정과 조직구조조정
그리고 자신의 벽없는 무경계 경영이념에 입각한 새로운 기업문화개발에 착수하였다. 사업
구조조정에 있어서 웰치 회장은 사업분야에서 1, 2위의 경쟁력을 가질 수 없는 전통 전기관
련 가전제품 사업은 과감히 매각·처분하고, 금융, 서비스, 첨단산업 등 사업전망이 좋은 고
부가가치사업에 과감히 투자하여 사업구조에 획기적인 변화를 가져왔다.

조직구조조정에 있어서 웰치 회장은 200개나 되는 복잡하고 거대한 사업부조직을 간
소화하고, 그의 '무경계' 경영이념에 따라 계층 간, 실무·관리스태프 간, 사업부 간, 그리고
외부 협력집단들과의 관계에 존재하고 있던 모든 장벽을 없애기 시작하였다. 수많은 사업
단위들을 관장하던 사업그룹관리본부들을 모두 철폐하고 주요 사업군을 12개로 간소화함

으로써 사업단위의 전략경영기능을 대폭 강화하고 관리스태프부서의 무의미한 통제와 심의기능을 모두 없애버렸다. 그리고 사업단위와 회장 사이의 9개 계층을 5개로 줄여 종래의 수직적 계층구조를 수평적 구조로 대폭 조정함으로써 관료화된 조직구조를 파괴하고 사업단위의 권한과 자율성 그리고 기동성을 그게 강화하였다.

그러나 '무경계' 경영을 위한 경영혁신은 웰치 회장이 만족할 정도로 빠른 속도로 이루어지지 않았다. 따라서 웰치 회장은 1980년대 하반기부터 구성원들의 행동개선과 경영혁신을 촉진하기 위해 워크아웃이라는 조직개발운동을 강력히 전개하기 시작하였다. 그리고 벽없는 '무경계'의 경영이념을 공유가치화하고 이를 인적자원관리 전반에 철저히 반영하는 가치중심적·전략적 인적자원관리를 실시하였다. 워크아웃은 구성원들이 자유롭게 실무현장 문제를 분석하고 해결하는 데 직접 참여하여 업무·작업과정을 개선하고 조직을 활성화하는 GE 특유의 조직개발 기법으로서(제7장의 [사례연구 #7 - 2] 참조), 여기에는 GE 경영연수원(Crotonville)의 조직개발전문가들이 변화촉진자(change facilitator)의 역할을 수행하여 워크아웃과정을 효율화시켰다.

워크아웃이라는 조직개발 프로그램은 노사 간의 신뢰감을 조성하고 구성원들의 참여의식을 높임으로써 계층 간, 기능·부서 간의 장벽을 없애고 정보와 자원의 공유를 통한 사업부 간의 장벽을 없애는 데에도 큰 역할을 하였다. 그리고 외부 고객과 협력업체의 참여와 심지어는 경쟁업체와의 네트워크관계를 통하여 그들과의 장벽을 허무는 데에도 크게 기여하였다. 그뿐 아니라 워크아웃 프로그램은 GE에서 과정지도화(Process Mapping)라고 불리는 업무과정 리엔지니어링(BPR)과 최선기법(Best Practices)이라고 불리는 경쟁적 벤치마킹과도 연계되어 생산성배가와 성과향상에 상당한 효과를 가져왔고(Hunt, 1996), 1995년부터 시작된 6시그마(Six-Sigma) 품질운동을 성공적으로 추진시키는 데에도 크게 기여하였다. 이와 같이 워크아웃 조직개발은 GE의 구조조정과 '무경계' 경영을 실현시키고 GE를 세계최강의 경쟁력을 가진 기업으로 발전시키는 데 결정적인 역할을 하였다.

위의 GE사례는 조직개발의 목적과 기능 그리고 활동 등 조직개발이 무엇인지 그 개념과 변화과정을 이해하는 데 도움을 준다. 조직개발의 개념을 정리한다.

1. 성과증대를 위한 변화과정

첫째로, 조직개발은 근본적으로 조직체의 성과를 증대시키기 위한 변화과정이다. GE

사례에서 알 수 있듯이, GE의 경쟁력강화를 위한 사업 및 조직구조조정은 구성원들의 행동 변화 없이는 큰 성과를 얻을 수 없었고, 여기에 워크아웃이라는 조직개발이 GE의 구조조정 전략을 성공시키는 데 결정적인 역할을 하였다.

조직의 효과성과 성과를 증대시키는 데 있어서 조직개발은 특히 시스템관점에서 구성 원과 조직 내 집단 그리고 전체 조직체 간의 상호연관성을 강조한다. 다시 말해서 조직개발 은 구성원과 집단 수준에서의 부분적인 변화는 전체 조직체 수준에서의 변화에 영향을 준다 는 개념하에 조직체 내부 부분간의 시너지관계와 상호 강화시키는 관계를 전제하고, 나아가 서는 전체 조직체의 문화적 변화와 효과성 및 성과의 증대를 강조한다. 따라서 조직개발은 개인, 집단, 또는 전체 조직체 등 여러 수준에서 전개될 수 있고 그 효과의 범위도 상황에 따라 다르겠지만, 궁극적으로는 조직체 전체의 성과에 영향을 주고 성과에 대한 영향은 다 시 조직개발활동에 영향을 준다는 것이 조직개발의 전제이다. GE사례에서 구성원 개개인 과 집단수준에서의 열린 가치관은 GE 전체의 무경계 문화개발에 핵심역할을 하였고, 무경 계 문화를 통한 경영성과의 향상은 무경계의 공유가치를 더욱 강화하는 결과를 가져왔다.

조직개발의 목적은 조직체의 경영이념과 경영목적에 따라서 조직의 건강, 자기재생, 개인과 조직체의 통합 등 구체적으로 강조되는 측면이 다르다. GE의 워크아웃 조직개발은 경쟁력강화를 위한 조직변환을 목적으로 전개되었고, 우리나라의 많은 조직체에서 추진되 고 있는 구조조정과정에서도 조직개발은 일반적으로 경영혁신을 통한 조직변환을 강조하 고 있다. 이와 같이 조직개발에서 강조되는 측면은 다르지만, 궁극적으로 지향하는 결과는 전체 조직의 효과성 및 성과의 증대라는 점에서 조직개발의 근본목적에는 큰 차이가 없다. 조직의 효과성과 성과를 향상시키는 데 있어서 조직개발은 다음과 같은 조직체 여러 분야 에서의 변화와 개혁을 추구한다.

(1) 조직구조 조정

조직체의 전략적 목적을 성공적으로 달성하기 위해서는 이에 적합한 조직구조의 설계 가 요구되고(제4장의 〈그림 4 - 1〉 참조), 따라서 조직체의 새로운 경영전략은 조직구조의 조 정을 필요로 한다. 조직구조는 조직체의 효과성과 성과에 많은 영향을 주는 만큼, 조직구조 의 조정은 조직개발의 매우 중요한 측면이다. 현대조직에서 조직구조조정의 방향은 대체로 수직적 계층조직에서 수평적 조직으로, 집권적 조직에서 자율적 사업조직으로, 기능통제적 조직에서 매트릭스 팀조직으로, 그리고 대규모 조직에서 소규모 단위조직으로 조직구조 설계패턴을 바꾸는 것이다. 여기서 조직개발은 물론 구성원들의 행동경향을 고려하여 새조직구조와 구성원들 간의 통합이 이루어지도록 조직구조를 설계하고 구성원들의 행동을 개선함으로써 조직의 효과성과 성과를 높일 수 있다.

(2) 직무개선과 하부구조 조정

조직체와 구성원과의 관계는 근본적으로 구성원이 수행하는 직무와 그의 직무환경 속에서 형성된다. 따라서 조직개발은 과업, 권한, 책임, 작업방법 등 구성원의 직무내용을 설계하는 데 있어서 그들의 동기유발과 커미트먼트를 유도하여 성과를 높이는 데 역점을 둔다. 이와 관련하여 조직개발은 전통적으로 직무충실화와 목표관리(MBO)를 강조해 왔고, 현대기업에서는 GE에서의 워크아웃이나 업무과정 리엔지니어링 그리고 경쟁적 벤치마킹과 같은 각종 경영혁신기법을 적용하여 직무개선과 하부구조개혁을 전개해 왔다.

(3) 구성원행동과 조직문화의 개선

조직구성원의 행동변화는 조직개발의 가장 중요한 부분이다. 조직구조조정과 직무 및 하부구조의 개선은 구성원들의 행동변화 없이는 그 목적을 달성할 수 없기 때문에 구성원들의 행동변화는 조직개발에서 가장 강조되는 부분이다. 또한, 구성원들의 공유가치와 조직문화는 구성원들의 태도와 행동에 많은 영향을 주며, 구성원들 간의 신뢰감과 친밀감 그리고 공통적인 가치관이 얼마나 강하냐에 따라서 조직분위기는 물론 구성원들의 팀워크와 학습행동 그리고 그들의 직무만족과 경영성과에 큰 차이를 나타낸다.

따라서 조직개발은 구성원들간의 일상 커뮤니케이션과 상호작용에서 나타나는 여러 가지 증상을 중심으로 조직문화와 조직분위기에 대한 진단을 내리고, 구성원들 간의 불신감과 폐쇄성 그리고 적대감 등 조직의 침체적 요소들을 제거하고 보다 활성화된 조직문화와 조직분위기를 조성하기 위한 노력을 기울인다. GE의 워크아웃 프로그램은 구성원들에게 무경계의 가치관을 공유하게 하고 적극적인 경영참여행동을 유도함으로써 구성원들의 성과지향적 행동의 개발과 더불어 GE의 무경계 문화를 정착시키는 데 큰 역할을 하였다.

(4) 문제해결능력의 개발

조직체의 성과는 구성원과 집단이 각기의 과업을 수행하는 과정에서 당면하는 의사결정과 문제해결을 얼마나 잘 그리고 신속하게 하느냐에 달렸다. 그런데 일반 조직에서 정보의 통제와 상·하위 조직체 목적 간의 갈등, 구성원이나 집단 간의 마찰, 팀워크나 욕구동기의 부족 등 여러 가지 구조적 또는 심리적 요인 때문에 효율적인 의사결정과 문제해결이 이루어지지 않는 것이 현실이다.

조직개발은 평소 인력자원을 포함한 조직체 내부의 모든 자원이 충분히 잘 활용되고 있지 않다는 전제하에, 구성원들이 가지고 있는 모든 정보와 능력을 조직체 문제해결을 위하여 최대한 발휘하도록 하는 동시에 그들의 잠재능력을 최대로 개발하는 데에도 역점을 둔다. 그리고 의사결정과 문제해결과정에서 일선관리자는 물론, 전문기술자와 전문관리스태프 그리고 그 외 문제해결에 기여할 수 있는 모든 구성원들이 함께 참여할 수 있는 의사결정시스템과 문제해결행동을 개발하는 데에도 많은 노력을 기울인다. GE 사례에서 워크아웃은 무경계의 열린 경영하에서 특정 문제에 관련된 모든 구성원들의 정보와 능력을 총동원하여 문제해결과정을 최대로 효율화하는 동시에 구성원들의 문제해결능력도 최대로 개발시킨 조직개발의 좋은 예라고 할 수 있다.

② 계획적 변화개입

개인, 집단, 조직체 수준에서의 행동변화와 개선은 자연적으로 이루어지지 않는다. 조직효율성과 성과증대에 필요하고 중요한 변화일수록 오히려 변화에 대한 저항과 장애요소가 많은 것이 일반적이다. 따라서 조직효율성과 경영성과의 향상을 위하여 이에 필요한 변화를 체계적으로, 단계적으로, 그리고 종합적으로 계획·추진함으로써 성공적인 변화를 달성할 수 있다. 이와 같이 조직체 내의 변화를 전략적으로 그리고 계획적으로 관리·촉진하고 전체적인 변화과정을 효율화하는 것이 조직개발의 기능이다. 전략적·계획적 변화관리는 현대조직에서와 같이 환경변화가 급격하고 심할수록 그 중요성은 더욱 커진다.

(1) 전략적 · 체계적 변화관리

앞에서 설명한 바와 같이 현대조직은 세계화·민주화·정보화·무한경쟁 등의 엄청난 환경변화 속에서 경영패러다임의 근본적인 변화와 더불어 조직구조설계와 경영방식에 큰 변화를 요구한다. 이와 같은 변화는 획기적인 조직구조조정과 관리제도 및 경영방침의 개혁을 요구하고 이에 일관성 있는 구성원행동의 개선과 더불어 새로운 공유가치와 조직문화의 개발을 요구한다. 또한, 이와 같은 변화는 최고경영층의 적극적인 지원하에 상기간에 걸쳐 이루어진다. 따라서 모든 구조적, 제도적, 행동적, 그리고 문화적 변화를 체계적으로 그리고 성공적으로 전개하기 위한 전략과 계획 그리고 실천이 필요하고, 이러한 전략적이고 체계적인 변화관리를 시도하는 것이 바로 조직개발활동이다.

(2) 변화담당자의 개입

조직체의 성과는 실무현장에서 달성되는 만큼, 조직개발이 추구하는 변화도 실무현장에서 이루어져야 한다. 그러나 일상업무에 바쁜 실무현장의 구성원들은 변화와 개혁에 정신을 기울일 시간적 여유가 충분하지 않다. 그리고 조직변화와 구성원의 행동개선도 한번에 이루어지지 않고 장기간에 걸쳐서 단계적으로 이루어진다. 따라서 현대조직은 효율적이고 성공적인 변화관리를 실현하는 데 있어서 변화에 대한 전문지식과 경험을 갖춘 변화담당자(change agent)의 개입에 의존한다. 변화담당자는 인적자원관리 부서의 변화전문가이거나 외부에서 기용된 컨설턴트로서 조직체의 변화목적과 여건에 따라서 다양한 기능과 역할을 수행한다(제4절 참조).

변화담당자는 최고경영층과의 긴밀한 협의하에 조직의 문제진단은 물론 조직개발의 전략적 목적을 설정하고 단계적이고 세부적인 변화계획을 수립하며, 조직구성원과 집단을 대상으로 실제변화를 유도하고 변화의 효과를 측정하는 등 조직개발 전반에 걸쳐서 핵심적

■■표 12-1 **조직개발개념 요약**

1. 기본요소
   - 계획적 변화
   - 전략적 개입
   - 변화의 일상화
   - 변화촉진
   - 변화담당자 활용
   - 행동과학 지식·기법활용
2. 목　　적
   - 조직효율성 증대
   - 개인과 조직체의 목적통합
   - 신뢰감, 팀워크 개발
   - 창의적 적응능력 개발
   - 장·단기 성과향상
   - 주인의식·자아통제능력 개발
   - 갈등의 고차원적 활용
   - 문제해결능력 개발
3. 개입활동
   - 문제진단, 정보자료 수집, 전략적 변화계획 수립, 변화 촉진
   - 개인수준에서의 능력 및 행동 개발
   - 집단 및 조직체 수준에서의 능력 및 행동 개발
   - 변화 및 성과측정, 평가, 피드백

인 역할을 수행한다. 이와 같은 변화담당자의 역할은 조직개발수준이 고도화될수록 더욱 활발해진다. 따라서 변화담당자의 역할도 최고경영층의 역할만큼 조직개발의 성패를 결정하는 데 매우 중요한 요인으로 작용한다. GE의 경영혁신에서도 세계최강의 경쟁력을 갖추겠다는 웰치 회장의 비전에 맞추어 크론톤빌(Crotonville) 경영연수원의 변화전문가들이 무경계의 새로운 조직문화개발을 전략적으로 구상하였고, 워크아웃과 과정지도화 등 실무현장에서의 경영혁신활동에도 변화촉진자로서 개입하여 변화를 성공적으로 이끌어나갔다.

③ 행동과학지식의 활용

조직체는 인간으로 구성된 사회시스템인 만큼 조직체의 변화를 시도하려면 개인과 집단 그리고 전체 조직체 등 여러 수준에서 변화에 대한 지식과 접근방법에 관한 이론적 기반이 요구된다. 따라서 변화과정에서 행동과학의 지식과 접근방법을 활용하고 인간중심적 가치를 중시하는 것이 조직개발의 또 하나의 특징이다.

(1) 행동과학의 변화이론과 접근방법 활용

구성원의 집단 혹은 조직 내에서의 행동에는 여러 가지의 복잡한 조직구조적 그리고 사회·심리적 요소들이 작용하고 있다. 따라서 구성원의 조직행동을 이해하고 이를 개선하려면 개인과 집단들을 대상으로 연구하는 심리학과 사회학 그리고 인류학 등 행동과학(behavior sciences)의 이론과 연구결과가 조직개발의 지식기반으로서 매우 중요하다. 그리고 조직개발과정에서도 설문조사와 피드백, 면접과 관찰 그리고 실험 등 이들 행동과학분야에서 사용되고 있는 연구방법은 조직개발의 문제해결과정에 유효한 접근방법으로 적용될 수 있다. 이러한 행동과학의 지식과 방법은 변화담당자의 역할과 기능을 통하여 조직개발에 직접 적용된다. GE의 조직개발에서도 크론톤빌의 경영연수원의 경영학자와 조직개발전문가 이외에도 변화전문가들을 외부에서 수시로 기용하여 그들의 전문지식과 변화기법을 변화과정에 활용한 것을 볼 수 있다.

(2) 인간중심적 가치의 강조

행동과학지식의 활용은 조직개발과정에서 인간의 가치를 최대로 향상시키려는 노력에서 인간중심적 관점과 방법이 그대로 반영된다. 변화를 계획하고 실제로 집행하는 데 있어서, 구성원집단과 경영층 그리고 노조와 일반 구성원 등 집단소속에 따라서 문제의 진단으로부터 시작하여 변화방법의 설계와 추구하는 성과의 달성에 이르기까지 여러 가지의 많은 가치판단과 견해가 대두될 수 있다. 이들 집단은 각기 서로 상반되는 관점과 가치개념을 가지고 있고, 따라서 문제에 대한 지각과 달성할 성과에 대하여 많은 차이를 보일 수 있다. 이와 같은 갈등관계 속에서 조직개발은 어디까지나 개인의 가치를 중시하고 조직체생활을 통하여 개인의 가치를 확대하도록 최선의 노력을 기울인다. 이와 같이 조직개발은 변화과정에서 구성원들 간의 개방성과 상호이해 및 자발적인 협조행동을 강조함으로써 구성원들과 조직체의 통합을 이루고 양측의 공동혜택을 최대화하는 데 전력을 기울인다.

④ 장기적 · 일상적 과정

끝으로, 조직개발은 어느 구성원집단의 문제를 일정한 기간 동안에 집중적으로 해결함으로써 완료되는 일시적 변화과정이 아니라, 집단과 조직체 전체의 효율성 및 경영성과를 지속적으로 높이는 것을 목적으로 하는 장기적인 과정이다.

(1) 조직체 전체에 확산

조직개발은 변화대상 집단에서 나타난 문제의 성격과 달성할 성과, 집단의 크기와 변화방법, 그리고 효과발생의 시간적 여유 등 여러 가지 상황적 여건에 따라서 변화과정과 소요기간이 모두 다르다. 그러나 어느 한 집단의 행동개선은 다른 집단의 행동변화를 요구하게 되고, 따라서 시스템이론에 의하여 전체 조직체의 행동으로 연결·확산되면서 궁극적으로 조직체 전체의 성과향상으로 이어진다. 그리하여 조직개발은 점차적으로 조직체 전체의 장기적인 변화과정으로 전개되어 나간다.

(2) 개선의 강화

개선된 행동과 시스템은 계속 강화되어 조직 내에 정착되어야 하므로 이를 위한 조직개발활동이 다양하게 그리고 활발히 전개되어 나간다. 그뿐 아니라, 조직체의 내외환경은 항상 변하고 환경변화에 대한 경영전략과 목적도 항상 변하므로 이에 대한 시스템 개선과 구성원의 적응행동도 계속 개발·강화되어 나간다.

(3) 끊임없는 변화과정

항상 더욱 높은 성과를 지향하는 것은 조직체의 영구적인 과제이다. 따라서 조직구성
원과 과업집단은 항상 변화와 개혁문제에 당면하게 되고, 이들 문제를 해결하는 과정에서
변화담당자와 변화전문가의 개입역할을 중심으로 여러 형태의 조직개발활동이 활발히 그
리고 다양하게 끊임없이 전개된다. 그리하여 조직개발이 점점 자연스럽고 보편화된 일상적
인 조직체 생활로 정착되면서 점차적으로 조직체의 변화적응에 대한 자생능력이 개발되어
나간다. GE에서 워크아웃 조직개발활동은 구성원들의 일상적인 활동으로 정착되어 업무과
정 리엔지니어링(과정지도화)과 벤치마킹 그리고 6시그마 품질운동에 자연스럽게 적용되
면서 계속 보다 높은 수준의 목표달성을 가능케 하였다.

제 3 절 조직개발의 전개과정

앞 절에서 우리는 조직개발의 목적과 기능을 중심으로 조직개발의 기본개념을 정리하
였다. 이제 우리는 조직개발이 조직체에서 실제로 어떻게 전개되는지 그 과정에 관하여 알
아본다. 조직개발은 변화의 성격과 문제진단 등 상황적 여건에 따라 구체적인 활동과 과정
이 다르다. 그러나 조직개발의 순차적 단계에 있어서는 어느 정도 공통된 과정이 적용된다.
조직개발에 있어서 공통적으로 적용되는 과정을 행동변화와 전체 변화프로그램 관점에서
정리한다.

1. 행동변화의 단계적 과정

조직개발이 추구하는 변화는 조직구성원들에게 여러 가지의 불안감을 가져올 수 있다.
따라서 조직구성원들은 조직개발에 대하여 저항감과 비협조적인 태도를 보이는 경우가 많
고(제2절 참조), 또 조직체는 이러한 구성원의 부정적인 태도를 우려하여 필요한 변화를 실
천하지 못할 때가 많이 있다. 조직체가 변화를 적시에 실천하지 못하게 되면 조직체는 환경
변화에 대한 적응능력을 잃게 되는 동시에 조직체의 효율성은 점점 서하되어 조직체의 침
체를 면치 못하게 된다. 그 반면에 변화가 구성원들에게 미치는 충격과 이에 대한 그들의

반응을 전혀 고려하지 않고 상위경영계층의 일방적인 결정에 의하여 단독으로 변화를 단행하다가 구성원들의 저항에 못이겨 변화프로그램에 큰 실패를 겪는 경우도 적지 않다.

이와 같은 결과가 일어나지 않도록 조직개발은 변화과정에 구성원들을 적극 참여시켜서 그들로 하여금 변화의 필요성을 인식시키고, 변화방법도 공동으로 모색하여 변화에 따른 구성원들의 불안감을 해소하도록 노력한다. 그뿐 아니라 조직개발은 보다 근본적인 측면에서 변화에 저항하는 잠재의식 자체를 완화하는 데에도 역점을 둔다. 변화에 대한 긍정적인 행동을 조성하는 데 있어서 조직개발은 다음과 같은 순차적 과정을 강조하고 그 개념을 단계적 행동개발에 적용한다(Lewin, 1947; Schein, 1968; Kotter, 1996).

(1) 변화의 필요성 인식

조직진단에서 변화의 필요성과 변화의 방향이 설정된 후, 조직변화의 첫 번째 단계는 구성원들로 하여금 현재의 조직시스템이나 자신들의 행동에 문제가 있고 이로 인하여 집단과 조직체성과에 부정적인 영향을 미치고 있다는 것을 인식하게 함으로써 변화에 대한 필요성을 느끼게 하고 이에 대한 관심을 갖게 하는 것이다. 이 단계에서 변화담당자들은 조직체의 성과 및 효율성에 관한 자료와 구성원들 간의 상호 작용에 관한 조사자료 등을 중심으로 문제의 증상을 구성원들에게 피드백 해줌으로써 시스템상의 개혁과 구성원 행동상의 변화에 긍정적인 태도를 갖도록 조직체 내에 변화분위기를 조성한다.

(2) 해   빙

구성원들이 조직체의 개선과 혁신에 부정적인 태도를 갖게 되는 것은 변화에 대한 불안감과 불확실성은 물론 그들의 부정적 태도를 강화해 주는 기본전제와 가치관이 그 배경에 작용하고 있기 때문이다. 그러므로 이러한 고정된 가치관과 의식구조에서 벗어나지 않는 한 새로운 관점과 가치관이 받아들여지지 않을 뿐만 아니라 변화에 대한 저항태도도 여전히 계속될 수밖에 없다. 이러한 전제하에 구성원의 굳어져 있는 관점과 가치관을 녹이는 (unfreezing) 것이 행동변화의 두 번째 단계이다. 이 단계에서 구성원은 자신의 폐쇄적인 관점, 불신적 태도, 안일한 과업행동 등 고정된 기존가치관과 행동경향에 대하여 자신의 인식도를 높이게 된다. 동시에 이러한 고정관념에서 탈피하여 보다 개방적이고 신뢰적인 대인관계 그리고 성취지향적인 과업행동에서 얻을 수 있는 만족감 등 새로운 관점과 가치관을 받아들일 수 있는 의식구조상의 변화를 거쳐나간다.

(3) 변화유도

행동변화의 세 번째 단계는 변화를 실제로 유도하는 것이다. 행동변화는 새로운 관점과 태도가 형성됨으로써 이루어지는데, 그러한 새로운 관점과 태도가 형성되려면 새로운 시스템구조나 역할관계 등에 있어서의 변화가 구성원 자신에게 좋은 결과를 가지고 온다는 확신이 있어야 한다. 따라서 새로운 직무내용과 작업방법으로부터 얻는 직무내재적 만족감, 새로운 집단구성원과의 관계에서 얻을 수 있는 사회적 욕구충족 등 보다 높은 수준의 자아실현을 이 단계에서 실제로 체험하게 함으로써 구성원들의 기본관점과 가치의식에 새로운 변화가 일어날 수 있고, 이에 따라서 바람직한 새로운 행동이 형성될 수 있다.

(4) 안 정 화

이와 같이 형성된 새로운 가치관과 태도 및 실제행동은 계속 반복되고 강화됨으로써 안정적인 행동패턴으로 정착될 수 있다. 그러므로 집단구성원과의 상호관계나 조직체의 보상제도 등 환경조건을 조성하여 새로운 행동을 강화하고 이를 상시적 행동으로 안정화하는 (refreezing) 것이 전략적·계획적 변화과정의 마지막 단계이다. 이러한 안정화과정이 없으면 새로운 행동은 소멸되어 종전의 태도와 행동으로 되돌아가 버릴 위험성이 크다. 이 단계에서 특히 변화담당자들은 오랜 기간에 걸쳐서 구성원들의 새로운 행동을 정착시키기 위한 여러 가지 형태의 강화작용을 위하여 계속 노력을 기울인다.

② 계획적 변화모형

이상에서 살펴본 행동변화의 단계적 과정은 조직개발의 전략적·계획적 변화과정에 매우 중요한 개념적 틀을 제공해 준다. 조직개발은 변화상황에 따라서 구체적인 과정이 모두 다르다. 그러나 변화를 전략적·계획적으로 전개하는 데 있어서 조직개발은 위에 설명한 단계적 행동변화개념을 적용하여 일반적으로 다음과 같은 기본적이고 순차적인 변화과정을 거쳐 나간다(Burke, 1982; French & Bell, 1999).

(1) 문제의 진단

계획적 변화의 첫 번째 단계는 문제의 증상이 지각하고 변화담당자의 연구조사를 거쳐 문제를 진단하는 것이다. 문제의 증상은 특정 부문의 실제 성과와 효율성 등 여러 측정자료를 통하여 상위경영층이나 해당 부문의 관리자 혹은 구성원들 자신에 의하여 지각되고 문제에 대한 분석이 변화담당자에게 위촉됨으로써 변화담당자의 개입역할이 시작된다. 변화담당자는 상위경영층과 협의한 후 해당 부문에 관한 모든 정보자료를 수집하여 관련 당사자들과 직접 만나 문제를 토의하고, 수집된 정보자료를 피드백 해주면서 해당 부문의 구성원들과 함께 공동으로 문제에 대한 진단을 내린다.

(2) 변화계획의 수립

전략적·계획적 변화의 두 번째 단계는 문제의 원인을 구조적·기술적 그리고 구성원의 행동적 측면에서 분석하고, 조직체에 존재하고 있는 여러 가지의 공식적 또는 관습적 제약조건을 고려하여 실행가능한 변화전략과 방법을 설정하는 것이다. 이 과정에서도 변화담당자는 구성원들과의 토의를 통하여 변화에서 기대되는 성과 수준을 구체적인 목표로 설정하고 이를 달성하기 위한 세부적인 계획을 공동으로 수립한다.

(3) 변화실천

전략적·계획적 변화의 세 번째 단계는 변화를 실제로 집행하는 과정으로서, 여기에는 변화담당자의 개입하에 시스템의 구조적 변화와 더불어 교육훈련, 감수성훈련, 팀구축, 목표관리, 관리그리드 등 여러 가지의 조직개발기법이 적용된다. 변화에 적용되는 구체적인 조직개발기법과 단계적 순서 및 변화의 강도는 해결할 문제의 성격과 추구하는 성과에 따라 다르다.

(4) 결과평가

전략적·계획적 변화의 마지막 단계는 실시된 변화의 결과와 효과를 주기적으로 측정·평가하고 이를 변화전략과 변화방법에 피드백하여 변화과정을 조정·수정해 나가는 것이다. 이 평가과정에서 평가결과는 문제집단의 구성원들에게도 피드백하여 그들 자신이 변화를 더욱 촉진하도록 한다. 이상의 전략적·계획적 변화과정은 〈그림 12-2〉와 〈그림 12-3〉에 요약되어 있다. 〈그림 12-2〉는 계획적 변화과정의 일반모형이고, 〈그림 12-3〉은 같은 내용을 변화담당자의 개입역할에 초점을 맞춘 행동·조사모형이다(French & Bell, 1999).

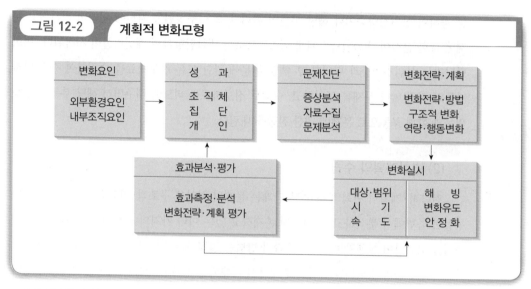

그림 12-2　　계획적 변화모형

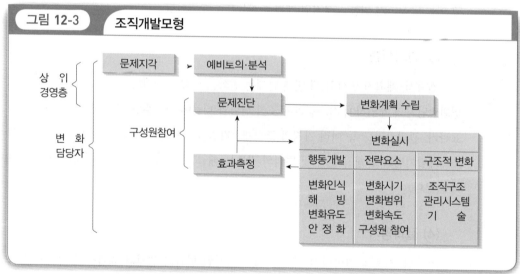

그림 12-3　　조직개발모형

제 4 절　전략적 개입과 인적자원스태프의 역할

조직체의 변환과 변화가 조직개발의 목적이라면 조직체의 변환과 변화를 계획적으로 그리고 효율적으로 달성하려는 것이 전략적 개입의 목적이다. 개입의 개념과 변화담당자의 역할 그리고 인적자원스태프의 개입역할에 관하여 알아본다.

1. 개입의 개념과 변화담당자

조직개발에서 개입이란 일반적으로 개인, 집단 또는 그 이외의 변화대상에 대하여 변화가 효과적으로 이루어지도록 변화과정에 개입하는 행동을 의미한다(Argyris, 1970). 따라서 개입은 조직개발과정에서 조직체가 요구하는 변화를 계획하고 주도하며 이를 지원하는 활동으로서, 주로 변화를 추진하는 기획실과 인적자원관리 부서 등 변화관련 부서의 스태프와 변화전문가 그리고 외부 컨설턴트의 역할을 뜻한다(French et al., 2000). 현대조직의 경영혁신과 구조조정 과정에서 요구되는 변화는 주로 최고경영자의 비전에서 제시된다.[2]

조직개발을 위한 주요 개입활동은 조직변화와 변화를 요구하는 문제증상의 분석과 상황진단, 변화방향과 전략의 구상, 변화분위기의 조성, 변화계획의 수립, 변화방법의 선정과 집행, 효과 측정과 평가, 구성원들 간의 토의진행 및 정보피드백 등을 포함한다. 따라서 조직개발과정에서 개입활동은 이와 같은 모든 변화를 전략적으로 그리고 체계적으로 계획·추진·지원하여 변화가 보다 효율적으로 이루어지도록 이를 촉진시키는 전문기능이다.

(1) 변화담당자의 역할

이러한 개입활동을 수행하는 변화전문가가 바로 변화담당자이다. 조직체에서 변화담당자의 지위와 권한은 조직체의 상황에 따라 다르지만, 대체로 변화에 대한 지식과 기법 그리고 실제 경험을 가진 전문가로서 최고경영자의 경영이념과 비전을 조직개발과정에 직접 반영할 수 있는 위치에서 그의 전문적인 영향력을 발휘하게 된다. 따라서 조직체의 조직개발을 주관하고 상위계층의 경영자나 이와 대등한 외부 컨설턴트가 변화담당자의 역할을 수행한다. 그러나 조직개발에서 변화담당자는 사실상 조직의 변화를 주도하는 어느 한 사람의 중요인물로 인식되기보다는 변화를 가져오는 데 중요한 역할을 하는 많은 인물들로 인식되고 있다. 즉, 조직개발에서 변화담당자는 개혁을 전략적으로 구상하고 변화를 유도하는 최고경영층, 변화의 구체적인 계획을 수립하고 이를 추진·조정하는 기획실과 인전자원

---

2) 넓은 의미에서 개입은 최고경영자가 변화의 비전을 형성하는 데 참여하여 비전내용 구성에 영향을 주는 역할도 포함할 수 있다. 그러나 이 장에서는 변화담당자의 개입역할을 주로 비전에서 제시된 변화를 전개하는 과정에 국한한다.

부서의 전문스태프, 변화에 대한 자문을 제공하는 외부전문가, 그리고 실무현장에서 구성원들을 지도하고 개선과 개혁을 이끌어나가는 관리자 등 여러 사람들을 포함한다.

(2) 변화담당자의 종류

현대조직에서 변화담당자는 그 기능에 따라서 다음과 같이 다양한 종류로 분류될 수 있다(London, 1988).

① **변화구상자**: 변화방향과 변화전략을 구상하는 최고경영자의 측근자나 최고경영층의 핵심인물
② **변화유도자**: 전략적 조직경영과 자원배분(예산, 인력 등)으로 변화분위기를 조성하여 구성원들로부터 변화를 유도하는 최고경영층의 핵심인물
③ **변화지원자**: 조직변환과 변화의 구체적인 계획을 수립하고 실무층을 지원하면서 이를 집행·조정하는 관리스태프.
④ **외부상담자**: 조직개발 전반 또는 어느 특정 경영과정의 변화계획이나 실천에 관하여 전문적인 자문이나 상담을 위촉받은 외부컨설턴트나 변화전문가

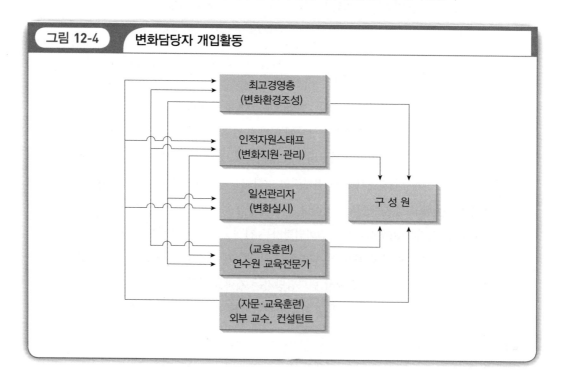

그림 12-4 **변화담당자 개입활동**

⑤ 교육전문가: 조직개발에 필요한 지식과 기술 그리고 조직행동변화에 대한 교육훈련 전문가

⑥ 변화실천자: 실무현장에서 부하들을 지도·관리하여 개선과 개혁 등 실제 변화를 실천하는 일선관리자

이들 변화담당자는 각기의 개입역할을 통하여 조직개발의 변화과정을 촉진시킨다. 이들 중에서 인적자원관리 스태프의 역할을 중심으로 변화를 유도하고 지원하는 전략적 개입활동과 교육훈련 개입활동에 관하여 좀더 자세히 알아본다(〈그림 12 - 4〉참조).

②. 인적자원스태프의 전략적 동반자 및 변화지원자 역할

조직개발과정에서 인적자원스태프는 변화를 계획하고 내부에 변화분위기를 조성하며 구성원들로부터 실제 변화를 유도하고 이를 촉진시키는 등 조직변화의 모든 활동을 체계적으로 계획·관리하는 다양한 전략적 동반자 및 변화담당자의 역할을 수행한다.

(1) 전략적 동반자로서의 개입

조직변화는 최고경영자와 최고경영층의 적극적인 협조없이는 이루어질 수 없다. 특히 조직변환은 조직체 전체의 장기적인 발전과정에서 전략적 차원으로 계획되고 추진된다. 그 외의 모든 조직변화도 전반적인 경영전략과 연계되어 체계적으로 추진된다. 따라서 인적자원스태프는 최고경영층의 변화구상과 계획 그리고 변화전략 형성과정에 직접 참여함으로써 변화의 전략적 동반자로서의 개입역할을 수행할 수 있다.

최고경영층은 조직구조의 개선과 중요 인사이동 그리고 인적자원관리제도의 개혁을 통하여 조직체 내부에 변화환경을 조성함으로써 조직체의 변화를 전략적으로 촉진할 수 있고, 여기에도 인적자원스태프가 변화의 전략적 동반자로서 적극적인 개입역할을 수행할 수 있다. 분권조직과 사업부조직은 자율경영과 책임경영을 조장하고, 수평적 조직과 매트릭스 조직은 부서간의 유기적이고 개방적인 상호 작용을 증진한다. 그리고 관리스태프조직의 축소는 실무현장중심의 경영을 강화하고, 여러 가지 형태의 조직간소화는 신속한 의사결정과 문제해결에 도움을 준다.

이러한 구조적 개혁은 특히 근래 우리나라 기업의 구조조정과정에서 새로운 사업전략

이나 감량경영 그리고 조직슬림화와 관련하여 흔히 볼 수 있다. 그러나 이와 같은 새로운 전략과 직접적으로 연계되지 않더라도 최고경영층은 조직체 내부의 공식구조적 환경을 조성함으로써 경영과정의 개선과 구성원들의 행동변화를 촉진할 수 있고, 여기에 인적자원스태프가 변화의 전략적 동반자로서의 개입역할을 수행할 수 있다.

또한, 인적자원관리시스템의 방침과 제도상의 개혁도 구성원들의 행동변화를 증진하는 데 큰 역할을 한다. 특히 신입사원의 선발과정에서 선발기준을, 그리고 임금 및 승진관리에서 임금지불과 승진의 기준을 개선하는 것은 구성원들의 행동변화를 유도하는 데 효과적인 촉매요인이 될 수 있다. 근래에 우리나라의 많은 기업들이 특히 경영혁신과 관련하여 사원선발과정에서 학력보다는 실제 능력을 강조하고 있고, 임금보너스와 승진에 있어서도 연공보다는 업무성과와 능력을 더욱 강조하고 있다. 이러한 인적자원관리시스템의 개혁은 구성원들로부터 보다 성과지향적인 행동을 유도하고 이를 강화·정착하는 데 중요한 역할을 한다. 그리고 조직체 내부의 중요 직무를 기업변신과 경영혁신에 적극적으로 협조하는 관리자들로 충원하여 조직변화에 동조하는 권력구조를 형성하는 것도 변화환경을 조성하고 변화를 유도하는 데 많은 영향을 준다.

(2) 변화지원자로서의 개입

인적자원부서는 조직변화의 전담스태프로서 다양한 변화지원 개입활동을 수행한다. 기획실, 종합조정실, 비서실 스태프도 조직개발과정에 부분적으로 관여하지만, 인적자원스태프가 조직체의 변화를 계획·추진·관리하는 데 실질적으로 가장 많은 개입활동을 수행한다. 인적자원스태프가 전략적 동반자로서 그리고 변화담당자로서 조직개발과정에서 수행하는 중요한 개입역할은 다음을 포함한다.

① 최고경영자나 최고경영층의 비전형성과정에서 요구되는 정보를 제공하고, 경우에 따라서는 비전형성에 직접 참여하여 비전의 내용과 전략구상을 지원하거나 이에 영향을 준다.

② 최고경영층의 지도하에 비전에 제시된 조직변환과 변화를 효율적으로 전개하기 위한 전략을 구상한다.

③ 조직변환과 변화의 이념과 전략을 정립하고 주요 일선관리자들과의 협의하에 변화의 추진가이드(헌장, 교범, 행동지침 등)를 작성하며, 구성원들에게 이를 전달하고 홍

보한다.

④ 조직구조개편과 인적자원관리 시스템의 개혁 그리고 중요 인사이동 등 최고경영층의 변화유도 개입활동에 정보지원을 하거나 직접 참여한다.

⑤ 최고경영층과 관련 일선관리자들과의 협의하에 조직변환과 변화의 구체적인 계획을 수립하고 이를 추진·관리하면서 실무층에 대한 변화지원자로서의 변화담당자 역할을 수행한다.

⑥ 조직변환 및 변화와 관련된 모든 교육훈련프로그램을 계획하고 이를 실시 또는 지원한다.

⑦ 변화의 효과를 측정하고 향후대책을 수립한다.

⑧ 최고경영층의 지도하에 실무 구성원들의 변화활동과 그 결과를 일상 인적자원관리업무(인사고과, 임금관리, 인사이동, 교육훈련, 경력관리 등)에 반영하여 변화활동을 촉진한다.

⑨ 구성원들의 집단토의, 워크숍, 설문조사, 정보피드백, 상담 등 변화과정에서 요구되는 변화전문가나 조직개발전문가의 역할을 수행한다.

이와 같이 인적자원스태프는 조직변화의 비전형성 단계로부터 시작하여 조직개발이 이루어지는 단계에 이르기까지 조직개발과정 전반에 걸쳐서 모든 활동을 체계적으로 총괄·계획·추진·관리하는 개입역할을 수행한다. 그리하여 조직개발을 전략적으로 그리고 효과적으로 전개하는 데 매우 중요한 역할을 한다. 그리고 그 과정에서 인적자원스태프는 구성원들의 참여를 적절히 조정하고 일선관리자들의 적극적인 협조관계를 조성하며 조직변화에 대한 최고경영층의 전략구상과 변화환경조성(변화유도 개입) 그리고 자원배분에도 많은 영향력을 행사하는 등 성공적인 조직변화와 조직개발에 가장 중요한 변화담당자로서의 역할을 수행한다.

3. 인적자원스태프의 교육훈련개입

교육훈련도 조직체의 변화를 촉진하는 매우 중요한 개입활동이다. 교육훈련은 구성원들의 의식개혁과 행동개선을 촉진하고, 구성원들이 새로운 지식과 기술의 습득을 통하여 조직변화에 기여할 수 있는 능력을 길러준다. 앞에서 설명한 최고경영층의 변화유도 개입과 인적자원스태프의 변화지원개입은 구성원들의 행동변화를 촉진하는 외적 요소인 데 비하여, 교육훈련은 구성원들의 가치관과 행동 그리고 지식과 기술 등 조직변화를 달성할 수 있는 내적 능력을 개발함으로써 장기적인 관점에서 성공적인 조직개발에 매우 중요한 전략요소로 작용한다.

조직변화에 직접적으로 관련된 교육훈련 개입활동은 구성원들의 행동변화를 위한 과정중심의 조직개발과 실무현장에서의 구체적인 개혁을 위한 과업중심의 경영혁신기법에 관한 교육훈련을 포함한다. 조직개발에서 과정중심적 교육훈련은 구성원의 자아인식과 새로운 가치관 그리고 행동변화를 통하여 구성원의 기본자질을 향상시키는 행동개발방법을 의미하고, 과업중심적 교육훈련은 구성원의 과업수행과정에서 성과를 높이기 위한 구체적인 지식과 기술 그리고 기법에 관한 교육훈련방법을 의미한다(제11장 제3절 참조).

(1) 행동개발 교육훈련

조직변화의 주체는 구성원들인 만큼, 구성원들 자신의 변화가 없이는 조직의 변화가 달성될 수 없다. 따라서 조직변화는 근본적으로 구성원들의 행동변화를 요구하고, 구성원들의 행동변화를 위해서는 그들의 기본가치관과 태도에 변화가 있어야 한다. 앞 절에서 설명한 바와 같이, 인간은 모두가 변화에 대하여 불안감을 가지고 이에 저항하는 경향이 있는 만큼 조직체에서도 구성원들의 변화에 대한 불안감과 저항감을 해소해주어야 한다. 특히 조직의 급진적인 변화를 참여적인 방법으로 추진하는 경우 구성원들의 행동개발 교육훈련의 중요성은 더욱 커진다. 행동개발 교육훈련은 교육훈련전문가(변화담당자)의 지도하에 조직개발모형(〈그림 12-2〉 참조)에 따라 대체로 ① 변화필요성의 인식, ② 해빙, ③ 변화유도, ④ 안정화의 네 가지 변화단계를 중심으로 순서적으로 실시된다. 이들 변화단계에 관해서는 앞 절에서 자세히 설명하였다.

과정중심의 행동변화에는 감수성훈련, 상호작용분석, 팀구축, 집단 간 대면 등 다양한 방법이 사용될 수 있다(제11장 제3절 참조). 그러나 성공적인 행동변화는 교육훈련방법보다는 변화전문가의 개입역할에 달렸다. 구성원들의 행동변화는 그들이 변화의 필요성을 얼마나 잘 인식하고 기존의 고정가치관으로부터 탈피하려는 의욕을 얼마나 강하게 느끼느냐에 달렸다. 따라서 교육훈련 과정에서 변화전문가의 일방적이고 독선적인 개입역할보다는 구성원들 간의 자유로운 토의와 피드백교환을 통하여 그들 자신의 자아인식을 자연스럽게 유도하는 개입기술이 필요하고, 이것이 바로 변화전문가에게 요구되는 전략적 교육훈련 개입역할이다. 조직개발관점에서 과정중심의 행동개발은 구성원들로 하여금 자기자신을 인식하고 또 남이 자기자신을 어떻게 인식하고 있는지를 이해한 다음 바람직하다고 생각하는 행동을 자신이 모색하도록 하는 것이 이론적으로 가장 바람직한 교육훈련 개입역할의 효과이다(Marrow, 1964).

(2) 경영혁신기법 교육훈련

구성원들이 특히 변화과정에 적극적으로 참여하여 비전달성에 필요한 개혁과 변화를 실현하려면 과정중심의 새로운 행동개발과 더불어 실무현장에서 업무상의 개선과 개혁을 통하여 성과를 향상시킬 수 있는 능력의 개발이 필요하다. 과업중심적인 능력개발은 주로 업무와 관련된 구체적인 지식과 기술 그리고 기법에 대한 교육훈련을 통하여 이루어진다. 현대조직에서 경영혁신과 관련하여 널리 강조되어 온 경영기법은 목표관리(MBO), 업무과정 리엔지니어링(BPR), 총체적 품질경영(TQM), 주문적기시스템(JIT), 전사적 자원관리(ERP), 시간기준경쟁(TBC), 고객만족경영(CSM), 경쟁적 벤치마킹 등을 포함하며, 근래에 우리나라의 많은 조직체에서 이들 혁신기법의 성공적인 도입과 활용을 위한 교육훈련이 활발히 실시되어 왔다.

이들 경영혁신기법이 적절한 여건조성과 함께 적용될 때 조직체의 체질을 개선하고 경쟁력을 강화하는 데 상당한 효과를 얻을 수 있다. 특히 이들 기법은 그 효과를 즉각 나타낼 수 있어서 급진적 변화에 유효하게 적용될 수 있다. 그러나 면밀한 사전검토와 조직의 여건조성 없이 이들 기법을 적용하는 경우에는 오히려 조직체 내부에 많은 갈등과 혼란 그리고 자원의 낭비를 초래할 수 있다. 따라서 이들 혁신기법의 성공적인 활용을 위한 교육훈련과 더불어 효율적인 적용에 필요한 여건조성을 위하여 변화전문가의 개입역할이 요구된다.

④ 개입의 전략요소와 인적자원스태프의 역할

현대조직에서 조직개발이 성공적으로 전개되려면 변화를 효율적으로 촉진하기 위한 전략요소들이 개입과정에 적절히 반영되어야 한다. 이들 전략요소는 조직개발을 주도할 사람들의 선정과 변화추진체계의 설계, 조직개발의 대상범위와 실시시기, 그리고 구성원의 참여 등을 포함한다.

(1) 조직개발의 주역과 조직체계

조직개발은 개입활동을 활용하는 계획적 변화과정으로서, 행동과학지식에 기반을 둔 변화기법을 사용할 뿐 아니라, 시스템관점에서의 종합적인 변화계획과 체계적인 변화추진을 강조한다. 따라서 조직개발의 주역을 누가 맡고 어떠한 조직체계 속에서 변화를 추진할 것인지는 조직개발의 성과를 결정하는 매우 중요한 전략요소이다. 조직개발을 전체 조직체를 대상으로 장기적이고 전략적인 관점에서 전개할수록 인적자원관리부서가 전담부서로서 주역을 맡는 것이 일반적인 관행이다.

조직개발의 역할분담과 운영체계는 조직개발의 목적과 조직체 상황에 따라 다르지만, 계획적인 변화와 전문적 변화기술의 활용을 강조할수록 변화담당자개념과 조직개발모형(〈그림 12-3〉 참조)을 적극 활용하게 된다. 앞에서 설명한 바와 같이, 변화담당자는 변화에 대한 고도의 지식과 기술 그리고 실제경험을 가진 전문가로서 조직개발에 주도적 역할을 수행하거나 중요한 자문을 제공하는 변화의 핵심인물이다. 그러나 변화담당자의 역할영역은 조직진단으로부터 시작하여 변화계획의 수립과 변화의 실시 그리고 효과분석에 이르기까지 조직개발과정 전반을 포함할 수도 있고, 조직진단이나 어느 특정 개입활동 등 조직개발과정의 어느 부분에만 국한할 수도 있다.

인적자원관리 조직 내에 조직개발전담부서가 존재하는 경우에는 그 부서의 전문스태프가 변화담당자의 역할을 수행할 수 있다. 그러나 조직개발담당부서가 없거나 조직개발요원들의 노하우가 불충분한 경우에는 변화전문가를 외부로부터 기용하여 변화담당자의 역할을 위촉할 수도 있다.

우리나라 기업의 경우 조직개발은 주로 그룹 기획조정실의 인사팀에서 담당하는 경우가 많으며, 따라서 기획조정실장이나 인사팀 요원이 변화담당자의 역할을 수행한다고 볼 수 있다. 지금까지는 조직개발전문가가 극히 부족한 상태에서 외부의 용역이나 외부전문가의 자문을 많이 활용해 왔다. 여하튼 인적자원스태프가 전략적 동반자로서 그리고 변화담당자로서 계획적인 변화를 구상하고 이를 실천하려면 최고경영자와 최고경영층의 적극적인 지원이 필요하다. 그리고 조직개발을 전략적이고 전문적인 차원에서 성공적으로 전개해 나가려면 변화프로그램이 조직구성원들 모두의 우선과업이 되어야 하고, 따라서 최고경영층의 강력한 지원은 성공적인 조직개발 프로그램의 가장 중요한 전략적 요소라고 할 수 있다.

(2) 조직개발의 범위

시스템 관점에서 볼 때, 조직진단에서 나타난 문제에는 그 배경에 많은 요인들이 작용하고 있다. 예를 들면, 부서 간의 갈등문제만 보더라도 공식업무나 부서원들의 역할 간의 마찰, 임금제도의 불공정성에 따른 불만, 자원배분의 불균형 등 구조적인 요인이 작용할 수도 있고, 구성원들 간의 과다한 경쟁의식이나 폐쇄적이고 비협조적인 태도 등 조직문화적 요인이 작용할 수도 있다. 그뿐 아니라 치열한 시장경쟁으로부터의 스트레스와 사회·정치적 변화로부터 오는 심리적 갈등 등 외부환경요인이 작용할 수도 있고, 인력개발의 부진과 인력관리의 약화 등 내부 요인들이 부서 간의 갈등요인으로 작용할 수도 있다.

이와 같이 복잡한 문제요인을 대상으로 조직개발은 직접적인 문제요인의 해결과 가시적인 변화를 목적으로 부서 간의 업무조정과 임금제도의 개선 그리고 부서관리의 향상 등 주로 구조적 측면을 강조하면서 변화의 범위를 제한할 수 있다. 그 반면에, 이들 구조적 측면과 더불어 구성원들의 근본적인 의식개혁과 부서 간의 상호관계상의 행동개선을 목적으로 조직개발프로그램을 실시할 수도 있다. 그리고 부서 간의 갈등을 조직체내부의 공통적인 문제로 제시하고 조직체 전체에 걸친 조직문화의 개선으로 조직개발의 범위를 확대시킬 수도 있다. 이와 같이 조직개발의 범위는 변화의 영역과 강도를 지배하는 중요한 전략적 결정이고, 여기에 인적자원스태프의 전략적 동반자 역할이 크게 작용할 수 있다.

(3) 조직개발의 시기와 변화속도

조직개발의 실시시기와 속도도 조직개발의 효율성과 효과에 많은 영향을 주는 전략적 요소이다. 조직개발은 구성원들의 행동변화를 의미하므로 조직개발에서 시도하는 변화에 대하여 구성원들이 그 필요성을 인식해야 하고 변화프로그램에 협조해야 한다. 따라서 조직개발은 이러한 선행조건을 감안하여 실시시기를 전략적으로 유리하게 설정할 수 있다. 특히 조직체에 어떠한 충격적인 사건이나 문제가 발생하였을 때 새로운 변화를 위한 조직개발 프로그램이 효과적으로 시작될 수 있다. IMF 외환위기는 우리나라의 모든 조직체에게 큰 충격을 가져오면서 획기적인 구조조정은 물론 구성원들 모두에게 새로운 가치관과 행동개선의 필요성을 인식시키는 기회가 되었고, 따라서 조직개발을 적극 추진할 수 있는 환경을 조성해 주었다. 그리고 조직체에서 새로 사장이나 기관장이 임명되는 경우에 중요 인사이동과 더불어 획기적인 조직개발 프로그램을 시도하는 것도 시기적으로 효과적인 결정이 될 수 있다.

조직개발에서 변화의 속도도 조직개발의 효과를 지배하는 중요한 전략적 요소이다. 변화의 속도는 변화시기는 물론 변화의 범위와도 밀접한 관계가 있다. 즉, 조직체 전체를 대상으로 변화를 시도하는 경우에 변화의 속도가 느리면 가시적인 변화효과가 없거나 변화효과가 소멸될 가능성이 높다. 그러므로 조직개발을 조직체 전체에 집행할 때에는 단기간에 걸쳐서 비교적 빠른 속도의 변화를 시도하는 것이 바람직하고, 따라서 짧은 기간 동안에 많은 자원의 집중적인 투입이 요구된다. 그 반면에, 조직개발을 몇몇 부서에 부분적으로 제한하고 그 결과에 따라서 다른 부서로의 확산효과를 시도하는 경우에는 변화프로그램에 대한 자원투입의 부담은 적지만 변화속도가 느려서 변화효과를 충분히 얻지 못하는 단점이 있을 수 있다.

(4) 새로운 기술의 도입

구성원들의 의식 및 행동변화는 작업환경이나 직무내용의 변화가 있을 때 더욱 효과적으로 이루어질 수 있다. 컴퓨터의 도입이 업무전산화와 정보시스템의 설계를 통하여 구성원들의 기본적인 사고방식과 업무수행 접근방법에 큰 혁신을 가져오는 매체가 될 수 있듯이 업무과정 리엔지니어링, 총체적 품질경영, 고객만족경영, 시간기준경영, 전사적 자원관리 등 현대조직에서 경쟁력강화와 관련하여 적용되고 있는 각종 혁신기법들도 새 경영기술로서 계획적 변화의 중요한 부분이 될 수 있다. 이러한 새로운 기술의 도입은 사회적·기술적 변화요인으로서 구성원들의 행동변화를 촉진할 수 있고, 따라서 조직개발의 시너지효과를 가져올 수 있으므로 조직개발의 전략적 요소로 사용될 수 있다.

(5) 구성원의 참여

조직개발이 성공적으로 이루어지려면 구성원들 사이에 변화의 필요성에 대한 인식공유와 변화프로그램에 대한 그들의 협조가 필요하다는 것은 이미 강조한 바와 같다. 변화에 대한 구성원들의 인식을 높이고 그들의 협조를 얻는 데 가장 효과적인 방법은 그들을 조직진단과 변화계획의 수립 등 조직개발과정에 참여시키는 것이다. 특히 성과지표에서 나타난 문제증상이나 설문조사결과를 구성원들과 토의하는 것은 그들에게 변화의 필요성을 인식시키고 변화프로그램에 그들의 협조를 유도하는 데 많은 도움을 준다. 그리고 변화프로그램을 수립하는 데 있어서 조직개발스태프와 실무부서요원들로 구성된 태스크포스팀을 활용하는 것도 변화과정에서 실무부서의 협조를 얻는 데 많은 도움을 준다. 이와 같이 구성원들의 참여는 성공적인 조직개발 프로그램에 매우 중요한 전략적 요소이다.

　　개입과정에서 구성원의 참여정도에 따라 변화실시방법을 다음의 세 가지로 분류할 수
있다.

> ① 일방적 접근방법(unilateral approach): 조직변화에 관한 모든 사항을 상위경영층과 변
> 　화담당자가 정하고 변화도 단독적으로 집행함으로써 조직체의 구성원들에게는 참
> 　여의 기회가 별로 주어지지 않는 변화실시 방법
> ② 공유적 접근방법(shared power approach): 경영층과 변화담당자가 변화 방향을 결정
> 　하고 구성원들이 구체적인 실시방법과 대안을 결정하는 데 참여하는 방법
> ③ 위양적 접근방법(delegated approach): GE의 워크아웃과 같이 구성원들이 변화실시
> 　문제를 결정하는 데 자유롭게 참여하는 방법

　　일반적으로 공유적 접근방법이 가장 원만하다고 할 수 있겠지만, 어느 방법이 가장 적
절한지는 물론 변화상황에 달렸다. 개입과정에서 조직변화가 효율적으로 추진되고 조직체
가 지향하는 효과가 달성되려면 조직구성원들의 변화와 개혁에 대한 커미트먼트와 적극적
인 협조가 있어야 한다. 따라서 구성원들의 적극적인 참여를 유도하고 변화에 대한 그들의
기여도를 높이기 위하여 인적자원스태프의 변화담당자로서의 개입역할이 무엇보다도 중요
하다고 할 수 있다.

⑤. 조직개발의 시너지전략

　　조직개발과정에서 투입되는 모든 개입활동이 전체적으로 시너지효과를 발휘하려면
개입활동들의 적용시기와 순서 그리고 변화속도와 강도가 잘 조정되고 일방적, 공유적, 위
양적 방법들이 적절히 혼합·적용되어야 한다. 조직체가 추구하는 변화와 조직개발의 상황
은 조직체마다 다르다. 그러나 구조조정과 경영혁신의 경우 대체로 단기간에 강력하게 주
로 일방적인 방법으로 추진되고, 경영시스템의 개혁과 리엔지니어링을 통한 업무개선도 비
교적 단기간에 걸쳐서 강력히 추진된다. 그 반면에 품질개선, 생산성향상, 구성원행동 및
조직분위기개선 등은 비교적 장기간에 걸쳐서 구성원참여를 통한 공유적 방법과 위양적 방
법에 의하여 추진된다. 여기에 특히 분임조와 카이젠(Kaizen)활동이 적용되어 성과향상을
위한 조직개발이 끊임없이 계속되어 나가고, 그 과정에서 새로운 조직문화도 개발·정착되
어 나간다(〈그림 12 - 5〉 참조).

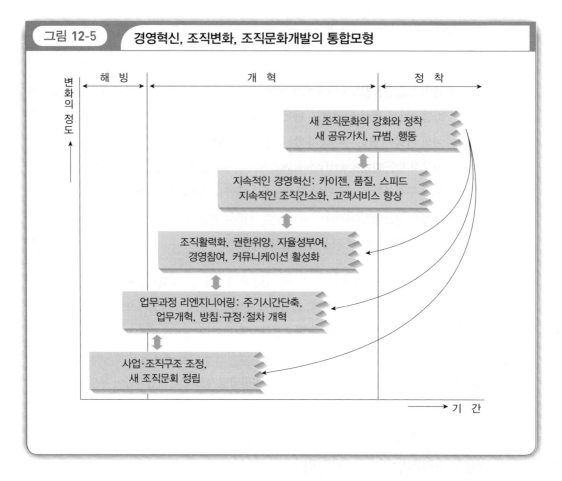

그림 12-5   경영혁신, 조직변화, 조직문화개발의 통합모형

조직개발과정에는 최고경영자로부터 실무현장의 관리자들에 이르기까지, 그리고 최고경영자의 변화전략구상에서 일선관리자의 변화실천에 이르기까지 각계 각층의 경영자와 전문스태프 그리고 관리자의 다양한 개입활동들이 포함된다. 따라서 이들 개입활동을 전략적으로 그리고 체계적으로 계획·통합시켜 변화를 추진함으로써 전체적으로 변화에 시너지 효과를 가져다줄 수 있다. 이것이 바로 최고경영층과 인적자원관리 변화전문스태프의 역할이고, 따라서 그들이 조직개발의 성패를 결정하는 가장 중요한 전략적 개입활동을 수행한다고 할 수 있다.

장을 맺으며

　　이 장은 조직개발의 개념과 변화과정을 정리하고 조직개발의 성패를 결정하는 변화담당자의 개입역할을 중심으로 성공적인 조직개발에 작용하는 전략요인들을 살펴보았다. 현대조직의 경영성과는 환경변화에 대한 신속한 적응에 달렸고, 현대조직의 적응능력개발은 전략적이고 계획적인 조직개발 개입활동에 달렸다. 현대조직의 환경변화가 심화되고 복잡해질수록 전략적이고 계획적인 조직개발 개입활동의 중요성은 더욱 커진다. 근래에 우리나라 조직체가 당면하고 있는 구조조정은 세계화·민주화·기술고도화 등 환경변화에 따른 전례없는 큰 변화이고, 새로운 환경에서 요구되는 조직구조와 경영체계 그리고 구성원행동과 조직문화를 효율적으로 개발하는 데에는 전략적이고 체계적인 조직개발과 개입활동이 요구된다.

　　조직개발과정에서 인적자원스태프는 문제증상의 분석으로부터 변화계획의 수립과 변화실천 그리고 변화의 측정·평가에 이르기까지 조직개발 전반에 걸쳐서 변화를 계획하고 지원하며 그 효과를 분석하는 개입활동을 수행한다. 따라서 인적자원스태프가 전략적 동반자로서 그리고 변화담당자로서 변화과정에 포함된 모든 개입활동들을 얼마나 잘 통합하여 시너지효과를 달성시키느냐에 따라서 조직개발의 효과가 결정된다.

사례연구 12-1

이랜드의 남녀평등 조직문화

이랜드(E-Land)는 ① 기업은 이익을 내야 하고, 그 이익을 바르게 사용해야 하며, ② 기업은 이익을 내는 과정에서 정직해야 하고, ③ 직장은 인생의 학교여야 하며, ④ 기업은 고객을 위하여 운영되어야 한다는 경영이념을 바탕으로 지식경영전략을 적극적으로 추진하고 있다. 지식경영전략의 목적함수가 지식자본가 양성을 통한 생산성향상과 혁신인 만큼 이랜드는 무엇보다 사람들의 역량을 중시한다. 따라서 여러 가지 사회문화적 편견이나 차별적 관행에 의하여 묻혀 있던 소수자 그룹의 역량을 있는 그대로 평가하고 그에 걸맞게 대우하는 것이 무엇보다 중요하다. 이러한 배경에서 이랜드는 '탁월함과 성품을 겸비한 지식자본가' 라는 인재상을 설정하고, 회사가 지향하는 가치관에 부합하고 지식경영에 적합한 인재를 남녀 구별하지 않고 선발·육성하기 위하여 체계적인 노력을 기울이고 있다.

이랜드는 이러한 경영이념과 인재상에 맞는 올바른 인재를 발굴하고 유지하기 위하여 학력이나 성별에 의한 차별 없이 모든 개인에게 동등한 기회를 부여하고, 여기에서 발휘되는 역량과 성과를 있는 그대로 평가하며, 그에 걸맞는 보상을 제공하는 인사시스템 운영을 추구하고 있다. 즉, 기존의 사회적 편견이나 차별적 관행을 지양하는 '열린 조직문화' 구축을 위하여 노력하고 있는 것이다.

이랜드는 의류패션업의 특성상 창립 초기부터 여성인력의 역량을 발굴하여 활용하는 데 있어서 타 기업에 비해 적극적이었으며 우리 사회에서 관행적으로 이루어져 온 소수자 그룹에 대한 차별을 배제하기 위한 정책이나 제도를 시행해 왔다. 그러나 소수자 그룹을 특별히 배려하기 위한 역차별적 성격의 정책이나 제도는 시행하고 있지 않다. 그 이유는 그러한 특별우대 정책이나 제도가 차별적 인식이나 편견을 근간으로 하고 있기 때문이다. 오히려 이랜드는 업무능력에 있어서 남녀 차이가 없다는 확신과 모든 개인은 동등한 기회를 부여받아야 한다는 원칙 위에서 인사시스템을 운용한다.

우선 이랜드의 채용은 여러 가지 차별을 지양하는 열린 채용으로 특징지울 수 있다. 창사 초기부터 여성에 대한 차별을 없앴고, 2000년부터는 나이 제한을 없앴으며, 지방대 차별 또한 없앴다. 이러한 차별을 타파하기 위하여 지원서 양식에서 학력, 성별, 연령, 출신지역 등에 관한 정보를 담는 항목을 없앤 대신 지원자 자신이 보유하고 있는 역량을 증빙자료에 근거하여 드러내보이도록 하고 있다. 더 나아가 심사과정에서 여성 지원자에 대한 면접은 여성 면접위원을 구성하여 시행하고 있다. 그 결과 2003년 신입사원 일반공개채용에서는 120명의 선발인원 중 65명(54%)이 여성이었다.

이랜드의 차별지양 정책은 입사 후 육성과정에도 반영된다. 이랜드는 젊고 성장하는 기업이기 때문에 개개인이 자신의 경험과 역량 이상으로 능력을 발휘할 수 있는 기회를 많이 가질 수 있다. 즉, 일반기업의 대리, 과장급에서는 생각하기 힘든 많은 프로젝트를 수행할 수 있고, 여러 가지 책임 있는 일을 수행할 수 있는 것이다. 따라서 도전적인 마음과 책임 있는 자세만 가지고 있다면 얼마든지 보다 큰 일에 도전할 수 있는 많은 기회를 가질 수 있으며, 이를 통해 구성원들은 개인의 성장과 발전을 도모할 수 있다. 예를 들어, 2003년 연말 인사에서 갓 30세를 넘긴 여성 과장이 최연소 본부장에 임명되었다. 그녀는 IMF 외환위기 여파로 사업부가 존폐위기에 처했을 때 '위기는 기회다' 라는 각오 아래 자신이 담당한 매장을 초우량 매장으로 만들기 위한 프로젝트를 실시하였다. 브랜드 파워와 교차판매율 및 재구매율을 높이기 위한 다양한 노력을 시도한 끝에 월 5,000만원이던 매장 매출액을 1년 만에 1억원으로, 다시 6개월 후엔 2억원대로 급신장시킬 수 있었다.

그 외에도 이랜드는 여성의 직장생활을 제약하고 있는 여건을 개선하려는 노력의 일환으로 여성 휴게실, 모유 수유실 등 여성을 위한 편의시설을 운용하고 있으며, 출산휴가나 육아휴직 등에 대해서는 어떠한 불이익도 받지 않고 꼭 필요할 경우 자유롭게 사용할 수 있는 사내 분위기와 해당 휴직기간이 끝난 후 복직을 보장하고 있다. 현재 이랜드의 여성인력 비율이 전체 인원의 40% 이상을 차지하고, 임직원의 경우에는 타사보다 월등히 높은 30% 수준에 이르게 된 배경에는 이와 같이 차별을 지양하는 조직문화와 이를 뒷받침하는 비차별적 제도들이 자리잡고 있다고 볼 수 있다. 그러한 노력의 결과 2004년도에 이랜드는 전문직여성 한국연맹 (BPW Korea)이 여성지위향상에 이바지한 개인이나 단체에 주는 'BPW Gold Award'를 수상하였으며, '성차별이 없는 기업, 여성이 선호하는 기업'으로서의 대외적 이미지를 강하게 구축하고 있다.

토의질문

1. 각종 관행적 차별을 철폐하고 열린 조직문화를 정착시켜야 할 필요성과 기대효과에 대하여 분석하시오.

2. 차별적 관행에 익숙한 조직문화를 차별지양적 열린 조직문화로 바꿔가는 데 걸림돌이 되는 제반 장애요인을 점검하고, 열린 문화를 성공적으로 정착시킬 수 있는 방안에 대하여 논의하시오.

S사 해외공장의 경영혁신과 조직개발

한국의 주요 전자업체의 하나인 S전자는 12년 전에 멕시코 티유아나(Tijuana, Mexico)에 TV와 VCR 생산공장을 설립하여 북남미 시장을 대상으로 다국적 기업경영을 전개해 왔다. 멕시코 진출 초기에는 공장경영이 부실하여 S사의 해외공장 중 성과가 가장 저조하였으나, 3년 전 최 전무가 티유아나 공장을 경영하기 시작한 이후부터는 획기적인 경영혁신을 성공시켜 해외공장 중 생산성이 가장 높은 공장으로 전향되었다.

이와 같은 공로에 대하여 최 전무는 본사로부터 인정을 받게 되었고, 따라서 최 전무는 자기 자신의 업적에 긍지를 느끼고 더욱 높은 성과를 달성하려는 의욕에 벅차 있었다. 그러나 티유아나 공장의 성과를 높이는 데에는 많은 어려움이 수반되었다. 산업화의 경험이 없는 현지 근로자들을 교육훈련시키고 그들을 합리적이고 생산적인 인력으로 전환시키는 것은 무척 어려운 일이었다. 그뿐 아니라 생산성 목표를 향상시켜 나가는 과정에서 문화 간의 갈등도 노출되어 근로자들의 반항을 겪기도 하였고, 최근에는 근로자들 사이에 '한국식 착취경영' 이라는 말까지 떠돌아 최 전무를 불안하게 만들었다.

1. 티유아나 공장

티유아나 공장은 400명의 근로자를 고용하는 최신 TV 및 VCR 조립공장으로서, 12년전 500만 달러의 자본금으로 설립된 이래 1,500만 달러의 추가 투자로 연 100만 대의 컬러 TV(13-31인치)와 100만여 대의 VCR을 생산하는 공장으로 확장되었다. 최 전무는 한국의 명문대학을 졸업한 후 S사에 입사하여 25여 년간 수출업무와 해외업무를 맡아왔다. 과거 10년 동안은 동남아와 중동지역에서 근무하다가 3년 전에 티유아나 공장의 책임을 맡게 되었다. 최 전무는 그의 오랜 기간 동안의 해외경험과 더불어 특히 멕시코는 한국과 문화적으로 유사한 점이 많다고 생각되어 티유아나 공장을 경영하게 된 것에 대하여 큰 기대를 걸고 새 직무에 임하였다. 그러나 막상 티유아나 공장에 와 보니 근로자의 이직률은 15%(현지 평균 10%), 결근율 5%, 그리고 공장 가동률은 40% 수준에 불량품률도 너무 높았으며, 허술한 관리체계와 커뮤니케이션 문제, 그리고 위계질서의 부재 등 경영 전반에 걸쳐서 문제가 너무 심각한 상태에 있었다.

최 전무는 본사에서 근무하는 동안 구성원들 간의 위계질서가 해이하고 업무의 능률과 구성원들의 사기가 저하되는 경우를 가끔 본 적이 있다. 그럴 때마다 최 전무는 관리체계를 바로 잡고 구성원 각자의 업무책임과 성과목표를 명백히 하는 동시에 구성원들을 훈련시킴으로써 업무능률을 향상시키곤 하였다. 따라서 그는 티유아나 공장에서도 그 때의 경험을 바탕으로 경영혁신을 통하여 운영상황을 획기적으로 바꾸어 놓을 수 있으리라고 믿었다.

티유아나 공장에서 일하는 근로자들은 거의 모두가 여성이고, 65%가 20세 미만이며 40%가 초등학교 교육수준이다. 멕시코 노동법에 따라 근무시간은 주당 48시간으로 제한되어 있어서 티유아나 공장은 주 5일, 일당 9.5시간 근무, 140분 근무에 10분 휴식, 그리고 점심시간 30분을 적용하고 있었다. 티유아나 공장의 임금과 후생복지는 다른 외국(아시아지역)기업에 비하여 후한 편인 반면에 일을 더 많이 시킨다는 평을 받고 있

그림 12-6　티유아나 공장의 조직도표

* 현지인.

었다. 티유아나 공장의 경영층에는 최 전무를 포함한 한국인 8명과 현지인 4명이 고용되어 있었는데, 현지인들은 2개의 생산라인 관리와 품질관리 그리고 인사업무를 담당하고 있었다(〈그림 12-6〉 참조). 이들 현지인 관리자는 근처의 다른 외국기업에서 일한 경험이 있는 중년 경력자로서 한국문화와 한국식 경영에 호감을 가지고 있으며 최 전무의 지시에 적극 협조하는 스타일이었다. 그러나 그들은 현지 근로자들에게는 별로 인기가 좋지 않은 것 같이 보였다. 공장운영은 전적으로 최 전무의 책임하에 이루어졌으나, 전략적 결정과 마케팅 그리고 기타 주요경영결정은 미국동부에 위치한 S사의 북미사업본부에서 정해졌다.

　2. 경영혁신 프로그램

　경영혁신에 나선 최 전무는 우선 공장 내에 기강을 확립하기 시작하였다. 최 전무 자신을 포함한 모든 구성원들은 모두 똑같은 유니폼을 입게 하고, 유니폼을 변조하거나 소매를 걷거나 핀을 다는 등의 행위를 금지시켰다. 용모에 있어서도 규칙을 정하여 긴머리는 철저하게 단속하였다. 둘째로, 근로자의 채용절차를 강화하고, 채용 즉시 3일간의 교육훈련을 통하여 회사에 대한 충성심을 고취시켰다. 그리고 30일간의 수련기간을 설정하여 정식고용에 앞서 근로자의 과업능력과 업무태도를 확인하도록 하였다. 그리고 좋은 근로자를 소개해 온 근로자에게는 상금이 주어졌다. 셋째로, 동작연구를 실시하여 근로자들의 과업을 표준화하고, 근로자 각자에게 품질에 대한 책임을 부여하였다.

　넷째로, 인사고과시스템을 설계하여 근로자들의 실적, 태도, 책임감, 충성심 등을 평가하도록 하여 이를 보너스와 승진결정에 반영하도록 하였다. 분기마다 완전근무(무결근)자에게는 그 기간에 따라서 100달러, 200

달러, TV, CD player 등의 보너스가 주어졌고, 보너스 수여식은 전체 구성원 모임에서 거행되었다. 그리고 구성원들 간의 단합을 위하여 2주마다 생일파티를 열어 주고, 최 전무 자신이 참석하여 생일을 맞이한 근로자에게 선물을 주고 생일을 축하해 주었다. 그리고 그 자리에서 구성원들에게 회사경영에 대한 새로운 아이디어를 제안하도록 하기도 하였다. 또한, 최 전무는 매달 전체 구성원회의를 소집하여 S사의 경영철학과 정신 그리고 비전과 목표를 설명하고 이를 달성하기 위한 다짐을 강조하였다. 관리자들에게는 목표관리(MBO)를 실시하여 생산, 품질, 불량품률, 근태 등을 강조하고, 위계질서, 청결, 규율준수 등의 항목도 목표관리에 포함시켰다.

이와 같은 혁신프로그램은 곧 좋은 성과를 나타내기 시작하였다. 그리하여 최 전무 취임 이후 3년 동안에 이직률은 4%로 크게 줄어들고, 결근율도 크게 떨어졌으며, 불량품률도 2% 수준으로 크게 개선되었다.

3. 세계경영과 현지화

세계화의 물결이 거세짐에 따라 S사에서도 해외사업이 한층 더 중요해지면서 북남미시장에서 중추적인 역할을 하고 있는 티유아나 공장으로부터의 기대도 더욱 높아졌다. 특히 티유아나 공장은 S사의 해외 현지법인 중 가장 높은 성과를 거두고 있었기 때문에 성공적인 현지경영의 노하우에 대하여 갑자기 서울 본사는 물론 모든 해외 사업장의 큰 관심의 대상이 되었다. 이에 대하여 최 전무는 자기 자신의 업적에 대하여 긍지를 느꼈지만, 또 한편으로는 적지 않은 부담감을 느끼기도 하였다.

특히 S사는 세계화를 그룹의 중점 경영전략으로 설정하고 그룹 사원에 대한 세계화교육에 대대적인 자원 투입을 하는 것은 물론, 해외법인체 경영에 있어서는 철저한 현지화(localization) 전략을 추구할 방침을 채택하여 티유아나 공장을 책임맡은 최 전무에게는 또 한 차례의 도전 기회가 다가온 것이다. 그런데 획기적인 성과를 달성한 최 전무가 여기에 부담감을 느끼는 이유는 최근 티유아나 공장에서 심상치 않은 증상이 나타나고 있기 때문이다. 과거 3년 동안 최 전무는 S사의 경영방식을 티유아나 공장에 도입하여 지금까지는 근로자의 생산성과 공장의 능률을 크게 개선했지만, 앞으로도 이와 같은 성과가 계속될지가 크게 의문시되고 있다. 그 것은 근로자들 간에 한국식 경영을 '착취경영'이라 하면서 이에 대한 저항감이 증가되고 있기 때문이다. 따라서 공장 내의 분위기가 악화되는 증상을 보이고 있고, 2주일마다 개최되는 생일파티도 형식에 불과할 정도로 근로자들의 성의가 점점 저하되고 있으며, 현지 관리자들도 근로자들로부터 신뢰를 받고 있는지가 의문시되고 있다.

최 전무는 이와 같은 불안감 속에서 앞으로의 티유아나 공장 경영에 대하여 걱정하지 않을 수 없었다. 멕시코 현지 근로자들은 한국 근로자들에 비하여 확실히 근면성이 결여되어 있고 회사에 대한 충성심이나 상급자에 대한 복종의식이 부족하다는 것을 최 전무는 잘 알고 있다. 그 반면에 현지 근로자들은 한국 근로자들에 비하여 낙천적이고, 종교적이며, 어느 면에서는 한국 근로자들보다 더 가족적인 것 같기도 하다. 그리고 조립작업에 있어서도 한국 근로자만큼 섬세한 기술을 가지고 있고, 학습능력도 한국 근로자들에 못지 않은 감이 있어 보였다. 여하튼 최 전무는 이제 S사의 현지화전략에 따라 보다 장기적인 관점에서 현지의 특성을 살리고 현지에서 존경받는 사업장을 만들어야 할 과제에 당면하게 되었다. 그렇다고 지금까지 달성해 온 성과를 희생시키면서까지 현지상황에 적응해야 하는가? 더욱 높은 성과를 원하는 본사의 기대는 무시할 수 없는 것이 아닌가? 과거 3년 동안 티유아나 공장에서 거둔 업적에 즐거워야 할 최 전무의 마음은 오히려 무겁기만 하였다.

토의질문

1. 최 전무가 달성한 여러 가지 변화와 혁신을 조직개발관점에서 평가하시오.

2. 앞으로 어떠한 변화와 개혁이 요구되고, 요구되는 변화와 개혁을 어떻게 추진해야 할지를 조직개발관점에서 자세히 분석하시오.

고몰입
인적자원관리시스템

고몰입 인적자원관리시스템

조직 내 인적자원을 핵심역량으로 삼아 지속적인 경쟁우위를 확보하려는 노력의 일환으로 1990년대 이래로 고몰입 인적자원관리시스템(high-involvement HR system)에 대한 관심과 실증연구가 활발하게 진행되었다. 지난 20여 년 동안의 실증연구결과는 고몰입 인적자원관리시스템이 조직의 성과향상에 통계적으로뿐만 아니라, 실질적으로도 매우 유의미한 영향을 미친다는 점을 보여준다(Becker & Huselid, 1998; Becker & Huselid, 2006; Combs, et al., 2006; Fulmer, Gerhart & Scott, 2003; Guest et al., 2003). 고몰입 인적자원관리시스템은 관심의 초점에 따라 다른 명칭으로 불려져 왔는데, 고헌신 인적자원관리시스템(high commitment HR system), 고성과 작업시스템(high performance work system) 등이 대표적이다. 본 장에서는 고몰입 인적자원관리시스템이 대두된 배경과 기초모델, 고몰입 인적자원관리시스템의 특징과 구성요소, 고몰입 인적자원관리시스템 구축 시 유의사항 등을 중심으로 연구한다.

제 1 절   고몰입 인적자원관리시스템의 부상 배경과 기초모델

1. 부상 배경

지식정보화시대로 특징지어지는 21세기에 진입하면서 기업들이 직면한 경쟁환경은 20세기 산업화시대에 기업들이 직면했던 경쟁환경과는 크게 달라졌다. 글로벌화로 인한 무한경쟁, 국가간 경제적 상호의존성과 위기의 파급효과 증대, 빠른 변화속도와 불확실성 증대, 지식과 디지털기술혁명으로 인한 보유지식과 기술의 수명주기 단축, 공급자중심 시

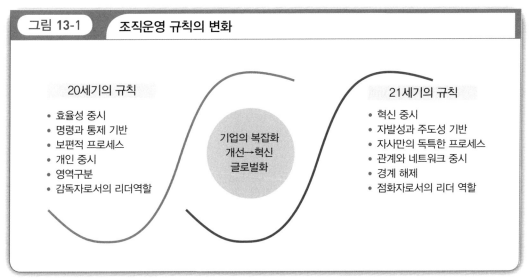

그림 13-1   조직운영 규칙의 변화

20세기의 규칙
- 효율성 중시
- 명령과 통제 기반
- 보편적 프로세스
- 개인 중시
- 영역구분
- 감독자로서의 리더역할

기업의 복잡화
개선→혁신
글로벌화

21세기의 규칙
- 혁신 중시
- 자발성과 주도성 기반
- 자사만의 독특한 프로세스
- 관계와 네트워크 중시
- 경계 해제
- 점화자로서의 리더 역할

자료: Gratton, L.(2007), *Hot Spots*.

장에서 소비자중심 시장으로의 전환 등이 오늘날 기업들이 직면한 새로운 경쟁환경을 특징 지어준다. 시장은 지식을 기반으로 한 경쟁과 승자독식(勝者獨食)의 원리가 점차 확대 적용 되는 무한경쟁의 장(場)으로 바뀌었다. 산업화시대에 기업들이 유효하게 활용했던 경쟁우 위확보 방안들이 더 이상 효과를 나타내기 어려운 경쟁환경으로 바뀐 것이다.

이러한 경쟁환경의 변화와 새로운 시장경쟁의 원리는 기업들에게 지속적인 혁신을 요 구하게 되었고, 혁신의 주체인 조직구성원들과 그들 안에 배태되어 있는 인적자본(human capital)이 경쟁우위확보를 위한 핵심원천이 된다는 것을 시사한다. 이러한 경쟁우위 핵심 원천에 대한 인식변화는 1990년대 들어 경영전략의 대표이론 중 하나로 자리매김한 자원 기반이론(resource-based view)이 경영환경의 세기적 변화에 직면하여 지속 가능한 경쟁우 위확보의 원천으로서 인적자본자원(human capital resources)을 꼽고 있는 것과 맥을 같이 한다(Barney, 1991). 그리고 그래튼은 이러한 변화를 반영한 조직운영의 규칙변화를 〈그림 13-1〉과 같이 표현하고 있다(Gratton, 2007).

조직이 보유하고 있는 인적자원이 경쟁우위확보의 핵심원천이 될 수 있다는 인식이 확 산되면서 그 가능성을 현실화하는 데 핵심역할을 하게 될 새로운 인적자원관리 패러다임에 대한 관심이 급부상하기 시작하였고, 그러한 맥락에서 고몰입 인적자원관리시스템에 대한 연구가 활발하게 이루어졌다. 요컨대, 기업의 관점에서 보면 고몰입 인적자원관리시스템에 대한 관심은 조직 내 인적자원을 핵심역량화함으로써 지속적인 경쟁우위를 확보하려는 노력의 일환이라 할 수 있다. 전략적 자산(strategic assets)이라고도 일컬어지는 핵심역량(core competence)이란 특정 조직에게 경쟁우위와 초과이윤을 가져다 주는 내부 자원이나 역량을 가리키는 것으로서 가치창출에 중요한 역할을 수행하면서 희소하고 모방이 쉽지 않은 특징을 가진다(Amit & Shoemaker, 1993; Lepak & Snell, 1999).

2. 기초모델

고몰입 인적자원관리시스템은 독립된 구성모델로 등장했다기보다는 여러 흐름들이 발전적으로 결합하면서 형성된 것이라 볼 수 있다. 그 큰 흐름의 중심에서 고몰입 인적자원관리시스템의 발전에 기여한 대표적인 조직경영모델로는 일본식 인적자원관리 모델, 사회·기술 통합시스템모델(socio-technical systems model), 전사적 품질관리 모델(total quality management model) 등이 있다(Garvin & Klein, 1993; 양혁승·장은미·송보화, 2005).

(1) 일본식 인적자원관리모델

일본식 인적자원관리모델은 전문직과 관리직을 대상으로 한 종신고용, 연공서열에 입각한 임금과 승진제도, 집단책임주의, 팀중심의 작업방식, 작업현장에서의 직원참여, 기업별 노조와 협력적 노사관계, 직무순환을 통한 포괄적 업무숙달과 다기능훈련, 공동체적 가치중시 등으로 이루어졌다. 고용주와 고용인 간의 관계는 고용주가 종신고용과 조직의 성과에 따른 이익배분을 고용인에게 제공하고, 고용인은 높은 생산성과 낮은 이직률로 회사의 성과향상에 기여하는 호혜적 관계를 그 특징으로 한다.

상사와 부하 간의 관계는 공식적인 평가나 보상을 매개로 하기보다는 온정주의적 인간관계를 기반으로 하며, 동료들 간에도 경쟁보다는 공동체 혹은 집단 구성원으로서의 정체성에 기반을 둔 협력관계를 중시한다. 작업장 수준에서는 생산과정의 생산성 향상을 목적으로 현장근로자의 경영참여가 소집단활동을 중심으로 시행되고, 기업차원에서는 고용주가 노사협의회를 통해 근로자대표와 정보와 입장을 수시로 교환함으로써 발생 가능한 갈등들을 사전에 예방한다.

(2) 사회·기술 통합시스템모델

사회·기술 통합시스템모델은 개방시스템 관점을 이론적 기반으로 삼고 있는데, 개방시스템 관점에 따르면, 하나의 시스템은 상호의존적 요소들로 구성되어 있고, 전체 시스템은 부분들의 단순 총합이 아니라 그 이상이며, 해당 시스템을 환경과 구분 짓는 경계선이 있고, 변화 가운데서도 시스템의 연속성을 유지할 수 있는 특성을 갖는다. 아울러 시스템 요소들 간 통합은 공유된 가치와 목표에 의해 확보되고, 특정 시스템은 해당 시스템과 그 환경 사이의 교환관계에 의해 유지된다(Poole & Warner, 1998).

이상의 관점에 기초하여 사회·기술 통합시스템모델은 조직과 그 조직체를 둘러싼 환경 사이에, 그리고 작업조직을 구성하는 기술적 시스템과 사회적 시스템 사이에 긴밀한 상호작용이 이루어지면서 그 조직이 생존·발전해 간다고 보고, 조직체가 고객의 필요와 환경의 요구에 효과적으로 반응하도록 하기 위해 사람, 기술, 일, 정보 간 정합성(fit)을 확보할 수 있는 방식으로 작업조직을 설계한다. 조직체 내에 존재하는 사회적 시스템과 기술적 시스템을 동시에 고려하여 양자간 정합성을 확보함으로써 사회적 시스템과 기술적 시스템 사이에 결합 최적화(joint optimization)를 달성하려는 것이다(Nadler & Tushman, 1988).

과학적 관리법이 작업의 기술적, 공학적 측면을 주로 강조하고, 인간관계 접근법이 작업장에서의 사회적 관계측면을 주로 강조한 반면, 사회·기술 통합시스템 모델은 작업조직의 기술적 측면과 사회적 측면 두 가지 모두가 매우 중요하며 긴밀하게 연계되어 있다는 인식 하에 양자 간 타협이 아니라 통합이 이루어질 수 있도록 노력한다. 작업조직을 구성하는 기술적 시스템과 사회적 시스템이 서로 상호의존적 관계를 형성하고 있기 때문에 그 중 하나가 변하면 다른 하나에도 영향을 미치게 되며, 어느 하나가 최적화된다 해도 다른 하나와 정합성을 확보하지 못할 경우 조직 전체 수준에서는 최적화가 이루어지지 않기 때문이다. 반대로 기술적 시스템과 사회적 시스템이 개별적으로는 각자의 최적화 수준에 이르지 못한다 해도 양자가 조화된 방식으로 결합될 때 전체적인 최적화가 이루어질 수 있다.

사회·기술 통합시스템모델은 경영진과 직원들 간 공통의 비전에 기초한 파트너십, 수평적 조직구조, 작업방식에 대해 재량권을 부여 받은 자율적 작업팀, 명확한 방향과 목표 설정, 다기능 습득 촉진, 집단성과급제 활용, 권한위임, 작업현장에서의 불량이나 오류 통제, 현장직원들의 의사결정참여를 지원하는 기술훈련, 접근도가 높은 정보흐름, 직무충실화 등을 특징으로 한다.

(3) 전사적 품질관리모델

전사적 품질관리모델은 고객만족, 지속적인 프로세스 개선, 팀중심 작업을 중요한 기

등으로 삼고 있는 조직관리시스템이다. 최우선 가치인 고객만족을 위해 경영진, 근로자, 공급자 모두가 제품과 생산과정의 질(質) 향상에 초점을 맞추며, 생산과정을 철저히 기록하고 품질도 철저하게 점검하되, 하자가 발생하면 현장에서 즉시 조처하도록 하는 등의 품질관리원칙을 가지고 있다. 생산과정을 모니터하고 개선하기에 가장 좋은 위치에 있는 사람은 문제에 가장 근접해 있으면서 생산과정에 대한 지식을 가장 많이 보유하고 있는 일선 작업자들이라고 전제하기 때문에 생산과정의 변경에 대한 권한과 자율권을 일선 작업자들에게 부여한다. 일선 작업자들과 공급자들이 책임 있는 파트너로 행동하도록 동기를 부여하려는 취지이기도 하다. 이러한 기조 위에서 인사경영은 일선 작업자의 엄격한 선발, 자율팀제, 열린 커뮤니케이션, 역할수행에 필요한 다기능 훈련, 직무순환, 직무충실화, 직무확대, 광범위한 정보공유 등을 그 특징으로 한다.

제 2 절　고몰입 인적자원관리시스템의 특징

1. 운영원칙

고몰입 인적자원관리시스템은 조직체가 직원들에게 적극적으로 투자하면 직원들이 높은 생산성과 지속적 혁신을 통해 경쟁력 제고라는 열매를 기업에 되돌려주게 된다는 선순환적 상호투자(mutual investment)원칙에 기반해 있다(Kochan & Osterman, 1994). 직원들에 대한 투자관점에서 고몰입 인적자원관리시스템은 직원들의 지속적인 역량향상을 뒷받침하기 위한 교육훈련 투자 외에도 직원들에게 보다 많은 재량권과 의사결정 과정에 참여할 수 있는 권한을 주고 조직체의 경제적 성과를 직원들과 공유한다. 또한 고몰입 인적자원관리시스템은 직원들이 일을 통해 자존감이나 자기성장의 욕구, 자기결정의 욕구 등 상위의 욕구를 충족시킬 수 있도록 직무특성을 강화하는 방향으로 직무를 재설계한다.

한편, 조직체의 성과제고 관점에서 고몰입 인적자원관리시스템은 인적 자본(human capital)의 세 가지 측면을 강화함으로써 조직의 성과향상에 기여한다고 볼 수 있다(〈그림 13-2〉 참조). 우선, 고몰입 인적자원관리시스템은 지적 자본(intellectual capital), 즉 조직구성원들의 업무수행역량을 지속적으로 향상시기는 데 초점을 맞춘다. 지식기반경쟁시대에

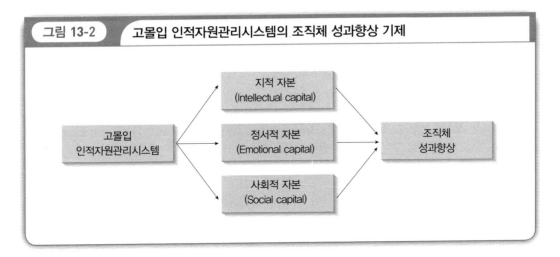

그림 13-2   고몰입 인적자원관리시스템의 조직체 성과향상 기제

는 직원들의 역량이 타 경쟁사들보다 뛰어나야 경쟁에서 우위를 점할 수 있다. 지식이나 기술의 수명주기가 짧아지면 짧아질수록 직원들이 보유하고 있는 지식과 기술이 빠르게 진부화하고 그에 따라 생산성이 급격하게 떨어지기 때문에 직원들의 역량을 높이기 위한 지속적인 투자와 지원이 더욱 더 중요해진다.

두 번째로 고몰입 인적자원관리시스템은 조직구성원들의 정서적 자본(emotional capital), 즉 업무수행동기와 조직에 대한 정서적 몰입을 높이는 데 관심을 기울인다. 아무리 직원들의 업무수행역량이 뛰어나다 해도 업무에 대한 의욕이나 조직에 대한 애착이 없는 상태로 업무를 수행한다면 그 조직체는 결코 경쟁에서 앞서나갈 수 없다. 자신이 맡은 일에 대한 열정과 자신이 속한 조직에 대한 애착이 높은 직원들로 구성된 조직체와 그렇지 않은 조직체 사이에는 조직체의 성과와 경쟁력 측면에서 큰 격차가 존재한다. 카젠바흐도 사람을 핵심역량으로 삼아 탁월한 성과를 내고 있는 기업들의 공통점 중 하나는 조직구성원들로부터 조직체에 대한 높은 수준의 정서적 몰입을 이끌어내고 있다는 점이라고 갈파하고 있다(Katzenbach, 2000).

직원들의 정서적 몰입은 자신들의 역량 발휘 여건이 조성될 때 더욱 더 강화되고, 직원들의 정서적 몰입 향상은 그들이 보다 창의적으로 역량을 발휘하도록 자극함으로써 상호 상승작용을 한다. 그러한 차원에서 중요한 것이 직원들에게 자율성과 주도권을 부여하는 것이다. 직원들이 자율성과 주도권을 가질 때 책임감을 가지고 자신들 안에 내재되어 있는 역량을 최대한 발휘하며, 그렇게 추진하는 일에 대해 주인의식을 갖게 된다. 고샬과 바트렛은 조직구성원 개개인이 자신들 안에 내재되어 있는 역량을 맘껏 발휘하게 하는 조직을 개인화 기업(individualized corporation)으로 개념화하고 개인화 기업의 가장 중요한 특징으로 역피라미드형 조직운영을 들고 있다(Ghoshal & Bartlett, 1997). 역피라미형 조직운영은 피라미드형 관료형 조직운영과 대비되는 개념으로서 고객 및 시장과의 접점에 있는 일선단위 조직에게 많은 의사결정권한을 위임하고 그들이 제대로 의사결정을 할 수 있도록 뒷받침하는 현장중심의 조직운영방식을 일컫는다.

세 번째로 고몰입 인적자원관리시스템은 조직구성원들의 사회적 자본(social capital), 즉 상호 신뢰를 바탕으로 한 직원들 사이의 팀워크와 협업을 향상시키는 데 초점을 맞춘다. 오늘날에는 환경과 기업이 복잡화되고 지식과 기술이 고도화됨에 따라 팀워크와 협업의 중요성이 갈수록 커지고 있다. 그래튼은 20세기 조직운영이 업무를 세분화하고 전문화함으로써 개인단위 업무수행을 중시했다면 21세기 조직운영은 관계와 네트워크를 중시하게 되었다고 지적한 바 있다(〈그림 13-1〉 참조). 직원들 사이의 신뢰가 높아지고 팀워크와 협업이 활성화되면 조직체 내부자원의 효과적 활용과 시너지 효과가 촉진됨으로써 조직체 성과가 향상되는 효과를 기대할 수 있고, 부서 간 혹은 외부와의 네트워크가 활성화되면 새로운 아이디어의 유입이 촉진됨으로써 창의적 혁신이 활발하게 일어난다.

② 전통적 인사관리시스템과의 차이

고몰입 인적자원관리시스템은 이전의 전통적 인사관리모델과는 완전히 다른 경영패러다임이다(〈표 13-1〉 참조). 전통적인 인사관리모델은 테일러의 과학적 관리법과 막스 베버의 관료적 조직시스템이 그 핵심을 이루며, 업무 및 기능의 세분화와 계층적 조직구조, 위계적 명령체계, 구성원들의 행동을 통제하기 위해 명문화된 규칙과 절차 등을 특징으로 하는 통제기반형 조직관리모델을 근간으로 한다(Walton, 1985).

통제기반형 인사관리시스템 하에서는 조직구성원들의 의사결정 참여기회가 극히 제한되며, 일선 작업자들은 노동력 제공자로 취급된다. 업무는 미숙련 노동자들이 쉽게 습득할 수 있도록 단순화·세분화되고, 계획과 실행이 철저하게 분리되어 있어서 관리자는 계획하고 통제하는 반면 일선작업자는 명령과 지침에 따라 실행하도록 역할분화가 엄격하게 이루어졌다. 작업의 범위와 절차 및 규칙이 먼저 정해지고 그 틀 속에 사람을 끼워 맞추는 방식이며, 일선작업자들은 대체 가능한 생산요소로 취급되었다. 근로자들의 작업동기를 제고하는 전형적인 방식은 해고의 위협과 생산량에 기초한 개인인센티브 제공이었으며, 의사소

■ ■표 13-1 **통제기반형과 고몰입형(헌신기반형) 조직관리모델의 주요 특징 비교**

	통제기반형	고몰입형(헌신기반형)
직무설계	개인단위 직무설계 업무의 세분화, 전문화, 표준화 계획과 실행의 분리 개인단위의 책임 강조 세밀하고 명확한 직무규정	시스템단위 직무설계 직무특성 강화 계획과 실행의 통합 팀 단위의 책임 강조 포괄적이고 유연한 직무규정
고용보장	자유로운 해고 추구 시장지향적 고용관계	고용보장 및 장기적 고용관계 지향 해고회피노력, 재고용 약속 전직과 (재)훈련 실시
보상정책	개인인센티브 중심 직무급 활용	집단인센티브 중심 기술급, 역량급 활용
직원참여	제한된 사안에 한정 직원발언권 강화의 위험성 강조 제한된 정보제공	광범위한 사안에 직원참여 유도 직원발언권 강화의 효과성 강조 광범위한 정보제공 및 공유
노사관계	적대적 노사관계 이해상충을 전제	협력적 노사관계 상호의존적 공통이해를 전제

자료: Walton(1985)에서 일부 내용 수정하여 정리.

통방식은 일방적인 탑-다운(top-down) 방식이었다.

한편, 고몰입 인적자원관리시스템은 조직구성원들의 높은 작업동기와 헌신에 기초하여 조직의 성과를 높이려는 인사경영시스템으로서 직무충실화, 권한위임, 의사결정 참여기회 확대, 자율팀의 적극적 활용, 열린 의사소통 등을 그 특징으로 한다(Walton, 1985; Garvin & Klein, 1993). 고몰입 인적자원관리시스템에서는 조직 내 일선 작업자들을 단순한 노동력 제공자로만 보지 않고, 그들 안에 머리(능력)와 가슴(열정과 헌신)이 있고 사회적 관계 속에서 다양한 심리적 현상을 경험하는 존재로 인식한다. 따라서 고몰입 인적자원관리시스템이 지향하는 목표는 헌신적이고 유연성을 갖춘 인력 풀(pool)을 조직 내에 확보하고 그들이 열정을 쏟아 조직의 이익을 위해 일할 수 있도록 하는 데 있다(Baron & Kreps, 1999).

고몰입 인적자원관리시스템에서는 직원들이 흥미와 의욕을 갖고 보람을 느끼면서 일할 수 있도록 업무를 재설계하고, 직원들이 자신들 안에 축적되어 있는 노-하우와 역량을 주도적으로 발휘할 수 있도록 여건을 조성해 주며, 정보공유와 쌍방향 의사소통을 통해 합리적 의사결정을 할 수 있도록 돕는다. 고몰입 인적자원관리시스템 하에서는 직원들이 조직의 가치와 비전을 공유하게 함으로써 그들이 자율적으로 자신들의 행동을 규율하고 조직의 이익을 위해 일하도록 한다. 동시에 형평지향적 급여관리를 통해 구성원들 간 위화감을 최소화하고, 조직의 성과와 연계된 집단성과급을 지급함으로써 조직의 이익과 구성원 개개인의 이익을 일치시키도록 유도한다.

③. 주요 구성요소

앞에서 고몰입 인적자원관리시스템의 운영원칙에 대해 살펴보았다. 고몰입 인적자원관리시스템은 그 운영원칙으로부터 도출된 제도나 실행방안들을 구성요소로 하여 이루어진다고 볼 수 있는바, 핵심구성요소는 조직구성원들의 내재적 욕구를 충족시키고 직장생활의 질(QWL: quality of work life)을 높이면서 동시에 조직체의 인적 자본(human capital)의 질을 제고할 수 있는 인적자원관리제도나 실행방안들이라 할 수 있다(〈표 13-2〉 참조). 그렇다고 고몰입 인적자원관리시스템의 세부 구성요소에 대해서 학자들 사이에 완전한 합의가 형성되어 있는 것은 아니지만, 개인성과주의 관련제도(예, 개인업적고과, 개인 인센티브) 등 일부 제도의 포함 여부를 제외하면 큰 이견은 없다고 볼 수 있다.

우선, 조직구성원들의 내재적 욕구를 충족시키고 직장생활의 질(QWL: quality of work life)을 높이는 데 도움이 되는 고몰입 인적자원관리시스템 구성요소들로는 직원들의 고용안정성 강화방안들, 역량개발·발휘 기회제공 방안들, 상위욕구 충족방안들, 직장과 생활

■ ■표 13-2   **고몰입 인적자원관리시스템의 운영원칙과 대표적 실행방안**

운영원칙		대표적 실행방안
직장생활의 질	고용안정성 제고	장기고용계약, 고용보장, 내부승진제도
	상위욕구 충족	직무충실화, 권한위임, 의사결정참여
	역량개발·발휘 기회	평생학습체계, 체계적 경력개발, 혁신TF팀 활동
	일-생활 균형지원	가족친화 지원프로그램, QWL프로그램
지적 자본	우수역량 확보·유지	선별적 모집 및 선발, 고임금
	지속적 역량강화	평생학습체계, 다기능훈련, 직무순환제, 역량급
정서적 자본	내재적 동기 강화	동기부여적 직무재설계, 인정(認定) 프로그램
	목표 및 가치일체화	사회화 프로그램, 조직성과연동 보상
	현장직원 참여촉진	권한위임, 참여촉진프로그램, 제안제도, 정보공유, 품질조(QC), 현장문제해결팀, 열린 소통채널
사회적 자본	공통이해기반 구축	이윤배분제, 이득공유제, 응급지원기금제도
	팀워크·협업장려	다방향 의사소통채널 구축, 각종 차별철폐, 임금격차 완화, 자율팀제

간 균형을 돕는 방안들을 들 수 있다. 그러한 차원에서 장기고용관계와 고용보장은 가장 기본토대가 되는 제도들이며, 내부승진제도, 현장직원들의 의사결정참여 프로그램, 권한위임, 직무충실화, 역량개발을 위한 교육훈련 기회 제공, 혁신TF팀 활성화, 가족친화 지원프로그램 등이 이 부류에 해당한다.

다음으로 조직체의 지적 자본을 지속적으로 향상시키기 위해 활용되는 고몰입 인적자원관리시스템 구성요소들로는 체계적인 우수역량 확보·유지 방안들과 체계적인 역량개발 방안들을 들 수 있다. 선별적 모집 및 선발 프로그램이나 평생학습 프로그램, 경력개발 프로그램, 고임금 등이 고몰입 인적자원관리시스템의 주요 구성요소에 포함되는 이유가 여기에 있다.

또한 조직체의 정서적 자본을 지속적으로 향상시키기 위해 활용되는 고몰입 인적자원관리시스템 구성요소들로는 내재적 동기 강화방안들, 조직체와 개인의 목표 및 가치일체화 방안들, 현장직원들의 참여촉진 방안들을 들 수 있다. 그렇기 때문에 동기부여적 직무재설계를 통한 직무충실화 노력, 비전과 핵심가치 공유를 위한 사회화 프로그램, 조직성과 연동 성과급제, 제안제도, 분권적 의사결정제도, 광범위한 정보공유, 열린 소통채널 등이 고몰입 인적자원관리의 주요 구성요소에 포함된다.

마지막으로 조직체의 사회적 자본을 지속적으로 향상시키기 위해 활용되는 고몰입 인적자원관리시스템 구성요소들로는 조직구성원들 간 공통이해기반 구축 방안들, 팀워크 및 협업장려 방안들을 들 수 있다. 이러한 맥락에서 이득공유제, 이윤배분제, 응급지원기금제도, 다방향 의사소통채널 구축, 협업인센티브, 각종 차별철폐, 임금격차 완화, 자율팀제 활용 등이 고몰입 인적자원관리 시스템의 구성요소에 포함될 수 있다.

제 3 절　고몰입 인적자원관리시스템 구축 시 유의사항

인적자원을 경쟁력의 핵심원천으로 삼고자 하면 경영자의 직원들에 대한 인식전환이 전제되어야 한다. 직원들의 본성을 부정적으로 보고 그들을 통제의 대상으로 보게 되면 직원들의 헌신적이고도 주도적인 역할수행을 기대할 수 없다. 그런 면에서 고몰입 인적자원관리시스템은 Y론적 인간관에 기초해 있다고 볼 수 있다. Y론적 관점에 따르면(제 3 장 제 2

절 참조), 사람들은 기꺼이 일을 하고자 하고, 자기발전을 꾀함은 물론 자기통제 능력을 가지고 있다. 뿐만 아니라, 기꺼이 책임을 지고자 하며, 조직의 목적에 몰입하고자 한다. 그들이 일을 싫어하는 것은 타고난 본성이 그렇기 때문이라기보다는 조직이 그렇게 만든 결과이다. 고몰입 인적자원관리는 일선의 작업자들이 조직에 기여할 수 있는 높은 잠재역량과 노-하우를 보유하고 있으며, 그들의 헌신을 이끌어낼 만한 여건과 잠재역량을 계발하여 활용할 수 있는 여건만 충족되면 조직의 이익을 위해 그것들을 사용하려는 충분한 의지를 가지고 있다는 가정에 기초해 있다. 따라서 고몰입 인적자원관리시스템은 직원들의 선의를 믿고 그들이 보유한 역량을 맘껏 발휘할 수 있도록 여건을 조성하는 데 초점을 맞춘다.

Y론적 인간관에 기초해 있는 고몰입 인적자원관리시스템은 바로 그 이유 때문에 직원들의 기회주의적 행동에 취약하다고 볼 수 있다. 즉, 직원들이 주어진 자율적 작업조건 하에서 책임을 지지 않으려 하고 맡은 일을 주도적으로 감당하려 하지 않을 때, 혹은 다른 사람들의 노력에 기대어 무임승차하려 할 때 고몰입 인적자원관리시스템으로부터 기대할 수 있는 효과를 얻기 어렵다. 직원들의 기회주의적 행동을 예방하고 규제하는 데 있어서는 고몰입 인적자원관리시스템이 통제기반형 인사관리시스템에 비해 상대적으로 취약하다고 할 수 있다. 그렇다고 Y론적 인간관을 포기하고 기회주의적 행동을 감시하려 하면 고몰입 인적자원관리시스템의 기조를 유지하기 어렵고 그로 인해 경영진의 경영철학에 대한 불신을 야기하게 된다.

그런 점을 감안하면 고몰입 인적자원관리시스템은 상호호혜성, 신뢰, 목표 일체성, 공동체의식 등의 진작을 통해 기회주의적 행동을 억제할 수 있는 조직토양이 갖춰진 조건에서 제 기능을 효과적으로 발휘할 수 있다고 볼 수 있다. 이상의 조건이 형성되어 있지 않을 경우 조직구성원들은 자신의 이익을 좇아 행동하게 될 것이며, 그에 반하는 변화에는 저항하게 된다(Quinn & Rivoli, 1991). 유사한 예로 신뢰가 낮은 조직에 근무하는 사람들은 조직성과와 연동된 성과급보다는 고정급을 선호하고(Cable & Fitzroy, 1980), 참여제도보다는 위계제도를 선호하는 것으로 밝혀졌다(Alexander, 1987).

고몰입 인적자원관리시스템을 구축하고자 할 때 경영자들이 범하기 쉬운 오류가 있다. 우선, 경영자들이 중장기적 관점을 가지고 새로운 시스템을 구축하려 하기보다는 직면한 문제를 당장 해결해보겠다는 자세로 접근하려는 경향을 보인다는 점이다. 고몰입 인적자원관리시스템은 조직의 토양변화와 더불어 직원들의 사고방식과 업무수행양식의 변화를 추구하기 때문에 단기적 관점에서 접근하기보다는 중장기적 관점에서 접근할 필요가 있다

(Neal & Tromley, 1995).

두 번째로 시스템적 관점을 가지고 종합적인 접근을 하기보다는 파편적인 방식으로 접근하려는 경향을 보인다는 점이다. 예를 들면, 기존 통제기반형 인사관리시스템이 뿌리를 내리고 있는 상황에서 그것을 구성하고 있는 개별 제도나 실행방안들을 부분적으로 교체하려는 시도 등이 이에 해당한다. 그러나 고몰입 인적자원관리시스템은 내적 정합성(internal fit)을 갖는 구성요소들로 이루어질 때 제대로 효과를 발휘할 수 있다. 따라서 새로운 시스템으로 전환하고자 할 경우 구성요소들 사이의 내적 정합성을 고려하여 상승작용을 일으킬 수 있도록 관련 제도들을 체계적으로 도입해야 한다. 구성요소들 사이에 내적 정합성을 갖추지 못하면 개별 구성요소들이 조직구성원들에게 요구하는 행동양식이 제각기 달라 혼선을 야기하게 되기 때문에 특별히 유의해야 한다.

장을 맺으며

이 장에서 우리는 고몰입 인적자원관리시스템에 대해 살펴보았다. 고몰입 인적자원관리시스템은 고용주와 고용인 간 상호투자모델에 기초해 있으며, 인적자원을 조직체의 핵심역량으로 개발함으로써 21세기 경쟁환경에서 지속적인 경쟁우위의 핵심원천이 되게 하려는 노력의 일환이라 할 수 있다. 고몰입 인적자원관리시스템은 조직구성원들에 대한 존중과 Y론적 인간관을 바탕으로 그들의 내재적 욕구와 필요를 충족해 주고 직장생활의 만족도를 높여 줌으로써 그들의 조직체에 대한 헌신도를 높이고, 다른 한편으로는 조직구성원들의 지적 자본, 정서적 자본, 사회적 자본을 꾸준하게 향상시킴으로써 조직체의 생산성을 획기적으로 높이려 한다.

고몰입 인적자원관리시스템의 효과와 운영원칙 및 개략적인 구성요소 등에 대해서는 1990년대 이래 많은 실증연구들을 통해 어느 정도 그 윤곽이 드러났지만, 그렇다고 어느 기업이나 그것들을 쉽게 도입하여 정착시킬 수 있는 것은 아니다. 그리고 어느 기업이라도 쉽게 채택하여 조직체 내에 보유하고 있는 인적 자본의 질을 획기적으로 끌어올릴 수 있다면 그것이 비모방성을 특징으로 하는 전략적 자산 내지는 핵심역량의 모체가 될 수 없을 것이다. 실제로 우리 주변의 기업들 중에서 고몰입 인적자원관리시스템을 조직체 안에 뿌리

내리게 하고 그 효과를 통해 경쟁우위를 지속적으로 누리고 있는 기업들이 그리 많지 않다. 이에 대해 오렐리와 페퍼는 고몰입 인적자원관리시스템의 내용이 이해하기는 쉽지만, 투철한 가치관과 경영철학을 체질화하여 그것을 실천하기는 어렵다고 갈파하고 있다(O'Reilly & Pfeffer, 2000). X론적 인간관과 통제지향적 경영철학을 가진 경영자가 수단적 차원에서 고몰입 인적자원관리시스템과 그에 맞는 조직문화를 구축하기는 결코 쉽지 않을 것이기 때문이다.

사례연구 13-1

상호투자인력운영 모델

지식기반경쟁시대에 기업의 경쟁력을 높이려면 조직구성원의 역량을 지속적으로 향상시켜야 한다. 디지털 기술혁명과 지식창출자의 폭발적 증가로 인해 기술과 지식의 수명주기(life cycle)가 갈수록 짧아지고, 그 결과 짧은 기간 안에 개인이 보유하고 있는 지식과 기술이 진부화하기 때문에 새로운 환경에 맞는 새로운 지식과 기술을 지속적으로 습득하지 않으면 안 된다. 또한 구성원들의 역량이 높아질수록 창의성 촉진을 통한 생산성 향상의 효과를 기대할 수 있다. 평생학습체계는 자기성장의 욕구를 갖고 있는 구성원들과 지속적인 생산성 향상을 추구하는 기업의 필요를 동시에 충족할 수 있는 상호투자모델의 대표적 사례이다.

이론적으로 보면, 대부분의 기업들에서 구성원들의 근속년수와 생산성 간의 관계는 〈그림 13-3〉에서 볼 수 있는 바와 같이 노동생산성이 상승하다가 절정기를 지나 하락하는 패턴을 보인다. 아날로그 기술시대에는 아날로그 기술의 축적성과 연속성으로 인해 근속년수가 늘어남에 따라 완만하게 생산성이 높아질 뿐만 아니라 절정기를 지나서도 생산성이 완만하게 떨어진다. 그에 비해 디지털 기술시대에는 디지털 기술의 비축적성과 비연속성으로 인해 생산성 곡선의 증가속도가 빠르고 절정기도 빨리 오는 반면, 절정기를 지나면 생산성 또한 급격하게 떨어진다. 디지털 기술혁명은 갈수록 기술의 수명주기를 단축시킴으로써 지속적인 신기술에 대한 습득을 게을리할 경우 생산성이 떨어지는 속도를 더욱 더 급격하게 만든다. 이러한 추세는 생산성 곡선이 A → B → C로 변화되어 감을 의미한다. 그리고 이러한 추세는 디지털 기술만이 아니라, 혁명적 변화속도

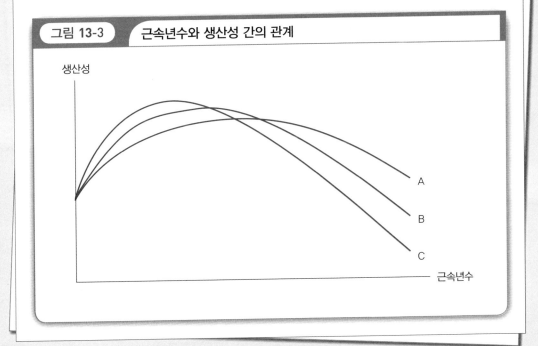

그림 13-3　근속년수와 생산성 간의 관계

생산성

A

B

C

근속년수

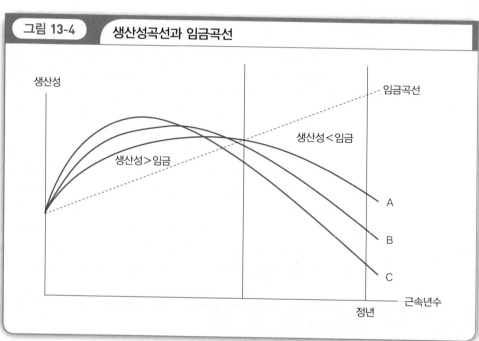

그림 13-4   생산성곡선과 임금곡선

를 경험하고 있는 지식에도 적용된다.

　위 생산성곡선에 임금곡선을 결합시켜 보면 〈그림 13-4〉가 보여주는 바와 같다. 장기고용관계를 특징으로 한 고용관계를 맺을 때 고용주와 고용인 양측 모두가 만족할 만한 고용관계가 되려면 생산성이 임금보다 높은 기간의 면적과 임금이 생산성보다 높은 기간의 면적이 같아야 한다. 문제는 조직구성원들의 역량개발에 대한 투자를 소홀히 할 경우 생산성 곡선의 변화패턴이 A → B → C로 변해가고, 그러한 변화추세는 곧 생산성이 임금보다 높은 기간의 면적보다 임금이 생산성보다 높은 기간의 면적이 갈수록 더 커진다는 데 있다. 이는 곧 기업의 이윤을 감소시킨다는 것을 의미하며, 더 나아가 생산성 경쟁에서 해당 기업이 점차 뒤처진다는 것을 의미한다.

　이러한 추세에 직면한 많은 기업들이 채택하고 있는 대응방안은 명예퇴직이나 조기퇴직을 유도함으로써 조직구성원들의 평균퇴직시기를 앞당김으로써 임금이 생산성보다 높은 기간의 면적을 줄여나가는 것이다. 이와 같은 기업들의 대응방식 확산으로 인해 중·고령 인력의 고용은 갈수록 불안정해지고 있으며, 고령사회의 진전에 따른 사회적 부담은 더욱 더 커지고 있다. 고령사회로의 진전은 중·고령 인력의 정년을 연장해야 할 필요성을 제기하는데, 중·고령 인력의 조기퇴직 유도는 그러한 필요에 역행하는 것으로서 기업의 사회적 책임에도 반하는 것이다.

기업의 경쟁력 차원에서 보더라도 중·고령 인력의 조기퇴직 유도는 단기적인 이윤구조 개선에는 도움이 될지 모르지만, 중장기적으로 보면 생산성 곡선의 지속적인 하강이 불가피하기 때문에 타 경쟁사들과의 생산성 경쟁에서 점차 불리해질 수밖에 없음을 말해 준다.

반면, 구성원들의 역량을 꾸준히 향상시키면 생산성 곡선이 상향 이동하거나 변곡점이 뒤로 늦춰지는 효과를 보게 되고, 그 결과 생산성이 임금보다 큰 기간의 면적을 더욱 더 키움과 동시에 임금이 생산성보다 높은 기간의 면적을 줄이게 된다. 그 결과 임금을 높일 수 있는 여지가 생기고 더 나아가 고용관계 또한 장기간 지속될 수 있는 여지가 생긴다. 이는 조직과 구성원 모두에게 이득이 되는 선순환적(善循環的) 고용관계를 갖게 됨을 의미한다.

조직구성원의 지속적 역량강화를 통한 생산성 향상을 위해서는 인력운영의 방식이 근본적으로 바뀌어야 한다. 생산성 지수는 투입요소(input) 대비 생산물(output)의 비율, 즉, '생산성=생산물/투입요소'로 나타나는데, 대부분 기업들의 인력운영을 보면 분모에 해당하는 투입요소, 즉 인력을 줄임으로써 생산성 지수를 높이려는 경향을 보인다. 그러한 기업에서는 인력 부족으로 인해 직원들이 야간과 주말까지 일을 하게 되고, 그 결과 직원들이 자신들의 역량을 향상시킬 수 있는 여유를 가질 수 없기 때문에 역량의 진부화가 빠르게 일어나고 결과적으로 그렇지 않은 기업들에 비해 생산성이 조기에 급격하게 떨어지게 된다.

반면 새로운 인력운영모델은 인력의 투입(input)을 늘리더라도 생산물(output)에서 인력의 증가율보다 훨씬 더 높은 증가율을 달성해 내는 방식이다. 단기적으로 보면 인력규모가 늘어나 생산성 지수가 떨어지는 것처럼 보일 수 있으나, 일정한 여유인력을 확보하여 일-휴식-학습 간 선순환이 일어나는 인력운영모델을 구축함으로써 중장기적으로 직원들의 역량과 일에 대한 몰입도를 높이고 생산성을 획기적으로 증가시키는 결과를 맞보게 된다.

대표적인 혁신기업으로 꼽히는 3M의 경우 R&D 부서의 직원들에게 근무시간의 15%에 해당하는 시간을 자기의 고유업무로부터 벗어나 자유롭게 활용할 수 있도록 해 왔다. 바로 이러한 여유시간이 새로운 아이디어를 실험할 수 있는 시간으로 활용되고 끊임없이 혁신적 제품을 개발할 수 있는 원동력이 되었음은 두말할 필요도 없다. 이러한 방식이 15%의 추가 인력수요를 유발하였지만, 3M이 고객의 필요를 충족시킬 수 있는 아이디어 상품들을 지속적으로 만들어 낼 수 있는 원동력이 되었다.

이러한 모델은 인건비 절감보다는 조직의 혁신역량 극대화에 초점을 맞추며, 직원들에 대한 인식 면에서 비용관점보다는 자산관점에 기초해 있다. 비용관점은 단기적으로 인건비 효율성을 극대화하려는 데 반해, 자산관점은 직원들 안에 축적되어 있는 잠재력과 인적자본에 주목하고, 지속적으로 인적자본 강화를 위해 투자함으로써 중장기적으로 조직의 성과와 경쟁력을 끌어올리려는 상호투자모델이다. 이는 이 모델이 인력의 규모감축이나 직원들의 임금삭감 등을 통해 단기적 생산성이나 이윤을 극대화하려고 하기보다는 여유인력의 활용과 고임금 지급 등을 통해 직원들의 혁신역량과 사기(morale)를 높임으로써 지속적인 생산성 향상과 중장기적 이윤구조 개선을 추구하기 때문이다.

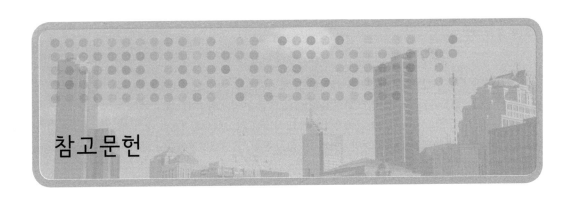

참고문헌

강수돌 (1993). "새로운 작업조직과 노사관계: 독일 자동차 사업 사례연구,"「노사관계연구」, 제4권, 서울대 노사관계연구소.

김경동 (1990). "한국인의 근로의식,"「노사관계연구」, 창간호(3월), 서울대 경영대 노사관계연구소.

김영치 (1989).「근로자의 커미트먼트와 충성심의 영향요소에 관한 연구」, 연세대학교 대학원.

김윤환 (1972). "한국경제의 근대화와 노동운동,"「노동문제집」, 제3편, 고려대 노동문제 연구소, 4~15면.

김탁 (1999). "자신의 니즈에 맞춰 복리후생항목을 선택하라,"「인사관리」, 통권 116 호(4월), 인사관리협회, 66~68면.

남성일 (1993). "성과배분제도의 문제점과 개선방안,"「임금연구」, 경총 임금연구센터.

노동부 (2003).「노동백서」.

대한상공회의소 (2003).「일본과 한국의 임금피크제 사례분석」.

박광량 (1994).「조직혁신: 조직개발적 접근」, 경문사.

배종석 (1999). "경쟁우위와 인적자원관리: 전략적 인적자원관리 연구의 비판적 고찰과 연구방향 모색,"「인사·조직연구」, 제7권, 1~45면.

신유근 (1991).「한국기업 근로자의 의식구조」, 대한상공회의소, 한국경제연구센터.

신유근 (1992).「한국의 기업윤리」, 한국경영학회(편), 세경사.

안희탁 (1999). "연봉제 도입에는 뚜렷한 목표를 가져야 합니다,"「인사관리」, 통권 118 호(6월), 인사관리협회, 30~32면.

양혁승 (2002). "전략적 인적자원관리: 기존 연구결과 및 향후 연구과제 개관,"「인사관리연구」, 제26집, 113~143면.

양혁승 (2003a). "사회적 상황요인이 인사고과 결과에 미치는 영향,"「인사·조직연구」, 제11권, 제1호, 113~131면.

양혁승 (2003b). "성과주의 급여제도에 대한 수용도 결정요인의 탐색과 그 수용도가 개인의 의욕제고에 미치는 영향: 가치적합성이 급여제도 수용도에 미치는 영향을 중심으로,"「인사·조직연구」, 제11권, 제2호, 109~132면.

양혁승·장은미·송보화 (2005).「파지티브-섬 패러다임에 부합한 한국형 인사시스템에 관한 연구」, 뉴패러다임센터.

양혁승 (2007).「사람중심경영 실현방안에 관한 연구」, 뉴패러다임센터.

이민우·양혁승·김현영 (2011). "고성과 인적자원관리 시스템이 기업의 경영성과에 미치는 영향: 프로파일방식 적용을 통한 인과관계 규명,"「경영학연구」, 제40권, pp. 781-802.

이성용 (1999). "인적자원의 반감기,"「한경 Business」(5월 25일; 6월 1일), 76～77면; 73～74면.

이학종 (1994).「기업변신론: 한국기업의 변신전략과 사례연구」, 법문사.

이학종 (1996). "휴렛 팩커드사의 경영이념과 HPWay 문화,"「연세경영연구」, 제33권 제2호(통권 제61호), 181～208면.

이학종 (1997).「한국기업의 문화적 특성과 새 기업문화개발」, 법문사.

이학종 (1998a).「정보기술과 현대경영」, 박영사.

이학종 (1998b).「한국기업의 구조조정과 새 조직문화개발」, 박영사.

이학종 (2003).「경영혁신과 조직개발」, 법문사.

이학종·박헌준 (2004).「조직행동론」, 법문사.

이학종·이종진 (2000). "조직구성원의 윤리풍토에 대한 지각과 조직효율성 간의 관계에 관한 실증적 연구,"「기업윤리연구」, 제2편(12월), 107～130면.

임웅기·우재룡·유규창 (1999).「우리나라 종업원지주제도의 개선방향」, 연세경영연구소

장명국 (1988).「노동법 해설」, 석탑.

전용욱·한정화 (1994).「초일류기업으로 가는 길: 삼성의 성장과 변신」, 김영사.

정계훈·이관희 (1989).「한국기업의 노사관계」, 법문사.

정연앙 (1993). "임금만족도에 관한 연구,"「한국노동연구」, 제4편, 49～69면.

정종진·이덕로 (1998).「인적자원관리」, 제2판, 법문사.

한국노동연구원 (2001).「한국의 노사관계연구-사업장 패널 예비조사 자료분석: 기초·통계편」.

「한경 Business」(1999). "신인사 혁명,"(3월 23일자), 24～26면.

한국산업안전공단 (1992).「산업안전보건 기술세미나 발표집」.

Abrahamson, E. (1996). "Management Fashion," *Academy of Management Reivew, 21*, pp. 254～285.

Adams, J. S. (1963). "Toward an Understanding of Equity," *Journal of Abnormal and Social Psychology, 67*, pp. 422～436.

Addison, J. T. & Hirsch, B. T. (1989). "Union Effects on Productivity, Profits, and Growth: Has the Long-Run Arrived?" *Journal of Labor Economics, 7*, pp. 72～105.

Adkins, C. L. (1995). "Previous Work Experience and Organizational Socialization: A Lon-gitudinal Examination," *Academy of Management Journal, 38*, pp. 839～862.

Adler, N. J. (2002). *International Dimensions of Organization Behavior*, 4th ed., Cincinnati, OH: South-Western.

Alder, N. J. & Ghadar, F. (1990). "International Strategy from the Perspective of People and Culture," in A. M. Rugman(ed.), *Research in Global Strategic Management, 1*, Greenwich, CT: JAI Press, pp. 179～205.

Alexander, K. O. (1987), "The Worker, the Union, and the Democratic Workplace," *The American Journal of Economics and Sociology, 46*, pp. 385-397.

Amit, R., & Shoemaker, P. J. H. 1993. "Strategic assets and organizational rent," Strategic *Management Journal, 14*, pp. 33-46.

Anthony, W. P., Perrewe, P. L., & Kacmar, K. M. (1999). *Human Resource Management: A Strategic Approach*, 3rd ed., Fort Worth, TX: Dryden.

Antonioni, D. (1994). "The Effects of Feedback Accountability on Upward Appraisal Ratings," *Personnel Psychology, 47*, pp. 349~356.

Appley, L. A. (1943). "Management the Simple Way," *Personnel* (July-Aug.), pp. 596~603.

Argyris, C. (1957). "The Individual and Organization: Some Problems of Mutual Adjust-ment," *Administrative Science Quarterly*, pp. 1~24.

Argyris, C. (1970). *Intervention Theory and Method: A Behavioral Science View, Reading*, MA: Addison-Wesley Publishing.

Arnold, H. (1976). "Effects of Performance Feedback and Extrinsic Reward Upon High Intrinsic Motivation," *Organizational Behavior and Human Performance, 17*, pp. 275~288.

Arthur, M. B., Claman, P. H., & DeFillipi, R. J. (1995). "Intelligent Enterprise, Intelligent Careers," *Academy of Management Executive, 9*, pp. 7~20.

Ashkenas, R., Ulrich, D., Jick, T. & Kerr, S. (1995). *The Boundaryless Organization*, San Francisco: Jossey-Bass Publishers.

Austin, D. (1977). "A New Approach to Position Description," *Personnel Journal* 354~366.

Ayres, B. D. Jr. (1989). "Coal Miners' Strike Hits Feelings That Goes Deep," *New York Times* (April 27), p. A16.

Babbage, C. (1835). *On the Economy of Machinery and Manufacturers*, 4th ed., London: Charles Knight.

Bae, J. & Lawler, J. (2000). "Organizational and HRM Strategies in Korea: Impact on Firm Performance in an Emerging Economy," *Academy of Management Journal*, vol. 43, pp. 502~517.

Baird, L. and Meshoulam, I. (1988). "Managing Two Fits of Strategic Human Resources Management," *Academy of Management Review*, 116~128.

Baker, H. K. & Morgan, P. I. (1984). "Two Goals in Every Performance Appraisal," *Personnel Journal* (September), pp. 74~76.

Bakke, E. W. (1961). "The Human Resource Function," *Management International*, (March- April), pp. 16~24.

Bakke, E. W. (1946). *Mutual Survival: The Goal of Unions and Management*, NY: Harper and Row, Publishers.

Bandura, A. (1986). *Social Foundations of Thought and Action: A Social Cognitive Theory*, Englewood Cliffs, NJ: Prentice Hall.

Baron, J. N. & Kreps, D. M. (1999). *Strategic Human Resources: Frameworks for General Managers,* NY: John Wiley & Sons.

Bartz, D. E., Schwandt, D. R., & Hillman, L. W. (1989). "Differences Between 'T' and 'D'," *Personnel Administrator* (June), pp. 164~170.

Bass, B. M. & Vaughn, J. A. (1966). *Training in Industry: The Management of Learning.* Monterey, CA: Brooks/Cole Publishing.

Batt, W. L. & Weinberg, E. (1978). "Labor Management Todays," *Harvard Business Review* (January-February), pp. 96~104.

Beach, D. S. (1980). Personnel: *The Management of the People at Work,* 5th ed., NY: Macmillan Publishing.

Becker, B. E. & Huselid, M. A. (1998). "High performance work systems and firm performance: A synthesis of research and managerial implications." *Research in Personnel and Human Resources Management, 16,* pp. 53-101.

Beer, M. l, Spector, B., Lawrence, P., Mills, D., & Walton, R. (1984). *Managing Human Assets,* NY: Free Press.

Behrend, H. & Pocock, S. (1976). "Absence and the Individual: A Six-Year Study in One Organization," *International Labour Review* (Nov.-Dec.), pp. 311~327.

Berggren, C. (1994). "NUMMI vs. Uddevalla," *Sloan Management Review* (Winter), pp. 37~38.

Bernadin, J. & Klatt, L. (1985). "Managerial Appraisal Systems: Has Practice Caught up with the State of the Art?" *Public Personnel Administrator* (November), pp. 79~86.

Berne, E. (1964). *Games People Play: The Psychology of Human Relationships,* NY: Grove Press.

Bernstein, J. (1997). "Platinum Parachutes," *Working Woman* (May), p. 20.

Bertalanffy, L. von (1968). *General Systems Theory,* NY: George Braziller.

Bingham, W. V. D. & Moore, B. V. with collaboration of John W. G. (1931). *How to Interview,* 4th ed., NY: Harper and Brothers.

Blake, R. R., Mouton, J. S., Barnes, L. B., & Greiner, L. E. (1964). "Breakthrough in Organization Development," *Harvard Business Review,* 42 (6), pp. 133~135.

Blake, R. R., Mouton, J. S., Sloma, R. L., & Lofrin, B. P. (1968). "A Second Breakthrough in Organization Development," *California Management Review,* 10 (2), pp. 73~78.

Blotnick, S. (1984). *The Corporate Steeplechase: Predictable Crisis in a Business Career,* NY: Facts on File.

Bolman, L. G. & Deal, T. E. (1984). *Modern Approaches to Understanding and Managing Organizations,* San Francisco: Jossey-Bass Publishers.

Borgatta, E. F. & Bales, R. F. (1956). *Small Groups,* NY: Knopf.

Borman, W. (1975). "Effects of Instruction to Avoid Halo Error on Reliability and Validity of Performance Evaluation Ratings," *Journal of Applied Psychology,* 60 (5), pp. 556~560.

Bossidy, L. & Charam, R. (2004). *Confronting Reality*, NY: Crown Business.

Brammer, L. M. (1989). *The Helping Relationship: Process and Skills*, 4th ed., Englewood Cliffs, NJ: Prentice-Hall.

Branch, S. (1997). "MBAs Are Hot Again and They Know It," *Fortune* (November 14), pp. 155~157.

Branch, S. (1998). "You Hired 'Em. But Can You Keep 'Em?" *Fortune* (November 9), pp. 247~250.

Breaugh, J. A. (1981). "Relationships Between Recruiting Sources and Employee Performance, Absenteeism, & Work Attitudes," *Academy of Management Journal* (March), pp. 142~147.

Brett, J. M. (1980). "Why Employees Want Unions," *Organizational Dynamics* (Spring), pp. 47~59.

Brett, J. M., Stroch, L. K., & Reilly, A. H. (1992). "Job Transfer," in C. L. Cooper and I. T. Robinson (eds.), *International Review of Industrial and Organizational Psychology*, Chichester, England: John Wiley and Sons.

Brinkerhoff, D. W. & Kanter, R. M. (1980). "Appraising Performance of the Performance Appraisal," *Sloan Management Review*, 21 (Spring), pp. 3~10.

Brousseau, K. R., Driver, M. J., Eneroth, K., & Larsson, R. (1996). "Career Panemonium: Realigning Organizations and Individuals," *Academy of Management Executive*, 11, pp. 52~66.

Brown, B. T. (1991). *Working Ethics: Strategies for Decision-Making and Organizational Responsibility*, San Francisco: Jossey-Bass.

Bullock, R. J., & Tubbs, M. E. (1987). "A Case Meta-Analysis of Gainsharing Plans as Organizational Development Interventions." *Journal of Applied Behavioral Science*, 26, pp. 383~404.

Burack, E. H. & Smith, R. D. (1977). *Personnel Management: A Human Resource Systems Approach*, NY: West Publishing.

Bureau of National Affairs (1994). *Bulletin to Management* (June), Washington, D.C.: BNA, p. 1.

Bureau of National Affairs (1989). 1988~89 *Survey of Fortune 500 Companies*, Washington, D. C.: BNA.

Bureau of National Affairs (1993). "Solutions to Workplace Stress," *Bulletin to Management* (February), Washington, D.C.: BNA, pp. 46~50.

Burke, W. W.(1982). *Organization Development: Principles and Practices*, Boston: Little, Brown.

Burns, T. and Stalker, G. M. (1961). *The Management of Innovation*, London: Tavistock Publications.

Business Week (February 15, 1988). "Businesses are Signing Up for Ethics 101," pp. 56~57.

Business Week (May 15, 1989). "ESOP: Are They Good for You?," pp. 118~119.

Business Week (April 1998~2003). "Executive Pay."

Business Week (December 20, 1993). "The Horizontal Organization," pp. 76~77.

Business Week (September 4, 1989). "Is Nothing Private?," pp. 74~82.

Business Week (April 10, 1989). "Master of Innovation," pp. 58~63.

Business Week (September 22, 1997). "Slow Healing at Mitsubishi." pp. 74~76.

Business Week (March 4, 1972). "The Spreading Lordstown Syndrome," pp. 69~70.

Business Week (August 14, 1989). "Volvo's Radical New Plant: The Death of the Assembly Line?," pp. 92~93.

Business Week (May 23, 1994). "Why America Needs Unions But Not the Kind It Has Now," pp. 70~82.

Butler, P.l F. (1988). "Successful Partnership: Human Resource and Strategic Planning at Eight Top Firms," *Organizational Dynamics* (Autumn), pp. 27~42.

Byars, L. L. & Rue, L. W. (1994). *Human Resource and Personnel Management*, Homewood, IL: Richard D. Irwin.

Cable, J. R. & Fitzroy, F. R. (1980), "Productive Efficiency, Incentives, and Employee Participation: Some Preliminary Results for West Germany," *Kyklos, 33*, 100-121.

Cabot, R. C. & Dicks, R. L. (1936). *The Art of Ministering to the Sick*, NY: Macmillan.

Caffarella, R. S. (1985). "A Checklist for Successful Training Programs," *Training and Development Journal* (March), pp. 48~63.

Camman, C., et al. (1983). "Assessing the Attitudes and Perceptions of Members," in Stanley Seashore et al. (eds.), *Assessing Organizational Change*, NY: John Wiley & Sons, pp. 71~138.

Campbell, D. N., Fleming, R. L., & Grote, R. C. (1985). "Discipline Without Punish- ment-At Last," *Harvard Business Review* (July-Aug), pp. 162~174.

Campbell, D. and Ilgen, D. 1976). "Additive Effects of Task Difficulty and Goal Setting on Subsequent Task Performance," *Journal of Applied Psychology*, 61 (3), pp. 319~324.

Campion, M. & Berger, C. (1990). "Conceptual Integration and Empirical Test of Job Design and Compensation Relationship," *Personnel Psychology*, 43, pp. 525~553.

Campion, M. A., Cheraskin, L., & Stevene, M. J. (1994). "Career-Related Antecedents and Outcomes of Job Rotation," *Academy of Management Journal*, 37, pp. 1518~1542.

Campion, M. & McCelland, C. (1991). "Interdisciplinary Examination of the Costs and Benefits of En- larged Jobs: A Job Design Quasi-Experiment," *Journal of Applied Psychology*, 76, pp. 186~198.

Campion, M. A. & Thayer, P. W. (1987). "Job Design: Approaches, Outcomes, and Trade- offs," *Organizational Dynamics*, 15 (Winter).

Cappelli, P. (2001). "Making the Most of On-Line Recruiting," *Harvard Business Review* (March), pp. 139~146.

Carroll, P. (1993). Big Blues: *The Unmaking of IBM*, NY: Crown Publishers.

Cartwright, D. & Zander, A. (1960). *Group Dynamics: Research and Theory*, 2nd ed., NY: Harper and Row.

Cascio, W. F. (1987). *Applied Psychology in Personnel Management*, 3rd ed., Reston, VA: Reston Publishing.

Cascio, W. F. (1998). *Managing Human Resources: Productivity, Quality of Work Life, Profits*, 5th ed., NY: McGraw-Hill.

Caudron, S. (1990). "The Wellness Payoff," *Personnel Journal* (July), pp. 155~162.

Caudron, S. (1992). "Working at Home Pays Off," *Personnel Journal* (November), pp. 40~49.

Chadwick-Jones, J. K., et al. (1973). "A Type and B Type Absence: Empirical Trends for Women Employees," *Occupational Psychology*, pp. 75~80.

Chandler, Alfred D. (1962). Strategy and Structure, Cambridge, MA: M.I.T. Press.

Chang, C. S. & Chang, N. J. (1994). *The Korean Management System*, Westport, CT: Quorum Books.

Cheraskin, L. & Campion, M. A. (1996). "Study Clarifies Job Ration Benefits," *Personnel Journal* (November), pp. 31~38.

Chicci. D. L. (1979). "Four Steps to an Organization/Human Resource Plan," *Personnel Journal* (June), pp. 390~397.

Chruden, H. J. & Sherman, A. W. Jr. (1984). Personnel Management: *The Utiliza-tion of Human Resources*, 6th ed., Cincinnati, OH: Western Publishing.

Chung, K. H., Lee, H., & Jung, K. H. (1997). *Korean Management: Global Strategy and Cultural Transformation*, Berlin: W. deGruyter.

Clark, K. (1997). "Reasons to Worry About Rising Wages," *Fortune* (July 7), pp. 31~32.

Cleveland, J., Murphy, K., & Williams, R. (1989). "Multiple Uses of Performance Appraisal: Prevalence and Correlates," *Journal of Applied Psychology*, pp. 130~135.

Clutterbuck, D. (1979). "Why a Job Shared is Not a Job Halved," *International Management*, 34 (October), pp. 45~47.

Cockrum, R. B. (1982). "Has the Time Come for Employee Cafeteria Plans?," *Personnel Administrator* (July), pp. 65~70.

Cole, A. Jr. (1983). "Flexible Benefits are a Key to Better Employee Relations," *Personnel Journal* (January), pp. 47~55.

Cole, R. I. (1979). "Made in Japan: Quality Control Circles," *Across the Board*, 16, pp. 72~78.

Collins, J. C. (2001). *Good to Great*, NY: HarperCollins Publishers.

Collins, J. C. & Porras, J. I. (1994). *Built to Last: Successful Habits of Visionary Companies*, NY: Harper Business.

Combs, J., Liu Y., Hall, A., & Ketchen, D. (2006) "How Much Do High-performance Work Practices Matter? A Meta-analysis of Their Effects on Organizational Performance," *Personnel Psychology*, 59(3), pp. 501-528.

Conant, E. H. & Kilbridge, M. D. (1965). "An Interdisciplinary Analysis of Job Enlargement: Technology, Costs, and Behavioral Implications," *Industrial and Labor Relations Review* (April), pp. 381~395.

Conte, M. and Tannenbaum, A. (1980). *Employee Ownership*, Ann Arbor, MI: Univer-sity of Michigan, Survey Research Center.

Costa, J. D. (1998). *The Ethical Imperative, Reading*, MA: Addison-Wesley.

Costigan, J. & Schmeidler, M. (1984). "Exploring Supportive and Defensive Communica-tion Climates," *The 1984 Annual: Developing Human Resources*, San Diego, CA, pp. 112~118.

Costley, D. L. & Todd, R. (1987). *Human Relations in Organizations*, 3rd ed., St. Paul, MN: West Publishing Co..

Cothran, T. (1995). "Outsourcing on the Inside Track," *Training* (May), pp. 31~37.

Cowley, B. D., Keeping, L. M., & Levy, P. E. (1998). "Participation in the Performance Appraisal Process and Employee Reactions," *Journal of Applied Psychology*, 83 (3), pp. 615~663.

Coyne, W. E. (1997). "Vision Is the Engine That Drives Our Enterprise," in Rosabeth M. Kantor, J. Kao, & F. Wiersema, *Innovation*, NY: Harper Business, pp. 43~63.

Cummings, L. L., Schwab, D. S., & Rosen, M. (1971). "Performance and Knowledge of Results as Determinants of Goal Setting," *Journal of Applied Psychology* (December), pp. 526~530.

Cusmano, M. A. & Selby, R. W. (1995). *Microsoft Secrets*, NY: Free Press.

Cutcher-Gershenflied, J. (1991). "The Impact of Economic Performance of a Transformation in Workplace Relations," *Industrial and Labor Relations Review*, 44, pp. 241~260.

Dalla, C. J. (1998). *The Ethical Imperative*, Reading, MA: Addison-Wesley.

Davis, K. (1972). *Human Behavior at Work: Human Relations and Organizational Behavior*, 4th ed., NY: McGraw-Hill.

Deal, T. E. & Kennedy, A. A. (1999). *The New Corporate Culture*, Reading, MA: Perseus Books.

Derr, C. B. (1986). *Managing the New Careerists*, San Francisco: Jossey-Bass.

Digman, L. A. (1978). "How Well-Managed Organizations Develop Their Executives," *Organizational Dynamics* (Autumn), pp. 65~66.

Dogherty, P. & Stymme, B. (1974~1975). "Office Worker Participation in Organiza-tional Development: An Experiment in a Swedish Insurance Company," *Organization and Administrative Sciences* (Winter), pp. 55~71.

Donaldson, T. (1990). *Corporation and Morality*, 유장선(역), 「기업윤리」, 법문사.

Driscoll, J. W. (1979). "Working Creatively With a Union: Lessons from the Scanlon Plan," *Organizational Dynamics*, 8 (Summer), pp. 61~80.

Drucker, P. F. (1974). "New Templates for Today's Organizations," *Harvard Business Review*, 52 (1), pp. 45~53.

Dunlop, J. T. (1958). *Industrial Relations Systems*, Carbondale, IL: Southern Illinois University Press.

Dunn, W. S., Mount, M. K., Barrick, M. R., & Ones, D. S. (1995). "Relative Importance of Personality and General Mental Ability on Managers' Judgments of Applicant Qualifica-tions," *Journal of Applied Psychology*, 79, pp. 500~509.

Edwards, M. R. & Ewen, A. J. (1996). *Providing 360-Degree Feedback: An Approach to Enhancing Individual and Organizational Performance*, Scottsdale, AZ: American Compensation Association.

Embrey, W. R., Mondy, R. W., & Noc, R. M. (1979). "Exit Interview: A Tool for Personnel Development," *Personnel Administrator*, 24 (May), pp. 43~48.

Ewing, D. W. (1977). *Freedom Inside the Corporation*, NY: E. P. Dutton.

Ewing, J. C. (1989). "Gainsharing Plans: Two Key Factors," *Compensation and Benefits Review* (Jan.-Feb.), pp. 49~53.

Facteau, J. & Craig, S. (2001). "Are Performance Appraisal Ratings from Different Sources Comparable," *Journal of Applied Psychology*, 86, pp. 215~227.

Farh, J., Werbel, J. D., & Bedeian, A. G. (1988). "An Empirical Investigation of Self-Appraisal-Based Performance Evaluation," *Personnel Psychology*, 41(1), pp. 141~156.

Fayol, H. (1949). *General and Industrial Administration*, London: Sir Issac Pitman and Sons.

Fear, R. A. (1984). *The Evaluation Interview*, NY: McGraw-Hill.

Fein, M. (1973). "Work Measurement and Wage Incentives," *Industrial Engineering* (September), pp. 49~51.

Ference, T. P., Stoner, J. A. F., & Warren, E. K. (1977). "Managing the Career Plateau," *Management Review* (October), pp. 607~608.

Ferris, G. R., Rosen, S. D., & Bornum, D. T. (eds.) (1995). *Handbook for HRM*, Cambridge, MA: Blackwell.

Filipczak, B. (1996). "Who Owns Yours OJT?" *Training* (December), pp. 44~49.

Fitz-Enz, J. (1980). "Quantifying the Human Resources Function," *Personnel* (March-April), pp. 41~52.

Flamholtz, E. G. (1985). *Human Resource Accounting*, 2nd ed., San Francisco, CA: Jossey Bass.

Fleishman, E. A. (1992). *Fleishman Job Analysis Survey (F-JAS)*, Palo Alto, CA: Consulting Psychologists Press.

Fleishman, E. A. & Reilly. M. (1992). *Handbook of Human Abilities*, Palo Alto, CA: Consult-ing Psychologists Press.

Fleming, P. (1991). "Empowerment Strengthens the Rock," *Management Review* (Decem-ber), pp. 34~37.

Fletcher, C. and Kerslake, C. (1993). "Candidate Anxiety Level and Assessment Center Performance," *Journal of Managerial Psychology*, 8, pp. 19~23.

Florkowski, G. W. (1990). "Analyzing Group Incentive Plans," *HR Magazine* (January), pp. 36~39.

Florkowski, G. W. (1987). "The Organizational Impact of Profit Sharing," *Academy of Management Review* (October), pp. 622~636.

Fombrun, C., J., Tichy, N. M., & Devanna, M. A. (1984). *Strategic Human Resource Management*, NY: John Wiley & Sons.

Forbes (July 27, 1998), "Super Fifty," pp. 118~119.

Ford, R. N. (1973). "Job Enrichment Lessons from AT&T," *Harvard Business Review* (Jan.-Feb.), pp. 96~106.

Fortune (February or March 1998~2004). "America's Most Admired Companies."

Fortune (April 3, 1995). "Millionaires at Work," p. 20.

Fortune (March 8, 1993). "Searching for Integrity," p. 140.

Foulkes, F. F. (1980). *Personnel Policies of Large Nonunion Companies*, Englewood Cliffs, NJ: Pretice-Hall.

France, D. R. & Jarvis, R. A. (1996). "Quick Starts for New Employees," *Training and Development* (October), pp. 47~50.

Frankle, R. L., Priest, W. C., & Ashford, N. A. (1980). "Occupational Safety and Health: Report on Worker Perceptions," *Monthly Labor Review*, 103 (September), pp. 11~14.

Freeman, R. B. & Medoff, J. L. (1979). "The Two Faces of Unionism," *Public Interest*, 57 (Fall), pp. 69~93.

French, W. L. (1987). *The Personnel Management Process: Human Resource Administration and Development*, 6th ed., Boston, MA: Houghton-Mifflin Co.

French, W. L. & Bell, C. H. Jr. (1999). *Organizational Development: Behavioral Sience Interventions for Organization Improvement*, 6th ed., Upper Saddle Firer, NJ: Prentice-Hall.

French, W. L., Bell, C. L. Jr. & Zawacki, R. Λ. (2000). *Organization Development and Transformation*, NY: McGraw-Hill.

Friedman, M. (1970). "The Social Responsibility of Business Is to Increase Its Profits," *New York Times Magazine* (September 13), pp. 33, 122~126.

Frost, C., Wakeley, J. H., & Rue, R. A. (1974). *The Scanlon Plan for Organization Development: Identity, Participation, and Equity*. East Lansing, MI.: Michigan State University Press.

Fryer, B. (1997). "Home Work," *Working Woman* (April), pp. 59~60.

Fucini, J. J. & Fucini, S. (1990). *Working for the Japanese*, NY: The Free Press, pp. 49~65.

Fulmer, W. E. (1986). "How Do You Say 'You Are Fired'?" *Business Horizons* (Jan.-Feb.), pp. 30~33.

Fulmer, I. S., Gerhart, B., & Scott, K. S. (2003). "Are the 100 best better? An empirical investigation of the relationship between being a 'great place to work' and firm performance." *Personnel Psychology*, 56, 965-993.

Galagan, P. A. (1994). "Think Performance: A Conversation with Glovia Gery," *Training and Development* (March), pp. 47~51.

Galbraith, J. R. & Nathanson, D. (1978). Strategy Implementation: *The Role of Structure and Process*, pp. 133~136.

Ganger, R. E. (1989). "Computer-Based Training Improves Job Performances," *Personnel Journal* (June), pp. 116~123.

Garvin, D. A. & Klein, N. (1993). "A Note on a High-commitment Work Systems," Harvard Business School Press.

Gaugler, B. B., Rosenthal, D. B., & Thornton, G. C. (1987). "Meta-analysis of Assessment Center Validity," *Journal of Applied Psychology*, 72, pp. 493~511.

Geare, A. J. (1976). "Productivity From Scanlon-Type Plans," *Academy of Management Review*, 1(2), pp. 101~102.

Geber, B. (1995). "The Right and Wrong Ethics Offices," *Training* (October), pp. 103~109.

Gelb, B. D., 이학종 (1985). "사원 건강프로그램과 생산성," 「서강 Harvard Business」 (10~12월호), 75~78면.

Gerstner, L. V. (2002). *Who Says Elephants Can Dance?: Inside IBM Historic Turnaround*, NY: Harper Brothers.

Georgopoulos, B. S., Mahoney, G. M., & Jones, N. W. Jr. (1975). "A Path-Goal Approach to Productivity," *Journal of Applied Psychology* (December), pp. 345~346.

Ghoshal, S. & Bartlett, C. A. (1997). *The Individualized Corporation*, NY: Harper Business.

Gilliland, S. W. & Langdon, J. C. (1998). "Creating Performance Management Systems that Promote Perception of Fairness," in J. W. Smither(ed.), *Performance Appraisal: State of the Art in Practice*. San Francisco: Jossey-Bass.

Ginsberg, E. (1975). *The Manpower Connection, Education and Work*. Cambridge, MA: Harvard University Press.

Glacel, B. P. (1997). "Teamwork's Top Ten Lead to Quality," *Journal for Quality and Participation*, 20(1), pp. 12~15.

Glener, D. (1996). "The Promise of Internet-Based Training," *Training and Development* (September), pp. 57~58.

Glueck, W. F. (1982). *Personnel: A Diagnostic Approach*, 3rd ed., Dallas, TX: Business Publication.

Goldstein, I. L. (1974). *Training: Program Development and Evaluation, Monterey*. CA: Brooks/Cole Publishing, pp. 55~57.

Goldstein, I. L. (1986). *Training in Organizations: Needs Assessment, Development, and Evaluations*. 2nd ed., Monterey, CA: Brooks/Cole Publishing.

Gomez-Mejia, L. B. & Balkin, D. B. (1992). *Compensation, Organizational Strategy, and Firm Performance*. Cincinnati, OH: South-Western Publishing.

Gomez-Mejia, Balkin, D. B., & Gardy, R. L. (1994). *Human Resource Management*, 2nd ed., Upper Saddle River, NJ: Prentice-Hall.

Gouldner, A. W. (1957). "Cosmopolitans and Locals: Toward an Analysis of Latent Social Roles," *Administrative Science Quarterly*, 2(3), pp. 281~292.

Gratton, L. (2007). *Hot Spots: Why Some Teams, Workplaces, and Organizations Buzz with Energy and Others Don't*. San Francisco, CA: Berrett & Koehler. (「핫 스팟」, 2008, 조성숙 역, 21세기북스).

Greene, C. & Organ, D. (1973). "Role Ambiguity, Locus of Control, Role Dynamics, and Job Behavior," *Journal of Applied Psychology* (December), pp. 101~102.

Greengard, S. (1996). "Going Mobile," *Personnel Journal* (March), pp. 128~132.

Greengard, S. (1994). "Making the Virtual Office a Reality," *Personnel Journal* (September), pp. 66~79.

Greenwald, J. (1993). "A Growing Itch to Flight," *Time* (December 6), pp. 34~35.

Greenwood, S. (1995). "When HRMS Goes Global: Managing the Data Hiways," *Personnel Journal* (June), pp. 91~106.

Greiner, L. E. (1998). "Evolution and Revolution as Organizations Grow," *Harvard Business Review* (May-June), pp. 55~67.

Griffin, R. W. (1982). *Task Design: An Integrative Approach*, Glenview, IL., Scott Foreman.

Guest, D. E., Michie, J., Conway, N., & Sheehan, M. (2003) "Human resource management and corporate performance in the UK," *British Journal of Industrial Relations, 41*, pp. 291-314.

Gupta, U. (1996). "TV Seminars and CD-ROMs Train Workers," *The Wall Street Journal* (January 3), pp. B1, B6.

Guthrie, J. P. (2001) "High Involvement Work Practices, Turnover and Productivity: Evidence from New Zealand," *Academy of Management Journal, 44*, pp. 180-190.

Gyllenhammer, P. G. (1977). *People at Work*. Reading, MA: Addison-Wesley.

Hackman, J. R. & Oldham, G. R. (1976). "Motivation Through the Design of Work: Test of a Theory," *Organizational Behavior and Human Performance*, 16, pp. 230~279.

Hackman, J. R. & Oldham, G. R. (1980). *Work Redesign*. Reading, MA: Addison-Wesley.

Hackman, J. R., Oldham, G., Janson, R. & Purdy, K. (1975). "A New Strategy for Job Enrichment," *California Management Review*, 17(4), pp. 57~71.

Haeckel, S. A. (1999). *Adaptive Enterprise*. Boston: Harvard Business School Press.

Hall, D. T. (1996). "Protean Careers of The 21st Century," *Academy of Management Executive*, 11, pp. 8~16.

Hall, D. T. & Associates (1986). *Career Development and Organizations*. San Francisco: Jossey-Bass.

Hall, D. T. & Isabella, L. A. (1985). "Downward Movement and Career Develop-ment," *Organizational Dynamics*, 14, pp. 5~23.

Hamilton, J. O. (1996). "The New Workplace," *Business Week* (April 26), pp. 106~117.

Hamner, W. C. and Smith, F. J. (1978). "Work Attitudes as Predictors of Unionization Activity," *Journal of Applied Psychology*, pp. 415~421.

Hampden-Tuner, C. (1992). *Creating Corporate Culture, Reading*. MA: Addison-Wesley Publishing, pp. 78~124.

Hannum, W. (1995). "Putting the Distance into Distance Learning," *Training* (October), pp. 111~118.

Harbison, F. & Myers, C. A. (1959). *Management in Industrial World*. NY: McGraw-Hill.

Harrick, N.(1990). *Joint Management and Employee Participation*. San Francisco: Jossey-Bass Publishers.

Harris, S. (1984). "Hewlett Packard: Sharping the Corporate Culture," in Charles J. Fombrun, et al., *Strategic Human Resource Management*, NY: John Wiley and Sons. pp. 217~233.

Harris, T. (1969). *I'm OK-You're OK*, NY: Avon Books.

Harter, J. K., Schmidt, F. L., Hayes, T. L. (2002). "Business-Unit-Level Relationship Between Employee Satisfaction, Employee Engagement, and Business Outcomes: A Meta-Analysis," *Journal of Applied Psychology*, 87(2), pp. 268~270.

Harvey, R. J. (1991). "Job Analysis," in M. Dunnette and L. Hough(eds)., *Handbook of Industrial and Organizational Psychology*, 2nd ed., Palo Alto, CA: Consulting Psycholo-gists Press.

Hatcher, L. & Ross, T. L. (1991). "From Individual Incentives to an Organization-Wide Gainsharing Plan: Effects on Teamwork and Product Quality," *Journal of Organizational Behavior*, 12, pp. 169~183.

Heisler, W. J., Jones, W. D., & Benham, P. O. Jr. (1988). *Managing Human Resources Issues*. San Francisco: Jossey-Bass.

Heizer, J. (1976). "Transfer and Terminations as Staffing Options," *Academy of Manage-ment Journal* (March), pp. 115~120.

Helliker, K. & Ortega, B. (1996). "Failing Profit Marks End of Era at Wal-Mart," *Wall Street Journal* (January 18), p. B1.

Henderson, R. I. (1989). *Compensation Management: Rewarding Performance*. 5th ed., Englewood Cliffs, NJ: Prentice-Hall.

Heneman, H. G., Schwab, D. P., Fossum, J. A., & Dyer, L. D. (1980). *Personnel/Human Resource Management*. Homewood, IL: Richard D. Irwin.

Hequet, M. (1994). "How Telecommuting Transforms Work," *Training* (November), pp. 56~61.

Herman, E. F., Schwartz, J. L., & Kuhn, A. (1992). *Collective Bargaining and Labor Relations*. Englewood Cliffs, NJ: Prectice-Hall.

Herzberg, F. (1969). "Job Enrichment Pays Off," *Harvard Business Review*, 47(2), pp. 61~78.

Herzberg, F. (1968). "One More Time: How Do You Motivate Employees?," *Harvard Business Review*, 46(1), pp. 53~62.

Herzberg, F. (1966). *Work and the Nature of Man*. Cleveland, OH: The World Publishing, pp. 130~131.

Herzberg, F., Mausner, B., & Synderman, B. (1959). *The Motivation to Work*. NY: John Wiley & Sons.

Hill, A. W. (1976). "Career Development-Who Is Responsible?" *Training and Development Journal* (May), pp. 14~15.

Hinrichs, J. (1976). "Personnel Training," in M. D. Dunnette(ed.), *Handbook of Industrial and Orga-*

nizational Psychology, Skokie, IL: Rand McNally, p. 832.

Hofstede, G. (2001). *Culture's Consequences: Comparing Values, Behaviors, Institutions, and Organizations Across Nations*, 2nd ed., Thousanal Oaks, CA: Sage Publishing.

Hofstede, G. (1983). "The Cultural Relativity Organizational Practices and Theories," *Journal of International Business Studies* (Fall), pp. 75~89.

Holley, W. H. & Jennings, K. M. (1991). *Labor Relations Process.* 4th ed., Chicago: Dryden Press.

Hosmer, L. T. (1991). *The Ethics of Management.* Homewood, IL: Richard D. Irwin.

Huck, J. R. & Bray, D. W. (1976). "Management Assessment Center Evaluations and Subsequent Performances of White and Black Females," *Personnel Psychology* (Spring), pp. 13~15.

Hull, C. L. (1962). *A Behavioral System: An Introduction to Behavior Theory Concerning the Individual Organism.* New Haven, CT: Yale University Press.

Hunt, D. V. (1996). *Process Mapping: How to Reengineer Your Business Process.* NY: John Wiley & Sons.

Hunt, J. (1988). *The Law of the Workplace: Rights of Employers and Employees.* Edison, NJ: Bureau of National Affairs.

Hunter, J. & Hunter, R. (1984). "Validity and Utility of Alternative Predictors of Job Performance," *Psychological Bulletin*, 96, pp. 72~98.

Hurst, R. R. (1996). "Video Interviewing," *HR Magazine* (November), pp. 101~104.

Hurtz, G. & Donovan, J. (2000). "Personality and Job Performance: The Big Five Revisited," *Journal of Applied Psychology*, 85, pp. 869~879.

Huselid, M. A. (1995) "The Impact of Human Resource Management Practices on Turnover, Productivity, and Corporate Financial Performance," *Academy of Management Journal, 38*, pp. 635-672.

Huselid, M. A., & Becker, B. E. (1996) "Methodological issues in cross-sectional and panel estimates of the human resource-firm performance link." *Industrial Relations, 35*, pp. 400-422.

Huselid, M. A., & Becker, B. E. (2000) "Comment on measurement error in research on human resources and firm performance: How much error is there and how does it influence effect size estimates?" *Personnel Psychology, 53*, pp. 835-854.

Iaffaldano, M. R. & Muchinsky, P. M. (1985). "Job Satisfaction and Job Performance: A Meta-Analysis," *Psychological Bulletin*, 97, pp. 251~273.

Iles, P. A. & Robertson, I. T. (1989). "The Impact of Personnel Selection Procedures on Candidates," in P. Harriott(ed.), *Assessment and Selection in Organizations.* NY: John Wiley & Sons.

Institute for Management Development (1999~2004). *World Competitiveness Year Book.* Lausanne, Switzerland: IMD.

Ivancevich, J. M., Matteson, M. T., Freedman, S. M., & Phillips, J. F. (1990). "Work-site Stress Management Interventions," *American Psychologist*, 45(2), pp. 252~261.

Ivancevich, J. M., Matteson, M. T., & Richard, E. P. Ⅲ(1985). "Who's Liable for Stress on the Job?"

Harvard Business Review (March-April), pp. 60~72.

Jackson, S. E. & Schuler, R. S. (2003). *Managing Human Resources Through Strategic Partnerships.* 8th ed., Mason, OH: Southwestern.

Jacob, R. (1994). "Why Some Customers Are More Equal Than Others," *Fortune* (September 19), pp. 215~224.

Jacobson, G. & Millkirk, J. (1987). *Xerox: American Samurai.* NY: Collier Book.

Jansen, P. G. W. & Stoop, B. A. M. (2001). "The Dynamics of Assessment Center Validity: Results of a Seven-Year Study," *Journal of Applied Psychology,* 86, pp. 741~753.

Janz, T., Hellervik, J. & Gilmore, D. (1986). *Behavior Description Interviewing.* Boston: Allyn and Bacon.

Jaques, E. (1963). *Equitable Payment.* NY: John Wiley & Sons.

Jeffery, N. A. (1996). "Disability Claims Mirror Rising Job Cuts," *Wall Street Journal* (November 21), p. A2.

Jennings, E. (1967). *The Mobile Manager.* Ann Arbor, MI: University of Michigan.

Jones, D. F. (1984). "Developing a New Employee Orientation Program," *Personnel Journal* (March), pp. 86~87.

Jones, M. O. (1985). "Is Ethics the Issue?" in P. J. Frost et al. (eds), *Organizational Culture.* Beverly Hills, CA: Sage Publications, pp. 236~252.

Judge, T. A., Thoresen, C. J., Bono, J. E., & Patton, G. K. (2001). "The Job Satisfaction-Job Performance Relationship: A Qualitative and Quantitative Review," *Psychological Bulletin,* 127(3), pp. 376~407.

Kane, J. S. & Lawler, E. E. Ⅲ (1978). "Method of Peer Assessment," *Psychological Bulletin,* 85(May), p. 557.

Kane, J. S. & Lawler, E.E. Ⅲ (1979). "Performance Appraisal Effectiveness: Its Assessment and Determinants," in Barry M. Staw (ed.), *Research in Organizational Behavior,* 1, Greewich, Conn.: JAI Press, p. 458.

Kanter, R. M. (1987). "The Attack on Pay," *Harvard Business Review* (March-April), pp. 60~67.

Katz, D. & Kahn, R. L. (1966). *The Social Psychology of Organizations,* NY: John Wiley & Sons.

Katzell, R. A., Thompson, D. E., & Guzzo, R. A. (1992). "How Job Satisfaction and Job Performance Are and Are Not Linked," in C. J. Cranny, P. C. Smith, & E. F. Stone, *Job Satisfaction.* NY: Lexington Books, pp. 193~214.

Kaufman, R. T. (1992). "The effects of Improshare on Productivity," *Industrial and Labor Relations Review,* 45(2), 311~322.

Kavanaugh, M. J., Guetal, H. G., & Tannenbaum, S. I. (1990). *Human Resource Information Systems: Development and Applications.* Boston: PWS-Kent.

Katzenbach, J. R., (2000). *Peak Performance: Aligning the Hearts and Minds of Your Employees.*

Boston, MA: Harvard Business School Press.

Kay, I. T., Lawson, G. M., & Lerner, D. (1994). "Executive Pay Under Attack," *HR Magazine* (June), pp. 93~97.

Kearns, D. T. & Nadler, D. A. (1992). *Prophets in the Dark.* NY: Harper Business.

Keller, M. (1989). *Rude Awakening: The Rise, Fall, and Struggle for Recovery of General Motors.* NY: William Morrow.

Kelley, R. E. (1998). "In Praise of Followers," *Harvard Business Review* (November-Decem-ber), pp. 142~147.

Kelly, J. (1997). "Get a Grip on Stress," *HR Magazine* (February), pp. 51~55.

Kiel, E. C. (1980). *Assessment Centers: A Guide for Human Resource Management, Reading.* MA: Addison-Wesley.

Kim, J. S. & Hamner, W. C. (1976). "Effect of Performance Feedback and Goal Setting on Productivity and Satisfaction in an Organizational Setting," *Journal of Applied Psychology,* 61(1), pp. 48~56.

Kimbark, W. J. & Starcke, A. M. (1997). "A Powerful and Flexible Recruiting Tool," *HR Magazine* (September), pp. 47~50.

Kirchner, W. K. & Reisberg, D. J. (1962). "Differences Between Better and Less Effective Supervisors in Appraisal of Subordinates," *Personnel Psychology,* 15 (Autumn), pp. 295~302.

Kirk, D. (1994). *Korean Dynasty: Hyundai and Chung Ju Yung,* Armonk, NY: M.E. Sharpe.

Kirkpatrick, D. L. (1998). *Evaluating Training Programs.* 2nd edition, San Francisco, CA: Berrett-Koehler Publishers, Inc.

Klaas, B. S. & Wheeler, H. N. (1990). "Managing Decision-Making About Employee Discipline," *Personnel Psychology,* 43(1), pp. 117~134.

Kochan, T. A. (1979). "How American Workers View Labor Unions," *Monthly Labor Reveiw* (April), pp. 23~31.

Kochan, T. A., & Osterman, P. (1994) *The Mutual Gains Enterprise: Forging a Winning Partnership among Labor, Management, and Government,* Boston, MA, Harvard Business School Press.

Koehle, D. (1997). "HRD Executives Forecast Tremendous Growth of Learning Technologies," in *National of Human Resources* (November-December), Alexandria, VA: American Society of Training and Development.

Koons, P. F. (1991). "Getting Comfortable with TQM," *Bureaucrat,* 20(2), pp. 35~38.

Koretz, G. (1998). "Overtime versus New Factories," *Business Week* (May 4), p. 34.

Kornhauser, A. (1985). *Mental Health of the Industrial Worker.* NY: John Wiley and Sons.

Kotter, J. P. (1996). *Leading Change,* NY: Free Press. (『기업이 원하는 변화의 리더』, 1999, 한정곤 역, 김영사)

Kotter, J. P. (1999). *Matsushita Leadership,* NY: Free Press.

Kotter, J. P. & Heskett, J. L. (1991). *Corporate Culture and Performance.* NY: Free Press.

Kravetz, D. J. (1988). *The Human Resources Revolution*, San Francisco: Jossey-Bass.

Labate, J. (1993). "Deal Those Workers In," *Fortune* (April 19), p. 63.

Ladenson, R. R. (1996). *Ethics in the American Workplace: Policies and Decisions*, Horsham, PA: LRP Publications.

Latham, G. P. & Saari, L. M. (1979). "Application of Social Learning Theory to Training Supervisors Through Behavior Modeling," *Journal of Applied Psychology*, 64, pp. 239~246.

Latham, G. P. & Saari, L. M. (1979). "Importance of Supportive Relationships in Goal Setting," *Journal of Applied Psychology*, 64 (April), pp. 151~156.

Latham, G. P., Saari, L. A., Pursell, E. D., & Campion, M. A. (1986). "The Situational Interview," *Journal of Applied Psychology* (August), pp. 422~427.

Latham, G. P. & Wexley, K. N. (1981). *Increasing Productivity through Performance Appraisal*. Reading, MA: Addison-Wesley Publishing.

Lawler, E. E. Ⅲ (1986). *High Involvement Management*. San Francisco: Jossey-Bass Publishers.

Lawler, E. E. Ⅲ (1966). "The Mythology of Management Compensation," *California Management Review*, 9 (Fall), pp. 11~22.

Lawler, E. E. Ⅲ (1981). *Pay and Organizational Development*. Reading, MA: Addison-Wesley Publishing, pp. 40~50.

Lawler, E. E. III & Mohrman, S. A. (1998). "Unions and the New Management," *Academy of Management Review*, 13(4), pp. 639~652.

Lawler, E. E. Ⅲ and Porter, L. W. (1977). "The Effect of Performance on Job Satisfaction," *Industrial Relations* (October), pp. 20~28.

Lawshe, C. H. (1985). "Inferences from Personnel Tests and Their Validity," *Journal of Applied Psychology*, 70, pp. 237~238

Lee, C. (1996). "Performance Appraisal: Can We Manage Away the Course," *Training* (May), pp. 44~49.

Lee, H. (1975). "Communication: An Alternative to Job Enrichment," *Personnel Administrator* (October), pp. 20~25.

Lee, H. (1993). "Management Education in Korea," in T. K. Park and R. Wilkinson (eds.), *Industrial Policy in Korea and EU*. Seoul: Yonsei University Institute of East-West Studies, pp. 143~162.

Lee, H. (1998~99). "Transformation of Employment Practices in Korean Business," in D. S. Cho (ed.), *International Studies of Management and Organization*, Armonk, NY: M. E. Sharpe, pp. 26~39.

Lefkowitz, J. & Katz, M. (1969). "Validity of Exit Interviews," *Personnel Psychology*, 22. pp. 445~455.

Leibowitz, Z. B. & Schlossberg, N. K. (1981). "Training Managers for Their Role in a Career Development System," *Training and Development Journal* (July), pp. 72~79.

Leibowitz, Z. B., Farren, C., & Kaye, B. L. (1986). *Designing Career Develop-ment Systems*, San Francisco, CA: Jossey-Bass, pp. 40~42.

Lengnick-Hall, C. A. & Lengnick-Hall, M. (1988). "Strategic Human Resource Manage-ment: A Review of the Literature and a Proposed Typology," *Academy of Management Review*, 13, pp. 454~470.

Lepak, D. P., & Snell, S. A. (1999). "The human resource architecture: Toward a theory of human capital allocation and development." *Academy of Management Review, 24*, pp. 31-48.

LePine, J. A., Colquitt, J. A., & Erez, A. (2000). "Adaptability to Changing Task Contexts: Effects of General Cognitive Ability, Conscientiousness, and Openness to Experience," *Personnel Psychology*, 53, pp. 563~593.

Lesieur, F. G. (1975). *The Scanlon Plan: A Frontier in Labor-Management Cooperation*, Cambridge, MA: MIT Press.

Levine, H. Z. (1992). "The View from the Board: The State of Compensation and Benefit Today," *Compensation and Benefits Review*, 24 (March), pp. 22~30.

Lewin, K. (1947). "Frontiers in Group Dynamics," *Human Relations*, 1, pp. 5~41.

Likert, R. (1967). *The Human Organization*, NY: McGraw-Hill.

Likert, R. (1973). "Human Resource Accounting: Building and Assessing Productive Organizations," *Personnel* (May-June), pp. 8~24.

Locher, A. H. & Teel, K. A. (1988). "Appraisal Trends," *Personnel Journal* (Septem-ber), pp. 138~145.

Locke, E. A. & Latham, G. P. (1984). *Goal Setting: A Motivational Technique that Works*, Englewood Cliffs, NJ: Prentice Hall.

Locke, E. A. (1968). "Toward a Theory of Task Performance and Incentives," *Organizational Behavior and Human Performance*, 7 (May), pp. 157~189.

Loeb, M. (1994). "Where Leaders Come From," *Fortune* (September 19), pp. 241~242.

London, M. (1988). *Change Agents*, San Francisco: Jossey-Bass Publishers.

London, M. & Oldham, G. (1977). "A Comparison of Group and Individual Incen-tive Plans," *Academy of Management Journal*, 20(1), pp. 34~41.

Loomis, C. (May 3, 1993). "Dinasours?" *Fortune*, pp. 36~42.

Losee, S. (1994). "Your Company's Most Valuable Assets: Intellectual Capital," *Fortune* (October 3), pp. 68~74.

Luckhardt, C. G. (1992). "Duties of Agent to Principal," in Milton Snoeyenbos et al., (eds.) *Business Ethics*. Buffalo, NY: Prometheus Books, pp. 107~114.

Luthans, F. & Kreitner, R. (1985). *Organizational Behavior Modification and Beyond: An Operant and Social Learning Approach*, Glenview, IL: Scott, Foresman, p. 125.

Luthans, F. & Martinko, M. (1976). "An Organizational Behavior Modification Analysis for Absentee-ism," *Human Resource Management* (Fall), pp. 11~18.

Lyons, T. (1972). "Turnover and Absenteeism: A Review of Relationships and Shared Correlates,"

Personnel Psychology (June), pp. 271~281.

Mabey, C. & Salaman, G. (1995). *Strategic Human Resource Management*, Oxford, England: Blackwell Publishers.

Magnusen, K. O. & Kroeck, K. G. (1995). "Video Conferencing Maximizes Recruiting," *HR Magazine* (August), pp. 70~72.

Major, D. A., Kozlowski, S. W. J., Chaos, G. T., & Gardner, P. D. (1995). "A Longitudinal Investigation of Newcomer Expectations, Early Socialization Outcomes, and the Moderating Effect of Rule Development Factors," *Journal of Applied Psychology*, 80, pp. 418~431.

Manfred, F. R., Vries, K., & Miller, D. (1984). *The Neurotic Organization*, San Francisco: Jossey-Bass.

Mangan, J. F. (1991). "Hazard Communications: Safety in Knowledge," *Best's Review*, 92, pp. 84~88.

Manz, C. & Sims, H. (1987). "Leading Workers to Lead Themselves: The External Leadership of Self-Managing Work Teams," *Administrative Science Quarterly* (March), pp. 106~129.

Margulis, N. & Black, S. (1987). "Perspectives on the Implementation of Participative Approaches, *Human Resources Management*, 26(3), pp. 385~390.

Marrow, A. J. (1964). *Behind the Executive Mask*, NY: American Management Association.

Marsh, T. & McAlister, D. (1981). "ESOP's Tables," *Journal of Corporate Law* (Spring), p. 612.

Marsland, S. & Beer, M. (1983). "The Evolution of Japanese Management: Lessons for U.S. Managers," *Organizational Dynamics* (Winter), pp. 56~60.

Martinez, M. N. (1997). "Rewards Given the Right Way," *HR Magazine* (May), pp. 109~116.

Maskal, B. S. (1980). "More Flexibility in Benefit Plans," *Industry Week* (July 7), pp. 108~116.

Maslow, A. H. (1954). *Motivation and Personality*, NY: Harper and Row, Publishers.

Maslow, A. H. (1943). "The Theory of Motivation," *Psychological Review* (July), pp. 370~396.

Mathieu & Day (1997). "Assessing processes within and between organizational teams: A Nuclear Power Plant example." In Brannick, Salas, & Prince (Eds.) *Team Performance Assessment and Measurement: Theory, Methods, and Applications*. LEA.

Mathis, R. L. & Jackson, J. H. (1985). *Personnel/Human Resource Management*, St. Paul, MN, West Publishing.

Matteson, M. T. & Ivancevich, J. M. (1987). *Controlling Work Stress: Effective Human Resource and Management Strategies*, San Francisco: Jossey-Bass.

Maurer, T. J., Raju, N. S., & Collins, W. C. (1998). "Peer and Subordinate Performance Appraisal Measurement Equivalence," *Journal of Applied Psychology*, 83, pp. 693~ 702.

Mayo, E. (1933). *Human Problems of an Industrial Civilization*, Cambridge, MA: Havard University Press.

McCarthy, M. J. (1998). "Handwriting Analysis as Personnel Tool," *Wall Street Journal* (August), p. 17.

McClelland, D. C. (1962). "Business Drive and National Achievement," *Harvard Business Review*

(July-Aug), pp. 99~112.

McClelland, D. C. (1966). "That Urge to Achieve," *Think* (Nov.-Dec.), pp. 19~23.

McCormick, E. J. (1979). *Job Analysis: Methods and Applications*, NY: AMACOM.

McCormick, E. J. & Ilgen, D. R. (1980). *Industrial Psychology*, 7th ed., Englewood Cliffs, NJ: Prentice-Hall.

McEvoy, G. M. (1988). "Evaluating the Boss," *Personnel Administrator, 33*, no. 9 (Sep-tember), pp. 115~120.

McGregor, D. (1957). "The Human Side of Enterprise," *Management Review* (Nov.-Dec.), pp. 25~32.

McGregor, D. (1960). *The Human Side of Enterprise*, NY: McGraw-Hill.

McNair, M. P. (1957). "Thinking Ahead: What Price Human Relation," *Harvard Business Review*, 35(2), pp. 15~26.

McShulskis, E. (1996). "Teamwork Can Lead to Higher Wages," *HR Magazine* (July), pp. 5~10.

Meckel, N. T. (1981). "The Manager as Career Counselor," *Training and Development Journal* (July), pp. 65~69.

Megginson, Leon C. (1972). *Personnel: A Behavioral Approach to Administration*, rev. ed., Homewood, IL.: Richard D. Irwin.

Meier, N. R. F. & Verser, G. C. (1982). *Psychology in Industrial Organizations*, 5th ed., Houghton-Mifflin.

Merchant, K. A. (1989). *Rewarding Results*, Boston: Harvard Business School Press.

Meyer, H. H. & Raich, M. S. (1983). "An Objective Evaluation of a Behavior-Model-ing Training Program," *Personnel Psychology*, 36(4), pp. 755~761.

Mikalachki, A. (1975). "The Effects of Job Design in Turnover, Absenteeism and Health," *Industrial Relations* (August), pp. 383~394.

Miles, M. B. (1983). "Ethical Issues in OD Intervention," in W. L. French et al. (eds.), *Organizational Development: Theory, Practice, and Research*, Plano, TX: Business Publications.

Miles, R. E. (1965). "Human Relations or Human Resources?," *Harvard Business Review* (July-Aug), pp. 148~163.

Miles, R. & Snow, C. (1978). *Organization strategy, structure, and process*. New York: McGraw-Hill.

Miles, R. & Snow, C. (1984). "Designing Strategic Human Resource System," *Organizational Dynamics* (Summer), pp. 36~52.

Miles, R. E., Snow, C., Meyer, A., & Coleman, A. (1978). "Organizational Strategy, Structure, and Process," *Academy of Management Review* (July), pp. 546~562.

Milkovich, G. T, & Newman, J. M. (1990). *Compensation*, 3rd ed., Plano, TX: Business Publications.

Millard, C. W., Luthans, F. & Otteman, R. L. (1976). "A New Breakthrough for Performance Appraisal," *Business Horizons*, 19, pp. 66~73.

Miner, John B. & Miner, Mary Green(1985). *Personnel and Industrial Relation: A Management Approach*, 4th ed., NY: Macmillan.

Mishel, L. & Voos, P. (1991). *Unions and Economic Competitiveness*, Armonk, NY: M. E. Sharpe.

Mohrman, A. M. Jr., Resnick-West, S. M. & Lawler, E. E. Ⅲ(1988). *Designing Performance Appraisal System*, San Francisco: Jossey-Bass.

Mondy, R. W., Noe, R. M., & Premeaux, S. R. (1999). *Hunan Resource Management*, Upper Saddle River, NJ: Prentice-Hall.

Moore, B. E. & Ross, T. (1978). *The Scanlon Way to Improved Productivity*, NY: Wiley-Interscience.

Moore, Thomas(1987). "Personality Tests Are Back," Fortune (March), pp. 74~82.

Morgan, L. & Herman, J. (1976). "Perceived Consequences of Absenteeism," *Journal of Applied Psychology*, pp. 738~742.

Morgeson, F. P. & Campion, M. A. (2000). "Accuracy in Job Analysis: Toward an Inference-Based Model," *Journal of Organizational Behavior*, 21, pp. 819~827.

Morgeson, F. P. & Campion, M. A. (1997). "Social and Cognitive Sources of Potential Inaccuracy in Job Analysis," *Journal of Applied Psychology*, 82, pp. 627~655.

Morrison, E. W. (1993). "Longitudinal Study of the Effects of Information Seeking on New-comer Socialization," *Journal of Applied Psychology*, 78, pp. 342~453.

Morrison, R. F. & Brantner, T. M. (1992). "What Enhances or Inhibits Learning a New Job? A Basic Career Issue," *Journal of Applied Psychology*, 77, pp. 926~940.

Moskowitz, M. J. (1977). "Hugo Munsterberg; A Study in History of Applied Psychology," American Psychologist(October).

Mumford, M. D. & Peterson, N. G. (1999). "The O*NET Content Model: Structural Considerations in Describing the Jobs," in N. G. Peterson et al. (eds.), *An Occupational Information System for the 21st Century.*

Munsterberg, Hugo(1913). *Psychology and Industrial Efficiency*, Boston: Houghton-Mifflin Co.

Myers, M. S. (1970). *Every Employee a Manager*, NY: McGraw-Hill.

Myers, M. S. (1976). *Managing Without Unions*, Reading, MA: Addison-Wesley Publi-shing.

Nadler, D. A., & Gerstein, M. S. (1992). "Designing High-Performance Work Systems: Organizing people, work, technology, and information." In Nadler, D. A., Gerstein, M. S., Shaw, R. B. & Associates (Eds.) *Organizational Architecture*, Jossey-Bass. Ch. 5.

Nadler, D. A. (1977). *Feedback and Organization Development: Using Data-Based Methods, Reading*, MA: Addison-Wesley.

Nadler, D. A., & Gerstein, M. S. (1992). "Designing High-Performance Work Systems: Organizing people, work, technology, and information." In Nadler, D. A., Gerstein, M. S., Shaw, R. B. & Associates (Eds.) *Organizational Architecture*, Jossey-Bass. Ch. 5.

Nadler, D. A. & Lawler, E. E. Ⅲ(1977). "Motivation: A Diagnostic Approach," in J. Richard Hackman, Edward E. Lawler Ⅲ, & Lyman W. Porter, *Perspectives on Behavior in Organizations*, NY: McGraw-Hill.

Nadler, D. A. & Lawler, E. E. Ⅲ (1983). "Quality of Work Life: Perspectives and Directions," *Organizational Dynamics* (Winter), pp. 20~30.

Nadler, D. A. & Tushman, M. L. (1993). "Organizational Frame Bending: Principles for Managing Reorientation," in Todd D. Jick, *Managing Change*, Homewood, IL: Richard D. Irwin.

Nadler, L. (1985). "Recognition of Non-Collegiate Learning Experiences," *Training and Development Journal* (July), pp. 8~11.

Nash, A. N. & Carroll, S. J. Jr. (1975). *The Management of Compensation*, Monterey, CA: Brooks/Cole Publishing.

Nash, L. L. (1990). *Good Intentions Set Aside: A Manager's Guide to Resolving Ethical Problems*, Boston: Harvard Business School Press.

Neff, R. (1994). "Tradition Be Damned," *Business Week* (October 31), pp. 108~110.

Newman, J. (1974). "Predicting Absenteeism and Turnover," *Journal of Applied Psychology*, pp. 610~615.

Nickel, J. E. & O'Neal, S. (1990). "Small Group Incentives," *Compensation and Benefit Review* (March-April), pp. 22~29.

Noe, R. A., Hollenbeck, J. R., Gerhart, B., & Wright, P. M. (2004). *Fundamentals of Human Resource Management*, NY: McGraw-Hill.

Noe, R. A., Hollenbeck, J. R., Gerhart, B., & Wright, P. M. (2010). *Human Resource Management: Gaining a Competitive Advantage*, 7th. ed., NY: McGraw-Hill.

Noe, R. A. & Steffy, A. E. (1988). "An Investigation of the Factors Influencing Employee Willingness to Accept Mobility Opportunities," *Personnel Psychology*, 41, pp. 559~580.

Nord, W. (1970). "Improving Attendance Through Rewards," *Personnel Administration* (Nov.-Dec.), pp. 37~41.

O'Boyle, T. F. (1990). "Fear and Stress in the Office Toll," *Wall Street Journal* (November 6), pp. B1.

O'Connel, S. E. (1996). "Technology in the Employment Office," *HR Magazine* (August), pp. 31~35.

Odiorne, G. S. (1986). *MBO II*, Belmont, CA: Fearon Pitman.

Odiorne, G. S. (1984). *Strategic Management of Human Resource*, San Francisco: Jossey- Bass Publishers.

Ones, D. S., Viswesvaran, C., & Schmidt, F. L. (1993). "Comprehensive Meta-Analysis of Integrity Test Validities: Findings and Implications for Personnel Selection and Theories of Job Performance," *Journal of Applied Psychology*, 79, pp. 679~703.

O'Reilly, C. A. & Pfeffer, J. (2000). *Hidden Value*. Boston, MT: Harvard Business School Press. (『숨겨진 힘-사람』, 김병두 역)

Osborne, M. (1992). "Workers Stretched to Their Limit," *USA Today* (September 8), pp. 1~2.

Osterman, Paul(1991). "Impact of IT on Jobs and Skills," in Michael Scott Morton(ed.), *The Corporations of the 1990s: Information Technology and Organizational Transformation*, NY: Oxford University Press, pp. 220~243.

Ostroff, C. (1992). "The Relationship Between Satisfaction, Attitudes, and Performance. An Organization Level Analysis," *Journal of Applied Psychology*, 77, pp. 963~997.

Ostroff, C. & Kozlowski, S. W. (1992). "Organizational Socialization as the Learning Process: The Role of Information Acquisition," *Personnel Psychology*, 45, pp. 849~ 874.

Ostroff, F. (1999). *The Horizontal Organization*, NY: Oxford University Press.

Ouchi, W. (1981). *Theory Z*, Reading, MA: Addison-Wesley Publishing.

Overman, S. (1989). "Nissan Sees Union's Loss as Management Style's Win," *Resource* (September), p. 1.

Ovwall, B. & Liblin, J. S. (1997). "Plutocracy," *Wall Street Journal* (February 24), pp. A1, A8.

Owen, R. (1837). *Six Lectures Delivered in Manchester*, Manchester, England: A. Heywood.

Packard, D. (1995). *The HP Way*, NY: Harper Business.

Parry, S. B. (1993). "How to Validate an Assessment Tool," *Training* (April), pp. 37~42.

Pascale, R. T. (1984). "Fitting New Employees into the Company Culture," *Fortune* (May 28), pp. 62~69.

Pascale, R. T. (1990). *Managing on the Edge*, NY: Simon and Schuster.

Pascale, R. T. & Athos, A. G. (1981). *The Art of Japanese Management*, NY: Penguin Books.

Pascale, R. T. (1984). "Fitting New Employees into the Company Culture," *Fortune* (May), pp. 62~69.

Patton, A. (1972). "Why Incentive Plans Fail," *Harvard Business Review* (May-June), pp. 58~66.

Patton, T. (1977). *Pay*, Chicago: Glencoe Press.

Paulsen, K. (1991). "Lessons Learned from Gainsharing," *HR Magazine* (April), pp. 70~74.

Pearson, A. E. (1987). "Muscle Build the Organization," *Harvard Business Review* (July-August), pp. 49~55.

Peck, C. A. (1984). "Pay and performance: The interaction of compensation and performance appraisal." *Research Bulletin*, 155, NY: Conference Board.

Pedalino, E. and Gamboa, V. (1974). "Behavior Modification and Absenteeism," *Journal of Applied Psychology*, pp. 694~698.

Perman, S. (1997). "The Man Who Know the Formula," *Time* (October 27), pp. 101~103.

Perrow, C. (1967). "A Framework for the Comparative Analysis of Organizations," *American Sociological Review* (April), pp. 194~208.

Perziosi, R. (1980). "Organizational Diagnosis Questionnaire," in J. Pfeiffer and J. Jones(eds.), *The 1981 Annual Handbook for Group Facilitators*, San Diego, CA: University Associates, pp.

112~120.

Peter, L. J. & Hall. R. (1979). *The Peter Principle*, NY: Bantam Books.

Peters, T. J. (1994). *The Tom Peters Seminar*, NY: Vintage Books.

Peters, T. J. & Waterman, R. H. Jr. (1982). *In Search of Excellence*, NY: Harper and Row.

Peterson, N. G., Mumford, M. D., Borman, W. C., Jeanneret, P. R., Fleishman, E. A., Levin, K. Y., Campion, M. A., Mayfield, F. P., Morgenson, F. P., Pearlman, K., Gowing, M. K., & Lancaster, A. R. (2001). "Understanding Work Using the Occupational Information Network(O*NET): Implications for Practice and Research," *Personnel Psychology*, 54, pp. 451~492.

Peterson, R. B. (1976). "Swedish Experiments on Job Reform," *Business Horizons* (June), pp. 76~95.

Peterson, R. B. & Tracy, L. (1979). *Systematic Management of Human Resources, Reading*, MA: Addison-Wesley Publishing.

Pfeffer, J. (1994). *Competitive Advantage Through People*, Boston, MA: Harvard Business School Press.

Pfeffer, J. (1998). *The Human Equation: Building Profits by Putting People First*, Boston: Harvard Business School Press.

Piccolino, E. B. (1988). "Outplacement: The View From HR," *Personnel* (March), pp. 24~27.

Pigors, P. & M. C. A. (1981). *Personnel Administration: A Point of View and a Method*, 9th ed., NY: McGraw-Hill.

Pinchot, G. & Pinchot, E. (1993). *The End of Bureaucracy and the Rise of Intelligent Organization*, San Francisco: Berrett Koehler Publishers.

Piskurich, G. M. (1994). "Developing Self-Directed Learning," *Training and Development* (March), pp. 31~36.

Pitts, R. (1977). "Unshackle Your Comers," *Harvard Business Review* (May-June), pp. 127~136.

Pizam, A. (1974). "Some Correlates of Innovation Within Industrial Suggestion Systems," *Personnel Psychology*, 27, pp. 63~76.

Plachy, R. J. (1987). "Writing Job Descriptions That Get Results," *Personnel* (October), pp. 56~63.

Political and Economic Risk Consulting(1999). "Corruption in Asia in 1999," *Asian Intelligence Issue #531* (March 23), Internet data.

Pollack. C. & Masters, B. (1997). "Using Internet Technologies to Enhance Training," *Performance Improvement* (February), pp. 28~31.

Poole, M. & Warner, M.(eds.), (1998), *The IEBM Handbook of Human Resource Management*.

Porter, L. W. & Lawler, E. E. Ⅲ (1968). *Managerial Attitudes and Performance*, Homewood, IL: Richard D. Irwin.

Porter, M. (1985). *Competitive Advantage*, NY: Free Press.

Preble, J. F. (1985). "Selection of Delphi for Strategic Planning Purposes," *Strategic Management*

Journal (April-June), pp. 157~170.

Prichard, R. D., Roth, P. L., Roth, P. G., Watson, M. D., & Jones, S. D. (1989). "Incentive Systems: Success by Design," *Personnel* (May), p. 66.

Prinhoff, E. (1975). *How to Prepare and Conduct Job Element Examinations*, Washington, D. C.: U.S. Government Printing Office.

Puckett, E. S. (1975). "Productivity Achievement: A Measure of Success," in Frederick G. Lesieur(ed.), *The Scanlon Plan: A Frontier in Labor Management Cooperation*, Cambridge, MA. MIT Press, pp. 115~137.

Pursell, E. D., Campion, M. A., & Gaylord, S. R. (1980). "Structural Interviewing: Avoiding Selection Problems," *Personnel Journal* (November), pp. 905~910.

Quinn, D. P., & Rivoli, P. (1991). "The effects of American- and Japanese-style employment and compensation practices on innovation." *Organization Science, 2*, pp. 323-341.

Randolph, A. B. (1981). "Managerial Career Coaching," *Training and Development Journal* (July), pp. 54~55.

Rasiel, E. M. (1999). *The McKinsey Way*, NY: McGraw-Hill.

Redding, S. G. & Martyn-Johns, T. A. (1979). "Paradigm: Differences and Their Relation to Management, with Reference to Southeast Asia," in G. A. England, A. R. Negandhi, & B. Wilpert(eds)., *Organizational Functioning in Cross-cultural Perspective*, Kent, OH: Kent State University Press.

Ree, M. J., Earles, J. A., & Teachout, M. S. (1994). "Predicting Job Performance: Not Much More Than g," *Journal of Applied Psychology*, 79, pp. 518~524.

Reingold, J. (2000). "Executive Pay," *Business Week* (April 17), pp. 100~113.

Reitz, J. H. (1977). *Behavior in Organizations*, Homewood, IL: Richard D. Irwin.

Reynolds, L. G. (1982). *Labor Economics and Labor Relations*, 8th ed. Englewood Cliffs, NJ: Prentice-Hall.

Richardson, S. A., Dohrenwend, B. S., & Klein, D. (1965). *Interviewing: Its Forms and Functions*, NY: Basic Books, pp. 138~170.

Richter, A. S. (1998). "Paying the People in Black at Big Blue," *Compensation and Benefits* (May-June), pp. 51~59.

Risher, H. W. (1989). "Job Evaluation: Validity and Reliability," *Compensation and Benefit Review* (Jan.-Feb.), pp. 32~33.

Roberts, M. & Harris, G. T. (1989). "Wellness at Work," *Psychology Today* (May), pp. 54~58.

Rodgers, F. G. (1986). *The IBM Way*, NY: Harper and Row.

Rodgers, R. & Hunter, J. (1991). "Impact of Management by Objectives on Organizational Productivity," *Journal of Applied Psychology,* 76, pp. 322~326.

Roethlisberger, F. J. & Dickson, W. J. (1939). *Management and the Worker, Cambridge*, MA: Harvard University Press.

Rosen, C. & Quarrey, M. (1987). "How Well Is Employee Ownership Working?" *Harvard Business Review* (Sep.-Oct.), pp. 126~128.

Rosen, S. D. & Juris, H. A. (1995). "Ethical Issues in Human Resource Manage-ment," in Gerald R. Ferris et al. (eds.), *Handbook of Human Resource Management*, Cambridge, MA: Blackwell Publishers, pp. 197~216.

Rothe, H. F. (1978). "Output Rates Among Industrial Employees," *Journal of Applied Psychology, 63*, pp. 40~46.

Rothstein, H. R., Schmidt, F. L., Irwin, F. W., Owens, W. A., & Sparks, C. P. (1990). "Biographical Data in Employment Selection: Can Validities Be Made Gene-ralizable?," *Journal of Applied Psychology, 75*, pp. 175~184.

Rothwell, W. J. & Kanzarath, H. C. (1990). "Planned OJT Is Productive OJT," *Training and Development Journal* (October), pp. 53~56.

Rothwell, W. J. & Kazanas, N. C. (1989). *Strategic Human Resource Development*, Englewood Cliffs, NJ: Prentice-Hall.

Rush, H. M. F. (1969). *Behavioral Science: Concept and Management Application, Personnel Policy Study*, No. 216, NY: National Industrial Conference Board.

Russ, C. F. Jr(1982). "Manpower Planning Systems: Part II," *Personnel Journal* (February 1982), pp. 119~123.

Russ-Eft, D. F. & Zenger, J. H. (1985). "Common Mistakes, in Evaluating Training Effectiveness," *Personnel Administrator* (April), pp. 57~62.

Ryan, A. M. & Sackett, P. (1987). "A Survey of Individual Assessment Practices by I/O Psychologists," *Personnel Psychology, 40*, pp. 455~488.

Rynes, S. L. & Barber, A. E. (1990). "Applicant Attraction Strategies: An Organizational Perspective," *Academy of Management Review, 15*, pp. 286~310.

Rynes, S. L. & Milkovich, G. T. (1986). "Wage Surveys: Dispelling Some Myths About the 'Market Wage'," *Personnel Psychology, 39*, pp. 71~90.

Sager, I. (1995). "We Won't Stop Until We Find Our Way Back," *Business Week* (May), pp. 116~120.

Salmons, S. (1978). "Total Productivity Bonus Increases Involvement," *International Management* (September), pp. 35~41.

Salwen, Kevin(1992). "Shareholder Proposals on Pay Must Be Aired, SEC to Tell 10 Firms," *Wall Street Journal* (February), p. A1.

Santora, J. E. (1992). "Rating the Boss at Chrysler," *Personnel Journal* (May), pp. 38~45.

Saratoga Institute(1997). *1997 Human Resource Financial Report*, Saratoga, CA: Saratoga Institute.

Sashkin, M. & Lengerman, J. (1984). "Quality of Work Life-Conditions and Feelings," in J. Pfeiffer and L. Goodstein (eds.), *The 1984 Annual: Developing Human Resources*, San Diego, CA, pp. 131~144.

Schein, Edgar H. (1971). "The Individual, the Organization, and the Career: A Conceptual Scheme," *Journal of Applied Behavioral Science, 7*, pp. 401~426.

Schein, E. H. (1968). "Management Development As a Process of Influence," in David R. Hampton, *Behavioral Concepts in Management*, Belmont, CA: Dickinson.

Schiff, L. (1997). "Manufacturing's Hidden Asset: Temporary Employees," *Fortune* (November 10), pp. 28~29.

Schmidt, F. L. & Hunter, J. E. (1981). "Employment Testing: Old Theories and New Research Findings," *American Psychologist* (October), pp. 1128~1137.

Schmidt, F. L. & Hunter, J. E. (1995). "The Validity and Utility of Selection Methods in Personnel Psychology: Practice and Theoretical Implications of 85 Years of Research Findings," *Psychological Bulletin, 124*, pp. 437~454.

Schmit, M. L. & Allsheid, S. P. (1995). "Employee Attitudes and Customer Satisfaction: Making Theoretical and Empirical Connections," *Personnel Psychology, 48*, pp. 521~536.

Schmitz, L. M. & Heneman, H. G. III (1980). "Do Positive Reinforcement Programs Reduce Employee Absenteeism?" *Personnel Administrator, 25*, pp. 87~93.

Schneider, B. & Konz, A. M. (1989). "Strategic Job Analysis," *Human Resource Management, 28*, pp. 51~63.

Schneier, C. (1976). "Content Validity: The Necessity of a Behavioral Job Description," *Personnel Administrator* (February), pp. 38~44.

Schuler, R. S. (1998). *Managing Human Resources*, 6th ed., Cincinnati, OH: South-Western Publishing.

Schuler, R. & Jackson S. (1987). "Linking Competitive Strategies with Human Resource Practices," *Academy of Management Executive, 1*, pp. 207~219.

Schwab, D. P. (1980). "Job Evaluation and Pay Setting: Concepts and Practices," in E. Robert Livernash (ed.), *Comparable Worth: Issues and Alternatives*, Washington, D. C.: Equal Employment Advisory Council, pp. 50~65.

Scott, W. D., Clothier, R. C. & Spriegel, W. R. (1961). *Personnel Management: Principles, Practices and Point of View*, 6th ed., NY: McGraw-Hill.

Scott, W. R. (1987). *Organization*, 2nd ed., Englewood Cliffs, NJ: Prentice-Hall.

Seagle, J. A. & Quinn, M. A. (1989). "How to Audit Your HR Programs," *Personnel Administrator* (May), pp. 67~70.

Selekman, B. M. (1949). "Varieties of Labor Relations," *Harvard Business Review* (March), pp. 177~185.

Selekman, B. M., Selekman, S. K., & Fuller, S. H. (1958). *Problems in Labor Relations*, 2nd ed., NY: McGraw-Hill.

Seligman, D. (1997). "Brains in the Office," *Fortune* (January 13), p. 38.

Shaw, J. D., Delery, J. E., Jenkins, J. D., & Gupta, N. (1998). "An Organizational-Level Analysis of Voluntary Turnover," *Academy of Management Journal, 41*, pp. 511~525.

Shea, J. H. (1981). "Cautions about Cafeteria-Style Benefit Plans," *Personnel Journal* (January), pp. 37~38.

Sherman, A. W. Jr. & Bohlander, G. (1992). *Managing Human Relations*, 9th ed., Cincinnati, OH: Southwestern Publishing.

Sherman, S. (1995). "How Tomorrow's Best Leaders Are Leaning Their Stuff," *Fortune* (November 27), pp. 90~104.

Shook, R. L. (1988). *Honda: An American Success Story*, NY: Prentice-Hall.

Shrauger, J. S. (1975). "Responses to Evaluation as a Function of Initial Self Percep-tions," *Psychological Bulletin, 82*, no. 4, pp. 581~596.

Simon, H. A. (1960). *The New Science of Management Decision*, NY: Harper and Row.

Skinner, B. F. (1971). *Beyond Freedom and Dignity*, NY: Alfred A. Knopf.

Skinner, B. F. (1971). *Contingencies of Reinforcement*, NY: Appleton Century Crofts.

Skinner, B. F. (1953). *Science and Human Behavior*, NY: Macmillan, pp. 59~72.

Slater, R. (1999). *Jack Welch and the GE Way*, NY: McGraw-Hill.

Slater, R. (1999). *Saving Big Blue*, NY: McGraw-Hill.

Slater, R. (2003). *The Wal-Mart Decade*, NY: Portfolio.

Sloane, A. A. & Whitney, F. (1981). *Labor Relations*, 4th ed., Englewood cliffs, NJ: Prentice-Hall.

Smith, A. (1910). *An Inquiry into Nature and Causes of the Wealth of Nations*, London: J.M. Dent.

Smith, L. (1994). "Burned-Out Bosses," *Fortune* (July 25), pp. 44~52.

Smith, W., Lazarus, H., & Kalkstein, H. M. (1990). "Employee Stock Ownership Plans: Motivation and Morale Issues," *Compensation and Benefits Review* (Sep.-Oct.), pp. 37~47.

Snider, M. (1991). "Stress May Be Something to Sneeze About," *USA Today* (August 29), p. 1A.

Society for Human Resource Management/Commerce Case Clearing House(1991). *SHRM/ CCH Survey 1991*, Chicago: Commerce Case Clearing House.

Stanton, E. S. (1998). "Telephone Reference Checks," *Personnel Journal* (November), pp. 123~129.

Starcke, A. C. (1996). "Tailor Interviews to Predict Performance," *HR Magazine* (July), pp. 49~54.

Steers, R. M. & Black, J. S. (1994). *Organizational Behavior*, 5th ed., NY: Harper Collins.

Steers, R. M., Porter, L. W., & Bigley, G. A. (1996). *Motivation and Leadership at Work*, 6th ed., Boston, MA: McGraw-Hill, Ch. 5.

Stevens, C. K. (1997). "Effects of Preinterview Beliefs on Applicants' Reactions to Campus Interviews," *Academy of Management Journal, 40*, pp. 947~966.

Steward, T. A. (1997). *Intellectual Capital: The New Wealth of Organizations*, NY: Doubleday-Currency.

Stogdill, R. M. (1974). "Definition of Leadership," *Handbook of Leadership*, NY: Free Press, pp. 7~16.

Stone, T. H. (1982). *Understanding Personnel Management*, Hinsdale, IL: Dryden Press, p. 324.

Strauss, G. & Sayles, R. (1980). *Personnel: The Human Problems of Management*, 4th ed., Englewood Cliffs, NJ: Prentices-Hall.

Stross, R. E. (1996). "Microsoft's Big Advantage-Hiring Only the Supersmart," *Fortune* (November 25), pp. 159~162.

Stuart, P. (1993). "Labor Unions Become Business Partners," *Personnel Journal* (August), pp. 54~63.

Sullivan, R. F. & Miklas, D. C. (1985). "On-the-Job Training That Works," *Training and Development Journal* (May), pp. 116~122.

Szilagyi, A. G. Jr. & Wallace, M. J. (1990). *Organizational Behavior and Performance*, 5th ed., NY: Harper Collins.

Tarrant, S. M. (1994). "Setting Up an Electronic Job Posting System," *Training and Development* (January), pp. 39~42.

Taylor, F. W. (1911a). *The Principles of Scientific Management*, NY: Harper and Brothers.

Taylor, F. W. (1911b). *Shop Management*, NY: Harper and Brothers.

Tead, O. and Metcalf, H. C. (1920). *Personnel Administration*, NY: McGraw-Hill.

Thatcher, M. (1993). "Front-Line Staff Selected by Assessment Center," *Personnel Management* (November), p. 83.

Thomas, B. W. & Olson, M. H. (1988). "Gainsharing: The Design Guarantees Success," *Personnel Journal* (May), pp. 73~79.

Thornburg, L. (1994). "Accounting for Knowledge," *HR Magazine* (October), pp. 50~56.

Tichy, N. M. & Sherman, S. (2001). Control Your Destiny or Someone Else Will. Revised Edition, NY: Currency Doubleday.

Tichy, N. M., 방영종·정낙준·이상욱(1994). 「개혁주의자를 위한 핸드북」, 21세기북스.

Tornow, W. W., London, M. & Associates (1998). *Maximizing the Value of 360-Degree Feedback*, San Francisco: Jossey-Bass.

Tornow, W. W. & Pinto, P. R. (1976). "The Development of a Managerial Texonomy: A System for Describing, Classifying, and Evaluating Executive Positions," *Journal of Applied Psychology*, pp. 410~418.

Transparency International (2003). Corruption Perception Index, Internet data.

Trost, C. & Hymowitz, C. (1990). "Careers Start Giving In to Family Needs," *Wall Street Journal* (June), pp. 132~135.

Tully, S. (1993). "Your Paychecks Get Exciting," *Fortune* (November), pp. 83~98.

U. S. Chamber of Commerce Research Center(1997). *Employee Benefits 1997*, Washington D. C.: Chamber of Commerce.

U.S. Department of Labor(1973). "Job Redesign: Some Case Histories," *Manpower* (May), pp.

18~19.

Uchitelle, L. (1993). "Good Jobs in Hard Times," *New York Times* (October 3), pp. 1~6.

Ulrich, D. (1997). *Human Resource Champion*, Boston: Harvard Business School Press.

Underwood, D. & 이학종 (1985). "정년퇴직에 대비한 사전계획," 「서강 Harvard Business」 (1·2월호), 99~108면.

Ure, A. (1835). *The Philosophy of Manufactures*, 2nd ed., London: Charles Knight.

Van de Ven, A. & Ferry, D. (1980). *Measuring and Assessing Organizations*, NY: John Wiley & Sons.

Vasilash, G. (1996). "A New Spin on Quality Circles," *Automotive Production*, 108, pp. 56~59.

Veiga, J. (1973). "The Mobile Manager at Mid-Career," *Harvard Business Review* (Jan.-Feb.), pp. 115~119.

Vollmann, T. E. (1996). *The Transformation Imperative*, Boston, MT: Harvard Business School Press.

Von Glinow, M. A. (1989). *The New Professionals: Managing Today's High-Tech Employees*, Cambridge, MA: Ballinger Publishing.

Vroom, V. H. (1964). *Work and Motivation*, NY: John Wiley and Sons.

Wallace, M. J. Jr., Crandall, F. N., & Fay, C. H. (1982). *Administering Human Resources*, NY: Random House.

Wallace, M. J. Jr. & Fay, C. H. (1988). *Compensation Theory and Practice*, 2nd ed., Boston: PWS-Kent.

Walton, R. E. (1974). "Innovative Restructuring of Work," in Jerome M. Rostow(ed.), *The Worker and the Job*, Englewood Cliffs, NJ: Prentice-Hall.

Walton, R. E. (1985). From control to commitment in the workplace. *Harvard Business Review* (March).

Walton, R. E. & Warwick, D. P. (1976). "The Ethics of Organizational Develop-ment," *Journal of Applied Behavioral Science, 9*, pp. 681~698.

Warwick, D. P. & Kelman, H. C. (1976). "Ethical Issues in Social Intervention," in W. G. Bennis et al. (eds.), *The Planning of Change*, 3rd ed., NY: Holt, Reinhart and Winston, pp. 476~496.

Wasmuth, W., Saimonds, P., Hilgert, R., & Lee, H. C. (1971). *Human Resource Administration: Problems of Growth and Change*, Boston: Houghton-Mifflin.

Watanabe, S. (1991). "The Japanese Quality Control Circle: Why It Works," *International Labor Review, 130*, no. 1, pp. 57~80.

Waterman, R. H. (1987). *The Renewal Factor: How the Best Get and Keep the Competitive Edge*, NY: Bantham Books.

Watkins, M. (1973). "Anatomy of a Failure," *Industrial Engineering* (May), pp. 29~31.

Weigel, R. & Pinsky, S. (1982). "Managing Stress: A Model for the Human Resource Staff," *Personnel Administrator* (February), pp. 54~60.

Wexley, K. N. & Latham, G. P. (1981). *Developing and Training Human Resources in Organiza-*

tions, Glenview, IL: Scott, Foresman, p. 546.

Wexley, K. N. & Yukl, G. A. (1984). *Organization Behavior and Personnel Psychology*, rev. ed., Homewood, IL: Richard D. Irwin.

White, W. L. & Jensen, D. O. (1984). "Pressure Points: Factors Influencing Total Compensation," *Compensation Review*, 6, pp. 63~70.

Winterscheid, B. C. (1980). "A Career Development System Coordinates Training Efforts," *Personnel Administrator* (August), pp. 28~32.

Wolff, T. L. (1997). "Power to the People," *Workforce Diversity* (Fall), pp. 24~28.

Wright, P. M., Kacmar, K. M., McMahan, G. C., & Deleeuw, K. (1995). "P＝f(M·A): Cognitive Ability as a Moderator of the Relationship between Personality and Job Performance," *Journal of Management, 21*, pp. 1129~1139.

Wright, P. M. & M. G. (1992). "Theoretical Perspectives for Strategic Human Resource Management," *Journal of Management, 18*, pp. 295~320.

Yang, H. (2003). "A Longitudinal Test of Two Competing Perspectives About the Effects of HR Systems on Firm Performance," *Korean Management Review, 32*, pp. 597~625.

Yang, H., & Klaas, B. S. (2011). "Pay dispersion and the financial performance of the firm: Evidence from Korea," *International Journal of Human Resource Management*, 22, pp. 2147-2166.

Yellen, J. (1984). "Efficiency Wage Models of Unemployment", *American Economic Review, 74*, pp. 200~220.

Yoder, D. (1970). *Personnel Management and Industrial Relations*, 6th ed., Englewood Cliff, NJ: Prentice-Hall.

Zedeck, S. and Cascio, W. F. (1984). "Psychological Issues in Personnel Decisions," *Annual Review of Psychology, 35*, pp. 461~581.

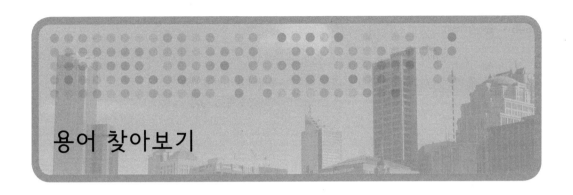

용어 찾아보기

기 타

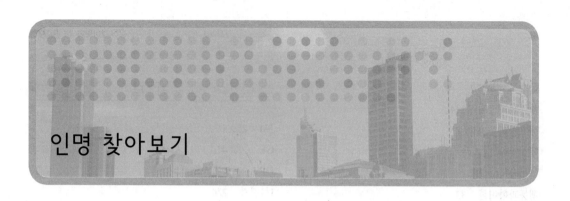

인명 찾아보기

공저자 약력

이 학 종

[학력 및 경력]
서울대학교 법과대학 입학
워싱턴대학교(St. Louis) 경영학 학사, 석사, 박사
뉴욕주립대학교(Albany) 경영학 교수
전경련 국제경영원 수석고문
한국경영학회 회장, 한국인사·조직학회 회장
연세대학교 상경대학장, 국제학대학원장
연세대학교 상경대학 경영학 금호석좌교수(2001년 정년퇴임)

[수   상]
전경련, 자유경제출판문화대상(「한국의 기업문화」), 1994
한국경영학회, 상남경영학자상, 1997
성곡학술문화재단, 성곡학술문화상, 2000

[주요저서]
「한국기업의 구조와 전략」, 법문사, 초판(1986), 개정판(1989)
「기업문화론: 이론, 기법, 사례연구」, 법문사, 1989
Korean Managerial Dynamics(NY: Praeger Publishers, 1990)
「MIS와 경영조직」, 박영사, 초판(1986), 개정판(1993)
「한국의 기업문화」, 박영사, 1993
「기업변신론: 한국기업의 변신전략과 사례연구」, 법문사, 1994
「무한계시대의 전략경영」, 박영사, 1997
「조직행동론: 이론과 사례연구」, 세경사, 초판(1984), 개정판(1987), 제3판(1991), 제4판(1997)
Korean Management: Global Strategy and Cultural Transformation(Berlin: Walter de Gruyter, 1997)
「한국기업의 문화적 특성과 새 기업문화개발」, 박영사, 1998
「정보기술과 현대경영」, 박영사, 1998
「한국기업의 구조조정과 새 조직문화개발」, 박영사, 1998
「경영혁신과 조직개발」, 법문사, 2003
「조직행동론」, 법문사, 2004
「기업문화와 기업경쟁력」, 박영사, 2008

양 혁 승

〔학력 및 경력〕

서울대학교 졸업(학사: 사회복지학 전공)

경희대학교 평화복지대학원 졸업(석사: 경영학 전공)

University of Minnesota 경영대학원 졸업(박사: 인적자원관리 및 고용관계 전공)

〔주요경력〕

University of South Carolina 경영학과 조교수

University of Maryland 경영대학 교환교수

경제정의실천시민연합 정책위원장 역임

현 연세대학교 경영대학 부교수

〔주요연구〕

인적자원관리 관련 주제(인적자원관리 시스템, 채용, 훈련, 인사고과, 임금관리, 통계방법론, 개인-조직 간 가치적 합성 등)에 관한 다수의 연구논문을 *Personnel Psychol-ogy*, *Journal of Applied Psychology*, *Journal of Management*, *Organizational Research Method* 등의 해외 저널과 「경영학연구」, 「인사·조직연구」, 「인사관리연구」 등 국내 저널에 발표함.

개정판
전략적 인적자원관리

발행일　2005년 1월 25일 초판발행
　　　　2012년 2월 10일 개정판인쇄
　　　　2012년 2월 20일 개정판발행
　　　　2019년 9월 20일 개정판5쇄발행

공저자　이학종·양혁승
발행인　황인욱
발행처　圖書出版 오래

주　소　서울특별시 마포구 토정로 222, 406, 407호
전　화　02-797-8786, 070-4128-9966
팩　스　02-797-9911
이메일　orebook@naver.com
홈페이지　www.orebook.com
출판신고번호　제302-2010-000029호.(2010. 3. 17)

ISBN　978-89-94707-54-9

가　격　25,000원